6., vollständig überarbeitete Auflage

Mischa Loose
unter Mitarbeit von
Moritz Jacobi und Bich Van Nguyen

BALI
Lombok

STEFAN LOOSE
TRAVEL HANDBÜCHER

BALI Lombok
Die Highlights

1 Kuta

Die perfekte Brandung lockt besonders Anfänger auf die Surfbretter. S. 150

2 Seminyak

Die bunten Strandbars und exquisiten Restaurants sorgen für kulinarische Erlebnisse der Extraklasse. S. 170

3 Pura Luhur Uluwatu

Atemberaubend oberhalb der tosenden Brandung direkt an den Klippen liegt dieser Tempel, der zu den wichtigsten Heiligtümern der Insel zählt. S. 194

4 Tanzaufführungen in Ubud

Der Besuch einer Tanzaufführung im kulturellen Zentrum Balis ermöglicht einen aufschlussreichen Einstieg in die einmalige Kultur der Insel. S. 204

5 Affenwald von Sangeh

Der magisch anmutende Wald beherbergt nicht nur einen Tempel, sondern auch Hundertschaften frecher Affen. S. 223

6 **Gunung Kawi**

Hinduistische Monumente, Einsiedlerhöhlen und kunstvolle Reisterrassen säumen die steile Schlucht des Pakrisan-Flusses. S. 235

7 Pura Tirta Empul
Die sagenumwobenen heiligen Quellen sind ein beliebter Wallfahrtsort. Ihr Wasser soll heilende Kräfte besitzen.
S. 235

8 Tanah Lot

Der meerumtoste Tempel hat für die Balinesen eine besondere religiöse und spirituelle Bedeutung. S. 244

9 Jatiluwih

Balis größte Reisterrassenformationen laden zu einem Spaziergang am Hang des Gunung Batukaru ein. S. 250

10 Negara

Beim Wasserbüffelrennen donnern die sonst so schwerfälligen Tiere mit verblüffender Geschwindigkeit über die Rennstrecke. S. 258

11 Gitgit

Der höchste Wasserfall Balis stürzt aus beeindruckender Höhe in die Dschungelschlucht. S. 280

12 Pura Ulun Danau Bratan

Malerisch direkt am Bergsee gelegen, zählt die Tempelanlage zu den schönsten der Insel. S. 282

13 Bedugul

Ein Besuch des gepflegten Botanischen Gartens gleicht einer Fahrt durch einen saftig grünen Märchenwald. S. 282

14 Nusa-Inseln

Die Unterwasserwelt mit ihren Korallengärten, Hochseefischen und Steilwänden ist ein Paradies für Taucher. S. 310

15 Gili-Inseln

Die kleinen, flachen Inseln vor der Küste von Lombok laden zum Entspannen, Tauchen und Schnorcheln ein. S. 388

16 Gunung Rinjani

Die Besteigung von Indonesiens zweithöchstem Vulkan ist ein anstrengendes, aber sehr lohnenswertes Abenteuer.
S. 400

Inhalt

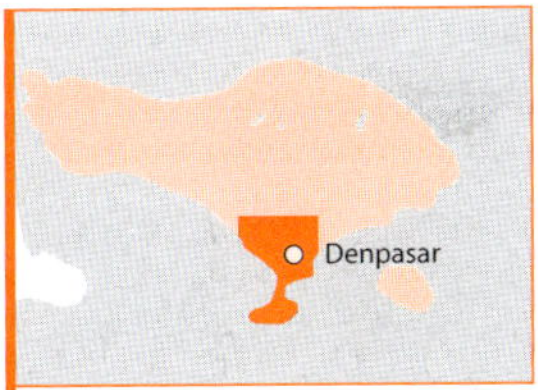

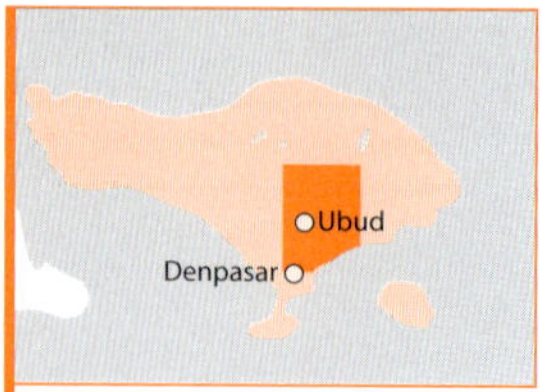

Zentral-Bali 197

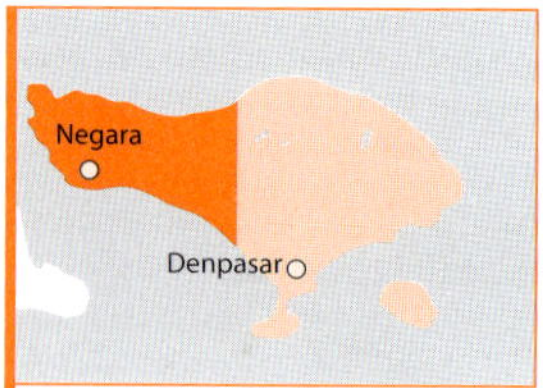

West-Bali 241

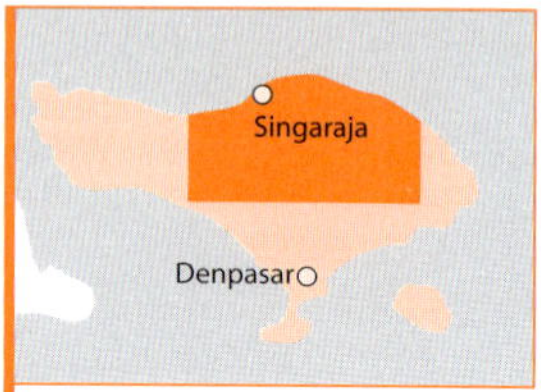

Nord-Bali 267

Ost-Bali 295

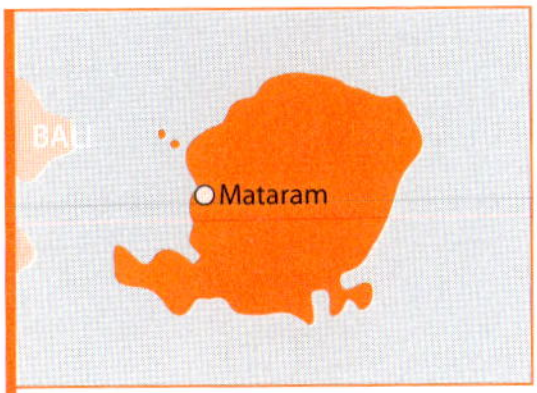

Lombok 343

Anhang 407

Reiseatlas 441

Themen

Reiseziele und Routen

Reiseziele

Die tropischen Sonneninseln Bali und Lombok haben alles zu bieten, was das Touristenherz höherschlagen lässt: abwechslungsreiche und spektakuläre Naturlandschaften, eine weltweit einzigartige, lebendige Kultur und lange Sandstrände, an denen man atemberaubende Sonnenuntergänge erleben kann. Intakte, bunte Korallenriffe und Surfgebiete von Weltklasse, kunstvoll an die Berghänge gebaute Reisterrassen und riesige Vulkane. Exzellente Restaurants, Partymeilen und Shoppingoasen. Beeindruckendes klassisches Kunsthandwerk, moderne und traditionelle Malerei und die höchste Tempeldichte der Welt mit teils spektakulären, reich verzierten Bauten. Dies sind nur einige der Gründe, warum jedes Jahr Millionen von Touristen ihren Urlaub auf diesen vielseitigen Inseln verbringen.

Bali und Lombok sind zudem von ihrer Größe her überschaubar, besonders auf Bali ist es dank der guten Infrastruktur problemlos möglich, jeden Winkel der Insel innerhalb weniger Stunden zu erreichen. Ein bisschen Luxus kann sich hier jeder leisten, denn die komfortablen Resorts und Spa-Angebote sind, verglichen mit europäischen Preisen, günstig und laden mit wunderschön gestalteten Anlagen zum Entspannen und Genießen ein.

Wer die balinesische Kultur entdecken möchte, muss nur vor die Tür treten. Auf den schmalen Straßen liegen unzählige kleine Opfergaben für die Dämonen bereit, in erhöhter Position finden sich auch solche für die Götter. Tausende Tempel in mannigfaltigen Formen warten darauf, erkundet zu werden. Nicht nur die einheimische Baukunst, sondern auch detailgenaue Reliefarbeiten mit einer Fülle von Motiven und die vielen verschiedenen traditionellen Tänze bringen Besucher zum Staunen. Bei einer Fahrt über die Insel wird man nicht selten festlichen Prozessionen begegnen und auf aufwendig geschmückte Tempelanlagen stoßen, denn dank des komplexen religiösen Lebens gibt es jeden Tag etwas zu feiern. Religion und Alltagsleben sind unmittelbar miteinander verbunden, weshalb die balinesische Kultur noch überall gelebt und gepflegt wird und auch für Touristen tagtäglich erlebbar ist.

Der Natur auf der Spur

Egal, ob sich Besucher für Wasserschildkröten oder seltene Vogelarten interessieren, gern wandern oder lieber unter einem *Banyan*-Baum sitzen, um dort wie einst Buddha die Erleuchtung zu finden – Bali und Lombok bieten für jeden etwas: von Palmen, Farn- und Gebirgswäldern bis hin zu kargen Vulkanlandschaften, von den unzähligen grünen Reisterrassen bis hin zu steilen Klippen.

Für Bergsteiger sind der **Gunung Batur** (S. 290) im Norden von Bali, der **Gunung Agung** (S. 303) im Osten und der **Gunung Rinjani** (S. 400) auf Lombok am besten geeignet. Trekking ist zudem rund um die Orte **Sidemen** (S. 305), **Tirtagangga** (S. 333) und **Munduk** (S. 284) möglich.

Die entspannendste Möglichkeit, die Natur zu genießen, bietet der **Botanische Garten** (S. 282) von Bedugul in Nord-Bali. Im Nordteil der Insel versteckt sich in einer tiefen Dschungelschlucht auch der **Gitgit-Wasserfall** (S. 280), der höchste Wasserfall der Insel. Vor der Küste von **Lovina** (S. 271), ebenfalls im Norden, lassen sich zum Sonnenaufgang Delphine beobachten.

Die trockensten Gegenden sind der nördliche Teil von West-Bali mit dem ausgedehnten **Bali-Barat-Nationalpark** (S. 260) und der äußerste Osten der Insel. Auf der dem Nationalpark vorgelagerten Insel Menjangan kommen Taucher voll auf ihre Kosten. Der Nationalpark bietet Vogelkundlern die Möglichkeit, besonders seltene Arten zu beobachten. Zudem ist die gesamte Insel Nusa Penida zum Vogelreservat erklärt worden.

Wer ein Faible für Affen hat, kann sich in Zentral-Bali rund um den Tempel von **Sangeh** (S. 223) oder im Monkey Forest in **Ubud** (S. 204) mit frechen Makaken auseinandersetzen. Imposante Wasserbüffel, die regelmäßig in Rennen gegeneinander antreten, gibt es in **Negara** (West-Bali, S. 257) zu bestaunen.

Balinesische Kunst und Kultur

Kaum jemand wird Bali und Lombok verlassen, ohne einen bleibenden Eindruck von der Kultur und den Traditionen der Menschen bekommen zu haben. Für die Balinesen ist Religion ein allseits präsenter Bestandteil des Alltags. Die zahlreichen religiösen Feste und Umzüge und die omnipräsenten Opfergaben, die auf den Straßen liegen, bezeugen die einmaligen hinduistischen

Immer mit der Ruhe: In den idyllischen Dörfern Balis ticken die Uhren etwas langsamer.

Traditionen der Insel. Die Bewohner von Lombok sind dagegen größtenteils Moslems, pflegen in den alten Traditionen ihrer *Wetu-Telu*-Mischreligion jedoch auch animistische Riten. Im direkten Kontakt mit den einheimischen Lebensweisen werden Reisenden viele Fragen in den Sinn kommen: Warum sehen die balinesischen Masken oft so böse aus? Warum wird beim Theater immer wieder die Geschichte des *Ramayana* aufgeführt? Welche Bedeutung haben all die Tänze? Warum liegen Opfergaben vor jedem Haus und an jeder Kreuzung?

Die besten Antworten auf diese und viele weitere Fragen gibt es in **Ubud** (S. 199). Die zahlreichen Tanzaufführungen, Schattenspiele, Musikdarbietungen und Manufakturen für Kunsthandwerk beweisen vor allem eines: Religion und Kunst sind auf der Insel Bali fest in den Alltag eingebunden und untrennbar miteinander verwoben.

Über die ganze Insel sind Tausende von **Tempeln** verstreut. Viele sind schlicht gestaltet, verwandeln sich aber zu ihrem Jahrestag, dem **Odalan-Fest** (S. 115), in wahre Prachtstücke. Dann schmücken die Frauen des Dorfes die Tempelmauern mit aufwendig gearbeiteten Blumengestecken und bunten Tüchern. Andere Tempel wie der Muttertempel **Besakih** (S. 301) sind jederzeit beeindruckend und ziehen Scharen von Touristen an, die die detailreichen Reliefs in den Mauern bewundern. Im Südwesten der Insel zeigt der **Pura Tanah Lot** (S. 244), wie ein Tempel mit seiner natürlichen Umgebung verschmelzen kann. Auf einem Felsen thronend und von Wasser umtost, bringt er selbst Balinesen zum Staunen. Auch die Heiligtümer des **Pura Ulun Danu Bratan** (S. 287) in Nord-Bali, **Pura Luhur Uluwatu** (S. 194) in Süd-Bali sowie **Gunung Kawi** (S. 235) und die Quellen von **Pura Tirta Empul** (S. 235) in Zentral-Bali beeindrucken durch ein atemberaubendes Zusammenspiel mit der Natur.

Eine Übersicht über die wichtigsten Tempel auf Bali findet sich auf S. 124.

Kunstinteressierten ermöglichen die **Museen von Ubud** (S. 200) und das große **Bali Museum** (S. 144) in Denpasar Einblicke in das Schaffen balinesischer und auf der Insel beheimateter Künstler. Rings um Ubud verstreut befinden sich zudem zahlreiche Dörfer, in denen oft noch auf traditionelle Weise verschiedene künstlerische Handwerke verfolgt werden.

Organisierte Touren

Unzählige Reisebüros, Hotels, Restaurants und Tauchschulen bieten Touren mit englisch- oder deutschsprachigen Führern an. Bei solchen organisierten Touren stellen sich die Guides voll auf ihre Reisegruppe ein und Teilnehmer haben oft die Chance, an Tempeln ein bisschen länger zu verweilen. Zu spontanen Stopps und Spaziergängen in den Bergen können der Guide und die anderen Tourteilnehmer dagegen wohl kaum überredet werden.

Sehr individuelle Touren stellt das Reisebüro **Rasa Sayang** in Kuta zusammen. Wer Bali auf eigene Faust erkunden will, kann sich hier auch bei der Organisation des Mietwagens und der Zusammenstellung der Route helfen lassen und viele wertvolle Geheimtipps und Ratschläge bekommen. Informationen gibt es im Reisebüro unterhalb des Schweizer Konsulats, ✆ 0361-769235, ✉ rasa-sayang@gmx.net. Weitere Tourenvorschläge unter 💻 www.bali-swiss.webs.com/bali_auf_eigene_faust.htm.

Strände für Wassersportler und Sonnenanbeter

Die Inseln Bali und Lombok genießen unter Wassersportlern einen erstklassigen Ruf als Surf- und Tauchparadiese. Sowohl Surf-Anfänger als auch Profis finden hier Wellen in der richtigen Schwierigkeitsstufe, und die Korallenriffe rund um die Inseln beheimaten unzählige bunte Meeresbewohner. Schöne Badestrände gibt es ebenfalls zur Genüge, viele mit weißem, andere mit schwarzem Sand oder Steinen.

Die Gewässer vieler Strände sind jedoch für Surfer reserviert: An vielen Stellen wäre Schwimmen lebensgefährlich, da die Strömung zu stark ist, was von Touristen oft unterschätzt wird. Wo die Strömung es zulässt, ist Schwimmen natürlich erlaubt – auch an sogenannten Surfstränden.

In der ruhigen Bucht von Lovina liegen traditionelle Boote in der Abenddämmerung.

Die anspruchsvollsten Wellen finden Surfer auf der **Bukit-Halbinsel** (S. 195) in Süd-Bali und an der **Jembrana-Küste** (S. 253) in West-Bali. Wer kein Profi ist, sollte lieber am Strand von **Kuta** (S. 149) üben, denn die messerscharfen Korallen der Profistrände können äußerst schmerzhaft sein, im Extremfall sogar lebensgefährlich.

Die Strände bei **Padang Bai** (S. 317), **Amed** (S. 336) und **Tulamben** (S. 340) in Ost-Bali eignen sich hervorragend zum Schnorcheln und Tauchen. Absolute Highlights für jeden Taucher sind die Korallenriffe von **Nusa Penida** (S. 308) sowie der **Gili-Inseln** (S. 388) vor Lombok.

Wer einfach nur in der Sonne liegen und ab und zu ins Wasser springen möchte, ist in **Kuta** (S. 149), **Legian** (S. 162), **Seminyak** (S. 167) oder **Sanur** (S. 178) am besten aufgehoben. Hier kann man sich nach einem entspannten Strandtag problemlos ins quirlige Nachtleben stürzen.

Reiserouten

Auf Bali kann man ohne Probleme einen ganzen Monat mit abwechslungsreichen Aktivitäten füllen. Es spricht natürlich auch nichts dagegen, sich während der Reise vorwiegend an einem Ort aufzuhalten und voll und ganz in den lokalen Alltag einzutauchen. Die gut entwickelte Infrastruktur erleichtert es Touristen jedoch, jeden Winkel der Insel zu erforschen und dabei immer wieder Neues und Spannendes zu entdecken. Schon allein die zahlreichen Strände bieten neben dem Sonnenbaden eine Vielzahl von Aktivitäten: Surfen, Schnorcheln, Tauchen, Kitesurfing und vieles mehr. Doch auch wasserscheue Besucher kommen auf Bali voll auf ihre Kosten. Die ausgesuchten Routenvorschläge ermöglichen es, von allem etwas mitzunehmen: das quirlige Süd-Bali mit seinem ausgeprägten Nachtleben, Natur und Trekking im Westen, Norden, Osten und auf Lombok, die faszinierende balinesische Kultur, die überall auf der Insel zu finden ist, und natürlich die wunderschönen Sandstrände mit ihren atemberaubenden Sonnenuntergängen.

Die Routenvorschläge beginnen immer in Süd-Bali, da fast jeder Tourist mit dem Flugzeug anreist, der Flughafen hier liegt und die meisten Besucher auch die ersten Tage hier verbringen.

Bali für Einsteiger

- 7 Tage

Wer nur eine Woche zur Verfügung hat, hat die Qual der Wahl: eine entspannte Woche auf Bali zu verbringen, mit dem Wissen, nur einen mikroskopisch kleinen Teil der Insel kennengelernt zu haben, oder innerhalb von sieben Tagen so viel zu sehen und zu erleben, wie nur irgend möglich. Hier unsere Vorschläge für die zwei Varianten:

So entspannt wie möglich

Für Touristen, die direkt aus Europa anreisen und mit der Zeitumstellung zu kämpfen haben, empfiehlt sich zunächst ein dreitägiger Aufenthalt in Süd-Bali. Die Strände von **Kuta** (S. 149), **Legian** (S. 162), **Seminyak** (S. 167) und **Sanur** (S. 178) eignen sich hervorragend für eine Akklimatisierung. Wer will, kann in einer Tagestour Richtung Nordwesten den eindrucksvollen Tempel **Tanah Lot** (S. 244) oder Richtung Süden den **Pura Luhur Uluwatu** (S. 194) besichtigen und an einem der beiden Tempel der Aufführung des *Kecak*-Tanzes beiwohnen. Auf dem Rückweg kann man ein Abendessen in **Jimbaran** (S. 187) in einem der Seafood-Restaurants am Sandstrand genießen. Am vierten Tag führt der Weg ins Landesinnere nach **Ubud** (S. 199), wo man in einem der zahlreichen professionellen Spas Entspannung finden, durch die weiten Reisfelder spazieren und in verschiedenen Kunstgalerien stöbern kann. Am fünften Tag sollte man die Umgebung von Ubud erforschen: die Tempelanlagen **Gunung Kawi** (S. 235) und **Pura Tirta Empul** (S. 235) sowie die Reisterrassen von **Tegallalang** (S. 234). Die letzten beiden Tage sind für den Norden der Insel reserviert. Hier können die Berglandschaften um **Bedugul** (S. 283), **Munduk** (S. 284) oder **Kintamani** (S. 286) erkundet werden.

So viel wie möglich

Tag 1: Nach einem zweistündigen **Surfkurs** oder einem Ausflug zum meerumtosten Tempel **Tanah Lot** (S. 244) kann das Nachtleben von **Kuta**

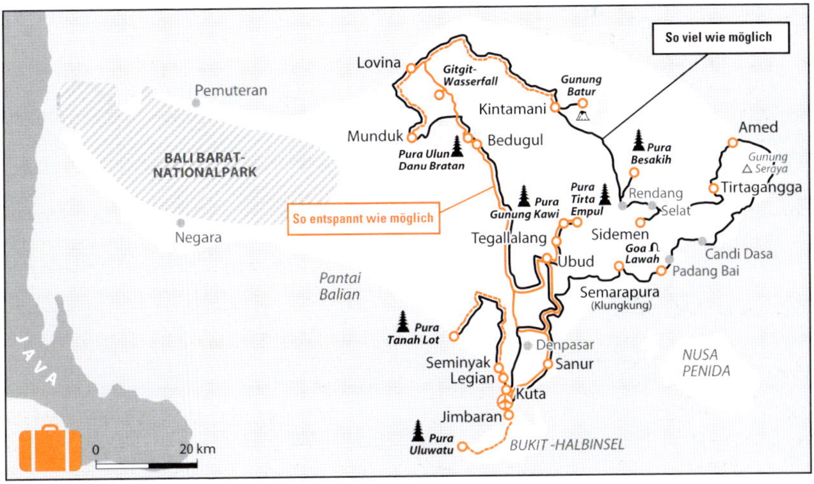

Die gefährlich tosende Brandung vor Swallow House auf Nusa Lembongan lädt zwar nicht zum Schwimmen ein, ist aber allemal beeindruckend.

(S. 149) erforscht und gebührend auf einen schönen Urlaub angestoßen werden.

Tag 2: Es geht in das kulturelle Zentrum der Insel, nach **Ubud** (S. 199). Nach dem Touristentrubel von Kuta erscheint der magische **Affenwald** (S. 204) wie eine andere Welt. Hinterher bietet sich ein Besuch in einem der weltberühmten **Spas** an. Abends kann einer der bezaubernden **Tanzaufführungen** beigewohnt werden.

Tag 3: Der Tag beginnt mit einer (geführten) **Wanderung durch die Reisfelder** rund um Ubud. Am frühen Nachmittag geht es Richtung Norden zum **Pura Gunung Kawi** (S. 235) und dem nahe gelegenen Quellheiligtum **Pura Tirta Empul** (S. 235). Auch ein Besuch in einem der zahlreichen Künstlerdörfer in der direkten Umgebung von Ubud bietet sich hier an.

Tag 4: Nach dem Frühstück fährt man von Ubud aus in das Hochland bei Bedugul. Auf ein Picknick im wunderschön gestalteten **Botanischen Garten** (S. 233) folgt der Besuch des direkt am Bergsee gelegenen **Pura Ulun Danu Bratan** (S. 287). Am Nachmittag geht es über eine landschaftlich wunderschöne Strecke, vorbei an den Bergseen Danau Buyan und Danau Tamblingan, ins beschauliche, auf einem Bergkamm gelegene **Munduk** (S. 284).

Tag 5: Von Munduk führt die Reise weiter an die Nordküste der Insel. Nach einem frühen Mittagessen in **Lovina** (S. 271) folgt man der Straße ins Inland zur beeindruckenden Mondlandschaft des Vulkans **Gunung Batur** (S. 287). Nachmittags geht es zunächst zum **Pura Besakih** (S. 302) und danach über Selat zu einer der Unterkünfte inmitten der Reisterrassen von **Sidemen** (S. 305).

Tag 6: Morgens geht es weiter zum **Wasserpalast von Tirtagangga** (S. 333) und entlang des Westhangs des Gunung Seraya bis in die Gegend von **Amed** (S. 336). Hier kann man einen Nachmittag am Strand verbringen oder beim Tauchen und Schnorcheln die Wasserwelt erkunden.

Tag 7: Von Amed führt der Weg zurück Richtung Süd-Bali entlang der trockenen Ostküste via Candi Dasa und Padang Bai. Noch etwas weiter südwestlich kann die Tempelhöhle **Goa Lawah** (S. 317) besucht werden, in der Tausende Fledermäuse zuhause sind. Die in **Semarapura** (**Klungkung**, S. 296) gelegene Parkanlage Taman Gili mit der alten Gerichtshalle ist ebenso einen Besuch wert, bevor es auf der gut ausgebauten Schnellstraße nach **Sanur** (S. 178) geht. Von hier aus ist der Flughafen in 30 Minuten zu erreichen.

Bali Standard

■ 2 Wochen

Viele Touristen entscheiden sich für einen mindestens zweiwöchigen Aufenthalt, was hinsichtlich der langen Anreise und der Zeitumstellung eine gute Idee ist. Nach der Ankunft in Süd-Bali werden zunächst die Strandorte **Kuta** (S. 149), **Legian** (S. 162), **Seminyak** (S. 167) und **Sanur** (S. 178) erkundet. Ein Ausflug auf die ruhige **Bukit-Halbinsel** (S. 195) stellt einen Ausgleich zum Trubel in den Touristenzentren dar. Nach drei Tagen steht der Aufbruch nach West-Bali an. Nach einem Abstecher zum Hang des Berges **Gunung Batukaru** (S. 251) und zu den monumentalen Reisterassen von **Jatiluwih** (S. 250), kann man den Sonnenuntergang am **Tanah Lot Tempel** (S. 244) genießen und am östlich gelegenen **Pantai Canggu** (S. 177) oder am weiter westlich gelegenen Strand **Pantai Balian** (S. 253) übernachten. Am nächsten Tag geht es bis nach **Pemuteran** (S. 262) quer durch den **Bali-Barat-Nationalpark** (S. 260). In der westlichsten Ecke angekommen, bleibt ein voller Tag, um die Natur des Nationalparks zu erkunden und vor der **Insel Menjangan** (S. 261) in die bunte Unterwasserwelt einzutauchen.

Von West-Bali aus geht es weiter Richtung **Lovina** (S. 271), wo ein Tag für die Delphinbeobachtung und für einen Besuch des **Gitgit-Wasserfalls** (S. 280) eingeplant werden sollte. Danach führt der Weg entweder ins Hochland rund um **Bedugul** (s. Tour „So viel wie möglich", Tag 4) oder entlang der Küste nach **Amed** (S. 336) und von dort aus weiter nach **Tirtagangga** (S. 333) zum Wassertempel. Eine Übernachtung bietet sich im landschaftlich reizvollen **Sidemen** (S. 305) an. Von hier aus ist die **Besteigung des Gunung Agung** (S. 303) möglich und der Tempel **Pura Besakih** (S.302) am Südhang des Berges ist leicht zu erreichen. Danach kann in **Semarapura** (**Klungkung**, S. 296) die Parkanla-

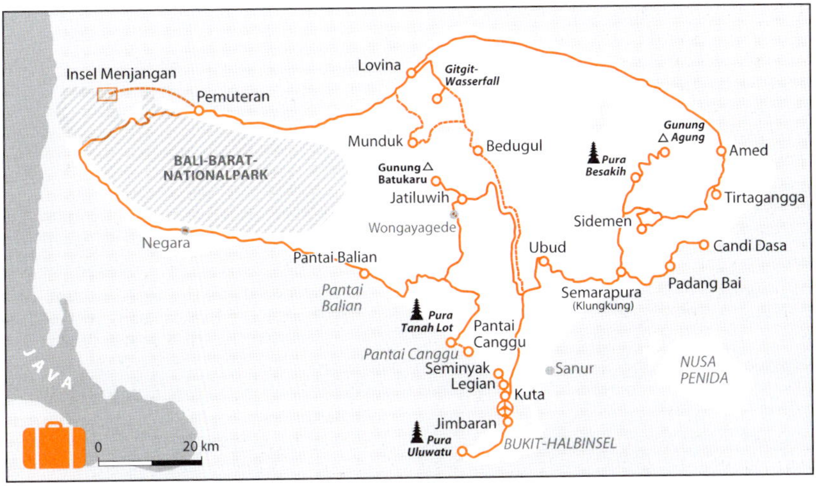

ge Taman Gili bewundert werden, bevor in **Candi Dasa** (S. 322) oder **Padang Bai** (S. 317) nochmals zwei Tage Strandurlaub möglich sind, um sich von den Strapazen der Bergbesteigung zu erholen. Die Route endet mit einem dreitägigen Aufenthalt in **Ubud** (S. 199), wo Besucher sich von der balinesischen Kunst und Kultur verzaubern lassen können.

Bali und Lombok total

- ab 3 Wochen

Wer drei Wochen oder mehr Zeit hat, kann länger an den Stränden und in den Bergen der Insel Bali verweilen und stressfrei nach Lombok und auf die Gili-Inseln reisen. Los geht es wieder in **Süd-Bali**, wo Besucher sich die ersten Tage in einem der Touristenzentren akklimatisieren können. Nachdem ein Transportmittel (mit oder ohne Fahrer) organisiert wurde, führt ein Ausflug auf die sehr trockene **Bukit-Halbinsel** (S. 195) zum *Kecak*-Tanz am **Pura Uluwatu** (S. 194).

Danach geht es ins Landesinnere nach **Ubud** (S. 199), ins Herz der balinesischen Kunst und Kultur. In der Umgebung von Ubud gibt es viel zu entdecken, deshalb sollte man hier mindestens drei Tage verbringen. Nach diesem Einblick in die balinesische Kultur führt der Weg zum Bergheiligtum **Pura Luhur Batukaru** (S. 251), von wo aus ein Abstecher zu den Reisterrassen von **Jatiluwih** (S. 250) am Hang des Gunung Batukaru lohnenswert ist, und weiter zum spektakulär gelegenen Tempel **Pura Tanah Lot** (S. 244), dessen Anblick man am besten bei Sonnenuntergang genießt. Am nächsten Morgen geht es dann nach **Tabanan** (S. 245) ins Subak Museum, wo man viel über das einfache Leben der Reisbauern lernen kann, und weiter zum entspannten **Pantai Balian** (S. 253). Die nächsten Stationen sind **Negara** (S. 257), vorausgesetzt hier findet gerade eines der berühmten Wasserbüffelrennen statt, und der **Bali-Barat-Nationalpark** (S. 260) im Westen der Insel. **Pemuteran** (S. 262) bietet sich als gute Basis an, da hier am Strand zahlreiche komfortable Hotels zu finden sind. Von hier aus kann um die Insel **Menjangan** (S. 261) geschnorchelt und getaucht oder der Nationalpark mit seinem einmaligen Vogelbestand erkundet werden.

Danach führt der Weg bis nach Seririt und weiter landeinwärts auf der wunderschönen Straße via **Munduk** (S. 284) nach **Bedugul** (S. 283) in den Botanischen Garten und zum malerisch gelegenen Tempel **Pura Ulun Danu Bratan** (S. 287). Weiter geht es über den **Gitgit-Wasserfall** (S. 280) wieder zurück an die Nordküste der Insel. In **Lovina** (S. 271) kann man für

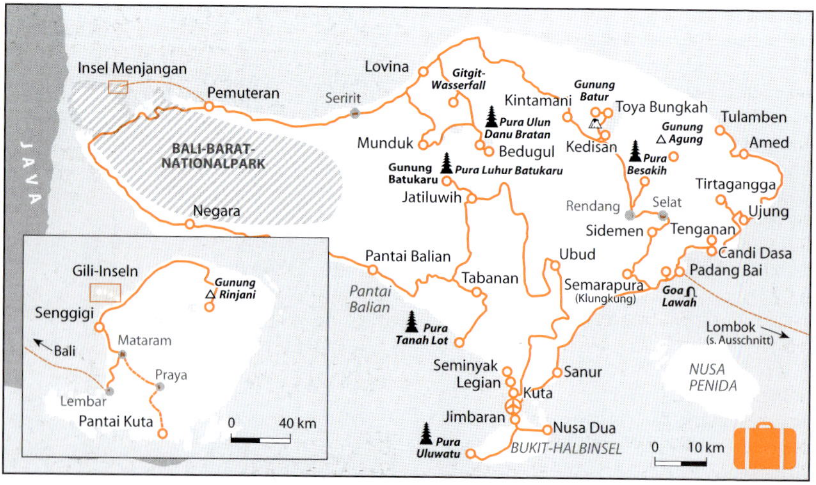

Zur richtigen Jahreszeit begrüßen allmorgendlich saftig grüne Reisterrassen die Gäste des Rinjani Mountain Garden auf Lombok.

ein oder zwei Tage entspannen und an einer der morgendlichen Delphintouren teilnehmen. Danach führt die Tour weiter in die Berge nach **Kintamani** (S. 286), **Kedisan** (S. 287), **Toya Bungkah** (S. 287) und zum Gipfel des **Gunung Batur** (S. 290). Nach der morgendlichen Besteigung des Berges geht es durch die schöne Berglandschaft weiter zum Heiligtum **Pura Besakih** (S. 302) und via Rendang und Selat in die für ihre Reisterrassen berühmte Gegend um **Sidemen** (S. 305).

Weiter führt die Reise über **Semarapura** (**Klungkung**, S. 296), um den Taman Gili anzusehen, zur Fledermaushöhle **Goa Lawah** (S. 317) und weiter nach **Candi Dasa** (S. 322), von wo aus **Tenganan** (S. 328), ein Dorf der balinesischen Ureinwohner, besucht werden kann. Nach einer Visite bei den Wasserpalästen von **Ujung** (S. 332) und **Tirtagangga** (S. 333) geht es in die trockene Gegend um **Tulamben** (S. 340) und **Amed** (S. 336), die besonders bei Wracktauchern beliebt ist. Auf der landschaftlich interessanten Strecke entlang der Küste Richtung Süden erreicht man den ruhigen Hafenort **Padang Bai** (S. 317).

Am nächsten Morgen setzt von hier die Fähre nach **Lombok** (S. 349) über. Hier kann man eine Woche an den blendend weißen Stränden auf den **Gili-Inseln** (S. 380), in **Senggigi** (S. 371) oder im Süden der Insel am **Pantai Kuta** (S. 149) entspannen. Wer keine Lust auf Strand hat, kann alternativ die beeindruckende Natur- und Berglandschaft des **Gunung Rinjani** (S. 400) erkunden.

Wieder in Padang Bai angekommen, beginnt die Rückfahrt Richtung Süd-Bali. Hier bietet sich ein letzter Zwischenstopp in der Ortschaft **Sanur** (S. 178) an, das nur 30 Minuten vom Flughafen entfernt liegt.

Klima und Reisezeit

Bali liegt nur acht Grad südlich des Äquators und hat daher ein tropisches **Klima**: Das ganze Jahr über ist es fast gleichmäßig heiß, dazu kommt eine hohe Luftfeuchtigkeit. Die Tagestemperaturen betragen auf Meereshöhe durchschnittlich 30 °C, nachts kühlt es sich nur leicht ab. Pro 100 Höhenmeter verringert sich die Temperatur um etwa 1 °C, in Bergdörfern kann das Thermometer daher nachts bis auf frische 10 °C sinken. Da die Insel sowohl im Einzugsbereich des feuchten Nordwest-Monsuns als auch des trockeneren Südost-Monsuns liegt, gibt es auf Bali relativ deutlich ausgeprägte „Jahreszeiten", nämlich die Trockenzeit von Mai bis Oktober und die Regenzeit von November bis April. Selbst in der Regenzeit regnet es jedoch im Normalfall nur ein paar Stunden am Tag.

Die zentrale Gebirgskette sorgt dafür, dass sich **Regen** sehr ungleichmäßig auf der Insel verteilt. Im Durchschnitt fallen im fruchtbaren Flachland von Süd-Bali, wo die meisten Menschen leben, 2000 mm Niederschlag bei 100 bis 140 Regentagen im Jahr. In den zentralen Gebirgsmassiven erhöht sich die Niederschlagsmenge auf über 3000 mm bei 160 bis 210 Regentagen. Zu den niederschlagsärmsten Gebieten zählt die gesamte, im Regenschatten der Berge liegende Nordküste. Hier werden zum Teil weniger als 1000 mm bei 50 bis 80 Regentagen gemessen, und zur Zeit des Südost-Monsuns herrscht eine ausgeprägte Trockenperiode. Der Nordosten gleicht einer von Steinen und Lavamassen übersäten Halbwüste, auf der nur noch Kakteen und die anspruchslose Lontar-Palme gedeihen. Hier regnet es manchmal in sechs Monaten kein einziges Mal. Wenig Regen erhalten auch die Kalklandschaften der Bukit-Halbinsel und der vorgelagerten Nusa-Inseln. Da die porösen Kalkböden kaum Feuchtigkeit speichern können, handelt es sich um dünn besiedelte Dürregebiete. Auf den vereinzelt vorhandenen Feldern, die nicht bewässert werden können, wird vielerorts Mais angebaut.

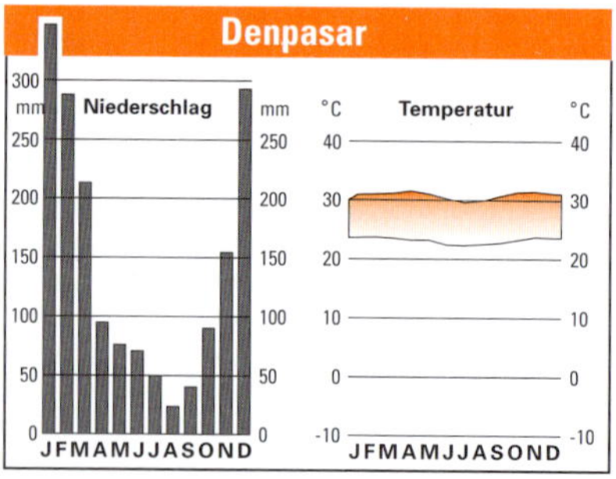

Im Zuge des weltweiten **Klimawandels** kann es auch auf Bali vorkommen, dass sich die Regenzeit verspätet, unerklärbare Winde auftreten oder es plötzlich deutlich wärmer oder kühler wird als für die Region und Jahreszeit üblich. Die Veränderungen der Temperaturen und Niederschlagsmengen lassen sich manchmal durch kein Klimadiagramm erklären oder vorhersagen. Daher ist eine Angabe der idealen Reisezeit schwierig und Informationen zum Klima sind nur als grobe Anhaltspunkte zu verstehen. Bali ist aber das ganze Jahr über problemlos zu bereisen, auch zur Regenzeit.

Auf Bali und Lombok gibt es eine touristische **Hochsaison** von Juni bis September und im Dezember und Januar sowie in der Woche nach Ende des muslimischen Fastenmonats Ramadan. Zum Jahreswechsel wird es besonders teuer. In den übrigen Monaten herrscht Nebensaison.

Reisekosten

Tagesbudget

Mit wie viel Geld man pro Tag rechnen muss, hängt sehr stark von der Art des Reisens und der Saison ab. Wer allgemein viel Wert auf einen hohen Standard legt, kann sehr viel Geld auf der Insel lassen. Doch auch wer mit eingeschränkten finanziellen Mitteln haushalten muss, findet überall preisgünstige Alternativen. Budget-Reisende, die sich mit einfachen Unterkünften, öffentlichen Transportmitteln und Essen von Straßenständen *(Warung)* zufriedengeben und nicht allein unterwegs sind (ein Einzelzimmer kostet fast immer gleich viel wie ein Doppelzimmer), müssen in der Nebensaison mit Ausgaben unter 20 € pro Tag rechnen. Wer sich ein Hotel mit Pool, Warmwasser und Klimaanlage (AC) leistet, die Insel mit Leihwagen und Guide erkunden möchte, gerne auch mal Taxi fährt und kulinarisch mehr als nur Nasi Goreng erwartet, kommt in der Nebensaison mit 30 bis 70 € am Tag aus. Touristen, die einen luxuriösen Lebensstil bevorzugen, können jedoch auch leicht über 200 € pro Tag alleine für das Hotel ausgeben. Die Obergrenzen sind vor allem bei Hotels offen. Gezahlt wird grundsätzlich mit indonesischen Rupiah (Rp), bei größeren Beträgen werden aber auch gerne Dollarnoten oder Kreditkarten angenommen. In der Hauptsaison steigen die Preise für Unterkunft und Essen je nach Region um 20 bis 100 %.

Eintrittspreise und Guides

Bei einigen Tempeln wird überhaupt kein Eintritt erhoben, immer mehr Dorfgemeinschaften fordern jedoch eine geringe Gebühr von 2000 bis 15 000 Rp. Hinzu kommt häufig eine Parkgebühr, die unabhängig von der Parkdauer 1000 bis 5000 Rp beträgt. Bei fast allen Tempeln ist das Tragen eines Sarongs und eines Tempelschals Pflicht, für die gelegentlich eine Leihgebühr von höchstens 10 000 Rp eingefordert werden. Falls zusätzlich noch für die Instandhaltung der Tempel eine Spende erwartet wird, sind 15 000 Rp angemessen. Es kann durchaus vorkommen, dass nette Einheimische, manchmal auch Kinder, Touristen bei ihren Besichtigungen begleiten und Interessantes über die Tempel erzählen. Am Ende verlangen sie eine Entlohnung. Hier sind 20 000 Rp angebracht.

Bei einer selbst organisierten Trekkingtour müssen mindestens US$25 für einen Guide einkalkuliert werden. Die Preise beziehen sich jedoch immer auf eine Gruppe und gelten nicht pro Person. Die Besteigung des Berges Gunung Rinjani auf Lombok ist weitaus teurer und anspruchsvoller, aber eine unglaublich imposante und lohnenswerte Erfahrung.

Übernachtung

Die einfachsten Unterkünfte kosten US$10–30, sind oft nur spartanisch eingerichtet und mit einem kleinen Badezimmer ausgestattet. Ein einfaches Frühstück, das häufig nur aus Toast, Marmelade, Bananen und Tee oder Kaffee besteht, ist meistens inklusive. Ein Mittelklassehotel kostet je nach Ausstattung US$30–100 pro Zimmer. Luxusresorts und Villen bieten ab US$100 häufig neben dem großen Pool für alle Gäste einen privaten Pool mit Garten und eine eigene Küche.

Die vielen verschiedenen Begriffe, die es auf Bali für Unterkünfte gibt, geben über das preisliche Niveau leider wenig Aufschluss. So ist ein Losmen oft identisch mit einem Homestay, Guesthouse, Hostel oder Hotel. Ein Hotel kann aber auch eine riesige Anlage sein, die sich mit vier Sternen schmücken darf. Bungalows unterscheiden sich von Villen vor allem in Design, Größe und niedrigerem Preisniveau. Ansonsten besteht leider kein enger Zusammenhang zwischen Preis und Qualität. Ältere, heruntergekommene Hotels sind oftmals teurer als neue oder frisch renovierte Anlagen und manches 4-Sterne-Hotel schlechter als andere 2-Sterne-Unterkünfte.

Bei den Hotelbeschreibungen in diesem Buch sind stets sogenannte Walk-in-Preise für die Nebensaison angegeben. Darunter sind Tagespreise zu verstehen, die vor allem bei den höheren Preiskategorien weit unter den offiziellen Preisen liegen. Häufig gibt es bei längeren Aufenthalten einen deutlichen Preisnachlass. Es lohnt sich also immer, nach Rabatten zu fragen oder nach Angeboten im Internet zu suchen.

Was kostet wie viel?

1,5 l Trinkwasser	2000–7000 Rp (0,17–0,60 €)
0,3 l Softdrink	3000–10 000 Rp (0,25–0,85 €)
großes Bier	18 000–38 000 Rp (1,53–3,23 €)
Frühstück	10 000–40 000 Rp (0,85–3,40 €)
Nasi Goreng	ab 10 000 Rp (0,85 €)
westliche Speisen	ab 20 000 Rp (1,70 €)
Kaffee	5000–20 000 Rp (0,42–1,70 €)
Eintrittspreise	5000–50 000 Rp (0,42–4,25 €)
1 l Benzin	4500–6000 Rp (0,38–0,51 €)
Taxifahrt (3 km)	12 000 Rp (1,02 €)
Busfahrt	ca. 15 000 Rp (1,28 €)
Hotelzimmer	
Budget	bis US$30
Mittelklasse	bis US$100
Luxus	ab US$100
Mietwagen	
Bali	ab 120 000 Rp pro Tag (10,21 €)
Lombok	ab 160 000 Rp pro Tag (13,61 €)
mit Fahrer	ab 350 000 pro Tag (29,78 €)

Transport

Für den Nahverkehr stehen **Angkot** und **Taxis** zur Verfügung. Angkot sind kleine Minibusse, die etwa zehn Leute fassen. Um ein Angkot anzuhalten, muss ein winkendes Handzeichen gegeben werden. Eine Fahrt kostet selten über 10 000 Rp, meist sogar nur die Hälfte. In ländlichen Gebieten tauchen die Minibusse jedoch nur sehr unregelmäßig auf. Bei einer Taxifahrt mit 3 km Entfernung muss mit 12 000 Rp gerechnet werden.

Für längere Strecken und den Transport zwischen Touristenorten bieten verschiedene Unternehmen ihre Dienste zu vernünftigen Preisen an. Der weitverbreitete Shuttle-Anbieter **Perama** bedient mit Bussen und kleinen Schiffen alle Touristenorte auf Bali und Lombok zu etwas teureren Festpreisen. Das Unternehmen hat in den meisten Orten ein eigenes Büro und organisiert auch mehrtägige Touren. Die Preise belaufen sich je nach Transportmittel, Distanz und Zielort auf 25 000 bis 550 000 Rp und sind auch unter 💻 www.peramatour.com einzusehen.

Für einen **Mietwagen** sollten mit mindestens 120 000 Rp pro Tag gerechnet werden, inklusive Versicherung (allerdings ohne Haftpflicht!). Wer sich der Verkehrssituation auf Bali nicht selbst stellen möchte, kann einen Fahrer inklusive Auto in Anspruch nehmen. Hierfür sind Kosten in Höhe von mindestens 350 000 Rp pro Tag zu veranschlagen.

Rabatte

Ein internationaler Studentenausweis ist auf Bali so gut wie nutzlos. Rabatte sind allein durch Verhandlungsgeschick erhältlich und nicht durch den Status als Student oder Rentner.

Bei Reisen mit Kindern ist es in vielen Hotels möglich, ein Zusatzbett für zumeist unter 10 € zu bekommen. Auch in Verkehrsmitteln muss man für Kinder nur dann zahlen, wenn sie einen eigenen Sitzplatz in Anspruch nehmen.

Traveltipps von A bis Z

Anreise

Die meisten Bali-Besucher reisen auf dem Luftweg ein und landen am großen Flughafen **Ngurah Rai International**. Verschiedene asiatische und europäische Airlines fliegen Bali von Europa direkt oder mit einem Zwischenstopp im Nahen Osten an. Man kann auch einen Flug nach Bangkok, Kuala Lumpur, Singapur oder Jakarta buchen und von dort mit dem Flieger, Schiff oder mit Bus und Fähre über Land weiterreisen.

Flughafen

Der große internationale Flughafen von Bali, der **Ngurah Rai International Airport**, Flughafencode DPS, ✆ 0361-751011, ext. 5123, 💻 dps.ngurahrai-airport.co.id/i/eng, liegt 3 km südlich von Kuta an der schmalsten Stelle der Insel und ist nach dem Passagieraufkommen nach dem Flughafen von Jakarta der zweitgrößte des Landes. Bereits 1931 wurde an diesem Ort das erste Flugfeld der Insel eröffnet, das im Zweiten Weltkrieg von den Japanern asphaltiert und ausgebaut wurde. 1959 landete hier der erste Flieger mit internationalen Touristen und 1978 wurde der internationale Terminal vom damaligen indonesischen Präsidenten Suharto feierlich eingeweiht, in seiner heutigen Form existiert er seit 1992. Auffällig ist neben der Verwendung vieler typisch balinesischer Gestaltungselemente der flache Baustil der Gebäude, die im Einklang mit der lokalen Gesetzgebung nicht höher als eine Palme sind. Mittlerweile nehmen die Start- und Landebahn sowie die zwei Terminals fast die gesamte Ausdehnung der 3 km breiten Landenge zwischen Tuban und Jimbaran ein. Ein 750 m langes Teilstück der Landebahn wurde bereits auf aufgeschüttetem Land ins Meer gebaut, sodass es bei der Ankunft bis kurz vor dem Aufsetzen sehr spektakulär über die tosende Brandung hinweggeht.

Im Jahre 2010 wurden hier über 11 Mio. Passagiere abgefertigt, deutlich mehr als die eigentliche Kapazität von 8 Mio. hergibt. Folgerichtig wird zurzeit am Bau eines neuen, modernen internationalen Terminals gearbeitet, der pünktlich zum APEC-Gipfel 2013 fertiggestellt sein soll. Um den bereits etwas in die Jahre gekommenen Flugplatz zu entlasten, wird die Nutzfläche mehr als verdoppelt und so die Kapazität auf über 15 Mio. Passagiere pro Jahr angehoben. Zudem wird eine Verlängerung der Start- und Landebahn auf 3700 m diskutiert, um es auch großen Boeing 747 zu erlauben, mit vollem Tank aus Bali zu starten. Bisher müssen diese Flugzeugtypen an anderen Flughäfen einen Tankstopp einlegen.

Neben zahlreichen Verbindungen nach Lombok (s. Praya, Flüge, S. 362), ins restliche Indonesien und in die Region Südostasien gibt es auch Flüge nach Europa und Australien (s. Flugverbindungen S. 35). Direkt links von der internationalen Abflughalle befinden sich ein McDonald´s, ein Dunkin Donuts und ein paar kleine Geschäfte. Vor dem Inlandsterminal liegt ein Starbucks. Die Kofferträger, die am Flughafen ihre Dienste anbieten, erwarten pro Gepäckstück 5000–10 000 Rp, etwa so viel wie ein Trinkgeld in einem guten Hotel.

Flughafentransfers auf Bali

Direkt vom Flugplatz von Denpasar aus erreicht man alle Touristenzentren der Insel mit überteuerten Coupon-Taxis der Gesellschaft **Ngurah Rai**, ✆ 0361-751011. Die Firma besitzt ein fragwürdiges Monopol auf den Transport vom Flughafen aus und kann es sich daher erlauben, einen kräftigen Aufschlag im Vergleich zu den Taxameterpreisen zu verlangen. Die sonderbare Begründung für das Festpreissystem lautet, dass die Fahrer lange auf ihre Kundschaft warten müssten. Die Schalter, an denen die Tickets erhältlich sind, befinden sich außerhalb der Ankunftshallen, nur wenige Meter vom Ausgang entfernt. Hier hängt auch eine Preisliste an der Wand, die allerdings zur letzten Recherche nicht mehr aktuell war.

Fahrten kosten ungefähr:
CANDI DASA 350 000 Rp;
DENPASAR 80 000–115 000 Rp;
JIMBARAN 70 000–85 000 Rp;
KUTA 55 000–60 000 Rp;
LEGIAN 65 000 Rp;
PADANG BAI 330 000 Rp;
SANUR und NUSA DUA 105 000 Rp;
SEMINYAK 70 000–80 000 Rp;
UBUD 200 000 Rp.

Weniger fliegen – länger bleiben! Reisen und Klimawandel

Der Klimawandel ist vielleicht das dringlichste Thema, mit dem wir uns in Zukunft befassen müssen. Wer reist, erzeugt auch CO_2: Der Flugverkehr trägt mit einem Anteil von bis zu 10 % zur globalen Erwärmung bei. Wir sehen das Reisen dennoch als Bereicherung: Es verbindet Menschen und Kulturen und kann einen wichtigen Beitrag für die wirtschaftliche Entwicklung eines Landes leisten. Reisen bringt aber auch eine Verantwortung mit sich. Dazu gehört darüber nachzudenken, wie oft wir fliegen und was wir tun können, um die Umweltschäden auszugleichen, die wir mit unseren Reisen verursachen.

Wir können insgesamt weniger reisen – oder weniger fliegen und länger bleiben, den Zug nehmen (wenn es einen gibt), Nachtflüge meiden (da sie mehr Schaden verursachen). Und wir können einen Beitrag an ein Ausgleichsprogramm wie **www.atmosfair.de** leisten. Dabei ermittelt ein Emissionsrechner, wie viel CO_2 der Flug produziert und was es kostet, eine vergleichbare Menge Klimagase einzusparen. Mit dem Betrag werden Projekte in Entwicklungsländern unterstützt, die den Ausstoß von Klimagasen verringern helfen.

nachdenken • klimabewusst reisen
atmosfair

Wem diese Preise zu hoch erscheinen, kann auch Richtung Ausgang laufen und entweder auf der Strecke oder außerhalb der Absperrungen zum Flughafengelände ein (Blue-Bird-)Taxi zu den normalen „Meter"-Preisen nehmen. Dann kostet die Fahrt nach Kuta etwa die Hälfte. Auf dem Weg sollte man sich nicht von aufdringlichen Taxifahrern und Schleppern beeindrucken lassen. Ab Kuta besteht die Möglichkeit, mit Touristenbussen kostengünstig alle Teile der Insel zu erreichen.

Wer mit wenig Gepäck unterwegs ist, kann vor der Ankunftshalle versuchen, ein Motorradtaxi *(Ojek)* zu organisieren (Richtpreis: 20 000–30 000 Rp nach Kuta). Damit ist man unter Umständen schneller am Ziel als mit dem Taxi.

Flugverbindungen aus Europa

Die Preise für Flüge in der Economy Class von Europa nach Denpasar und zurück liegen bei 700 –1100 €.

Cathay Pacific, www.cathaypacific.com, fliegt 1x tgl. ab Frankfurt mit einem Zwischenstopp in Hongkong.

KLM, www.klm.com, fliegt ab Basel, Berlin, Bremen, Düsseldorf, Frankfurt, Hamburg, Hannover, Köln, Leipzig, München, Nürnberg, Stuttgart, Wien und Zürich mit Zwischenstopps in Amsterdam oder Paris und teilweise auch Jakarta, Kuala Lumpur oder Singapur.

Lufthansa, www.lufthansa.com, fliegt 2x tgl. ab Frankfurt/Main und München nach Singapur und via Singapur nach Jakarta. Von dort besteht die Möglichkeit, mit anderen Airlines (s. u.), weiter nach Bali zu reisen.

Malaysia Airlines, www.malaysiaairlines.com, fliegt 5x wöchentlich ab Frankfurt/Main mit einem Zwischenstopp in Kuala Lumpur.

Qatar Airways, www.qatarairways.com, fliegt mehrmals wöchentlich ab Berlin, Frankfurt/Main, Genf, München, Stuttgart, Wien und Zürich mit Zwischenstopp in Doha.

Singapore Airlines, www.singaporeair.com, fliegt 2x tgl. ab Frankfurt/Main und 1x tgl. ab München und Zürich mit Zwischenstopp in Singapur.

Thai Airways International, www.thaiair.com, fliegt tgl. ab Frankfurt/Main, München und Zürich mit einem Zwischenstopp in Bangkok.

Flugverbindungen aus Südostasien

Wenn man ein paar Euro sparen möchte oder noch ein anderes Land in der Region besuchen will, bietet es sich an, mit einer der oben ge-

nannten Airlines bis nach Bangkok, Jakarta, Kuala Lumpur oder Singapur zu fliegen und von dort mit einem asiatischen Billigflieger weiterzureisen. Dieser kann von zu Hause aus über das Internet per Kreditkarte gebucht werden.
Air Asia, 💻 www.airasia.com, fliegt 5x tgl. ab Kuala Lumpur, 8x tgl. ab Jakarta, 4x tgl. ab Singapur und 1x tgl. ab Bangkok nach Bali.
Jet Star, 💻 www.jetstar.com, fliegt 1–2x tgl. ab Singapur und mehrmals wöchentlich aus Darwin, Melbourne und Perth.
Lion Air, 💻 www.lionair.co.id, fliegt 11x tgl. ab Jakarta, 10x tgl. ab Surabaya und 1x tgl. ab Yogyakarta.
Silk Air, 💻 www.silkair.com, bedient Lombok (BIL) 3x wöchentlich direkt ab Singapur.

Flugtickets

Flüge können über ein Reisebüro, im Internet oder direkt bei den jeweiligen Fluggesellschaften gebucht werden. Die Angebote der asiatischen Billigflieger, wie Air Asia, Jet Star oder Lion Air, sind immer am günstigsten, wenn sie im Netz gekauft werden.

Normalerweise ist die **Geltungsdauer** von günstigen Flugtickets auf ein, zwei oder drei Monate begrenzt. Zudem kann man mit ihnen nicht die Fluggesellschaft wechseln und erhält kein Geld zurück, wenn der Flug nicht angetreten wird. Bei weniger strikter Handhabung ist zumindest eine Stornierungsgebühr fällig. Für die **Umbuchung** des Rückflugs fallen bei den großen internationalen Fluggesellschaften etwa 50–70 € an.

Gebuchte Flüge müssen bei einigen wenigen Fluggesellschaften noch spätestens drei Tage vor Abflug rückbestätigt werden, was telefonisch geschehen kann. In seltenen Fällen sind die Maschinen überbucht, und die Letzten kommen trotz **Rückbestätigung** nicht mehr mit.

Es empfiehlt sich immer, rechtzeitig am Flughafen zu erscheinen. Besonders bei lange im Voraus erstandenen Tickets lohnt es zudem, den Flugplan der Airline ein paar Wochen vor dem Abflug zu konsultieren, denn es kommt immer wieder zu mittelfristigen Änderungen der Abflugzeiten.

Flugbuchung

Um Flüge online zu buchen, muss man kein Experte sein. Am Erfolg versprechendsten ist die Suche über die bekannten Flug-Preisvergleichs-Seiten und die etablierten Reiseportale, aber auch die Seiten der jeweiligen Fluggesellschaften lohnen einen Blick, da es hier oft besondere Online-Tarife gibt. Auch in Reisebüros kann nach günstigen Angeboten gefahndet werden. Zudem hat diese Methode den Vorteil, dass es dort einen Ansprechpartner gibt, der bei Problemen kontaktiert werden kann. Wer flexibel ist, findet auch Seiten mit Last-Minute-Angeboten oder Sondertarifen für Flüge oder Hotelzimmer, die teils nur im Netz von Veranstaltern, Hotels oder Airlines offeriert werden.

Folgende Buchungsportale sind empfehlenswert:
💻 **www.swoodoo.de**
💻 **flug.idealo.de**
💻 **www.billigflieger.de**
💻 **www.skyways.de**

Folgende Reiseportale sind empfehlenswert:
💻 **www.holidaycheck.de**
💻 **www.tripadvisor.de**
💻 **www.opodo.de**
💻 **www.travelchannel.de**.

Anreise mit der Fähre

Von Singapur bzw. der vorgelagerten indonesischen Insel Batam und zahllosen anderen indonesischen Häfen aus bietet sich die Alternative, mit den staatlichen Fähren von **PELNI** (Büro auf Bali: Jl. Diponegoro 165, 📞 0361-234680, 💻 www.pelni.co.id/?bhs=en) nach Bali zu reisen. PELNI-Fähren verkehren regelmäßig nach festen Fahrplänen alle zwei Wochen oder jeden Monat auf vorgegebenen Routen. Diese Strecken können je nach Bedarf auch miteinander kombiniert werden.

Nähere Informationen zu den Fähren von Bali nach Java s. S. 260 und von Bali nach Lombok s. S. 322

Botschaften und Konsulate

Vertretungen Indonesiens im Ausland

Botschaft in Deutschland
Botschaft der Republik Indonesien, Lehrter Str. 16–17, 10557 Berlin, ☏ 030-478070, 📠 4473 7142, 💻 www.botschaft-indonesien.de. 🕒 Visastelle: Beantragung Mo–Do 9–12.30, Abholung 14.30–15.30, Fr 9–12 Uhr.

Generalkonsulate
Frankfurt: Zeppelinallee 23, 60325 Frankfurt am Main, ☏ 069-2470 980, 📠 2470 9840, 💻 www.indonesia-frankfurt.de. 🕒 Mo–Do 9.30–12.30, Fr 9.30–12 Uhr.
Hamburg: Bebelallee 15, 22299 Hamburg, ☏ 040-512071, 📠 511 7531, 💻 www.kjrihamburg.de. 🕒 Mo–Fr 9–13 und 14–17 Uhr.

Honorarkonsulate
Bremen: Herr Friedrich Lürssen, Zum Alten Speicher 11, 28759 Bremen, ☏ 0421-660400, 📠 660 4300. 🕒 Mo–Fr 10–12 Uhr.
Hannover: Herr Günter Karl Willi Nerlich, Friedrichswall 10, 30159 Hannover, ☏ 0511-361 2150, 📠 361 8668. 🕒 Mo, Mi und Fr 10–12 Uhr.
Kiel: Dr. Dieter Murmann, Brauner Berg 15, 24159 Kiel, ☏ 0431-394020, 📠 394025. 🕒 Mo–Fr 10–12 und 14–16 Uhr.
München: Herr Wolfgang Schoeller, Widenmayerstr. 24, 80538 München, ☏ 089-292126. 🕒 Di–Do 9–11.30 Uhr.
Stuttgart: Herr Karlheinz Kögel, Flughafen Stuttgart, Dienstleistungsgebäude E5, Raum 5.045, 70629 Stuttgart, ☏ 0711-797 0788, 📠 797 0769. 🕒 Mo–Fr 10–12 und 14–18 Uhr.

Botschaft in Österreich
Botschaft der Republik Indonesien, Gustav Tschermakgasse 5–7, 1180 Wien, ☏ 0431-476 2316, 📠 479 0557, 💻 www.kbriwina.at. 🕒 Visastelle: Beantragung Mo–Fr 9–12 Uhr, Abholung Mo–Do 14.30–16 und Fr 13.30–16 Uhr.

Botschaft in der Schweiz
Botschaft der Republik Indonesien, Elfenauweg 51, 3006 Bern, ☏ 031-352 0983, 📠 351 6765, 💻 www.indonesia-bern.org. 🕒 Visastelle: Mo–Fr 9–12 Uhr.

Ausländische Vertretungen in Indonesien

Deutsche Botschaft Jakarta
Jl. M. H. Thamrin 1, Jakarta 10310, ☏ 021-3985 5000, Notfalltelefon: 0811-152526, 📠 390 1757, 💻 www.jakarta.diplo.de. 🕒 Konsularabteilung, Pass- und Visastelle: Mo–Fr 7.30–11.30 Uhr, Botschaft: Mo 7.15–15.30, Di–Do 7.15–15.45 und Fr 7.15–13 Uhr. Visa-Gebühren können nur per EC-Karte oder Überweisung bezahlt werden.

Deutsches Konsulat Bali
Jl. Pantai Karang 17, Sanur, ☏ 0361-288535, 📠 288826, ✉ sanur@hk-diplo.de. 🕒 Mo–Fr 8–12 Uhr.

Österreichische Botschaft Jakarta
Jl. Diponegoro 44, Menteng, Jakarta Pusat 10310, ☏ 021-2355 4005, Notfalltelefon 0811-833790, 📠 3190 4881, 💻 www.austrian-embassy.or.id. 🕒 Mo–Fr 9–12 Uhr.

Schweizerische Botschaft Jakarta
Jl. H.R. Rasuna Said, Blok X 3/2, Kuningan, Jakarta-Selatan 12950, ☏ 021-525 6061, 📠 520 2289, 💻 www.eda.admin.ch/jakarta. 🕒 Mo–Fr 9–12 Uhr.

Schweizerisches Konsulat Bali
(auch für Österreicher zuständig)
Kuta Central Park, Blok Valet 2 No 12, Jl. Patih Jelantik, Kuta 80361, ☏ 0361-751735, 📠 754457, ✉ bali@honrep.ch. 🕒 Mo–Fr 9–13 Uhr.

Australisches Konsulat Bali
(auch für Kanada und Neuseeland zuständig)
Jl. Tantular 32, Renon, Denpasar, ☏ 0361-241118, 📠 221195, 💻 www.bali.indonesia.embassy.gov.au. 🕒 Mo–Fr 8–16 Uhr. Hier gibt es Visa für Australien.

Einkaufen

Auf den ersten Blick wirken besonders Kuta oder die Jl. Ngurah Rai By Pass zwischen Seminyak und Sanur wie gigantische Einkaufszentren mit vereinzelten Restaurants und Unterkünften. Neben zahlreichen Ständen mit Souvenirs, schlecht gefälschten Markenwaren und einheimischen Produkten finden sich besonders im Süden der Insel **Bekleidungsgeschäfte** aller namhaften Surfmarken sowie große, nach westlichem Vorbild konzipierte **Einkaufszentren**, aber auch zunehmend schicke **Boutiquen** mit eigenständigen, geschmackvollen Designs, die besonders in Seminyak entstanden sind.

Man sollte sich niemals am ersten Tag zu Spontankäufen verleiten lassen, sondern erst einmal das Angebot sondieren und später mehrere Dinge gleichzeitig in einem Laden erwerben, denn so hat man bessere Möglichkeiten zu handeln (Tipps zum Handeln s. S. 39). In den großen Geschäften und Einkaufszentren hingegen werden Festpreise verlangt. Wohin es auch geht, ein Gang über den **Markt** ist immer lohnenswert, denn er bietet einen Überblick über Angebot und Preise und die Möglichkeit, sich mit Waren des täglichen Bedarfs, Obst und kleinen Snacks einzudecken.

Auf den Kauf von Antiquitäten (für Gegenstände, die älter als 50 Jahre sind, benötigt man ohnehin eine Exportgenehmigung) und Gegenständen, die von geschützten Tierarten stammen (z. B. Schildpatt, Elfenbeinschnitzereien, Krokodilleder oder Korallen), sollte generell verzichtet werden. Der Zoll beschlagnahmt diese Gegenstände ersatzlos und es ist mit hohen Strafen zu rechnen!

Kleiner Einkaufsatlas

Die Preise für **balinesisches Kunsthandwerk** sind in den Touristenzentren logischerweise deutlich höher als in den Dörfern der Produzenten. Günstig kauft man Kleidung in Kuta, Batik-Stoffe in Denpasar, Holzschnitzereien in Mas, Bilder in und um Ubud, Lederpuppen in Bedulu, Steinmetzarbeiten in Batubulan und den nördlichen Nachbardörfern, Silber in Celuk, Antiquitäten, *Lontar*-Schriften und *Ikat*-Stoffe in Klungkung und *Ikat*-Webereien und traditionelle Masken auf Lombok.

Textilien

Dekorative **Batikbilder und -textilien** (Sarongs, Kleidungsstücke, Taschen usw.) sind ein beliebtes Mitbringsel. Sie brauchen wenig Platz im Gepäck und ein Batik-Sarong kann zugleich als Kleidungsstück und als Decke benutzt werden. Die Batikmalerei hat zwar ihren Ursprung in Yogyakarta auf Java, wird aber auch in Bali verkauft. Da es große qualitative Unterschiede gibt, variieren die Preise erheblich. Vorsicht: Oft werden billige Drucke als echte Batik angeboten, die beim Waschen stark ausfärben.

Mit Goldfäden durchwirkte **Songket-Stoffe** für festliche Kleidungsstücke werden vor allem in Blayu (West-Bali) gewebt und teuer verkauft. **Ikat-Decken** von den östlichen indonesischen Inseln Flores und Sumba, handgesponnen und mit Naturfarben gefärbt, erzielen in den Touristenzentren Höchstpreise. Preiswertere Stoffe werden zu Taschen oder Kleidungsstücken verarbeitet.

Kleidung für Touristen, von T-Shirts in allen Farben über Badebekleidung und schicke Klamotten bis zu grellbunten Shorts, gibt es vor allem in Kuta, Legian, Seminyak und Ubud. Neben den billigen Kopien bekannter Surf- und Lifestylemarken bringen hier kreative Designer Jahr für Jahr neue Erfolgsmodelle auf den Markt, die mit etwas Verspätung auch in Deutschland zum vielfachen Preis angeboten werden. Wer nach dem Bali-Aufenthalt noch nach Java reist, sollte sich beim Einkaufen zurückhalten, denn dort sind die Preise deutlich niedriger.

Kunst, Kunsthandwerk und weitere Souvenirs

Wer in Bali **Silberschmuck** kaufen oder anfertigen lassen möchte, sollte auf dem Weg nach Mas einen Zwischenstopp in Celuk einlegen. Auch in Kamasan bei Klungkung wird Silber zu Schmuck und dekorativen Gegenständen verarbeitet.

Mas, das balinesische Dorf der Brahmanen, ist Zentrum der **Holzschnitzer**. Kunstvolle Masken und Statuen aus Edelhölzern, aber auch Möbel werden hier zu beachtlichen Preisen angeboten. Preiswertere, bunt bemalte Stücke schnitzt man in Sukawati, Möbel in Batuan und Pengosekan sowie an der Jl. Bypass Ngurah Rai bei Sanur, echt wirkende Tiere und Pflanzen in Teges, Tegallalang und Pujung.

Walter Spies und Rudolf Bonnet begründeten in Ubud die moderne **Malerei**, die heute noch hier beheimatet ist. In den Dörfern der Umgebung kann man Künstlern bei der Arbeit über die Schulter schauen und die Gemälde zu einem günstigeren Preis als in den teils edlen Kunstgalerien von Ubud bekommen. Im Dorf Penestanan sind die Young Artists zu Hause und in Kamasan die traditionellen Maler. Die dazu passenden Holzrahmen werden u. a. in Petulu gefertigt.

Die **Schattenspielfiguren** aus Büffelleder, *Wayang Kulit*, stammen überwiegend aus Yogyakarta. Selten werden noch balinesische Figuren aus Sukawati oder Klungkung angeboten.

Wer eine **Steinstatue** in Batubulan oder direkt bei den Steinmetzen in den nördlichen Nachbarorten Singapadu oder Kutri kauft, sollte eine der zahlreichen Speditionen in Anspruch nehmen. Da mind. 1 m^3 (unabhängig vom Gewicht) bezahlt werden muss, lohnt es sich oft, noch zuzuladen.

Weitere beliebte Mitbringsel sind Muschelschmuck, Knochenschnitzereien, Messingwaren, bunte Mobiles, Windspiele, Korbwaren und *Lontar*-Bücher, aber auch *Kretek* (Nelken-Zigaretten). Dabei sollten immer die jeweiligen Zollbestimmungen beachtet werden. Weitere Tipps sind in den Regionalkapiteln zu finden.

Handeln

Außerhalb der großen Geschäfte mit Fixpreisen gehört das Handeln zum Einkaufen dazu. Die Preise werden je nach Geschick des Käufers und Laune des Verkäufers gemacht. Keiner sollte sich dabei betrogen fühlen, sondern sich der Aufforderung, ins Gespräch zu kommen und die Kunst des Handelns zu erlernen, stellen. Fast alle Verkäufer lassen mit sich reden. Falls nicht, sollte man lieber woanders einkaufen.

Zunächst gilt es zu überlegen, welchen Preis man selbst gerne zahlen würde. Der vom Verkäufer zuerst genannte Preis ist fast immer

Auch beim Handeln gehört eine gehörige Portion Spaß immer mit dazu.

deutlich überhöht. Zuerst sollte man kein Gegengebot nennen, sondern mind. einen zweiten, niedrigeren Preis einfordern. Jetzt kann ein Gebot von etwa der Hälfte des genannten Preises abgegeben werden. Nun geht es hin und her und je nach Verhandlungsgeschick und Sympathiepunkten kann ein erheblich günstigerer Preis ausgehandelt werden. Sollten die Verhandlungen dennoch ins Stocken geraten und der Preis nicht den eigenen Vorstellungen entsprechen, lohnt es sich manchmal auch, mit einer überzogenen Geste dem Straßenhändler den Rücken zu kehren und davonzulaufen. Oft wird man dann noch einmal zurückgerufen und erhält das Produkt doch zum gewünschten Preis.

In der Regel lohnt es sich, kein übermäßiges Interesse am zu erstehenden Produkt zu zeigen und mit den Einkäufen zu warten, bis man sich akklimatisiert und einen Überblick über die Preisspannen verschafft hat. Auch helfen ein gesunder Teint sowie ein paar Worte Indonesisch oft dabei, einen günstigeren Preis zu bekommen, da dies zeigt, dass man schon länger vor Ort ist. Die Preise in den Touristenzentren sind meistens überhöht, weil manche Pauschaltouristen jede Summe bezahlen. Zudem sollte man sich beim Einkaufen nicht von einem Guide begleiten lassen, der am Ende eine hohe Provision kassiert.

Elektrizität

Die **Stromversorgung** auf Bali ist (für indonesische Verhältnisse) sehr gut und erreicht nahezu alle Dörfer. Unregelmäßige Stromausfälle kommen dennoch, besonders in der Regenzeit, vor. Sie können nur wenige Minuten, manchmal aber auch Stunden dauern und werden vornehmlich mit Dieselgeneratoren überbrückt. Zur Sicherheit sollte eine kleine Taschenlampe in keinem Reisegepäck fehlen.

Die meisten **Steckdosen** sind Schuko-Steckdosen, die auch als Stecker Typ F oder „deutsche Steckdosen" bekannt sind. Dieser Umstand ist den Holländern zu verdanken und macht in der Regel den Einsatz eines Adapters überflüssig. Selten findet man den Stecker Typ G (englische Steckdosen), der für drei flache Stifte konzipiert ist. Steckdosen verfügen meist über keine Erdung, das Risiko eines Stromschlags ist daher deutlich höher als bei uns.

Wer elektronische Geräte mitbringt, muss mit standardmäßig 220 V und 50 Hz rechnen, genau wie in Deutschland. Die Spannung kann aber ziemlich instabil sein und zwischen 110 und 310 Volt schwanken. Auch die Frequenz kann 50 Hz deutlich über- und unterschreiten. Für empfindliche elektronische Geräte (wie z. B. Laptops) kann das in seltenen Fällen zum Problem werden. In größeren Hotelanlagen muss man sich darüber keine Gedanken machen. Hier gibt es meist einen Gleichrichter, der Schwankungen ausgleicht, sowie geerdete Steckdosen.

Essen und Trinken

Wie überall in Südostasien ist **Reis** das Grundnahrungsmittel Nummer eins. Berühmt ist die indonesische Küche für den Gebrauch zahlreicher **Gewürze**. Der Kampf europäischer Großmächte um das lukrative Monopol im Gewürzhandel (Molukken = „Gewürzinseln") zeugt von der historischen Bedeutung des Gewürzanbaus für den Archipel.

Balinesische Spezialitäten

Balinesische Spezialitäten sind Gerichte mit Enten- und Schweinefleisch sowie Süßspeisen aus Reis.

Unbedingt probieren sollte man Bali-Ente, **Bebek Betutu**. Eine ganze Ente wird mit Haut und Knochen in einer scharfen Gewürzmischung mariniert und in Bananenblätter gewickelt gegart. Sie ist meist erst einen Tag nach Vorbestellung zu bekommen, da sie traditionell im Freien bis zu acht Stunden auf einer Glut aus Kokosnussschalen garen muss. Die Bananenblätter halten das Fleisch dabei zart und saftig, während die Marinade für die unverwechselbare Würze sorgt.

Babi Guling ist die balinesische Variante des Spanferkels und wird auf zahlreichen Festen

Vegetarier und Veganer

Für alle Vegetarier und Veganer gibt es eine gute Nachricht: Auch ohne den Verzehr von Fleisch kann man auf Bali überleben. Es gibt sogar eine reichliche Auswahl an Gerichten. Speisen wie Nasi Campur, Nasi Padang, Nasi Goreng, Mie Goreng oder Gado-Gado sind meistens vegetarisch, können aber auch tierische Bestandteile beinhalten. Von daher sollte schon bei der Bestellung der gewünschten Mahlzeit darauf hingewiesen werden, dass man Vegetarier ist. Veganer sollten immer darauf achten, dass keine Eier *(Telur)* ins Essen gemischt werden. Milch und Käse stehen ohnehin nicht auf der Speisekarte.

Da Balinesen unter einem Vegetarier jemanden verstehen, der kein Rind- und Schweinefleisch, aber Fisch und Geflügel isst, sollte genau erklärt werden, was man essen möchte. Anstelle von Fleisch können z. B. Tempe (frittierte fermentierte Sojabohnen) oder Tofu bestellt werden. *Krupuk* (Kräcker), oft und gern als Beilage gereicht, enthalten neben Weizen, Cassava und Tapioka überwiegend auch Bestandteile von Fisch oder Krabben. Auch hier sollte man vorsichtshalber nachfragen, da es auf den ersten Blick (oder Riecher) nicht immer ersichtlich ist. Gleiches gilt für manche Sorten Sambal.

serviert. Dafür wird das ganze Schwein immer wieder mit einer Mischung aus Kokosnussöl und Kurkuma begossen, damit es seine orangeschimmernde Farbe erhält. Mittags ist Babi Guling frisch gegrillt mit scharfen Beilagen an vielen kleinen Essenständen zu bekommen. In Restaurants wird es seltener angeboten.

Etwas ungewohnt schmecken einheimische **Süßspeisen**, die zumeist aus Klebreis, Palmzucker und Kokosmilch zubereitet werden, wie z. B. der beliebte Kuchen Wajik.

Typische indonesische Gerichte

Nasi Campur

Das indonesische „Nationalgericht" bekommt man an Essenständen und in fast allen Restaurants. Zum Reis gibt es unterschiedliche, oft kalte Beilagen, meist verschiedene Gemüsesorten, geröstete Erdnüsse, Tempe, Kokosraspeln, Schweinefleisch oder auch Huhn, Fisch und Ei.

Nasi Goreng

Das bekannteste Gericht des Landes besteht aus gebratenem Reis, bei dem weißer Reis mit Gemüse und Fleisch oder Krabben gemischt wird. Manchmal wird das Ganze noch von einem Spiegelei gekrönt. Dann heißt das Gericht Nasi Goreng Spesial. **Mie Goreng** ist das Gleiche mit Nudeln (*Mie* = „Nudeln").

Nasi Padang/Makanan Padang

Die Gerichte, die aus verschiedensten Zutaten mit viel Chili zubereitet werden, liegen rot und gelb leuchtend in den Auslagen der Essenstände. Die hochkonzentrierte Schärfe der Speisen macht den Kühlschrank überflüssig und das Essen für Ungeübte zu einer Mutprobe. Fisch- und Hühnchencurry, Gemüse, getrocknetes Fleisch, extrascharf gewürztes Rindfleisch, Eier, Tempe, Tofu oder Aal werden aus verschiedenen Schälchen kalt mit viel Reis serviert.

Sop und Soto

Sop ist eine dicke Suppe im Eintopf-Stil, die aus Kokosmilch, Gemüse, Fleisch und Reis gekocht wird. Sop Buntut, auch als indonesische Ochsenschwanzsuppe bekannt, gilt als der Klassiker. Klare Suppen werden unter dem Begriff **Soto** zusammengefasst. Die bekannteste ist die Soto Ayam, eine Hühnersuppe, die meinst mit Nudeln serviert wird.

Cap Cai

Cap Cai ist die indonesische Bezeichnung für das chinesische Chopsuey, ein Gericht aus gekochten, klein geschnittenen Gemüsestückchen, unter Umständen auch mit gebratenem Ei, Fleisch oder Krabben vermischt. Als Suppe heißt das Gericht Cap Cai Kuah. Wird es in einer hellen Sauce serviert, nennt man es Cap Cai Goreng. Einfaches gebratenes Gemüse hat die Bezeichnung **Sayur Goreng**.

Sate
Vor allem auf Märkten gibt es Stände, die diese kleinen Fleischspieße verkaufen. Sie werden in Zucker und Gewürzen eingelegt und anschließend über Holzkohle gegrillt. Dazu gibt es eine würzig-süße Erdnusssoße. Man verwendet vor allem Ziegen- *(Kambing)* und Hühnerfleisch *(Ayam)*, auf Bali oft auch Schweinefleisch *(Babi)*.

Gado-Gado
Ein kalter Salat aus gekochtem Mischgemüse und Kartoffeln oder Lontong mit viel Sojasprossen, der mit Erdnusssoße angemacht wird. Dazu werden *Krupuk* (Krabbenmehlkräcker) gereicht.

Roti
Der allgemeine Ausdruck für Brot, zumeist Weißbrot. In den Touristenhochburgen gibt es Brote nach westlichem, auch deutschem, Geschmack, in Denpasar und Ampenan (Lombok) zudem alteingesessene Bäckereien, die leckere **Kuchen** im Angebot haben, ein Relikt aus der holländischen Kolonialzeit.

Lontong
In Bananenblättern gekochter Klebreis, der oft als Beilage zu Sate oder Gado-Gado gereicht wird.

Pisang Goreng
Gebratene Bananen, als erstes Frühstück oder als Zwischenmahlzeit, sind auf jedem Markt erhältlich.

Getränke

Neben den üblichen Softdrinks und der in verschiedenen Neontönen erstrahlenden indonesischen Fanta können viele Fruchtsäfte, balinesische Weine und Tees probiert werden.

Keine Angst vor Eis

Der Genuss von eisgekühlten Getränken muss auf Bali kein Kopfzerbrechen bereiten, da selbst die Eiswürfel in einem kleinen Essenstand staatlich kontrolliert und stets aus abgekochtem Wasser industriell hergestellt werden.

Dringende Warnung vor billigem Arak

In den letzten Jahren gab es vermehrt durch illegal destillierten Arak hervorgerufene Todesfälle, auch von Touristen, auf Bali und Lombok, daher sollte auf billige Arak-Cocktails ausdrücklich verzichtet werden (weitere Informationen s. S. 376)!

Alkoholische Getränke
Tuak (Palmwein) und **Brem** (Reiswein) steigen schnell zu Kopf und variieren sowohl geschmacklich als auch in ihrem Alkoholgehalt lokal stark voneinander.

Arak ist destillierter Reisschnaps und manchmal unberechenbar in seiner Wirkung. Er kann sowohl klar als auch milchig trüb sein.

Anggur Hitam ist eine Art süßlicher, dickflüssiger Rotwein, der als kräftigendes, gesundheitsförderndes Tonikum verkauft wird.

Bir (Bier) bekommt man ab 12 000 Rp je kleine Flasche. Am weitesten verbreitet ist die einheimische Marke Bintang. Ebenfalls zu finden sind die lokalen Biere Bali Hai und Anker sowie die ausländischen Marken Heineken, Carlsberg und, in seltenen Fällen, Asahi.

Nichtalkoholische Getränke

Teh	Tee
… pahit	… ohne alles
… manis	… mit Zucker
… panas	… heiß
Susu	Milch, oft süße Dosenmilch
Susu Lembar	Kuhmilch
Coklat	Schokolade
Es	Eiswürfel
Kopi	Kaffee
Kopi Susu Es	Eiskaffee mit Milch
Air/Air putih	Wasser/Trinkwasser
Jus (…)	Fruchtsaft
Jus Jeruk	Orangen-/Zitronensaft
Jus Mangga	Mangosaft
Air Kelapa Mudah	junge Kokosmilch
Es Buah	geraspeltes Eis mit Fruchtgelee

Früchte

Alpukat Avocado
Blimbing Karambola bzw. Sternfrucht. Bis zu 12 cm große, gelbe oder grünliche Frucht, sauer.
Delima Granatapfel
Duku Samtige, taubeneigroße Frucht, süß, mit weißem, durchscheinendem Fruchtfleisch.
Durian Stachelfrucht, Stinkfrucht. Grüne und stachelige Frucht bis zur Größe einer Wassermelone. Wegen des eigenartigen, strengen Geruchs, der von der „Königin der Früchte" ausgeht, ist ihr Genuss in vielen Hotels verboten und wird von vielen Europäern gemieden. Hingegen schwelgen Indonesier während der Erntezeit im Durian-Rausch. Es ist gesundheitlich riskant, sie zusammen mit Alkohol zu genießen, da der Körper stark erhitzt wird. Durian wird in großen Mengen eine berauschende, aphrodisierende Wirkung nachgesagt.
Jambu Air Rosenapfel. Kleine, rote, glatte, glänzende Frucht, festes, süßes Fruchtfleisch. Schnell verderblich.
Jambu Biji Guave. Grünlich gelbe Frucht, rosafarbenes oder gelbes Fruchtfleisch mit winzigen Samen, apfelartige Konsistenz.
Jambu Bol Malacca-Apfel. Große rötliche Frucht.
Jambu Monyet Cashew-Apfel. Dessen Kern ist die Cashewnuss.
Jeruk Zitrusfrüchte. Jeruk Bali = Pomelo, Jeruk Besar = Grapefruit, Jeruk Manis = Orange, Jeruk Kepruk = Mandarine, Jeruk Asam = Limone/Limette.
Kecapi Santolfrucht. Orangengroß, mit flaumiger, gelber Schale und weißem Fruchtfleisch.
Kedongdong Goldapfel oder Apfelmango. Kleine, grün-gelbliche Frucht mit großem Kern.
Kelapa Kokosnuss
Longan Longanfrucht, auch Mata Kucing (Katzenauge) genannt. Klein, braun, rauschalig, wird in Bündeln verkauft, süßsaurer Geschmack, im reifen Zustand dann süßlich wie Litschi.
Mangga Mango
Manggis Mangosteen. Apfelgroße, schwarzlila Frucht, süßsaure Fruchtsegmente. Saft der Schale stark färbend. Nie mit Zucker süßen.
Markisa Passionsfrucht. Grün bis rötlich-violette Frucht.
Nanas Ananas
Nangka Jackfrucht. Die ovalen, grünen Früchte (bis 20 kg schwer!) haben süßes, gelbes Fruchtfleisch. Wird auch als Kochgemüse verwendet.
Papaya Papaya. Melonenähnliche, grünlichgelbe Frucht mit orangefarbenem oder gelbem Fruchtfleisch, mit Limettensaft probieren.
Pisang Banane
Rambutan Rambutan. Haarige, pflaumengroße, rötlich-gelbe Frucht. Unter der weichen Schale verbirgt sich ein süßes, weißes Fruchtfleisch. In der Mitte ein großer Kern.
Salak Schlangenfrucht. Kleine, braune Frucht, deren feste Schale an eine Schlangenhaut erin-

Bali-Wein

Im Norden der Insel werden seit über 100 Jahren Trauben geerntet, die bis Anfang der 1990er-Jahre ausschließlich als Obst verkauft oder zu süßem Anggur Hitam vergoren wurden. Ebenso wie im gesamten südostasiatischen Raum hat das Keltern von Wein hier keinerlei Tradition. Weder der klebrig-süße Rotwein noch der Reiswein entsprach dem Geschmack der Touristen, die auf teure, importierte Weine angewiesen waren. Doch die erfolgreiche Zusammenarbeit von I.B. Rai Budarsa, dem Besitzer einer Reiswein-Kelterei, und Vincent Desplat, einem französischen Winzer, der über Australien nach Bali gelangte, machte es möglich: Hatten-Wein, ein dem westlichen Geschmack entsprechender Wein, wird seit 1994 im Nordwesten der Insel kommerziell angebaut und gekeltert. Das erste, gut eingeführte Produkt ist der fruchtige, frische Rosé, der auch zu den würzigen indonesischen Speisen passt. Daneben werden sieben weitere Weine und sogar zwei Sektsorten hergestellt. Die Produkte der ersten balinesischen Winzer sind u. a. im The Cellardor, Jl. Bypass Ngurah Rai, ✆ 0361-767422, 💻 www.hattenwines.com, 🕒 Mo–Fr 9–17.30 und Sa 9–15 Uhr, erhältlich.

nert, apfelartiger Geschmack der Fruchtsegmente. Schnell verderblich.

Sawo Sapotillapfel. Braun, in Form einer Kartoffel, Geschmack ähnlich einer reifen Birne.

Semangka Wassermelone

Sirsak Sauersack, Stachelanone. Lange, herzförmige, grüne Frucht. Das weiße und saftige Fruchtfleisch mit schwarzen Samen eignet sich sehr gut für Fruchtsäfte, die es in Indonesien auch abgefüllt zu kaufen gibt.

Gemüse

Bawang Merah/Putih	Zwiebel/Knoblauch
Jagung	Mais
Kacang	Erdnüsse
Kacang Hijau	grüne Bohnen
Kangkung	Wasserspinat, Nachtschattengewächs, das wie eine Kreuzung aus Spinat und Weißkohl schmeckt.
Kentang	Kartoffel
Kol	Kohl
Kol Bunga (Hijau)	Blumenkohl (Brokkoli)
Tahu/Tau	Tofu
Tomat	Tomate
Ubi Kayu	Maniok, Kassava, Brotwurzel, Wurzelknollen, die auch in trockenen Böden gedeihen und gekocht ähnlich wie Kartoffeln verwendet werden, mehlige Konsistenz.
Wortel	Karotte

Fleisch und Fisch

Daging	Fleisch
Ayam	Huhn
Babi	Schwein
Bakso	Fleischbällchen, die besonders in Suppen verwendet werden.
Bebek	Ente
Kambing	Ziege
Sapi	Rind
Tanpa daging	fleischlos, ohne Fleisch
Ikan	Fisch
Cumi-cumi	Tintenfisch
Siput	Muscheln, Schnecken
Tongkol	Thunfisch
Udang	Krabbe, Shrimp
Udang galah	Hummer

Gewürze

Asam	Tamarinde
Bawang Putih	Knoblauch
Cengkeh	Nelken
Garam	Salz
Gula	Zucker
Jahe	Ingwer
Kayu manis	Zimt
Kepulaga	Kardamom
Ketumbar	Koriander
Cabe	Chili
Lada, Merica	Pfeffer
Biji pala	Muskatnuss
Serai	Zitronengras

Außerdem runden folgende Bestandteile ein Essen geschmacklich ab:

Santan	Kokosmilch
Krupuk	in Öl gebackene Krabbenmehlkräcker
Kecap manis	süße Sojasoße
Sambal	Chilipaste/-soße

Weitere Begriffe sind im Sprachführer ab S. 408 zu finden.

Wo essen?

Warung

Zahlreiche kleine Essenstände, sogenannte Warung, bieten warme Mahlzeiten zu erstaunlich günstigen Preisen an. Es ist kein Problem, zu jeder Tageszeit irgendwo etwas Essbares zu bekommen, außer während einiger inselweiter Feiertage (*Nyepi* und *Galungan* auf Bali sowie während des islamischen Fastenmonats Ramadan auf Lombok), an denen ohnehin alles geschlossen ist.

Auf dem Land sind die Essensmöglichkeiten zumeist auf einfache Warung begrenzt. Höchstens die **Essensmärkte** auf Straßen oder großen Plätzen locken mit einem breit gefächerten Angebot. Fast jeder Stand bietet andere, frisch zubereitete Spezialitäten: *Sate*, *Krupuk*, Klebreis, gebackene Bananen, aber auch ganze Gerichte.

Hingegen gibt es in den Touristenzentren auf Bali ein vielfältiges Überangebot. Neben den unzähligen Restaurants, die auch westliche Speisen anbieten, finden sich auf Märkten und abseits der Ballungsräume viele Warung. Wer hier essen möchte, braucht bloß Fahrer oder Guides zu fragen, wo sie essen.

Rumah Makan

In billigen einheimischen Restaurants, *Rumah Makan*, muss es nicht unbedingt schlecht schmecken. In der Mittagshitze sitzt man hier angenehmer und vor allem kühler als in den Warung. Das Essensangebot ist zumeist in Schüsseln und auf Platten am Eingang unter Glas aufgestellt. Man sucht sich die Gerichte heraus, die man haben möchte. Das Essen ist meist kalt, doch durch die reichlichen Mengen an Chilis oder ausgiebiges Frittieren verdirbt es trotz tropischer Hitze nicht schnell. Für ein Gericht zahlt man um 30 000 Rp.

Restaurants

Ebenfalls günstig sind die Gerichte in Touristenrestaurants, die **Traveller-Food** servieren und oft einfachen Unterkünften angeschlossen sind. Das Angebot ist vielfältig und man muss weder auf Sandwiches, Pizza und Pasta noch auf mexikanische Speisen verzichten. Die Preise pro Gericht liegen im Bereich zwischen 20 000 und 50 000 Rp.

Die qualitativ besten, aber auch teuersten **Restaurants** servieren hochwertige westliche wie asiatische Gerichte sowie leckeres Seafood. Einige Köche, die überwiegend aus westlichen Ländern stammen, haben in Bali zudem erfolgreich die kreative **Fusion Cuisine** etabliert. Sie nutzt traditionelle westliche und östliche Zutaten und Methoden, um völlig neue geschmackliche wie ästhetische Kreationen zu schaffen.

Ramadan-Termine 2012–2016
20.07.2012 – 18.08.2012
09.07.2013 – 07.08.2013
28.06.2014 – 27.07.2014
18.06.2015 – 17.07.2015
06.06.2016 – 05.07.2016

Feste und Feiertage

Einen Grund, ein Fest zu feiern, finden Balinesen fast täglich. Die meisten Feierlichkeiten sind religiöser Natur und wiederholen sich nach dem *Pawukon*-Kalender alle 210 Tage. Andere Feste richten sich nach dem islamischen oder gregorianischen Kalender, viele auch nach dem Mondkalender. Die wichtigsten Zeremonien und Feste sind ab S. 115 beschrieben.

Auf Bali gibt es staatliche, moslemische, chinesische, buddhistische, christliche und örtliche Feiertage. Verschiedene Feiertage folgen verschiedenen Kalendersystemen und fallen jedes Jahr auf einen anderen Tag. Die Daten der religiösen Feiertage und Feste findet man in der in den Touristinformationen erhältlichen Broschüre *Calender of Events*, unter 💻 www.asien-feste.de oder 💻 www.balitrips.net/temple_ceremony/calender_of_event.html.

Balinesische Feiertage 2012–2016

Galungan (Mi)	Kuningan (Sa)	Nyepi
29.08.2012	08.09.2012	12.03.2013
27.03.2013	06.04.2013	31.03.2014
23.10.2013	02.11.2013	21.03.2015
21.05.2014	31.05.2014	09.03.2016
17.12.2014	27.12.2014	
15.07.2015	25.07.2015	
10.02.2016	20.02.2016	
07.09.2016	17.09.2016	

Mehr zum balinesischen Kalender s. S. 114

Staatliche Feiertage

1. Januar	Neujahr
März/April	Karfreitag, Ostersonntag
21. April	Kartini-Tag (indonesischer Muttertag)
17. August	Indonesischer Unabhängigkeitstag
1. Oktober	Pancasila-Tag
5. Oktober	Tag der Streitkräfte
25. Dezember	Weihnachten

Fotografieren

Dass man die Kamera wie eine Waffe handhaben kann und sie auch wie eine solche empfunden wird, wissen wir nicht erst, seitdem der Tourismus die entferntesten Winkel der Welt entdeckt hat. Gerade das Fotografieren von Menschen erfordert Respekt und Sensibilität. Oft genügt es schon, sich vorzustellen, wie es ist, eine Kamera auf sich gerichtet zu fühlen, noch dazu bei so privaten Tätigkeiten wie Essen, Schlafen, Beten oder beim Feiern von Festen.

Vor allem ältere Menschen haben manchmal Angst davor, auf Fotos festgehalten zu werden, da sie glauben, dass ihre Seele nach dem Tod auf dem Foto gefangen gehalten wird. Kinder hingegen sind zumeist ganz wild darauf, ein Foto von sich schießen zu lassen und haben großen Spaß daran, die Bilder auf dem Display zu betrachten. Sich selbst auf einem Foto zu sehen, finden die meisten überaus amüsant.

Die besten Fotos entstehen, wenn man sich viel Zeit nimmt, sich mit den Menschen unterhält, Witze macht und immer wieder lächelt. Das entspannt die Atmosphäre und im Ergebnis hat man nicht nur schönere Fotos, sondern auch eine spannende Erfahrung gemacht. Unbedingt sollte das Gegenüber mit einem freundlichen „Boleh foto?“ um Erlaubnis gefragt werden.

Die elementarsten Regeln der Höflichkeit sollten auch beim Fotografieren eingehalten werden. Sich bei Zeremonien und religiösen Handlungen diskret im Hintergrund zu halten, ist nur eine davon. Mit Geld oder Geschenken Bilder zu erkaufen, ist eine entwürdigende Instrumentalisierung und wird auch so empfunden.

Bilddateien können in vielen Internetcafés auf CD/DVD gebrannt, auf den USB-Stick kopiert oder auf die eigene Homepage hochgeladen werden. Hin und wieder wird man zu Hause aber feststellen, dass auf die CDs nicht nur Fotodateien, sondern auch Computerviren gelangt sind.

Wer sich nicht mit Digitalkameras anfreunden kann, sollte sich ausreichend mit Fotofilmen eindecken. Diese sind auf Bali zwar teilweise noch erhältlich, liegen aber oft schon Jahre in den Auslagen und sind hoher Feuchtigkeit, Sonnenlicht und Hitze ausgesetzt.

Frauen unterwegs

Das Risiko, ernsthaft belästigt zu werden, ist auf Bali relativ gering. Harmlose Anmache ist meist mit einer guten Portion Humor und selbstsicherem Auftreten zu ertragen. Auf Lombok ist jedoch mehr Vorsicht geboten. Grundsätzlich sollten einige Verhaltensregeln beachtet werden.

Lockere Umgangsformen und allzu luftige Kleidung können zu unangenehmen Missverständnissen führen. Außerhalb der Touristenzentren auf Bali und auf ganz Lombok gilt es als unsittlich, Männern direkt ins Gesicht zu sehen, keinen BH zu tragen oder zu viel von Schulter oder Beinen zu zeigen. Ein realer oder fiktiver Ehemann, im Idealfall mit Foto, kann hilfreich sein. Schwanger oder gar mit Kindern wird eine Frau in den heiligen Status der Mutter erhoben und nahezu unantastbar.

Andere Situationen sind generell gefährlich: vom kostenlosen Übernachten in Wohnungen selbst ernannter Guides bis zu nächtlichen Spaziergängen an einsamen Stränden oder durch unbelebte Stadtviertel. Es empfiehlt sich auch, um Gruppen betrunkener Männer einen großen Bogen zu machen.

Anfassen ist nicht immer als Anmache zu verstehen. Indonesier berühren die Haut, auch die von Männern, und bewundern die helle Farbe, ein Kennzeichen für Menschen, die es nicht nötig haben, auf den Feldern zu arbeiten. Trotzdem ist es wichtig zu wissen, dass sich einheimische Frauen eine solche Berührung von fremden Männern niemals gefallen lassen würden.

Ein Phänomen, das in vielen Urlaubsorten zu beobachten ist, sind die Strandboys *(Buaya = Krokodile)*. Gut aussehend, außerordentlich charmant und chronisch pleite haben es sich viele dieser jungen Männer zum Hauptberuf gemacht, Touristinnen zu betören und sich als Ferienflirt zur Verfügung zu stellen. Neben Spaß spielt dabei vor allem Geld eine große Rolle.

In Bali ist die Anmache allerdings längst nicht so groß wie in einigen Ländern Nordafrikas oder im Vorderen Orient und Frauen können die Insel nahezu bedenkenlos allein erkunden.

Wechselkurse

1 US$	=	9390 Rp
10 000 Rp	=	1,06 US$
1 €	=	11 711 Rp
10 000 Rp	=	0,85 €
1 sFr	=	9750 Rp
10 000 Rp	=	1,02 sFr

Aktuelle Wechselkurse sind auch im Internet einzusehen unter 💻 www.oanda.com oder 💻 de.finance.yahoo.com/waehrungsrechner.

Geld

Währung

Währungseinheit in Indonesien ist die indonesische **Rupiah** (Rp). In Umlauf sind Banknoten zu 1000, 2000, 5000, 10 000, 20 000, 50 000 und 100 000 Rp. Die Aluminiummünzen, die an die Währung der ehemaligen DDR erinnern, gibt es im Wert von 50, 100, 200, 500 und 1000 Rp. Anstelle der Münzen werden häufig kleine Naschereien als Wechselgeld gegeben. Besondere Vorsicht gilt beim Ausgeben von Scheinen zu 10 000 Rp und 100 000 Rp, da diese leicht verwechselt werden können.

Größere Beträge werden in Dollar angegeben und können meistens mit Dollarscheinen oder Rupiah gezahlt werden.

Vorsicht beim Geldwechsel

Bei allzu verlockenden Wechselkursen ist Vorsicht geboten: Sollte ein Moneychanger einen verdächtig guten Kurs anbieten, bekommt man oft Falschgeld, alte Scheine, die nicht mehr im Umlauf sind, zu wenig Geld oder es wird im Nachhinein eine zusätzliche Kommission erhoben, die es eigentlich auf ganz Bali nicht geben sollte. Auch getürkte Taschenrechner finden manchmal Verwendung; also am besten mit dem Rechner im Handy selbst nachrechnen.

Geldwechsel

Die **Öffnungszeiten** der Banken sind für gewöhnlich Mo–Fr (außer feiertags) von 8–15 Uhr. In den meisten Wechselstuben kann täglich von 8–22 Uhr Geld gewechselt werden.

Neben Banken tauschen **Moneychanger** sowohl Bargeld als auch Reiseschecks. Reiseschecks europäischer Währungen (vor allem €, £ und sFr) erzielen zumeist neben dem US$ in Denpasar und den Touristenzentren die besten Wechselkurse.

Bargeld

Bargeld birgt das größte Risiko, da bei Diebstahl alles weg ist. Doch mit ein paar US$-Noten kann schnell ein Taxi oder die Airport Tax bezahlt werden. Dollarscheine sind überall bekannt, aber auch Euro-Scheine werden auf Bali akzeptiert.

Travellers Cheques

Sicherheit bieten Travellers Cheques, die gegen 1 % Provision bei jeder Bank erhältlich sind. US$-, €-, £- oder sFr-Reiseschecks von AMEXCO (American Express), Visa oder Thomas Cook können in den Touristenzentren eingelöst werden. Da die Gebühr beim Einlösen pro Scheck berechnet wird, sollten lieber weniger Schecks mit einem höheren Wert mitgenommen werden. Bei Verlust oder Diebstahl werden sie im nächsten Vertragsbüro ersetzt. Wichtig ist, dass für den Nachweis die Kaufabrechnung an einer anderen Stelle aufbewahrt wird als die eigentlichen Schecks. Außerdem hilft eine Aufstellung aller bereits eingelösten Schecks, denn diese werden natürlich nicht ersetzt.

Verlust der Travellers Cheques

Bei Verlust ist **Pacto Ltd.**, Jl. By Pass Ngurah Rai, Sanur, ✆ 0361-288247, ✆ 288240, 💻 www.pactoltd.com, der Ansprechpartner. Theoretisch 🕓 7.30–21 Uhr, aber nur Mo–Sa 8–16 Uhr ist das Büro komplett besetzt. Geldüberweisungen (MoneyGram) über dieses Büro funktionieren zuverlässig. Außerdem gibt es eine Filiale im Inna Grand Bali Beach Hotel, Sanur, ✆ 0361-288449, 🕓 Mo–Sa 8–17 Uhr.

Geld- und Kreditkarten

Bei den großen Banken kann mit der entsprechenden Geheimzahl und einer Master- oder Visa-Karte sowie mit Bankkarten mit Maestro- oder Cirrus-Symbol Geld aus dem **Geldautomaten** abgehoben werden, mit manch anderen Bankkarten klappt dies allerdings nicht! Deshalb ist es erforderlich, vor der Abreise bei der heimischen Bank nachzufragen und evtl. die internationale Kartensperre aufheben zu lassen. Auch der Maximalbetrag, meist 500–1000 € pro Tag, und die Gebühren pro Transaktion sind von Bank zu Bank verschieden. Umgerechnet wird zum tagesaktuellen Briefkurs.

Warnung vor Kreditkartenbetrug

Die Kreditkarte darf beim Bezahlen nicht aus den Augen gelassen werden, damit kein zweiter Kaufbeleg erstellt werden kann, auf dem später die Unterschrift gefälscht wird. Sie darf auch niemals in einem Safe, der auch anderen zugänglich ist, verwahrt werden. Schon viele Reisende mussten zu Hause den Kontoauszügen entnehmen, dass während ihrer Abwesenheit hemmungslos „geshoppt" wurde.

Kostenlos ist die Abhebung mit der Postbank Sparcard zehnmal jährlich an Visa/Plus-Automaten und mit einer Visa-Karte verschiedener Direktbanken, wie der Deutschen Kreditbank (DKB) oder der Comdirect, unlimitiert oft, siehe unter 💻 www.weltweit-kostenlos-geld-abheben.de.

Geldautomaten (ATM) gibt es in allen wichtigen touristischen Destinationen auf Bali und zunehmend auch in den ländlichen Zentren. Der Höchstbetrag pro Abhebung liegt bei Automaten, die nur 50 000-Rp-Scheine ausspucken, meist bei 1,25 Mio. Rp, bei 100 000-Rp-Automaten bei 2,5 Mio. Rp. Am Flughafen und in Denpasar können Inhaber einer Citibank-Karte bis zu 5 Mio. Rp vom Automaten bekommen. Auf Lombok ist die Geldautomaten-Dichte noch deutlich niedriger.

Mit Kreditkarten können höhere Summen beglichen werden, allerdings wird bei einer Zahlung häufig ein Aufschlag von 3 % verlangt, bei American Express teilweise sogar mehr. Verlust oder Diebstahl müssen sofort gemeldet werden, damit man gegen den Missbrauch der Karte abgesichert ist (maximale Haftung ca. 50 €).

Verlust der Kreditkarte

Beim Verlust deutscher Kredit- oder Maestrokarten kann man diese unter folgender einheitlicher Nummer sperren lassen: ✆ 0049-116116. Alle Visa-Kreditkarten werden zudem von Visa International unter der kostenlosen Nummer: ✆ 001-803-1-933-6294 gesperrt. Visa International in Frankfurt ist unter ✆ 0049-(0)800-811 8440 erreichbar. Als Besitzer einer österreichischen Karte wählt man ✆ 0043-1-7111 1770, kommt man aus der Schweiz ✆ 001-410-581 3836.

Verlust der MasterCard

Sollte die MasterCard gestohlen werden, ist der internationale Notfalldienst zuständig: ✆ 001-636-722 7111. Die deutsche Zentrale ist unter ✆ 0049-(0)800-819 1040 erreichbar.

Verlust der American-Express-Karte

Bei American Express findet man als Deutscher unter ✆ 0049-(0)69-9797 2000 Hilfe. Schweizer wählen ✆ 0041-44-659 6900 und Österreicher ✆ 0043-810910.

Gepäck

Kleiderordnung

Das meistgetragene Kleidungsstück auf dem Land ist, neben Sandalen, der Wickelrock (Sarong). Auch Touristen können ihn außer zum Baden als Rock im Haus oder am Strand tragen. Als Kleidung außerhalb der Strände ist er ungeeignet. Es ist empfehlenswert, ein ordentliches Kleidungsstück im Gepäck zu haben, falls man von Einheimischen eingeladen wird.

Bei der Auswahl der Kleidung empfiehlt sich eine Kombination aus lässig-bequemer und gut aussehender Kleidung. Auf Bali beurteilt man die Menschen weit mehr als in Europa nach ihrem Äußeren. Ein schmuddeliges oder sehr gewagtes Outfit stößt auf Ablehnung. Wäsche wird fast überall innerhalb von 24 Stunden für wenig Geld gewaschen und gebügelt. Am besten zählt man gemeinsam die Anzahl der Kleidungsstücke und notiert diese, damit bei der Abholung schnell die Vollständigkeit der Wäsche überprüft werden kann.

☒ Gepäck-Check

Kleidung

- ☐ **Feste Schuhe** (für Trekking-Touren reichen bequeme Turnschuhe meist aus)
- ☐ **Sandalen**
- ☐ **Flip-Flops** zum Duschen
- ☐ **Bequeme Hosen** bzw. **Röcke** aus Baumwolle
- ☐ **Kurze Hosen** (bei Männern mind. bis zum halben Oberschenkel, bei Frauen bis zum Knie, Shorts und Minis ausschließlich am Strand)
- ☐ **Hemden, Blusen**
- ☐ **T-Shirts, Tops**
- ☐ **Jacke** oder **Pullover** (kühle Nächte in den Bergen und AC-Busse)
- ☐ **Regenschirm** (keine Gummijacke wegen Wärmestau)
- ☐ **Sonnenschutz**: Hut, Brille (in unzerbrechlicher Box)
- ☐ **Baumwollsocken**
- ☐ **Unterwäsche**
- ☐ **Badekleidung**

Hygiene und Pflege

- ☐ **Zahnbürste** und **Zahnpasta** in stabiler Tube
- ☐ **Shampoo** und andere Haarpflegemittel, die auf europäische Haare abgestimmt sind
- ☐ **Rasierer** (in abgelegenen Gebieten ist ein Nassrasierer zu bevorzugen)
- ☐ **Papiertaschentücher** oder **Feuchties** für die Hygiene unterwegs
- ☐ ausreichend **Tampons** (nur in den Touristenzentren auf Bali erhältlich)
- ☐ **Nagelschere** und **-feile**
- ☐ **Nähzeug** (Zwirn, Nähseide, Nadeln, Sicherheitsnadeln)

Sonstiges

- ☐ **Taschenlampe**
- ☐ **Taschenmesser**
- ☐ **Reiseapotheke** (s. S. 52)
- ☐ **Reisepass**
- ☐ **Internationaler Führerschein**
- ☐ **Impfpass**
- ☐ **Geld** (Kreditkarte, Bargeld, Reiseschecks, Abrechnungsbeleg über Schecks)
- ☐ **Kopien der Reisedokumente**
- ☐ **Reiseführer, Landkarten**
- ☐ **Reiselektüre**

Wer in einfachen Unterkünften wohnen wird, braucht zudem

- ☐ **Seife** im bruchsicheren Behälter
- ☐ dünnes **Handtuch**, das schnell trocknet
- ☐ **Waschmittel** in der Tube
- ☐ **Kordel** und **Klebeband**
- ☐ **Vorhängeschloss** (und kleine Schlösser für das Gepäck)
- ☐ **Moskitonetz** und Reißzwecken oder Klebeband zum Befestigen
- ☐ **Schlafsack** (leichter Leinenschlafsack, Bettbezug, zwei dünne Tücher oder ein Sarong)

Rucksäcke, Koffer und Taschen

Wer überwiegend mit öffentlichen Verkehrsmitteln unterwegs ist, reist am besten mit einem **Backpacker-Rucksack**. Beim Kauf probiert man ihn mit etwa 15 Kilo Inhalt an. Einen Kompromiss zwischen Koffer und Rucksack stellen die Koffer-Rucksäcke dar, die von der Vorderseite bepackt werden. Der heute so beliebte Rollkoffer ist auch auf Bali eine praktische Alternative, besonders wenn man nicht viel auf öffentliche Verkehrsmittel angewiesen ist.

Zusätzlich ist ein **Tages-Rucksack** von Vorteil, da er diebstahlsicherer und geräumiger ist als eine Handtasche. Beim Kauf sollte auf den Tragekomfort geachtet werden (evtl. mit Rückenbelüftung). Wer im Urlaub zu viel eingekauft haben sollte, bekommt überall billige Koffer und Reisetaschen. Für Kameras benötigt man Fototaschen, die möglichst nicht von außen auf den wertvollen Inhalt schließen lassen.

Wertsachen wie Geld, Pässe und Flugtickets lassen sich am besten nah am Körper in einem breiten **Hüftgurt** aufbewahren. Unter Hosen und locker fallenden Kleidern kann man ihn um die Hüfte gebunden unauffällig tragen. Alle Papiere, auch Bargeld, sollten zusätzlich durch eine Plastikhülle geschützt werden, denn Schweiß ist zerstörerisch und unleserliche Passstempel oder Flugtickets machen nur Ärger.

Reisemedizin im Internet

Wer sich vor dem Besuch beim Tropenarzt schon einmal über die Gesundheitsrisiken in Bali kundig machen möchte, findet auf den folgenden Websites zahlreiche Informationen:

Arbeitskreis Hamburger Tropenmediziner
www.tropenmedizin.net

Centrum für Reisemedizin
www.crm.de

Deutsche Gesellschaft für Reise- und Touristik-Medizin
www.drtm-online.de

Deutsche Gesellschaft für Tropenmedizin
dtg.org

Die Reisemedizin
www.die-reisemedizin.de

Gesundheit

Auf Bali sind die Gesundheitsrisiken relativ gering. Sorge bereitet in letzter Zeit vor allem die starke Zunahme von Dengue-Fieber-Erkrankungen (Näheres s. S. 417). Wer ungeschältes Obst und rohe bzw. nicht ausreichend gekochte oder gebratene Speisen meidet und sich so weit wie möglich vor Mückenstichen schützt, braucht keine Angst vor schweren Krankheiten zu haben.

Eine alphabetische Aufstellung der wichtigsten Gesundheitsrisiken findet sich im Anhang, S. 417, unter Reisemedizin zum Nachschlagen.

Impfungen

Es ist ratsam, sich rechtzeitig um einen ausreichenden **Impfschutz** zu kümmern, vor allem um den Basisimpfschutz gegen Tetanus (Wundstarrkrampf), Polio und Diphterie, wenn seit der letzten Impfung mehr als zehn Jahre vergangen sind.

Für Bali ist eine Immunisierung gegen Hepatitis A, Tuberkulose und Typhus (s. S. 421) empfehlenswert. Manche Ärzte raten auch zum Schutz vor Hepatitis B, Tollwut und Japanischer Encephalitis (s. S. 420).

Bei der Einreise nach Indonesien ist eine Impfung gegen Gelbfieber nur erforderlich, wenn man aus einem Infektionsgebiet (Westafrika, Zentralafrika oder Südamerika) kommt.

Da die Impfungen bis zu acht Wochen vor Abflug erfolgen müssen, empfiehlt es sich, frühzeitig den Hausarzt oder ein tropenmedizinisches Institut zu konsultieren. Eine detaillierte Listung aller tropenmedizinisch weitergebildeten Ärzte findet sich unter tropeninstitut.de/impfung/wo_impfen.php.

Alle Impfungen werden in einen **Internationalen Impfausweis** eingetragen, der zu den Reiseunterlagen gehört.

Medizinische Hilfe auf Bali

Im Vergleich zu einigen privaten Krankenhäusern, die westlichen Standard erreichen, sind die **öffentlichen Krankenhäuser** (RSU = *Rumah Sakit Umum*) merklich schlechter ausgestattet.

Tropeninstitute

Deutschland
Berlin, Institut für Tropenmedizin, Spandauer Damm 130, Haus 10, 14050, ✆ 030-301166, 📠 3011 6888, 💻 www.charite.de/tropenmedizin. Impfambulanz-Zweigstelle im Globetrotter Geschäft Steglitz, Schloßstr. 78–82, 12165.
Dresden, Zentrum für Reisemedizin, Friedrichstr. 39, 01067, ✆ 0351-480 3805, 📠 480 3809, 💻 www.khdf.de.
Düsseldorf, Tropenmedizinische Ambulanz, Gebäude 14.78, Moorenstr. 5, 40225, ✆ 0211-811 7031, 📠 811 8752, 💻 www.uniklinik-duesseldorf.de.
Freiburg, Tropen- und Reisemedizinische Beratung, Häge 20, 79111, ✆ 0761-34100, 📠 33916, 💻 www.tropenmedizin.de.
Göttingen, Tropenmedizinisches Beratungsinstitut, Werner-von-Siemens-Str. 10, 37077, ✆ 0551-307500, 📠 307 5077.
Hamburg, Bernhard-Nocht-Institut für Tropenmedizin, Bernhard-Nocht-Str. 74, 20359, ✆ 040-428180, Hotline: 0900-123 4999, 📠 4281 8400, 💻 www.gesundes-reisen.de.
Heidelberg, Klinische Tropenmedizin, Im Neuenheimer Feld 324, 69120, ✆ 06221-5622905, 📠 565204, 💻 www.klinikum.uni-heidelberg.de/Sektion-Klinische-Tropenmedizin.5489.0.html.
Leipzig, Universitätsklinikum Leipzig, Med. Klinik IV, Fachbereich Infektions- und Tropenmedizin, Philipp-Rosenthal-Str. 27, 04103, ✆ 0341-972 4971, 📠 972 4979.
München, Abteilung für Infektions- und Tropenmedizin, Leopoldstr. 5, 80802, ✆ 089-2180 13500, 📠 336038, 💻 www.tropinst.med.uni-muenchen.de.
Rostock, Abteilung für Tropenmedizin, Ernst-Heydemann-Str. 6, 18057, ✆ 0381-494 7511, 📠 494 7509, 💻 www.tropen.med.uni-rostock.de.
Tübingen, Institut für Tropenmedizin, Wilhelmstr. 27, 72074, ✆ 07071-298 2365, 💻 www.medizin.uni-tuebingen.de/Zuweiser/Kliniken/Medizinische+Klinik/Tropenmedizin.html.
Ulm, Tropenmedizinische Beratungsstelle, Oberer Eselsberg, Ebene 01, Ambulanz Kabine 2, Albert-Einstein-Allee 23, 89081, ✆ 0731-5004 4032, 📠 5004 5555.
Würzburg, Tropenmedizinische Ambulanz der Missionsärztlichen Klinik, Salvatorstr. 7, 97074, ✆ 0931-791 2829, 💻 tropen.missioklinik.de.

Österreich
Wien, Zentrum für Reisemedizin, Alserstr. 48/2, 1090, ✆ 01-403 8343, 📠 4038 34390, 💻 www.reisemed.at.

Schweiz
Basel, Schweizerisches Tropeninstitut, Socinstr. 57, 4051, ✆ 061-284 8111, 📠 284 8101, 💻 www.sti.ch.

Man sollte darauf vorbereitet sein, dass viele Dinge im indonesischen Gesundheitssystem anders funktionieren als daheim.

Nicht überall findet man öffentliche Krankenhäuser, sondern nur sogenannte *Puskesmas (Pusat Kesehatan Masyarakat)*, Erste-Hilfe-Stationen oder Gesundheitszentren, in denen natürlich nicht in drei Acht-Stunden-Schichten gearbeitet wird.

In vielen Krankenhäusern wird erwartet, dass die Familie für Medizin oder anderes Material sorgt und sich um das Essen des Patienten kümmert, d. h., in vielen Krankenhäusern wird nicht gekocht. Üblich ist auch, dass sich die gesamte Familie und viele Freunde fast rund um die Uhr am Krankenbett aufhalten.

Liegen schwierige Probleme vor oder steht eine **Operation** an, sollte der Patient möglichst nach Surabaya, Jakarta oder, noch sicherer, nach Singapur, Bangkok oder Darwin ausgeflogen werden.

Krankentransporte per Hubschrauber oder Flugzeug ins Ausland werden von folgenden Gesellschaften ausgeführt:
Asiaas, ✆ 0361-228996.
International SOS Assistance, Pt. Abhaya Eka Astiti, ✆ 0361-710505, 📠 710515, 💻 www.sosindonesia.com.

Die **Krankenhausbehandlung** in den öffentlichen Krankenhäusern ist bis auf die Aufnahmegebühr kostenfrei. Medikamente müssen jedoch selbst bezahlt werden, sind aber im Vergleich extrem günstig. Häufig lohnt es, auf frei praktizierende Ärzte zurückzugreifen. In größeren Städten gibt es medizinische Labors *(Laboratorium)*, die auch ohne Überweisung verschiedene Tests (Stuhl, Urin, Malaria usw.) durchführen. Für kleinere Verletzungen und Schnittwunden steht in allen größeren Hotels ein medizinischer Dienst zur Verfügung.

☒ Vorschlag für die Reiseapotheke

Basisausstattung
- ☐ **Verbandzeug** (Heftpflaster, Leukoplast, Blasenpflaster, Mullbinden, elastische Binde, sterile Kompressen, Verbandpäckchen, Dreiecktuch, Pinzette)
- ☐ **sterile Einmalspritzen und -kanülen** in verschiedenen Größen (mit ärztlicher Bestätigung, dass sie medizinisch notwendig sind, damit man nicht für einen Fixer gehalten wird)
- ☐ **Fieberthermometer**
- ☐ **Mückenschutz**
- ☐ **Sonnenschutz**
- ☐ **Kondome**

Schmerzen und Fieber
- ☐ **Dolormin, Paracetamol** (keine acetylsalicylsäurehaltigen Medikamente, wie z. B. Aspirin)
- ☐ **Buscopan** (gegen krampfartige Bauchschmerzen)
- ☐ **Antibiotika*** gegen bakterielle Infektionen (in Absprache mit dem Arzt)

Magen- und Darmerkrankungen
- ☐ **Imodium akut** oder **Lopedium** (gegen Durchfall, vor allem vor längeren Fahrten)
- ☐ **Elotrans** (zur Rückführung von Mineralien, Kinder: Oralpädon Pulver)
- ☐ **Dulcolax Dragees, Laxoberal Tropfen** (gegen Verstopfung)
- ☐ **Talcid, Riopan** (gegen Sodbrennen)

Erkrankungen der Haut
- ☐ **Desinfektionsmittel** (Betaisodona Lösung, Hansamed Spray, Kodan Tinktur)
- ☐ **Wund- und Heilsalbe** (Bepanthen, Betaisodona)
- ☐ **Tyrosur Gel, Nebacetin Salbe RP** (bei infizierten oder infektionsgefährdeten Wunden)
- ☐ **Fenistil Salbe, Soventol Gel, Azaron Stift** (bei Juckreiz nach Insektenstichen, Sonnenbrand oder allergischen Reaktionen)
- ☐ **Soventol Hydrocortison Creme, Ebenol Creme** (bei starkem Juckreiz oder stärkerer Entzündung)
- ☐ **Cortison- und antibiotikahaltige Salbe** gegen Bläschenbildung nach Quallenkontakt
- ☐ **Fungizid ratio, Canesten** (bei Pilzinfektionen)
- ☐ **Berberil, Yxin** (Augentropfen bei Bindehautentzündungen)

Erkältungskrankheiten
- ☐ **Olynth Nasenspray, Nasivin**
- ☐ **Dorithricin, Dolo Dobendan** (bei Halsschmerzen)
- ☐ **Silomat** (Hustenstiller)
- ☐ **ACC akut, Mucosolvan, Gelomyrtol** (zum Schleim lösen)

Kreislauf
- ☐ **Korodin, Effortil** (kreislaufanregend)

Reisekrankheit
- ☐ **Superpep Kaugummis, Vomex**

Sonnenschutz mit UVA- und UVB-Filter
- ☐ **Ladival Milch bzw. Gel, Ilrido ultra Milch**
- ☐ **Sonnenschutzstift** für die Lippen.

Bitte bei den Medikamenten Gegenanzeigen und Wechselwirkungen beachten und sich vom Arzt oder Apotheker beraten lassen.
(* rezeptpflichtig in Deutschland).

Staatliche **Krankenhäuser** genießen nicht den besten Ruf. Deshalb sind hier nur die Krankenhäuser und Privatpraxen aufgeführt, die von Konsulaten empfohlen werden:

BIMC – Bali International Medical Center, Jl. By Pass Ngurah Rai 100X, ☏ 0361-761263, 📠 764345, 💻 www.bimcbali.com. Die am großen Kreisverkehr in Kuta gelegene Einrichtung scheint die modernste und beste der Insel zu sein. Hier arbeiten auch ausländische Ärzte.

International SOS – Klinik Medika, Jl. By Pass Ngurah Rai 505X, Kuta, ☏ 0361-710505, 📠 710515, 💻 www.sosindonesia.com. Auch diese Klinik entspricht internationalem Standard.

Parkway Information Center, Jl. Dewi Sri 45C, Kuta, ☏ 0361-761929, 📠 762521, ✉ bali@parkway.co.id.

Bali Royal Hospital, Jl. Tantular 6, Denpasar, ☏ 0361-222588, 📠 226051, 💻 baliroyalhospital.co.id. Neues, modernes Krankenhaus.

RSU Sanglah, Jl. Kesehatan 1, am nördlichen Ende zwischen Jl. Teuku Umar und Jl. Diponegoro, Denpasar, ☏ 0361-227911-5, 📠 226363, 💻 www.sanglahhospitalbali.com (nur auf Indonesisch). Modernes und empfehlenswertes Krankenhaus, das auch eine International Wing unterhält, in der alle im Notfall wichtigen Ärzte anzutreffen sind. Hier gibt es auch eine für Taucher wichtige Dekompressionskammer.

Bali 911 Dental Clinic, Jl. Patimura 9, Denpasar, ☏ 0361-249749. Moderne Zahnklinik.

Dr. Indra Guizot, Jl. Pattimura 19, Denpasar, ☏ 0361-222445. Der etablierte Arzt ist auf Zahnersatz und komplizierte Eingriffe spezialisiert. Sprechstunde Mo–Fr 17–21 Uhr, telefonische Anmeldung ab 10 Uhr.

Dr. Sucipto, Jl. Diponegoro 150, Blok A 32, Kompleks IDT, Denpasar, ☏ 0361-222541. Ein weiterer erfahrener Zahnarzt.

Dr. Made Intaran, Apotik Anugerah II, Gator Subroto 1 2A, Denpasar, ☏ 0361-419737. Empfehlenswerter Hals-Nasen-Ohren-Arzt.

Dr. I.G.A. Sumedha Pindha, Astiti Clinic, Jl. Diponegoro 115, Denpasar, ☏ 0361-261290. Guter Hautarzt.

Dr. Alex Hostiadi, Apotik Anugerah, Jl. Kapt. Patimura 57, Denpasar, ☏ 0361-231215. Empfehlenswerter praktizierender Frauenarzt.

Medikamente

Von allen regelmäßig benötigten Medikamenten sollte ein ausreichender Vorrat mitgenommen werden. Nicht zu empfehlen sind Zäpfchen oder andere hitzeempfindliche Arzneimittel. In den Apotheken in Indonesien gibt es viele Präparate billiger und ohne Rezept. Wer in einem Krankenhaus oder einer Privatklinik behandelt wird, erhält die Medikamente dort passend abgezählt.

Informationen

Viele Informationen in diesem Buch sind unvorhersehbaren Veränderungen unterworfen. Preise, Öffnungszeiten oder Einreisebestimmungen können sich schnell ändern. Um auf dem aktuellen Stand zu bleiben, können zusätzlich die Updates im Netz unter 💻 www.stefan-loose.de heruntergeladen, der Bali & Lombok Travel Club derselben Seite genutzt werden oder bei den Fremdenverkehrsämtern Infos eingeholt werden.

Im deutschsprachigen Raum gibt es derzeit kein indonesisches Fremdenverkehrsamt, sondern nur einen **Tourism Officer**, c/o mk Advertising, Widenmayerstr. 12, 80538 München, ☏ 089-5904 3906, ✉ mail@tourismus-indonesien.de.

Das Hauptbüro des Directorate General of Tourism befindet sich in Jakarta. Es besitzt Zweigstellen in allen Provinzhauptstädten. Daneben hat jede der 32 indonesischen Provinzen ein eigenes Fremdenverkehrsamt, dessen Büros unter dem Namen **Dinas Pariwisata** bekannt sind. Auf Bali bekommt man Informationen beim staatlichen Touristeninformationszentrum **Government Tourism Office**, Jl. S. Parman, Denpasar (s. S. 148).

Internet

Es gibt im Internet unzählige Seiten, die sich als Touristeninformation ausgeben. Neben ein paar oberflächlichen Informationen über das Land und die Insel werden Hotels und Villen sowie Touren angeboten, die selbstverständlich gleich online buchbar sind. Auch alle größeren Hotels auf Bali verfügen über eine eigene Homepage, auf der ebenfalls Online-Reservierungen durchgeführt werden können. Einige wenige Seiten geben hingegen sehr fundiertes, qualitativ hochwertiges Wissen und aktuelle Informationen weiter und eignen sich gut, um sich einzulesen und die Reise zu planen.

Allgemeine Informationen zu Bali

www.balitourismboard.org
Offizielle Webseite des balinesischen Fremdenverkehrsamtes.

www.tourismus-indonesien.de
Offizielle deutsche Webseite des indonesischen Fremdenverkehrsamtes.

indahnesia.com
Aktuelle allgemeine Informationen zu Indonesien, wie Wechselkurse und Benzinpreise.

www.bali-paradise.com
Umfangreiche Informationen mit Traveller-Forum auf Englisch.

www.baliblog.com
Weitere gute, aktuelle, englischsprachige Tipps für einen Aufenthalt auf Bali.

www.warungnet.de
Viele nützliche Informationen über Land, Leute, Kunst, Kultur und Religion auf Bali.

www.bali-indonesien-guide.de
Umfangreiche Sammlung von Infos über Bali.

www.bali3d.com
Eine Sammlung von sehr schönen 360°-Aufnahmen aus allen Ecken Balis, die einen tollen Eindruck der Insel, ihrer Sehenswürdigkeiten und einmaligen religiösen Zeremonien vermitteln.

Politik und Gesellschaft

home.snafu.de/watchin
Kritische Informationen über Demokratisierung, Menschenrechte und Umweltschutz auf Deutsch.

www.walhi.or.id/en
Die größte Umweltorganisation Indonesiens, mit einem Regionalbüro auf Bali.

Sicherheit und Gesundheit

www.auswaertiges-amt.de
Länderinfos und Reisewarnungen der Bundesregierung.

www.fit-for-travel.de
Reisemedizinischer Informationsservice.

Traveller-Seiten

www.dzg.com
Deutsche Zentrale für Globetrotter.

www.stefan-loose.de/globetrotter-forum/topics/indonesien_bali
Reisende berichten und tauschen sich aus.

www.travelforum.org/bali
Beliebtes Forum auf Englisch.

www.lonelyplanet.com/thorntree
Umfangreichstes und aktuellstes englischsprachiges Forum zu Indonesien.

Reiseberichte

www.ingrids-welt.de/reise/bali
Ingrid teilt ihre Erfahrungen aus drei Bali-Reisen, zwar schon etwas älter, aber gut recherchiert und ansprechend zusammengetragen.

www.guidosreiseberichte.info/indexindonesien.htm
Berichte von zahlreichen Bali- und Indonesien-Reisen eines passionierten Globetrotters.

Nachrichten im Netz

www.tempointeractive.com
Die englische Homepage des bekanntesten indonesischen Nachrichtenmagazins.

english.kompas.com
Zahlreiche aktuelle Artikel des wichtigen Nachrichtenmagazins auf Englisch.

www.thejakartaglobe.com und
www.thejakartapost.com
Die wichtigsten englischsprachigen indonesischen Tageszeitungen.

www.insideindonesia.org
Umfangreiche, englischsprachige Informationen sowie kurze Artikel und Analysen zu allem, was in Indonesien passiert.

Landkarten und Stadtpläne

Wem der Reiseatlas auf den letzten Seiten dieses Buches nicht detailliert genug ist, findet die besten Übersichts- und Detailkarten der Insel im Straßenatlas von **Periplus**. Besonders praktisch für Reisende, die die Insel mit einem Mietwagen erkunden, ist, dass auch Einbahnstraßen sowie viele Hotels und Restaurants verzeichnet sind. Der Atlas kann in Deutschland über den Buchhandel geordert werden und ist in allen Periplus-Filialen auf Bali für 199 000 Rp erhältlich. Für Lombok gibt es eine empfehlenswerte Faltkarte von Periplus, die besser auch auf Bali gekauft wird, da der Erwerb auf Lombok recht kompliziert ist.

Internet und E-Mail

Internetcafés gibt es in allen größeren Touristenorten. Die Preise liegen bei 100–250 Rp pro Minute, je nach Wettbewerbslage und Verbindungsgeschwindigkeit. Das Internet ist für indonesische Verhältnisse schnell, im Vergleich zu Europa jedoch recht langsam. Längere E-Mails sollten zwischendurch immer wieder in einem Word-Dokument gesichert werden, da Stromausfälle die lange Schreibarbeit innerhalb von Sekunden zunichtemachen können.

Auf Bali und Lombok finden sich immer mehr **WLAN-Netzwerke** in Hotels, Restaurants und Bars, die in der Regel kostenfrei von Gästen genutzt werden können. In luxuriösen Anlagen kann die Funkverbindung allerdings sehr teuer werden. Mit einem WLAN-fähigen Handy, Netbook, Laptop oder Tablet ist es dann wesentlich leichter und komfortabler, mit den Daheimgebliebenen in Kontakt zu bleiben oder die Geschehnisse am anderen Ende der Welt zu verfolgen. Bei Einrichtungen mit WLAN wird dies in den jeweiligen Beschreibungen im praktischen Teil dieses Buches erwähnt.

Kinder

Im Allgemeinen werden sich Kinder auf Bali und Lombok sehr wohlfühlen. Vor allem Stadtkinder genießen die freie Natur, die Strände und Märkte und sind fasziniert von den Tempeln und Tänzen. Spaß macht es auch, zusammen mit den Kindern in den Werkstätten die Handwerker und Künstler bei der Arbeit zu beobachten. Auf dem Land finden Kinder zu ihrer Freude Hühner, Enten, Hunde und Katzen, auch wenn der hautnahe Kontakt mit Haustieren nicht immer bedenkenlos ist. Das größte Plus: Die Menschen sind sehr kinderfreundlich und der Kontakt zu einheimischen Kindern, die selbstverständlich fast immer und überall dabei sind, ist schnell geknüpft.

Die Anreise mit dem Flugzeug und die damit verbundene **Zeitverschiebung** ist immer beschwerlich, muss jedoch nicht zum Stress werden. Am lästigsten sind die Wartezeiten auf den Flughäfen, die allerdings sehr gut dazu genutzt werden können, um sich und die Kinder in den vorhandenen Wasch- bzw. Mutter-und-Kind-Räumen in Ruhe zu reinigen, die Zähne zu putzen und die Kleidung zu wechseln, was in den beengten Flugzeugtoiletten nur mit Mühe zu bewerkstelligen ist.

Der Komfort im **Flugzeug** selbst variiert je nach Fluggesellschaft. Die renommierten bieten „schwebende" Kinderbettchen für Säuglinge,

☒ Nicht vergessen

- ☐ **Reisepass** (Kinder brauchen einen eigenen Pass)
- ☐ **Impfpass**
- ☐ **SOS-Anhänger** mit allen wichtigen Daten
- ☐ **Kleidung** (möglichst strapazierfähige, leichte Sachen)
- ☐ **Wegwerfwindeln**
- ☐ **Babynahrung**
- ☐ **Fläschchen für Säuglinge**
- ☐ **MP3-Player** mit Hörspielen und der Lieblingsmusik
- ☐ **Spiele und Bücher**, Videospiele für lange Busfahrten
- ☐ **Fotos von wichtigen Daheimgebliebenen** gegen Heimweh
- ☐ **Kuscheltier** (muss gehütet werden wie ein Augapfel, denn ein verloren gegangener Liebling kann allen den Rest der Reise verderben. Reiseerprobte Kinder beugen vor, indem sie nur das zweitliebste Kuscheltier mitnehmen.)
- ☐ **Sonnencreme** mit hohem Lichtschutzfaktor
- ☐ **Kopfbedeckung**

Kinder-Menüs, die vor denen für Erwachsene serviert werden, damit man den Kindern beim Essen behilflich sein kann. Meist gibt es Spiele, Bastelmaterial oder Ähnliches. Es kann aber passieren, dass es weder Milch noch eine Möglichkeit, sie zu erwärmen, gibt, von Babynahrung ganz zu schweigen. Besonders mit einem Kind unter zwei Jahren, das noch keinen Anspruch auf einen Sitzplatz hat, sollte ein Flug nur mit einer der großen, kinderfreundlichen Fluggesellschaften in Betracht gezogen werden. Detaillierte Bewertungen aller Fluggesellschaften finden sich unter 💻 www.airlinequality.com.

Eine **Rückentrage** für die Kleinsten hat sich bewährt. Sie kann notfalls auch im Flugzeug aufgestellt werden und dem Kind somit ein Minimum an Bewegungsfreiheit geben. Ein Krabbelkind zehn bis zwölf Stunden auf dem Schoß zu halten, geht über die Kräfte eines einzelnen Menschen. Gerade als allein reisendes Elternteil sollte man sich nicht scheuen, Mitreisende und Flugpersonal um Hilfe zu bitten. In jedem Fall empfiehlt sich eine Ausrüstung mit Windeln, Babynahrung und Wechselwäsche wie für eine Dreitagereise, denn für einen unvorhergesehenen Aufenthalt sollte man immer gewappnet sein.

Für die ersten Nächte nach der Ankunft braucht man ein gutes, möglichst ruhiges **Hotel**, in dem sich niemand übermäßig durch ein weinendes oder aufgedrehtes Kind gestört fühlt. Ältere und reisegewohnte Kinder kommen mit der Umstellung leichter zurecht, dennoch ist es besser, auf großartige Unternehmungen gleich nach der Ankunft zu verzichten.

Man sollte keine übertriebene Angst vor Schmutz, Krankheiten und fremder Sprache haben, denn Kinder haben normalerweise gute Abwehrkräfte, finden leicht Anschluss und regeln viele Sachen nonverbal. Sie verstehen sehr schnell die Notwendigkeit, sich öfter als gewohnt die Hände zu waschen, kein Wasser aus der Wasserleitung zu trinken usw. Man sollte das Kind vor der Reise gründlich untersuchen lassen und darauf achten, dass es alle erforderlichen Impfungen, einschließlich derer gegen jegliche Kinderkrankheiten, besitzt.

Beim **Essen** schmecken den meisten Kindern vor allem Obst, *Sate* und *Krupuk*. In den Touristenzentren braucht auch niemand auf die gewohnte Pizza oder Spaghetti zu verzichten. Nahrungsmittel sollten in Plastikdosen aufbewahrt oder mit Klebeband luftdicht verschlossen werden, sonst dauert es nicht lange, bis Ameisen und anderes Kleinvieh die Leckereien entdecken.

Babynahrung und Wegwerfwindeln sind in den Touristenzentren erhältlich.

Sehr wichtig ist die **Einbeziehung der Kinder** in die Vorbereitung der Reise. Kinder möchten am Planen oder Kofferpacken teilnehmen und ihre Wünsche sollten im Rahmen des Möglichen berücksichtigt werden. Es ist auch hilfreich, darüber zu sprechen, was es auf Bali zu sehen und zu erleben gibt. Welches Kind wird nicht von der Vorstellung vom Buddeln und Muscheln suchen am Strand und von den geheimnisvollen Tempeln und Tänzen begeistert sein?

Medien

Bücher, Zeitungen, Magazine

In den Touristenzentren gibt es Buchhandlungen, die einige schöne **Bildbände**, **Reiseführer** und **Karten** verkaufen. Das größte Angebot haben die Periplus-Buchläden in Kuta, Seminyak, Sanur und Ubud. Eine recht gute Auswahl an Taschenbüchern, zumeist in englischer Sprache, aber auch auf Deutsch, halten auch die Secondhand-Buchläden in Kuta, Legian, Ubud und Padang Bai bereit. Sie sind nicht billig, nehmen aber ausgelesene Bücher zumeist zum halben Preis zurück.

Zahllose aktuelle **Tageszeitungen** aus vielen verschiedenen Ländern können über NewspaperDirect, ✆ 0361-769414, 💻 www.newspaperdirect-bali.com, oder in den MiniMarts in Süd-Bali bestellt werden. Die ausgedruckten Zeitungen werden am Vortag geordert und dann ins Hotel geliefert oder liegen im MiniMart zur Abholung bereit. Bereits ab 50 000 Rp kann man so auf Bali die Printausgaben des *Tagesspiegels*, der *Süddeutschen Zeitung*, des *Kickers* oder auch der *Erlanger Nachrichten* lesen. Auch viele österreichische und Schweizer Zeitungen sind erhältlich. Eine gute Auswahl an **Magazinen** in englischer Sprache sowie *Spiegel*, *Stern* und *Focus* findet man zudem in den Periplus-Buchläden.

Radio und Fernsehen

Die Deutsche Welle hat ihr Radioprogramm Ende 2011 eingestellt, aktuelle Podcasts, Streams und das Fernsehprogramm finden sich unter 💻 www.dw.de.

Die Deutsche Welle strahlt ihr 24-stündiges Fernsehprogramm **DW-TV** über den Satelliten AsiaSat 3S digital aus. Einige Hotels speisen das Programm ein, um ihren Gästen deutsche, französische, englische und spanische Nachrichten bieten zu können.

Weit weniger kompliziert ist es, die aktuellen Nachrichten im Internet z. B. unter 💻 www.tagesschau.de anzusehen.

Post

Das indonesische Post- und Telefonsystem ist nicht immer verlässlich. Eine Postkarte oder ein Brief aus Bali kommt nach ein bis vier Wochen in Europa an. Per Luftpost ist ein Brief in der Regel etwa eine Woche unterwegs. Pakete auf dem Seeweg lassen meist zwei bis drei Monate auf sich warten. Es lohnt sich jedoch, Pakete auf diesem Weg zu verschicken, da sich der Preis bei Luftfracht nahezu verdreifacht.

Manche Briefe oder Pakete kommen auch gar nicht an und fallen Briefmarkensammlern in die Hände. Wer einem Schreiben kleine Muscheln oder Münzen beifügt, vermindert die Chancen, dass es sein Ziel erreicht.

Briefe und Postkarten können in allen kleinen und großen Postämtern aufgegeben werden. Die Preise können jedoch variieren. Pakete sollten lieber zum Hauptpostamt gebracht werden, wo Männer beim Einpacken, Einnähen und Beschriften mit Rat, Tat und Material zur Seite stehen. Für ihre Dienste ist eine Bezahlung von 20 000 Rp angebracht. Postbeamte werfen gerne einen zollgeschulten Blick in die noch unverpackten Päckchen. Vor dem Versand muss eine **Zollerklärung** ausgefüllt werden, auf der der Inhalt detailliert dargelegt wird. In Deutschland kann der Zoll wesentlich strenger und unnachgiebiger sein als in Indonesien.

Die größten Postämter sind das **Central Post Office**, Jl. Raya Puputan, Denpasar, ✆ 0361-223568, und das **Kuta Post Office**, Jl. Raya Kuta, Gang Selamat, ✆ 0361-754012. ⏲ Beide Mo–Do 8–14, Fr 8–11 und Sa 8–12.30 Uhr.

Es lohnt sich nicht, einen dringenden Brief per Express zu schicken, weil er erst im Ankunftsland bevorzugt behandelt wird. Schneller ist ein **Fax**, eine DIN-A-4-Seite nach Deutschland kostet ca. 20 000 Rp, oder ein eingescanntes Schreiben. Faxe können in vielen Hotels und Internetcafés aufgegeben werden. In einigen Unterkünften steht der Faxanschluss Gästen auch zum Empfangen von Nachrichten zur Verfügung.

Bei größeren Einkäufen sollte sich in den entsprechenden Städten um eine **Spedition** bemüht werden, falls sich nicht der Händler darum kümmert (in diesem Fall immer auf eine exakte Quittung bestehen). Speditionskosten schlüsseln sich nach Seefracht (bis zum jeweiligen Hafen) und Landfracht (Hafen–Heimatort) auf. Letztere

Porto für den Versand nach Deutschland

	Von Bali	Von Lombok
Paket bis 10 kg	495 000 Rp (Seefracht)	442 000 Rp (Seefracht)
Paket bis 5 kg	364 000 Rp (Seefracht), 990 000 Rp (Luftpost)	310 000 Rp (Seefracht)
Paket bis 1 kg	345 000 Rp (Luftpost)	351 000 Rp (Luftpost)
Brief	16 000 Rp	10 000 Rp
Postkarte	10 000 Rp	8000 Rp

kann ein Vielfaches der Seefracht betragen. Von Bali nach Deutschland kostet eine Fracht inkl. Landfracht je nach Größe, Zielort und Spedition US$200–250.

DHL, Jl. Legian 451, Legian, ✆ 0361-762138, 💻 www.dhl.co.id/en. DHL findet definitiv eine Lösung für Versandprobleme aller Art. Weitere Filialen am Flughafen, in Ubud und Sanur. ⌚ Mo–Fr 9–17, Sa 9–13 Uhr.

Reisende mit Behinderung

Für Menschen mit einer Behinderung ist eine Reise durch Bali möglich, aber oft schwierig und nur jenen anzuraten, die bereit sind, sich Herausforderungen zu stellen. Reiseerfahrung und eine gute Kondition sind hier sicher von Vorteil. Auch auf Bali gibt es Hotels, die behindertengerechte Zimmer anbieten, z. B. das Hard Rock Hotel in Kuta oder das Legian Beach Hotel. Die Balinesen sind hilfsbereite Menschen und man wird immer jemanden finden, der einem bei Treppen oder anderen Hindernissen mit Rat und Tat zur Seite steht. Die balinesischen Tempel sind zwar nicht mit Aufzügen ausgestattet, bieten jedoch schon von außen einen imposanten Anblick. Der Transport mit öffentlichen Verkehrsmitteln ist für Rollifahrer sehr umständlich. Zum Glück sind die Mietpreise für Autos aber recht günstig und die großen Jeeps bieten auf jeden Fall genug Platz für einen Rollstuhl.

Auf Bali bietet der Veranstalter **Bali Access Travel**, Jl. Danau Tamblingan 31, ✆ 0361-851 9902, 0813-3776 6544, 💻 www.baliaccesstravel.com, verschiedene speziell für Menschen mit körperlichen Behinderungen konzipierte Touren an. Hier können auch Rollstühle gemietet werden. Weitere Informationen s. S. 185.

Das **Internet** hilft auf vielen Seiten mit zahlreichen Tipps und Tricks. Auf 💻 rolloverbali.tripod.com/introgerman.htm können Touren gebucht werden, die speziell auf Rollstuhlfahrer zugeschnitten und trotzdem individuell gestaltet sind. Wer denkt, er könne mit einem Rollstuhl nicht die ganze Welt bereisen, wird auf 💻 www.mitschontour.de eines Besseren belehrt. Die **Nationale Koordinationsstelle Tourismus für Alle (NatKo)**, Fleher Str. 317a, 40223 Düsseldorf, ✆ 0211-336 8001, 💻 www.natko.de, hält hilfreiche Infos für das Reisen mit Behinderung bereit.

Sicherheit

Wertgegenstände

Nichts kann die Lust am Reisen mehr verderben als der Verlust der Wertsachen. Es passiert immer wieder, dass jemandem die Tasche aus der Hand gerissen wird, Zimmer aufgebrochen und durchwühlt sind oder ein netter „Freund" mit der Kamera das Weite gesucht hat. Auch in einem Minibus verschwindet schnell mal etwas aus einer Tasche. Da Reisende ihre Besitztümer fast immer mit sich herumtragen, sind sie einem erhöhten Diebstahlrisiko ausgesetzt. Selbst mit US$500 in der Tasche trägt man mehr Geld mit sich herum, als mancher Indonesier in einem Jahr verdient. Die einfachste Lösung besteht darin, möglichst wenige Wertsachen mit sich zu führen. Teurer Schmuck gehört nicht ins Reisegepäck und im Hotel kann Wertvolles im Safe verschlossen oder gegen Quittung abgegeben werden (Schecks mit Nummern separat auflisten, niemals Kreditkarten abgeben), was vor allem bei einem Strandurlaub empfehlenswert ist. Im Perama-Büro in Kuta können zudem schweres Gepäck und unhandliche Souvenirs gebunkert werden. Eine Woche kostet 10 000 Rp. Der Handtasche ist ein Tagesrucksack vorzuziehen, da dieser nicht ohne Weiteres vom Körper gerissen werden kann. Wer Geld und Papiere nicht sicher einschließen kann, sollte stets

Reisedokumente absichern

Es ist sehr sinnvoll, die wichtigsten Reisedokumente wie Flugtickets, Reisepass, Impfpass und Krankenversicherung vor der Reise einzuscannen und an die eigene E-Mail-Adresse zu schicken. So sind die Papiere gesichert und im Notfall von (fast) jedem Ort der Welt abrufbar.

All Safe in Paradise – Zur Gefahr eines Terroranschlags auf Bai

Am 12.10.2002 explodierten auf der Vergnügungsmeile von Kuta mehrere Sprengsätze, die 202 Menschen das Leben kosteten und das bis dahin fleckenlose Image von Bali als einem der letzten Urlaubsparadiese dieser Welt zerstörten. Seither ist viel getan worden, um die Sicherheitslage auf Bali und in Indonesien zu verbessern. Die Attentäter des ersten Anschlags, dem weitere folgten, wurden hingerichtet, der Top-Terrorist Nurdin M. Top wurde im Jahr 2009 eliminiert und weitere Jemaah-Islamiyah-Mitglieder verhaftet.

Sicherheit ist auch vom indonesischen Tourismusministerium als wichtiges Aufgaben- und Handlungsfeld identifiziert worden. So veranstaltet das Ministerium landesweite Seminare zu verschiedenen Sicherheitsthemen und arbeitet eng mit dem Privatsektor, auf Bali besonders der Bali Hotel Association, zusammen. Ein neugegründetes Tourism Security and Safety Resource Centre sammelt sicherheitsrelevante Materialien und Informationen und stellt diese der Allgemeinheit zur Verfügung. Das Thema Sicherheit wurde 2010 auch in die Lehrpläne der staatlichen Tourismusschulen aufgenommen.

Auf Bali besteht eine enge und erfolgreiche Kooperation zwischen Polizei und Tourismussektor. Projekte wie die Errichtung eines gemeinsamen Funk-Kommunikationssystems und die Zusammenarbeit in der Frühwarnung entwickeln Signalwirkung, auch weit über Bali hinaus. Für den balinesischen Gouverneur Made Mangku Pastika, der nach dem ersten Bombenanschlag für seine damalige Rolle als Polizeichef der Ferieninsel auch international viel Lob erhielt, hat das Thema Sicherheit ohnehin einen hohen Stellenwert.

Einen hundertprozentigen Schutz gegen terroristische Anschläge gibt es jedoch nicht. Das gilt für Bali wie für alle anderen Orte auf der touristischen Landkarte – von London bis Bangkok. Meist genügt gesunder Menschenverstand, um risikobehaftete Orte und Situationen zu erkennen und zu vermeiden. Die Wahrscheinlichkeit, auf Bali bei einem Verkehrsunfall zu Schaden zu kommen, ist ungleich höher als die Gefahr, in einen terroristischen Anschlag verwickelt zu werden.

Die Reisehinweise des Auswärtigen Amts informieren über Sicherheitsrisiken und die Vermeidung gefährlicher Situationen, 💻 www.auswaertiges-amt.de.

Ein Beitrag von Alexander Kesper (CIM-Berater des indonesischen Ministeriums für Kultur und Tourismus)

einen Geldgürtel umhaben. Kleingeld und ein paar Scheine haben in tiefen, vorderen Hosentaschen Platz.

Sicheres Reisegepäck und Zimmer

Eigentlich sollte das Gepäck keinen Moment unbeaufsichtigt bleiben. In der Praxis ist dies, besonders für Alleinreisende, schlicht unmöglich. Ist man mit einem guten Bekannten unterwegs, kann z. B. nach der Ankunft in einem neuen Ort einer die Besitztümer hüten, während der andere auf Zimmersuche geht. Die Gepäckaufbewahrung am Flughafen ist relativ sicher und günstig. Eine natürliche Skepsis gegenüber Reisebekanntschaften ist angebracht, besonders bei den „I want to practise my English"-Freunden.

Manche Zimmer in billigen Unterkünften sind nur mit einem Vorhängeschloss zu verschließen. Man erhält zwar ein Schloss und einen Schlüssel, doch ein eigenes Hängeschloss für die Tür verspricht mehr Sicherheit.

Verhalten bei Diebstählen

Verluste und Diebstähle müssen bei der Polizei gemeldet werden, die zumeist Englisch spricht und ein Protokoll verfasst. Manchmal wird dafür eine Gebühr von 100 000 Rp verlangt.

Ein Einbruch ins Hotelzimmer: Nach einem Diebstahl muss auf jeden Fall die Polizei verständigt werden. Eine Reisegepäckversicherung zahlt nur, wenn ein Polizeiprotokoll vorliegt. Ist es nicht in Englisch abgefasst, lässt man es am besten noch in Asien übersetzen und beglaubigen. In Singapur gibt es zuverlässige und relativ günstige Übersetzungsbüros. Im Internet finden sich zudem schnell zahlreiche seriöse Übersetzer und Übersetzungsagenturen für jede gängige Sprachkombination, 💻 www.proz.com.

Die Schecks wurden gestohlen: Die Kaufbelege und die Schecks selbst sollten immer getrennt aufbewahrt werden. Gestohlene oder verlorengegangene Schecks werden nur ersetzt, wenn die Abrechnung vorgewiesen werden kann, s. S. 47.

Der Pass ist weg: Der Personalausweis und Kopien aller wichtigen Papiere sollten an unterschiedlichen Stellen aufbewahrt oder vor der Reise kopiert und als Datei an die eigene E-Mail-Adresse geschickt werden. Es ist dann leichter, bei der nächsten Botschaft oder einem Konsulat die Identität nachzuweisen. Der Verlust der Papiere kostet immer viel Zeit und Rennerei (Polizei – Botschaft – Immigration). Adressen der Botschaften und Konsulate s. S. 37.

Polizei

Für allgemeine Verkehrsprobleme ist die **Polizeizentrale** in Denpasar in der Jl. Gajah Mada zuständig. Bei anderen Problemen (Diebstahl usw.) sollte die nächste Polizeidienststelle direkt kontaktiert werden. Speziell für die Probleme ausländischer Touristen ist die **Tourist Police** zuständig, die Büros in Kuta, Seminyak, Sanur und Nusa Dua unterhält. Zudem gibt es die Hotline des **Tourist Assistance Centre**, ✆ 0361-224111.

Tsunamigefahr auf Bali

Die Vielfalt und Schönheit der balinesischen Natur und die damit verbundenen Gefahren wie Erdbeben, Tsunamis und Vulkanausbrüche sind zwei untrennbare Seiten einer geologisch sehr dynamischen Region.

Tsunamis treten zwar vergleichsweise selten auf, haben aber, wenn sie zuschlagen, eine verheerende Wirkung. Indonesien wird im Schnitt alle zwei bis drei Jahre von einem dieser zerstörerischen Tsunamis getroffen. Bali selbst hat in den letzen 100 Jahren mehrere kleinere Tsunamis erlebt.

Tsunamis werden in den meisten Fällen von größeren Erdbeben verursacht. Da derartige Erdbebenzonen dicht vor der Küste der Insel liegen, ist die Zeit zwischen dem Erdbeben und dem möglichen Auftreten eines Tsunamis sehr kurz.

Daher sollte man sich frühzeitig mit den Vorsichtsmaßnahmen vertraut machen. Jedes fühlbare Erdbeben ist ein erstes Warnsignal. Strände oder Flussuferbereiche in Küstennähe sollten umgehend verlassen werden. Ein rapides Zurückweichen der Wasserlinie ist ein weiteres natürliches Warnzeichen für einen unmittelbar bevorstehenden Tsunami. Viele der großen Hotels in Bali haben bereits Vorsorgepläne und Evakuierungswege ausgewiesen. Am besten fragt man direkt nach der Ankunft danach. Besonders die Hotels der Bali Hotels Association (BHA) sind gut vorbereitet.

Indonesien hat mit deutscher Unterstützung ein Tsunami-Frühwarnsystem errichtet. Das nationale Warnzentrum in Jakarta gibt bei Tsunami-Gefahr innerhalb weniger Minuten nach dem Auftreten eines starken Erdbebens Tsunami-Warnungen heraus. Diese werden über die nationalen Radio- und Fernsehsender verbreitet und an die Lokalregierungen gesendet. In Bali sind an mehreren Stränden (z. B. in Kuta, Legian, Nusa Dua und Sanur) Sirenen errichtet worden, die im Falle einer Tsunami-Gefahr aktiviert werden. Allerdings ist die Reichweite begrenzt, es werden längst nicht alle Strandabschnitte beschallt.

Weitere Informationen zum Thema Tsunami und Frühwarnung gibt es beim Deutsch-Indonesischen Projekt zur Tsunami-Frühwarnung, 💻 www.gitews.de, und beim Tsunami Information Center in Jakarta, 💻 www.jtic.org.

Ein Beitrag von Harald Spahn
(GIZ-Experte für Tsunami-Frühwarnsysteme)

In **Denpasar**: Jl. W. R. Supratman 7, ✆ 0361-227711.
In **Kuta**: Tourist Police, Jl. Pantai Kuta, ✆ 0361-784 5988.
In **Seminyak**: Tourist Police, Blue Ocean Boulevard, rund um die Uhr besetzt.
In **Sanur**: Tourist Police, Jl. Danau Tamblingan, neben dem Hyatt Hotel, ✆ 0361-853 1960.
In **Nusa Dua**: Tourist Police, ✆ 0361-744 2622.

Strafbare Handlungen

Von **Drogen** sollte man die Finger lassen, auch von Marihuana, damit der Aufenthalt in Indonesien nicht ungeplant verlängert wird – und zwar hinter Gittern. Die Strafen sind drastisch genug: Alleine der Konsum (!) kann zwei bis drei Jahre Gefängnis einbringen. Der Besitz selbst geringer Mengen von Cannabis bringt max. sechs Jahre, andere Drogen zehn Jahre, dazu Geldstrafen von 10 bis 15 Mio. Rp. Bei Drogenhandel drohen gar 20 Jahre bis lebenslänglich oder die Todesstrafe. Mitwisser, die nicht die Polizei verständigen (betrifft häufig Ehefrauen), werden mit max. einem Jahr bestraft. Informanten bleiben anonym und erhalten in vielen Fällen eine Belohnung.

Kuta ist also längst nicht mehr das Hippie-Paradies, das es vor 20 bis 30 Jahren war. Einige Ausländer sitzen zurzeit wegen Drogen im Gefängnis von Kerobokan Haftstrafen von fünf Monaten bis 17 Jahren ab.

Gewarnt sei auch vor Pilz-Omeletts mit sogenannten Magic Mushrooms, die zwar nicht offiziell gesetzlich verboten sind, aber ihre Tücken haben, denn die Wirkung ähnelt der von LSD und ist nicht zu unterschätzen.

Unter Drogeneinfluss (auch Alkohol) sollte man keinesfalls Motorroller fahren oder schwimmen gehen. Letzteres ist wegen der starken Strömungen schon in nüchternem Zustand nicht ungefährlich.

Ein Gesetz verbietet **Nacktbaden**. Wer dabei erwischt wird oder in Badekleidung außerhalb der Strände herumläuft, kann mit bis zu drei Jahren Gefängnis bestraft werden. Zumindest in Süd-Bali ist die Polizei aus Angst, Touristen zu vertreiben, jedoch in der Regel nachsichtig. Dennoch ist es strafbar und der einheimischen Bevölkerung gegenüber höchst respektlos, in Bikini oder Badehose in Restaurants zu sitzen oder durch die Straßen zu gehen.

Sport und Aktivitäten

Abenteuer (Rafting, Mountainbiking und Trekking)

Ein Tagesausflug mit dem Mountainbike, eine Rafting- oder Trekkingtour ermöglichen es, einen Blick auf das andere, das „wahre" Bali zu erhaschen, traditionelle Dörfer kennenzulernen und in die Geheimnisse der hiesigen Natur einzutauchen.

Die Preise der Veranstalter unterscheiden sich kaum voneinander, alle hier angegebenen Werte sind offizielle „Published Rates". Sämtliche Aktivitäten können vor Ort mit etwas Verhandlungsgeschick besonders außerhalb der touristischen Hochsaison deutlich preiswerter gebucht werden. Der Transport vom Hotel zum Ausgangspunkt und zurück ist im Regelfall im Preis inbegriffen. Alle hier angegebenen Preise gelten für jeweils eine Person.

Bali Adventure Tours, Jl. By Pass Ngurah Rai, Pesanggaran, ✆ 0361-721480, 💻 www.baliadventuretours.com. Das breit gefächerte Programm des seit 1989 erfolgreich aktiven Anbieters beinhaltet Rafting oder River Kayaking auf dem Yeh Ayung für US$76, Mountainbiking von Kintamani bis zum Elephant Safari Park in Taro für US$71, Trekking in Taro für US$64 oder eine Elefantensafari im 3,5 ha großen Park in Taro für US$86, inkl. Nachtausritt, touristischer Show und Abendessen für US$99. Kinder zahlen 30 % weniger. Reservierungen über die Homepage sind teils wesentlich günstiger.
Cocostravel, Jl. Latang Hidung 5A, Sanur, ✆ 0813-3764 0179, 💻 www.cocostravel.com. Der deutsche Werner Duderstadt und sein engagiertes Team veranstalten mehrtägige, abenteuerliche Touren mit dem Mountainbike durch Bali, Java, Lombok oder Flores. Die 5-tägige Entdeckungstour durch Bali gibt es ab

499 €. Zudem können die guten Mountainbikes auch für 40 € pro Woche geliehen werden.
nicktours, Jl. Danau Tamblingan 68, Sanur, ✆ 0361-287792, 🖳 www.nicktours.com. Empfehlenswerter Tourveranstalter mit dänischem Management. Das breite Angebot umfasst alles von geführten Reisfeldwanderungen über Mountainbiken in Jatiluwih und Vulkanbesteigungen bis hin zu Schiffsreisen nach Komodo und Flores. Außerdem Autovermietung mit Fahrer. ⏲ Mo–Sa 9–13 und 17–20 Uhr.
Sobek, Jl. By Pass Ngurah Rai 100X, Kuta, ✆ 0361-768050, 🖳 www.balisobek.com. Der etablierte Anbieter veranstaltet seit über 20 Jahren abenteuerliches Wildwasserrafting auf dem Yeh Ayung und dem Telaga Waja. Preis für eine 2-stündige Tour US$79, Kinder bis 15 Jahre US$52. Außerdem Mountainbiking für US$65 und Trekking im Angebot. Die erfahrenen und gut ausgebildeten Guides legen viel Wert darauf, dass alle Teilnehmer die Tour unbeschadet überstehen.

Nicht ganz so gut organisiert treten folgende Veranstalter auf:
Ayung River Rafting, Jl. Diponegoro 150B, Denpasar, ✆ 0361-239440, 🖳 www.ayungriverrafting.com. Rafting mit 6 Pers. pro Boot für US$72, Fahrradtouren im Hochland um Kintamani oder Dschungeltrekking für US$67, Kinder US$46. Auch Ausritte auf Elefanten oder Pferden sowie VW-Safaris.
Bali Horse Adventure, Stable Kuda Bahagia, Jl. Pantai Pererenan, nördlich vom Echo Beach, ✆ 0361-365 5597, 🖳 www.balihorseadventure.com. In Pererenan werden Pferdeausritte mit einem Guide an den Strand und weiter bis nach Seminyak angeboten. Ein 1-stündiger Ritt kostet 350 000 Rp, für 2 Std. werden 600 000 Rp fällig. Auch Reitkurse und Ponyritte für die Kleinsten für 80 000 Rp im Angebot.
Bali Rafting, Jl. By Pass Ngurah Rai 297, Sanur, ✆ 0361-270744, 🖳 www.baliactionadv.com. Schlauchbootfahrten auf dem Telaga Waja für US$75, Mountainbiken für US$65, Trekking am Fuße des Gunung Agung für US$60 und eine Besteigung für US$100.
Paddy Adventure, ✆ 0361-759048-50, 🖳 www.paddyadventurebali.com. Auf ATV-Bikes (Quads, kleine, offene Geländewagen) durch Matsch und Reisfelder am Fuße des Gunung Batukaru zischen und sich dabei richtig einsauen – hier ist man an der richtigen Adresse. Die Bikes können einzeln oder im

Tandem gefahren werden. Erfahrenes Personal instruiert Neulinge in der Handhabung der Buggys. Einzel ab US$72, Tandem US$112, Mahlzeiten kosten extra. Touren um 7.15, 10.15 und 12.15 Uhr. Auch Fahrradtouren für US$55.
SeeBali Adventures, Jl. Jayagiri XIX 2, Denpasar, ✆ 0361-794 9693, 💻 www.seebali adventures.com. Bietet verschiedene Tagestouren mit Guide, spaßorientierte Fahrten mit ATV-Bikes für US$79, Offroad-Buggies für US$85 oder mit Mountainbikes für US$69 an.
Waka Land Cruises, Jl. Padang Kartika 5X, Denpasar, ✆ 0361-426971, 💻 www.wakaland.com. Veranstaltet Touren mit einem Landrover über Nebenstraßen zum Gunung Batukaru für US$93 p. P.

Bootstouren

Boote sind nicht nur eine ansprechende Alternative, den Transport zu bewältigen, sondern auch eine wunderschöne Gelegenheit für Liebesschwüre und Heiratsanträge.
Der Transport vom Hotel zum Ausgangspunkt und zurück ist im Regelfall im Preis inbegriffen. Alle hier angegebenen Preise gelten für jeweils eine Person.

Bali Hai Cruises, Hafen von Benoa, ✆ 0361-720331, 💻 www.balihaicruises.com. Die beste Adresse für verschiedene Touren mit Motor- oder Segelbooten zu vorgelagerten Inseln und Riffen (ab US$55), außerdem gibt es eine Fahrt zum Sonnenuntergang inkl. Abendessen für US$45.
Island Explorer Cruises, Jl. By Pass Ngurah Rai 622, Suwung, ✆ 0361-728088, 💻 www.bali-activities.com. Touren mit Motor- oder Segelbooten nach Nusa Lembongan ab 695 000 Rp, auch Übernachtung auf der Insel in Bungalows möglich.
Sail Sensations, Hafen von Benoa, ✆ 0361-725864, 💻 sailsensations.com. Der Veranstalter fährt mit einem luxuriösen, 27 m langen Katamaran zur Nusa Lembongan, der Ausflug dauert von 9 bis 17 Uhr und kostet US$105 inkl. allem außer Tauchen und einer 2 1/2-stündigen Tour durch die Mangroven. Außerdem gibt es jeden Sa eine Tour zum Sonnenuntergang inkl. 6-gängigem Menü für US$83. Kinder bis 12 Jahre zahlen nur die Hälfte. Günstige Online-Angebote.

Surfen

Die Inseln Bali und Lombok sind ein wahres **Paradies für erfahrene Wellenreiter**. Nicht ohne Grund finden jedes Jahr internationale Wettkämpfe vor den zerklüfteten Küsten der Inseln statt. Die meisten Surfspots sind allerdings nur für absolute Profis empfehlenswert, da die oft meterhohen Wellen über Riffen brechen und so jede noch so kleine Unachtsamkeit zu schwerwiegenden Verletzungen führen kann. Auch die unberechenbaren Strömungen leisten ihren Beitrag dazu, dass hier regelmäßig traumhafte Bedingungen für Profisurfer herrschen.

Zum Glück gibt es aber auch einige Strände, an denen sich Anfänger bei ihren ersten Stehversuchen keine ernsthaften Sorgen um ihre Gesundheit machen müssen. Besonders in Kuta auf Bali finden sich zahlreiche **Surfschulen**, die täglich Kurse für absolute Anfänger veranstalten (s. S. 150). Die Strände um Pantai Canggu (s. S. 177) sind ein beliebtes Ziel für Anfänger mit Vorkenntnissen. Weiter im Süden an den Stränden der Bukit-Halbinsel (s. S. 195) und im Westen in Balian (s. S. 253) und Medewi (s. S. 254) sind hingegen nur erfahrene Wellenreiter anzutreffen. Das Gleiche gilt für die Strände rund um Kuta Lombok (s. S. 352).

Weiterführende Informationen zu den verschiedenen Surfspots auf Bali und Lombok inkl. detaillierter Bewertungen und Informationen, zahlreicher Bilder und Erfahrungsberichte finden sich auf den englischsprachigen Webseiten 💻 www.surfingbali.com und 💻 www.wanna surf.com/spot/Asia/Indonesia.

Tauchen

Bali und Lombok sind für ihre farbenprächtige, lebendige Unterwasserwelt bekannt. Besonders vor den Küsten im Norden und Osten der Insel Bali, den vorgelagerten Inseln Nusa Lembongan und Nusa Penida sowie den Gili-Inseln bei Lombok bieten sich hervorragende Bedingungen für Taucher. Für detaillierte Informationen zu den einzelnen Tauchgebieten lohnt sich ein Blick in den Kasten unten sowie ein Besuch der Seite 🖳 www.taucher.net, die sehr umfangreich mit allen wichtigen Daten aufwartet und zahllose Berichte anderer Taucher bereithält.

Für nähere Auskünfte zu möglichen Tauchgängen und -kursen wendet man sich am besten an eine der folgenden Adressen oder folgt den Empfehlungen in den jeweiligen Regionalkapiteln. Die Preise beginnen in der Regel bei US$35 p. P. für einen Tauchgang bzw. US$60 für zwei Tauchgänge, können aber auch abhängig vom Tauchgebiet bei längeren Anfahrten bei deutlich über US$100 für zwei Tauchgänge liegen. Bevor man sich für einen Anbieter entscheidet, sollte die Ausrüstung genau unter die Lupe genommen werden.

Von erfahrenen deutschen Tauchern werden folgende Anbieter empfohlen:

Bali International Diving Professionals (BIDP), Jl. Danau Poso 26, Sanur, ✆ 0361-285065, 🖳 www.bidp-balidiving.com. Umfangreiches Programm mit vielen Touren und Paketen, Tauchgang ab US$70.

Crystal Divers, Jl. Danau Tamblingan 168, Sanur, ✆ 0361-286737, 🖳 www.crystal-divers.com. Professionell geführte und freundliche Tauchschule unter dänischer Leitung mit neuem und sehr gut gewartetem Equipment. Open-Water-Kurse kosten US$425, 2 Tauchgänge direkt vor Sanur US$60, bei Nusa Penida US$120, Tulamben US$100, Manta Point südlich von Nusa Penida US$140. Auch deutschsprachige Tauchlehrer sind verfügbar.

Dream Divers, Jl. Raya Senggigi 15, ✆ 0370-693738, 🖳 www.dreamdivers.com. Die erste deutschsprachige Tauchschule auf Lombok bietet PADI-Open-Water-Kurse für 3,4 Mio. Rp auf Deutsch und tägliche Tauch- (370 000 Rp pro Tauchgang) und Schnorchelausflüge (180 000 Rp) an die Tauchgründe in der Nähe der Gili-Inseln an.

Tauchreviere vor Bali und Lombok

Sanur und Nusa Dua – Nicht das beste Riff der Insel, aber fischreich, in Strandnähe und in wenigen Minuten mit dem Boot zu erreichen. Die Sicht variiert zwischen 8 und 15 m.

Nusa Penida – Sehr fischreiche Riffe mit Steilabfällen, zu erreichen über Padang Bai (1 Std.) oder Sanur bzw. Nusa Dua (1 1/2 Std.). Sicht ca. 15 m, aber starke und zum Teil unberechenbare Strömungen, die mitunter unangenehm kalt sein können.

Padang Bai – Relativ flache Riffe, 15 Min. mit dem Auslegerboot vom Strand entfernt. Die Sicht variiert zwischen 6 und 15 m, es gibt keine starken Strömungen, aber relativ niedrige Wassertemperaturen.

Pulau Tepekong – Äußerst fischreiche, steil abfallende Riffe und ein Unterwasser-Canyon vor Pulau Tepekong (Pulau Kambing). 30 Min. mit dem Boot ab Nusa Dua oder Padang Bai, Sicht 6–20 m, wegen starker Strömungen nur für erfahrene Taucher geeignet.

Amed und Tulamben – 5 Min. vor der Küste, Riffe in 6–30 m Tiefe und ein Schiffswrack, ein amerikanisches Versorgungsschiff, das 1942 von Japanern versenkt wurde, auf 40 m. Sehr fischreich, kaum Strömungen, Sicht 10–20 m, das beliebteste und meistbesuchte Tauchziel der Insel.

Pulau Menjangan – Steil abfallende und zerklüftete Riffe, 30 Min. mit dem Boot von Labuan Lalang entfernt. Sehr gute Sicht von 25–50 m. Die Insel Menjangan ist Teil des Bali-Barat-Nationalparks.

Die Gili-Inseln – Mehr als 15 Tauchspots in sensationellen Riffen, sowohl für Anfänger als auch für fortgeschrittene Taucher geeignet. Am Shark Point gibt es ab 18 m sogar Weißspitzen-Riffhaie zu sehen.

Wellness

Massagen

An den Stränden in Süd-Bali sowie in zahlreichen Unterkünften bieten Massagefrauen ihre Dienste an. Für rund 50 000 Rp ölen sie den Körper ein und kneten ihn in einer Stunde von oben

Spas

Bali weist die höchste Konzentration an Spas in Südostasien, wenn nicht sogar weltweit, auf. Jedes große Hotel wirbt mit seinem exklusiven Wellness-Bereich, aber auch weniger Betuchte finden in Ubud oder Richtung Nusa Dua an der Jalan By Pass Ngurah Rai, auch Spa Alley genannt, ein vielfältiges Angebot.
Von warmen und kalten Pools eröffnet sich ein unverstellter Blick über Reisterrassen. Im orientalischen Stil gestaltete romantische Behandlungsräume gehen nahtlos in üppig-grüne Tropengärten über. In dieser Umgebung ist es ein Genuss, sich von geschickten Händen die Muskulatur lockern zu lassen und durch ein Körper-Peeling mit feinem Korallensand die alte Haut abzustreifen, in einem Bad bedeckt von Hibiskus und Jasminblüten im warmen Wasser zu schweben und in Joghurt oder Papayamus gepackt vor sich hin zu träumen. Auch kann man sich mit meditativer Musik auf der Entspannungsterrasse bei einer Tasse aromatischen Tees ausruhen und die betörenden Düfte ätherischer Öle aus Sandelholz, Zitronengras oder Ylang-Ylang einatmen, die unsere Sinne umschmeicheln und Verspannungen lösen. Es ist eine rituelle Reinigung, bei der unser Körper seine Balance wiederfindet und der Geist zur Ruhe kommt.
Im **Angebot** ist eine internationale Mixtur: Ayurveda aus Sri Lanka, Massagen im thailändischen oder schwedischen Stil, Akupressur und Kinesiologie aus China, Shiatsu aus Japan und selbst Lomi Lomi aus Hawaii sowie Behandlungsmethoden aus der westlichen Badekultur, wie Fangopackungen, Wassergymnastik und Kneippkuren, die mit traditionellen asiatischen Methoden eine Symbiose eingehen. In erster Linie begeistern jedoch die ureigenen balinesischen Therapieformen: die kräftige traditionelle Massage mit einheimischen Ölen und Kräutern sowie die zartfühlende, zuvorkommende Art der Balinesen und ihre grundsätzlich große Bereitschaft, offen auf Fremde zuzugehen.
Massagen und Heilkräuter sind ein wesentlicher Bestandteil des balinesischen Alltags und damit auch des traditionellen Gesundheitssystems. Viele Zutaten der balinesischen Küche wie Kokosöl, Kardamom, Gelbwurz, Pfeffer, Muskatnuss und Ingwer werden traditionell verwendet und entfalten auch bei äußerlicher Anwendung ihre wohltuende Wirkung. Selbst Kaffee, Reis, Joghurt, Papaya und Karotten kommen zum Einsatz.

bis unten kräftig durch. Die meisten Frauen haben keinerlei Ausbildung, allerdings entspricht es der balinesischen Tradition, wenn gegen den venösen Blutstrom ausgestrichen wird.

Spas

Wer Erholung für Körper und Geist sucht und Stress abbauen möchte, kann sich in einem Spa mit Thermal- und Blütenbädern, Massagen aller Art, Packungen und anderen wohltuenden Körperbehandlungen in luxuriöser Atmosphäre entspannen (s. Kasten).

Hotels sind oft mit eigenen Spas ausgestattet, die auch von Tagesgästen besucht werden können. In der Regel kostet es ca. US$20 p. P. und Tag, wenn nur diverse Bäder, Sauna usw. benutzt werden. Spezialbehandlungen sind teurer und reichen vom 30-minütigen Kräuterbad für US$30 bis zur fünfstündigen Vollbehandlung für US$200. Schon legendär sind die Spas in den Luxushotels, wie dem Bali Hyatt oder Le Meridien, aber auch weniger Wohlbetuchte kommen etwa im Jari Menari oder Su's Spa in Kuta und Seminyak oder dem Nur Salon in Ubud auf ihre Kosten. Weitere Empfehlungen finden sich in den jeweiligen Regionalkapiteln.

In jedem Dorf gibt es *Tukang Pijit*, weibliche wie männliche **Masseure**, manche von ihnen können sogar gebrochene Knochen richten und Krankheiten heilen. Ihr Wissen wird innerhalb des Dorfverbandes von Generation zu Generation weitergegeben. Ziel dabei ist es, die Körperenergien ins Gleichgewicht zu bringen, die Balance wiederherzustellen zwischen *Yin*, dem weiblichen Element, und *Yang*, dem männlichen Element, entsprechend der ewigen Gegensätze des kosmischen Kreislaufs. Dabei wird die Muskulatur nicht geknetet, sondern gestreckt, gedehnt und an den Energiepunkten fest gedrückt, wobei diese mit sanften, ausstreichenden Bewegungen miteinander verbunden werden.

Eine echte Massage dauert um die zwei Stunden, längere Behandlungen mit Packungen, Bädern, kosmetischen Behandlungen und anderen Therapien können durchaus einen ganzen Tag in Anspruch nehmen.

Weitere Informationen zu Wellness auf Bali s. eXTra [4183].

Telefon

Die mehr als 238 Mio. Indonesier sind große Fans der Telekommunikation, besonders des SMS-Schreibens. Selbst in den kleinsten Dörfern finden sich Verkaufsstände, die Karten mit Prepaid-Guthaben *(Pulsa)* verkaufen. Wer längere Zeit auf Bali bleibt oder öfter telefonieren will und sich die saftigen Roaming-Gebühren der heimischen Mobilfunkgesellschaften sparen möchte, sollte sich für sein Handy eine indonesische **Prepaid-SIM-Karte** zulegen. Eine Vielzahl verschiedener Unternehmen hat solche Karten im Angebot. Wenn man sich nur in den Touristenzentren und großen Orten aufhält, kann problemlos jede dieser Karten genutzt werden. Soll die Reise jedoch auch in entlegene Regionen der Insel gehen, stehen nur die zwei großen Mobilfunkanbieter Telkomsel (Simpati) und Indosat (Mentari und IM3) zur Auswahl. Die SIM-Karten gibt es ab 10 000 Rp inklusive eines Gesprächsguthabens von 5000 Rp in vielen kleinen Geschäften und Supermärkten zu kaufen, wo auch bereits erstandene Karten aufgeladen werden können. Sollte man seine Karte in Kuta besorgen, ist sie allerdings deutlich teurer. **Gespräche innerhalb Indonesiens** sind mit diesen Karten erheblich günstiger als mit der heimischen Karte.

Wichtige Telefonnummern

Polizei vom Handy	110 112
Feuerwehr vom Handy	113 112
Ambulanz	118 oder 119
Such- und Rettungsdienst	111, 115 oder 151
Ambulanz Rotes Kreuz	0361-225465
Immigration	0361-227828
Flughafen	0361-751011

Vorwahlen

Indonesien	0062
Deutschland	0049
Österreich	0043
Schweiz	0041
Singapur	0065
Malaysia	0060
Australien	0061

Möchte man mit einer Simpati-Karte sein bestehendes Guthaben überprüfen, wählt man die *888#. Unter der *999# kommt man in das Hauptmenü, in dem alle möglichen Tarifoptionen gebucht werden können.

Neben der Netzabdeckung sprechen auch die Preise für **Auslandsgespräche** und SMS für die SIM-Karten von Simpati. Um ein günstiges Gespräch nach Deutschland, Österreich oder in die Schweiz zu führen, wird die 01017 vor der eigentlichen Nummer (also z. B. 01017-49-30-1234567) gewählt, und schon zahlt man nur 2400 Rp (ca. 0,20 € pro Minute). **SMS** in die Heimat kosten mit 600 Rp sogar nur einen Bruchteil davon.

Bei bestehender Internetverbindung sind Gespräche über **Skype** zu Festnetznummern in Deutschland für zurzeit 0,022 € pro Minute eine noch günstigere Variante für die Kommunikation mit den Daheimgebliebenen. Man kann also auch ohne böse Überraschungen auf der Handyrechnung mit der Heimat in Verbindung bleiben.

Es ist zudem möglich, aus Deutschland für zurzeit 0,023 € pro Minute über den Call-by-Call-Anbieter 01077 erreicht zu werden.

Eine weitere interessante Option von Simpati ist die preiswerte Nutzung von mobilen **Internetdiensten**. Für 5 Rp pro Kilobyte kann man direkt ins mobile Netz gehen. Alternativ besteht die Möglichkeit, ein wesentlich günstigeres Internetpaket zu buchen, das für 50 000 Rp zwei Wochen bis zu einer Datenmenge von 500

Megabyte oder für 100 000 Rp ein Monat bis zu 1 Gigabyte beinhaltet. Dazu wird im Wählfeld des Telefons *363# eingegeben und das entsprechende Paket unter dem Menüpunkt „3" (Flash Unlimited) ausgewählt. In dem Menü besteht zudem die Möglichkeit, kleinere bzw. zeitlich begrenztere Pakete zu buchen, die allerdings nach den eigenen Erfahrungen weniger zuverlässig funktioniert haben. Um ein Paket wieder abzumelden, wird eine SMS an die Nummer 3636 mit dem Inhalt „UL OFF" geschickt. So kann man für ein paar Rupiah das eigene E-Mail-Postfach abfragen oder sich über die neuesten Nachrichten und Sportergebnisse auf dem Laufenden halten. Besonders an Orten ohne preiswerte oder zuverlässige Internetverbindung empfiehlt sich diese Option als unkomplizierte Alternative.

Wer sein Handy lieber zu Hause lassen möchte, kann in einem der vielen *Wartel* (Warung-Telefon) oder im Hotel für etwas mehr Geld telefonieren.

Transport

„Transport" ist wohl das häufigste Wort, das auf den Straßen von Kuta oder Ubud zu hören ist, denn an jeder Straßenecke bieten Fahrer ihre Dienste an. Zudem gibt es ein breites Angebot öffentlicher Verkehrsmittel, sodass es keinen Ort auf Bali gibt, der nicht innerhalb eines Tages zu erreichen wäre. Wer auf ein eigenes Transportmittel Wert legt, hat die Wahl zwischen Minibussen oder Autos mit Chauffeur, Mietwagen, Motorrädern oder Fahrrädern. Gängige Verkehrsmittel sind Minibusse *(Angkot)*, Taxis und Busse.

Achtung vor steigenden Kosten!

Aufgrund von angedachten Gesetzesänderungen, die zu starken Einschnitten bei den staatlichen Benzinsubventionen führen würden, besteht die Möglichkeit, dass im Laufe des Jahres 2012 Transport und besonders in entfernteren Regionen und auf kleineren Inseln auch Lebensmittel deutlich teurer werden.

Nahverkehr

Minibusse (Angkot)

Ein Angkot (manchmal auch *Bemo* genannt) ist ein Minibus in der Größe eines Transporters, der festgelegte Strecken abfährt und auf der Straße angehalten werden kann. Die kleinen Minibusse verkehren besonders in dicht besiedelten Gebieten außerhalb Kutas regelmäßig, werden aber in abgelegeneren Regionen immer seltener. Es gibt keine festen Abfahrtszeiten, sondern es geht los, wenn nach Meinung des Fahrers keine weitere Person Platz hat. Besonders an Markttagen kann dies eine hautnahe Erfahrung werden. Start- und Endpunkt einer Route liegen oft in der Nähe eines Marktes oder Busbahnhofs. Vor einer Angkot-Fahrt sollte man sich bei Einheimischen über den Preis informieren und das Geld passend bereithalten. Auf eine höhere Preisforderung sollte gar nicht erst eingegangen werden. Macht der Minibus auf Wunsch einen Umweg, so sollten eventuelle Extrakosten bereits von vornherein geklärt werden. Ist z. B. die reguläre Fahrt nach 25 km an einem Marktplatz zu Ende und man wird noch 2 km weiter zum Strand gebracht, so kann es geschehen, dass sich der Fahrpreis verzehnfacht. Der Fahrer nimmt stillschweigend an, man hätte sein Auto gechartert.

Taxi

In den Touristenzentren in Süd-Bali schalten fast alle Taxis anstandslos ihr Taxameter ein. Zu späterer Stunde oder außerhalb der Touristenzentren wollen die Fahrer häufig kein Taxameter verwenden und der Preis muss vor Antritt der Fahrt ausgehandelt werden. Die Einschaltgebühr inkl. des ersten Kilometers beträgt auf Bali 4500–5000 Rp, jeder weitere Kilometer kostet 4000 Rp.

Vom Flughafen aus sind die (überhöhten) Preise festgelegt. Für das gewünschte Ziel erwirbt man am Taxistand des Flughafens einen entsprechenden Coupon und bekommt danach ein Taxi zugewiesen. Für eine detaillierte Preisliste und weitere Informationen zu der Situation s. S. 34.

Am empfehlenswertesten sind die blauen Blue-Bird-Taxis. Die Autos sind immer in einem recht neuen Zustand, mit einer funktionierenden

Klimaanlage ausgestattet und die Fahrer sind freundlich. Sollte man einmal ein Gepäckstück im Taxi vergessen, hat man zudem gute Chancen, es wiederzubekommen. Taxis erreicht man rund um die Uhr bei:

Blue Bird Bali, Jl. By Pass Nusa Dua 4, Jimbaran, ✆ 0361-701111, 💻 www.bluebirdgroup.com. Für eine telefonische Bestellung müssen sich die Fahrtkosten mind. auf 25 000 Rp belaufen.
Ngurah Rai Taxi, Jl. By Pass Ngurah Rai, Pesanggaran, ✆ 0361-724724.
Pan Wirthi Taxi, Jl. By Pass Ngurah Rai, Suwung Kauh, ✆ 0361-723954.
Praja Taxi, Jl. By Pass Ngurah Rai, Blanjong, Sanur, ✆ 0361-709566.

Fahrrad

Für Fahrräder zahlt man in Süd-Bali und Ubud ab 20 000 Rp pro Tag (Mountainbikes 25 000 Rp), auf Gili Trawangan 40 000 Rp. Im Stadtgebiet von Denpasar, auf allen Hauptstraßen sowie im verkehrsreichen Süden ist Radfahren nicht zu empfehlen. Schwierige Bergstrecken können samt Drahtesel auch in einem Minibus bewältigt werden.

Transport über die Insel

Wer sich auf Bali selbstständig mit einem Mietfahrzeug bewegen will, sei gewarnt: Der Verkehr ist dicht, für Unerfahrene oft gefährlich und endet manchmal sogar tödlich. Große wie kleine Motorräder sind neben öffentlichen Verkehrsmitteln die am häufigsten genutzten Fortbewegungsmittel. Im dicht besiedelten Süden verstopfen sie neben Autos, Lkw und Bussen die Straßen, bevölkern die Fußwege und sind zudem häufig in Unfälle verwickelt.

Bei kleineren Verkehrsdelikten wird in der Regel eine Geldstrafe in Höhe von 50 000 Rp fällig, Vergehen sollten nicht teurer als 250 000 Rp werden.

Überlandbusse

Es gibt eine große Zahl verschiedener Transportunternehmen, die den Transfer zwischen den Touristenorten mit Minibussen organisieren, dabei unterscheiden sich die Preise nur sehr geringfügig voneinander.

Die einfachste und zuverlässigste, wenn auch nicht immer preisgünstigste Variante für den Überland-Transport auf Bali bietet **Perama**. Mit oft älteren Reisebussen werden jeden Tag alle

Pferdekutschen, *Cidomo* genannt, sind auf Lombok noch immer ein weitverbreitetes Transportmittel, auf den Gili-Inseln sogar das einzige.

Wichtig: Internationaler Führerschein

Wer keinen **Internationalen Führerschein** vorweisen kann, muss mit einer Strafe rechnen. Die Polizei auf Bali hat diese Einnahmequelle entdeckt und kontrolliert besonders hellhäutige Rollerfahrer fleißig und regelmäßig. Im Regelfall reicht es, einen 50 000-Rp-Schein unauffällig in die Fahrzeugpapiere zu legen, auf jeden Fall sollte man sich auf keine längeren Diskussionen einlassen. Falls man vergessen hat, einen internationalen Führerschein in der Heimat zu beantragen, besteht die Möglichkeit, auf Bali für Ersatz zu sorgen. Bei der Polizei kann für ca. 10 € ein Formular gekauft werden, das bescheinigt, dass der internationale Führerschein verloren wurde. Ob dies der Wahrheit entspricht oder nicht, interessiert dann keinen Polizisten mehr.

wichtigen Touristenorte der Insel angefahren. Für den Transport nach Lombok und zu anderen Inseln bietet Perama auch Überfahrten mit Fähren zu fairen Preisen. Ein Perama-Büro gibt es im Zentrum jedes größeren Ortes. Es ist auf den jeweiligen Stadtplänen verzeichnet. In manchen Fällen ist im Ticketpreis eine Übernachtung in einem Guesthouse inbegriffen. Bei Vorzeigen des Hinfahrt-Tickets bekommt man Rabatt für das Rückfahrt-Ticket. Die Zielorte sowie die aktuellen Preise sind unter 💻 www.peramatour.com und in den jeweiligen Regionalkapiteln zu finden. Das Hauptbüro liegt in der Jl. Legian 39, Kuta, ✆ 0361-751875, 750808 (Hotline).

Motorräder

Motorräder lassen sich in allen touristischen Zentren für 40 000–60 000 Rp pro Tag ausleihen. Bei längerer Leihdauer kann ein kräftiger Rabatt ausgehandelt werden.

Auf Bali herrscht **Helmpflicht**. Zuwiderhandlungen werden von der Polizei mit einer Geldbuße geahndet.

Ausländische Rollerfahrer, die, mit Surfbrett beladen, nur mit Bikini oder Badehose bekleidet durch die vielen Einbahnstraßen brettern, überschätzen ihre Fahrkünste oft maßlos und landen dann (bestenfalls) im Krankenhaus. Beifahrer verbrennen sich zudem regelmäßig den rechten Unterschenkel am ungeschützten Auspuff. Nur erfahrene Fahrer sollten sich das Roller- und Motorradfahren in Süd-Bali zutrauen. Auf den Highways in weniger besiedelten Regionen der Insel sind besonders der in Küstengegenden abrupt auftretende Wind sowie plötzlich auftretende Spurrillen nicht zu unterschätzen.

Mietwagen

Dem Roller ist ein Mietwagen vorzuziehen, der bei einem Unfall mit einer Knautschzone vor Verletzungen schützen kann. Es ist mit folgenden Mindestpreisen pro Tag zu rechnen (günstigere Preise lassen sich bei einer Mietdauer von mind. einer Woche aushandeln): Suzuki Katana (Jimny) 110 000 Rp, Toyota Avanza oder Daihatsu Xenia 200 000 Rp, Toyota Kijang 160 000 Rp.

Benzin (Premium) kostet an Pertamina-Tankstellen ca. 4500 Rp pro Liter, Diesel (Solar) gleich viel. Bei privaten Händlern ist das Benzin mit 5000 Rp teurer, in den Bergen kostet es mitunter sogar 6000 Rp.

Wenn es zu einem **Unfall** kommt, sollten der Versicherungsnachweis, die Fahrzeugpapiere

Erfahrung, Service und Haftpflicht

Andre Sewatama Rent a Car, Jl. By Pass Ngurah Rai 330, Sanur, ✆ 0361-288126, 💻 www.andre-sewatama-bali.com. Der Anbieter mit deutschem Management vermietet verschiedene Jeeps und Autos für Selbstfahrer in tadellosem Zustand. Ein Suzuki Katana kostet 20 € pro Tag, ein Daihatsu Feroza 25 €, ein Daihatsu Xenia 28 € und ein Toyota Kijang 32 €. Bei längerer Mietdauer werden Rabatte von bis zu 15 % gewährt. Andre Sewatama scheint der einzige Vermieter auf Bali zu sein, der neben einer Vollkaskoversicherung auch eine deckende Haftpflicht anbietet. Über einen externen Anbieter können hier auch GPS-Geräte gemietet werden. Eine Woche kostet 500 000 Rp, plus Pfand von US$200. Die Übergabe des Autos findet immer im Büro statt, damit Andre seinen Kunden ein paar Ratschläge mit auf den Weg geben kann. Abholung vom Flughafen inkl.

und der internationale Führerschein bereitgehalten werden. Da fast alle Versicherungen mit einer Selbstbeteiligung von US$100 arbeiten, sollte man bei einem von einem anderen Verkehrsteilnehmer verursachten geringfügigeren Schaden sofort versuchen, so viel Geld wie möglich vom Schadensverursacher zu erhalten. Bei einem größeren Schaden ist es ratsam, die Autovermietung direkt zu kontaktieren. Sollten Personen zu Schaden kommen, kann bei kleineren Blessuren die Behandlung direkt gezahlt werden, bei schwerwiegenderen Verletzungen sollten die Verletzten so schnell wie möglich ins nächstgelegene Krankenhaus gebracht werden und, sofern das Auto bei Andre Sewatama gemietet wurde, das Büro verständigt werden.

Will man sich dem Verkehrschaos nicht aussetzen, kann ab 350 000 Rp pro Tag ein **Wagen mit Fahrer** gechartert werden. Die Fahrer fungieren vielmals auch als Guide und geben meist einige interessante Anekdoten zum Besten. Der Mietpreis beinhaltet zudem das Benzin, in der Regel jedoch nicht die Unterkunft und Verpflegung des Fahrers. Solange man in einer etwas größeren Gruppe unterwegs ist (ab 3 Pers.), ist dies eine gute Alternative für Tagesausflüge, denn es lohnt sich oft mehr, ein Auto mit Fahrer zu mieten und sich ein eigenes Ausflugspro-

Verkehrsregeln auf Bali

Theoretisch gelten auf Bali ähnliche Verkehrsregeln wie in Deutschland. Praktisch sieht es jedoch etwas anders aus. Hier die wichtigsten Regeln für Selbstfahrer:

- Es herrscht Linksverkehr.
- Immer defensiv fahren und nachgeben, vor allem gegenüber stärkeren Verkehrsteilnehmern wie LKWs, Bussen usw.!
- Vorfahrt hat der Stärkere, Größere, Schnellere oder Geschicktere. In jedem Fall Vorfahrt gewähren!
- Immer nach vorn schauen, niemals zurück. Der Verkehr ist gerade im Süden und der Zentralebene so komplex, dass ein Beobachten des rückwärtigen Verkehrs von keinem Menschen, auch nicht von Balinesen, bewältigt werden kann.
- Da Motorräder sowohl links als auch rechts überholen, sollte auf mehrspurigen Straßen ein Spurwechsel niemals abrupt durchgeführt werden, sondern immer erst den Blinker setzen und dann langsam und mit Vorsicht
- Viele Einbahnstraßen gelten nur für Autos, Busse und LKWs. Zweiräder fahren in beide Richtungen.
- Auch aus Seitenstraßen können immer Roller und Motorräder herausschießen.
- Steht die Ampel auf Orange, unbedingt weiterfahren, um Auffahrunfälle zu vermeiden.
- Nicht auf Verkehrszeichen verlassen, denn sie werden oft nicht beachtet.
- Vor Einbruch der Dunkelheit (18.15 Uhr) sollte man versuchen, wieder zu Hause sein, da viele Roller ohne Licht unterwegs sind und so schnell übersehen werden können.
- Bei einem Unfall ersetzen auf die Straße. gelegte Zweige das Warndreieck.
- Das Hupen ist ein Mittel, um (besonders bei Überholvorgängen) auf sich aufmerksam zu machen. Wer nicht hupt, lebt gefährlich!
- Das Benutzen der Lichthupe bedeutet nicht, dass man ein entgegenkommendes Fahrzeug passieren lässt, sondern dass man sich die Vorfahrt erzwingt!
- Das Setzen des Blinkers in Richtung der Mitte der Straße bedeutet, dass das entgegenkommende Fahrzeug zu weit mittig fährt und ausweichen soll.
- Wenn Militärfahrzeuge im Konvoi im Anmarsch sind oder Polizei mit Sirene unterwegs ist, ist Vorsicht geboten. Dann heißt es, runter von der Straße, da sie nur äußerst selten die Bremse gebrauchen.
- Auf der Straße von Gilimanuk Richtung Denpasar sind viele Überlandbusse aus bzw. nach Java unterwegs, die oftmals waghalsige Überholmanöver durchführen und vor denen man sich besonders in Acht nehmen sollte.

gramm zusammenzustellen, als auf festgelegte teure Touren zurückzugreifen.

Es spielt keine Rolle, wo die Autovermietungen ihren Hauptsitz haben. Die meisten bringen das Auto gegen einen Aufpreis an fast jeden Ort der Insel und holen es auch wieder ab.

Avis, Jl. Danau Tamblingan 27, Sanur, ✆ 0361-282635, 💻 www.avis.com.
CV Cahaya Rent Car, Jl. Raya Taman Basangkasa 10, Seminyak, ✆ 0361-731786. Hier bekommt man Jeeps und Kijangs in gutem Zustand.
Golden Bird Bali, Jl. Raya By Pass Nusa Dua 4, Jimbaran, ✆ 0361-701111, 💻 www.bluebird group.com. Hier gibt es neben normalen Mietwagen auch Luxuslimousinen wie Mercedes u. a. mit Chauffeur zu mieten.
MBA Tours & Travel, Poppies Lane 1, ✆ 0361-766346, 💻 www.mba-sensational.com. Zuverlässiger Veranstalter und günstige Autovermietung mit zahlreichen Büros in Kuta und Legian. Die Autos sind in gutem Zustand und günstig. Ein Toyota Avanza kostet nur 200 000 Rp pro Tag, bei längerer Mietdauer weniger.
Sinar Sarana Surya, Jl. Jayagiri V 4, Denpasar, ✆ 0361-226022, ✉ sss_rentcar@yahoo.com. Hier können relativ günstige Fahrzeuge inkl. Fahrer gemietet werden. 8 Std. in einem komfortablen und für bis zu 4 Mitfahrern geeigneten Toyota Avanza oder Daihatsu Xenia kosten 300 000 Rp.
Trac – Astra Rent a Car, Jl. By Pass Nusa Dua, Jimbaran, ✆ 0361-703333, 💻 www.trac.astra. co.id. In ganz Indonesien operierende Autovermietung mit Filialen am Flughafen in der internationalen und nationalen Ankunftshalle.

Fahrzeug-Checkliste

Bevor ein Fahrzeug gemietet wird, sollte es genau überprüft werden, deshalb ein paar Vokabeln:

Deutsch	Englisch	Indonesisch
Blinker	*indicator*	*lampu sen*
Bremsen	*brakes*	*rem*
Ersatzrad	*spare wheel*	*roda serep*
Zündkerze	*spark plug*	*busi*
(Ersatz-) Reifen	*(spare) tyre*	*ban (serep)*
Scheinwerfer	*headlights*	*lampu sorot*
Tank	*tank*	*tanki*
Werkzeug	*tools*	*alat-alat*
Wagenheber	*jack*	*dongkrak*
Werkstatt	*garage*	*bengkel mobil*
Tankstelle	*gas station*	*pompa bensin*
Führerschein	*driving license*	*surat izin mengemudi (SIM)*

Übernachtung

Unterkünfte jeder Komfort- und Preisklasse gibt es auf Bali und Lombok wie Sand am Meer. Alleine mehr als 21 000 Zimmer stehen im Sterne-Bereich zur Verfügung. Wer in Zimmern der unteren oder mittleren Kategorien absteigen möchte, kann sich (in der Nebensaison) auch erst vor Ort auf die Suche begeben. Hochpreisige Hotels hingegen sind häufig ausgebucht.

Zimmer verfügen je nach Preisklasse über AC, LCD-TV, Warmwasser, Safe, Kühlschrank und manch anderes komfortables Schmankerl. So warten nahezu alle Mittelklassehotels mit einem Swimming Pool auf. Zimmer in Unterkünften der unteren Preisklasse sind manchmal sehr spartanisch mit nicht mehr als einem Bett und einer kalten Dusche ausgestattet. Gerade bei neueren günstigen Unterkünften darf man sich aber häufig auch über ein Waschbecken, einen Stuhl, einen Kleiderschrank und einen Beistelltisch freuen. Die Luxushotels lassen hingegen keinerlei Wünsche offen. Sie sind nicht ohne Grund weltbekannt.

Einen Ventilator findet man selbst in den einfachsten Unterkünften. Einige wenige Hotels in entfernteren Regionen verfügen noch nicht über eine Dusche und eine westliche Toilette. Dann gibt es stattdessen eine Hocktoilette und ein **Mandi** (großer Wasserbehälter und kleinere Kelle, die man mit Wasser füllt und sich dann über den Kopf schüttet). Auch wenn diese einheimischen Bäder anfangs befremdlich wirken, müssen sie nicht weniger hygienisch sein. Aus einigen Duschen kommt dagegen so spärlicher Wasserdruck, dass man nach einiger Zeit ein Mandi vorzieht. Bei den **Toiletten** sollte man vorsichtig mit übermäßigem Klopapierverbrauch sein, da die Abwasserleitungen dafür nicht vorgesehen sind und leicht verstopfen.

Immer häufiger beinhaltet der Zimmerpreis auch den Zugang zum hoteleigenen **WLAN-Netzwerk**, sodass Leute, die mit Laptop, Netbook oder WLAN-fähigem Handy reisen, jederzeit ins Internet gehen können. Allerdings ist der Empfang oft auf die direkte Umgebung des Routers beschränkt. Dagegen kostet der Zugang in Luxushotels in der Regel jedoch eine ganze Stange Geld.

Besonders in Ost-Bali und auf den Gilis gibt es zudem auch immer öfter **Open-Air-Badezimmer**. Hinter dem Begriff verbirgt sich nichts Obszönes oder Halböffentliches, sondern ein vor fremden Blicken geschützter, dachloser Raum, in dem unter freiem Himmel geduscht oder gebadet werden kann. Keine Sorge also, es schauen höchstens ein paar Affen oder Vögel zu. Diese Bäder sind oft mit Steingärten oder kleinen Palmenpflanzen reizend dekoriert.

Näheres zu Übernachtungskosten s. Reisekosten, S. 31.

Preiskategorien

Die verschiedenen Unterkünfte sind in diesem Buch in acht Preiskategorien eingeteilt. In größeren Orten wurde zudem eine Unterteilung in untere, mittlere und obere Preisklasse vorgenommen. Die Preise beziehen sich stets auf ein Doppelzimmer in der Nebensaison (Januar bis Juni und Oktober bis November).

❶	bis US$10 (untere Preisklasse)
❷	bis US$20 (untere Preisklasse)
❸	bis US$30 (untere Preisklasse)
❹	bis US$50 (mittlere Preisklasse)
❺	bis US$75 (mittlere Preisklasse)
❻	bis US$100 (mittlere Preisklasse)
❼	bis US$200 (obere Preisklasse)
❽	über US$200 (obere Preisklasse)

Unterhaltung

Wer Partys feiern will, bei denen laute Musik von internationalen und einheimischen DJs den Raum beschallt, die Frauen leicht bekleidet und tanzwütig, die Männer in Flirt-Laune sind und der Alkohol in Strömen fließt, ist in Kuta goldrichtig. Hier gibt es die lebhaftesten **Clubs** der Insel. Was angesagt ist, wird vom trinkwütigen, größtenteils australischen Partyvolk bestimmt und ändert sich ständig. Vorwiegend wird elektronische Musik, Pop und Hip-Hop in allen denkbaren Ausrichtungen und Härtegraden gespielt. Auf Lombok bilden Senggigi und die Insel Gili Trawangan die Anlaufpunkte für Nachtschwärmer. Die niveauvollsten **Bars und Lounges** finden sich in Seminyak auf der Jl. Laksmana und Jl. Petitenget sowie am Blue Ocean Boulevard direkt am Strand. Hier geht es etwas sittsamer zu, die Getränkepreise sind höher und man kann sich auch in normaler Lautstärke mit seinen Tischnachbarn unterhalten.

Wer von ausgiebig feiernden Jugendlichen lieber Abstand nehmen möchte, muss nicht nach dem Abendessen ins Bett gehen. Stattdessen kann man auf balinesische Art bei einem der vielen **Tempelfeste** mitfeiern (s. S. 115) oder einer der berühmten lokalen **Tanzvorstellungen** beiwohnen (s. S. 131) und dabei den ungewohnten Klängen des Gamelan-Orchesters lauschen. Beim Besuch einer *Wayang-Kulit*-Aufführung wird man von den Schattenfiguren auf der Leinwand verzaubert, denen der Puppenspieler wie durch Magie Leben einhaucht (s. S. 134).

Verhaltenstipps

Wer aus Deutschland, Österreich oder der Schweiz anreist, kommt aus einer Region, die sich dem Perfektionismus und reibungslosen Ablauf von Prozessen verschrieben hat. Doch in anderen Ländern herrschen andere Sitten und deutsche, österreichische oder schweizerische Denkmuster können im Umgang mit Balinesen eher hinderlich werden. Wenn also einmal der Strom ausfällt, die Klimaanlage nicht funktioniert, der Fahrer erst geweckt werden muss oder das Hotelpersonal kaum Englisch spricht, sollte ein Auge zugedrückt, gelächelt und höflich versucht werden, die Situation zu klären. Sich aufzuregen und eine Szene zu machen, ist sinnlos, da ein Balinese die Verärgerung nicht verstehen wird. Darüber hinaus verlieren Touristen, die mit hochrotem Kopf an der Hotelrezeption stehen und sich empört die Seele aus dem Leib schreien, weil es zum Frühstück keinen Orangensaft gab, ihr Gesicht und werden kaum noch ernst genommen. Neben einer gesunden Portion Gelassenheit, die jeder Reisende im Gepäck haben sollte, gibt es ein paar Regeln, die es zu beachten gilt.

Allgemeine Regeln

Der **Kopf** ist bei den Balinesen heilig, da er den Göttern am nächsten ist. Einem anderen Menschen an den Kopf zu fassen, selbst wenn es der Freund oder Ehemann ist, gilt als respektlos und sollte in der Öffentlichkeit vermieden werden.

Die **Füße** sind unrein, da sie mit dem von Dämonen bewohnten Erdboden in ständigem Kontakt stehen. Es ist daher äußerst unhöflich, jemandem seine blanken Fußsohlen entgegenzustrecken oder gar mit dem Fuß auf jemanden zu zeigen.

Ähnliches gilt für den **Zeigefinger**. Möchte man auf etwas zeigen, sollte lieber der Daumen benutzt werden. Die **linke Hand** gilt als unrein, besonders auf dem muslimisch geprägten Lombok. Wer höflich sein möchte, isst, gibt und nimmt nur mit der rechten Hand. Geschenke überreicht man ebenfalls nur mit der rechten Hand. Sie werden erst geöffnet, nachdem der Schenkende bereits gegangen ist. Wird etwas zu essen und zu trinken angeboten, sollte man warten, bis man aufgefordert wird, mit dem **Essen** zu beginnen. Füllt man sich selbst den Teller, darf man nicht zu viel nehmen, denn man muss mind. eine zweite Portion essen.

Lombok ist vorwiegend moslemisch. Schultern und Knie sollten hier bei **Frauen** immer bedeckt sein, wenn sie nicht unentwegt angestarrt werden möchten. Das gilt übrigens auch in Tempeln auf Bali.

Beim Betreten eines Hauses sind stets die **Schuhe** auszuziehen, was eigentlich ja eine Selbstverständlichkeit ist. Ähnlich wie bei Tempeln, verunreinigt man damit das Haus, das dann erst wieder durch eine aufwendige Zeremonie gesäubert werden muss.

Körperkontakt ist normal und selbstverständlich, und selbst fremden Besuchern gegenüber scheut man davor nicht zurück. Es ist ein Zeichen enger Freundschaft, wenn Männer mit Männern oder Frauen mit Frauen Hand in Hand durch die Straßen bummeln. Körperkontakte zwischen Männern und Frauen allerdings sind in der Öffentlichkeit tabu.

Verhalten in Tempeln

Bei einer Tempelbesichtigung sind einige zusätzliche Regeln zu beachten, um das Heiligtum nicht spirituell zu verunreinigen bzw. zu entweihen. Ist ein Tempel erst einmal befleckt, müssen spezielle Priester aufwendige Reinigungszeremonien abhalten. Wer bei der Entweihung eines Tempels erwischt wird, muss die nicht unerheblichen Kosten für eine solche Zeremonie selbstverständlich selbst tragen.

- Sittsame Kleidung ist ratsam. Das Tragen eines Sarongs und eines Tempelschals *(Slendang)*, der um die Hüfte gebunden wird, ist beim Betreten des Tempelgeländes Pflicht. Nackte Beine müssen immer bedeckt werden.
- Menschliches Blut gilt als unrein, deshalb dürfen weder menstruierende Frauen noch Besucher mit einer offenen Wunde einen Tempel betreten.
- Über Tempelmauern oder auf Schreine zu klettern, ist verboten.
- Baden in den heiligen Quellen von Pura Tirta Empul ist nur in sittsamer Kleidung erlaubt.
- Bei Tempelfesten sollte niemand höher stehen oder sitzen als die Priester und die Opfergaben.

- Ebenso ist es ein Sakrileg, zwischen Betenden bzw. Opfernden und den Schreinen der Götter, denen die Gebete und Opfer gelten, herumzulaufen.
- Bei Leichenverbrennungen nie vor die Prozession stellen.
- Fotografieren wird zwar geduldet, doch ist hierbei Zurückhaltung angebracht. Bei Zeremonien keinen Blitz verwenden.

Auch wenn manche dieser Regeln einem Europäer übertrieben oder unnütz erscheinen, sollte man genug Toleranz und Respekt mitbringen und sich an die vorgeschriebenen Sitten halten.

Sonstiges

In großen Hotels und Restaurants der gehobenen Preisklasse werden zum Rechnungsbetrag automatisch 10 % **Trinkgeld** addiert, sodass ein weiteres Trinkgeld nur bei besonders gutem Service sowie für spezielle Dienstleistungen (z. B. Koffertragen) angebracht ist. Der Betrag sollte ca. 10 000 Rp betragen, in internationalen Hotels kann es auch mehr sein.

Das Wort „Nein" zu vermeiden, ist eine Höflichkeitsgeste, die Europäer oft falsch deuten. Wird ein Balinese nach dem Weg gefragt und weiß die Antwort nicht, wird er lange zögern und sich um eine ablehnende Antwort drücken. Statt „nein" sagt man aus **Höflichkeit** lieber „vielleicht" und zeigt durch zögerndes Verhalten seine Ablehnung.

Betteln ist verpönt und sollte vor allem bei Kindern nicht gefördert werden. Wenn aber an den Tempeltoren um eine Spende *(donation)* gebeten wird, sollte das nicht mit Betteln gleichgesetzt werden, denn damit werden Baumaßnahmen finanziert und die Angestellten bezahlt.

Versicherungen

Bei Pauschalreisen sind manchmal einzelne Versicherungen oder ganze Versicherungspakete inklusive. Auf jeden Fall sollte das Kleingedruckte genau gelesen werden, um nicht unter- oder überversichert zu sein. Wer seine Reise individuell plant, sollte unter allen Umständen eine Reisekrankenversicherung abschließen.

Ob eine Reiserücktrittsversicherung und eine Reisegepäckversicherung sinnvoll sind, kann jeder für sich selbst entscheiden. Wer eine teure Kameraausrüstung mitnehmen möchte, sollte diese zudem separat versichern lassen.

Reisekrankenversicherung

Es ist sehr ratsam, eine Reisekrankenversicherung abzuschließen. Nur wenige private Krankenkassen schließen den weltweiten Schutz im Krankheitsfall ein. Die meisten Reisebüros und einige Kreditkartenorganisationen bieten aber derartige Versicherungen an.

Bei Krankheit, besonders Krankenhausaufenthalten, kann sehr schnell eine erhebliche Summe zusammenkommen, die aus eigener Tasche bezahlt werden müsste. Ist man versichert, können die Kosten gegen Vorlage der Rechnungen zu Hause geltend gemacht werden. Einschränkungen gibt es natürlich auch hier, besonders bei Zahnbehandlungen und chronischen Krankheiten (Bedingungen des Versicherers beachten).

Die später bei der Versicherung einzureichende englischsprachige **Rechnung** sollte unbedingt folgende Angaben enthalten:

- Name, Vorname, Geburtsdatum, Behandlungsort und -datum
- Diagnose
- Erbrachte Leistungen in detaillierter Aufstellung (Beratung, Untersuchungen, Behandlungen, Medikamente, Injektionen, Laborkosten, Krankenhausaufenthalt)
- Unterschrift des behandelnden Arztes
- Stempel

Wenn bei einer Erkrankung vor Ort keine ausreichende Versorgung gewährleistet ist, wird der Versicherte zulasten der Versicherung heimgeholt. Die meisten Versicherungen haben inzwischen den Passus „wenn medizinisch notwendig" in das Kleingedruckte aufgenommen. Aber gerade die medizinische Notwendigkeit ist nicht in allen Fällen leicht zu beweisen. Lautet der entsprechende Passus hingegen „wenn medizinisch sinnvoll und vertretbar", kann wesentlich besser für eine Rückholung argumentiert werden.

Welche Reisekrankenversicherung am günstigsten ist, hängt vom Alter der Zielperson und von der Dauer der Reise ab. Die günstigsten Angebote sind die Jahrespolicen, die für einen Beitrag zwischen 7,50 € und 15 € einen Aufenthalt von max. acht Wochen abdecken. Längere Aufenthalte müssen mit einer Auslandskrankenversicherung, die einen Tagessatz verlangt, versichert werden. Einen übersichtlichen Preis- und Leistungsvergleich verschiedener Anbieter gibt es unter 💻 www.reiseversicherung.com/vergleich/vergleich_reisekrankenversicherung.html.

Reiserücktrittskosten-versicherung

Bei einer pauschal gebuchten Reise ist eine Rücktrittskostenversicherung meist im Preis inbegriffen (zur Sicherheit sollte nachgefragt werden). Wer individuell plant, muss sich um die Absicherung dieses Risikos selbst kümmern.

Viele Reiserücktrittskostenversicherungen müssen im Zeitraum kurz nach der Buchung der Reise abgeschlossen werden (in der Regel bis 14 Tage danach). Bei Krankheit oder Tod eines Familienmitglieds oder Reisepartners ersetzt die Versicherung die Kosten der Stornierung der Reise. Eine Reiseunfähigkeit wegen Krankheit muss ärztlich nachgewiesen werden.

Die Kosten der Versicherung richten sich nach dem Preis der Reise und der Höhe der Stornogebühren. Zum Teil muss eine Selbstbeteiligung bezahlt werden. Einen Vergleich der verschiedenen Anbieter findet man unter 💻 www.reiseversicherung.com/vergleich/vergleich_reiseruecktrittskostenversicherungen.html.

Reisegepäckversicherung

Viele Versicherungen bieten eine Absicherung gegen den Verlust von Gepäck an, einige haben sich sogar darauf spezialisiert. Allen Versicherungen ist gemein, dass die Bedingungen, unter denen das Gepäck abhandenkommen „darf", sehr eng gefasst sind. Deshalb ist es wichtig, die Versicherungsbedingungen genau zu studieren und sich entsprechend zu verhalten. Bei vielen Versicherungen ist z. B. das Gepäck in unbewacht abgestellten Kraftfahrzeugen zu keinem Zeitpunkt versichert. Kameras oder Fotoapparate dürfen wegen möglicher Mopedräuber nicht über die Schulter gehängt werden, sondern müssen am Körper befestigt sein, sonst zahlt die Versicherung nicht (so Gerichtsurteile). Ohnehin sind Foto- und Videogeräte meist nur bis zu einer bestimmten Höhe oder bis zu einem bestimmten Prozentsatz des Neuwertes versichert, auch Schmuck unterliegt Einschränkungen, ebenso wie Bargeld.

Entscheidet man sich für eine Reisegepäckversicherung, ist darauf zu achten, dass sie Weltgeltung hat, die gesamte Dauer der Reise umfasst und in ausreichender Höhe abgeschlossen ist. Tritt ein Schadensfall ein, muss der Verlust sofort bei der Polizei gemeldet werden. Eine **Checkliste**, auf der alle Gegenstände und ihr Wert eingetragen sind, ist dabei hilfreich. Auch für die Reisegepäckversicherung gibt es im Netz eine Vergleichsseite: 💻 www.reiseversicherung-sofort.de/gepae/gepae.php.

Fotoversicherung

Um hochwertige Fotoausrüstungen voll abzusichern, kann es sinnvoll sein, eine zusätzliche Fotoapparat-Versicherung abzuschließen. Diese ist zwar relativ teuer, aber die Geräte sind so gegen alle möglichen Risiken versichert. Die Kosten richten sich nach dem Wert der Ausrüstung bzw. der Versicherungssumme. Eine Police kann z. B. unter 💻 www.kameraversicherung.de abgeschlossen werden.

Visa

Die Einreisebestimmungen für Indonesien sind in den letzten Jahren erheblich vereinfacht worden. Nach den neuen Regelungen können Bürger aus 65 Ländern einreisen, ohne zuvor ein Visum beantragt zu haben. Das Visum wird direkt bei der Ankunft am Flughafen oder Hafen ausgestellt und daher **Visa on Arrival** genannt. Glücklicherweise zählen sowohl Deutschland als auch Österreich und die Schweiz zu diesen 65 Nationen. Das Visa on Arrival kostet US$25 und ermöglicht es 30 Tage in Indonesien bleiben, eine einwöchige Variante gibt es für US$10. Seit Januar 2010 ist das 30-Tage-Visa auch im Land verlängerbar: Für weitere US$25 erhalten Besucher die Möglichkeit, noch einmal 30 Tage in Indonesien zu bleiben. Als Voraussetzung für das Visa on Arrival muss der **Reisepass** bei Einreise mind. noch sechs Monate gültig sein. Der Antragsteller muss außerdem über ein **Ausreiseticket** verfügen. Die Ausreise kann auch mit dem Schiff erfolgen. Bei Flugtickets werden Open-Date-Tickets akzeptiert. Auf Bali kann man ein solches Visum sowohl am Flughafen Ngurah Rai International als auch an den Häfen in Padang Bai und Benoa erhalten. Um bei der Einreise Zeit zu sparen, ist es ratsam, die Gebühr gleich passend und bar in US$ oder Rupiah zur Verfügung zu haben. Euro können getauscht werden, die Ausgabe des Rückgelds erfolgt allerdings in indonesischen Rupiah. Im Notfall wird auch das Abheben an einem hinter der Passkontrolle gelegenen Geldautomaten erlaubt. Der aktuelle Stand sowie alle Einreisehäfen können auf 💻 http://botschaft-indonesien.de/de/tourismus/reiseinformation.htm abgerufen werden.

Ist ein längerer Aufenthalt geplant oder ist man Staatsbürger einer anderen Nation, muss bei einer diplomatischen Vertretung von Indonesien vor der Einreise ein Visum beantragt werden. In diesem Fall erkundigt man sich, welche Art von Visum im jeweiligen Fall benötigt wird und wie die aktuellen Bestimmungen lauten oder schaut unter 💻 botschaft-indonesien.de/de/konsular-visa/index.htm nach.

Zurzeit werden folgende Arten von Visa ausgestellt:

- Ein **Touristen-Visum**, das für 60 Tage gültig ist und bei der Immigration im Einreiseort verlängerbar ist, für 45 €.
- Ein **Sozial-, Kultur- und Geschäfts-Visum** (auch für Forschungstätigkeit, Studienaufenthalt, Seminarteilnahme, journalistsche Tätigkeit und den Besuch bei Verwandten indonesischer Nationalität), das für 60 Tage gültig ist, und danach vier Mal für je einen Monat in Indonesien verlängert werden kann und 45 € kostet. Dazu benötigt man entweder ein Schreiben von einem indonesischen Verwandten oder einer indonesischen Institution, deren Gast man sein wird, oder ein Schreiben einer Firma, in dem bestätigt wird, dass diese sowohl für die Flugkosten (Hin- und Rückreise) als auch für die Aufenthaltskosten aufkommt. Der Grund der Reise muss im Firmenschreiben erwähnt werden.
- Eine **Befristete Aufenthaltserlaubnis**, die in Deutschland nur nach Genehmigung des Ministeriums in Jakarta nach einer Bearbeitungszeit von drei bis sechs Monaten ausgestellt wird. Sie gilt für eine Aufenthaltsdauer von sechs Monaten bis zu zwei Jahren und wird in erster Linie zur Arbeitsaufnahme bei einer Firma ausgestellt. Sechs Monate kosten 50 €, ein Jahr 100 €, zwei Jahre 175 €.

Adressen der indonesischen Botschaften und Konsulate in Deutschland, Österreich und der Schweiz s. S. 37.

Alle Arten von Visa, außer den Touristenvisa, können in Indonesien bei der **Einwanderungsbehörde** (Kantor Imigrasi) gegen eine entsprechende Gebühr von 250 000 Rp verlängert werden. Die Bearbeitung sollte mind. eine Woche vor Ablauf des Visums beantragt werden und dauert im Regelfall zwischen zwei Tagen und einer Woche, kann aber bei der Inanspruchnahme eines kostenpflichtigen Agenten auch deutlich schneller vonstattengehen. Teurer wird ein Aufenthalt über sechs Monate. Dann wird bei allen Ausländern die auch für Indonesier obligatorische Ausreisesteuer fällig, die 1 000 000 Rp p. P. beträgt (gilt auch für Kinder).

Man sollte die Aufenthaltsdauer seines Visums keinesfalls überziehen. Bei kurzfristigen Überschreitungen des Maximalaufenthalts kostet ein Tag Overstay 250 000 Rp. Bei längerfristigen Vergehen gegen die indonesischen Einreisebestimmungen drohen hohe Geldstrafen, Abschiebung oder Inhaftierung bis zu fünf Jahren. Auch sollte dringend davon abgesehen werden, sich Verlängerungsvisa bei sogenannten „travel agents“ zu besorgen. Die hier für viel Geld angebotenen und (außerordentlich schlecht) gefälschten Visa können bei der Ausreise große Schwierigkeiten verursachen.

Weiterreise

Reisebusse

Von Denpasar fahren Busse zahlreicher Unternehmen nach **Java**, oft nonstop bis Jakarta. Etwas weniger strapaziös ist es, den Bus bis Surabaya zu nehmen und von dort mit dem Zug weiterzufahren. Tickets gibt es bei Perama Tours in Kuta, in anderen Reisebüros, direkt bei den Büros der Busunternehmen in Denpasar in der Jl. Diponegoro und der Jl. Sultan Hasanuddin oder am Terminal Ubung. Es werden auch günstige Bus- und Bahn-Kombitickets angeboten, bei denen der Bus nach Gilimanuk, die Fähre nach Ketapang und der Zug in verschiedene Städte auf Java im Preis eingeschlossen ist.

Preisbeispiele für AC-Busse ab Denpasar:
BANDUNG in 26 Std. für 350 000 Rp;
BOGOR in 24 Std. für 375 000 Rp;
JAKARTA in 24 Std. für 330 000 Rp;
SEMARANG in 17 Std. für 215 000–225 000 Rp;
SURABAYA in 12 Std. für 160 000 Rp;
YOGYAKARTA in 18 Std. für 215 000 Rp.

Flüge

Vom Flughafen **Ngurah Rai International**, weitere Informationen s. S. 34, gibt es neben zahlreichen Verbindungen nach Lombok (s. Praya, Flüge, S. 362), ins restliche Indonesien und in die Region Südostasien auch Flüge nach Europa und Australien (s. Anreise S. 35). Während der Hochsaison (Juli bis September und besonders zum Ende des Ramadan und um Weihnachten) sind viele Flüge bereits frühzeitig ausgebucht.

Preisbeispiele Inlandflüge:
JAKARTA 600 000 Rp;
MAKASSAR 750 000 Rp;
MATARAM 350 000 Rp;
SURABAYA 430 000 Rp;
YOGYAKARTA 530 000 Rp.

Büros der Fluggesellschaften

Air Asia, Jl. Raya Legian 455, Legian, ✆ 0361-755799, 021-2927 0999, 💻 www.airasia.com.
Batavia Air, Jl. Sunset Road, Kompleks Ruko Sunset Indah II Blok A9, ✆ 0361-767633, 💻 www.batavia-air.com.
Cathay Pacific, 2. Stock im Wisti Sabha Building am Ngurah Rai International Airport, ✆ 080-4188 8888, 💻 www.cathaypacific.com.
China Airlines, Wisti Sabha Building am Ngurah Rai International Airport, ✆ 0361-754856, 💻 www.chinaairlines.de.
Eva Airlines, Wisti Sabha Building am Ngurah Rai International Airport, ✆ 0361-759773, 💻 www.evaair.com.
Garuda Indonesia, Jl. Sugianyar 5, Denpasar, ✆ 0361-227824, 💻 www.garuda-indonesia.com. 🕓 Mo–Do 7.30–16.30, Fr 7.30–17, Sa, So und Feiertage 9–13 Uhr. Weitere Filialen im Ngurah Rai International Airport, Sanur Beach Hotel und Kuta Paradiso Hotel.
Lion Air, Ngurah Rai International Airport, ✆ 0361-765183, 💻 www.lionair.co.id. 🕓 5–22 Uhr.
Malaysia Airlines, Wisti Sabha Building am Ngurah Rai International Airport, ✆ 0361-764995, 💻 www.malaysiaairlines.com.
Merpati, Jl. Melati 51, Denpasar, ✆ 0361-235358, 💻 www.merpati.co.id, 🕓 8–19 Uhr; Reservierung und Rückbestätigung telefonisch unter ✆ 0361-242868, 🕓 7–21 Uhr.

Flughafengebühr nicht vergessen!

Anders als an fast allen Flughäfen der Welt ist in Indonesien die Abfluggebühr nicht im Ticketpreis inbegriffen! Am Flughafen von Bali beträgt diese **Airport Tax** 150 000 Rp für internationale Flüge bzw. 50 000 Rp für Inlandflüge. Da die Gebühr nicht per Kreditkarte bezahlt werden kann, sollten immer genügend Rp oder US$ zum Abflug mitgenommen werden!

Qantas, Inna Grand Bali Beach Hotel, Sanur, ✆ 0361-288331, 💻 www.qantas.com.au.
Qatar Airways, Discovery Kartika Plaza Hotel, Tuban, ✆ 0361-752222, 💻 www.qatarairways.com. Weitere Filiale im Ngurah Rai International Airport.
Royal Brunei Airlines, Wisti Sabha Building am Ngurah Rai International Airport, ✆ 0361-757292, 💻 www.bruneiair.com.
Singapore Airlines, Ngurah Rai International Airport, ✆ 0361-768388, 💻 www.singaporeair.com.
Sriwijaya Air, Jl. Teuku Umar 97B, ✆ 0361-228461, 💻 www.sriwijayaair.co.id.
Thai Airways, Inna Grand Bali Beach Hotel, Sanur, ✆ 0361-288141, 💻 www.thaiairways.com.
Trans Nusa, Sunset Road 100C, Kuta, ✆ 0361-847 7395, 💻 www.transnusa.co.id.

Schiffe

Fähren nach **Java** (Banyuwangi) fahren alle 15–30 Min. ab Gilimanuk für 6000 Rp p. P., Kind 5000 Rp, Motorrad 16 000–32 000 Rp, Auto 114 000 Rp, Minibus 230 000 Rp.

Ab Padang Bai fahren regelmäßige Fähren nach Lembar, dem Hafen von **Lombok**, rund um die Uhr ca. alle 1 1/2 Std. Die Überfahrtszeit beträgt je nach Wellengang 4–6 Std. Erwachsene zahlen 36 000 Rp, Kinder 23 000 Rp, ein Motorrad kostet (inkl. 2 Pers.) 101 000 Rp, ein Pkw (inkl. 4 Pers.) 659 000 Rp.

Der eigentliche Hafen von Bali ist Benoa, südlich von Denpasar. Von hier gibt es u. a. Schiffsverbindungen nach Gili Trawangan vor Lombok. Aber auch von Buleleng (Singaraja) fahren in unregelmäßigen Abständen Schiffe, z. B. Richtung Nusa Tenggara.

Fähren der staatlichen Schifffahrtsgesellschaft PELNI (s. Anreise S. 36) bedienen zahlreiche Strecken im Archipel und laufen Benoa auf Bali an.

Zeit und Kalender

Die balinesische Uhr ist Deutschland, Österreich und der Schweiz um sieben Stunden voraus. Wenn es in Europa Mitternacht ist, kräht auf Bali schon der erste Hahn. In der mitteleuropäischen Sommerzeit sind es nur sechs Stunden. Im Leben der Balinesen spielt die Zeit jedoch nur eine untergeordnete Rolle. Ob ein Bus nun planmäßig in fünf Minuten kommt oder sich um eine Stunde verspätet, ist für einen Balinesen eher unwichtig. Trotzdem bemüht man sich sehr, die Abfahrtspläne dem touristischen Zeitverständnis anzupassen und Verspätungen zu vermeiden.

Das Kalendersystem auf Bali ist sehr kompliziert, da sowohl der Mondkalender als auch der gregorianische Kalender, der *Pawukon*-Kalender und der *Saka*-Kalender (s. S. 115) verwendet werden. Elemente des hinduistischen und islamischen Kalenders sind darüber hinaus maßgeblich für bestimmte religiöse Feiertage.

Zoll

Üblicherweise sind 200 Zigaretten (oder 25 Zigarren oder 100 g Tabak), 1 l alkoholische Getränke und eine kleine Menge Parfüm zollfrei. Fotoausrüstungen und Aufnahmegeräte müssen (theoretisch) verzollt werden. Verboten ist die Einfuhr von Waffen, Munition, Pornografie, Drogen und Radiogeräten. Im Ausland gekaufte Neuwaren (z. B. Geschenke) müssen bei der Ein- und Ausreise deklariert werden, falls ihr Wert US$250 überschreitet. Persönliche Artikel sind hiervon ausgenommen. Geld in ausländischer Währung kann in unbegrenzter Höhe ein- und ausgeführt werden, doch die Ein- und Ausfuhr von indonesischer Währung ist auf 100 Mio. Rp beschränkt (höhere Beträge müssen deklariert werden). Frische Früchte, Pflanzen und Tiere bleiben besser zu Hause, denn sie müssen in Quarantäne.

Land und Leute

Land und Geografie

Mit nur etwa 5600 km² Fläche, einschließlich der im Südosten vorgelagerten Inseln Nusa Penida, Nusa Lembongan und Nusa Ceningan, ist Bali eine der kleineren Inseln des indonesischen Archipels. Die maximale Nord-Süd-Ausdehnung beträgt in Luftlinie 88 km, von der Westspitze bis zur Ostspitze sind es auf gerader Linie nur 145 km. Die kürzesten Straßenentfernungen von Ost nach West belaufen sich auf ungefähr 200 km entlang der Nordküste und 210 km auf der günstigsten Südroute. Das mit Abstand am dichtesten besiedelte Gebiet der Insel liegt im Süden und erstreckt sich von der Ebene um die Hauptstadt Denpasar über die allmählich ansteigenden Südhänge der Berge. Diese alte Kulturlandschaft ist inzwischen vollständig erschlossen.

Das Meer

Von der großen Nachbarinsel Java im Westen wird Bali durch die Bali-Straße getrennt, die an ihrer engsten Stelle nur 2,2 km breit und 50 m tief ist. Vor etwa 10 000 Jahren waren die beiden Inseln noch durch eine Landbrücke verbunden. Im Osten trennt die 35 km breite und 3000 m tiefe **Lombok-Straße** Bali von seiner kleineren Nachbarinsel Lombok.

Dass die Balinesen ihre Kultur bis heute erhalten konnten, liegt nicht zuletzt daran, dass sich einem potenziellen Eroberer rings um die Insel äußerst unzugängliche **Küsten** entgegenstellen. Wo keine Steilküsten eine Landung von vornherein unmöglich machen, bilden Korallenriffe eine natürliche Barriere. Der vom Strand schnell in große Tiefen abfallende Meeresboden bietet keinen Ankergrund. Dazu kommen die starken, gefährlichen Strömungen, die Bali auf fast allen Seiten umgeben.

Die heftige **Strömung** in der Badung-Straße zwischen Bali und den Nusa-Inseln ist dafür verantwortlich, dass sie nicht ebenso mit Bali verwachsen konnten wie die Bukit-Halbinsel, der südlichste Zipfel von Bali. Die Kalkmasse, welche die Insel Nusa Penida bildet, gehört nämlich zu dem gleichen auseinandergebrochenen Kalkgürtel, dem auch die Bukit-Halbinsel aufsitzt.

Die Berge

Eine Gebirgskette vulkanischen Ursprungs, die sich über die gesamte West-Ost-Achse Balis erstreckt, bedeckt etwa drei Viertel der Inselfläche. Der Rest besteht aus schmalen Küstenstreifen und einer größeren Ebene im Süden. Der Gebirgswall, der in früheren Zeiten wesentlich dichter bewaldet war, stellte vor dem Ausbau einiger weniger Straßen ein fast unüberwindbares Hindernis für den kulturellen und materiellen Austausch zwischen Nord und Süd dar. Während das Gebirge nach Süden sanft ausläuft, fällt es an der Nordseite wesentlich steiler ab.

Im östlichen Teil besteht der Gebirgszug aus vier mächtigen **Vulkanmassiven**. Ganz im Osten liegt der **Gunung Seraya**, eine 1175 m hohe Vulkanruine, die schon lange nicht mehr tätig war. Daneben ragt der majestätische **Gunung Agung** auf, mit 3142 m höchster Berg der Insel. Für die Balinesen ist er der Sitz der Götter und das Zentrum der Welt. Der fast perfekte Vulkankegel spuckte zuletzt 1963 Feuer. Westlich vom Gunung Agung schließt sich der riesige, 10 km breite, kesselförmige Krater des Batur-Massivs an, mit dem Randkegel des **Gunung Abang** (2151 m) als höchster Erhebung. Das Innere des Kraters wird von dem jungen Kegel des im 20. Jh. viermal aktiven **Gunung Batur** (1717 m) und vom Batur-See ausgefüllt. Fast im Zentrum von Bali liegt das **Bratan-Massiv**, das nur noch Reste eines ehemaligen Riesenkraters erkennen lässt und von mehreren Randvulkanen umgeben ist, mit Gunung Catur (2096 m) und Gunung Batukaru (2276 m) als höchste Erhebungen. In diese noch heute dicht bewaldete Bergwelt schmiegen sich drei Seen, **Danau Bratan**, **Danau Buyan** und **Danau Tamblingan**.

Westlich der Bratan-Gruppe läuft das Gebirge in einer zerklüfteten Bergkette aus, die nur Höhen von kaum mehr als 1000 m erreicht, eine wilde, noch von undurchdringlichem Wald überwucherte Gebirgslandschaft, die sehr schmale und steile Grate ausgebildet hat. Diese westlichen Ketten bedecken fast ein Viertel der Insel, nur in den küstennahen Randzonen sind sie spärlich besiedelt. Hier ist der einzige **Nationalpark** der Insel eingerichtet, der 190 km² große Taman Nasional Bali Barat.

Flora und Fauna

Pflanzenwelt

Die **Vegetation** auf Bali war einst überaus vielfältig. Die ursprüngliche Begrünung der Insel ist jedoch nur noch im Nationalpark im Westen und auf den Berghängen erhalten, da der einstige Monsunwald (Regenwald) und die Baumfarne Reisfeldern und Siedlungen weichen mussten. An den Küsten im Westen der Insel sowie im Südosten findet man noch die salzliebenden **Mangrovenbäume**, die halb im Wasser oder Schlamm stehend den Gezeiten und dem Salzwasser trotzen. Im Südwesten sind dort, wo die Landwirtschaft noch nicht überhandgenommen hat, **Palmenwälder** zu finden. Auf dem Weg von der Küste in Richtung der Berggebiete im Norden von Bali weichen die Palmen Nadelbäumen und man befindet sich mitten im tropischen **Nebelwald**. In den kühleren Berggegenden werden sogar Erdbeeren und Salat angebaut. Andere Teile der Insel wie die Bukit-Halbinsel im Süden sind staubtrocken und haben abgesehen von einigen verdorrten Hölzern nur sehr wenig Vegetation zu bieten. Eine üppige Blumenpracht findet man hingegen in jedem Winkel der Insel, da die Blüten auch eine Beigabe zu den vielen Opfergaben sind. Typisch für Bali sind der Hibiskus, die Wachsblume und die lilafarbene Drillingsblume.

Vulkanausbrüche haben der Insel einen sehr ertragreichen Boden beschert, der vor allem Reisanbau, aber auch die Anpflanzung von Tee, Tabak, Vanille, Nelken, Obst, Gemüse und Weintrauben zur Herstellung des balinesischen Weins ermöglicht. Im Landesinneren wird das Landschaftsbild fast ausnahmslos durch die **Sawah**, die bewässerten Reisfelder, bestimmt. Die sich wie überdimensionale Treppenstufen in Terrassen die Berghänge hinaufziehenden Felder sind nicht nur Nahrungsgrundlage der Bevölkerung, sondern auch ein beliebtes Motiv für schöne Urlaubsfotos und zahllose Gemälde.

Unterbrochen werden die *Sawah* nur von den meist in Nord-Süd-Richtung verlaufenden Straßen und Wegen, von den zwischen Obstbäumen, Kokospalmen und Bambushainen versteckten Dörfern und von den tief eingeschnittenen Schluchten der Flüsse.

Tierwelt

Die Lombok-Straße, die Meerenge, die Lombok von Bali trennt, bildet einen Teil der **Wallace-Linie**, einer tiergeografischen Grenzlinie: Asiatische Großsäugetiere kommen noch auf Bali vor, fehlen aber auf Lombok. Dagegen konnte sich die australische Tier- und Pflanzenwelt teilweise bis nach Lombok ausbreiten, ist aber nicht

Die heiligen Banyan-Bäume

Eine Besonderheit der balinesischen Dörfer sind die heiligen **Banyan-Bäume** *(Bingin)* mit ihren in der Luft hängenden Wurzeln. Sie stehen in der Ortsmitte oder am wichtigsten Tempel des Dorfes sowie an vielen als magisch angesehenen Plätzen. Ein Banyan-Baum wird oft mit schwarz-weiß karierten Baumwolltüchern umwickelt. Je älter der Baum, desto heiliger wird er, und um sehr alte Bäume werden nicht nur kleine Schreine, sondern mitunter ganze Tempel errichtet. Morgens finden im Schatten des mächtigen Gewächses Märkte und nachmittags Versammlungen oder Picknicks statt. Auch als Kulisse für die Aufführung von Tanz, Theater und balinesischer Oper *(Arja)* dient seine imposante Erscheinung.

Der Baum beginnt sein Leben parasitär als kleiner Samen in der feuchten Wärme von Palmwipfeln. Sobald seine kleinen Wurzeln die Erde erreichen, setzt ein rasantes Wachstum ein, und der Wirtsbaum wird bald völlig zerstört. Jede Wurzel bildet wiederum neue Wurzeln aus, die alle in den Boden streben und den Baum stärker machen. Seine vielen Stämme bilden eine Art Säulenraum, in dem die ältesten Stämme absterben und den jungen Platz machen. Der Banyan produziert eine rotbraune, feigenartige, aber für Menschen ungenießbare Frucht. Dafür schmeckt sie Vögeln vorzüglich, sodass um einen fruchttragenden Banyan-Baum nicht selten lautes Gezwitscher zu vernehmen ist.

mehr auf Bali anzutreffen. Auf Lombok trifft man zwar nicht auf Kängurus oder Koalas, dafür aber auf australische Paradiesvögel und Eukalyptusbäume. Auf balinesischer Seite muss man sich vor allem mit **Makaken** (Affen) herumschlagen, die oft rund um Tempelanlagen zu sehen sind und Besucher gern beklauen. Anfang des 20. Jhs. streiften im Nationalpark noch Bali-Tiger umher, die aber inzwischen längst ausgerottet sind. Gerngesehene Gäste in balinesischen Gehöften sind die großäugigen **Geckos**, die ein Haus weitgehend von Insekten und anderem Ungeziefer frei halten. Dank ihrer Haftzehen können sie an den Wänden oder der Decke hängen. Sie sind die einzigen Reptilien, die über eine Stimmbegabung verfügen. Am häufigsten vertreten ist der kleine *Cik Cak*, eine blässlich graue, flinke Echse, die schrille Schnalztöne von sich gibt.

Besonders bemerkenswert ist der **Tokee-Gecko**, ein bis zu 35 cm großes, graues, orange-rot getüpfeltes Tier. Er macht seltsame Geräusche, die sich zuerst wie ein anspringendes Auto anhören. Danach kommt mehrmals hintereinander ein Laut, der wie „To-keh" klingt. Ist die Zahl der Tokee-Laute ungerade, darf der Zuhörer sich über Glück freuen. Sind es sogar neun oder elf Tokee-Laute, winkt besonders viel Glück. Mitzählen lohnt sich also! Geckos werden als Glücksbringer und von manchen Balinesen sogar als Hausgötter angesehen, die die Bewohner vor bösen äußeren Einflüssen beschützen. Daher werden in vielen balinesischen Haushalten auch Opfergaben für die Geckos bereitgestellt.

Auf Nusa Penida und Nusa Lembongan werden vermehrt **Seealgen** angebaut (s. S. 314). Die Korallenriffe sind hier aufgrund der starken, kalten Strömung besonders gut erhalten und überraschen mit dem riesigen, ungefährlichen **Mantarochen** und dem **Mondfisch**, dem größten Knochenfisch der Welt.

Balinesische Hunde

Unter den zahllosen Straßenhunden auf Bali finden sich die lustigsten und seltsamsten Gestalten, wie z. B. ein Dackel mit dem Kopf eines deutschen Schäferhundes. Die Hunde sind bei Weitem nicht so viele Streicheleinheiten gewohnt wie deutsche Haustiere und auch längst nicht so zutraulich, denn der Kontakt zwischen Hund und Mensch ist auf Bali nicht besonders eng. Bei einer ersten Annäherung an einen Hund ist daher immer Vorsicht geboten. Taucht ein Fremder im Dorf auf, stimmen die Hunde ein geradezu höllisches Jaul- und Kläffkonzert an, das schon so manchen Touristen in die Flucht geschlagen hat. Wahrscheinlich hat Covarrubias recht, wenn er in *Island of Bali* schreibt: „... diese Hunde sind zweifellos von den Göttern geschaffen, um zu verhindern, dass Bali perfekt ist".

Für Balinesen ist die Unfreundlichkeit der Hunde jedoch ganz einfach zu erklären: Stirbt eine Großmutter nach einem langen und erfüllten Leben, so darf sie nicht sofort ins erlösende Nirwana übergehen. Zuvor wird sie in einem Zwischenleben als Straßenköter wiedergeboren, um ihre Sünden wiedergutzumachen. Kein Wunder also, dass die Hunde oft so schlecht gelaunt sind: Eigentlich sind es nämlich mürrische alte Omas, die auf den Eingang ins Nirwana warten.

Aufgrund zahlreicher ernsthafter Tollwuterkrankungen wurden im Laufe des Jahres 2009 Tausende von Straßenhunden in Süd-Bali getötet.

Eine gemeinnützige Organisation die sich dem Schutz benachteiligter Tiere verschrieben hat, ist **BAWA (Bali Animal Welfare)**, Jl. Monkey Forest 100X, Ubud, ✆ 0361-977217, ✉ bawabali @aol.com. Die allein durch Spenden finanzierte Einrichtung bietet unter ✆ 0361-981490 und 0811-389004 eine 24-Std.-Hotline: Wer einen Verkehrsunfall mit Hunden oder Katzen beobachtet, kann hier anrufen und so für die medizinische Verpflegung der in Mitleidenschaft gezogenen Vierbeiner sorgen. Die Klinik für verletzte Hunde befindet sich in Lodtunduh, wenige Kilometer südlich von Ubud. Zudem werden Sterilisationsprogramme, Tollwutimpfungen, Fütterungen von Straßenhunden und ein Tierheim finanziert und Aufklärungsseminare an Schulen abgehalten.

Eine besonders üppige Artenvielfalt bietet die Vogelwelt auf Lombok. Bemerkenswerterweise setzt sich die Fauna der Insel mit dem weißen **Kakadu** auch auf Nusa Penida fort, dieser Vogel kommt aber nicht mehr auf Bali selbst vor. In einem kleinen Teil des Nationalparks im Westen von Bali trifft man noch auf den weißen **Bali-Star**, einen Vogel, der nur auf dieser Insel heimisch ist.

Auf den Reisfeldern sieht man oft große Herden von **Enten** im Schlamm herumwühlen, die manchmal von einem kleinen Jungen oder einem alten Mann gehütet werden, häufig aber auch sich selbst überlassen sind. Die Enten sind nämlich darauf abgerichtet, immer in der Nähe eines Stocks zu bleiben, an dessen oberen Ende ein Tuch befestigt ist. Der Stock wird einfach irgendwo in die Erde gesteckt, und die Enten halten sich den ganzen Tag in Sichtweite des Tuchs auf. Abends versammeln sie sich dann wieder um den Stock und warten darauf, dass sie abgeholt werden.

Die übrigen Tiere, denen man auf Bali begegnet, sind Nutztiere wie das **Bali-Rind**, das beim Anlegen der Reisterrassen gebraucht wird, sowie Schweine und Hühner. Die **Hähne** nehmen eine gesonderte Stellung ein, da sie die heldenhaften Gladiatoren der Hahnenkämpfe sind (s. S. 90).

Tierschutz auf Bali

Bali ist heute noch immer eine artenreiche Insel. Viele wilde Tiere, wie die beliebten Meeresschildkröten, sind dennoch in Gefahr. Der Handel mit wilden Tieren scheint sehr lukrativ zu sein und die Sanktionen sind verschwindend gering. Die kleinste Tigerart, der **Bali-Tiger** *(Panthera tigris balica)*, ist nicht zufällig von der Bildfläche verschwunden. Nachdem zunächst sein Lebensraum immer kleiner und kleiner wurde, ist er auch noch ein beliebtes Ziel von Jägern geworden. 1937 wurde der letzte Bali-Tiger geschossen.

Die Organisation **ProFauna Indonesia** kämpft erbittert um die Erhaltung des Artenreichtums in Indonesien und ist auch auf Bali vertreten. Betroffen sind vor allem Wasserschildkröten, Papageien und andere Vogelarten. Auch der Handel mit abgebrochenen Korallen ist Raubbau am Lebensraum der Tiere. Die **Korallenriffe** leiden teilweise massiv unter den vielen Tauchern, Schnorchlern und Surfern, die jedes Jahr den nassen Mikrokosmos bestaunen wollen, sich für ein Urlaubsfoto auf die Korallenriffe stellen oder diese sogar als Souvenir abbrechen. In Candi Dasa, im Osten von Bali, ist der Strand aufgrund des Korallenabbaus nahezu komplett verschwunden.

Zu erreichen ist die Vertretung von ProFauna Indonesia auf Bali unter ProFauna Bali Office, ✆ 0361-808 5800, 💻 www.profauna.org.

Die **Ausfuhr** von Souvenirs, die aus wild lebenden Tier- und Pflanzenarten gefertigt sind, ist verboten oder unterliegt internationalen Handelsbeschränkungen. Wer unbedingt einen Schildkrötenpanzer oder eine Schlangenlederbörse mit nach Hause nehmen möchte, muss sich um eine Sondergenehmigung bemühen, was nicht ganz einfach werden dürfte. Die eingeschränkte Ausfuhrerlaubnis gilt auch für viele Orchideenarten.

Umwelt und Naturschutz

Auf Bali gibt es weder eine nennenswerte Industrie, die die Luft verpestet oder giftige Abfälle produziert, noch verkehren große Schiffe oder Tanker vor den Küsten, die das Meerwasser verschmutzen oder Korallenriffe dem Meeresboden gleichmachen könnten. Trotzdem mussten sowohl Pflanzen- als auch Tierarten der Spezies Mensch weichen. Nicht nur der Bali-Tiger ist ausgestorben, auch die sehr alten Baumfarne sind in den Nationalpark zurückgedrängt worden. Grund hierfür ist nicht zuletzt der Tourismus. Der Bali-Boom, der in den 1980er-Jahren einsetzte, brachte den Balinesen zwar Wohlstand, andererseits litten viele Strände und andere Naturräume extrem unter dem großen Andrang der neugierigen Besucher und des von ihnen hinterlassenen Abfalls. Auch heute ist Müll noch ein großes Problem, das von der Provinzregierung allerdings offensiv angegangenen wird. Selbst wenn Bali für manchen ausländischen Urlauber dreckig erscheinen mag, so ist die Situation heute bei Weitem nicht mehr so schlimm wie noch vor einigen Jahren. Was sich bis heute nicht geändert hat, sind die stinkenden Autos und Motorräder, die oft eine dunkelschwarze Rauch- und Rußwolke hinter sich herziehen und dabei einen ziemlichen Lärm verursachen. Nicht umsonst heißt „Auspuff" auf Indonesisch *Knalpot*.

Bevölkerung

Einwohner: ca. 3,89 Mio.
Bevölkerungswachstum: 1,5 %
Lebenserwartung: 71 Jahre
Kindersterblichkeit: 28 pro 1000 (Deutschland: 3,5 pro 1000)
Alphabetisierungsrate: ca. 98 % bei den 14–25-Jährigen
Stadtbevölkerung: 38 %
Einwohner je Arzt: ca. 7000
Einwohner pro km²: 691

Ethnische Zusammensetzung

Die heutige Bevölkerung von Bali (3,89 Mio. Einwohner) ist das Ergebnis einer Vermischung verschiedener Völker, die sich im Laufe vergangener Jahrtausende in mehreren aufeinanderfolgenden Wellen von Zentralasien und Süd-China über die indonesischen Inseln ausbreiteten.

Die Zusammensetzung der religiösen Gruppen auf Bali ist ungewöhnlich, da 93 % der Einwohner Hindus sind. Damit ist Bali die Region mit den meisten Hindus außerhalb von Indien und Nepal. Die Balinesen können ihre Religion ungehindert ausüben, obwohl sie von Inseln umgeben sind, die vorwiegend von Moslems bewohnt werden und obwohl Bali Teil des größten moslemischen Landes der Erde ist. Die restlichen 7 % der Bevölkerung setzen sich aus Moslems (4,8 %), Christen und Buddhisten zusammen. Die Hindus auf Bali waren jedoch nicht die ersten Bewohner der Insel. Die eigentlichen Ureinwohner, genannt **Bali Aga**, leben in den Dörfern Tengangan (nahe Candi Dasa in Ost-Bali, s. S. 322) und Trunyan (Nord-Bali, nahe dem Batur-See, s. S. 290). Sie haben sich von der Hinduisierung im 16. Jh. nicht beeindrucken lassen und leben noch heute den Animismus, eine Naturreligion, bei der an die Beseeltheit aller Dinge geglaubt wird. Die Ureinwohner von Bali betätigen sich vorwiegend in der Landwirtschaft und in der Herstellung von Textilien und Kunsthandwerk. Ihre religiösen Kulte und Rituale unterscheiden sich grundlegend von denen des Hinduismus. Die Wahl des Ehepartners ist beispielsweise auf die Dorfgemeinschaft beschränkt, Zuzüge von Fremden sind streng untersagt.

Die Bevölkerung auf der Nachbarinsel Lombok (ca. 3,17 Mio.) setzt sich zu 85 % aus Sasak und zu 15 % aus Balinesen, Chinesen und Arabern zusammen. Die Kultur der **Sasak** ist der balinesischen nicht ganz unähnlich. Ihr traditioneller Glauben ist die *Wetu-Telu*-Religion, eine Mischreligion aus Hinduismus, Islam, Animismus und Ahnenverehrung. Der Großteil der Bevölkerung ist mittlerweile jedoch streng moslemisch geprägt. Mehr zur Bevölkerung auf Lombok s. S. 346.

Überbevölkerung

Die Balinesen haben heute und von jeher mit dem Problem der Überbevölkerung zu kämpfen. Die Einwanderungsrate auf Bali ist sehr hoch, da viele Bewohner der Insel Java und anderer indonesischer Inseln ihr Glück im wohlhabenden Bali versuchen wollen. Die Einwanderer sind oft illegal auf der Insel und Menschenhandel sowie Schleuserkriminalität bereiten den balinesischen Behörden Kopfzerbrechen. Seit den Bombenanschlägen 2002 sind die Asyl-Gesetze, die Kontrollen bei der Einreise und der Kampf gegen illegale Einwanderung verschärft worden.

Zudem ist Bali eine Insel mit extrem kinderfreundlichen Bewohnern. Balinesische Familien sind traditionsgemäß groß und kinderreich, und Kinder werden von der balinesischen Gesellschaft nicht als Belastung angesehen, sondern als Bereicherung. Zwar ist die Kindersterblich-

Frauen auf Bali

Auf Bali haben Männer und Frauen sehr unterschiedliche Aufgaben. Die Frauen machen den Haushalt und sorgen für die Kinder und das leibliche und seelische Wohl der Familie. Der Mann ist für die ökonomische Sicherung der Familie verantwortlich. Doch Gendermainstreaming und „Gleichberechtigung" sind auch in Indonesien keine Fremdwörter mehr. Die praktische Umsetzung scheitert jedoch immer wieder an den tief verwurzelten, traditionellen Rollenverständnissen von Mann und Frau. So ist es noch immer üblich, spätestens mit Anfang 20 verheiratet zu sein und Kinder zu bekommen. Noch heute werden bereits minderjährige Mädchen mit einem Mann verheiratet, den die Familie aussucht.

Traditionell aber haben Frauen in ganz Indonesien eine vergleichsweise hohe Stellung. Zwar bestimmen hinduistische Traditionen und das balinesische *Adat*-Recht (Gewohnheitsrecht) eine klare Rolle der Frau in der Gesellschaft, aber das heißt nicht, dass sie ihre Zeit ausschließlich abgeschottet in der Küche verbringt. Frauen übernehmen wichtige Aufgaben bei Ritualen und auch sonst scheint es, als hielten sie den gesamten Dorfbetrieb aufrecht. Sie sind nahezu den ganzen Tag damit beschäftigt, Opfergaben anzurichten, zu kochen oder Gemüse auf dem Markt zu verkaufen. Die Männer hingegen sieht man oft im Schatten sitzen, mit einem Glas Kaffee beim Schachspiel oder beim Streicheln und Vergleichen ihrer Kampfhähne.

Doch auch in Bali bleibt die Zeit nicht stehen und viele selbstbewusste, junge Frauen halten nicht mehr allzu viel davon, früh die Schule abzubrechen, um sich nur noch Familie und Haushalt zu widmen. Verständnis für uneheliche Kinder oder häufig wechselnde Partnerschaften sollte man zwar nicht erwarten, aber ein „Gespräch unter Frauen" kann auf Bali eine lustige und aufschlussreiche Erfahrung sein.

keit auf Bali massiv gesunken, dennoch erhält ein balinesisches Kind seinen Namen erst 210 Tage nach der Geburt, wenn es ein Alter erreicht hat, ab dem ein Überleben sicher erscheint.

Das **Transmigrasi**-Umsiedlungsprogramm, bei dem in den 1970er-Jahren viele balinesische Familien nach Sumatra und auf andere Außeninseln umgesiedelt wurden, sollte der Überbevölkerung auf Bali entgegensteuern. Heute verzichtet man auf solche Methoden, da man erkannt hat, dass sie viele kulturelle und ethnische Konflikte nach sich ziehen.

Bildung

Für Kinder zwischen 6 und 14 Jahren besteht theoretisch in ganz Indonesien Schulpflicht. Für ihre Einhaltung gibt es aber keine Kontrollinstanz und viele Kinder brechen ihre Ausbildung schon frühzeitig ab, um bei der Haus- oder Landwirtschaft helfen zu können. Vor allem Mädchen und Kinder in ländlichen Regionen haben oft keinen Schulabschluss. Hinzu kommt, dass die Kosten der Schulausbildung für die Familien oftmals untragbar sind. Die Schulgebühren werden bei ärmeren Familien zwar vom Staat oder von religiösen Einrichtungen übernommen, die Zusatzkosten für Schuluniform, Transport und Aufnahmegebühren sind aber oft schlichtweg zu hoch. Die Alphabetisierungsrate in Indonesien liegt dennoch bei erfreulichen 92 %.

Das indonesische **Schulsystem** ist dreistufig organisiert: Zunächst besuchen die Kinder sechs Jahre lang die Grundschule (1. bis 6. Klasse), danach drei Jahre lang die Mittelstufe (7. bis 9. Klasse) und weitere drei Jahre die Oberstufe (10. bis 12. Klasse). Nach der Oberstufe und einem Eignungstest steht der Weg zu einer Hochschule offen, sofern man die Studiengebühren zahlen kann. Die Auswahl an Schulen und Hochschulen ist in Indonesien recht groß. Schon beim Kindergarten kann man auf private Institutionen zurückgreifen, die aber oft an eine Religion gebunden sind. Die allgemeine Qualität der Schulen lässt zu wünschen übrig. Die Ausstattung mit Büchern und Technik erinnert eher an die 1960er-Jahre als an das 21. Jh. Den staatlichen Schulen wird immer wieder vorgeworfen, dass die Lehrer und auch die Lehrinhalte miserabel seien. Die indonesische Regierung hat aber erkannt, dass ein solches Bildungssystem dem Druck der Globalisierung nicht standhalten kann und den gewünschten Übergang von einem Agrar- zu einem Industriestaat nicht gerade fördert. Die staatlichen Ausgaben für Bildung wurden in den letzten Jahren drastisch erhöht und das Bildungssystem wird kontinuierlich verbessert.

Lontar-Schriften

Lontar-Schriften sind alte balinesische Bücher, die heutzutage nur noch in Tenganan in Ost-Bali hergestellt werden. Dabei wird mit einem Metallgriffel in die Blätter der *Lontar*-Palme geritzt. Mit Hilfe von Rußöl wird das Geschriebene dann sichtbar gemacht.
In den *Lontar*-Schriften sind Texte und Abbildungen zur Mythologie, Religion und Geschichte von Bali zu finden. Viele Balinesen verstehen die alten Schriften als eine Art Bibel, Regelwerk und Wegweiser.

Die balinesische Gesellschaft

Balinesen leben in einer Welt des Teilhabens und Teilnehmens. Die Bindung an eine oder mehrere Gruppen und die damit einhergehenden Pflichten haben Vorrang gegenüber den Bedürfnissen des Individuums, wobei häufig die individuellen Bedürfnisse nur durch die Gruppe befriedigt werden können. Das ausgeprägte **Gemeinschaftsgefühl** hat sich schon vor 2000 bis 3000 Jahren entwickelt und ist eine direkte Folge der Nassreiskultur. Diese Form der Landwirtschaft erfordert nämlich weitverzweigte, komplexe Bewässerungssysteme, die durch die gebirgige Beschaffenheit der Insel und den Wechsel von regenarmen und regenreichen Jahreszeiten noch zusätzlich kompliziert werden. Es leuchtet daher ein, dass nicht jeder Bauer auf sich gestellt sein eigenes Bewässerungssystem konstruieren konnte.

Subak

Schon die ältesten schriftlichen Dokumente auf Bali erwähnen die *Subak*, die Reisbauern-Kooperativen, in denen jeweils alle Bauern zusammengeschlossen sind, deren Reisfelder von ein und demselben Bewässerungssystem gespeist werden. Auf ganz Bali gibt es rund 1200 *Subak*, jede mit durchschnittlich 200 Mitgliedern und einer Feldfläche von 50 bis 100 ha. Jeder Bauer, der Felder im Bereich eines *Subak* besitzt, ist zur Mitgliedschaft verpflichtet. Ebenso ist es obligatorisch, an den *Subak*-Versammlungen teilzunehmen, die regelmäßig alle 35 Tage und außerdem zu besonderen Anlässen abgehalten werden. Ein Nichterscheinen ohne triftigen Grund kann bestraft werden.

Alle **Entscheidungen**, die bei den Versammlungen getroffen werden, bedürfen der Zustimmung aller Mitglieder. Periodisch wird ein *Subak*-Vorstand gewählt, dessen Dienste nicht gesondert entlohnt werden. Aufgabe des Vorstandes ist es, den Vorsitz bei Versammlungen zu führen, darauf zu achten, dass alle Arbeiten gemäß der traditionellen Regeln ausgeführt werden, wie sie in den alten **Lontar-Schriften** niedergelegt sind, und die Teilnahme der Mitglieder an den *Subak*-Treffen zu kontrollieren und gegebenenfalls Strafen zu verhängen.

Bei den *Subak*-Treffen wird entschieden, wann mit dem Setzen der Pflanzen oder der Ernte begonnen wird, welche Düngemittel und Insektizide wann und in welchem Maße eingesetzt werden, zu welchem Zeitpunkt die nötigen religiösen Zeremonien durchgeführt werden und inwieweit Arbeiten an den Dämmen und Kanälen der Bewässerungsanlagen notwendig sind.

Jedes *Subak* hat einen eigenen *Subak*-Tempel, welcher der Reisgöttin **Dewi Sri** geweiht ist. Hier halten die Mitglieder ihre Versammlungen ab und hier finden die wichtigsten Zeremonien zu Ehren der Reisgöttin statt. Das bedeutendste Fest zu ihren Ehren ist das Erntedankfest *(Ngusaba Nini)*.

Banjar

Eine mindestens ebenso wichtige Rolle wie die *Subak* spielen in der balinesischen Gesellschaft die *Banjar*, deren Mitglieder nicht nur Reisbauern, sondern Angehörige aller Berufsgruppen sind. Der Begriff *Banjar* ist schwer zu übersetzen, die Holländer haben dafür den Ausdruck „Dorf-Republik" geprägt. Das *Banjar* ist eine Organisation, der alle erwachsenen Bewohner eines Dorfes angehören, normalerweise erst nach der Heirat oder nach der Geburt des ersten Kindes. Da die Aufgaben eines *Banjar* auch Frauenarbeit mit einschließen, gehört nach der Aufnahme eines männlichen Mitglieds in die Gemeinschaft automatisch auch seine Ehefrau dazu.

Die Mitgliedschaft im *Banjar* ist Pflicht für jede Familie, ebenso die Teilnahme an den regelmäßigen Versammlungen im *Bale Banjar* (der Versammlungshalle). Selten sind hier mehr als 60 oder 70 Familien zusammengeschlossen, größere Dörfer sind entsprechend in mehrere voneinander unabhängige *Banjar* unterteilt. Sogar die Hauptstadt Denpasar besteht aus Dutzenden von *Banjar*. Alle Entscheidungen innerhalb der Gemeinschaft bedürfen wie bei den *Subak* der Zustimmung sämtlicher Mitglieder. Lange Beratungen sind notwendig, bevor neue Ideen in die Tat umgesetzt werden können. Vielfältig sind die Aufgaben des *Banjar*, jedes Mitglied ist verpflichtet, einen Teil an Arbeit beizutragen. Die Organisation kümmert sich um den Bau und die Instandhaltung von öffentlichen Gebäuden, Märkten, Straßen und Badeplätzen und, falls notwendig, auch um die Aufrechterhaltung von Recht und Ordnung. Darüber hinaus ist das *Banjar* verantwortlich für die Vorbereitung und die Durchführung sämtlicher Tempelfeste und Zeremonien. Sogar wichtige Familienfeiern wie der erste Geburtstag eines Kindes, Zahnfeilungszeremonien, Hochzeiten und Verbrennungen werden oft von sämtlichen Mitgliedern eines *Banjar* gemeinsam veranstaltet. Projekte, die von den Mitgliedern umgesetzt werden sollen, werden durch eine Komplementärwährung, nämlich die **Zeitwährung**, bezahlt. Der Zeitwert, den jedes Mitglied für ein Projekt aufbringen muss, kann in Rupiah umgerechnet und bezahlt werden oder durch Dienstleistungen und den entsprechenden Zeitaufwand abgearbeitet werden. Das Bezahlen der Zeit in Rupiah ist nicht besonders hoch angesehen und wird schnell geächtet.

Außer dem *Bale Banjar*, zu dem immer eine Küche und der Turm mit der *Kul-Kul*-Trommel gehören, mit der die Mitglieder zu den Versammlungen gerufen werden, besitzt jedes *Banjar* meist ein komplettes Set von Gamelan-Instrumenten und diversen Tanzrequisiten sowie Kostüme, Schmuckstücke und Masken, darunter vor allem eine *Rangda* (eine Maske, die das Böse darstellt) und einen *Barong* (Maske des Guten). Auch wenn keine Versammlungen stattfinden oder Vorbereitungen zu einem Fest getroffen werden müssen, sind fast immer einige Männer im *Bale Banjar* anzutreffen – um sich zu unterhalten, um ihre Kampfhähne zu vergleichen oder einfach nur herumzusitzen. Manche Männer ziehen sogar das *Bale Banjar* dem häuslichen Bett vor und verbringen dort die Nacht.

Neben den *Subak* und *Banjar* gibt es noch andere Gemeinschaften, deren Mitgliedschaft aber meist freiwillig ist. Da sind zum Beispiel die sogenannten **Pemaksan**, Vereinigungen oder Gemeinden, die es sich zur Aufgabe gemacht haben, einen bestimmten Tempel, für den sonst niemand zuständig ist, instand zu halten und dafür zu sorgen, dass regelmäßig die **Odalan**, die Jahresfeiern dieses Tempels, zelebriert werden.

Kastenwesen

Einen Gegensatz zum egalitären und demokratischen Charakter der dörflichen Gemeinschaften bildet das Kastenwesen, das die Angehörigen des ostjavanischen Majapahit-Hofes bei ihrer Übersiedlung nach Bali und ihrer Machtergreifung mitbrachten.

In Anlehnung an das indische Kastensystem, mit dem sich vor einigen Tausend Jahren die nach Indien eingefallenen Arier über die unterjochten Urvölker stellten, haben auch die ostjavanischen Eindringlinge sich selbst den drei hohen Kasten *(Triwangsa)* zugeteilt, während die Balinesen, obwohl deutlich in der Überzahl, zu den *Sudra* oder *Jaba*, den unteren Kasten, erklärt wurden. Die Zugehörigkeit zu einer der drei hohen Kasten richtete sich nach Beruf, Ausbildung und sozialer Stellung. Schriftgelehrte und Priester bildeten die **Brahmana**-Kaste, deren Namen mit Ida Bagus (männlich) oder Ida Ayu (weiblich) beginnen. Politisch Mächtige, Fürsten und Prinzen gehörten zur **Ksatriya**-Kaste, mit Titeln wie Anak Agung, Cokorda oder Dewa. In der **Wesya**-Kaste schließlich fasste man hochrangige Krieger und reiche Händler zusammen, deren Namen mit Gusti oder Ngurah beginnen. Das Haus eines Brahmanen wird *Griya* genannt, eine *Wesya*-Familie wohnt in einem *Jero*. Angehörige der *Ksatriya*-Kaste leben für gewöhnlich in einem *Puri*, einem Palastkomplex, in der Nähe eines Dorfes, dessen Bauern in vergangenen Feudalzeiten die Bewohner des Palastes mit Lebensmitteln und Arbeitskräften zu versorgen hatten.

In der heutigen Zeit sind die Unterschiede zwischen den Kasten längst nicht mehr so stark ausgeprägt wie früher. Eine Heirat zwischen Angehörigen verschiedener Kasten ist durchaus möglich. In den *Banjar*-Versammlungen ist von einem Kastensystem nicht viel zu spüren, denn alle Beteiligten haben den gleichen Status. Heutzutage trifft man *Brahmana*-Taxifahrer und *Ksatriya*-Barkeeper ebenso häufig wie *Sudra*-Universitätsprofessoren und *Sudra*-Regierungsbeamte.

Allerdings findet das Kastenwesen noch heute seinen Ausdruck im Gebrauch der balinesischen Sprache oder besser: der **balinesischen Sprachen**. Grundsätzlich gibt es nämlich zwei verschiedene Sprachen: Die gewöhnliche oder niedere Sprache gehört zur malayo-polynesischen (austronesischen) Sprachfamilie. Das Hochbalinesische, die Sprache der *Triwangsa*, hingegen ist eine altjavanische Hofsprache, die sich aus dem Sanskrit ableitet.

Kurioserweise wird von einem Angehörigen der niederen Kaste erwartet, dass er einen Angehörigen der höheren Kaste höflich und respektvoll in der Hochsprache anredet, hingegen bedient sich dieser gegenüber Mitgliedern der unteren Kaste der niederen Sprache. Theoretisch muss ein Balinese immer die Sprache seines Gegenübers gebrauchen. Da viele Leute der unteren Kaste aber nie Gelegenheit hatten, die Hochsprache zu erlernen, setzt sich mehr und mehr eine „mittlere" Sprache durch, ein Gemisch aus der hohen und der niederen Sprache, die ebenfalls als höflich gilt und die häufig zwischen Fremden gebraucht wird, bevor sie die Kastenzugehörigkeit ihres Gesprächspartners festgestellt haben. Um Peinlichkeiten zu vermeiden, können die Balinesen auch immer auf die Amtssprache **Bahasa Indonesia** zurückgreifen. In den Schulen wird sowieso nur noch Indonesisch gesprochen. Alle Schüler, egal welcher Kaste, sitzen, lernen und spielen zusammen.

Abgesehen von der Sprache wird ein *Sudra* seinen Respekt vor einem Angehörigen der höheren Kasten auch in der **Sitzordnung** zum Ausdruck bringen, indem er sich immer etwas niedriger platziert als ein *Brahmana*, *Ksatriya* oder *Wesya*. Dies gilt vor allem bei einem Besuch im Hause eines *Pedanda*, eines hohen Priesters der *Brahmana*-Kaste. Sitzt der *Pedanda* auf einem Stuhl, muss sich ein *Sudra* immer auf dem Fußboden niederlassen. Sollte es sich der *Pedanda* auf einer Matte auf seiner Veranda bequem machen, werden sich alle anderen auf die Stufen vor der Veranda setzen.

Namen

Die *Sudra* machen heute etwa 90 % der balinesischen Bevölkerung aus. Wie die *Triwangsa* sind auch sie an ihren Namen zu erkennen. Das erste Kind eines Ehepaares wird Wayan (oder Gede oder Putu) genannt, das zweite heißt Made (oder Kadek oder Nengah), das dritte Nyoman (oder Komang) und das vierte Ketut (oder Ktut). Hat das Ehepaar noch mehr Kinder, beginnt man wieder von vorn, oft unter Auslassung des Wayan, ein Name, der für das Erstgeborene reserviert ist, oder alle auf das vierte folgenden Kinder heißen gleichfalls Ketut. Diese Namen sind unabhängig vom Geschlecht der Kinder, deshalb wird häufig ein I (männlich) oder ein Ni (weiblich) vorangestellt. Sollte sich die von der Regierung propagierte Familienplanung durchsetzen (*dua anak cukup* = Zwei Kinder sind genug!), wird es wohl in Zukunft keine Nyoman und Ketut mehr geben.

Neben dem Namen, der sich nach der Geburtsfolge richtet, haben Balinesen meist noch einen zweiten Namen, der sich im Laufe eines Lebens sogar mehrmals ändern kann. Zwölf Tage nach der Geburt erhält das Baby einen vorläufigen Namen. An seinem ersten „Geburtstag" *(Oton)*, 210 Tage nach der Geburt, verleiht ihm der Priester einen persönlichen Namen, der oft nur dem engsten Familien- und Freundeskreis bekannt ist. Im Dorf kennt man das Kind meist nur unter einem Spitznamen oder dem Namen, der die Geburtsfolge angibt. Sollte der Heranwachsende von einer schweren Krankheit heimgesucht werden, kann der Name erneut geändert werden, um die Krankheitsdämonen zu verwirren. Mit der Geburt des ersten Kindes wechselt eine Person nochmals ihren Namen, jetzt heißt sie Vater oder Mutter von Soundso. Sobald dieses Kind selbst Nachkommen hat, wird der Name wieder geändert in Großvater oder Großmutter von Soundso.

Als Folge der sich im Leben ändernden Namen gibt es nach dem Tod älterer Balinesen kaum noch jemanden, der sich an seinen/ ihren ursprünglichen Namen erinnern kann. Und wenn dann nach der Leichenverbrennung, oft erst Jahre später, für die Seele des Vorfahren ein Schrein im Familientempel errichtet wird, ist der Name des Ahnen längst vergessen.

Das Dorf

Die überwiegende Mehrheit der Bevölkerung von Bali lebt in Dörfern. Von offizieller Seite sind 1456 Dorfgemeinden *(Desa)* gezählt worden, die sich in 3708 *Banjar* unterteilen. Diese konzentrieren sich vor allem an den Südhängen der Berge und in der fruchtbaren Ebene im zentralen Süden der Insel um die Hauptstadt Denpasar.

Jedes dieser Dörfer ist ökonomisch völlig unabhängig. In der Verwaltung eines Ortes haben die Dorfbewohner weitgehend selbst zu bestimmen, da alle Familien in einem oder mehreren *Banjar* zusammengeschlossen sind.

Dorfstruktur

Das balinesische Dorf ist nicht etwa eine zufällige Ansammlung von Gehöften und Gebäuden, sondern Anlage und Struktur der Siedlung unterliegen einem wohldurchdachten Plan, der wiederum, wie so ziemlich alles auf Bali, auf das Engste mit religiösen Vorstellungen verknüpft ist.

Der breite Hauptweg eines Dorfes verläuft immer in **Kelod–Kaja**-Richtung, also aus Richtung des Meeres oder von „unten" in Richtung der Berge oder nach „oben". Am unteren Ende, etwas außerhalb des Dorfes, liegt der dem Gott Shiva bzw. seiner Frau, Göttin Durga, geweihte Unterweltstempel **Pura Dalem** mit Begräbnis- und Verbrennungsplatz. Am oberen Ende des Dorfes steht der **Pura Puseh**, eine Art Fruchtbarkeitstempel, Gott Vishnu, dem Erhalter geweiht, der das von den Bergen herabkommende, lebensnotwendige Wasser spendet.

Im Dorfzentrum steht der Dorftempel **Pura Desa**, der ursprüngliche Tempel der Dorfgründer. Er ist dem Schöpfergott Brahma geweiht, der gleichzeitig als Bewahrer des Feuers (in der Küche) gilt. Die Hauptstraße wird rechtwinklig von Seitenstraßen gekreuzt, die von West nach Ost verlaufen und fast immer in eine Schlucht hinabführen, an eine Quelle, einen Bach oder einen Fluss, wo sich die Wasch- und Badeplätze der Dorfbewohner befinden.

Das Zentrum des Dorfes nimmt der **Dorfplatz** an der Hauptstraßenkreuzung ein, wo neben dem *Pura Desa* immer eine Versammlungshalle und eine Hahnenkampfarena *(Wantilan)* errichtet sind. Auch nicht fehlen darf der Turm für die *Kul-Kul*-Trommel, die zu Versammlungen ruft, vor Gefahren warnt und den Tod eines Dorfbewohners verkündet. Der Dorfplatz wird meist von einem gigantischen *Banyan*-Baum überschattet, dem heiligen Baum der Hindus. Hier liegen für gewöhnlich ein paar einfache Essenstände (Warung) und hier wird auch regelmäßig der Markt abgehalten, meist in einem Drei-Tage-Rhythmus.

Der **Markt** ist eine Domäne der Frauen, wie auch die Hausarbeit und das Herstellen der Opfergaben für die Götter und Dämonen meist den Frauen überlassen werden. Dagegen sind das Bestellen der Reisfelder, der Haus- und Tempelbau ebenso wie das Ausschmücken der Heiligtümer mit Steinskulpturen und Reliefs, mit Schnitzereien und Malereien reine Männersache. Viele Arbeiten werden auch von Männern und Frauen gemeinsam bewältigt, z. B. die Reisernte und der Straßenbau. Für Balinesen ist es selbstverständlich, dass sogar kleinere Kinder schon einfache Aufgaben und Arbeiten übernehmen.

Der Hahnenkampf

Noch vor Sonnenaufgang erwacht das balinesische Dorf mit dem rauen, durchdringenden Krähen der allgegenwärtigen Kampfhähne. Während die Frauen die Innenhöfe vor ihren Häusern fegen oder mit Krügen und Eimern zum Wasserholen gehen, kümmern sich die Männer um ihre Lieblinge. Die Hähne werden gestreichelt, herumgetragen und nach dem sorgfältigen Füttern unter umgestülpten, glockenförmigen Körben in Reihen an den Rand der Dorfstraße gesetzt, damit sie sich am geschäftigen Treiben im Dorf ergötzen können und sich nicht langweilen.

Rituelle Bedeutung

Wie fast alles auf Bali ist auch der Hahnenkampf ein Bestandteil der allumfassenden Religion. In ihm leben vorgeschichtliche Glaubensvorstellungen fort, namentlich die Tieropfer der Megalithkultur. Bei vielen Völkern gilt vergossenes Hahnenblut als ein Mittel zur Besänftigung der Dämonen. Balinesische Priester legen mithilfe des Kalenders die rituell günstigen Tage für derartige Veranstaltungen fest. Zudem sind Hahnenkämpfe bei besonders wichtigen Tempelfesten unerlässlich: Sie begleiten z. B. die Landreinigungszeremonien, bevor die Reisfelder bewässert werden, und gehen dem großen Erntefest im *Subak*-Tempel voraus.

Das Turnier

Hahnenkampfveranstaltungen dauern für gewöhnlich einige Stunden. Sie können sich aber auch über mehrere Tage hinziehen und haben dann Volksfestcharakter. Auf dem Dorfplatz rund um die Arena *(Wantilan)* richten Frauen kleine Verkaufsstände ein. Zu den Kämpfen selbst sind sie traditionsgemäß nicht zugelassen. Die Männer tragen ihre Hähne in seltsamen Taschen aus verflochtenen Kokospalmwedeln, aus denen nur die Schwanzfedern herausschauen, damit diese nicht beschädigt werden.

Vor Beginn der Kämpfe geht es im *Wantilan* recht tumultartig zu. Unter Schreien und Gestikulieren werden die Hähne begutachtet und die Wetten abgeschlossen – eine Leidenschaft, die schon so manchen Mann in den wirtschaftlichen Ruin getrieben hat. Ganz vorn in der Arena hocken die Besitzer der Hähne, daneben sitzen die Schiedsrichter, die die Reihenfolge der Kämpfe festlegen. Dahinter stehen dicht gedrängt die Zuschauer. In einer Schüssel schwimmt eine halbe Kokosnussschale mit einem Loch in der Mitte. Ist die Schale voll Wasser gelaufen und sinkt, ertönt ein Gong, und eine Runde ist beendet.

Viele Kämpfe sind schon nach wenigen Sekunden entschieden. Ist aber nach vier Runden noch immer kein Sieger ermittelt, werden die zwei Kontrahenten zusammen unter einen großen Korb gesetzt, wo kein Ausweichen mehr möglich ist. Denn Blut muss unbedingt fließen, um die Dämonen zu besänftigen. Andernfalls geraten nach Meinung der Balinesen die Menschen in Kampflust und werden von einem Blutrausch befallen, der sie gegeneinander kämpfen

Gehöft

Entlang der Dorfstraße reihen sich die Gehöfte aneinander, die durchweg von hohen Mauern umgeben sind, nur unterbrochen von den schmalen Toreingängen, zu denen Stufen emporführen. Nicht immer lassen sich die Eingänge mit Türen verschließen, oft steht dahinter nur eine kurze **Dämonenmauer**, die Angriffe aus der Unterwelt abwehren soll, denn böse Geister haben große Schwierigkeiten, um Ecken herumzugehen.

Im Inneren eines Gehöftes, in dem oft eine Großfamilie lebt, stehen verschiedene mehr oder weniger offene Pavillons und andere kleine Gebäude, deren **Aufbau** und Anordnung wieder auf dem *Kelod-Kaja*-Prinzip beruht. Auf der den Bergen und damit den Göttern zugewandten Seite befindet sich der Familientempel. Im Mittelteil des Gehöftes liegen die einzelnen Schlaf- und Wohnräume der Familie. Küche, Reisscheune, Schweinestall und Abfallgrube sind immer auf der dem Meer zugewandten Seite zu finden. Außer einigen wenigen Schatten spendenden Obstbäumen sowie Bananenstauden und ein paar Blumen hält man das Gehöft

lässt. Ein Hahn wird disqualifiziert, falls er gleich zu Beginn des Kampfes wegläuft.
Kurz vor dem Kampf, wenn sich die Besitzer mit ihren Tieren in zwei entgegengesetzten Ecken der Arena gegenüberhocken, streicheln und massieren sie nochmals ihre Lieblinge, flüstern ihnen aufmunternde, anspornende Worte ins Ohr, blasen ihnen mit ihrem Atem Kraft in den Schnabel und kneifen sie in den Kamm, um ihre Aggression anzustacheln. Sind die Gegner dann endlich allein auf der Kampfbahn, nähern sie sich einander erst in Zickzackwegen und umkreisen sich lauernd. Zum Kampf selbst gehören verschiedene Sprünge. Die verletzlichste Stelle ist die ungeschützte Brustfläche unter den Flügeln. Der getötete Verlierer geht meist an den Eigentümer des Siegers und wandert in dessen Kochtopf. Häufig werden auch die zerstampften Knochen, Muskeln und das Herz an den siegreichen Hahn selbst verfüttert, wodurch dieser die Kraft seines ehemaligen Gegners in sich aufnehmen soll.

Die Hähne

Höchste Wetten erzielen erfahrene Kampfhähne, die schon häufig, manchmal trotz schwerer Verletzungen, siegreich geblieben sind. Andere Favoriten sind die sogenannten *Srawah*, Abkömmlinge eines göttlichen Hahns, die als besonders streitsüchtig gelten und an bestimmten äußeren Merkmalen zu erkennen sind: z. B. an der Zahl der Hautringe an den Zehen und der ihnen eigenen Art zu krähen. Solche wertvollen Tiere darf nur der Besitzer selbst trainieren und füttern, denn seine Frau und seine Kinder könnten den Hahn vielleicht durch Extra-Leckerbissen verwöhnen und somit verweichlichen. Ebenso sollte ein Kampfhahn niemals mit Hennen zusammenkommen, damit er nicht seine Kraft verliert. Manchmal sieht man in den Dörfern alte, ziemlich lädierte und deshalb „pensionierte" Kampfhähne die Straßen entlang humpeln. Sie werden bis an ihr Lebensende bevorzugt behandelt und genießen ein hohes Ansehen – haben sie doch ihrem Eigentümer und denen, die auf sie gewettet haben, viel Geld eingebracht.

Nur mit Genehmigung

Unverständlich ist für Balinesen die Abneigung vieler Europäer gegenüber dem Hahnenkampf. Sie sehen darin keine Grausamkeit, denn ein im *Wantilan* getöteter Hahn ist schließlich genauso tot wie ein in der Küche geschlachteter Artgenosse, und sein Ende ist das Gleiche – der Kochtopf. Und wichtiger: Das in der Arena verspritzte Blut hat die Dämonen besänftigt, sodass die Menschen wieder eine Zeit lang von ihnen in Ruhe gelassen werden.
Hahnenkampf ist bereits seit Anfang der 1980er-Jahre verboten, um das Wetten zu unterbinden. Für Kämpfe im Rahmen religiöser Zeremonien müssen vorher amtliche Genehmigungen eingeholt werden. Natürlich gibt es reichlich nicht genehmigte Turniere, bei denen weiterhin hoch gewettet wird, denn der Arm der Justiz reicht noch längst nicht bis in jedes Dorf.

frei von jeglicher Vegetation, um Schlangen und giftigen Insekten keine Gelegenheit zu geben, sich hier einzunisten. Aus dem gleichen Grund wird täglich der aus festgestampftem Lehm bestehende Innenhof gefegt und das herabgefallene Laub und die Abfälle beseitigt.

Die Dimensionen eines traditionellen Gehöftes und der sich darin befindenden Gebäude richten sich nach strengen Regeln, die in den alten *Lontar*-Schriften niedergelegt sind. Grundlage für alle architektonischen **Abmessungen** sind die Körpermaße des Familienoberhaupts, der gleichzeitig auch der Bauherr ist. Ein in den alten Schriften bewanderter Architekt wird also zuerst einmal bestimmte Abmessungen am Körper des Bauherrn vornehmen und diese auf schmalen Bambusstreifen markieren.

Der Abstand zwischen den Spitzen beider Mittelfinger bei seitlich ausgestreckten Armen ist ein *Depa*, der Abstand vom Ellenbogen zur Spitze des ausgestreckten Mittelfingers ist ein *Asta*, und die Breite einer Faust bis zur Spitze des seitlich ausgestreckten Daumens ist ein *Musti*. Die Gesamtlänge einer das Grundstück umgebenden Mauer beträgt immer ein Vielfaches einer kombinierten *Depa-Asta-Musti*-Länge, wobei sich der Multiplikationsfaktor nach der Kaste des Bauherrn, seinen persönlichen Wünschen und finanziellen Mitteln, den örtlichen Gegebenheiten und nach der jeweils benutzten *Lontar*-Schrift richtet.

Die **Größe** der einzelnen Bebauungen (Plattformen oder Gebäude) hängt davon ab, wie viele hölzerne Stützbalken *(Sasaka)* verwendet werden. Die kleinsten Gebäude werden von vier Balken getragen, die größten haben für gewöhnlich nicht mehr als zwölf Balken. Die Maße eines Stützbalkens und die Abstände dazwischen errechnet der Architekt anhand von komplizierten Formeln, die wieder auf bestimmten Körpermaßen des Bauherrn beruhen: Länge des Zeigefingers, Breite des kleinen Fingers usw. Ein Balken, der ja aus einem Baumstamm gesägt wurde, darf niemals „auf dem Kopf" stehen, d. h. das Balkenende, das der Baumwurzel am nächsten war, muss immer im Boden bzw. im Fundament verankert sein, und das Balkenende, das ursprünglich der Baumkrone nahe war, muss jetzt die Dachkonstruktion tragen. Die Abstände zwischen den einzelnen Bebauungen und die Entfernung der Bebauungen zur Grundstücksmauer beruhen auf einem Längenmaß, das sich wiederum aus einem Vielfachen der Fußlänge des Bauherrn ergibt. Das traditionelle Wohnanwesen ist also bis ins kleinste Detail buchstäblich auf den Bauherrn, das Familienoberhaupt, zugeschnitten. Hierin zeigt sich wiederholt das Bestreben der Balinesen nach Harmonie und Einklang mit allem, was sie umgibt.

Geschichte

Die Insel Bali hat eine einzigartige, sich von den umliegenden muslimischen Inseln deutlich unterscheidende Geschichte. Um die Vorgänge auf Bali in den historischen Gesamtkontext einordnen zu können, ist aber auch ein Überblick über die Geschichte Indonesiens notwendig.

Indonesien

Frühgeschichte

Zu den wichtigsten Ausgrabungsstätten, in denen Relikte von Urmenschen gefunden wurden, gehören Sangiran, Mojokerto, Trinil und Ngandong auf Java. Etwa 40 000 Jahre alt sind die Funde aus den Niah-Höhlen in Sarawak (Borneo). Sie können also bereits dem Homo sapiens zugerechnet werden. Die Menschen dieser Zeit waren Jäger und Sammler, aber der Übergang zum Anbau von Pflanzen und zur Tierhaltung erfolgte in Südostasien schon sehr früh. Bei Ausgrabungen in Thailand konnte die Kultivierung verschiedener Pflanzenarten bereits 9000–7000 v. Chr. nachgewiesen werden.

Seither erreichten verschiedene Einwanderungswellen die Inseln. Vor 30 000 Jahren kamen die Negritos, deren kraushaarige, dunkelhäutige Nachfahren heute nur noch auf den Andamanen, den Philippinen und der malaiischen Halbinsel leben. Verdrängt wurden sie vor etwa 10 000 Jahren von den nachfolgenden Einwanderern, deren Spuren man in Wajak, Ost-Java, entdeckte. Mit den später eintreffenden Proto- und Deuteromalaien kam auch das Wissen um die Gewinnung und Bearbeitung der Metalle Bronze und Eisen auf die Inseln. Schon 3000 bis 2500 v. Chr. wurde Nassreis angebaut und die Felder wurden mit Wasserbüffeln umgepflügt.

Die See- und Küstenschifffahrt war allen malaiischen Völkern bekannt, dennoch beschränkte sich die Herrschaft einzelner Fürsten und Sippenoberhäupter nur auf einen überschaubaren Bereich, der ihnen genügend Nahrung versprach.

Indisierung

In den ersten Jahrhunderten unserer Zeitrechnung beginnt die Indisierung von Indonesien. Der griechische Geograf Ptolemäus berichtet schon im 2. Jh. über *Labadiou* (wahrscheinlich Java) und über *Malaiou* (wahrscheinlich Malayu in Südost-Sumatra). Seine Informationsquellen waren indische Händler, die bis an die Küsten von Sumatra und Java gelangt waren. Aber erst zwischen dem 4. und 6. Jh. verzeichnet der südostasiatische Handel einen enormen Aufschwung. Produkte Süd- und Südostasiens waren auf den chinesischen Märkten gefragt, und so entwickelte sich ein regulärer Schiffsverkehr zwischen Indien, den Siedlungen an den Flussmündungen von Sumatra und China. Aus chinesischen Aufzeichnungen geht hervor, dass aus verschiedenen Gebieten von Indonesien Missionen zum Kaiserhof entsandt wurden.

Durch den Handel mit Indien gelangten auch kulturelle Einflüsse in das Land und prägten Sprache, Schrift und Literatur. Brahmanen brachten die heiligen Schriften des **Hinduismus** nach Indonesien und die sich formierende aristokratische Klasse übernahm zahlreiche Elemente der neuen Religion. Die indische Konzeption des Königtums mit verschiedenen Varianten der göttlichen Identität des Herrschers war von nun an bestimmend.

Die bisherigen religiösen Vorstellungen der Bevölkerung, meist animistischer Natur, erleichterten das Eindringen des Hinduismus. Die Indonesier hatten bereits terrassierte Tempel erbaut, die heilige Berge darstellten und Begräbnisritualen dienten. In dieses Weltbild passte der auf einem heiligen Berg lebende Shiva. Das komplexe Gesamtsystem des Hinduismus wurde jedoch nicht übernommen. Die Lehre von den Kasten *(Varna)* und die heiligen Schriften waren zwar bekannt, fanden aber nur teilweise Eingang in die indonesische Gesellschaft.

Sri Vijaya

In den folgenden Jahrhunderten entstanden buddhistische und hinduistische Königreiche, hauptsächlich auf Java und Sumatra. Die Einflusssphären dieser Großreiche umfassten den ganzen südostasiatischen Raum. Im Brennpunkt der wichtigen Handelsroute zwischen China und Indien gelegen, erlangte das Handelsreich Sri Vijaya seit dem 7. Jh. eine Vormachtstellung. Über viele Jahrhunderte hinweg sollte es nicht nur ein erstrangiges politisches Machtzentrum sein, sondern auch für Chinesen, Inder, Araber und die südostasiatische Region zum Inbegriff des Reichtums und der kulturellen Blüte werden. Der Handel mit Landesprodukten, vor allem der Zwischenhandel, war die Basis. Alle Schiffe mussten die Häfen Sri Vijayas anlaufen und Zölle entrichten. Sri Vijaya war kein zentralisiertes Reich, sondern ein Stadtstaat, der andere Fürstentümer militärisch unterwarf und tributpflichtig machte. Es wird angenommen, dass die Hauptstadt in der Nähe des heutigen Palembang in Sumatra gelegen haben muss.

Der chinesische Gelehrte I-Ching besuchte 671 nach einer 20-tägigen Schiffsreise von Kanton aus Sri Vijaya. Er erwähnt Tausende von Priestern und spricht von einem Zentrum der buddhistischen Lehre. Dass es im Gegensatz zu mittel- und ostjavanischen Staaten in Südost-Sumatra keine Überreste von Tempelanlagen aus dieser Periode gibt, liegt nicht zuletzt in der Natur des Schwemmlandes begründet, in dem selbst steinerne Sakralbauten den Monsunfluten der großen Flüsse nicht über Jahrhunderte standhalten können oder im Schwemmsand verschwinden. Der Niedergang des Sri-Vijaya-Reiches kam im 11. Jh., als chinesische Händler begannen, direkt in die Produktionszentren zu segeln. Damit verlor der Zwischenhandel, die Lebensgrundlage von Sri Vijaya, an Bedeutung.

Konnten die frühen Stadtstaaten und Reiche aus Sumatra ihre wirtschaftliche und politische Macht nur auf dem erfolgreichen Zwischenhandel aufbauen, so war die Situation auf Java anders. Grundlage der frühen Staaten waren die vulkanischen Böden und eine äußerst ertragreiche Landwirtschaft.

Das wichtigste Herrschergeschlecht von Java war die **Sailendra-Dynastie**. Selbst Sri Vijaya wurde Mitte des 9. Jhs. von einem Sailendra regiert. Der Borobudur-Tempel und die Tempel von Prambanan wurden von Herrschern dieser Dynastie in Auftrag gegeben. Buddhismus und Shivaismus existierten in Java nebeneinander. Auf einer buddhistischen Inschrift aus dieser Zeit wird ein Sailendra als *Bodhisattva*, „ein zu Buddha gewordener", bezeichnet, eine hinduistische Inschrift beschreibt einen Herrscher als Teil von Shiva. Diese göttlichen Qualitäten machten die Könige nicht zu Gott-Königen, sondern zu Gott selbst.

Majapahit

Seit dem 10. Jh. war Ost-Java das politische und kulturelle Zentrum. Das **Kertanegara-Reich** (1268–1292) gilt als Vorläufer von Majapahit, dem letzten großen Hindu-Imperium. Der gleichnamige Herrscher wurde zum Shiva-Buddha. Wichtigster Staatsmann dieser Periode war **Gajah Mada** (1329–1350), der eine aktive Außenpolitik betrieb und Macht und Einfluss von Majapahit systematisch ausdehnte.

Zentrum des Reiches war die Hauptstadt (heute Trowulan in Ost-Java) mit dem *Kraton* (Hof) des Königs und den Palästen anderer Würdenträger. Die Provinzen wurden von Gouverneuren oder Fürsten verwaltet, die vom König ernannt wurden. Von diesen direkt beherrschten Gebieten muss man die tributpflichtigen, vasallenartigen Fürstentümer des Archipels unterscheiden. Mit den Staaten des südostasiatischen Festlands unterhielt Majapahit Handelsbeziehungen, ebenso mit China und Indien.

Hayam Wuruk wurde 1350 zum König und seine Herrschaft wird heute als die glorreichste Periode der javanischen Geschichte betrachtet. Es scheint, dass Hayam Wuruk sein Reich selbst inspizierte. Er besuchte unruhige Grenzgebiete, sprach mit den Ältesten vieler Dörfer, klärte Landstreitigkeiten, trieb Tribut ein, betete an Buddha-Schreinen, Shiva-Statuen und altjavanischen Heiligtümern und besuchte heilige Männer, um zur Erleuchtung zu gelangen. Viele seiner Untertanen hatten dadurch die Gelegenheit, den göttlichen Herrscher selbst zu Gesicht zu bekommen. Durch die Verschmelzung indischer Einflüsse mit javanischer Tradition bildeten sich zu dieser Zeit die ersten Elemente einer eigenständigen indonesischen Kultur.

Islamisierung

Entlang der Handelswege zwischen China, Indien und Arabien breitete sich seit dem 13. und 14. Jh. der Islam aus. Anhänger der neuen Religion waren zuerst Händler und Kaufleute, deren ausländische Partner häufig Moslems waren. In der Folgezeit erfasste die Islamisierung alle Klassen und sozialen Schichten. Am Ende des 13. Jhs. gab es bereits zwei islamische Sultanate in Nord-Sumatra (Samudra-Pasai und Perlak). In einem königlichen Grab in **Samudra** auf Java entdeckte man Inschriften aus dem Jahre 1297, die in Arabisch verfasst waren. Im 15. Jh. hatte sich der Islam bereits über die Nordküste von Java bis nach Ternate und Tidore auf den Nord-Molukken ausgebreitet. Das eigentliche Machtzentrum des malaiischen Raumes war **Malacca** auf der malaiischen Halbinsel, dessen Herrscher ihre Dynastie auf Sri Vijaya zurückführten. Aus handelspolitischen Gründen waren sie schon früh zum Islam übergetreten.

Die alten aristokratischen Herrscherhäuser im Inneren von Java standen im Gegensatz zu den islamischen Fürsten der Küstenstädte. Der Einfluss von Majapahit war mit dem Anwachsen dieser Städte zurückgegangen. In den Küstenstädten weiteten die Fürsten von **Demak** in der ersten Hälfte des 16. Jhs. ihren Einfluss aus. Der Islam hatte sich konsolidiert, gleichzeitig hatten die Fürsten viele der alten hinduistisch-buddhistischen Traditionen angenommen.

Ende des 16. Jhs. wurde das **Mataram-Reich** zum wichtigsten Machtfaktor auf Java. Unter dem Sultan Panembahan Senapati, der in der Nähe des heutigen Yogyakarta seine Residenz hatte, wurden die islamischen Küstenstädte unterworfen. Seitdem war die Praktizierung des Islam von den königlichen Bedingungen des alten Java abhängig. Der Islam wurde als eine unter anderen Religionen toleriert. Am Hof von Mataram konnten muslimische Berater zu höchsten Ehren gelangen und wurden pflichtbewusste Diener des hindu-javanischen Herrschers. Auf den Dörfern blieb der Islam, besonders in Zeiten sozialer Unruhen, einflussreich, da er den bäuerlichen Massen ein Paradies nach dem Tod versprach.

Der Islam und die javanische Form des Shivaismus-Buddhismus verschmolzen zwar nicht miteinander, nahmen aber Einflüsse der jeweils anderen Religion auf.

Ankunft der Portugiesen

Die portugiesische Einflussnahme begann 1511 mit der Eroberung Malaccas. Die Europäer brachten aufgrund überlegener Waffentechnik und nautischer Fähigkeiten bald den gesamten Handel im Osten Indonesiens unter ihre Kontrolle.

Unter dem Zeichen des Kreuzes wurden Feldzüge gegen schwache Fürsten unternommen – Mord, Plünderungen und Sklavenhandel standen auf der Tagesordnung. Die Einheimischen wurden nicht als vollwertige Menschen angesehen – sie waren „Heiden". Konkurrenten im lukrativen Gewürzhandel kamen schon bald aus Europa, zuerst die Spanier auf den Philippinen, dann auch Engländer und Holländer.

Ankunft der Holländer und Herrschaft der VOC

Gegen Ende des 16. Jhs. erschienen die Holländer als Konkurrenten im Archipel, das Handelsmonopol Portugals brach zusammen. 1595 landeten holländische Schiffe in Banten (West-Java) und kehrten bald darauf mit Gewürzen beladen in die Niederlande zurück. Es sollten 350 Jahre **holländischer Herrschaft** folgen.

Aufgabe der bereits 1602 gegründeten **Vereenigde Oostindische Compagnie (VOC)** war es, europäische Konkurrenten vom Handel im Archipel auszuschließen sowie den von asiatischen Kaufleuten abgewickelten Handel zu kontrollieren. Sie besaß Handelsstützpunkte auf den Molukken und in Batavia (dem heutigen Jakarta), aber eine territoriale Erweiterung ihrer Macht war nicht Leitlinie der Politik in dieser ersten Periode der VOC. Sie repräsentierte das holländische Handelskapital (6,5 Mio. Gulden Einlage der holländischen Städte, wobei Amsterdam allein 3,6 Mio. aufgebracht hatte) und ordnete alles dem Streben nach Profit unter.

In **Batavia** amtierte der Generalgouverneur als Exekutivorgan der VOC. Neben den von der niederländischen Regierung verbrieften Handelsrechten besaß die VOC weitergehende Rechte wie eigene Gerichtsbarkeit und Streitkräfte, das Recht, über Krieg und Frieden zu entscheiden, Verträge mit anderen Staaten abzuschließen, Handelsstützpunkte und Festungen zu errichten sowie die Einführung einer eigenen VOC-Währung. Die wichtigste Aufgabe in dieser ersten Entwicklungsphase der VOC war die Kontrolle des Gewürzhandels. Rigoros schränkte die VOC den Anbau von Muskatnuss und Gewürznelken ein, um den Weltmarktpreis zu erhöhen. Ganze Ernten wurden vernichtet, Bevölkerungsgruppen umgesiedelt oder wie in Bandaneira auf den Molukken ermordet, wenn sie sich widersetzten.

Im Jahre 1620 wurde die VOC erstmals in **politische Auseinandersetzungen** verwickelt, als Sultan Agung von Mataram versuchte, seine Macht auch über das Sultanat Banten in West-Java auszudehnen. Zweimal wurde das heutige Jakarta belagert, konnte aber nicht eingenommen werden. Interne Schwierigkeiten und Erbfolgekriege leiteten jedoch den endgültigen Niedergang von Mataram ein. In der Mitte des 18. Jhs. war Mataram in zwei zentraljavanische Sultanate zerfallen, Surakarta und Yogyakarta, und politisch in Bedeutungslosigkeit versunken. Batavia geriet 1683 endgültig in holländischen Besitz.

Typisch scheinen uns die herrschenden Zustände in einer Reisebeschreibung von 1771 dargestellt, die von einem Mitreisenden auf Captain Cooks Weltreise angefertigt wurde:

> *„Besonders wirft man den hiesigen Richtern eine ungerechte Partheiligkeit vor. Sie sollen gegen die Eingebornen mit übertriebener Strenge, gegen ihre holländischen Landsleute hingegen in einem unerlaubten Grade gelinde und nachsichtig verfahren. Einem Christen, der sich eines groben Verbrechens schuldig gemacht hat, benimmt man nie die Gelegenheit, vor dem ersten Verhöre zu entwischen … Die armen Indianer hingegen werden in solchen Fällen ohne Gnade gehangen, lebendig gerädert oder gar gespießt."*

Niedergang der VOC

Verschiedene Gründe führten 1799 zur Auflösung der VOC. Schon 1784 musste England im Vertrag von Paris das Recht eingeräumt werden, in Indonesien Handel zu treiben. Das Monopol der VOC war damit gebrochen, ihre Verschuldung wuchs. Obwohl 1781 eine Anleihe in Höhe von 14 Mio. Gulden aufgenommen werden musste, gelang es der VOC durch Manipulationen und eine bewusste Verschleierungstaktik, ihre Kolonialherrschaft als Quelle sagenhaften Reichtums zu verkaufen.

Die Administration der riesigen Territorien verschlang Unsummen. Standen z. B. im ersten Jahrhundert der VOC-Herrschaft in Indonesien etwa 1500 Personen im Sold der Compagnie, so waren es Mitte des 18. Jhs. bereits etwa 18 000 Menschen. Die Organisation der VOC, hauptsächlich auf den Monopolhandel ausgerichtet, blieb aber bis zuletzt die gleiche und war den neuen Anforderungen nicht mehr gewachsen. Keinesfalls kann man den Grund für den Niedergang der VOC allein in der Korruption unter den Angestellten oder in ihrem Schmuggel der monopolisierten Waren sehen. Von Beginn an war dies die übliche Praxis, auch hervorgerufen durch die niedrigen offiziellen Gehälter.

1806 wurde Holland zum Königreich von Napoleons Gnaden. Der nach Batavia entsandte **Herman Willem Daendels** war vor allem mit der Verteidigung Ost-Indiens gegen eine britische Invasion beschäftigt. Er konzipierte auch das später in die Realität umgesetzte **Zwangsanbausystem**.

Britische Kolonialherrschaft

1811 landeten britische Soldaten der East India Company unter Leitung von Lord Minto, Generalgouverneur von Indien, auf Java. Nach der Kapitulation der holländischen Kolonialtruppen setzte Minto **Stamford Raffles** als Gouverneur ein. Raffles war in erster Linie ein glühender Nationalist, der die strategische und handelspolitische Rolle Ost-Indiens schon sehr früh erkannt hatte. Für ihn galt es, das holländische Kolonialreich dem britischen einzugliedern. Die fünf Jahre britischer Herrschaft brachten besonders Java weitreichende Veränderungen. Raffles gliederte Java in 16 Residentschaften und entmachtete die Fürsten und Regenten.

Typisch für diese Politik war die Erstürmung des *Kratons* von **Yogyakarta** unter Raffles im Jahr 1812. Der Kronschatz wurde geplündert und unter den Angehörigen der Streitkräfte verteilt. Dem Sultanat Yogyakarta wurde ein neuer Vertrag aufgezwungen, in dem es weitere Gebiete abtreten musste und keine eigenen Streitkräfte mehr unterhalten durfte. Nur die heute noch bestehende Leibgarde des Sultans war davon ausgenommen.

Rückkehr der Holländer

1816 erfolgte die Rückgabe des ehemaligen niederländischen Kolonialbesitzes an die alte Kolonialmacht. Die neuen Generalgouverneure waren zunächst gezwungen, ihre Autorität zu festigen und zahlreiche Unruhen auf den Molukken und Sulawesi, in West-Kalimantan und Palembang niederzuschlagen. Viele Gebiete wurden dadurch der Kolonialverwaltung direkt unterstellt.

Während sich die britische Verwaltung aus den in Sumatra seit 1803 andauernden Auseinandersetzungen zwischen der orthodoxen islamischen Gruppe der **Padri** und der **Adat-Partei**, die aus Minangkabau-Fürsten bestand, herausgehalten hatte, intervenierte Holland für die Adat-Partei. Die wenig strenge Auslegung des Islam durch die Minangkabau war der Hauptgrund für den schwelenden Konflikt gewesen. Die Padri lehnten das matrilineare Erb- und Familienrecht ab und wollten Alkoholgenuss, Glücksspiel, Hahnenkampf und Opiumrauchen verbieten. Nach der holländischen Intervention wurde aus der Auseinandersetzung ein Krieg zwischen den orthodoxen Padri und der Kolonialmacht, der sich noch bis 1897 hinziehen sollte.

Aufstand Diponegoros

Der **Java-Krieg** (1825–1830) war der erste eindeutig antikoloniale Massenaufstand gegen die holländische Verwaltung. Die wirtschaftliche Situation der Bauern und Handwerker sowie der einheimischen Kleinhändler hatte sich zusehends verschlechtert. Gleichzeitig wurden die traditionellen Rechte der javanischen Aristokratie immer mehr beschnitten. **Prinz Diponegoro** aus dem Herrscherhaus von Yogyakarta erlebte die politischen Intrigen der Kolonialverwaltung am eigenen Leib. Seine legitimen Rechte auf die Thronfolge wurden übergangen. Eigentliche

Auslöser des Aufstands waren zwei Tatsachen: Zum einen wurden durch den Generalgouverneur alle Pachtverträge, die von Landbesitzern mit Europäern abgeschlossen waren, für nichtig erklärt. Das verbitterte die zumeist aristokratischen Landbesitzer, die nun bereits erhaltene Vorschüsse zurückzahlen mussten. Zum anderen baute die Verwaltung eine Straße in der Nähe eines heiligen Grabes, was die religiösen Gefühle der Massen verletzte.

Diponegoro stellte sich an die Spitze des Aufstands. In den ersten Jahren gab es militärische Erfolge. Yogyakarta wurde erobert und die Kampfhandlungen griffen sogar auf die Nordküste über. Die Aufständischen vermieden offene Feldschlachten und führten einen Guerillakrieg. Doch den längeren Atem hatte die Kolonialverwaltung. Sie konnte frische Hilfstruppen von den Außeninseln heranführen und Java mit einem Netz aus befestigten Militärposten überziehen. Verrat im eigenen Lager schwächte Diponegoros Position außerdem, sodass er mit der Kolonialregierung verhandeln wollte. Doch trotz des zugesicherten freien Geleits wurde er festgenommen und nach Makassar auf Sulawesi deportiert.

Schätzungen gehen davon aus, dass fast 200 000 Javaner während des Krieges umkamen. In Batavia starben 15 000 Mann, darunter mehr als die Hälfte Europäer. Viel Land war verödet und die Bevölkerung verarmt.

Zwangsanbausystem

Die Kosten des Aufstandes waren für die niederländische Regierung enorm. Nicht zuletzt deswegen wurde das schon von Daendels geplante Zwangsanbausystem *(Cultuurstelsel)* in die Tat umgesetzt. Jedes Dorf wurde dazu verpflichtet, ein Fünftel seiner Anbaufläche mit landwirtschaftlichen Exportprodukten zu bepflanzen, die an den Staat abgegeben werden mussten. War die Summe der Abgaben höher als die veranlagte Grundsteuer, konnte das Dorf eine entsprechende Rückvergütung verlangen. Umgekehrt musste das Dorf, wenn es weniger als die veranlagte Grundsteuer produzierte, zusätzliche Leistungen erbringen. Die auserwählten **Exportprodukte** waren zuerst der blaue Farbstoff Indigo und Zuckerrohr; bald folgten Kaffee, Tee, Tabak und Pfeffer. Der Wert indonesischer Exporte stieg von 13 Mio. Gulden im Jahr 1830 auf 74 Mio. Gulden zehn Jahre später. Zwischen 1840 und 1880 konnten dem holländischen Staatshaushalt so jährlich 18 Mio. Gulden zugeführt werden.

Um das neue Wirtschaftssystem möglichst effektiv zu gestalten, musste die gesamte Administration umgeformt werden. Der meist einheimische, aus der Aristokratie stammende **Regent** wurde einem Staatsangestellten ähnlicher, denn er war für die Ablieferung der Ernten aus seinem Bezirk verantwortlich und dadurch in das Kolonialsystem integriert. Ihm zur Seite stand der holländische **Resident**. Vom Regenten abwärts bis zum **Kepala Desa** (Dorfoberhaupt) waren holländische Kolonialbeamte *(Controleurs)* damit beschäftigt, die Produktion zu überprüfen. Korruption war in diesen Kreisen alltäglich, was nicht zuletzt an der schlechten Bezahlung der Beamten lag.

Liberale Politik

In den 1860er-Jahren wurde das Zwangsanbausystem in den Niederlanden mehr und mehr kritisiert. Dabei standen nicht etwa humanitäre Aspekte im Vordergrund, sondern das Bestreben, das holländische Kapital gewinnbringender in großen **Plantagen** zu investieren. Denn das war in dem alten System nicht möglich. Diese **Liberale Politik** wurde 1870 eingeführt. Europäische Investoren konnten langfristige Pachtverträge mit indonesischen Landbesitzern oder, im Fall von unbebautem Land, mit der Kolonialregierung abschließen. Große Plantagen entstanden auf Java und vor allem in Nord-Sumatra.

Diese neue Politik leitete eine Phase der wirtschaftlichen Expansion ein. Exporte verzehnfachten sich zwischen 1870 und 1930 (von 107 Mio. Gulden auf 1,16 Mrd.). Parallel dazu vollzog sich eine **territoriale Expansion**. Bis 1910 war das gesamte Staatsgebiet des heutigen Indonesien im Besitz der Holländer.

Ethische Politik

Am Ende des 19. Jhs. wuchs in Holland eine einflussreiche Bewegung, die sich dafür einsetzte, dass den Indonesiern größere Bildungschancen eingeräumt und ihre Lebensbedingungen verbessert würden. Ihr Mentor war der Anwalt **Conrad T. van Deventer**, der von einer „Ehrenschuld" der Niederlande gegenüber Indonesien sprach. Was er damit meinte, war die moralische Verpflichtung, für die zurückliegenden Leistungen der indonesischen Bevölkerung aufzukommen. Doch auch hier spielte Eigeninteresse eine wichtige Rolle. Für neue Posten in Wirtschaft und Verwaltung wurden gebildete Indonesier dringend gesucht.

Insgesamt war die Ethische Politik idealistisch: Von den grandiosen Visionen van Deventers wurde kaum etwas in die Realität umgesetzt. Trotzdem gab es gewaltige **soziale Veränderungen**, die allerdings nicht so sehr auf die Politik selbst, sondern auf die wirtschaftlichen, also kapitalistischen Zwänge, zurückgeführt werden können.

Die javanische Bevölkerung, die im Laufe des 19. Jhs. von 6 Mio. auf 30 Mio. angewachsen war, erreichte 1920 mehr als 40 Mio. Einwohner. Das **Bevölkerungswachstum** und die zunehmende Verstädterung, das Eindringen der Geldwirtschaft in die Dörfer und der Bedarf der kapitalistisch-westlichen Unternehmen an Arbeitskräften zerstörten die traditionellen Strukturen.

Nationales Erwachen

Am erfolgreichsten war die Ethische Politik in der Heranbildung einer kleinen, europäisch gebildeten Elite, die die Enttäuschung der breiten Massen auch politisch artikulieren konnte. Auch im Islam wuchsen modernistische Ideen aus Versuchen, die Anforderungen des 20. Jhs. mit der Religion in Einklang zu bringen. Die ursprüngliche Absicht der Kolonialmacht, sich durch eine Öffnung der Bildungseinrichtungen eine folgsame, einheimische Elite zu schaffen, verkehrte sich ins Gegenteil.

Eine Gruppe namens **Budi Utomo** („hohes Bestreben") entstand 1908. Es war eine elitäre Gemeinschaft, deren Ziele eher kulturell als politisch waren. Andere nationalistische Gruppen, Parteien und Gewerkschaften folgten. Die erste nationale Massenorganisation war die Sarekat Dagang Islam, die eine islamischen Zielen verpflichtete Politik betrieb. Gegründet wurde sie als islamische Händlerorganisation, die ein Gegengewicht in dem von Chinesen dominierten Batikhandel darstellen wollte. Mit der Zeit verallgemeinerte sie aber ihre Ziele, änderte ihren Namen in **Sarekat Islam** (Islamische Vereinigung) und konnte damit mehr Leute erreichen. 1920 folgte die erste kommunistische Partei Asiens, die Perserikatan Komunis Di Hindia (später **Partai Komunis Indonesia**, PKI).

Am Ende des Ersten Weltkriegs war die Kolonialregierung gezwungen, breiteren Bevölkerungsteilen mehr Mitsprache einzuräumen. Dazu kreierte sie den **Volksraad**, der aus zum Teil gewählten, zum Teil ernannten Mitgliedern der drei Bevölkerungsgruppen (Holländer, Indonesier, andere Asiaten) bestand. Insgesamt hatte der *Volksraad* keinerlei legislative oder exekutive Rechte, sondern stellte nur ein Forum für Kritik und Debatte dar. Verschiedene nationalistische Führer akzeptierten die Sitze im Volksraad, andere sprachen sich für einen Kampf ohne Kompromisse aus. 1921 waren die Spannungen in der Organisation Sarekat Dagang Islam so groß, dass der gesamte linke Flügel, größtenteils Anhänger der PKI, ausgeschlossen wurde. 1926/27 unternahm die Partei einen Aufstandsversuch auf Java und in West-Sumatra, der von der Kolonialregierung aber schnell niedergeschlagen werden konnte.

Infolge des Niedergangs der PKI und des Sarekat Dagang Islam begann in nationalistischen Kreisen eine erneute Diskussion. Die allgemeine Losung war „Indonesia Merdeka!", ein unabhängiges Indonesien. Für das Ziel der **Unabhängigkeit** konnten auch Anhänger der PKI und der islamischen Strömungen gewonnen werden, da es zunächst nicht darum ging eine bestimmte soziale oder politische Ordnung festzuzurren. Im Juli 1927 fanden die Vorstellungen Ausdruck in der Gründung einer neuen Partei, der **Partai Nasional Indonesia** (PNI).

Ihr Vorsitzender war der Ingenieur **Sukarno**, der die Vorstellungen der gemäßigten islamischen Führer, der Kommunisten und der radikalen Nationalisten sehr gut kannte, sich aber keiner Richtung endgültig anschloss. Sein Traum war die Vereinigung dieser drei Hauptströmungen der Unabhängigkeitsbewegung, ein Ziel, dem er sich bis zu seinem Tod 1970 verschrieb.

1930 wurde Sukarno mit vier weiteren Führern der PNI angeklagt und zu vier Jahren Gefängnis verurteilt, 1931 entlassen, 1933 bis zum Beginn der japanischen Besatzung zuerst auf die Sunda-Insel Flores, dann nach Bengkulu auf Sumatra verbannt. Die PNI löste sich 1931 auf, ein Teil der Mitglieder gründete die **Partai Indonesia** (Partindo). Andere Gruppen schlossen sich zur neuen PNI zusammen, wobei die Abkürzung diesmal für **Pendidikan Nasional Indonesia** (Nationale Erziehung Indonesiens) stand. Die Führer waren **Mohammad Hatta** und **Sutan Sjahrir**.

Japanische Besatzung

Der **Zweite Weltkrieg** in Europa und im Pazifik veränderte die Situation grundlegend. Als 1942 die japanischen Streitkräfte in Indonesien einmarschierten, wurden sie von vielen Indonesiern als asiatische Befreier von europäischer Kolonialherrschaft begrüßt. Die Nationalisten unter Sukarno arbeiteten anfangs eng mit ihnen zusammen. Die Grundeinstellung zu Japan änderte sich allerdings rasch, als man feststellte, dass man die alten Unterdrücker nur gegen neue eingetauscht hatte. Sukarno versuchte während der Besatzung, die indonesischen Interessen so gut es ging zu vertreten, und man sollte sich hüten, ihn einseitig als Kollaborateur darzustellen, wie es später von holländischer Seite geschah.

Es gelang Sukarno, die Besatzungsmacht davon zu überzeugen, dass nur eine Organisation, die den indonesischen Zielen verpflichtet war, auch die Massen aktivieren könne. 1943 wurde unter seiner Führung **Putera** (*Pusat Tenaga Rakyat* = Zentrum der Volkskraft) gegründet, kurz darauf die **Peta**, in der Indonesier von japanischen Offizieren militärisch ausgebildet wurden und die in den späteren Auseinandersetzungen den Kern der jungen republikanischen Armee bildete. Im September 1944 gab der japanische Premier eine Absichtserklärung über die indonesische Unabhängigkeit ab, im März 1945 wurde eine **Verfassung** entworfen. Sukarno und Hatta wurde im August 1945 von Marschall Terauchi in Saigon die Unabhängigkeit zugesichert. Am 17. August 1945, zwei Tage nach der japanischen Kapitulation, erklärte Sukarno die **Unabhängigkeit** Indonesiens.

Unabhängigkeitskrieg

Nach der Kapitulation Japans waren britische Truppen damit beauftragt, die japanischen Streitkräfte zu entwaffnen und Indonesien auf die Rückkehr der Holländer vorzubereiten. Die neue republikanische Regierung unter Hatta und Sukarno wollte mit den alliierten Streitkräften zusammenarbeiten, dennoch kam es im Herrschaftsbereich der Republik (praktisch nur Java und Teile von Sumatra) zu Zusammenstößen, da holländische Truppen den Briten auf dem Fuße folgten und die Holländer die Republik Indonesien nicht anerkannten. Schon 1946 war Holland gezwungen, mit Sutan Sjahrir, dem Premierminister der Republik, zu verhandeln. Doch das **Abkommen von Linggarjati**, in dem Holland der jungen Republik die Unabhängigkeit zugestand, wurde nicht lange eingehalten. 1947 besetzten holländische Truppen unter dem Vorwand, durch eine Polizeiaktion Gesetz und Ordnung wieder herstellen zu wollen, große Gebiete der Republik. Durch das massive Vorgehen wurde klar, dass Holland die Republik nicht als eigenständigen Staat akzeptieren würde. Unter Vermittlung der Vereinten Nationen wurde im Januar 1948 das **Renville-Abkommen** geschlossen, das die Republik zwar etwas verkleinerte, aber freie Wahlen garantierte.

Innerhalb des republikanischen Lagers fanden danach schwere Auseinandersetzungen zwischen bürgerlichen und linken Kräften statt. Sie veränderten das Ansehen Indonesiens in der Welt. Vor dem Hintergrund der Blockbildung zwischen Ost und West begrüßten die westlichen Länder das rigorose Vorgehen gegen die Kommunisten. Holland nutzte die Auseinandersetzungen zu einer weiteren militärischen Aktion, woraufhin die indonesischen Streitkräfte einen aufopferungsvollen Guerillakrieg gegen die Invasoren begannen. Im Frühjahr 1949 waren, abgesehen von den Außeninseln und den großen Städten auf Java und Sumatra, alle Gebiete in republikanischer Hand. Im August 1949 wurde Holland von der UN gezwungen, ein Abkommen zu unterzeichnen, das Indonesien die endgültige Unabhängigkeit gewährte und die Rückgabe der besetzten Gebiete (außer West-Papua) an Indonesien sicherstellte.

Unabhängigkeit

Die Verfassung von 1950 machte Indonesien zu einem Einheitsstaat, der dem Präsidenten (Sukarno) nur eine repräsentative Rolle zuwies. Innerhalb der folgenden sieben Jahre lösten sich sieben unterschiedliche Regierungen ab, die jeweils von verschiedenen Parteien gebildet wurden. In der Nation wuchs die Desillusionierung mit den Ergebnissen der Revolution.

Staatspräsident Sukarno erklärte 1957 seine **Gelenkte Demokratie**, die den Parteienzwist der 1950er-Jahre beenden sollte. Er kritisierte das westliche Demokratiekonzept als ungeeignet für Indonesien. Dagegen stellte er das traditionelle System von *Musjawarah* und *Mufakat* (Diskussion und Konsens). Sukarnos Annäherung an die kommunistischen asiatischen Länder und der enge Kontakt zu China wurden vom Westen mit Sorge beobachtet. Zur gleichen Zeit brachen **Sezessionsbestrebungen** auf Sumatra und anderen Außeninseln aus. In Padang (Sumatra) wurde die Revolutionäre Regierung der Republik Indonesien ausgerufen, der sich mehrere andere Provinzen anschlossen.

Die Zentralregierung reagierte schnell, Ende 1958 waren die Aufstände niedergeschlagen. Sukarno, die Armee und die nicht kompromittierte PKI waren jetzt die wichtigsten Machtfaktoren. 1959 wurde die alte Präsidial-Verfassung von 1945 durch ein Dekret des Präsidenten wieder in Kraft gesetzt. Das Konzept **Nasakom** (Nationalismus, Religion, Kommunismus) wurde eingeführt. Sukarnos Macht in der Periode bis 1965 lag in der Balance zwischen Armee und PKI.

Suhartos „Neue Ordnung"

In der Nacht des 30. September 1965 wurden fünf Armeegeneräle unter bisher ungeklärten Umständen erschossen. Die Armeeführung stellte die Ermordung der Generäle als kommunistischen Aufstandsversuch dar und der Aufstieg General Suhartos begann. In den folgenden Monaten wurde die PKI zerschlagen und mehrere Hunderttausend Menschen ermordet. Wer für die Attentate verantwortlich war, ist bis heute ungeklärt. Offiziell war die PKI der Drahtzieher, was aber nie wirklich untersucht worden ist. Die Rolle der westlichen Staaten an diesem Putsch liegt ebenfalls im Dunkeln, denn Archive sind teilweise unzugänglich und Akten verschwunden.

Am 11. März 1966 fanden in Jakarta und anderen Städten große Demonstrationen gegen Sukarno statt. Die militärische Führung zwang Sukarno, zahlreiche Machtbefugnisse an Suharto abzutreten. Die PKI wurde verboten, 15 von Sukarnos Ministern wurden inhaftiert.

Am 12. März 1967 trat **General Suharto** sein Amt als Präsident der Republik Indonesien an. Suhartos Laufbahn begann in der Kolonialarmee. Während des Unabhängigkeitskriegs war er republikanischer Truppenführer in Zentral-Java, 1960 bereits stellvertretender Stabschef der Armee, 1962 Befehlshaber der Truppen zur Befreiung West-Papuas. Im Herbst 1965 war er führend an der Zerschlagung der PKI beteiligt, im folgenden Jahr entmachtete er systematisch den bisherigen Präsidenten Sukarno. Mit Unterstützung des Militärs führte er das Regime der „Neuen Ordnung" ein.

Die Neue Ordnung brachte dem Land zweifellos viele Verbesserungen. Während es einerseits gelang, die Inflation unter Kontrolle zu bringen, konnten andererseits mithilfe großzügiger Unterstützung aus dem Westen zahlreiche Entwicklungsprogramme umgesetzt werden. Die Infrastruktur wurde ausgebaut und die Exportwirtschaft angekurbelt, gleichzeitig verbesserten sich die allgemeinen Lebensbedingungen der jährlich um ca. 3 Mio. Menschen anwachsenden Bevölkerung.

Man sprach sogar schon von einem **indonesischen Wirtschaftswunder**. Die Lebensmittelproduktion wurde um 50 % gesteigert. War Indonesien in den 1960er-Jahren noch der größte Reisimporteur der Welt, konnte es sich ab 1985 selbst versorgen (seit 1991 müssen aber wieder Jahr für Jahr größere Mengen eingeführt werden). Das Pro-Kopf-Einkommen stieg ebenso wie die durchschnittliche Lebenserwartung. Groß angelegte Familienplanungskampagnen zeigten Erfolge (2,4 % Zuwachsrate in den 1970er-Jahren; 1,8 % in den 1980ern). Über 100 000 neue Schulen wurden gebaut. Spekulationen über ausländische „Investoren", die Indonesien wirtschaftlich unterstützten, um es als Bollwerk gegen den Kommunismus einzusetzen, lassen sich allerdings nicht ganz von der Hand weisen.

Die Neue Ordnung hatte aber auch ihre Schattenseiten. Suharto und seine **Golkar** (die Regierungspartei *Golongan Karya*) regierten mithilfe von Armee und Polizei als diktatorisches Regime. Kritiker und Oppositionelle wurden ins

Gefängnis gesteckt oder unter Hausarrest gestellt; Presse, Rundfunk und Fernsehen unterlagen staatlicher Kontrolle. Die alle fünf Jahre stattfindenden „Wahlen" verkamen zur Farce, da ihr Ausgang schon im Voraus feststand. Neben der *Golkar* waren nur noch zwei andere Parteien zugelassen, die PPP, die islamisch orientierte Vereinigte Entwicklungspartei *(Partai Persatuan Pembangunan)*, und die PDI, die Demokratische Partei *(Partai Demokrasi Indonesia)*, die aber nie eine Chance hatten.

Viele der wirtschaftlichen Verbesserungen kamen nur einer privilegierten Minderheit zugute, sodass die Reichen immer reicher wurden, während sich am Rand der Städte Slums ausbreiteten und auch in ländlichen Gegenden, vor allem auf Java, die Armut zunahm. Korruption war im gesamten Verwaltungsapparat weit verbreitet. Darüber hinaus nahm die Vetternwirtschaft immer größere Ausmaße an. Suharto versorgte enge Freunde und in erster Linie seine eigene Familie zunehmend mit Privilegien, Macht und vor allem lukrativen Monopolen.

Mehr als drei Jahrzehnte hielt Suharto, der sich als *Bapak Pembangunan*, „Vater der Entwicklung", feiern ließ, fast alle Macht in seinen Händen. Sechs Mal ließ er sich jeweils für eine Amtsperiode von fünf Jahren wiederwählen, zuletzt am 10. März 1998.

Krise

Trotz der in den 1990er-Jahren wachsenden Kritik an Suhartos Regime hätte er sicherlich noch etliche Jahre sein Amt behalten, wenn nicht im August 1997 die von Thailand ausgehende **Finanz- und Wirtschaftskrise** auch Indonesien erreicht hätte. In wenigen Monaten verlor die indonesische Rupiah drastisch an Wert. Bekam man im Juli 1997 noch 2400 Rp für US$1, so betrug der Kurs im Frühjahr 1998 9000 Rp und war zwischenzeitlich sogar auf über 15 000 Rp geklettert.

Die Preise für Importwaren stiegen dementsprechend, kurz darauf zogen auch die Preise für einheimische Produkte nach. Eine drastisch Inflation war die Folge, während die Löhne auf ihrem alten Niveau stagnierten. In kurzer Zeit war das verfügbare Pro-Kopf-Einkommen um drei Viertel gefallen. Viele Privatbanken und etliche Unternehmen meldeten Konkurs an. Die einsetzende Berichterstattung der internationalen Medien hatte einen drastischen Rückgang der ausländischen Investitionen und Besucherzahlen zur Folge, da viele Touristen und Unternehmer von all den negativen Schlagzeilen verunsichert wurden. Der Tourismus, bis dahin zweitgrößter Wirtschaftszweig des Landes, musste Einbußen in Höhe von mehreren Milliarden US-Dollar hinnehmen, steigende Arbeitslosigkeit war die Konsequenz.

In weiten Teilen des Landes brachen blutige **Unruhen** aus. Studenten demonstrierten im April und Mai 1998 in Jakarta, Medan, Yogyakarta und Solo für eine Absetzung des Präsidenten. Aufgebrachte, von den Preissteigerungen in Panik versetzte Massen plünderten Supermärkte, Einkaufszentren und andere Geschäfte, die zumeist Chinesen gehörten. Das Motiv war aber nicht ausschließlich die wirtschaftliche Lage, vielmehr handelte es sich um gezielt rassistische Übergriffe, die in Massenvergewaltigungen und Morden gipfelten. Auch in anderen Teilen des Archipels flammten ethnisch und religiös motivierte Konflikte auf.

Versuche, die Finanzkrise durch Zuschüsse des Internationalen Währungsfonds in den Griff zu bekommen, scheiterten, da sie an die Bedingung geknüpft wurden, tief greifende ökonomische Reformen durchzuführen, denen Suharto nicht nachkommen konnte bzw. wollte. Als die Unruhen im Mai 1998 ihren Höhepunkt erreichten – allein in Jakarta waren über 6000 Gebäude beschädigt oder zerstört worden und es gab schätzungsweise 1200 Tote –, hatte Suharto schließlich ein Einsehen. Am 21. Mai 1998 legte er sein Amt nieder, Vize-Präsident **Bacharuddin Jusuf Habibie** wurde als neuer Präsident vereidigt.

Habibie, der als linientreuer Suharto-Anhänger und Technokrat bekannt war, genoss im Volk wenig Vertrauen. Es war offensichtlich, dass er nur eine Übergangslösung darstellen sollte. Zwar entließ er gleich einige politische Gefangene, versprach Reformen und baldige Neuwahlen, doch auch er bekam die Krise nicht in den Griff. Die Reformen blieben aus und das Datum für die Neuwahlen wurde immer wieder aufgeschoben. Wie schon im Mai wurde im November 1998 erneut der Ruf nach *Reformasi* und

Demokrasi laut und es kam erneut zu blutigen Zusammenstößen zwischen demonstrierenden Studenten und dem Militär.

Neuwahlen und Demokratisierung

Relative Ruhe kehrte erst Anfang 1999 ein, als das endgültige Datum für Neuwahlen feststand. Am 7. Juni 1999 standen 48 Parteien zur Wahl. Mit 35 % der Stimmen ging wie erwartet die einzige Oppositionspartei der Neuen Ordnung, die PDI-P, als Sieger aus den Wahlen hervor, gefolgt von der Golkar mit ca. 20 %. Gleichzeitig verstärkten sich aber die separatistischen Bestrebungen in Aceh, Irian Jaya (West-Papua) und anderen Landesteilen.

Präsident Habibie hatte der Bevölkerung **Ost-Timors** bereits ein Referendum über die Unabhängigkeit zugestanden, das gegen den Willen der führenden Militärs am 30. August stattfand. 78,5 % der Ost-Timoresen entschieden sich für die Unabhängigkeit, woraufhin pro-indonesische Milizen ein Blutbad unter der Bevölkerung anrichteten. Am 18. September landeten multinationale Friedenstruppen unter australischer Führung auf der verarmten Insel.

Vier Wochen später wählte der Volkskongress **Abdurrahman Wahid** (auch: Gus Dur) von der größten islamischen Organisation des Landes, der Nahdlatul Ulama, zum neuen Präsidenten. Zur gleichen Zeit erkannte das Parlament die Ergebnisse der Volksabstimmung in Ost-Timor an, womit die ehemals 27. indonesische Provinz de facto in die Unabhängigkeit entlassen wurde. In einem klugen Schachzug ernannte Wahid Megawati Sukarnoputri, die Vorsitzende der stärksten Partei des Landes, der PDI-P, und Tochter Sukarnos, zur Vizepräsidentin.

Auch der vierte Präsident Indonesiens geriet nach einigen anfänglichen politischen Achtungserfolgen immer mehr in die Kritik, sodass der Volkskongress gezwungen war, Gus Dur am 25. Juli 2001 abzusetzen. Gleichzeitig wurde die Vizepräsidentin **Megawati Sukarnoputri** als neue Präsidentin eingesetzt.

Megawati gelang es bis 2004, dem nächsten Wahljahr, weder die ökonomischen oder die politischen Probleme noch die ausufernde Korruption im Land in den Griff zu bekommen. Viele ihrer Anhänger wurden enttäuscht. „Mega" galt als schwache Präsidentin und es war von vornherein zweifelhaft, ob sie die Neuwahlen, die zweiten freien Wahlen nach dem Sturz Suhartos, gewinnen könnte.

Am 5. Juli 2004 wählte das indonesische Volk (fast 150 Mio. Wahlberechtigte) zum ersten Mal in der Geschichte seinen Präsidenten und Vizepräsidenten direkt. Wie erwartet schaffte es keiner der fünf Kandidaten in der ersten Wahlrunde, die erforderliche absolute Mehrheit auf sich zu vereinen. Die beiden stärksten Kandidaten, Susilo Bambang Yudhoyono und Megawati Sukarnoputri, stellten sich daher am 20. September 2004 zu einer Stichwahl, aus der Yudhoyono mit über 60 % der Stimmen deutlich als Sieger hervorging.

Susilo Bambang Yudhoyono, kurz SBY, der unter Suharto als Vier-Sterne-General gedient hatte, bekleidete unter Abdurrahman Wahid und Megawati Sukarnoputri den einflussreichen Posten des Koordinierungsministers für Sicherheit und Politik. Anfang 2003 trat er zurück und gründete eine eigene Partei, die PD (Partai Demokrat). SBY, der am 20. Oktober 2004 offiziell das Amt des Präsidenten antrat, gilt als relativ reformfreudig und symbolisiert einen Neuanfang, besonders bei der Korruptionsbekämpfung. Seine **dezentralistische Politik** der letzten Jahre, bei der viele Kompetenzen an die Distrikte abgegeben wurden, brachte allerdings Schwierigkeiten mit sich. Die Korruption blüht auf regionaler Ebene, viele widersprüchliche Gesetze entstehen, und nicht zuletzt ist es die Umwelt, die unter dem Mangel einer zentralen Kontrollinstanz leidet. Nichtsdestotrotz hat es Yudhoyono mit geschickter Innen- und Wirtschaftspolitik in seiner ersten Legislaturperiode geschafft, das Wirtschaftswachstum des Landes anzukurbeln, das Investitionsklima zu verbessern, Korruption auf nationaler Ebene zu bekämpfen und die einflussreichste indonesische Terror-Organisation Jemaah Islamiya deutlich zu schwächen. Dies wurde vom indonesischen Volk mit der eindeutigen Wiederwahl im ersten Wahlgang am 8. Juli 2009 gewürdigt. Er bekam mehr als 60 % der Stimmen in der zweiten Direktwahl des Landes und wird für weitere fünf Jahre Präsident der drittgrößten Demokratie der Welt sein.

Dennoch ist der „denkende General" kein unumstrittener Präsident, vor allem was sein Verhältnis zur alten Suharto-Elite sowie zu seinen eigenen Ministern angeht – man sprach lange von einer Rivalität zwischen ihm und dem ehemaligen Vizepräsidenten Jusuf Kalla. Immerhin setzt er sich nachdrücklich für Umweltschutz ein und holte die 13. Klimaschutzkonferenz der Vereinten Nationen 2007 nach Bali.

Terrorismus

Indonesien gilt weithin als moslemisch dominierte, pluralistische und tolerante Demokratie – in kaum einem anderen Land leben so viele verschiedene Gruppen friedlich in respektvollem Miteinander. Dennoch ist der Staat nicht vor den schlimmen Auswüchsen globaler und regionaler Terrorismusnetzwerke sicher. Waren Angriffe und Attentate im Rahmen politischer Konflikte zwischen der Regierung und separatistischen Gruppen (etwa in Aceh oder auf den Molukken) auch in den Jahrzehnten zuvor ein gängiges Mittel zur Einschüchterung des Gegners, so bekam der Terrorismus 2002 mit dem Bombenanschlag auf eine Discothek in Kuta auf Bali eine neue, fundamentalistisch-religiöse Qualität. In den folgenden Jahren gab es immer wieder Selbstmord- und Bombenattentate auf Botschaften, Discotheken oder Hotels.

Besonders im Vorfeld religiöser Feiertage besteht seither erhöhte Alarmbereitschaft, da gut besuchte Kirchen, Moscheen und Tempel oftmals Ziel der Anschläge sind. Kurz vor Ostern 2011 konnten mehrere Kilo schwere Bomben an Kirchen sichergestellt werden. Dabei richtet sich diese Art von Terrorismus auch gegen Muslime: Anhänger der Ahmadiya-Glaubensbewegung wurden in jüngster Zeit zunehmend Opfer radikaler Muslime, wie zuletzt im Februar 2011 auf Banten, wo drei Ahmadis ermordet wurden.

Bali

Frühgeschichte

Auch wenn archäologische Beweise fehlen, ist anzunehmen, dass auf Bali wie auf seiner Nachbarinsel Java schon vor mehr als 10 000 Jahren altsteinzeitliche Menschen lebten.

Megalithische und bronzezeitliche Funde, die im Archäologischen Museum von Pejeng (östlich von Ubud) ausgestellt sind, gehen auf das letzte vorchristliche Jahrtausend zurück. Die Balinesen dieser Zeit kannten schon die Nassreiskultur und waren in Dorfgemeinschaften organisiert. Ihre religiösen Vorstellungen basierten auf dem Animismus und der Ahnenverehrung.

Handelsverbindungen und erste Königreiche

Zu Beginn unserer Zeitrechnung tauchten die ersten **südindischen Händler** an den Küsten Balis auf, wodurch sich nach und nach buddhistische und hinduistische Anschauungen auf der Insel verbreiteten. Auf Sumatra und Java entstanden im 1. Jt. große buddhistische und hinduistische Reiche, Sri Vijaya, Sailendra und Mataram, deren Einflusssphären bis nach Bali reichten. Die ältesten Inschriften der Insel stammen aus dem 9. Jh. n. Chr. Sie sind in altbalinesischer Sprache verfasst und belegen, dass auf Bali gleichzeitig shivaitische und buddhistische Einsiedler und Mönche lebten.

Es ist nicht bekannt, wann die ersten **Königreiche** auf Bali entstanden. Der früheste schriftliche Beleg stammt aus dem Jahre 917 n. Chr. und erwähnt einen König Warmadewa, dessen Hauptstadt in Zentral-Bali in der Nähe von Pejeng lag. Der berühmteste Herrscher der Warmadewa-Dynastie war Udayana, der 989 die ostjavanische Prinzessin Mahendradatta heiratete. Seit jener Zeit sind die Geschicke der Insel eng mit denen von Ost-Java verknüpft gewesen. Passenderweise sind balinesische Dokumente aus dieser Zeit in Altjavanisch abgefasst.

Nach Udayanas Tod gelangten seine beiden Söhne an die Macht: Airlangga herrschte über Ost-Java, sein jüngerer Bruder Anak Wungsu regierte Bali, vermutlich in Tributpflicht von Airlangga. Mitte des 11. Jhs. starb Airlangga und in Ost-Java setzten interne Machtkämpfe ein, die Bali für die nächsten drei Jahrhunderte wieder eine relative Unabhängigkeit bescherten.

Einfluss von Majapahit

Im Jahre 1343 wurde Bali von **Gajah Mada** erobert, einem Minister des Majapahit-Reiches, der neuen großen Macht in Ost-Java, die ihren

Einfluss über den gesamten Archipel ausdehnte. Gajah Madas Invasionsarmee vernichtete die bis dahin über Bali herrschende **Pejeng-Dynastie**, deren letzter König Dalem Bedaulu war. Der ostjavanische Minister etablierte einen Vasallenfürsten auf der Insel, der seinen Hof *(Kraton)* in Gelgel, in der Nähe von Klungkung (Ost-Bali), ansiedelte.

Majapahit war das letzte der großen hinduistischen Reiche in Indonesien. Ab dem 12. Jh. breitete sich der Islam von Nord-Sumatra ausgehend im gesamten Inselreich aus. Anfang des 15. Jhs. griff er auch auf Java über und nur knapp 100 Jahre später war Majapahits Macht gebrochen. Eine in der indonesischen Geschichte beispiellose **Massenflucht** begann: Zu Tausenden verließen die letzten hinduistischen Angehörigen des Hofes mitsamt ihrer Leibwache, ihren Priestern und Künstlern Ost-Java und suchten Zuflucht auf Bali, wo sie in Gelgel die Herrschaft über die Insel antraten. Mit sich brachten sie das aus Indien entlehnte Kastenwesen. Die Majapahit-Abkömmlinge bildeten die drei oberen Kasten: die Brahmanen, die Fürsten *(Ksatriya, Satria)* und die Krieger *(Wesya)*. Alle übrigen Balinesen, meist Reisbauern, wurden zur unteren Kaste *(Sudra)* erklärt.

Der in **Gelgel** lebende König *(Raja)* von Bali nannte sich fortan Dewa Agung. Erfolgreichster Träger dieses Titels war Batu Renggong, der um 1550 regierte und Lombok sowie Blambangan im äußersten Südosten Javas eroberte. Unter seiner Herrschaft erlebte die Kunst ihre erste große Blütezeit, höfische Kunst und Kultur begannen sich auch unter dem einfachen Volk zu verbreiten. Seine Nachfolger standen unter einem weniger guten Stern. Nach und nach teilten sie Bali unter sich auf und es entstanden die **Raja-Reiche** von Klungkung (Nachfolger von Gelgel), Karangasem (Ost-Bali), Buleleng (Nord-Bali), Jembrana (West-Bali), Badung (Süd-Bali), Tabanan (West-Bali), Mengwi (West-Bali), Bangli (Zentral-Bali) und Gianyar (Zentral-Bali).

Interne Machtkämpfe und holländische Kolonialpolitik

Bis weit ins 19. Jh. hinein war die Geschichte der Insel von wechselnden Bündnissen und Kriegen zwischen den einzelnen Königreichen geprägt. Davon profitierten allein die Holländer, denen es 1849 nur mit militärischen Mitteln gelang, in Nord-Bali Fuß zu fassen. Singaraja wurde 1882 holländische Verwaltungshauptstadt der Insel. 1894 annektierten die **Holländer** auch die Nachbarinsel Lombok, sechs Jahre später stellte sich der *Raja* von Gianyar freiwillig unter holländische Oberherrschaft. Ein 1904 in Sanur im Süden von Bali gestrandetes und nach altem Brauch von Balinesen geplündertes chinesisches Handelsschiff lieferte den Vorwand, den bislang noch unnachgiebigen *Raja* von Badung unter Druck zu setzen. Als er sich weigerte, die geforderte Entschädigung zu zahlen, rückten 1906 holländische Truppen gegen seinen Palast vor. Der *Raja* und sein mehrere Hundert Menschen umfassendes Gefolge erkannten die militärische Übermacht, dachten aber nicht an Kapitulation. Nur mit Dolchen bewaffnete Männer, Frauen und Kinder, allen voran der *Raja*, stellten sich den feindlichen Gewehren und Kanonen. Wer nicht von den Kugeln getroffen wurde, tötete sich selbst mit dem *Kris*. Dieser als **Puputan** bekannt gewordene rituelle Massenselbstmord hatte zur Folge, dass die Kolonialpolitik in Holland infrage gestellt wurde.

Zwei Jahre später ereignete sich ein zweites *Puputan* am Hofe von Klungkung und kurz darauf war ganz Bali fest in den Händen der Kolonialherren. Da es auf der Insel nicht viel gab, was eine wirtschaftliche Ausbeutung lohnte, beschränkten sich die holländischen Aktivitäten weitgehend auf die politische Verwaltung.

Aufkommender Tourismus und nationale Unabhängigkeit

In den 1920er- und 1930er-Jahren tauchten die ersten **Touristen** auf Bali auf, darunter auch viele Anthropologen und Künstler, die schnell dem Zauber der Insel verfielen und oft jahrelang blieben. Gleichzeitig erlebten Kunst und Kultur eine neue Blütezeit, die bis in die Gegenwart hineinreicht.

1942 wurden die Holländer von den **Japanern** abgelöst, die sich bis 1945 halten konnten. Obwohl Sukarno am 17. August 1945 die Unabhängigkeit Indonesiens erklärte, kehrten die Holländer zurück. Vielerorts kam es zu blutigen Auseinandersetzungen, so auch auf Bali. Im November 1946 wurde eine 100 Mann starke Guerillatruppe, angeführt von dem jungen Oberst **I Gusti Ngurah Rai**, in der Nähe von Tabanan im Westen der Insel vollständig vernichtet. Ngurah Rai avancierte damit zum Nationalhelden, der internationale Flughafen und die einzige mehrspurige Schnellstraße der Insel tragen heute seinen Namen. Die Kampfhandlungen dauerten noch bis 1948. Erst 1949 erlangte Indonesien internationale Anerkennung als unabhängiger Staat. Am 29. Dezember wurde Bali Teil der Republik der Vereinigten Staaten von Indonesien. 1956 erhielt die Insel den Status einer **Provinz der Republik Indonesien**, drei Jahre später wurde Denpasar, das ehemalige Badung, Provinzhauptstadt.

Durch die Kolonialzeit und die nachfolgenden blutigen Unruhen war Bali in höchstem Maße spirituell verunreinigt worden. Um die Harmonie wieder herzustellen, beschloss man 1963, im Muttertempel Besakih, dem wichtigsten Heiligtum der Insel am Fuße des Gunung Agung in Ost-Bali, die nur alle hundert Jahre stattfindende **Eka-Dasa-Rudra-Zeremonie** (s. S. 302, Kasten) abzuhalten. Viele Priester und andere Autoritäten der balinesischen Religion rieten davon ab: Die Zeit sei noch nicht reif für diese Feier, man müsse noch einige Jahre warten. Doch die Warnungen blieben unbeachtet und im März des gleichen Jahres nahm die Zeremonie ihren Lauf. Dies erregte offenbar den Zorn der Götter. Auf dem Höhepunkt der Feierlichkeiten brach der bis dahin erloschen geglaubte Gunung Agung aus und forderte zahlreiche Opfer. Das Eka-Dasa-Rudra-Fest konnte nicht mehr zu Ende gebracht werden.

Kommunistenverfolgung

Doch noch Schlimmeres stand Bali bevor. Ende September 1965 startete die immer stärker werdende Kommunistische Partei in Jakarta einen angeblichen Putschversuch, bei dem fünf Generäle getötet wurden. Dies löste eine landesweite **Kommunistenverfolgung** aus, deren Ergebnis ein gigantisches Massaker war. Auch auf Bali mussten Tausende von Kommunisten und solche, die man dafür hielt, ihr Leben lassen. Für die Balinesen kam dies einer Dämonenaustreibung gleich, da doch die Kommunisten als Feinde der Religion gelten. Sukarno musste dem General Suharto weichen, der von 1967 bis 1998 als autoritärer Präsident regierte. Die Kommunistische Partei wurde verboten und im März 1979 wurde ein neuer Versuch gestartet, die Eka-Dasa-Rudra-Zeremonie abzuhalten, diesmal jedoch im Einklang mit dem balinesischen Kalender. Das sechs Wochen dauernde Fest konnte ohne Zwischenfälle erfolgreich abgeschlossen werden.

Sonderstatus

Seit Ende der 1970er-Jahre wird als **Gouverneur von Bali** nicht wie früher ein islamischer Javaner, sondern ein Balinese eingesetzt. Diese Veränderung war sicher von Vorteil für die Entwicklung der Insel, denn nur ein Balinese, so heißt es, könne richtig beurteilen, was für seine Insel und ihre einzigartige Kultur gut ist und was nicht. Abgesehen davon haben die Balinesen im Laufe ihrer langen, turbulenten Geschichte oft genug bewiesen, dass sie dank ihrer Anpassungsfähigkeit durchaus in der Lage sind, fremde Einflüsse zu verarbeiten und in ihre Kultur aufzunehmen oder das, was ihnen nicht gefällt, als unbrauchbar von sich zu weisen. Bisher hat diese einzigartige Kultur alle Veränderungen unbeschadet überstanden und es bestehen berechtigte Hoffnungen, dass sie es auch in Zukunft tun wird.

Massentourismus

Im Laufe der 1980er-Jahre entwickelte sich die Insel Bali zu einem der beliebtesten Fernreiseziele der Erde. Damit einher gingen ein besonders in Süd-Bali einsetzender Bauboom und eine spürbare Steigerung des Lebensstandards in den Regionen, die am meisten vom Tourismus profitierten. Allerdings hatte der aufkommende Massentourismus auch **negative Auswirkungen**. So entwickelte sich in Kuta ein höchst kommerzieller touristischer Mikrokosmos, der in erster Linie australische Urlauber anzieht, die auf Strand, Party, Spaß und Alkohol aus sind und dabei viele einheimische Traditionen und Wertvorstellungen außer Acht lassen. Die Balinesen begegneten diesem Phänomen zwar größtenteils mit der ihnen eigenen Gelassenheit, aber die exzessiven Schaumpartys und öffentlichen Zurschaustellungen von Gefühlen erregten die Gemüter vieler gläubiger Muslime.

Bali vor über 35 Jahren

Als ich nach 27 Monaten auf Überlandreise mit meinem VW-Campingbus im März 1975 mein Ziel Bali erreichte, war gerade Nyepi, das balinesische Neujahr und Tag der absoluten Ruhe. Kuta war ein kleines Fischerdorf in einem wunderschönen Palmenhain am Meer. Es gab keine asphaltierte Straße und auf den 2 km von unserem „Swiss Restaurant", das ich zwei Jahre später, also 1977, in Legian eröffnet habe, bis nach Kuta standen gerade einmal drei Häuser. Nachts gab es noch kein elektrisches Licht, bei uns standen Petroleum-Lampen auf den Tischen.

Bali war noch schöner, als ich es mir durch den bekannten Bildband von Theo Maier erträumt hatte. Täglich fanden spektakuläre Tempelfeste statt, überall sah man Frauen, die dabei waren, Opfergaben auf die Hausaltäre zu platzieren und auch die kleinen Opfergaben auf dem Boden für die Dämonen und negativen Kräfte nicht vergaßen – und damit die Balance des Kosmos zwischen Gut und Böse sicherten. Das alles geschieht auch nach all den Jahren heute noch mitten in Kuta und anderen Touristenzentren.

Unsere Gäste waren Backpacker, die sich nach oft monatelangen, entbehrungsreichen Reisen über eine Scheibe dunkles Brot oder Käse freuten wie kleine Kinder. Zum Sonnenuntergang am traumhaften Strand von Kuta sah man täglich junge Leute, die sich vor Lachen nicht halten konnten, hatten sie doch die bekannten „Magic Mushrooms" gegessen.

Immer wenn ich in unserem Wochenendhaus am Pantai Pasut in West-Bali bin, habe ich das alte Kuta wieder vor mir. Hoffentlich wird hier nicht einmal nach dem Motto „Palmen weg, Beton her", eine Touristenenklave aus dem Boden gestampft. Das „alte" Bali kann man aber immer noch finden, man muss sich nur etwas von den Haupttouristenrouten entfernen und ins Landesinnere dieser wunderschönen, vielseitigen Insel begeben.

Ein Beitrag von Jon Zürcher, Restaurantbesitzer und Schweizer Konsul auf Bali

Bombenanschläge und ihre Folgen

Doch selbst diese hätten niemals geahnt, welche Tragödie sich am späten Abend des 12. Oktobers 2002 in und vor dem beliebten Nachtclubs Paddy's und Sari ereignen würde. In dem an diesem Samstagabend prall gefüllten Club zündete zunächst ein Selbstmordattentäter eine Rucksackbombe. In Panik rannten viele der Besucher auf die Straße, wo unmittelbar danach eine weitere, wesentlich kraftvollere Autobombe explodierte. In dem Inferno kamen insgesamt 202 Menschen ums Leben, über 200 weitere wurden zum Teil mit schweren Verbrennungen in die umliegenden, völlig überforderten Krankenhäuser eingeliefert. Die meisten der Toten waren junge australische Urlauber (88), aber auch Einheimische (38), Briten, US-Amerikaner, Deutsche, Schweden, Holländer, Franzosen und Staatsbürger 14 weiterer Nationen waren unter den Opfern. Parallel dazu explodierte ein weiterer kleiner Sprengsatz vor dem Konsulat der USA in Denpasar, der aber nur Sachschäden anrichtete.

Der zweitgrößte Terroranschlag in der Geschichte der Menschheit und der schwerste in der Geschichte Indonesiens sorgte für weltweite Anteilnahme, aber auch negative Schlagzeilen, die die balinesische Tourismusindustrie, den Hauptzweig der einheimischen Wirtschaft, in eine tiefe Krise stürzten. In den Tagen und Wochen nach der Tragödie brach der Tourismus zusammen: Es kamen kaum mehr Besucher auf die Insel, Hotelzimmer standen leer und die Flaniermeilen in Süd-Bali glichen Geisterstädten. Viele der im Tourismus tätigen Einheimischen verloren ihre Lebensgrundlage und kehrten auf die Reisfelder ihrer Familien zurück. Es dauerte über zwei Jahre, bis sich die Touristenzahlen wieder etwas stabilisiert hatten, und noch länger, bis die alten Besucherzahlen wieder erreicht wurden. Für eine Betrachtung der direkten Auswirkungen des Bombenanschlags, s. eXTra [4184].

Die Drahtzieher der Anschlagsserie wurden im Umfeld der **Jemaah Islamiyah**, einer radikalislamistischen Organisation in Indonesien, verortet. In der Folgezeit wurden die drei Hauptverdächtigen Imam Samudra, Amrozi Nurhasyim und Ali Ghufron verhaftet und im November 2008 von einem Erschießungskommando hingerichtet. Weitere Mittäter wurden zu teils langen Freiheitsstrafen verurteilt.

In den letzten Jahren kam es sowohl auf Bali als auch in Jakarta wiederholt zu Bombenanschlägen. So explodierte im August 2003 eine Autobombe vor dem Marriott Hotel in Indonesiens Hauptstadt, im September 2004 wurde die australische Botschaft Ziel eines Anschlags, im Oktober 2005 kam es zu drei Explosionen in Strandrestaurants in Jimbaran und vor dem Matahari am Kuta Square, die 23 Menschenleben kosteten, und schließlich wurden im Juni 2009 erneut das Marriott Hotel und das ebenso exklusive Ritz-Carlton zum Ziel terroristischer Bombenattentäter.

Die Tourismusindustrie auf Bali konnte sich mittlerweile aber komplett von diesem Schock erholen und begrüßte im Jahr 2011 sogar mehr ausländische Besucher als jemals zuvor. Mittlerweile entstehen wieder zahlreiche neue Hotels, Nachtclubs und Einkaufsmöglichkeiten. Nur das Bomb Memorial an der geschäftigen Jalan Legian in Kuta, die gegenüberliegende Brachfläche, auf der der Sari Club stand, und die überall zu beobachtenden Sicherheitsmaßnahmen zeugen noch von dem einschneidendsten Ereignis der letzten Jahrzehnte.

Regierung und Politik

Bali gehört seit 1949 zur Republik Indonesien und stellt eine eigene Provinz dar. Indonesien ist eine Präsidialrepublik und wird seit 2004 von Präsident Susilo Bambang Yudhoyono regiert, der durch eine absolute Mehrheit gewählt wurde und Mitglied der Demokratischen Partei ist. Seit 2004 wird der Präsident für fünf Jahre direkt vom Volk gewählt, was Indonesien weltweite Anerkennung als demokratischer Staat einbrachte. Die Minister werden vom Präsidenten ernannt, bei dem alle Exekutivgewalt liegt. Im Notstand kann der Präsident per Dekret auch allein regieren. Die Legislative besteht aus einem Parlament, das über Gesetzesvorlagen abstimmt. Der Präsident behält sich jedoch bei den Abstimmungen ein Vetorecht vor. Die Rechtsprechung unterliegt dem Obersten Gerichtshof, Obergerichten und Distriktgerichten. Das Strafrecht wird

Das indonesische Staatswappen

Schildhalter des Staatswappens ist der Garuda mit 17 Flug- und acht Schwanzfedern. Damit wird der 17.8.1945, der Tag der Unabhängigkeit, symbolisiert.
Die Fünf Grundprinzipien von Indonesien *(Panca Sila)* sind im eigentlichen Wappen dargestellt:

- Stern bedeutet Glaube an den einen Gott, ganz gleich ob christlicher oder islamischer Schöpfer, ob Buddha oder Shiva.
- Büffelkopf symbolisiert den Nationalismus, der alle indonesischen Ethnien vereint.
- Banyan-Baum steht für indonesische Demokratie, die auf der Tradition des Dorfes aufgebaut ist und über Beratung und Konsens definiert wird.
- Reis- und Baumwollpflanze symbolisieren die Gerechtigkeit der Gesellschaft, die ihren Mitgliedern genügend Nahrung und Kleidung gibt.
- Kette steht für die Humanität der Gesellschaft, die ein Mitglied im Kreis der Nationen ist.

BHINNEKA TUNGGAL IKA = EINHEIT IN VIELFALT

in ganz Indonesien gleich ausgelegt. Durch die jüngere dezentrale Politik kamen aber erhebliche Unterschiede im Zivilrecht zustande.

Verwaltung

Alle Provinzen Indonesiens werden von einem Gouverneur verwaltet, der vom Präsidenten ernannt wird. Auf Bali ist dies stets ein Balinese, der seinen Amtssitz in der Hauptstadt Denpasar hat. Die Provinz Bali besteht zudem aus den acht Landkreisen Badung, Bangli, Buleleng, Gianyar, Jembrana, Karangasem, Klungklung und Tambanan. Der Vorstehende eines Landkreises, *Bupati* genannt, untersteht dem Gouverneur, der wiederum direkt dem Präsidenten von Indonesien untergeordnet ist. Jedes Dorf in einem Landkreis hat einen Dorfvorsteher, *Kepala Desa*, der viel Autorität genießt und für Recht und Ordnung sorgt. Seine Aufgaben sind in etwa mit denen eines Bürgermeisters zu vergleichen. Er wird vom *Klian*, dem Oberhaupt der *Banjar* (s. S. 87), unterstützt. Diese Gliederung ermöglicht einen hohen Grad an Mitspracherecht für die Balinesen. Manchmal ist die Entscheidungsfindung in den Dorfversammlungen jedoch mühselig, da alle Dorfmitglieder einem Vorschlag zustimmen müssen. Oft gehen nächtelange Diskussionen voraus.

Wirtschaft

Zahlen für Indonesien:
Wachstum: 6,2 %
Inflation: 5,1 %
BSP pro Kopf (PPP): US$4300
Arbeitslosenquote: 3,2 %
Agrarsektor: 30 %
Industriesektor: 30 %
Dienstleistungen: 40 %
Export: US$156 Mrd.
Import: US$138 Mrd.

Die meisten Bewohner Balis sind noch immer in der Landwirtschaft tätig. Der **Nassreisanbau** spielt dabei die größte Rolle. Da die balinesischen Speisen zum Großteil aus Reis bestehen, wird die gesamte Ernte als Eigenbedarf verbraucht. An den Berghängen werden auch Gewürznelken, Obst, Gemüse und Tee angebaut, die teils selbst verzehrt, teils exportiert werden.

Der Barong Ket verfügt über gewaltige magische Kräfte, die er im Kampf gegen die Königin der Hexen, Rangda, einsetzt.

Der einzige erwähnenswerte Industriezweig Balis ist die **Textilindustrie**. Meist noch in Handarbeit fertigen Frauen Strandkleidung für Touristen, aber auch den begehrten *Ikat*-Stoff, der für seine besondere Webart und Färbung bekannt ist und in aller Herren Länder exportiert wird.

Das **Kunsthandwerk**, das oft noch von den alten Männern im Dorf in liebevoller Handarbeit hergestellt wird, ist ein weiterer Exportschlager. Dazu gehören vor allem balinesische Masken, Figuren aus dem traditionellen Schattenspiel *(Wayang Kulit)* und hölzerne Schnitzereien sowie zahllose Malereien.

Der am schnellsten wachsende, aber auch krisenanfälligste Wirtschaftszweig ist der **Tourismus**. Zum einen hat der Tourismus einen gewaltigen Einfluss auf den industriellen Sektor, da Stoffe und Kunsthandwerk fast ausschließlich von Touristen gekauft werden. Zum anderen reagieren Touristen sehr sensibel auf politische oder natürliche Gefahren. Die vielen Menschen, die die zauberhafte Insel bisher besucht haben, haben den Balinesen zunächst – im Vergleich zu anderen indonesischen Inseln – Wohlstand gebracht. Hotels und Restaurants wurden aus dem Boden gestampft, um den ankommenden Touristen jeglichen Komfort bieten zu können. Nach den Bombenanschlägen 2002 veränderte sich die Situation jedoch schlagartig. Die Touristen blieben lange aus, Hotels und Restaurants mussten schließen, und viele Menschen waren gezwungen, von den Städten wieder zurück aufs Land zu ziehen, um sich dort durch Hilfe bei der Reisernte ihren Lebensunterhalt zu verdienen. Mittlerweile hat sich der Tourismus jedoch wieder erholt und die Besucherzahlen sind höher als jemals zuvor. 2011 war, mit über 2,5 Mio. ausländischen Besuchern, das beste Jahr, das die balinesische Tourismusindustrie je erlebt hat.

Religion

Religion ist Leben und Leben ist Religion. Dieser Satz beschreibt die Einstellung der Balinesen zu ihrer Religion, denn sie ist ein fester Bestandteil des balinesischen Alltags. Auf der Insel herrscht Religionsfreiheit; neben wenigen Christen und einigen Moslems (vor allem auf Lombok) überwiegen auf Bali die Hindus mit einem Bevölkerungsanteil von über 92 %.

Die Religion der Balinesen heißt offiziell *Agama Hindu* oder *Hindu Dharma*, meist spricht man einfach vom balinesischen Hinduismus. Hinter dieser Bezeichnung verbirgt sich ein außerordentlich komplexer Glauben, der aus den unterschiedlichsten Elementen zusammengesetzt ist. Die ältesten Komponenten sind zweifellos ein altmalaiischer Animismus, ein Glaube an die Beseeltheit der Natur und die Verehrung der vergöttlichten Ahnen. Der später hinzugekommene Hinduismus wie auch der Buddhismus haben diese alten Glaubensvorstellungen weder verdrängt noch überlagert, sondern ergänzt und bereichert. Alle Elemente sind zu einer einzigartigen Religion verschmolzen, die so nur auf Bali zu finden ist.

Religionsgeschichte

Hinduismus und **Buddhismus** erreichten die Insel bereits im ersten nachchristlichen Jahrtausend vermutlich auf Handelswegen direkt aus Südindien. Der Hinduismus war schon zu dieser Zeit eine sehr alte Religion, in der sich die Kulte der Ackerbauern des Indus-Tals vereint hatten. Das Pantheon aus Naturgottheiten (z. B. Indra, Gott des Donners und der Kriege) brachten die arischen Stämme, ein Volk von Viehzüchtern, bei ihrer Invasion nach Nordindien etwa 1500 v. Chr. mit.

Wenige Jahrhunderte später, nachdem sich die Arier in Indien etabliert und sie die alteingesessenen Völker unterworfen hatten, entstanden die **Veden**, die ältesten religiösen Texte der Welt: eine ganze Reihe von Schriften, die Tausende von Hymnen, Versen und magischen Formeln *(Mantra)* umfassen. Die Veden und die späteren **Upanishaden**, die philosophischen Kommentare zu den Veden, gelten auch heute noch als die heiligsten Bücher der Hindus. Allerdings waren sie ausnahmslos für den Gebrauch durch die Priester *(Brahmanen)* bestimmt und ihr esoterischer Inhalt und die stark symbolhafte Sprache waren nur einem kleinen Kreis von Gebildeten verständlich.

Noch vor Beginn unserer Zeitrechnung wurden die großen Epen **Mahabharata** und **Ramayana** geschrieben, womit zum ersten Mal die philosophischen und esoterischen Inhalte des Hinduismus in leicht verständlicher Versform, eingepackt in spannende Abenteuer um Krieger, Helden, Götter und Dämonen, der breiten Masse der Hindus zugänglich gemacht wurden. Diese Epen haben bis heute nichts an ihrer Popularität und Bedeutung eingebüßt, wie man vor allem auf Bali (aber auch auf Java) feststellen kann.

Parallel zu den direkten Einflüssen aus Indien erreichten Hinduismus und Buddhismus die Insel Bali auch auf dem Umweg über Java, wo die Religionen eine Anpassung an altjavanische Glaubensvorstellungen erfahren hatten. Bis heute haben sich die Geschichten, Sagen und Legenden erhalten, die sich um die Taten und Wunder einiger heiliger Männer aus Java ranken, meist shivaitische Priester oder Wandermönche, die als Lehrer, Prediger oder Einsiedler nach Bali kamen und die in beachtlichem Maße die Religion Balis geprägt und beeinflusst haben.

Der erste dieser geistigen Pioniere war der ostjavanische Priester **Danghyang Markandeya** (8. Jh. n. Chr.), der sich an einer uralten Kultstätte am Fuße des Gunung Agung niederließ, um ein Kloster und eine Lehranstalt einzurichten – die Keimzelle des heutigen Tempelkomplexes von Besakih. Danghyang Markandeya machte die Balinesen mit dem monotheistischen Aspekt des Hinduismus vertraut, demzufolge nämlich all die vielen Götter, Geister und Dämonen nur verschiedene Erscheinungsformen eines allmächtigen Gottes sind, den er Ida Sanghyang Widhi Wasa nannte, identisch mit dem vedischen Begriff *Brahman* (das universelle Selbst, das Absolute).

Markandeyas Sohn, **Empu Sang Kulputih**, setzte die Tradition seines Vaters fort. Er veranlasste die ersten Übersetzungen hinduistischer Schriften ins Balinesische, die in *Lontar*-Palmblätter eingeritzt wurden. Weiterhin lehrte er die Balinesen die verfeinerte Kunst des Opferns und der damit verbundenen Zeremonien. Zu seiner Zeit wurden erstmals die bunten, symbolträchtigen, turmartigen Opfergaben *(Banten Tegeh)* aus Früchten, Kuchen und Blumen hergestellt. Gleichzeitig entwickelte Kulputih spezielle Riten, die alljährlich in regelmäßiger Folge wiederholt werden müssen: das *Odalan*, das jährliche Tempelfest, sowie die inselweiten Zeremonien *Galungan, Kuningan* (beides Feiern zum Jahrestag der Schöpfung der Welt) und *Pagerwesi*, ein Feiertag, an dem Gott um mentale Stärke gebeten wird.

Empu Kuturan, der im 11. Jh. von Java nach Bali kam und sich eine Einsiedelei in den Hügeln oberhalb von Padang Bai erbaute, gestaltete die Symbolik des balinesischen Weltbilds: die neunblättrige Lotosblüte als Abbild des Kosmos mit den vier Himmelsrichtungen *(Kaja, Kelod, Kauh* und *Kangin)*, den vier Zwischenrichtungen und dem Zentrum, dem Menschen. Vom Heiligen Kuturan stammen auch die komplizierten architektonischen Richtlinien, nach denen Anlage und Ausmaße von Tempeln und Wohngehöften bis ins Detail mit Makrokosmos und Mikrokosmos harmonisieren müssen.

Einige Jahrhunderte nach Empu Kuturan, etwa gleichzeitig mit der Ankunft der vor dem Islam geflohenen Angehörigen des ostjavanischen Majapahit-Hofes, wirkte auf Bali der Wanderpriester **Danghyang Nirartha**. Nirartha war ein Shiva-Priester, dessen Lehren stark von buddhistischen Anschauungen durchsetzt waren. Auch im Majapahit-Reich existierten der Mahayana-Buddhismus und der Hinduismus einträchtig nebeneinander und beide galten lediglich als unterschiedliche Wege zum gleichen Ziel. Während seiner Wanderungen auf der Insel soll Nirartha eine Reihe von Wundern vollbracht haben. Er inspirierte dadurch den Bau vieler Tempel, vor allem einiger berühmter Küstentempel wie Pura Tanah Lot und Pura Pulaki im Westen der Insel. Er gilt als Gründer der Brahmanen-Kaste und Stammvater aller Brahmanen aus dem Dorf Mas bei Ubud, wo er jahrelang gewohnt und die Tochter des Dorfoberhaupts geheiratet hat. Nirartha hat auch veranlasst, dass in allen Tempeln neben den Schreinen für die diversen Gottheiten ein besonderer Thron *(Padmasana)* für den höchsten Gott Sanghyang Widhi selbst errichtet wird.

Einige Grundbegriffe

Aufgrund der im Laufe der Jahrtausende angesammelten **Vielschichtigkeit** des Hinduismus haben sich die unterschiedlichsten und scheinbar gegensätzlichsten Sekten und Kultrichtungen gebildet – vom Tantrismus mit seinen orgiastischen Riten bis hin zum Asketentum. Alle nennen sie sich Hindus, ob sie nun die furchterregende Göttin Kali als oberste Gottheit verehren, Anhänger des Krishna-Kultes sind oder sich in philosophischen Betrachtungen über das *Brahman* ergehen. Hindus kennen keine Dogmen, und so wird verständlich, wie der Hinduismus auf Bali so nahtlos mit den altmalaiischen Ahnenkulten und animistischen Anschauungen verschmelzen konnte.

Wie der indische so stellt sich auch der balinesische Hinduismus alles andere als einheitlich dar. Selbst Experten sind sich nicht einig, da sie zu verschiedenen Zeiten an verschiedenen Orten und unter verschiedenen Umständen ihre Feldforschungen angestellt haben. Auf Bali gleicht keine Zeremonie einer anderen, keine zwei Tempel sehen sich völlig ähnlich. Selbst Antworten auf religiöse Fragen und Erklärungen für rituelle Handlungen variieren von Person zu Person. Die Balinesen haben dafür den Ausdruck **Desa, Kala, Patra** geprägt: Ort, Zeitpunkt und Situation. Das bedeutet, was man über Bali in Erfahrung bringt, hängt davon ab, wann und wo und unter welchen Umständen man seine Beobachtungen macht und seine Fragen stellt. Immerhin gibt es doch einige grundsätzliche religiöse Konzepte, die für alle Hindu-Balinesen verbindlich sind, auch wenn der Grad des Verstehens von Person zu Person stark schwankt.

Sehr wichtig sind die Vorstellungen von einem geordneten **Kosmos**, der sich in einem ständigen evolutionären Prozess befindet. Das Universum ist nicht etwa eine chaotische Ansammlung von Energie und Materie, vielmehr hat jedes Teilchen einen festen Platz. Jeder Mensch, jedes Tier, jede Pflanze und jedes andere Objekt sind integrale Teile des Kosmos.

Das **Dharma** ist die Kraft, die die Ordnung im Universum und in den einzelnen Teilen des Universums aufrechterhält und die Beziehungen zwischen den Einzelteilen bestimmt. Ohne dieses Ordnungsprinzip würde der Kosmos ins Chaos zurücksinken, denn so, wie es eine ordnende Kraft gibt, so existieren auch überall entgegengesetzte Kräfte, deren Bestreben es ist, die Ordnung aufzulösen und zu zerstören. Der Idealzustand ist nur dann gegeben, wenn beide Kräfte im völligen Gleichgewicht stehen. Die auflösenden Kräfte, genannt **Adharma**, können nie eliminiert werden, denn sie sind ebenso ein Teil des Universums wie das *Dharma*.

Gottheiten

Die ordnenden und die zerstörerischen Kräfte sind vereint im höchsten Gott **Ida Sanghyang Widhi Wasa**. Er steht jenseits von *Dharma* und *Adharma*. Er ist das Absolute, das Unfassbare und Unbegreifliche. Die Scharen der Götter und Göttinnen (Dewa und Dewi) sind die Manifestation seiner ordnenden Kräfte, so wie sich in den Dämonen (Bhuta und Kala) die zerstörerischen Kräfte personifizieren.

Sanghyang Widhis wichtigste und meistverehrte Manifestation ist die Dreigestalt der **Trimurti**, der Götter Brahma, Vishnu und Shiva. Brahma gilt als Schöpfergott, Vishnu als Erhalter und Shiva als Zerstörer.

Von diesen dreien nimmt **Shiva** die zentrale Stellung ein. Obwohl er als Zerstörer bezeichnet wird, vereinigt er auch schöpferische Kräfte in sich, da Schöpfung und Zerstörung in einem endlosen Kreislauf miteinander verbunden sind. Shiva wird häufig mit dem höchsten Gott selbst identifiziert. Er ist der „Gott mit den 1008 Namen" und repräsentiert die vielen Aspekte, in denen sich eine Gottheit zeigen kann. So ist Shiva z. B. der kosmische Tänzer *Nataraja* (= König des Tanzes) wie auch der Asket aus dem Himalaja oder ein wandernder Bettler. Shiva ist ebenso bekannt als der große Lehrer *Bhatara Guru* und als Vernichter von Dämonen oder als Gott des Sturms *(Rudra)*. Auf Bali wird Shiva mit dem Sonnengott *Surya* und mit *Mahadeva*, dem Gott des höchsten Berges, Gunung Agung, gleichgesetzt.

Vishnu, der Erhalter, ist die Manifestation von Güte und Gnade. Von seinen Inkarnationen erfreuen sich besonders diejenigen großer Beliebtheit, in denen er sich als menschgewordener Volksheld zeigt, nämlich als Rama, Held des *Ramayana*, und als Krishna, Flöte spielender Hirte, unbezwinglicher Frauenheld und weiser Freund und Berater von Arjuna. Arjuna ist eine Figur aus dem *Mahabharata*: Im Laufe der Handlung des Epos führt Arjuna ein langes Gespräch mit Krishna. Diese Unterredung, bekannt als die *Bhagavadgita*, enthält die Quintessenz der hinduistischen Philosophie.

Jedem Gott ist meist eine Göttin als Gemahlin zugeordnet, die das weibliche, das dynamische Prinzip des Gottes verkörpert, seine **Shakti**, seine schöpferische Energie. Brahmas Gemahlin ist Saraswati, die Göttin der Literatur und der schönen Künste. Vishnu hat die Göttin Lakshmi an seiner Seite, die Göttin des Reichtums und des Glücks. Unter dem Namen Dewi Sri verehrt sie der Reisbauer, als Sita, Gattin von Rama, spielt sie die weibliche Hauptrolle im *Ramayana*. Die Namen und Erscheinungsformen von Shivas Shakti sind fast ebenso zahlreich wie die des Gottes selbst. Sie ist Uma, die Muttergottheit aus vorvedischer Zeit, Parvati, die asketische Göttin aus dem Himalaja, Durga, die Göttin des Todes, oder Kali, „die Schwarze", die Zerstörerin der Zeit.

Die Aufzählung von Göttern und Göttinnen ließe sich noch seitenlang fortsetzen. Ebenso umfangreich wäre eine Liste aller Dämonen und Bewohner der Unterwelt, die jede gewünschte Gestalt annehmen können, Tier, Zwerg, Riese oder Ungeheuer, und die als Feinde der Götter und Menschen und als Zerstörer der kosmischen Ordnung gelten.

Arjuna

Die Rolle des Menschen

Zwischen den ordnenden und den zerstörerischen Kräften des Kosmos, zwischen den Göttern und den Dämonen steht der Mensch. Als Teil des Universums, als Mikrokosmos, besitzt jeder Mensch sein eigenes *Dharma* und sein eigenes *Adharma*. Aufgabe des Menschen ist es, die Balance zwischen diesen beiden Kräften aufrechtzuerhalten. Die Taten eines Menschen – sein **Karma** – müssen im Einklang stehen mit seinem *Dharma*, damit sich dieses wiederum harmonisch in das Dharma des Kosmos einfügt.

In dem Maße, in dem es einem Menschen gelingt, mit seinem Karma sein eigenes *Dharma* zu erfüllen, entscheidet sich auch die Zukunft seiner unsterblichen Seele, **Atman**. Denn sein *Atman* unterliegt bis zur endgültigen Befreiung *(Moksa)* einem Kreislauf von Reinkarnationen *(Samsara)*. Je positiver das Karma, desto größer die Chance, in der nächsten Inkarnation dem letzten Ziel, Moksa zu erlangen, wieder ein Stück näher zu kommen.

Es gibt drei Möglichkeiten, **Moksa**, die Vereinigung von *Atman* mit dem höchsten Gott, zu erreichen. Der schnellste, direkte Weg führt über die Meditation und die völlige Entsagung, er ist aber nur einigen wenigen Auserwählten vorbehalten.

Die zweite Möglichkeit, „der Weg des Wissens", ist die Suche nach Erkenntnis durch Studium der heiligen Schriften oder Unterweisung durch einen Lehrer. Dazu gehört die strenge Befolgung sittlicher Gebote wie: nicht stehlen, nicht lügen, nicht morden, maßvoll leben usw.

Die dritte Möglichkeit, der einzige Weg für die meisten Balinesen, ist der Weg der Gottesverehrung durch Rituale und Zeremonien, deren wichtigste und unablässige Bestandteile das Gebet und das Opfer sind – wobei es keinen Unterschied macht, ob Sanghyang Widhi selbst oder eine oder mehrere seiner Manifestationen (Götter, Dämonen, vergöttlichte Ahnen, Menschen, Tiere, beseelte Objekte) im Mittelpunkt des Rituals stehen.

Das Ziel von Gebet, Opfer und Ritual ist es, das Gleichgewicht der gegensätzlichen Kräfte aufrechtzuerhalten. Deshalb sind **Opferzeremonien** sowohl für die Götter als auch für die

Dämonen notwendig, für die einen als Danksagung, für die anderen zur Besänftigung oder als Ablenkung. Nach balinesischer Anschauung gehört die Erde den Göttern, und wenn man ihnen Opfer darbringt, gibt man eigentlich nur etwas von dem zurück, was man von den Göttern erhalten hat.

Die Rituale reichen von den einfachen Opfern, die täglich den Göttern, Ahnen und Dämonen innerhalb jedes einzelnen Gehöftes dargebracht werden, über alljährliche Tempelfeste bis hin zu inselweiten Feierlichkeiten. Durch die nie abreißende Kette von Zeremonien ist ein Balinese mindestens ebenso häufig und intensiv mit seinen Göttern und den Dämonen verbunden wie mit den Menschen seiner Umwelt.

Diese Vertrautheit versetzt ihn in die Lage, die meisten der alltäglichen Rituale ohne Anleitung eines Priesters auszuführen. Nur bei größeren Tempelfesten oder wenn der Ritus zu kompliziert ist und spezielles Wissen erfordert, wird ein Priester, ein *Pemangku*, hinzugerufen. Brahmanen-Priester, *Pedanda*, nehmen nur sehr selten an Ritualen in den Dorftempeln teil. Ihre Mithilfe ist nur bei den wichtigsten, inselweiten Zeremonien unumgänglich. Darüber hinaus ist es die wesentliche Aufgabe und gleichzeitig das Privileg der Pedanda, das für die meisten Opferzeremonien benötigte heilige Wasser *(Tirtha)* herzustellen.

Makrokosmos – Mikrokosmos

Für die Balinesen ist die Insel als Makrokosmos in drei übereinander geschichtete Sphären aufgeteilt: die Gipfel der Berge und die Region darüber als Welt der Götter, der Untergrund und der Erdboden als Welt der dunklen Mächte und Dämonen und dazwischen die Welt des Menschen.

Der menschliche Körper als ein Mikrokosmos weist die gleiche Dreiteilung auf: Kopf, Körper und Füße. Der Kopf ist der heiligste Teil, da er den Göttern am nächsten ist. Die Füße gelten als unrein, da sie mit dem Boden, der Region der Dämonen, in Berührung kommen. Diese Dreiteilung übertragen die Balinesen auch auf die Anlage ihrer Dörfer und auf jeden Tempel mit seinem Vorhof, dem mittleren Hof und dem Innenhof als Allerheiligstem und ebenso auf das Gehöft mit Familientempel (oben), Schlaf- und Wohnräume (Mitte) und Küche und Abfallgrube (unten).

Bei wichtigen balinesischen Tempelfesten werden auch heutzutage noch Tiere geopfert.

Wie bei der Anlage des Wohnanwesens legen die Balinesen auch beim Schlafen ein ausgeprägtes Richtungsbewusstsein an den Tag: Der Kopf sollte nämlich immer nach *Kaja*, also bergwärts weisen, auf die Welt der Götter gerichtet, oder zumindest nach *Kangin* (Osten), der zweitheiligsten Richtung, dahin, wo die Sonne aufgeht, in der sich der mächtige Sonnengott *Surya* manifestiert.

Der balinesische Kalender

Feiertage und Feste richten sich in Indonesien einmal nach dem islamischen, zum anderen nach dem international gebräuchlichen gregorianischen Kalender. Auf Bali verfügt man zusätzlich noch über zwei weitere Kalendersysteme, welche die endlose Folge von Festen und Zeremonien bestimmen und Aufschluss darüber geben, ob ein Tag günstig oder ungünstig für irgendeine Art von Unternehmen ist, z. B. den Beginn einer Reise, den Bau eines Hauses, das Fällen eines Baumes usw. Diese beiden Kalender sind der aus Südindien stammende, ältere *Saka*-Kalender und der jüngere, ostjavanische *Pawukon*- (oder *Wuku*-) Kalender.

Pawukon-Kalender

Dem *Pawukon*-Kalender folgen die meisten (aber nicht alle) religiösen Zeremonien, die Markttage, die günstigen und ungünstigen Tage sowie die persönlichen Jahresfeiern. Im eigentlichen Sinn ist der *Pawukon* gar kein Kalender – es gibt nämlich keine Jahre –, sondern eine Folge von Zyklen mit je 210 Tagen, wobei die einzelnen Zyklen nicht benannt oder gezählt werden. Ist ein Zyklus abgelaufen, beginnt eben eine neue, völlig identische 210-Tage-Periode.

Im Gegensatz zu unserem Kalender, der nur die 7-Tage-Woche kennt, hat der *Pawukon*-Kalender zehn verschiedene Wochensysteme, die zur gleichen Zeit nebeneinander ablaufen: die 1-Tag-Woche, die 2-Tage-Woche, die 3-Tage-Woche usw. bis zur 10-Tage-Woche. Es laufen also innerhalb des 210-Tage-Zyklus zum Beispiel 70 3-Tage-Wochen, 30 7-Tage-Wochen, 23 9-Tage-Wochen (zuzüglich 3 Schalttage) und 21 10-Tage-Wochen parallel zueinander. Die zehn verschieden langen Wochen tragen Sanskrit-Namen, die sich auf die Anzahl der jeweiligen Tage beziehen. Auch die einzelnen Tage der verschiedenen Wochen haben ihre eigenen Namen, sodass sich ein Balinese 55 Tagesnamen merken muss, wobei ein Kalendertag zehn Namen trägt.

Nicht nur auf den ersten Blick erscheint der *Pawukon*-Kalender fürchterlich kompliziert. Nur wenige Balinesen sind in der Lage, ihren Kalender komplett zu verstehen. Im Zweifelsfall wird ein Experte gefragt, meist ein Priester oder jemand, derdie alten *Lontar*-Schriften lesen kann.

Glücklicherweise vereinfacht sich das System dadurch, dass von den zehn unterschiedlichen Wochen nur drei von allgemeiner Bedeutung sind, die 3-Tage-Woche, die 5-Tage-Woche und die 7-Tage-Woche, die von allen die wichtigste ist. Hier bietet sich ein Anknüpfungspunkt zum gregorianischen Kalender, denn der 1. Tag der 7-Tage-Woche *(Redite)* fällt immer auf einen Sonntag, der 2. Tag *(Coma)* ist ein Montag usw.

Einen kompletten *Pawukon*-Zyklus, bezogen auf die 7-Tage-Woche *(Saptawara)*, stellen die Balinesen als **Tika** dar, einer Übersichtstafel, meist in Holz geschnitzt oder auf Stoffbahnen gemalt. Der *Tika* hat sieben waagerechte Kästchenreihen, die den Tagen der 7-Tage-Woche entsprechen, und 30 senkrechte Reihen, die die 30 7-Tage-Wochen eines vollständigen *Pawukon* darstellen, insgesamt also 210 Kästchen.

Man liest einen *Tika* von oben nach unten und von links nach rechts. Das erste Kästchen links oben steht folglich für den 1. Tag *(Redite)* der 1. 7-Tage-Woche *(Sinta)*, der Beginn eines *Pawukon*-Zyklus.

Man wird auf einem *Tika* nichts Geschriebenes finden, dafür stehen in den einzelnen Kästchen diverse, regelmäßig verteilte geometrische Figuren, welche die herausragenden Tage eines *Pawukon* symbolisieren.

Die besonders wichtigen Tage eines *Pawukon* ergeben sich, wenn bestimmte Tage der 3-Tage-, 5-Tage- und 7-Tage-Woche zusammentreffen. Solch ein bedeutender Tag ist z. B. **Kajeng Kliwon**, der der letzte Tag der 3-Tage-Woche und gleichzeitig der letzte Tag der 5-Tage-Woche ist und regelmäßig alle (3 x 5 =) 15 Tage auftritt. Von großer Bedeutung sind auch die *Tumpek*-Tage, wenn der letzte Tag der 5-Tage-Woche mit dem letzten Tag der 7-Tage-Woche zusammenfällt, was alle (5 x 7 =) 35 Tage vorkommt. Diese 35-Tage-Periode wird gern als Monat bezeichnet.

Saka-Kalender

Das zweite in Bali gebräuchliche Kalendersystem ist der *Saka*-Kalender, ein Mondkalender, der auf das Jahr 78 n. Chr. zurückgeht und nach einer südindischen Herrscher-Dynastie benannt ist. Der *Saka*-Kalender hat 12 Monate *(Sasih)* mit 30 bzw. 29 Tagen, die mit dem Neumond *(Tilem)* enden. Mitte des Monats ist also Vollmond *(Purnama)*, ein wichtiges Datum für viele *Odalan*. In den *Pura Dalem*, den Unterweltstempeln, feiert man das *Odalan* dagegen oft an *Tilem*, in der dunkelsten Nacht des Monats.

Kurioserweise endet das *Saka*-Jahr mit dem letzten Tag des 9. Monats und beginnt wieder mit dem 1. Tag des 10. Monats. Begründet wird das damit, dass die Zahl 9 die höchstmögliche Ziffer ist, während sich z. B. die 10 wieder aus einer 1 und einer 0 zusammensetzt. **Nyepi**, der erste Tag eines *Saka*-Jahres (Neujahr), ist immer kurz vor oder nach der Frühlings-Tagundnachtgleiche der nördlichen Erdhalbkugel, also meistens im März. Der Bezug auf den Frühlingsbeginn der Nordhemisphäre erklärt sich daraus, dass der *Saka*-Kalender aus Indien stammt, das nördlich des Äquators liegt. Durch regelmäßiges Hinzufügen eines zusätzlichen Schaltmonats jedes 3. oder 4. Jahr wird das etwas kürzere *Saka*-Jahr immer wieder dem gregorianischen Kalender angeglichen.

Die schwarz-weiß gedruckten balinesischen Papierkalender, auf die kein Haushalt verzichten kann, stellen eine Kombination der verschiedenen Systeme dar. Jeweils bezogen auf einen gregorianischen Monat sind hier alle Tage mit ihren entsprechenden *Pawukon*-Namen versehen. Weiterhin aufgeführt sind die jeweiligen Tagesnamen auf Englisch, Indonesisch und Japanisch und es wird Bezug genommen auf den chinesischen, den islamischen, den buddhistischen und natürlich den *Saka*-Kalender. Sämtliche balinesischen, christlichen, islamischen und staatlichen Feiertage sowie die wichtigsten balinesischen Tempelfeste sind auf S. 45/46 aufgelistet.

Kunst und Kultur

Rituale und Feste

Die Balinesen unterscheiden fünf verschiedene Kategorien von festlich begangenen Riten:

- **Dewa Yadnya** – Riten für die Götter bzw. für Gott *Sanghyang Widhi* in seinen unzähligen Erscheinungsformen
- **Pitra Yadnya** – Riten für die Ahnen
- **Rsi Yadnya** – Riten für die Hindu-Heiligen (selten zu sehen)
- **Manusia Yadnya** – persönliche Übergangsriten
- **Bhuta Yadnya** – exorzistische Riten zur Besänftigung bzw. Vertreibung der Dämonen

Für eine Auflistung der *Galungan-*, *Kuningan-* und *Nyepi*-Termine der nächsten Jahre s. S. 45.

Dewa-Yadnya-Riten

Zu den wichtigsten Zeremonien dieser Gruppe zählen sicherlich die **Odalan**, die Jahresfeiern jedes einzelnen Tempels auf Bali. Da es nach vorsichtigen Schätzungen mehr als 10 000 Tempel auf der Insel gibt, die kleinen Haus- oder Familientempel nicht mitgezählt, hat man sehr gute Chancen, auch bei einem nur einwöchigen Aufenthalt solch ein Fest mitzuerleben.

Die *Odalan* der meisten Tempel (vor allem die, die ab dem 16. Jh. erbaut wurden) folgen dem *Pawukon*-Kalender, sie wiederholen sich also alle 210 Tage. Bei vielen anderen Tempeln (älter als 16. Jh.) werden die *Odalan*-Daten dagegen nach dem *Saka*-Kalender bestimmt, was bedeutet, dass die Feste alle 354 (oder 355) Tage stattfinden bzw. alle 383 (oder 384) Tage, falls das *Saka*-Jahr einen Schaltmonat enthält. Im Falle des *Saka*-Kalenders begeht man die Tempelfeste fast immer an Vollmond *(Purnama)* bzw. an Neumond *(Tilem)*, der dunkelsten Nacht eines Monats, wenn es sich um Unterweltstempel *(Pura Dalem)* handelt. Beim Tourist Office bekommt man den *Calendar of Events*, eine Broschüre, in der die wichtigsten Feste Balis aufgelistet sind. Auch im Internet sind Feste aufgelistet, z. B. 💻 www.asien-feste.de.

Die meiste Zeit steht ein balinesischer Tempel ziemlich verlassen da, erst an seinem *Odalan* erwacht er zum Leben. Für gewöhnlich dauert dieses Fest, abgesehen von der Vorbereitung, drei Tage, bei kleinen Tempeln vielleicht auch nur einen Tag, bei großen bis zu zehn Tage. Da während dieser Zeit die Götter im Tempel anwesend sind, muss ihnen zu Ehren das Heiligtum geschmückt werden. Für die gesamte Dauer eines *Odalan* reißen die Aktivitäten im und um den Tempel nicht ab. Prozessionen festlich gekleideter Frauen tragen Opfergaben herbei, oft bis zu 2 m hohe Türme aus Früchten, Kuchen oder anderen Speisen, die kunstvoll arrangiert sind. Vor den Schreinen setzen sie die Opfer ab, beten zu den Göttern und werden vom Priester mit heiligem Wasser besprengt. Haben die Götter die Essenz der Speiseopfer angenommen, bringen die Frauen die Gaben nach Hause, wo sie von der Familie verzehrt werden.

Nachts unterhält man die Götter und die Festteilnehmer mit Musik und Tänzen, besonders heilige Tänze werden nur im Inneren des Tempels aufgeführt, weniger heilige im Tempelvorhof. Auch Hahnenkämpfe dürfen nicht fehlen, um die allgegenwärtigen Dämonen mit dem vergossenen Blut bei guter Laune zu halten. Balinesische Volksopern *(Arja)* sowie *Wayang-Kulit*-Aufführungen sind ebenfalls häufig während eines *Odalan* zu sehen. Bei großen Tempelfesten verwandelt sich die Umgebung des Heiligtums in einen Jahrmarkt mit Dutzenden von Essen- und Verkaufsständen.

Im Gegensatz zu den *Odalan*, die immer nur für einzelne Tempel zelebriert werden, gibt es auch *Dewa-Yadnya*-Riten, die von inselweiter Bedeutung sind. Sie richten sich, mit der Ausnahme von *Nyepi*, nach dem *Pawukon*-Kalender und finden folglich alle 210 Tage statt.

Am auffälligsten sind die Tage zwischen **Galungan** und **Kuningan**, wenn sämtliche Dorfstraßen mit **Penjor** geschmückt werden: lange, verzierte Bambusstangen, deren Spitzen sich in einem anmutigen Bogen zur Straßenmitte hin neigen, weil kunstvoll aus Palmblättern und Früchten gearbeitete Opfergaben *(Capah)* daran hängen.

Vor dem Eingang eines jeden Gehöftes ist ein kleiner Bambusaltar aufgestellt. Daran ist ein **Lamak** befestigt, ein langer, schmaler, mattenähnlicher Behang. Er wird aus dunkelgrünen Blättern der Zuckerpalme und hellgrünen Blättern junger Kokospalmen geflochten, meist in einem komplizierten Muster geometrischer Figuren. Oft ist das **Cili-Motiv** dargestellt, eine stark stilisierte, menschenähnliche Gestalt, welche die Reisgöttin *Dewi Sri* symbolisiert.

Die *Galungan*-Periode beginnt mit dem *Galungan*-Tag am Mittwoch der elften *Pawukon*-Woche und endet elf Tage später mit dem *Kuningan*-Tag am Samstag der zwölften Woche. Das Fest symbolisiert einen mythologischen Kampf der Götter gegen die Mächte des Bösen. Auch wenn die Götter immer wieder siegen, sind die Dämonen doch nie völlig unterlegen. Nur wenn beide Kräfte im Gleichgewicht stehen, herrschen Harmonie und Frieden. Während der *Galungan*-Tage sind die vergöttlichten Ahnen in den Haustempeln zu Besuch, wo sie mit Gebeten und Opferzeremonien willkommen geheißen und unterhalten werden. Die Balinesen nutzen die Feiertage meist für Familientreffen und Ausflüge. Am *Kuningan*-Tag kehren die göttlichen Ahnen dann wieder in ihre himmlischen Gefilde zurück. Der Name *Kuningan* bezieht sich auf die Tatsache, dass an diesem Tag gelb *(Kuning)* gefärbter Reis geopfert wird.

Eine zweite wichtige Periode heiliger Tage ereignet sich am Ende des *Pawukon*-Zyklus und zu Beginn eines neuen Zyklus. Der letzte Tag des *Pawukon*, Samstag der 30. Woche, ist der Göttin **Saraswati** geweiht, der Gattin Brahmas. Sie ist die Gottheit der schönen Künste, der Literatur und der Gelehrsamkeit. An ihrem Festtag ehren die Balinesen alle Bücher mit Opfern und Gebeten, vor allem die alten, heiligen *Lontar*-Schriften, in denen sich die Göttin manifestiert. Schüler und Schülerinnen erscheinen festlich gekleidet mit Opfergaben in ihren Schulen und bedanken sich bei *Dewi Saraswati* dafür, dass sie ihr Wissen erweitern dürfen. Studenten treffen sich zu einer Zeremonie im großen Tempel Pura Jagatnata in Denpasar. Allerdings darf am *Saraswati*-Tag weder gelesen noch geschrieben werden.

Die ersten vier Tage der ersten *Pawukon*-Woche sind ebenfalls speziellen Riten gewidmet, die besonders in Nord-Bali mit großem Aufwand zelebriert werden. Der erste Tag, **Banyu Pinaruh**, ein Sonntag, dient der körperlichen und spirituellen Reinigung. Wer nicht zu weit von der Küste entfernt wohnt, begibt sich an den Strand, Gebirgsbewohner pilgern zu einer nahen heiligen Quelle, um ein rituelles Vollbad zu nehmen. Dies geschieht meist schon vor Sonnenaufgang, damit man früh wieder zu Hause ist, um den restlichen Tag bei Gebeten und Waschungen mit heiligem Wasser zu verbringen.

Der nächste Tag wird **Comaribek** genannt und ist der Reisgöttin Dewi Sri geweiht. Es darf kein Reis verkauft werden, auch die Arbeit in den Reismühlen muss an diesem Tage ruhen. Am dritten Tag, **Sabuh Emas**, stehen Opferzeremonien für Schmuck und Gold auf dem Programm. Der vierte Tag, **Pagerwesi**, ist zugleich Höhepunkt und Abschluss der Feiertage, die mit dem *Saraswati*-Tag begonnen haben. *Pagerwesi* bedeutet „eiserner Zaun", mit dem man sich symbolisch umgeben soll, um die Mächte des Bösen von sich fernzuhalten.

Alle 35 Tage, immer an einem Samstag, gibt es ein Ritual, das **Tumpek** genannt wird, und zwar an den Samstagen der 2., 7., 12., 17., 22. und 27. Woche des *Pawukon*. Jeder *Tumpek*-Tag erfordert bestimmte Opferrituale für jeweils spezielle Gruppen von alltäglichen Objekten, die nach Meinung der Balinesen beseelt und Manifestationen der Götter sind bzw. den Gott *Sanghyang Widhi* darstellen.

Tumpek Landep, Samstag der 2. Woche: An diesem Tag ehrt man die Waffen, also Speere, Messer und natürlich den *Kris*, aber auch Sägen, Beile und andere eiserne Werkzeuge. Sogar Maschinen und Fahrzeuge, Motorräder usw., die ja auch tödliche Waffen sein können, zählen heute zu den beseelten Objekten, denen man an *Tumpek Landep* Opfer darbringen muss – ein weiteres Beispiel für die Fähigkeit der Balinesen, etwas Fremdem und Neuem einen Platz in ihrer Religion einzuräumen. Besonders wichtig ist der Tag für Angehörige des *Pande*-Clans, die Eisenschmiede.

Tumpek Uduh, Samstag der 7. Woche, ist ein Tag zur Verehrung der Bäume, vor allem solcher Bäume, die für die Balinesen nützlich sind, z. B. Obstbäume, allen voran die Kokospalme. Besitzer von Kokosplantagen „bekleiden" die Stämme einzelner, ausgesuchter Palmen mit traditionellen Sarongs, Schärpen und Kopftüchern.

Tumpek Kuningan, Samstag der 12. Woche, wird einfach als *Kuningan*-Tag bezeichnet und unterscheidet sich von den anderen fünf *Tumpek* dadurch, dass nicht einer speziellen Objektgruppe geopfert wird. Trotzdem ist *Kuningan* ein sehr wichtiges *Tumpek*, denn es bildet den Abschluss der *Galungan*-Tage (s. S. 45) und ist gleichzeitig ein *Kajeng-Kliwon*-Tag (s. S. 120).

Tumpek Krulut, Samstag der 17. Woche: An diesem Tag beten und opfern vor allem die Musik- und Tanzgruppen. Objekte der Verehrung sind alle Musikinstrumente und Tanzkostüme sowie die Tanzmasken *(Topeng)*.

Tumpek Kandang, Samstag der 22. Woche, ist den Haustieren der Balinesen gewidmet: den Hühnern, Enten, Schweinen, den Kühen und Wasserbüffeln. Zuerst werden die Stallungen gereinigt und mit Palmblattgeflechten dekoriert, dann badet man die Tiere und schmückt sie mit traditionellen Tüchern und Schärpen. Die Tiere werden an diesem Tag besonders gut gefüttert und dürfen auch die Opfergaben verzehren.

Tumpek Wayang, Samstag der 27. Woche, wird ausschließlich von Leuten zelebriert, die *Wayang-Kulit*-(Schattenspiel-)Figuren besitzen, also ein bedeutender Tag für alle Puppenspieler. Die flachen Lederpuppen werden aus ihren Behältern genommen und wie für eine Vorstellung aufgebaut. Dann bringt der Spieler seine Opfer dar, betet und besprenkelt die Figuren mit heiligem Wasser.

Zu den *Dewa-Yadnya*-Riten gehören auch die zahlreichen Zeremonien und Feiern zu Ehren der Reisgöttin *Dewi Sri*, welche die Arbeit auf den Reisfeldern und das Wachstum der Reispflanzen begleiten.

Das größte Ereignis für die Reisbauern ist das Erntedankfest **Ngusaba Nini**, das im *Subak*-Tempel abgehalten wird. Unablässiger Bestandteil der Opfergaben sind dabei die *Jaja*, Reiskuchen, die es auf Bali in einer unüberschaubaren Fülle von Sorten und Farben gibt.

Pitra-Yadnya-Riten

In dieser Kategorie fassen die Balinesen alle Riten zusammen, die der Verehrung der Ahnen dienen. Das mit Abstand spektakulärste Ritual dieser Art ist die Leichenverbrennung, **Pengabenan** oder **Ngaben**.

Nach hinduistischer Vorstellung ist der Körper nur eine vergängliche und unreine Hülle für die zwar unsterbliche, aber ebenfalls unreine Seele. Nach dem Tod eines Menschen hält sich seine Seele noch so lange beim Körper auf, bis sich dieser in seine fünf Grundelemente aufgelöst hat: Erde, Luft, Feuer, Wasser und Atmosphäre. Je nach ihrem **Karma** wird die Seele im Himmel belohnt oder in der Hölle bestraft und anschließend zur Wiedergeburt entlassen. Bei überwiegend gutem *Karma* geschieht dies in einer besseren oder höheren Form, nach balinesischem Glauben meist sogar in derselben Familie wie im vergangenen Leben, bei schlechtem *Karma* in einer niedrigeren Form. Der Kreislauf von Tod und Wiedergeburt wiederholt sich so lange, bis die Seele rein genug ist, *Moksa* zu erlangen, die Vereinigung mit Gott, um von nun an im ewigen Frieden des Nirwanas zu leben.

Aufgabe der Angehörigen eines Toten ist es, der Seele die Gelegenheit zu verschaffen, sich so schnell wie möglich vom Körper zu befreien, d. h. den Körper den fünf Elementen zu übergeben. Dies erreicht man am besten durch die Verbrennung der Leiche, was für die meisten Balinesen allerdings ein großes Problem darstellt: Die begleitenden Rituale und Festlichkeiten sind aufwendig und kostspielig, sodass sich nur reiche Leute eine Verbrennungsfeier kurz nach dem Ableben eines Familienangehörigen leisten können. Auch hohe Priester werden gleich nach ihrem Tode verbrannt.

Die Mehrzahl der Familien ist gezwungen, ihre Toten erst zu begraben und mit der Kremation so lange zu warten, oft jahrelang, bis sie genug Geld gespart haben, sich einige Familien zu einer gemeinschaftlichen Verbrennungsfeier zusammengetan haben oder sich die Gelegenheit bietet, an der Zeremonie einer reichen Person teilzunehmen. Die eigentliche Verbrennung ist nur der Höhepunkt einer Serie komplexer Zeremonien, die schon Monate vorher beginnen und erst Wochen nach der Kremation beendet sind. Oft sind Hunderte von Menschen wochen- und monatelang mit den Vorbereitungen für den großen Tag beschäftigt, den ein Priester anhand des balinesischen Kalenders festlegt.

Der Leichnam eines Verstorbenen oder, wenn dieser lange beerdigt war, nur noch ein paar Knochen bzw. eine Ersatzfigur wird in einem Turm zum Verbrennungsplatz getragen. Der Turm *(Wadah)* ist eine aufwendig geschmückte, mit Stoffen und buntem Papier verkleidete Bambuskonstruktion, die wie ein Tempelschrein von einem mehrstufigen Dach gekrönt ist. Die Höhe des Turms richtet sich nach dem Stand bzw. der Kaste des Verstorbenen, nach den finanziellen Mitteln der Angehörigen und nach der Höhe der Strom- und Telefonleitungen, die den Weg zum Verbrennungsplatz überspannen. Oft baut man die Kabel auch einfach für diesen Tag ab.

Der *Wadah* wird mithilfe eines Bambusgerüsts von einer Gruppe junger Männer unter lautem Geschrei, ausgelassenem Gelächter und mit viel Hin- und Hergezerre, begleitet von einer fröhlichen Menge, im Zickzack durchs Dorf getragen – zum einen, um die Seele des Verstorbenen zu verwirren, sodass sie nicht mehr den Weg zurück nach Hause findet, zum anderen, um auch die bösen Geister davon abzuhalten, störend in das Geschehen einzugreifen. Die fröhliche Stimmung der Menge und der Angehörigen des Toten entspricht dem erfreulichen Ereignis, eine Seele endlich auf den Weg zu den Göttern zu schicken.

Mit dem *Wadah* wird auch der leere Kremations-Sarkophag *(Patulangan)* auf einem Bambusgerüst durchs Dorf getragen. Der **Patulangan** ist meist ein ausgehöhltes Stück Baumstamm, welches mit Stoffen und buntem Papier so verkleidet wird, dass es einen überdimensionalen Tierkörper darstellt. Je nach Kaste des Verstorbenen repräsentiert der Sarkophag eine weiße Kuh oder einen schwarzen Bullen für Angehörige höherer Kasten – oder einen geflügelten Löwen, einen Hirsch oder den Elefantenfisch für die niedere Kaste.

Auf dem Verbrennungsplatz *(Pamuhunan)*, der meist in der Nähe des *Pura Dalem* (Unterweltstempel) in der *Kelod*-Richtung (meerwärts) liegt, wird die Leiche bzw. die Ersatzfigur aus dem *Wadah* herausgeholt, mit heiligem Wasser übergossen und im Tiersarkophag untergebracht. Dann zündet man den Turm und den *Patulangan* an und in wenigen Minuten werden diese Produkte monatelanger Arbeit Opfer der Flammen. Wenn alles heruntergebrannt ist, sammelt man sorgfältig die weiße Knochenasche auf, um sie anschließend in einer festlichen Prozession dem Meer oder einem Fluss zu übergeben. Nun ist die Seele endgültig vom Körper befreit.

Um ihr den Aufstieg zur Götterwelt zu ermöglichen, sind noch eine ganze Reihe von abschließenden Riten erforderlich, die in der **Nyekah**-Zeremonie einige Wochen nach dem *Pengabenan* gipfeln. Dazu bastelt die Familie Figuren, die Körper und Seele des Verstorbenen symbolisieren. Die Figuren werden verbrannt – diesmal herrscht eine ruhigere Atmosphäre als bei der eigentlichen Kremation – und es folgt eine Prozession mit einem Miniatur-*Wadah* zum Meer bzw. zu einem Fluss. Die Asche wird ins Wasser gestreut, nun endlich ist die Seele auf dem Weg zu Gott.

Für die nächsten Angehörigen des Toten sind die Aktivitäten aber noch nicht beendet: Begleitet von weiteren Zeremonien muss im Familientempel ein neuer Schrein für den jetzt vergöttlichten Ahnen errichtet werden. Wie kann aber die Seele gleichzeitig wiedergeboren werden und ein göttlicher Ahne sein? Die Idee der Reinkarnation ist hinduistisch, also indischen Ursprungs, der vergöttlichte Ahne entspricht dagegen altmalaiischer, animistischer Anschauung. Doch für den Balinesen gibt es solche Widersprüche nicht: Die Seele kann eben beides.

Manusia-Yadnya-Riten

In die vierte Kategorie ordnet man jene Rituale ein, welche die einzelnen Lebensabschnitte eines heranwachsenden Balinesen von seiner Geburt bis zu seiner Heirat markieren (sogenannte Übergangsriten). Es sind meist kleinere Familienfeiern, die nach dem *Pawukon*-Kalender festgelegt werden. Fast immer sind Gäste willkommen, auch ausländische – vorausgesetzt, dass diese dem Anlass entsprechend gekleidet sind. Kleinere Geschenke werden gerne angenommen.

Wird ein Kind geboren, kommen gleichzeitig auch seine vier mythischen Geschwister zur Welt, die *Kanda Empat*: persönliche Schutzgeister, die sich in Fruchtwasser, Blut, Plazenta und Nabelschnur verkörpern und einen Balinesen bis an sein Lebensende begleiten. Allerdings erfüllen sie ihre Schutzfunktion nur, wenn ihnen die nötigen Opfer gebracht werden, andernfalls können sie sich auch in Dämonen verwandeln und Schaden anrichten. Die Nachgeburt wird gleich nach der Entbindung neben dem Eingang zum Gehöft begraben. Zwölf Tage nach seiner Geburt erhält das Baby einen vorläufigen Namen. Am 42. Tag nach der Geburt unterziehen sich Mutter und Kind einer **Reinigungszeremonie** – beide gelten bis dahin als unrein –, die von einer Familienprozession zum Badeplatz gekrönt wird. Das erste größere Fest findet am 105. Tag statt (ein halber *Pawukon*-Zyklus), wenn das Baby das erste Mal den Boden berühren darf. Allerdings muss es weiterhin ständig von jemandem getragen werden, denn ein Kind darf niemals auf dem (unreinen) Boden herumkrabbeln „wie ein Tier".

Die nächste große Feier wird nach 210 Tagen abgehalten, was einem kompletten *Pawukon*-Zyklus entspricht und so etwas wie ein **Geburtstag** ist. Das Kind und die *Kanda Empat* erhalten einen neuen Namen und ein Priester nimmt den ersten Haarschnitt vor. Eine festlich geschmückte, puppenähnliche Figur, quasi ein Abbild des Kindes, nimmt mit dem Kind an den Zeremonien teil, wird aber später als Ablenkungsmanöver für Übel verbreitende Dämonen auf die Straße geworfen.

Nach dem Eintritt in die Pubertät und möglichst noch vor der Hochzeit soll sowohl bei Mädchen als auch bei Jungen die **Zahnfeilungs-Zeremonie**, *Masangih* bzw. bei höheren Kasten *Mapandes*, vorgenommen werden. Dabei werden die sechs Vorderzähne des Oberkiefers gerade gefeilt – häufig begnügt man sich auch mit ein paar symbolischen Strichen mit der Feile –, um die Jugendlichen von den folgenden sechs Übeln zu befreien: Wollust, Habgier, Zorn, Trunksucht, Dummheit und Eifersucht. Um die immensen Kosten für die Zahnfeilungs-Zeremonie zu reduzieren, wird diese oft mit anderen Feiern kombiniert, oder mehrere Familien tun sich zusammen.

Die **Hochzeit** ist das letzte Ritual, das Eltern für ihre Kinder arrangieren müssen. In Bali kommt eine Heirat auf zwei verschiedene Arten zustande: Wenn die Heirat schon vorher zwischen Brauteltern und Eltern des Bräutigams verabredet worden ist, findet eine aufwendige Feier *(Madegen-degen)* im Haus oder Familientempel der Letzteren statt, deren Kosten sich die beiden Elternpaare teilen. Hierbei werden zeremoniell die Götter um ihren Segen für die Ehe und die daraus entspringenden Kinder gebeten. Die Brauteltern geben sich gespielt beleidigt über den „Diebstahl" der Tochter. Eine nur zwischen den Partnern und Eingeweihten verabredete Hochzeit *(Ngerorod* oder *Malaib)* wird wie ein Brautraub inszeniert. Mann und Frau suchen dabei einen privaten Raum, etwa das Haus von Freunden, auf und verbringen die Nacht miteinander. Die Frau kann danach nicht mehr als Tochter in das Haus ihrer Familie zurückkehren, welche nicht selten von dem Ereignis überrascht wird. Anschließend segnet ein Priester den Bund formell *(Makala-kalaan)* und man hält die Hochzeitsfeier in kleinem Rahmen ab. Die in diesem Fall wesentlich geringeren Kosten trägt der Vater des Bräutigams. Beide Hochzeitsarten finden ihr Ende in einem informellen Empfang, bei dem auch Freunde und entfernte Verwandte ohne besondere Kleiderordnung auftauchen, gratulieren und sich am Buffet gütlich tun dürfen.

Das zentrale Ereignis der Hochzeitsfeier ist ein von einem Priester durchgeführtes Ritual, mit dem das junge, festlich gekleidete Paar rituell gereinigt wird. Die Braut zieht immer zu ihrem Ehemann, ist also von nun an ein Mitglied seiner Familie und verehrt in Zukunft seine Familiengötter und seine Ahnen. Der Bräutigam hingegen wird endgültig zum Mann und übernimmt damit folgende Pflichten *(Pemanes)*: Gemeinschaftsarbeit, Tempeldienste und familiäre Verantwortung.

Das nächste große Fest für das Ehepaar ist dann wieder die **Geburt** seines ersten Kindes. Es ist Pflicht eines jeden Balinesen, Kinder zu haben, vor allem Söhne, damit die Verehrung der Ahnen auch in späteren Generationen nicht abreißt. Außerdem hofft man, dass die Ahnen in den eigenen Kindern wiedergeboren werden. Weiterhin kann ein Mann oft nur dann Mitglied des *Banjar*, des Dorfrates, werden, wenn er Vater geworden ist.

Bhuta-Yadnya-Riten

So wie die Balinesen in ständigem Kontakt mit ihren Göttern stehen, sind sie auch unablässig von böswilligen Dämonen umgeben. Das Gute kann ja nur zusammen mit dem Bösen existieren, beide Kräfte müssen lediglich im Gleichgewicht stehen. Um zu verhindern, dass die Dämonen die Oberhand gewinnen, sind besondere **Opferzeremonien** notwendig. Dies können einfache Speiseopfer sein, die man täglich in jedem Haushalt in Körbchen aus Bananenblättern auf den Boden legt, wo sich Dämonen mit Vorliebe aufhalten. Gleichzeitig gibt es ebenso einfache Opfer für die Götter, die man auf Altären platziert, welche sich meist in Kopfhöhe oder darüber befinden. Größere Opferzeremonien findet man in Form von spektakulären exorzistischen Ritualen, die inselweit zelebriert werden. Auch das bei Hahnenkämpfen vergossene Blut vermag die Dämonen zu besänftigen.

Die zwei in Bali gebräuchlichen Kalender weisen in regelmäßiger Folge bestimmte Tage auf, an denen die dunklen Mächte besonders aktiv sind, Tage, die folglich besondere Rituale zur Besänftigung der Dämonen erfordern. Ein solcher Tag ist **Kajeng Kliwon**, der nach dem *Pawukon*-Kalender bestimmt wird und sich alle 15 Tage wiederholt. Alle Familien stellen Opfergaben vor die Eingangspforte ihres Anwesens, um dieses zu schützen. Die magisch geladenen *Barong*- und *Rangda*-Masken, die man im Tempel aufbewahrt, werden an diesem Tag hervorgeholt und durchs Dorf getragen. Besonders Straßenkreuzungen und Friedhöfe sind von Dämonen bevölkert.

Barong ist ein Sammelbegriff für verschiedene Arten mythischer Wesen, die meist in Tierform auftreten, aber auch als menschenähnliche Riesen *(Barong Landung)*. Es gibt z. B. den *Barong Macan* (Tiger-*Barong*), den *Barong Bangkal* (Eber-*Barong*) und den am häufigsten anzutreffenden *Barong Ket*, ein löwenähnliches Fabelwesen. Unter dem Kostüm des *Barong* verbergen sich zwei Männer, der eine stellt die Hinterbeine, der andere die Vorderbeine dar. Der Vordermann trägt die riesige Maske und lässt deren Unterkiefer klappern. Ein *Barong* verfügt über gewaltige magische Kräfte, die er für gewöhnlich zugunsten der Menschen einsetzt. Aber es ist äußerste Sorgfalt geboten: Wird eine *Barong*-Maske falsch behandelt, kann sie ihre Kraft gegen den Menschen richten.

Von ähnlich großer Macht sind die *Rangda*-Masken. **Rangda** ist die Königin der Hexen, und ihre schwarze Magie wird gefürchtet. Ihr Aussehen ist schrecklich: Eine lange Zunge schaut zwischen spitzen Fangzähnen hervor. Sie hat lange Fingernägel, monströse, hin- und herpendelnde Brüste und eine dichte, verfilzte Mähne, die den ganzen Körper einhüllt. Obwohl *Rangda* die Personifikation übler Kräfte ist, kann sie auch in den Dienst der Menschen gestellt werden und das Dorf vor dämonischen Übergriffen schützen.

Häufig treten *Barong* und *Rangda* gemeinsam auf, namentlich im exorzistischen **Calonarang**-Ritual, der Aufführung eines Dramas um eine Witwe *(Rangda)* aus Ost-Java, deren Tochter niemand heiraten will. Von der Todesgöttin *Durga* mit magischer Kraft ausgestattet, richtet *Rangda* in ihrer Wut eine Menge Unheil an. Das Drama gipfelt in einem Kampf zwischen *Rangda* und *Barong*, bei dem keiner von beiden den anderen endgültig besiegen kann. Durch den Kampf wird aber das Gleichgewicht der gegensätzlichen Kräfte wieder hergestellt. Die magiegeladene Atmosphäre dieses Rituals führt oft dazu, dass Darsteller wie auch einige Zuschauer in Trance fallen. Der *Barong* wird von einer Gruppe junger Männer begleitet, seinen Helfern, die in Trance ihre Dolche *(Kris)* gegen ihre eigene Brust richten, sich aber selten dabei verletzen, selbst wenn sie heftig zustoßen.

Einmal im Jahr kurz vor und bei Neumond, wenn das *Saka*-Jahr zu Ende geht – meist im März – veranstaltet ganz Bali eine Reihe von sehenswerten *Bhuta-Yadnya*-Riten. Die Festivitäten beginnen mit den farbenfrohen **Melasti**-Prozessionen, wenn die **Pratima** sämtlicher Tempel zur rituellen Reinigung ans Meer oder zu einer Quelle getragen werden. *Pratima* sind kleine, hölzerne Statuen, in denen die Götter Platz nehmen, wenn sie zu einem Tempelfest eingeladen werden. Auf ihrem Weg zum Meer schützt man die *Pratima* mit bunten Zeremonialschirmen. Normalerweise nehmen auch die *Barong* an den Prozessionen teil.

Am letzten Tag des *Saka*-Jahres, meist gegen Mittag, werden in jedem Dorf in einer großen Zeremonie spezielle Opfergaben für die Dämonen an der Hauptstraßenkreuzung niedergelegt. Abends erreicht das Fest seinen Höhepunkt in der **Ngerupuk**-Zeremonie, wenn die Kinder und Jugendlichen des Dorfes mit Lärm erzeugenden Gegenständen und Fackeln unter viel Geschrei und abbrennenden Knallkörpern durch die Dorfstraßen ziehen. Wichtigste Teilnehmer dieser Umzüge sind riesige **Ogoh-Ogoh**-Monster, fantasievolle Gestalten aus Bambus, Holz und Pappmaschee, die von jungen Männern eines jeden *Banjar* hergestellt und mithilfe von Bambusgerüsten getragen werden. An allen Kreuzungen und Abzweigungen werden die *Ogoh Ogoh* hin- und hergezerrt und mehrmals um die eigene Achse gedreht. Das alles dient dazu, die bösen Geister und Dämonen aus dem Dorf zu vertreiben.

Der nächste Tag, das balinesische Neujahr (**Nyepi**), ist ein Tag der Stille: Jegliche Aktivität ist verboten, niemand darf auf die Straße (das gilt auch für Touristen). Es darf weder gekocht noch Licht gemacht werden. Man hofft, dass eventuell zurückkehrende Dämonen glauben, die Insel sei verlassen, und deshalb wieder abziehen. Für die Balinesen ist der Tag eine Gelegenheit zu innerer Einkehr und Meditation.

Der balinesische Tempel (Pura)

Der balinesische Tempel ist kein geschlossenes, überdachtes Gebäude, sondern ein meist rechteckiger, offener Platz, der von einer Mauer umgeben ist. Das kommt auch in der Bezeichnung **Pura** zum Ausdruck, ein Sanskrit-Wort, das „befestigte Stadt" bedeutet und in vielen Ortsnamen vorkommt (z. B. Jaipur, Singapur, Kuala Lumpur). Nebenbei bemerkt: Einen Palast bezeichnen die Balinesen als *Puri*, was die gleiche Bedeutung hat.

Weiterhin gibt es im Tempel keine Götterstatuen, die im Mittelpunkt der Verehrung stehen. Balinesische Gottheiten sind unsichtbar und leben in himmlischen Sphären oberhalb der Berggipfel. Nur bei Tempelzeremonien lassen sie sich herab, um für ein paar Tage in den ihnen zugedachten Schreinen eines Tempels zu Gast zu sein.

Mauern und Tore

Der Tempelbezirk ist ein heiliger, spirituell reiner Ort, eine Stätte der Begegnung zwischen Men-

Der balinesische Tempel

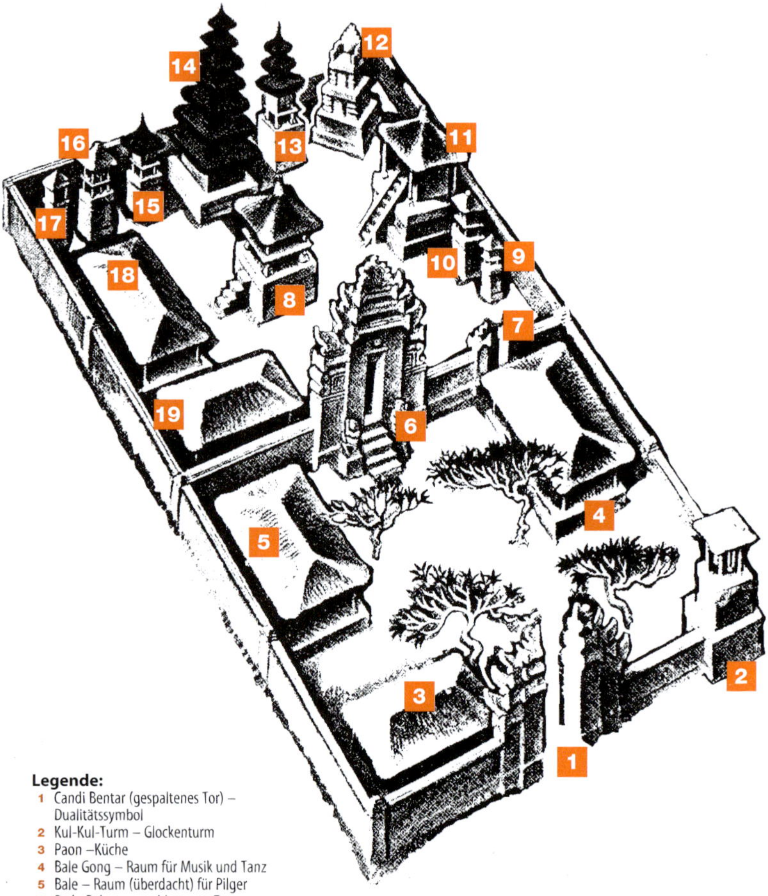

Legende:

1 Candi Bentar (gespaltenes Tor) – Dualitätssymbol
2 Kul-Kul-Turm – Glockenturm
3 Paon –Küche
4 Bale Gong – Raum für Musik und Tanz
5 Bale – Raum (überdacht) für Pilger
6 Padu Raksa – geschlossenes Tor (Eingang zum Göttergelände)
7 Seiteneingang
8 Paruman oder Pepelik – Rastraum für die Götter und Ahnenseelen mit Opferplattform
9 Ngrurah gede – Schrein für Götterdiener
10 Ngrurah alit – Schrein für Götterdiener
11 Gedong pesimpangan – Besuchsplatz für die Seelen der Dorfgründer
12 Padmasana – Thron des Sonnengottes Surya (Rücken immer zum Gunung Agung gerichtet)
13 Schrein für den vergöttlichten Gunung Agung
14 Meru – Schrein des Sang Hyang Widhi
15 Schrein für den vergöttlichten Gunung Batur
16 Maospait – Schrein für die Siedler aus Majapahit (Ost-Java)
17 Taksu – Schrein für den Vermittler zwischen Menschen und Göttern (Übersetzer)
18 Raum für Opfergaben
19 Raum für Opfergaben

schen und Göttern. Die Mauer hat die Funktion, diesen Bezirk von der unreinen Außenwelt abzugrenzen, die von üblen Dämonen bevölkert wird. Die architektonisch aufwendigsten und beeindruckendsten Teile eines Tempels sind die Tore, durch die man einen Tempel betritt und welche die einzelnen Höfe des Heiligtums miteinander verbinden.

Es gibt zwei Typen von Tempeltoren. **Candi Bentar**, das gespaltene Tor, sieht aus wie eine in der Mitte glatt durchgeschnittene, schlanke Stufenpyramide, deren identische Hälften auseinandergerückt sind. Das zweite Tor wird **Kori Agung** oder *Padu Raksa* genannt. Es ähnelt dem *Candi Bentar*, ist aber oben geschlossen und lässt nur einen schmalen Durchgang frei, der von einer hölzernen Tür versperrt wird. Meist führen Treppenstufen zu den Toren hinauf, die von steinernen Dämonen oder, bei Unterweltstempeln, von Hexen flankiert werden. Diese Statuen, ebenso wie die in die Tore eingemeißelten Fratzen haben die Aufgabe, draußen auf der Lauer liegenden, bösen Geistern und übelwollenden Dämonen den Eintritt zu verwehren. Zusätzlich kann sich gleich hinter dem Durchgang noch eine kurze Mauer befinden, um die man herumgehen muss, um in den heiligen Bezirk zu gelangen. Dämonen rennen sich hier die Köpfe ein, denn sie sind nicht in der Lage, links oder rechts abzubiegen.

Das Tempelinnere

Die meisten Tempel bestehen aus drei Höfen, dem Vorhof *Jaba*, meerwärts *(Kelod)* ausgerichtet, dem mittleren Hof *Jaba Tengah* und dem Allerheiligsten oder Tempelinneren *Jeroan*, das immer bergwärts *(Kaja)* gelegen ist. Oft sind auch nur zwei ummauerte Höfe vorhanden, dann übernimmt der Tempelvorplatz die Funktion des *Jaba*.

In vielen Tempeln ist der Vorplatz von einem riesigen *Banyan*-Baum aus der Familie der Feigen überschattet.

Gebäude im Tempelvorhof

- ein Turm für die **Kul Kul**, die hölzerne Schlitztrommel, die geschlagen wird, um die Leute zu den Vorbereitungen für ein Tempelfest zu versammeln,
- ein oder mehrere offene Pavillons, die als **Paon** (Küche) fungieren, wo die Speiseopfer zubereitet werden. Frauen kochen den Reis und backen die Reiskuchen, Männer kümmern sich um die Fleischgerichte,
- die Hahnenkampfarena **Wantilan**, eine auf allen Seiten offene, quadratische Halle, die von einem zwei- oder dreistufigen, pagodenartigen Dach bedeckt ist. Hahnenkämpfe gelten als Blutopfer für solche Dämonen, die sich überwiegend in Bodennähe aufhalten.

Gebäude im Jaba Tengah

- das **Bale Agung**, die offene Versammlungshalle des Dorfrates, die man aber nur im Dorftempel (Pura Desa) findet, der deshalb auch oft Pura Bale Agung genannt wird,
- das **Bale Gong**, in dem bei Tempelfesten die Mitglieder des Gamelan-Orchesters mit ihren Instrumenten untergebracht werden,
- mehrere offene *Bale*, in denen die Teilnehmer eines Tempelfestes Platz nehmen können.

Gebäude im Jeroan

- **Palinggih** nennt man die in Reihen angeordneten Schreine, in denen die speziell in diesem Tempel verehrten Gottheiten während eines Festes residieren. Sie haben oft einen mehrstufigen, pagodenartigen Überbau *(Meru)*, der den Götterberg *Mahameru* symbolisiert. Die Anzahl der übereinander geschichteten, sich nach oben verjüngenden Dächer *(Tumpang)* – immer eine ungerade Zahl von eins bis elf – richtet sich nach der Rangordnung der Götter,
- **Pasimpangan** sind Schreine für die Gottheiten aus anderen Tempeln, die hier keinen eigenen *Palinggih* haben, aber gelegentlich zu Besuch kommen,
- **Panimpanan** sind geschlossene Schreine *(Gedong)*, in denen magiegeladene Gegenstände aufbewahrt werden, z. B. Steine, Masken und *Pratima*, kleine Figuren, die von Göttern beseelt sein können,
- **Bale Paruman** sind offene Pavillons, in denen die dekorativen Opfergaben aufgestellt werden, damit die Gottheiten deren Essenz in Empfang nehmen können,

- **Bale Pewedaan** ist der erhöhte Sitz für den Brahmanen-Priester, *Pedanda*, der die Rituale leitet und die Gemeinde mit heiligem Wasser besprengt,
- **Padmasana** (oder *Sanggar Agung*), der Lotusthron, ist ein steinerner Sessel auf einer Säule, dessen Rückenlehne immer auf den Gunung Agung ausgerichtet ist. Hier nimmt bei Festen der eine Gott Sanghyang Widhi Platz, oft in einer Inkarnation als Shiva oder als Sonnengott Surya. Der *Padmasana* symbolisiert den balinesischen Kosmos: Den Sockel bildet die Weltenschildkröte *Bedawang*, umschlungen von den zwei Urschlangen *Basuki* und *Antaboga*. Der Steinsitz ist das Götterreich, dazwischen liegt die Welt der Menschen.

Insel der 10 000 Tempel

Noch niemandem ist es gelungen, die Anzahl aller balinesischen Tempel präzise anzugeben. Rechnet man sämtliche Haus- und Familientempel hinzu, müssen es Zigtausende sein. Tempel findet man überall: auf Bergen und Hügeln, in Höhlen, an der Küste, an Seen, Flüssen und Quellen, in Wäldern, Dörfern und Städten, zwischen den Reisfeldern und auf Marktplätzen.

Der Standort eines Tempels ist nicht etwa willkürlich gewählt, sondern bezieht sich entweder auf die an diesem Platz verehrten Gottheiten oder hängt vom jeweiligen Kreis der Personen ab, die den Tempel für ihre speziellen kultischen Zwecke errichtet haben. Entsprechend lassen sich die Tempel auf Bali in verschiedene Kategorien einteilen.

Obligatorisch für jedes Dorf *(Desa)* sind die **Kahyangan Tiga**, die drei Dorftempel: **Pura Puseh**, Gott Vishnu, dem Erhalter und Spender des lebensnotwendigen Wassers, geweiht, liegt fast immer am oberen Ende des Dorfes in Richtung der Berge *(Kaja)*, von wo das Wasser kommt. **Pura Desa**, auch Pura Bale Agung genannt, ist der ursprüngliche Tempel der Dorfgründer. Er liegt im Dorfzentrum und ist dem Schöpfergott Brahma, dem Hüter des (Küchen-)Feuers, geweiht. Der Pura Desa enthält immer eine Versammlungshalle *(Bale Agung)* für die regelmäßigen Sitzungen der Dorfgemeinschaft. **Pura Dalem**, der Unterweltstempel, liegt immer außerhalb des Dorfes an seinem unteren Ende in Richtung Meer *(Kelod)* und ist Gott Shiva bzw. seiner Gemahlin (Shakti) in ihrer Manifestation als Durga, der Göttin des Todes, geweiht. In seiner Nähe liegen der Beerdigungs- und der Verbrennungsplatz.

Die meisten Heiligtümer gehören zur Gruppe der **Familientempel**, die unablässiger Bestandteil des typischen balinesischen Gehöfts oder Wohnanwesens sind: Pura Sanggah nennt man die Tempel für die Ahnen einfacher Familien, die höher gestellten Adelsfamilien verehren ihre Ahnen in den Pura Pamerajan. Größere Familiengruppen errichten Clan-Tempel, die Pura Dadya, Pura Kawitan, Pura Perwiti, Pura Ibu, Pura Paibon oder Pura Panti genannt werden, je nach Größe und Einfluss des Clans.

Die Reisbauern sind in *Subak* organisiert, Gemeinschaften, die von ein und demselben Bewässerungssystem abhängen. Die *Subak* verehren die Reisgöttin Dewi Sri in speziellen Tempeln, die als Pura Subak, Pura Bedugul oder Pura Ulun Siwi bekannt sind. Ebenso haben die Fischer ihre eigenen Tempel, die dem Meeresgott geweiht sind, die Pura Segara, während die Händler und Marktfrauen die Göttin des Reichtums und des Handels in den Pura Melanting verehren. Aus der Zeit, als Bali noch in verschiedene Königreiche unterteilt war, stammen die sogenannten Reichstempel, die Pura Prasada, die Pura Candi und die Pura Penataran, wo die Könige ihre Vorfahren, die Dynastiegründer, als vergöttlichte Ahnen verehrten.

Die wichtigsten Heiligtümer

Die wichtigsten und heiligsten Tempel der Insel, die von allen Balinesen in gleichem Maße verehrt werden, sind die **Sad Kahyangan** (*Sad* = sechs, *Kahyangan* = Tempel). Es gibt mehrere Listen, die jeweils sechs Tempel aufführen, aber nicht in allen Punkten identisch sind. Am häufigsten aufgelistet sind:

- **Pura Besakih**, am Fuße des Gunung Agung
- **Pura Luhur Lempuyang**, auf dem Gunung Seraya, ganz im Osten der Insel
- **Pura Luhur Batukaru**, am Fuße des Gunung Batukaru in West-Bali

Die mehrstufigen Tempelbauten symbolisieren den heiligen Berg Meru, das Zentrum der Welt.

- **Pura Goa Lawah**, die Fledermaushöhle zwischen Kusamba und Padang Bai, an der Südküste Ost-Balis
- **Puru Luhur Uluwatu**, ganz im Süden von Bali auf der Bukit-Halbinsel
- **Pura Pusering Jagat**, in Pejeng im Distrikt Gianyar in der Umgebung von Ubud

Kunsthandwerk

Besucher sind immer wieder vom Reichtum der künstlerischen Formen und Ausdrucksmittel auf Bali überrascht. Miguel Covarrubias und Theo Meier, selbst zwei angesehene Künstler, waren sicher nicht die einzigen, die – der eine 1937, der andere 1975 – zu dem Schluss kamen, „jeder Balinese ist ein Künstler". Wie man selbst feststellen kann, gibt es kaum einen Balinesen oder eine Balinesin, der oder die nicht irgendwie künstlerisch tätig ist. Schon in frühester Kindheit nehmen Balinesen an allen Aktivitäten ihrer Eltern teil. Kreative sowie religiöse Betätigung ist ebenso alltäglich wie die Arbeit im Haus oder auf den Reisfeldern. Alltag, Arbeit, Kunst und Religion bilden eine untrennbare Einheit, wobei der Antrieb zur Kunst die Religion ist, der Dienst an der Gottheit. Tempel werden mit Skulpturen und Reliefs verziert und zum alljährlichen *Odalan* mit aufwendig gearbeiteten Opfergaben geschmückt, um die Götter, die bei allen Zeremonien unsichtbar anwesend sind, zu verehren und zu unterhalten. Denn was den Menschen gefällt, das erfreut auch die Götter, und die Balinesen schätzen die technische Präzision und das bis ins Feinste ausgearbeitete Detail am meisten an ihrer Kunst.

Balinesische Künstler sind in erster Linie Handwerker, die gelegentlich individuell, meist aber in Gruppen arbeiten. Sie dienen der Gesellschaft und ihrem Kult und drücken in ihrer Kunst nicht ihre Persönlichkeit, sondern ein gemeinschaftliches Weltverständnis aus. Die balinesische Sprache hat nicht einmal Worte für Kunst und Künstler, dagegen wird sehr genau unterschieden zwischen Maler, Holzschnitzer, Bildhauer, Maskenbildner, Waffenschmied, Kunstschmied, Musiker, *Topeng*-Tänzer, *Jauk*-Tänzer usw. Auch wenn ein besonders begabter Künstler ein angesehenes Mitglied seiner Dorfgemeinschaft wird und vielleicht sogar darüber hinaus inselweite Berühmtheit erlangt, bleibt er ein Mensch wie jeder andere und geht weiterhin seinem Hauptberuf nach, meist dem des

Balinesische Holzschnitzer beeindrucken mit atemberaubender Fingerfertigkeit und filigranen Werken.

Reisbauern. Erst wenn seine Kunstfertigkeit benötigt wird, ruft ihn die Gemeinschaft, damit er seinen Beitrag zum gemeinsamen Kunstschaffen leisten kann.

Balinesische Kunst ist entweder von vornherein für den sofortigen Nutzen bestimmt oder äußere Einflüsse beschränken die Lebensdauer eines Kunstwerks auf kurze Zeit. Geflochtene Opfergaben verwelken in einem Tag, fantasievolle Kremationstürme sind in wenigen Minuten zu Asche verbrannt, Malereien und Holzskulpturen werden schnell Opfer des feuchten Klimas, des Schimmelpilzes und der Termiten. Selbst die Skulpturen und Reliefs aus den weichen, vulkanischen Tuff- und Sandgesteinen der Insel verwittern in wenigen Jahren, werden vom Regen zerfressen und von Moos und Flechten überwachsen. Es besteht also ein ständiger Bedarf an neuen Kunstwerken, der die Produktion nie abreißen lässt.

Über die Jahrtausende haben sich die verschiedensten Einflüsse und Stile aus Indien, China und Java mit altbalinesischen Kultelementen vermengt und eine einzigartige Volkskunst hervorgebracht, die noch heute so lebendig ist wie vor Hunderten von Jahren. Neue Kunstformen werden schnell assimiliert, vorausgesetzt, dass sie dem Geschmack der Balinesen entsprechen und in ihr Weltbild passen. Hat ein einzelner Künstler eine neue Idee publik gemacht, die allgemein Gefallen und Anerkennung findet, wird diese Idee im Handumdrehen von vielen anderen kopiert. Modernes und Altüberliefertes stehen so im heutigen Kunstschaffen der Insel gleichrangig nebeneinander.

Kunstgeschichte

Vor- und Frühzeit

Die frühesten Zeugnisse balinesischer Kunst, zu bestaunen im Archäologischen Museum von Pejeng bei Ubud, stammen noch aus dem letzten vorchristlichen Jahrtausend: megalithische Kultobjekte (z. B. Stein-Sarkophage) und Schmuck, Waffen und Zeremonialgegenstände aus Bronze.

Das berühmteste Beispiel bronzezeitlicher Kunst ist der „**Mond von Pejeng**", eine fast 2 m hohe Kesseltrommel, die mit in Tiefrelief gearbeiteten Ornamenten reich verziert ist. Auf der Schlagplatte erkennt man einen achtstrahligen, zentralen Stern, umgeben von einem Muster ineinander verschlungener Doppelspiralen. Die Seiten zeigen rundum laufende Reihen von kleinen, spitzen Dreiecken, ein Muster, das als *Tumpal*- (Speerspitzen-) Motiv noch heute in vielen balinesischen Flechtarbeiten und in der javanischen Batik vorkommt. Zwischen den Griffen des Kesselgongs schauen Paare menschlicher Gesichter mit großen, magisch anmutenden Augen herab, die Ohrläppchen lang gezogen von schweren Ohrringen, wie es bei einigen Völkern auf Borneo der Brauch ist.

Man nimmt an, dass die Balinesen der Bronzezeit schon die Kunst des Webens und Töpferns beherrschten. Wahrscheinlich hat auch das **Wayang Kulit**, das Schattenspiel, seinen Ursprung in jener Zeit. Die Schatten flacher Lederpuppen, die sich auf der von hinten erleuchteten Leinwand bewegen, verkörperten die Ahnen, mit denen man auf diese Weise Kontakt aufnehmen konnte. Mit der Verbreitung des Hinduismus änderten sich zwar die Inhalte des *Wayang Kulit*, denn nun führt man Episoden aus den großen indischen Epen *Ramayana* und *Mahabharata* auf, doch erfreut sich diese Kunstform ungetrübter Beliebtheit.

Es ist nicht zu übersehen, dass das *Wayang Kulit* die traditionelle Malerei mit ihrer zweidimensionalen Darstellungsweise beeinflusst hat. Deshalb bezeichnet man diese Malerei als *Wayang*-Stil oder, nach dem Ort, wo die traditionelle Malerei noch immer ausgeübt wird, als *Kamasan*-Stil.

Mindestens ebenso alt wie das Schattenspiel ist das **Cili-Motiv**, eine stark stilisierte weibliche Figur, Symbol für Nini Pantun, die vorhinduistische Reismutter bzw. für Dewi Sri, die Reisgöttin des hinduistischen Pantheons. *Cili* haben oft die Form einer Sanduhr: zwei mit den Spitzen aufeinandergestellte, gleichschenklige Dreiecke. Das untere Dreieck bildet den Körper, das obere den Kopf mit einem großen, fächerförmigen Kopfschmuck. Auf den Reisfeldern, kurz vor der Ernte, werden *Cili*-Figuren einfach dargestellt, indem man ein Bündel noch stehender Reishalme in der Mitte zusammenbindet. Die eng geschnürte Mitte ist die schmale Hüfte der Figur, die unteren Teile streben konisch auseinander und bilden das Gewand, die oberen Enden der Halme sind zu einer Dreiecksform geflochten und mit Stücken von Palmblättern versehen, wodurch der Figur eine Art Gesicht gegeben wird.

Das *Cili*-Motiv zählt zu den gebräuchlichsten Symbolen in der dekorativen Kunst auf Bali. Es findet sich gemalt, geschnitzt, getöpfert, gewoben, geflochten oder in Metall gehämmert, es wiederholt sich in unzähligen Arten von Opfergaben und ziert fast jedes *Lamak*, die aus Palmblättern geflochtenen, schmalen, rechteckigen Altarbehänge.

Die Ausbreitung von Hinduismus und Buddhismus

Hinduistisches und buddhistisches Gedankengut verbreitete sich im ersten nachchristlichen Jahrtausend in ganz Südostasien und erreichte auch die Insel Bali, zum großen Teil auf dem Umweg über Java. Zwischen dem 8. und 14. Jh. entstand eine ganze Reihe von Kunstwerken aus Stein, die teils deutlich an indischen Vorbildern orientiert sind, teils schon ostjavanische Züge tragen, teilweise aber auch einheimische Vorstellungen zum Ausdruck bringen. Die meisten dieser Werke, vollplastische Götterstatuen und Felsenreliefs, sind in der Gegend um Pejeng und Bedulu (beides Zentral-Bali) und beiderseits des nahen Pakrisan-Flusses entdeckt worden, dem Zentrum des frühesten balinesischen Königreichs (Warmadewa-Dynastie).

Eine sehenswerte Sammlung von Steinstatuen dieser Epoche steht in einem Tempel am Gunung Penulisan (nahe Kintamani, Gunung Batur), andere Werke findet man in den Tempeln um Pejeng und Bedulu, und natürlich gehören auch die Goa Gajah (die Elefantenhöhle), das Felsenrelief von Yeh Puluh und die Felsen-Candi von Gunung Kawi zu den Kunstwerken jener Zeit.

Die Majapahit-Epoche

Im Jahre 1343 fiel Bali unter die direkte Herrschaft des ostjavanischen Majapahit-Reiches, das einen Vasallen als Verwalter der Insel einsetzte, der seinen Hof in **Gelgel**, in der Nähe des heutigen Semarapura, etablierte. Den zahlreichen Dokumenten aus jener Zeit ist zu entnehmen, dass die ostjavanischen Herrscher großen Wert darauf legten, nicht nur politische Kontrolle auszuüben, sondern auch ihre Kultur, einen javanischen Hinduismus, zu verbreiten.

Der königliche Hof von Gelgel wurde zu einem Zentrum der Kunst. Ganze Künstlerkolonien ließ der Herrscher in seiner Nähe ansiedeln, Sanskrit- und altjavanische *Kawi*-Texte wurden ins Balinesische übersetzt und kopiert, und es gab öffentliche Theater- *(Wayang-)* Aufführungen und Tanzdarbietungen, die von großen Orchestern begleitet wurden.

In der ornamentalen Kunst, die vor allem im überreichen, barocken Ausschmücken der Tempel und Paläste zum Ausdruck kam (und heute noch kommt), zeigte sich die Tendenz, neben religiösen Themen und Szenen aus dem *Mahabharata* oder *Ramayana* auch Erscheinungen aus dem Alltag, erotische Begebenheiten sowie Fabelwesen, Tier- und Dämonengestalten abzubilden, eingebettet in üppig wucherndes Pflanzen- und Rankendekor, das jede noch so kleine, verfügbare Fläche bedeckt.

Der javanische Kultureinfluss bekam neuen Antrieb, als zwischen Ende des 15. und Anfang des 16. Jhs. der gesamte Majapahit-Hofstaat auf der Flucht vor der Islamisierung von Java nach Gelgel übersiedelte. Doch nach nur kurzer Blütezeit zerfiel die Gelgel-Dynastie in zahlreiche kleine und voneinander unabhängige Fürstentümer.

Die überall auf der Insel verstreuten Höfe formten ihrerseits wieder neue Zentren künstlerischer Aktivität. Nach und nach gewann so die Majapahit-Kunst, inzwischen bereits stark balinesisch modifiziert, in den Dörfern an Einfluss. Damit setzte ein Prozess ein, in dessen Verlauf eine anfangs rein höfische Kunst zu einer echten Volkskunst reifte. Nach der Machtergreifung der Holländer wurden die Fürstenhöfe zur Bedeutungslosigkeit degradiert, die Kunst florierte aber in den Dörfern weiter.

Das frühe 20. Jahrhundert

In diesen Jahren wurden balinesische Künstler mit einer Reihe weitreichender Veränderungen und Neuerungen konfrontiert. Aufträge durch die machtlosen Fürsten blieben aus, wurden aber durch Aufträge der holländischen Verwaltung ersetzt, die sich bemühte, die balinesische Kultur zu erhalten. Die großen Gamelan-Orches-

Der Kris (Keris)

Die Schmiedekunst des Archipels feiert ihre höchsten Triumphe bei der Herstellung des *Kris*, des Dolches mit der geflammten oder geraden, zweischneidigen Klinge, deren Oberfläche eine besondere, nur im indonesischen Raum bekannte Art von Damaszierung *(Pamor)* aufweist.

Es ist unbekannt, wann diese Kunst entstanden ist. Auf den Reliefs des Borobudur-Tempels auf Java taucht der *Kris* noch nicht auf. Erst am später errichteten Candi Penataran (Ost-Java) ist er abgebildet. Chinesische Quellen aus jener Zeit (Majapahit) berichten von der auf Java üblichen Sitte, einen *Kris* zu tragen. Das älteste erhaltene Exemplar stammt aus dem Jahre 1342 und ähnelt stark dem heutigen Typ. Es ist bereits so kunstvoll gearbeitet, dass dieses Handwerk schon zu jener Zeit lange bekannt und hoch entwickelt gewesen sein muss.

Das Schmieden des *Kris*, der mehr als nur eine Waffe ist, gilt als weihevolle Handlung, die ein aufwendiges Zeremoniell begleitet. In hohem Ansehen stehen daher die Waffenschmiede *(Pande Wesi)*, deren Stellung fast der eines Priesters gleichkommt. Vom Vater auf den Sohn werden für gewöhnlich die Herstellungsgeheimnisse vererbt, die eine Reihe komplizierter Schmiedevorgänge umfassen.

Viele Lagen von Nickeleisen, ursprünglich aus Meteoriten gewonnen, und gewöhnlichem Eisen werden zusammengeschmiedet, um so die Verzierungen in die Klinge einzuarbeiten, die aber erst nach abschließender Ätzung des Nickelstahls sichtbar werden. Es ist also eine Arbeit, die viel Erfahrung voraussetzt. Weiterhin muss der Schmied ein überdurchschnittliches Wissen von mythologischen und religiösen Zusammenhängen haben, denn die Zeichnungen und Figuren sind bedingt durch ihre magisch-zeremonielle und soziale Bedeutung.

Die Klingen, gerade (Ruhezustand) oder gewellt (Bewegung), symbolisieren das Urbild der mythischen Schlange *Naga*. Auch die Verzierungen zeigen am häufigsten Schlangen, aber auch *Kala*-Figuren, *Garuda*- oder Blattmotive. Als Griff (aus Gold, Silber, Elfenbein, Horn, Stein oder Holz) finden sich, manchmal bis zur Unkenntlichkeit stilisiert, Götter- und Vogelgestalten oder Dämonenfiguren, um böse Kräfte abzuwehren. Zur Waffe gehört unbedingt die Scheide, die in der Regel einfach gehalten ist, etwa aus poliertem Edelholz, die aber auch mit prunkvollem Goldschmuck verziert sein kann.

Ein besonders magisch „geladener" *Kris* führt ein regelrechtes „Eigenleben" und trägt sogar meistens einen eigenen Namen. Durch seine magische Kraft sichert er die Macht eines Fürsten und übernimmt zudem die Rolle seines „Stellvertreters": Begibt sich der Fürst auf Reisen oder Pilgerfahrt, kann er den *Kris* als Symbol seiner Herrschaft über sein Land zurücklassen, und niemand würde an der stellvertretenden Macht des *Kris* zu zweifeln wagen.

Vicki Baum berichtet in ihrem Roman *Liebe und Tod auf Bali* von einem Fürsten, der aufgrund seiner Leidenschaft für Kampfhähne nicht zu seiner eigenen Hochzeit kommen wollte und stattdessen stellvertretend seinen *Kris* hinbringen ließ. Solch mächtige Waffen werden als sakrale Erbstücke betrachtet, denen man besondere Verehrung und Opfergaben darbringt. Mancher Dolch ist mit einem bösen Fluch beladen und stürzt seinen Träger ins Unglück. Legt ein Mann seinen *Kris* nachts unter sein Kopfkissen, dann ist die Waffe in der Lage, je nach Art ihrer Magie, ihm gute oder böse Träume zu bescheren.

Heutzutage gibt es nur noch wenige *Kris*-Schmiede. Schon seit Ende des 19. Jhs. haben immer mehr berühmte Schmiedefamilien, die alle ihr spezielles *Pamor*-Design als eine Art Markenzeichen hatten, ihr traditionelles Handwerk aufgegeben.

ter der Höfe *(Gong Gede)* wurden von den Musikgruppen der *Banjar* und Dörfer übernommen, die sich bislang meist mit einem Bambus-Gamelan begnügt hatten. Diese reduzierten die Anzahl der Instrumente und formten sie nach eigenem Geschmack um, wodurch eine völlig neue Art des Gamelan-Orchesters entstand, das *Gong Kebyar*. So veränderte sich auch die balinesische Musik, sie wurde lebhafter und dynamischer, ganz im Gegensatz zu dem getragenen, verfeinerten Stil der Höfe, der noch heute für das javanische Gamelan typisch ist. Gleichzeitig wurden viele neue Tänze kreiert.

Die ersten Touristen kamen nach Bali und begannen, Holzschnitzereien zu kaufen, und schon Ende der 1930er-Jahre gab es eine Massenproduktion von Holzstatuen. Zum ersten Mal arbeiteten balinesische Künstler nicht im Dienste der Gemeinschaft, sondern um Geld zu verdienen. Der Beruf des Künstlers war geboren.

Der größte Wandel in der Orientierung der Kunst erfolgte auf dem Gebiet der **Malerei**. Bis dahin hatte sich die traditionelle Malerei (*Wayang*-Stil) darauf beschränkt, nach strengen Regeln Themen aus der Hindu-Mythologie (*Mahabharata* und *Ramayana*) darzustellen, oft mehrere Szenen auf einem Gemälde. Diese Werke dienten ausschließlich der Dekoration von Palästen und Tempeln. In den frühen Jahrzehnten des 20. Jhs. lernten die Maler erstmals, mit europäischen Malutensilien umzugehen. Zudem war die Insel von westlichen Malern entdeckt worden, die oft jahrelang unter den Balinesen lebten und die lokalen Künstler mit westlichen Maltechniken vertraut machten.

Plötzlich wurde eine Reihe neuer Stile ins Leben gerufen. Zentren der „modernen" Malerei waren vor allem die Dörfer Ubud, Batuan (Zentral-Bali) und Sanur (Süd-Bali). Zu den traditionellen Motiven, die jetzt auch mit modernen Techniken ausgeführt wurden, gesellten sich zum ersten Mal Themen aus Alltag und Natur. Die szenischen Darstellungen (dörfliches Leben, religiöse Feste, Episoden aus Volksmärchen) waren nun umgeben von der üppigen Natur der Insel, mit Dschungel, Vulkanen und Reisterrassen. Jedes Blatt, jedes Insekt wurde bis ins Detail minuziös ausgearbeitet. Erstmalig signierten balinesische Maler in dieser Zeit ihre Bilder.

Welche Impulse für diesen revolutionären Umschwung von den Balinesen selbst ausgingen und wie groß dabei der Einfluss der europäischen Maler war, konnte nie ganz geklärt werden. Fest steht, dass keines der balinesischen Gemälde des neuen Stils einfach nur westliche Vorbilder kopiert. Auch wenn sich Maltechnik und Thematik weiterentwickelt haben, ist doch jedes Werk sofort als balinesische Kunst zu erkennen.

Von den vielen westlichen Künstlern, die Bali besuchten und teilweise jahrelang dort lebten, haben sich vor allem der holländische Maler **Rudolf Bonnet** (1895–1978) und der deutsche Maler und Musiker **Walter Spies** (1895–1942) sehr um die Erhaltung und Förderung balinesischer Kunst bemüht. Spies ließ sich 1927 in Ubud nieder, zwei Jahre später wurde Bonnet sein Nachbar. Neben ihrer eigenen Arbeit beschafften sie ihren balinesischen Kollegen westliche Malutensilien und erklärten und demonstrierten deren Gebrauch. Sie sammelten balinesische Kunstwerke aller Art und arrangierten internationale Ausstellungen, um der balinesischen Kunst einen größeren Markt zu erschließen.

1936 gründeten die beiden Europäer zusammen mit **Cokorda Gede Agung Sukawati**, dem Prinzen von Ubud, und **I Gusti Nyoman Lempad**, einem vielseitig talentierten Künstler, die Künstlervereinigung **Pita Maha**. Diese Organisation, die bald mehr als 100 Mitglieder aus ganz Zentral-Bali zählte, erwies sich als enorm fruchtbar. Regelmäßige Treffen dienten dem Ideenaustausch, der gegenseitigen Inspiration sowie einer Qualitätskontrolle. Ausstellungen in Europa und Amerika förderten den Verkauf der Arbeiten.

Lempad, einer der Initiatoren von Pita Maha, war schon in den 1920er-Jahren bekannt und berühmt als meisterlicher Schnitzer, Bildhauer, Architekt und Schöpfer von *Barong*-Masken und Verbrennungstürmen. Er war bereits über 60 Jahre alt, als er Walter Spies kennenlernte und dieser ihn mit Tusche und Papier bekannt machte. In den nächsten Jahrzehnten produzierte Lempad unzählige Tuschezeichnungen in einem unverkennbaren, in der Tradition wurzelnden Stil, von denen viele nun in Museen auf der ganzen Welt zu bewundern sind. Als er 1978 im gleichen Jahr wie seine Freunde Rudolf Bonnet und Agung Sukawati starb, muss er weit über 100 Jahre alt gewesen sein.

Der Zweite Weltkrieg und die 1950er- und 1960er-Jahre

Der Zweite Weltkrieg und der Tod von Walter Spies (1942) führten zur Auflösung der Pita Maha. Jegliche künstlerische Aktivität erlahmte während der japanischen Besetzung. Zusätzlich verzögerten die nachfolgenden Wirren des indonesischen Unabhängigkeitskampfes ein Wiederaufleben der Künste bis in die 1950er-Jahre hinein. Zu dieser Zeit kehrte Rudolf Bonnet nach Bali zurück und machte einige Maler mit Leinwand und Temperafarben vertraut, wodurch er neue Anregungen schuf und an sein vor dem Weltkrieg begonnenes Werk anknüpfte. Sein größter Erfolg war die lange geplante Gründung des Puri-Lukisan-Museums von Ubud im Jahre 1957.

Anfang der 1960er-Jahre – wer von den Pita-Maha-Künstlern noch aktiv war, zählte inzwischen zur älteren Generation – blühte in Penestanan, westlich von Ubud, ein neuer Malstil auf, der Stil der **Young Artists**. Er wurde ins Leben gerufen, als **Arie Smit**, ein holländischer Maler, Leinwand und Acrylfarben an Kinder und Jugendliche des Dorfes verteilte. Die jungen Künstler stammten überwiegend aus Bauernfamilien und stellten in ihren Bildern ausschließlich ländliche Motive dar, meist in recht kräftigen Farben. Gemälde der Young Artists und ihrer Nachfolger werden oft in gemeinschaftlicher Arbeit hergestellt. Jeder malt nur das, was er am besten beherrscht – der eine die Bäume, ein anderer die Personen, ein Dritter die Häuser und Tempel usw.

Im Zeitalter des Tourismus

Abgesehen von den künstlerischen Experimenten individualistischer Einzelgänger haben sich in den 1970er-, 1980er- und 1990er-Jahren keine nennenswerten neuen Malstile entwickelt. Seitdem jährlich weit über 1 Mio. Touristen auf die Insel kommen, schießen überall Kunstgalerien wie Pilze aus dem Boden, doch das meiste, was angeboten wird – ob „neuer" Stil oder traditionelle *Wayang*-Malerei – entspringt einer kundenorientierten Produktion, die wenig Wert auf Qualität legt.

Trotz der Vermarktung von Malerei und Holzschnitzerei ist die balinesische Kunst in ihrer Gesamtheit so lebendig wie eh und je. Kunst als Dienst an der Gottheit hat immer noch einen weit höheren Stellenwert als die für die Touristen bestimmte Ware. Obwohl die meisten Künstler heute für Geld arbeiten, sind sie jederzeit bereit, ihre Arbeit beiseitezulegen und beim Ausschmücken eines Tempels, der Herstellung von Verbrennungstürmen oder der Vorbereitung eines Tempelfestes zu helfen.

Noch immer verzieren die Bildhauer Tempelwände und -tore mit Reliefs und Skulpturen, flechten Frauen kunstvolle Gebilde aus Palmblättern und formen nicht minder kunstvolle Opfergaben. Noch immer werden die Götter bei Tempelfesten mit Tanz und Musik unterhalten, beschwört der Puppenspieler *(Dalang)* mit seinen Schattenspielfiguren mythische Welten herauf, und noch immer werden Masken geschnitzt, die so „magisch geladen" sind, dass kein Unbefugter es wagen würde, sie auch nur zu berühren. Und solange sich die Balinesen nicht von ihren Göttern trennen, werden sie fortfahren, diese durch ihre Kunst zu erfreuen und zu ehren.

Musik, Tanz und Drama

Tänze, Tanztheater und Musik sind unumgänglicher Bestandteil eines jeden Tempelfestes und jeder größeren religiösen Zeremonie auf Bali. Sie dienen in erster Linie zur **Unterhaltung der Gottheiten**, die man eingeladen hat, der Zeremonie beizuwohnen.

Darüber hinaus führen besonders sakrale Tänze nicht selten zu **Trance-Zuständen**, wodurch sogar ein direkter Kontakt zu den Göttern hergestellt wird. Andere Aufführungen haben einen rein exorzistischen Charakter und sollen helfen, die durch dunkle Mächte und Dämonen gestörte Ordnung wiederherzustellen, z. B. nach Missernten oder Epidemien. Was auch immer der Anlass sein mag, Tanzvorstellungen erfreuen sich größter Beliebtheit und locken die Zuschauer, ob jung oder alt, in Scharen herbei, egal wie oft diese die Tänze und Dramen schon gesehen haben.

Von frühester Kindheit an mit ihren Tänzen vertraut, sind die Balinesen ein sehr kritisches Publikum. Um wie viel anspruchsvoller müssen da erst die Götter sein, die sich schließlich schon seit Urzeiten durch den Tanz der wunderschönen Himmelsnymphen *(Dedari, Widadari)* unterhalten lassen? Balinesische Tänze haben im Laufe von Jahrhunderten einen so hohen Standard an technischer Perfektion entwickelt, dass eine Ausbildung zum Tänzer oder zur Tänzerin jahrelanges, tägliches Training erfordert.

Mit der **Ausbildung** sollte schon im zarten Kindesalter begonnen werden, solange der Körper noch biegsam und geschmeidig ist. Ein Balinese lernt nicht „das Tanzen" schlechthin, sondern immer nur einen ganz bestimmten Tanz: *Legong* oder *Baris* oder *Kebyar Duduk* usw. Der Tanzlehrer (oder die Tanzlehrerin) leitet jede Bewegung des Schülers, indem er (oder sie) hinter ihn tritt, ihn bei den Handgelenken fasst und jede Geste und jeden Schritt mit ihm gemeinsam ausführt. Der Schüler lernt nicht etwa nach und nach die einzelnen Elemente des Tanzes, die dann später zusammengesetzt werden, sondern von Anfang an wird der Tanz als Ganzes in seiner endgültigen Form unterrichtet. Durch endloses Wiederholen bekommt der Schüler allmählich ein Gefühl für den Tanz, bis er in der Lage ist, jede Bewegung alleine auszuführen.

Die meisten Tänze unterliegen einer strengen **Choreografie**, sowohl in ihrem Ablauf – denn oft wird eine Geschichte dargestellt – als auch in den einzelnen stilisierten Bewegungen, die einem traditionellen Muster folgen und wenig oder gar keinen Raum für Improvisationen oder individuelle Stile lassen. Man unterscheidet 30 verschiedene Schritte, Fuß- und Beinstellungen, 16 Armhaltungen, 19 Hand- und Fingerhaltungen, 15 Rumpfhaltungen, 20 Hals- und Schulterhaltungen und 16 Arten von Gesichtsausdrücken, die hauptsächlich auf Bewegungen der Augen beruhen. Jede Pose, jede Bewegung, jede Geste hat ihren eigenen Namen, und jeder Zuschauer kennt ihre Bedeutung. Balinesen erwarten von einem guten Tänzer, dass er einerseits alle vorgeschriebenen Bewegungen präzise und in Harmonie mit der ihn begleitenden Musik ausführt, andererseits trotzdem noch seine Persönlichkeit und Gefühlskraft zum Ausdruck bringt. Welche Geschichte oder Episode einer Geschichte in dem Tanz erzählt wird, spielt dabei oft nur eine untergeordnete Rolle.

Gamelan-Musik

Auf Bali haben sich eine ganze Anzahl verschiedener Gamelan-Orchester entwickelt, die sich nicht nur im Klang, sondern auch nach Art der Instrumentierung, Anzahl der Musiker (von zwei bis vierzig) und verwendeter Tonleiter unterscheiden. Dabei ist genau festgelegt, welches Orchester welchen Tanz und welches Tanzdrama begleitet.

Am häufigsten zu hören und am beliebtesten ist das Gamelan *Gong Kebyar*, das sich aus etwa 20 bis 25 Instrumenten zusammensetzt, hauptsächlich aus Metallophonen, verschiedenen Gongs und Zimbeln sowie zwei Trommeln und vielleicht noch einer Flöte.

Ohne die beiden **Trommler** könnte kein Gamelan-Orchester spielen und kein Tänzer tanzen. Die Trommeln leiten das Orchester, kontrollieren das Tempo, markieren den Rhythmus und bestimmen die Struktur der Musik und des Tanzes. Die kleinere, etwas höher klingende, „männliche" Trommel *(Wadong)* übernimmt die führende Rolle gegenüber der etwas tiefer tönenden, größeren, „weiblichen" Trommel *(Lanang)*. Mit komplizierten, genau festgelegten rhythmischen Mustern und mit Gesten der Hände und des Kopfes halten die Trommler ständigen Kontakt zu Musikern und Tänzern und koordinieren die Tanzbewegungen mit musikalischen Akzenten.

Welch tragende Rolle die Trommeln im Orchester spielen, zeigt auch die Tatsache, dass Tanzschüler bei ihrem täglichen Training ebenso wie voll ausgebildete Tänzer bei späteren Proben meist nur von einem Trommler begleitet werden und problemlos auf die restlichen Instrumente verzichten können.

Der führende Trommler ist nicht nur der wichtigste Musiker des Orchesters, sondern auch der versierteste. Bevor er die Trommel übernehmen darf, muss er sämtliche anderen Instrumente perfekt beherrschen und überdies mit den zu begleitenden Tänzen aufs Genaueste vertraut sein. Ebenso ist es unumgänglich, dass die jungen, angehenden Tänzer von Anfang an mit allen Feinheiten der Musik vertraut gemacht werden.

Die Balinesen haben ein außergewöhnliches musikalisches Gedächtnis. Hören sie nur ein paar Mal eine ihnen ganz neue Gamelan-Komposition, und sei sie auch noch so lang und kompliziert, sind sie sofort in der Lage, sie mit ihren Instrumenten oder durch Singen lautmalender Silben fast fehlerfrei wiederzugeben, obwohl sie keine Notenschrift kennen und ihre Musik in keiner Weise aufzeichnen.

Tanz und Tanztheater

Tanzaufführungen werden in **drei Kategorien** eingeteilt, die sich nach dem Grad ihrer „Verweltlichung" richten:

- In der ersten Kategorie *(Wali)* werden all jene Tänze zusammengefasst, die ausschließlich **im Rahmen einer religiösen Zeremonie** aufgeführt werden, entweder im Tempelinneren *(Jeroan)*, bei Leichenverbrennungen oder im Falle exorzistischer Tanzriten sogar auf dem Friedhof. Die *Wali*-Tänze sind Kulthandlungen, die als obligatorischer Bestandteil bestimmter Opferrituale bzw. selbst als ein getanztes Opfer betrachtet werden. Zu ihnen gehören der *Rejang*, der *Pendet* (oder *Mendet*), der *Baris Gede* und einige Trance-Tänze wie *Sanghyang* und *Calonarang*. Die Mehrzahl der *Wali*-Tänze stammt aus prähinduistischer Zeit. Mit Ausnahme des *Baris Gede* unterscheiden sie sich von späteren Tänzen durch einen relativ einfachen Bewegungsablauf, der keine spezielle Ausbildung erfordert.
- Die zweite Gruppe *(Bebali)* umschließt **weniger heilige Tanzaufführungen** und Tanzdramen, die entweder im mittleren Hof des Tempels *(Jaba Tengah)* oder an den Fürstenhöfen dargeboten werden. *Bebali*-Aufführungen folgen hindu-balinesischer oder hindu-javanischer Hoftradition und sind vorzugsweise in Zusammenhang mit *Manusia-Yadnya*-Riten (Übergangsriten) zu sehen. Zur Gruppe der *Bebali* zählen das *Gambuh*-Tanztheater, der *Topeng-Pajegan*-Tanz und das *Wayang Wong*.
- Die dritte Kategorie *(Balih-Balihan)* umfasst alle mehr oder weniger **weltlichen Tänze**.

Tänze für Touristen

In den letzten Jahrzehnten hat sich gewissermaßen eine vierte Kategorie von Tanzveranstaltungen entwickelt, für die die Balinesen noch keine eigene Bezeichnung gefunden haben: die Tanzshows für Touristen.

Das sind selbstverständlich keine traditionellen religiösen Zeremonien mehr, auch wenn die dargebotenen Tänze, ihre Bewegungen und Motive in der Tradition und Religion wurzeln. Die Tanzshows sind keine Aufführungen, die ein Balinese für seine eigenen Zwecke veranstalten würde, und nur selten finden sich Balinesen unter den Zuschauern. Es handelt sich ausnahmslos um Darbietungen, die eigens für den Touristengeschmack entworfen wurden. Meist fassen sie Ausschnitte moderner, traditioneller und sakraler Tänze zusammen, stark gekürzt und vereinfacht, sodass die Shows leicht verständlich, aber doch abwechslungsreich bleiben.

Trotzdem können die Aufführungen von hoher Qualität sein und mit etwas Glück wird die Show an Virtuosität, Dramatik und Ausdruckskraft nichts zu wünschen übrig lassen.

Die Tanzshows für Touristen bieten einige Vorteile: Sie finden in der Nähe von Touristenzentren statt, beginnen pünktlich zu einer festgelegten Uhrzeit, dauern selten länger als zwei Stunden und können von Touristen problemlos ins Tagesprogramm eingebaut werden. Es gibt genügend Sitzplätze und man hat immer eine gute Sicht. Dazu verschafft einem das gebotene Repertoire einen recht guten Überblick über die Vielfalt balinesischer Musik- und Tanzformen.

Die Balinesen beginnen eine traditionelle Veranstaltung selten zu einer festgelegten Stunde, sondern erst dann, wenn alle das Gefühl haben, dass der richtige Augenblick gekommen ist. Es kann passieren, dass man auf eine für 18 Uhr angesagte Aufführung bis 21 Uhr warten muss, oder dass sie, wenn man pünktlich erscheint, schon längst begonnen hat. Die meisten Veranstaltungen fangen gegen Abend an und können, mit Unterbrechungen, bis in die frühen Morgenstunden dauern. Dazu ist man die ganze Zeit von den dicht gedrängten Zuschauern umgeben, die, wenn sie nicht stundenlang stehen wollen, nur die Möglichkeit haben, sich auf den Boden zu setzen. Wem es also an Zeit, Geduld und überdurchschnittlichem Unternehmungsgeist mangelt, der sollte sich besser an die Tanzshows für Touristen halten.

Sie mögen eine religiöse Bedeutung haben und deshalb oft bei einem Tempelfest im Tempelvorhof *(Jaba)* aufgeführt werden, können aber ebenso gut an anderen Orten gezeigt werden, z. B. im *Bale Banjar* oder auf einer Bühne vor zahlenden Zuschauern. Ständig werden neue Tänze kreiert. Die Tänze sind meist jüngeren Datums, lassen aber zum Teil deutlich erkennen, dass sie aus alten Ritualtänzen abgeleitet wurden. Dazu gehören z. B. der *Legong Kraton* und der *Kecak*, das *Ramayana*-Ballett und die *Arja*-Volksoper, der *Solo Baris*, der *Topeng Panca* und der *Jauk*, der *Joged*, der *Kebyar Duduk*, der *Oleg Tambulilingan* usw.

Auch das Schattenspiel *Wayang Kulit* fällt in die Gruppe der *Balih-Balihan*. Schließlich ist das Schattenspiel, das gewöhnlich von vier Musikern begleitet wird, der Vorläufer sämtlicher balinesischer (und javanischer) Theaterformen.

Die wichtigsten Tänze und Tanzdramen

Wayang Kulit

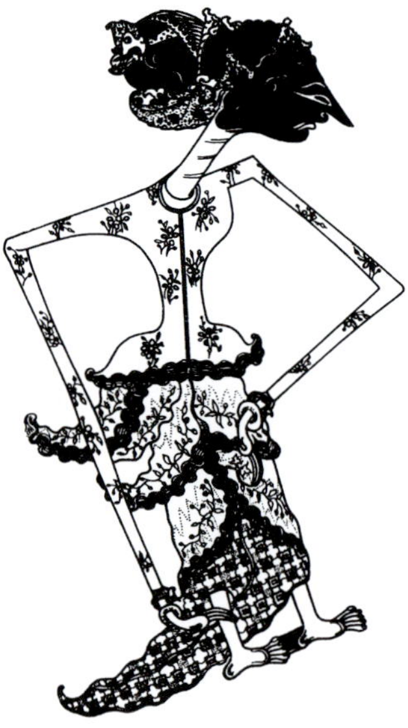

Wayang Kulit-Schattenspielfigur

Die *Wayang*- (= Theater) Aufführungen sind ein typischer Aspekt der javanischen Kultur. *Wayang Kulit*, das Schattenspiel mit flachen, bemalten Lederpuppen, gilt als die älteste Form. Bereits aus vorhinduistischer, animistischer Zeit sind Vorgänger der heutigen Puppen überliefert. Nach dem Tod bedeutsamer Führer blieb man mit ihnen über ein Medium, den Puppenspieler *(Dalang)*, in Verbindung. Über die Puppen konnte er die Botschaften der Geister den Lebenden mitteilen.

Selbst heute noch führt man in Krisensituationen das *Wayang Kulit* auf, um sich von der Magie der Schatten inspirieren zu lassen.

Als der Hinduismus Java erreichte, verlor das Schattenspiel zwar etwas von seiner magischen Funktion, stellte aber die großen hinduistischen Epen *Ramayana* und *Mahabharata* dar und wurde zum allgemeinen Vergnügen der Bevölkerung aufgeführt. Die hinduistischen Inhalte haben den Islam überlebt. Daneben wurde die Islamisierung des Landes selbst zum Thema des *Wayang*, ebenso wie Volksmärchen, biblische Themen und in jüngerer Zeit der Unabhängigkeitskampf des indonesischen Staates. Von Zentral-Java aus verbreitete sich das *Wayang Kulit* in abgewandelter Form über die anderen Inseln. Vor allem in Ost-Java und Bali ist es noch weitverbreitet.

Der *Dalang*, der gleichzeitig Erzähler, Darsteller und Leiter des Begleitorchesters ist, wird hoch geachtet. Er sitzt bei einer Vorführung hinter einer weißen Leinwand, über ihm eine Lampe, die von hinten die Schattenspielfiguren erleuchtet. Die Puppen sind auf einem Bananenstrunk aufgesteckt – auf einer Seite die guten, auf der anderen Seite die bösen Figuren. Zu Beginn der Vorführung wird in die Mitte der Bühne ein *Gunungan*, eine bergähnliche, spitz zulaufende Figur, gesetzt, die den Lebensbaum symbolisiert.

Während der Vorstellung bilden zwei dieser Figuren den Bühnenabschluss. Der *Dalang* sitzt mit gekreuzten Beinen hinter der Leinwand. Über Stunden erzählt er mit verschiedenen Stimmen die Geschichte von Helden und schönen Frauen, hält das Publikum in Spannung, lässt die Puppen auf der Bühne agieren und bedient gleichzeitig mit den Füßen eine Rassel, womit besonders aktionsgeladene Szenen unterstri-

Der feurig-heiße Kecak zählt zu den spektakulärsten balinesischen Tänzen.

chen werden. Dialoge verschiedener Akteure werden durch einen dumpfen Schlag mit einem Holzhammer getrennt.

Die Handlung wird von einem Gamelan-Orchester begleitet, das hinter dem *Dalang* sitzt. Auf Bali sitzen alle Zuschauer vor der Leinwand. Normalerweise dauert eine Aufführung etwa zwei bis vier Stunden.

Kecak („Affentanz")

Der *Kecak*-Tanz ist einer der faszinierendsten Tänze auf Bali und (neben den *Sanghyang*-Tänzen) der einzige, der ohne Orchesterbegleitung auskommt. Um seinen magischen Charakter voll zum Ausdruck zu bringen, wird er erst nach Einbruch der Dunkelheit aufgeführt. 80 bis 120 Männer, nur mit kurzen, schwarz-weiß karierten Lendentüchern bekleidet, sitzen in mehreren konzentrischen Kreisen um einen freien Platz, in dessen Mitte ein Armleuchter mit Öllämpchen steht.

Auf dem freien Platz führen kostümierte Tänzer und Tänzerinnen in kurzen Szenen die Haupthandlung des *Ramayana* auf, die Geschichte von Rama und seiner schönen Frau Sita, die von dem Dämonenfürsten Rawana entführt und mithilfe des Affengenerals Hanuman gerettet wird.

Die begleitende Musik liefert der Chor der sitzenden Männer, die Hanumans Affenheer darstellen. Während des gesamten Tanzes, der etwa eine Stunde dauert, stoßen die Männer rhythmische *cak-cak-cak*-Laute aus, unterbrochen von wildem Kriegsgeschrei, Zischen und Summen und einigen melodischen Sequenzen, das Ganze so abwechslungsreich strukturiert wie eine Gamelan-Komposition.

Die Dramatik wird noch verstärkt durch die ekstatischen Bewegungen des Chors, das gleichzeitige Hin- und Her- und Auf- und Abwogen der Körper, das Schwenken der Arme und das Vibrieren der ausgestreckten Hände.

Der *Kecak* entwickelte sich aus einem sakralen Trance-Tanz *(Sanghyang)*. In seiner heutigen Form, mit den eingebauten *Ramayana*-Szenen, wurde der Tanz erstmals 1931 aufgeführt, und zwar für einen Film deutscher Produktion, der, obwohl einer der ältesten, immer noch einer der besten Filme über Bali ist, die je gedreht wurden: *Die Insel der Dämonen* (Produzent, Regie: Victor Baron von Plessen; Kamera: Dr. Dahlsheim; Drehbuch, Choreografie: Walter Spies). Eine *Kecak*-Tanzaufführung in passender Umgebung kann man täglich zum Sonnenuntergang am Uluwatu-Tempel in Süd-Bali besuchen (s. S. 194).

Legong

Der Anfang des 19. Jhs. entstandene Tanz wurde ursprünglich nur an den Fürstenhöfen aufgeführt und diente zur Unterhaltung der Herrscherfamilien. Angeblich waren dem Schöpfer des *Legong* im Traum einige Himmelsnymphen erschienen, die ihm den Tanz offenbarten. Der *Legong* verkörpert das balinesische Ideal weiblicher Schönheit und ist der Inbegriff von Anmut und Grazie. Nur sehr junge, hübsche und zart gebaute Mädchen, die unbedingt jungfräulich sein müssen, dürfen ihn tanzen. Bereits im Alter von fünf oder sechs Jahren beginnen sie mit dem anstrengenden, täglichen Training, aber schon mit dem Einsetzen der Menstruation ist ihre Laufbahn beendet, da die Tänzerinnen dann die erforderliche „Reinheit" verloren haben.

Der Tanz wird von drei Mädchen aufgeführt, die in kostbare, golden schimmernde Brokatkostüme gekleidet sind und auf dem Kopf eine kunstvolle, mit Blüten geschmückte Krone tragen. Sie „erzählen" mit stilisierten, auf das Feinste und Sorgfältigste abgestimmten Gesten und Bewegungen, vor allem der Hände und der Augen, die aus dem 12. Jh. stammende Geschichte des Königs Lasem, die von der Entführung der Prinzessin Rangkesari und dem daraus resultierenden Krieg berichtet. Im Laufe der Handlung schlüpfen die drei Tänzerinnen fast unmerklich in die unterschiedlichsten Rollen, ohne dabei ihre Kostüme zu wechseln.

Zwei der Mädchen, die eigentlichen *Legong*, sind völlig identisch gekleidet, sollen sich möglichst ähnlich sehen und führen viele Tanzbewegungen synchron aus. Sie verkörpern die verschiedenen Mitglieder der königlichen Familien. Die dritte Tänzerin, die *Condong*, stellt eine Dienerin dar.

Der im *Legong* entwickelte Tanzstil bildet die Grundlage für die Mehrzahl der anderen Mädchen- und Frauentänze auf Bali. Abhängig von den jeweils dargestellten Episoden sind bis zu 14 verschiedene Versionen des Tanzes bekannt. In den unter dem Titel „*Legong*-Tanz" aufgeführten Tanzshows für Touristen wird nur eine stark gekürzte Fassung einer dieser Versionen geboten, immer in Kombination mit anderen Tänzen, die in keinem inhaltlichen Zusammenhang mit dem *Legong* und untereinander stehen. Die Shows beginnen regelmäßig mit dem Willkommenstanz *Panyembrama*, der sich vom sakralen Opfertanz *Pendet* ableitet. Dann folgen Fragmente des *Legong*, des *Solo Baris* und des *Kebyar Duduk*, des *Topeng* oder des *Jauk* und abschließend noch des *Oleg Tambulilingan*.

Barong („Kris-Tanz") / Calonarang

Kernstück des Tanzdramas, in dem bis zu 20 Akteure auftreten können, ist der ewige Kampf zwischen den entgegengesetzten Kräften des Kosmos, die sich im **Barong Ket**, einem löwenähnlichen, gutmütigen und menschenfreundlichen Fabeltier, und in der furchterregenden Hexe **Rangda** (auch Calonarang genannt) manifestieren. Die Handlung des Dramas ist nicht festgelegt und kann verschiedenen Geschichten folgen. In den Tanzshows für Touristen verwendet man normalerweise eine Episode aus dem *Mahabharata*, verwoben mit Elementen des klassischen *Legong* und des *Topeng*.

Die Aufführungen im Dorf, die ein nächtliches, rein exorzistisches Ritual darstellen und oft auf dem Friedhof stattfinden, sind der *Calonarang*-Legende entnommen: Mahendradatta, die javanische Prinzessin, die im 10. Jh. den balinesischen König Udayana heiratet, wendet sich in späteren Jahren als Witwe (balinesisch: *Rangda*) der schwarzen Magie zu und wird zur Hexe Calonarang. Da niemand ihre Tochter Ratna Menggali heiraten will, überzieht sie in ihrer Wut das Land mit Seuchen und Katastrophen. Erst dem von ihrem Sohn Airlangga ausgesandten Heiligen und Asketen Empu Barada gelingt es nach langwierigem Kampf mithilfe weißmagischer Kräfte, die Witwenhexe in ihre Schranken zu weisen.

Egal, welche Geschichte dem *Barong-Rangda*-Drama zugrunde liegt, Höhepunkt der Aufführung ist immer die direkte Konfrontation der beiden Mächte: auf der einen Seite die weiße Magie, auf der anderen Seite die schwarze. Keinem gelingt es, den anderen zu besiegen. Das Gute wie das Böse sind untrennbare Aspekte des Kosmos und können im günstigsten Fall im Gleichgewicht gehalten werden. Das zeigt sich sehr deutlich in der packenden Schlussszene des Dramas: Der *Barong* ruft seine Helfer herbei, die *Kris*-Tänzer, die in Trance mit ihren Waffen die Hexe angreifen. Aber *Rangda* schlägt einen

Bannkreis um sich und verhext die Tänzer, sodass diese ihre Dolche gegen die eigene Brust richten. Doch der gute Zauber des *Barong* verhindert, dass sie sich verletzen, auch wenn sie mit dem scharfen *Kris* noch so heftig zustoßen.

Jauk

Im Rahmen des *Calonarang*-Rituals treten oft einige Dämonen auf, dargestellt von maskierten Tänzern in bizarren Kostümen, die **Jauk**. Man erkennt sie gleich an ihrem hohen, konisch geformten, goldbemalten Kopfschmuck, unter dem langes, zotteliges Haar hervorquillt, an den Handschuhen mit den aufgenähten, extrem langen, künstlichen Fingernägeln und an den hervorstehenden Glotzaugen ihrer Masken. Die *Jauk* mit der weißen Maske werden auch *Sandaran* genannt. Sie verkörpern gutmütige Dämonen, während die mit der braunen Maske auf der Seite der Hexe Rangda stehen. Vor dem eigentlichen Kampf zwischen *Barong* und Rangda kommt es schon zu einer gewaltsamen Konfrontation zwischen den beiden *Jauk*-Gruppen.

Daraus hat sich ein eindrucksvoller Solotanz entwickelt, der in seinen Bewegungen fast mit dem *Solo Baris* identisch ist. Der Tänzer ist an keine Spielhandlung gebunden und hat viel Raum für Improvisation, um das Dämonische seiner Erscheinung, die unheilvolle, drohende Kraft herauszustellen. Zögernde, lauernde Schritte wechseln mit wilden Sprüngen und Drehungen, unterstrichen vom hypnotischen Blick seiner starren Augen und dem ständigen Vibrieren seiner langen Fingernägel. Da er das Geschehen alleine bestimmt, hat sich die Musik nach dem Tänzer zu richten.

Baris

In seiner ursprünglichen Form ist **Baris Gede** ein sakraler Tempeltanz, der auch bei Kremationen aufgeführt wird. Er stammt noch aus der Zeit, als die balinesischen Könige im ständigen Krieg miteinander lagen und spezielle Opferriten vonnöten waren, um die Götter zu besänftigen.

Der „Tanz der Krieger" wird von einer größeren Gruppe unmaskierter Männer mittleren Alters getanzt, die in weiße oder schwarz-weiß karierte Kostüme gekleidet sind und eine charakteristische, dreieckige Kopfbedeckung aus weißem Tuch tragen. Die bewaffneten Tänzer stehen sich in zwei langen Reihen gegenüber und demonstrieren in heroischen Posen und mit wechselnder Mimik ihren Kampfeswillen, ihren Stolz, ihren Mut und ihre Todesverachtung. Begleitet von einem Gamelan-Orchester, das den Bewegungen der Tänzer folgt, führen die Männer einige militärische Manöver aus, die schließlich in einem Scheinkampf gipfeln.

Der *Baris*-Tanz erfordert viel Kraft, Konzentration und Körperbeherrschung und ist nur durch langes Training zu erlernen. Je nach Art der getragenen Waffen unterscheidet man bis zu 20 Versionen. Der im *Baris* entwickelte Tanzstil bildet die Grundlage der meisten Männertänze auf Bali.

Aus dem *Baris Gede* ist ein Solotanz hervorgegangen, der im Gegensatz zum sakralen Gruppentanz von meist jungen Tänzern dargeboten wird. Der **Solo Baris** ist eine verfeinerte Form des *Baris Gede*. Hier wird noch mehr Wert auf den wechselnden Ausdruck des Gesichts gelegt, in dem sich die gemischten Gefühle eines jungen Kriegers widerspiegeln, der sich auf seine erste Schlacht vorbereitet.

Topeng

Man unterscheidet zwei Arten von *Topeng*-Tänzen: *Topeng Pajegan* und *Topeng Panca*. *Topeng* ist das indonesische Wort für Maske. Der **Topeng Pajegan** ist ein rituelles Tanzdrama, das nur im Zusammenhang mit religiösen Zeremonien aufgeführt wird. Die verschiedenen Themen des *Topeng* entstammen balinesischen Geschichtschroniken, die von den Taten und Untaten der Fürstenfamilien berichten.

Ein einzelner Tänzer verwandelt sich in die unterschiedlichsten Charaktere, indem er vor den Augen des Publikums die Masken wechselt. Mal ist er ein Prinz, mal ein Clown, dann wieder eine Prinzessin, ein Diener oder ein alter Mann. Ein *Topeng*-Tänzer hat bis zu 30 Masken zu seiner Verfügung, muss also ein wahrer Virtuose sein. Einige der Masken sind Vollmasken, andere dagegen Halbmasken, die es dem Tänzer erlauben, seine Charaktere sprechen zu lassen. Die dargestellte Geschichte ist im *Topeng Pajegan* zweitrangig. Wichtig ist, dass auch die letzte Maske, genannt *Sida Karya*, zum Einsatz kommt. Denn diese letzte Maske gilt als besonders heilig und magisch aufgeladen. Ihr Erscheinen garantiert, dass die Zeremonie den gewünschten Erfolg hat.

Demgegenüber dient der **Topeng Panca** eher der Unterhaltung. *Panca* bedeutet „fünf", was darauf hindeutet, dass bei dieser Form des *Topeng*-Tanzes mehrere Akteure auftreten, wenn auch nicht unbedingt fünf. Der *Topeng Panca* schöpft seine Themen aus den gleichen Quellen wie der *Topeng Pajegan*, verzichtet aber auf die heilige *Sida-Karya*-Maske. Zudem wechseln die Darsteller ihre Masken nicht vor den Zuschauern, sondern hinter einem Vorhang, vor dem sie dann immer wieder in neuer Gestalt auftauchen und dabei ihren Auftritt dramatisch verzögern, indem sie den Vorhang erst nur leicht bewegen, dann eine Hand, dann das Gesicht und endlich ihre ganze Gestalt sichtbar werden lassen.

Eine wichtige Rolle im *Topeng Panca* spielen die Clowns, die gewöhnlich Halbmasken tragen und das Geschehen mit witzigen Bemerkungen kommentieren. Bei den *Legong*-Tanzshows für Touristen ist häufig ein kleiner Ausschnitt aus dem *Topeng* zu sehen, meist nur eine einzige Maske, nämlich die *Topeng Tua*, die einen alten Mann darstellt.

Die Rolle des Clowns

Im *Wayang Kulit* sind die Figuren sowie die Bemalungen und der Text der Puppen durch das *Ramayana* vorgeschrieben und dürfen nicht geändert werden. Die Figur des Clowns jedoch ist frei von allen Regeln. Ihm darf man eine riesige rote Nase und abstehende Ohren verpassen. Auch der Text des Clowns kann frei erfunden werden und muss nicht vom *Ramayana* handeln. Der Clown tritt im Allgemeinen als Vermittler zwischen Puppen und Publikum auf. Wird der Text in Altjavanisch vorgetragen, fungiert der Clown als Übersetzer. Oft lockert er die Stimmung auf und macht sich über die eine oder andere Figur des *Ramayana* lustig. In spitzfindigen Bemerkungen äußert er sich aber auch über Politik, Berühmtheiten und aktuelle Themen oder kritisiert sie auf geschickte Art und Weise, sodass ihm niemand etwas vorwerfen kann, jeder Zuschauer aber versteht, was gemeint ist. Besonders zur Zeit des holländischen Kolonialismus bot der Clown auch die Möglichkeit unterschwellig Kritik zu üben, ohne sich strafbar zu machen und erfreute sich daher besonderer Popularität. Die Einlagen des Clowns sind wohl auch der Grund dafür, warum viele Balinesen mit so viel Begeisterung immer wieder die gleiche Geschichte von *Rama* und *Sita* sehen möchten. In unsere europäische Kultur übertragen kann man sich analog eine Aufführung von *Romeo und Julia* vorstellen, die immer wieder durch Kommentare von Harald Schmidt unterbrochen wird.

Sanghyang

Das Wort bedeutet „von einem Geist besessen". Unter diesem Sammelbegriff fasst man einige Trance-Tänze zusammen, die nur bei Bedarf, nämlich zur Abwehr von Gefahr und Unheil, aufgeführt werden. Durch den monotonen Gesang eines Frauenchors bzw. durch rhythmische *cak-cak-cak*-Laute eines Männerchors werden die Tänzer oder Tänzerinnen in Trance versetzt und die gewünschten Geister herbeigelockt. Zwei der Trance-Tänze werden in verkürzter Version regelmäßig vor Touristen aufgeführt, wobei von einem echten Trance-Zustand aber oft nicht mehr die Rede sein kann:

Sanghyang Dedari: Himmelsnymphen *(Dedari)* lassen sich in den Körpern von zwei jungen Mädchen nieder, die in *Legong*-Kostüme gekleidet sind. Mit geschlossenen Augen tanzen die Kinder auf den Schultern von Männern oder auf dem Boden in meist völlig synchronen Bewegungen Motive des *Legong*, obwohl sie nie darin ausgebildet wurden. Sobald der begleitende Männer- oder Frauenchor den Gesang abbricht, stürzen die Mädchen bewusstlos zu Boden. Ein Priester holt sie mit Gebeten und durch Besprengen mit heiligem Wasser wieder aus der Trance zurück.

Sanghyang Jaran (Feuertanz): Drei oder vier Männer werden von einem Geist besessen, der sich wie ein wild gewordenes Pferd benimmt. Die Männer reiten auf Steckenpferden ekstatisch kreuz und quer über den Platz und laufen dabei mit nackten Füßen immer wieder über einen Haufen glühender Kokosschalen, sodass die Funken nach allen Seiten auseinanderstieben.

Das Ramayana

Dasarata, der König des Reiches Kosala, hat vier Söhne von unterschiedlichen Frauen seines Harems. Als er merkt, dass er älter wird, bestimmt er seinen ältesten Sohn **Rama** zu seinem Nachfolger. Doch die Mutter von Barata, einem jüngeren Sprössling Dasaratas, will nur ihren Sohn auf dem Thron von Kosala sehen und erinnert den König an ein lange zurückliegendes, doch bindendes Versprechen. Dadurch wird Barata gegen seinen Willen zum König, und sein Bruder Rama wird für 14 Jahre in die Verbannung geschickt.

Zusammen mit seiner wunderschönen Frau **Sita** und seinem Bruder Laksmana lebt er in den Wäldern von Dandaka, bis **Rawana**, der Dämonenkönig, ihr Versteck entdeckt und von der Schönheit Sitas geblendet ist. Er beschließt, sie zu rauben.

Beide Brüder lockt er durch eine List von der Hütte weg, indem er sich in ein schönes, goldenes Reh verwandelt. Die zurückgebliebene Sita ist schutzlos dem Dämon ausgeliefert, der sich nun in einen Riesenvogel verwandelt und sie mit seinen großen Krallen über Berge und Meere in sein Reich *Alengka* davonträgt. Vom König der Vögel erfahren die beiden Brüder vom Schicksal Sitas und beschließen, sie zu retten.

Unterwegs begegnen sie dem weißen Affengeneral **Hanuman**, dem sie helfen, sein Reich zurückzuerobern. Als Dank dafür will er Rama helfen, seine Frau aus der Gewalt des Dämonen zu befreien. Er geht als Kundschafter nach Alengka und muss viele Gefahren überstehen, bis er Sita im Palast von Rawana entdeckt.

Durch die Ankunft des weißen Affengenerals verbreitet sich Furcht unter der Bevölkerung des Dämonenreiches. Hanuman wird gefangen genommen, kann sich jedoch wieder befreien und hinterlässt bei seiner Flucht eine niedergebrannte Stadt. Rama ist glücklich, dass Sita noch am Leben ist.

Die Armeen rüsten sich zum Angriff. Die ersten Kämpfe werden von Ramas Truppen gewonnen. Rawana selbst ist durch einen Zauber unsterblich geworden. Doch bei der entscheidenden, letzten Schlacht kann Hanuman diesen Zauber brechen, und Rawana fällt, getroffen von Ramas Pfeil, tödlich verwundet zu Boden.

Rama und Sita kehren zurück in ihr Reich, wo sie als Regenten nach 14-jährigem Exil freudig aufgenommen werden.

Doch es dauert lange und braucht viele Beweise, bis Rama endlich von der Treue seiner Frau während ihrer Zeit im Dämonenreich überzeugt ist.

Kebyar Duduk

Der Solotanz eines jungen Mannes, der in überwiegend sitzender oder hockender Haltung dargestellt wird (*duduk* = sitzen), wird von den dynamischen Klängen des Gamelan *Gong Kebyar* begleitet. Dem Tänzer bleiben also nur die Bewegungen des Oberkörpers, der Arme, der Schultern, der Hände und des Kopfes und vor allem sein sich ständig veränderndes Mienenspiel, um die wechselnden Stimmungen eines Jünglings in der Pubertät auszudrücken.

Bis heute unübertroffener Meister des *Kebyar Duduk*, der ein hohes Maß an schauspielerischem Talent und mimischer Virtuosität voraussetzt, war der Tänzer I Nyoman Mario aus Tabanan, der den Tanz selbst Mitte der 1920er-Jahre kreierte. Jeder Balinese kennt noch heute seinen Namen.

Oleg Tambulilingan

Der „Hummeltanz" ist ebenfalls eine Kreation des talentierten Mario und entstand 1953, um das Programm einer balinesischen Tanzgruppe anlässlich einer Europa- und Amerika-Tournee zu vervollständigen. Obwohl vorrangig für ein westliches Publikum gedacht, erfreut sich der Tanz auch bei den Balinesen großer Beliebtheit. Ein Tänzer und eine Tänzerin (oder zwei Tänzerinnen, eine davon übernimmt dann die männliche Rolle) stellen das Liebeswerben eines Hummel-Jünglings um eine weibliche Hummel dar.

Nach einem koketten Solo der weiblichen Hummel kommt der Hummel-Jüngling hinzu. Das Flirten und Umwerben beginnt, langsam kommen sie sich näher, der Flirt wird immer leidenschaftlicher und gipfelt im Happy End: Das Paar verlässt gemeinsam die Bühne.

Joged Bumbung

Nur eine von vielen Versionen des *Joged*-Tanzes, die alle reine Unterhaltungstänze sind und eines gemeinsam haben: die Teilnahme von Zuschauern. Fünf oder sechs relativ einfach kostümierte Tänzerinnen einer halbprofessionellen Tanzgruppe tanzen einzeln und der Reihe nach einige Motive des *Legong* und fordern durch Berühren mit einem Fächer männliche Zuschauer auf mitzutanzen. Da die meisten Balinesen die grundsätzlichen Tanzbewegungen beherrschen, entwickelt sich daraus oft ein bemerkenswert künstlerisches Tanzduett, das nicht selten erotische Züge annimmt. Wenn der ausgewählte Partner aber ein ungeübter und ungelenker Ausländer ist, steigert sich der Tanz zu einer grotesken Komödie, sehr zum Vergnügen der Zuschauer. Der *Joged Bumbung* wird von einem Bambus-Gamelan begleitet.

Gambuh

Ein traditionelles Tanzdrama im klassischen Stil, das schon über 400 Jahre alt ist und von dem alle anderen Tänze, Tanzformen und -traditionen abgeleitet sind. Dargestellt wird für gewöhnlich eine Episode aus dem **Malat**, einem romantischen Legenden-Zyklus um den Prinzen Panji und seine Braut Candra. Die Tänzer sind nicht maskiert. Gesungen und gesprochen wird in *Kawi* (Altjavanisch), das natürlich kaum einer der Zuschauer versteht, aber wie immer in solchen Fällen sind da noch die Clowns, die alle Texte auf humorvolle Weise ins Balinesische übersetzen. Das Gamelan *Gambuh* wird von langen, tief tönenden Flöten und der geigenähnlichen *Rebab* begleitet.

Arja und Drama Gong

Zwei Formen der balinesischen Volksoper, die sich aus dem *Gambuh* entwickelt haben. Die Tanzbewegungen und die Instrumentalmusik treten etwas in den Hintergrund, dafür wird mehr Gewicht auf die gesungenen oder gesprochenen Texte gelegt. Die Sprache ist Hochbalinesisch, das von den Clowns ins Niederbalinesische übersetzt wird. Die Themen bei *Arja* bzw. *Drama Gong* stammen wie beim *Gambuh* oft aus dem *Malat*, aber auch aus dem *Mahabharata* oder aus der *Jayaprana*-Legende. *Arja*-, *Drama Gong*- wie auch *Gambuh*-Aufführungen können mitunter eine ganze Nacht dauern.

Ramayana-Ballett

Stimuliert von den erfolgreichen javanischen Aufführungen beim Prambanan-Tempel nahe Yogyakarta, schuf Kokar, das balinesische Konservatorium für darstellende Kunst, 1965 eine moderne Adaption des populären Hindu-Epos (s. Kasten S. 139).

Es werden natürlich nur kurze Ausschnitte der extrem langen Geschichte gezeigt, die vom Gamelan *Gong Kebyar* begleitet werden.

Höhepunkt ist immer der dramatische Auftritt des weißen Affengenerals Hanuman. Das *Ramayana*-Ballett ist bei Touristen und Balinesen gleichermaßen beliebt, es wird auf Bühnen, in Hotels und bei Tempelfesten aufgeführt.

Wayang Wong

Eine ältere Form des Tanzdramas, die ihre Themen ausschließlich aus dem **Ramayana** schöpft und an das *Wayang Kulit* anknüpft: Die Tänzer personifizieren hier die Lederpuppen des Schattenspiels. Die „Bösen" betreten den Tanzplatz von links, die „Guten" von rechts. Bis auf die edleren Charaktere wie *Rama*, *Sita* und *Laksmana* tragen alle Akteure (50–100 Personen) Masken. Gesungen und gesprochen wird in *Kawi*, das wiederum von Komödianten übersetzt wird.

Das *Wayang Wong* wird ausnahmslos im Zusammenhang mit Tempelfesten oder religiösen Zeremonien aufgeführt und übernimmt dabei die Rolle eines exorzistischen Rituals. Schließlich gipfelt ja das *Ramayana* in einer Dämonenaustreibung: Rama, eine Inkarnation des Gottes Vishnu, besiegt mit Hilfe von Hanuman und dessen Affenheer den Dämonen Rawana.

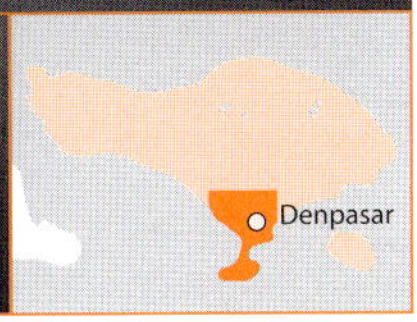

Süd-Bali

Stefan Loose Traveltipps

Denpasar Die Kunst- und Kulturschätze im Bali Museum und im Taman Werdi Budaya Art Center lohnen einen Besuch. S. 143

1 **Kuta** Wer will, kann einen Surfkurs belegen und zum ersten Mal auf dem Brett über das Wasser gleiten. S. 150

2 **Seminyak** Zum Sonnenuntergang schmeckt ein Cocktail am Strand besonders gut. Ein super Auftakt, bevor man anschließend die vielseitigen kulinarischen Köstlichkeiten genießt. S. 170

Jimbaran Der lebendige Fischmarkt mit seinem Riesenangebot lädt zum Bummeln ein. S. 187

3 **Pura Luhur Uluwatu** Der kleine, aber bedeutende Tempel ist spektakulär gelegen. Besonders eindrucksvoll ist das prächtige Farb- und Feuerspiel des Kecak-Tanzes zum Sonnenuntergang. S. 194

SÜD-BALI

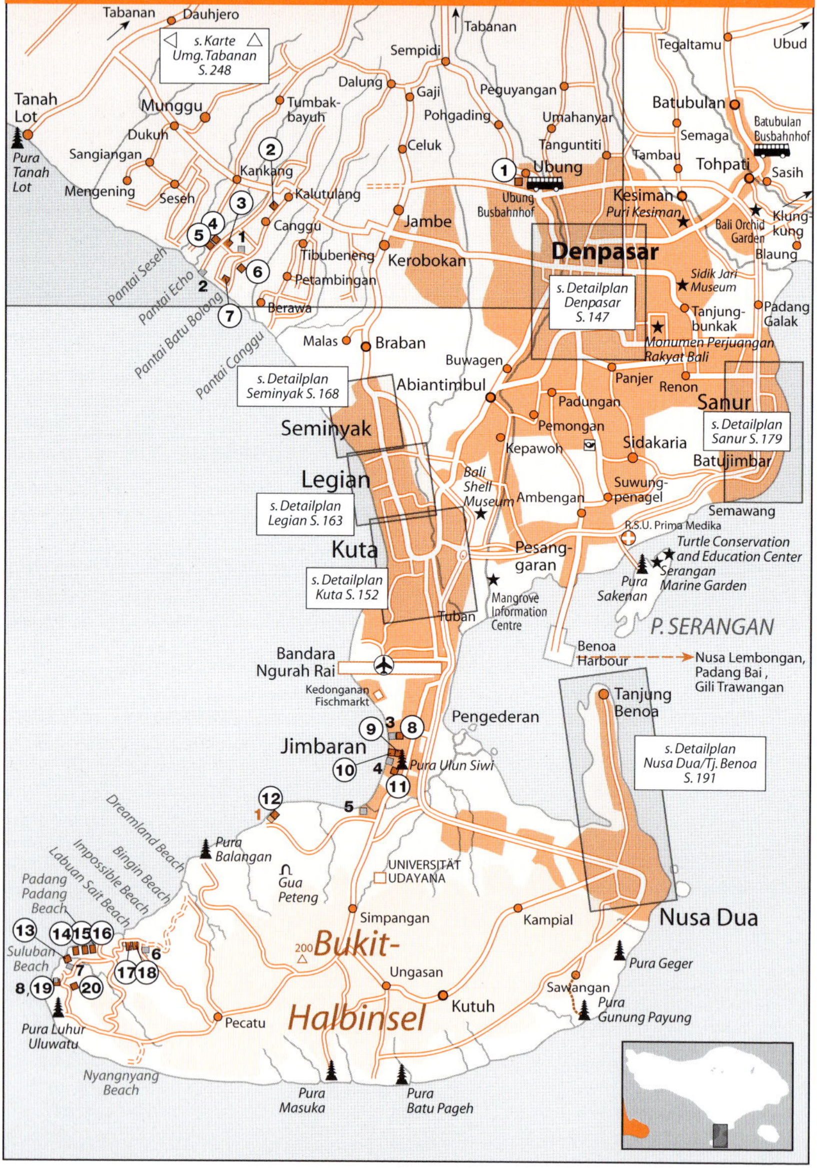
Tabanan
Dauhjero
s. Karte Umg. Tabanan S. 248
Tabanan
Sempidi
Tegaltamu
Ubud
Tanah Lot
Munggu
Dalung
Gaji
Peguyangan
Tumbak-bayuh
Batubulan
Pohgading
Umahanyar
Batubulan Busbahnhof
Dukuh
Semaga
Pura Tanah Lot
Sangiangan
Celuk
Tanguntiti
Tambau
Kankang
Ubung
Tohpati
Sasih
Mengening
Seseh
Kalutulang
Ubung Busbahnhof
Kesiman
Puri Kesiman
Jambe
Canggu
Bali Orchid Garden
Klungkung
Tibubeneng
Kerobokan
Denpasar
Blaung
Pantai Seseh
Pantai Echo
Petambingan
Sidik Jari Museum
s. Detailplan Denpasar S. 147
Padang Galak
Berawa
Tanjung-bunkak
Pantai Batu Bolong
Monumen Perjuangan Rakyat Bali
Malas
Braban
Buwagen
Pantai Canggu
s. Detailplan Seminyak S. 168
Abiantimbul
Panjer
Renon
Padungan
Sanur
Seminyak
Pemongan
s. Detailplan Sanur S. 179
Kepawoh
Sidakaria
Batujimbar
Legian
Bali Shell Museum
Suwung-penagel
s. Detailplan Legian S. 163
Ambengan
Semawang
R.S.U. Prima Medika
Turtle Conservation and Education Center
Kuta
Pesang-garan
Serangan Marine Garden
Pura Sakenan
s. Detailplan Kuta S. 152
Mangrove Information Centre
Tuban
P. SERANGAN
Benoa Harbour
Nusa Lembongan, Padang Bai, Gili Trawangan
Bandara Ngurah Rai
Kedonganan Fischmarkt
Tanjung Benoa
Pengederan
Jimbaran
Pura Ulun Siwi
s. Detailplan Nusa Dua/Tj. Benoa S. 191
Dreamland Beach
Bingin Beach
Pura Balangan
Impossible Beach
Gua Peteng
UNIVERSITÄT UDAYANA
Labuan Sait Beach
Padang Padang Beach
Simpangan
Kampial
Nusa Dua
Suluban Beach
200
Bukit-Halbinsel
Pura Geger
Ungasan
Sawangan
Kutuh
Pura Gunung Payung
Pura Luhur Uluwatu
Pecatu
Nyangnyang Beach
Pura Masuka
Pura Batu Pageh

N

0 1 2 3 4 5 km

Übernachtung:
(1) Hotel Griya Anom Sari
(2) The Chillhouse Surf Retreat
(3) Jepun Bali Homestay
(4) Agung Canggu Hotel
(5) Ecosfera
(6) Coconuts Gh.
(7) Hotel Tugu Bali
(8) Sari Segara Resort
(9) Villa Puri Royan
(10) Sari Jimbaran Gh.
(11) Keraton Jimbaran Resort
(12) Ayana Resort Bali
(13) Kenanga Inn
(14) Surga Bali
(15) Rocky Bungalows
(16) Thomas Cliff Café & Homestay
(17) Pink Coco Bali
(18) Padang-Padang Inn
(19) The Stage Hotel
(20) Jacko House

Essen:
1 Deus Ex Machina Café
2 Sticky Fingers
3 Blue Marlin Café
4 Insadong Restaurant
5 Menega Café
6 Trattoria
7 ULU Restaurant
8 The Gang Restaurant

Sonstiges:
1 The Rock Bar

Angelockt von den tropischen Stränden und der hoch entwickelten Infrastruktur, wohnen die meisten Bali-Touristen rund um die wenig attraktive Hauptstadt **Denpasar**. Hier hat sich die Insel in den letzten Jahrzehnten am stärksten verändert. Das an der Westküste gelegene **Kuta** ist zum Herzstück des kommerziellen australischen Partytourismus geworden. Feierwütige Jugendliche und einheimische Wochenendtouristen sorgen dafür, dass es nie wirklich ruhig wird. Auch **Legian** hat sich von einem verschlafenen Fischerdorf zu einem Pauschaltouristenzentrum par excellence gewandelt. Die Hotelgäste sind lediglich etwas älter. **Seminyak** ist bekannt für seine hervorragenden Restaurants und stylischen Strandbars, die auch von der großen Zahl der hier dauerhaft lebenden Ausländer frequentiert werden. In **Sanur** auf der Ostseite Süd-Balis geht es geruhsamer zu. Die Auswahl an Unterkünften und Restaurants ist dessen ungeachtet ähnlich groß. Auf der staubtrockenen **Bukit-Halbinsel** im äußersten Süden von Bali liegen einige der besten Surfstrände der Welt und **Nusa Dua**, ein am Reißbrett entworfenes, von der Weltbank gefördertes Tourismusprojekt, das mit eigenen Eingangstoren Heimat zahlreicher Luxushotels ist. Direkt im Norden davon bieten sich am Strand von **Tanjung Benoa** zahlreiche Wassersportmöglichkeiten.

Die Region um Kuta, Legian und Seminyak hat alles zu bieten, was das Touristenherz begehrt: Hotels in jeder Preislage, zahllose Souvenirgeschäfte, Modeboutiquen und Kunstgalerien, Restaurants internationaler Klasse, riesige, kommerzielle Nachtclubs und blankpolierte Bars. Dazu gibt es noch den berühmten, sehr breiten Sandstrand. Idyllisch gelegene, einsame Strände wird man hier aber kaum mehr entdecken und auch das Schwimmen ist bei den unberechenbaren, starken Strömungen oft sehr gefährlich. Im Westen der Region überwiegen steile Felsklippen, die von der tosenden Brandung umspült werden. Im Osten dehnen sich unzugängliche Mangrovensümpfe aus. Bis auf die trockene Bukit-Halbinsel ist die fruchtbare Ebene im Süden sehr dicht besiedelt. Entsprechend chaotisch ist der Verkehr.

Denpasar

Denpasar, bei Balinesen auch unter dem alten Namen Badung bekannt, ist mit fast 500 000 Einwohnern die größte Stadt der Insel und die Hauptstadt der Provinz Bali. Sie vereint all das, was man sich stereotyp nicht unter Bali vorstellt: lärmende Motorroller, Bemos und Minibusse, die kreuz und quer durch das Einbahnstraßenlabyrinth der Stadt kurven, Hektik und Abgasgestank. Dennoch ist die Stadt durchaus einen Besuch wert, schon allein wegen ihrer Museen. Doch auch Einkaufszentren, Märkte, Tempel sowie einige grüne Oasen machen den Aufenthalt lohnenswert.

Auf dem zentralen **Puputan-Platz** steht ein Denkmal, das an den *Puputan* – den kollektiven Selbstmord der balinesischen Königsfamilie, die damit der Unterwerfung durch die niederländische Kolonialmacht zuvorkam – erinnert. Den Kilometer Null und spirituellen Mittelpunkt der Stadt *(Catuspata)* bildet die 9 m hohe Statue **Catur Muka** („vier Gesichter"), die 1973 vom berühmten Bildhauer I Gusti Nyoman Lempad gestaltet wurde und ebenfalls am Platz steht. Als Manifestation Brahmas, des Weltenschöpfers, blicken ihre vier Gesichter in alle Himmelsrichtungen. In der unmittelbaren Umgebung sind vor allem am Wochenende unzählige kleine und gro-

Über dem zähflüssigen Verkehrschaos der Hauptstadt erhebt sich der hinduistische Schöpfergott Brahma.

ße Kinder unterwegs, die ihre riesigen Drachen steigen lassen.

Direkt am östlichen Puputan-Platz steht der Tempel **Pura Jagatnata**. Er ist der obersten hinduistischen Gottheit Ida Batara Sang Hyang Widhi Wasa gewidmet, deren goldene Statue im Tempel zu sehen ist. Der Staatstempel feiert sein *Odalan* nicht wie sonst üblich nach dem *Pawukon*-Kalender (210 Tage), sondern nach dem *Saka*-Kalender, einmal im Jahr während des Vollmondes *(Purnama)* im Oktober/November.

Nur 300 m nördlich des Puputan-Platzes befand sich früher der Königspalast, **Puri Denpasar**, der 1906 von den Holländern zerstört wurde. An gleicher Stelle liegt heute der Sitz des Gouverneurs von Bali. Der **Puri Kesiman** in der Jl. W.R. Supratman, 2 km östlich des Zentrums, ist eine gut erhaltene und gepflegte Anlage mit außergewöhnlicher Architektur, die während der Trance-Feiern, sieben Tage nach *Galungan*, viele Gäste anzieht.

Ein Denkmal für den Unabhängigkeitskampf der Balinesen befindet sich im Regierungsviertel Renon im Osten der Stadt. Das **Monumen Perjuangan Rakyat Bali** selbst ist ein beeindruckendes Bauwerk und steht inmitten eines herrlichen Parks. In der zweiten Etage gibt es eine kleine Ausstellung zur Entwicklung der balinesischen Religion und Kultur von der Frühzeit bis heute zu entdecken. Von der Wendeltreppe weiter oben bietet sich eine gute Aussicht über die Stadt. ⏱ Mo–Fr 8.30–15.30, Sa, So 9–15 Uhr, feiertags geschlossen, Eintritt 10 000 Rp, Kinder 5 000 Rp.

Museen

In direkter Nachbarschaft zum Pura Jagatnata liegt in der Jl. Mayor Wisnu das sehenswerte **Bali Museum**, ✆ 0361-222680. Es wurde 1910 eröffnet, 1917 durch ein Erdbeben zerstört und 1932 von den Holländern im traditionellen balinesischen Stil wieder aufgebaut. Die in den drei Gebäuden untergebrachten Ausstellungsstücke geben einen guten Überblick über die Entwicklung der balinesischen Kunst von prähistorischer Zeit bis heute: Die im ost-balinesischen Stil gestaltete Karangasem-Galerie erläutert die Details der sinnstiftenden hinduistischen *Panca-Yadnya*-Zeremonie, die Denpasar-Galerie im Stile Zentral-Balis zeigt historische Kunstsammlungen und die Buleleng-Galerie im nord-balinesischen Stil stellt traditionelle Stoffe aus. Besonders schön ist die Sammlung von

Tanzmasken. ⌚ Sa–Do 8–15.30, Fr 8–12.30 Uhr, feiertags geschlossen, Eintritt 10 000 Rp, Kinder 5000 Rp, mit Kamera zusätzlich 1000 Rp.

Das private **Sidik Jari Museum**, Jl. Hayam Wuruk 175, Richtung Sanur, ✆ 0361-23511, stellt balinesische Gemälde aus. Eine zu beobachtende Besonderheit besteht im pointilistischen Gebrauch der Fingerspitzen als Malwerkzeug, der den traditionellen balinesischen Motiven eine mosaikhafte Erscheinung verleiht. Im Gebäude sind auch ein Atelier und eine Bühne für Tanzvorführungen untergebracht. ⌚ 9–16 Uhr.

Kulturakademien

Einen Besuch lohnt das **Taman Werdi Budaya Art Center** an der Jl. Nusa Indah, ca. 2 km östlich des Puputan-Platzes – eine schöne Anlage mit viel Grün, kleinen Teichen, Ausstellungsräumen und einer großen Bühne. In Vollmondnächten werden auf der Freilichtbühne Ardha Candra aufwendige Vorstellungen und gelegentlich auch *Kecak*-Tänze dargeboten. ⌚ Mo–Fr 8–13, Sa, So nur bis 12 Uhr, Eintritt 10 000 Rp.

Hinter dem Taman Werdi Budaya Art Center liegt die nationale Tanzakademie **Asti (Akademi Seni Tari Indonesia)**. Hier werden auf Universitätsebene Studenten (auch Ausländer) in Tanz, Musik und Schattenspiel unterrichtet. Ein Abschluss an der Akademie wird mit angesehenen Titeln wie Bachelor of Arts *(Sarjana Muda)* und Master of Arts *(Seniman Seni Tari)* belohnt. Hier kann man angehenden Künstlern bei den Proben zusehen. ⌚ Mo–Fr 8–16 Uhr.

Das **IHD (Institute Hindu Dharma)** bemüht sich um die balinesische Religion, sowohl wissenschaftlich als auch spirituell. Den Studenten und angehenden Priestern steht eine ausgezeichnete Bibliothek zur Verfügung. Das 1963 gegründete Institut befindet sich in Tembau, Penatih, einem nordöstlichen Vorort von Denpasar.

Märkte

Der **Pasar Badung**, der größte Markt der Stadt, liegt wenige hundert Meter westlich des Puputan-Platzes in der Jl. Gajah Mada. Das geteilte, große Eingangstor *(Candi Bentar)* weist den Weg vorbei am **Pura Melanting**, einem Tempel zu Ehren des Gottes des Handels. Hier werden rund um die Uhr Obst, Gemüse, Gewürze, Fleisch und Fisch feilgeboten. Zwischen Mitternacht und 4 Uhr morgens kann man beobachten, wie die Bauern ihre Waren an die Händler verkaufen.

Ebenfalls am Fluss Tukad Badung liegt südlich des Pasar Badung der **Pasar Kumbasari**. Im vorderen Teil werden Obst, Gemüse und Blumen verkauft, während man sich im dahinter liegenden dreistöckigen Marktgebäude mit Textilien, traditionellem Kunsthandwerk und günstigen Souvenirs eindecken kann.

Ein für Tierfreunde wenig erfreulicher Anblick bietet sich auf dem berühmten **Pasar Burung Satria (Vogelmarkt)** im Puri Satria, dem einstigen Palast des Königs von Denpasar, 500 m nördlich des Puputan-Platzes. Hier werden jede Menge Vögel, Affen, Fische und andere Tiere eingepfercht in engen Käfigen zum Kauf angeboten. Abends findet hier auch ein Nachtmarkt statt. Hinter dem Markt in der Jl. Veteran, nördlich der Jl. Kedondong, befindet sich ein mit Pavillons und blühenden Bäumen gesäumtes Tempelgelände, das wie eine Oase der Stille inmitten der belebten Umgebung wirkt.

500 m östlich des Puputan-Platzes öffnet abends der Nachtmarkt **Pasar Asoka**, der balinesisches, javanisches und chinesisches Straßenessen bietet.

Übernachtung

Hotel Griya Anom Sari, Jl. Pidada 32, ✆ 0361-410852. Wer nahe dem Ubung Terminal übernachten muss, findet hier, etwas östlich des Terminals, ordentliche, etwas dunkle Zimmer, teils mit AC. Kleines Frühstück inkl. ❷

Hotel Intansari, Jl. Thamrin 1–3, ✆ 0361-424521, ✉ hotel.intansari@live.com. Leicht abgewohnte, aber saubere Zimmer mit bequemen Matratzen, AC, TV und Mandi/WC in zentraler Lage. Freundliches Personal. Kleines Frühstück inkl. ❸

Hotel Santhi, Jl. Patih Jelantik 1, ✆ 0361-224183, 💻 www.hotelsanthi.com. Hotel mit einem älteren auf der einen und einem modernen, hohen Gebäude auf der anderen Straßenseite. Die hellen, komfortablen Zimmer haben AC, TV und Du oder Bad/WC. Manche bieten auch eine Kochzeile und einen schönen Blick über die Dächer der Stadt. Pool, WLAN und Frühstück inkl. ❺–❻

Nakula Familiar Inn, Jl. Nakula 4, ✆ 0361-226446, ✉ nakula_familiar_inn_adi@yahoo.com. 6 große, saubere Zimmer mit komfortablen Matratzen, Terrasse und Mandi/WC, teils auch mit AC, drängen sich rings um einen kleinen Garten in der Nähe des Pasar Burung. Die freundlichen Betreiber halten Stadtpläne und zahlreiche Informationen bereit. Motorräder werden für 50 000 Rp, Fahrräder für 30 000 Rp am Tag vermietet. ❷

Weitere Übernachtungsmöglichkeiten s. eXTra [4076].

Essen

Im Stadtgebiet gibt es überall kleine Warung und Restaurants, die preiswertes Essen anbieten.

Im großen Marktgebäude des **Pasar Kumbasari**, in der Jl. Gajah Mada, Ecke Jl. Sulawesi, gibt es einige billige Restaurants. Hier findet auch ein **Nachtmarkt** statt.

Ein weiterer **Nachtmarkt** befindet sich im Norden, am Sportstadion, Jl. W. R. Supratman, Ecke Jl. Melati, sowie in der Jl. Hayam Wuruk, in Richtung des Art Centers.

Wer statt in Warung lieber in Restaurants essen gehen will, kann sich auf der Jl. Gajah Mada oder der Jl. Teuku Umar umsehen.

Bali Bakery, Jl. Hayam Wuruk 181, ✆ 0361-243147. Englische Frühstücksmenüs mit Ei Benedikt auf Walnussbrot, Schinken, gebackenem Omelette auf dunklem Sesam-Bagel oder auch die Tortilla mit Avocado, Salat, Bohnen, Käse und Ei – wer auf ein herzhaftes Frühstück Appetit bekommt, wird hier fündig.

Warung Satria, Jl. Kedondong 11, nahe dem Vogelmarkt. Hier gibt es balinesische Gerichte für den großen Hunger zu kleinen Preisen.

Feste

Seit 1979 findet im Taman Werdi Budaya Art Center jedes Jahr im Juni und Juli das **Bali Arts Festival** (Pesta Kesenian Bali), ein mehrwöchiges Kunstfestival, statt. Auf dem Programm stehen u. a. Tanz-, Musik- und Theaterdarbietungen, umfangreiche *Ramayana*- und *Mahabharata*-Ballettaufführungen und Ausstellungen zu sämtlichen Handwerkskünsten, die für Bali typisch sind. Tausende Balinesen, aber nur wenige Touristen, besuchen dieses Festival, das für die Erhaltung und Weiterentwicklung der balinesischen Kunst und Kultur eine wichtige Rolle spielt. Das aktuelle Programm findet sich auf 🖳 www.baliartsfestival.com.

Einkaufen

Die Geschäfte in der Jl. Gajah Mada und der Jl. M. H. Thamrin verkaufen Textilien, Holzschnitzereien und andere Souvenirs.

Im bunten Gewühl der **Jl. Sulawesi** findet man eine Vielzahl von Geschäften, die Schmuck, Lederarbeiten und vor allem feine Stoffe anbieten. Wer mit dem Gedanken spielt, sich ein traditionelles balinesisches Gewand schneidern zu lassen, sollte einen Abstecher hierher machen.

Waren des täglichen Bedarfs bekommt man entweder auf den überall präsenten kleinen Märkten oder im **Tiara Dewata Supermarket**, Jl. Mayjen, Sutoyo.

Die Jl. Hasanuddin ist auch als die Straße der Goldschmiede bekannt. Es finden sich sehr schöne Stücke in den Auslagen.

Das große **Ramayana-Einkaufszentrum** liegt an der Jl. Diponegoro und bietet für Fastfood-Liebhaber auch eine McDonald's-Filiale.

Der **Matahari** und **Robinson Department Store**, zwei weitere Einkaufszentren, befinden sich in der Jl. Dewi Sartika. Neben Bekleidung und Haushaltswaren gibt es hier auch Apotheken.

Aktivitäten

Stadtrundfahrten

Free Shuttle Bus. Seit 2009 bietet das Tourismusbüro jeden Sa kostenlose, 2-stündige Stadtrundfahrten an. Der Bus hält an einigen großen Hotels in Sanur und Denpasar, am Bali Museum, dem Puputan-Platz, dem Taman Werdi Budaya Art Center und in Renon. Nähere Informationen gibt es beim Denpasar Government Tourism Office. Abfahrten um 9, 11, 13.10 und 15.15 Uhr im Banjar Semawang Sanur.

Sonstiges

Geld

Im Stadtgebiet gibt es zahlreiche Banken mit Geldautomaten. Die meisten davon sind in der Jl. Teuku Umar und Jl. Gajah Mada zu finden.

Denpasar

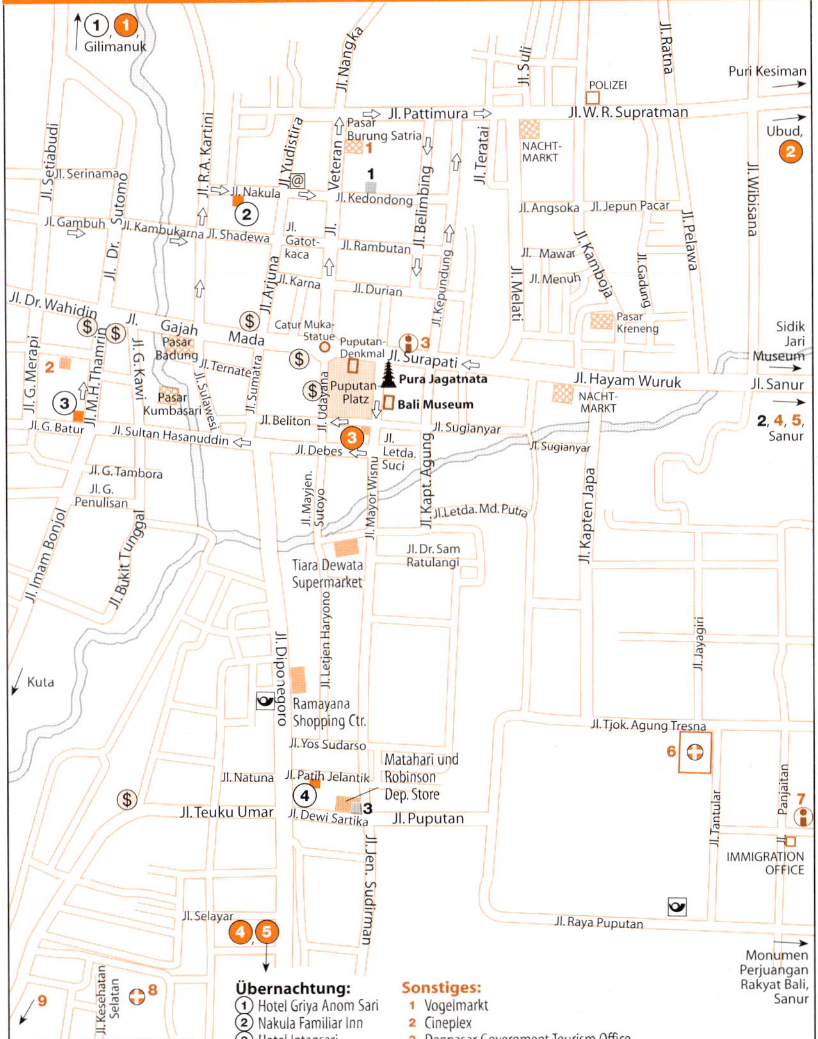

Übernachtung:

1. Hotel Griya Anom Sari
2. Nakula Familiar Inn
3. Hotel Intansari
4. Hotel Santhi

Essen:

1. Warung Satria
2. Bali Bakery
3. McDonald's

Sonstiges:

1. Vogelmarkt
2. Cineplex
3. Denpasar Government Tourism Office
4. Asti (Akademi Seni Tari Indonesia)
5. Taman Werdi Budaya Art Center
6. Royal Bali Hospital
7. Bali Government Tourism Office
8. R.S.U. Sanglah
9. Rumah Sakit Kasih Ibu

Transport:

1. Ubung Busbahnhof
2. Batubulan Busbahnhof
3. Garuda
4. Rama Duta Bali
5. PELNI

Immigration

Immigration Office, Jalan D.I. Panjaitan, Renon, ✆ 0361-227828.

Informationen

Bali Government Tourism Office, Jl. Letjen S. Parman, Niti Mandala, ✆ 0361-222387, 💻 www.balitourismboard.org. Hier gibt es eine Karte der Insel, aktuelle Informationen und den *Calendar of Events*, in dem alle Feste aufgelistet sind. ⌚ Mo–Do 7–14, Fr 7–13 Uhr.
Denpasar Government Tourism Office, Jl. Surapati 7, ✆ 0361-223602, 💻 www.bali denpasartourism.com. Hier bekommt man umfangreiche Informationen über die unübersichtlichen öffentlichen Verkehrsmittel in Denpasar und Umgebung. ⌚ Mo–Do 8–16, Fr 8–13 Uhr.

Internet

In der gesamten Stadt gibt es Internetcafés, die pro Std. 3000–5000 Rp verlangen.

Kino

Cineplex, Jl. M.H.Thamrin, ✆ 0361-42302. Auch englischsprachige Filme im Programm.

Medizinische Hilfe

In und um Denpasar gibt es eine Vielzahl von guten, professionell geführten Krankenhäusern und Kliniken. Für mehr Details s. S. 50.

Polizei

Die Polizeistation liegt in der Jl. W.R. Supratman, ✆ 0361-227711, Notruf ✆ 110.

Post

Hauptpostamt, in Niti Mandala, Renon, an der Jl. Raya Puputan, ✆ 0361-223565, ⌚ Mo–Fr 8–18, Sa bis 12 Uhr. Außerdem Filialen in der Jl. Kamboja, Kreneng, ✆ 0361-222004, und Jl. Diponegoro, Sanglah, ✆ 0361-227727. Ein kleineres Postamt ist in der Jl. Gunung Rinjani, ⌚ Mo–Do 8–14, Fr 8–12, Sa 8–13 Uhr.

Nahverkehr

Innerhalb von Denpasar fahren **Angkot** (Minibusse). Sie verkehren bis ca. 21 Uhr auf festen Routen mit Endhaltestellen am Krankenhaus, am Markt, an den Busstationen und an der Jl. R. A. Kartini nahe Jl. Gajah Mada. Jede Fahrt kostet 5000 Rp.

Transport

Busse und Minibusse

Busse und **Minibusse** zu anderen Ziele auf Bali fahren von den **Terminals in Batubulan und Ubung** ab. Große Busse verkehren nur auf den Hauptstrecken Gilimanuk–Denpasar–Padang Bai und Denpasar–Singaraja–Gilimanuk, oft zum gleichen Preis wie Minibusse. Minibusse fahren von 6–16 Uhr fast jeden Ort der Insel an, vorausgesetzt sie sind voll. Deswegen muss oft schon ab mittags ein Fahrzeug gechartert werden. Viele der hier angegebenen Preise sind für Touristen erst nach harten Verhandlungen zu bekommen. Insgesamt gibt es im unüberschaubaren Stadtgebiet 5 Busbahnhöfe, von denen aber nur 2 für Touristen relevant sind:

Batubulan, die Station für Busse nach Ubud und nach Osten liegt nördlich von Denpasar:
AMLAPURA für 20 000 Rp;
BANGLI für 15 000 Rp;
CANDI DASA für 30 000 Rp (über Semarapura);
GIANYAR für 10000 Rp;
KINTAMANI für 20 000 Rp;
PADANG BAI für 30 000 Rp (über Semarapura);
SEMARAPURA (Klungkung) für 15 000 Rp;
SINGARAJA für 25 000 Rp;
TERMINAL UBUNG für 8000 Rp;
UBUD für 10 000 Rp.

Ubung, Jl. Cokroaminoto, ist die größte, 5 km nördlich von Zentrum in Denpasar gelegene Busstation für Ziele im Norden und Westen sowie Java, Lombok, Sumbawa und Flores. Preisbeispiele aus der Tarifübersicht im Terminal Office, ✆ 0361-427172, Ziele auf den Nachbarinseln inkl. Fährticket:
GILIMANUK für 25 000–30 000 Rp;
KEDIRI in 16 Std. für 155 000 Rp;
LOVINA/SINGARAJA für 25 000–30 000 Rp;
MATARAM in 10 Std. für 150 000 Rp;
MENGWI für 16 000 Rp;
NEGARA für 25 000 Rp;
TABANAN für 15 000 Rp;
MALANG (Java) in 14 Std. für 145 000 Rp;

BIMA (Sumbawa) in 29 Std. für 350 000 Rp;
SUMBAWA BESAR (Sumbawa) in 22 Std. für 250 000 Rp;
LABUAN BAJO (Flores) in 38 Std. für 440 000 Rp.

Nachtbusse nach Java (Executive Class):
BANDUNG in 24 Std. für 325 000 Rp;
JAKARTA in 24 Std. für 370 000 Rp;
SEMARANG in 18 Std. für 215 000 Rp;
SOLO/YOGYAKARTA in 18 Std. für 215 000 Rp;
SURABAYA in 14 Std. für 145 000 Rp.

Busunternehmen (Auswahl):
Bandung Express, ✆ 0361-262109.
Continental, ✆ 0361-223921.
Pahala Kencana, ✆ 0361-223329.

Flüge

Infos zu bestehenden Flugverbindungen s. S. 35

Kuta

Das ehemalige Fischerdorf Kuta an einem kilometerlangen, menschenleeren Sandstrand hat sich in den letzten Jahrzehnten in das quirligste und kommerziellste **Touristenzentrum** der Insel verwandelt. Zuerst kamen die Hippies, dann entstanden mehr und mehr billige Unterkünfte, die Traveller anzogen. Reiseveranstalter und große Hotels witterten das Geschäft, und mit ihnen kamen auch die Kurzurlauber. Bungalows und Swimmingpools, Restaurants und Boutiquen schossen ab den 1990er-Jahren wie Pilze aus dem Boden. Heute bevölkern geschäftstüchtige Händler die Straßen, während sonnen- und partyhungrige Touristen den Strand für sich erobert haben. Für eine detaillierte Darstellung der Geschichte der Ortschaft s. eXTra [4080].

In Kuta sind sie alle vertreten: Globetrotter, Pauschaltouristen, australische Sonnenanbeterinnen und Javaner, die den halbnackten weißen Touristinnen nachschauen möchten. Neben den vielen Surfern und denen, die es werden wollen, kommen mehrheitlich australische Pauschalurlauber nach Kuta. Die zahlreichen Hotels, Bars, Restaurants, Souvenirstände, Nachtclubs und Surferläden haben sich gut auf ihre Klientel eingestellt und lassen es an nichts fehlen. Auf viele westliche Besucher, die bereits länger in entlegeneren Regionen Südostasiens unterwegs waren, wirkt Kuta wie ein Kulturschock. Der Ort wird nicht ohne Grund auch als das Mallorca der Australier bezeichnet.

Mittlerweile hat sich Kuta so weit ausgedehnt, dass die Orte Tuban im Süden sowie Legian, Seminyak und Kerobokan im Norden förmlich mit Kuta verschmolzen sind. Die Jalan Legian stellt die Hauptverkehrsader zwischen Kuta, Legian und Seminyak dar und ist über Kilometer von Geschäften und Restaurants gesäumt. Hier und auf der parallel am Strand verlaufenden Jalan Pantai Kuta staut sich zu fast jeder Tageszeit der Verkehr, doch auch in den schmalen Querstraßen Jalan Benesari, Poppies Lane 1 und Poppies Lane 2 sind jede Menge Menschen, Motorroller und Autos unterwegs.

Nach dem verheerenden **Bombenanschlag** im Oktober 2002 hielten sich die Touristen von Kuta fern. Der einst so hektische Ferienort glich stellenweise einer Geisterstadt. Zehn Jahre später erinnert nur noch die marmorne Tafel der **Gedenkstätte** an die 202 Toten. Das gepflegte Denkmal steht auf der Fläche des zu jener Zeit zerstörten Paddy's Pub und wird jeden Abend erleuchtet. Die damalige Situation hat sich ins Gegenteil verkehrt: Heute strömen mehr Urlauber

Verwirrende Straßennamen

Besonders in Kuta, Legian und Seminyak werden oft mehrere Namen für ein und dieselbe Straße verwendet. Neben dem allgemein akzeptierten und verbreiteten Namen existiert meist noch ein offizieller, aber nicht sehr gebräuchlicher Name. Hier ein Überblick über die wichtigsten Straßen mit doppeltem Namen:

Poppies Lane 2	=	Jl. Batu Bolong
Jl. Pantai Kuta	=	Jl. Pantai Banjar Pande Mas
Jl. Kartika Plaza	=	Jl. Dewi Sartika
Jl. Doublesix	=	Jl. Arjuna
Jl. Werkudara	=	Jl. Pura Bagus Taruna
Jl. Padma	=	Jl. Yudistra
Jl. Laksmana	=	Jl. Oberoi
Jl. Dhyana Pura	=	Jl. Abimanyu oder Jl. Camplung Tanduk

Die Erinnerungsstätte für die Opfer des Terroranschlags 2002 liegt im Herzen von Kuta.

hierher als je zuvor. Neben Australiern, Europäern und Japanern kommen immer mehr Besucher aus China, Taiwan, Südkorea und anderen südostasiatischen Ländern. Aus Angst vor weiteren Terroranschlägen gibt es vor vielen Hotels, Restaurants und Nachtclubs Sicherheitskontrollen, die aber in der Regel freundlich ablaufen. Für eine detaillierte Darstellung der Sicherheitsmaßnahmen s. Kasten „All Safe in Paradise? – Zur Gefahr eines Terroranschlags auf Bali", S. 59.

Das hektische Touristenleben mag anderes vermitteln, aber die Balinesen pflegen auch in Kuta ihre Kultur und Religion. Die kleinen Opferkörbe vor Tempeln, Geschäften und Haustüren gehören auch hier zum Straßenbild. An *Nyepi*, dem balinesischen Neujahr, ist es hier (fast) ebenso still wie überall sonst auf der Insel.

Der feine **Sandstrand** von Kuta, Legian und Seminyak ist breit und ideal zum Sonnenbaden und Entspannen. Allerdings sind besonders auf Höhe der Poppies Lane 1 und 2 viele aufdringliche fliegende Händler unterwegs, die billige Sarongs, Souvenirs, Sonnenbrillen, temporäre Tätowierungen oder auch frisches Obst an den Urlauber bringen wollen. Eine Lösung besteht darin, eine Sonnenbrille zu tragen, damit nicht jeder Blick in einen Verkaufsmarathon ausartet.

Die kilometerlangen breiten Sandstrände rund um Kuta sind für ihre wunderschönen **Sonnenuntergänge** bekannt. Zum späten Nachmittag füllt sich der Strand von Kuta mit Touristen und Einheimischen. Man unterhält sich, trinkt ein kühles Bier oder springt noch einmal kurz ins Meer, bevor dann alle gemeinsam das wunderschöne Naturschauspiel bestaunen.

Wer Interesse an Muscheln hat, kann im **Bali Shell Museum**, Jl. Sunset Blvd., ✆ 0361-752932, 💻 www.balishellmuseum.com, über 10 000 verschiedene Exemplare in allen denkbaren Formen und Farben sowie riesige uralte Ammoniten bestaunen. Zudem sind hier Seesterne, Seeigel und Haigebisse ausgestellt. 🕓 9.30–21.30 Uhr, Eintritt 50 000 Rp.

1 HIGHLIGHT

Surfen lernen

Das erste Mal auf einer Welle dahinzugleiten, ist ein wunderbares Gefühl, und es gibt wenige Orte auf Bali, an denen man das Surfen so gut erlernen kann wie am Strand von Kuta. Die Wellen sind verhältnismäßig klein und die Strömung einigermaßen vorhersehbar. So wundert es kaum, dass sich gerade hier jede Menge Surfschulen (s. S. 159) angesiedelt haben, die es sich zur Aufgabe gemacht haben, blutige Anfänger zu leidenschaftlichen Surfern auszubilden.

Die Schulen unterscheiden sich, abgesehen von den günstigsten, nur geringfügig voneinander: Sie sind von Firmen wie Billabong, Rip Curl oder Oakley gesponsert, verfügen über relativ neue Surfbretter und bieten morgens und am frühen Nachmittag ihre Anfängerkurse an. Die genauen Anfangszeiten sind immer von Ebbe und Flut abhängig. Der Spaß am Surfen wird in den Kursen großgeschrieben, aber natürlich werden auch Verhaltensregeln und Sicherheitsfragen behandelt. Gruppen bestehen im Normalfall aus drei bis vier Personen und einem Surflehrer. Die Kursgebühr sollte eine Versicherung beinhalten. Fast alle Schulen bieten einen kostenlosen Abholservice vom Hotel an, sogar aus Nusa Dua, Jimbaran oder Sanur.

Die körperliche Anstrengung darf nicht unterschätzt werden: Zwei Stunden im Wasser können schon so sehr ermüden, dass das Paddeln und Aufrichten schwerfällt und erste Koordinationsprobleme auftreten. Spätestens dann ist eine Pause angebracht. Auch auf die Sonne muss geachtet werden: Um einem Sonnenbrand oder sogar -stich vorzubeugen, sollte immer reichlich Sonnencreme aufgetragen und alle ein bis zwei Stunden erneuert werden. Dabei ein Körperteil zu vergessen, kann schmerzhafte Folgen haben.

Übernachtung

Neben den teuren Luxushotels in Strandnähe gibt es viele kleine Budget-Unterkünfte, oft mit ruhigen Innenhöfen im balinesischen Stil, und schöne Bungalowanlagen mit Pool in der mittleren Preisklasse. In der Hochsaison (Juli–Sep und Weihnachten) können die Unterkünfte teurer werden oder ausgebucht sein. Es empfiehlt sich dann rechtzeitig zu reservieren. Weitere Übernachtungsmöglichkeiten s. eXTra [4081].

Untere Preisklasse

Bali Dwipa Gh., Benesari Lane, ✆ 0361-751446. Etwas zurückversetzt von der lauten Gasse liegen die 48 alten, relativ sauberen und einfachen Zimmer mit Schaumstoffmatratzen und Warmwasser-Du/WC, teils auch mit neuer AC. Frühstück inkl. ❷–❸

Bamboo Inn, Jl. Singosari, Gang Kresek 1, ✆ 0361-751935. Ruhig, abseits der Touristenmassen gelegene, kleine und familiäre Anlage mit einfachen und sauberen Zimmer mit Du/WC. Frühstück inkl. ❷

Bunut Garden, Jl. Kartika Plaza, Gang Puspa Ayu, ✆ 0361-752971, ✉ bunutgarden@yahoo.com. Enge, aber gemütliche Anlage mit einfachen, sauberen Zimmern mit sehr weichen Matratzen, Bambusmöbeln und Bad/WC. Wegen des guten Preis-Leistungs-Verhältnisses eine Alternative für Budgettraveller, die dem Trubel der Poppies Lanes entkommen wollen. Viele Moskitos. Frühstück inkl. ❸

Achtung beim Schwimmen

Außerhalb der mit roten und gelben Flaggen markierten Bereiche ist das Schwimmen aufgrund der starken und unberechenbaren Strömungen lebensgefährlich! Obwohl an allen belebten Strandabschnitten Rettungsschwimmer im Einsatz sind, kommt es jedes Jahr zu mehreren tödlichen Unfällen mit Touristen, die von der Strömung hinausgetragen werden und ertrinken. Auch sollte man beim Schwimmen immer ein Auge auf die Surf-Anfänger haben, die ihre Bretter noch nicht perfekt unter Kontrolle haben. Ein Zusammenstoß mit einem Surfbrett kann sehr schmerzhaft sein.

Gut und günstig

Sari Indah Cottages, Jl. Benesari, ✆ 0361-754047. Kleines empfehlenswertes Hotel mit netter Atmosphäre und ruhiger Lage, das vorwiegend von einem jungen Publikum besucht wird. Die einfachen und sauberen Zimmer mit weichen Schaumstoffmatratzen und Du/WC bieten ein sehr gutes Preis-Leistungs-Verhältnis und sind teils auch ansprechend gestaltet. Kleines Frühstück und lageabhängiges WLAN inkl. ❷

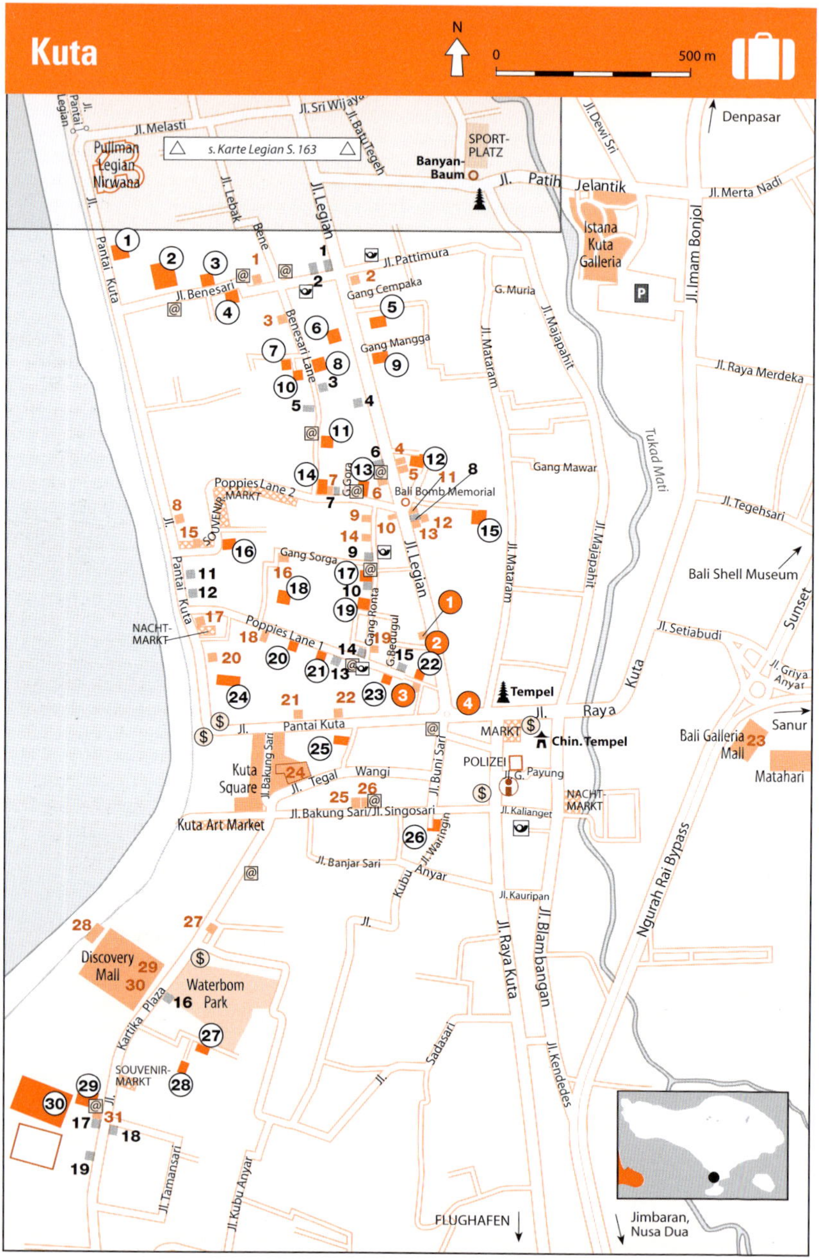
Kuta
N
0
500 m
Denpasar
Jl. Pantai Legian
Jl. Melasti
Pullman Legian Nirwana
s. Karte Legian S. 163
Jl. Sri Wijaya
Jl. Batu Tegeh
SPORT-PLATZ
Banyan-Baum
Jl. Patih Jelantik
Jl. Dewi Sri
Jl. Merta Nadi
Istana Kuta Galleria
Jl. Lebak Bene
Jl. Legian
Jl. Pattimura
Jl. Benesari
Gang Cempaka
G. Muria
Jl. Imam Bonjol
Jl. Pantai Kuta
Benesari Lane
Gang Mangga
Jl. Mataram
Jl. Majapahit
Jl. Raya Merdeka
Tukad Mati
Gang Mawar
Poppies Lane 2
MARKT
SOUVENIR
G. Gora
Bali Bomb Memorial
Jl. Tegehsari
Gang Sorga
Bali Shell Museum
Gang Ronta
G. Bedugul
NACHT-MARKT
Poppies Lane 1
Jl. Setiabudi
Sunset
Jl. Griya Anyar
Tempel
Kuta
Jl. Raya
Sanur
MARKT
Chin. Tempel
Bali Galleria Mall
Matahari
Jl. Pantai Kuta
POLIZEI
G. Payung
Kuta Square
Jl. Bakung Sari
Jl. Tegal Wangi
Jl. Buni Sari
Jl. Bakung Sari/Jl. Singosari
Jl. Kalianget
NACHT-MARKT
Kuta Art Market
Jl. Waringin
Jl. Banjar Sari
Kubu Anyar
Jl. Kauripan
Ngurah Rai Bypass
Jl. Raya Kuta
Jl. Blambangan
Discovery Mall
Waterbom Park
Kartika Plaza
Jl. Kendedes
Sadasari
SOUVENIR-MARKT
Jl. Tamansari
Jl. Kubu Anyar
FLUGHAFEN
Jimbaran, Nusa Dua

Übernachtung:

1. Komala Indah II Sunset
2. Best Western Kuta Seaview
3. Hotel Lusa
4. Un's Hotel
5. Villa de daun
6. Adi Dharma Cottages
7. Sari Indah Cottages
8. Bendesa Accommodation
9. The 101
10. Mekar Jaya Accomm. & Bung.
11. Bali Dwipa Gh.
12. The niche Bali
13. Taman Mekar Beach Inn 1
14. Balita Inn
15. Dewi Sri Hotel
16. Dekuta
17. Mahendra Beach Inn
18. Mimpi Bungalows & Villa Kojutan
19. Kuta Town Houses
20. Masa Inn
21. Fat Yogi Cottages
22. Komala Indah I
23. Poppies Cottages
24. Hard Rock Hotel
25. Tune Hotel Kuta
26. Bamboo Inn
27. Bunut Garden
28. Dayu Beach Hotel
29. Green Garden Hotel
30. Bali Dynasty Resort

Essen:

1 Mama's German Restaurant
2 Kunti II Sushi Restaurant
3 Dog Dragon Grill
4 Café Kopi Pot
5 Mojo's Flying Burritos
6 Celato
7 Kori Restaurant
8 esc - Urban Food Station
9 Warung Pama
10 Gong Corner
11 Rosso Vivo
12 McDonald's
13 Havana Club
14 TJ's Restaurant
15 Poppie's Restaurant
16 IFIORI
17 Queen's of India
18 Kin Khao Thai Restaurant
19 Kunyit Bali Restaurant

Transport:

1 Perama Tours
2 Bushaltestelle Perama und Shuttlebusse
3 MBA Tours & Travel
4 Bemo Corner

Sonstiges:

1 Buchladen
2 Pointsurf Shop
3 Buchladen
4 Eikon Bar & Lounge
5 M Bar Go
6 Shinkei Spa
7 Wocky Surf School
8 Pro Surf School
9 Buchladen
10 Maccaroni
11 Vi Ai Pi
12 Sky Garden Lounge
13 Shinkei Spa
14 Arztpraxis
15 Buchladen
16 Ayu Laundry Service
17 Big Kahuna Surf School
18 Buchladen
19 Buchladen
20 Odysseys Surf School
21 Smart Salon
22 Uluwatu (Hauptfiliale)
23 Gramedia, Periplus
24 Matahari Dept. Store, Periplus Buchladen
25 Uluwatu
26 Apotheke
27 Bali Sling Shot
28 Oceans 27
29 Periplus Buchladen
30 Batik Keris
31 DVD-Laden

Komala Indah I, Poppies Lane 1, ✆ 0361-751422. Budget-Unterkunft mit 8 sehr einfachen, aber sauberen Zimmern mit Du/WC. Bananen und Tee gibt es den ganzen Tag umsonst. ❶

Komala Indah II Sunset, Jl. Pantai Kuta, ✆ 0361-751670, ✉ komalaindahsunset@yahoo.com. Die 2-stöckigen Bungalows in einem grünen Garten beheimaten 10 sehr einfache, aber saubere Zimmer mit älterer Du/WC und Terrasse, die teureren auch mit AC und Warmwasser. Freundlicher Service. Frühstück inkl. ❷–❹

Mahendra Beach Inn, Gang Ronta, Poppies Lane 2, ✆ 0361-752371. Die alten Zimmer sind nicht sehr ansprechend, die neuen gefallen dafür umso mehr: bequeme Betten, AC und ein schickes Open-Air-Du/WC mit steinbesetzten Wänden. Frühstück und WLAN inkl. ❷–❹

Mekar Jaya Accommodation & Bungalows, Jl. Benesari, ✆ 0361-754487. In der großen und ruhigen Anlage liegen sowohl günstige einfache Zimmer als auch teurere und komfortablere mit AC und Warmwasser-Du/WC. ❷–❸

Taman Mekar Beach Inn 1, Poppies Lane 2 Nr. 6, ✆ 0361-761912, ✉ tamanmekar.inn@gmail.com. Saubere, geflieste, in der oberen Etage auch helle Zimmer, teils mit AC. Freundliches Personal. Nachts ist es hier wegen den Discotheken in der Jl. Legian ziemlich laut. Einfaches Frühstück inkl. ❷–❸

Tune Hotel Kuta, Jl. Kahyangan Suci, ✆ 0215-697 0060, 💻 www.tunehotels.com. Hier wird das Konzept der Billig-Airline auf den Hotelaufenthalt übertragen: Für AC-Gebrauch, Handtücher, WLAN, Frühstück usw. werden Extragebühren verlangt. So können die 139 kleinen und dunklen, aber komfortablen Zimmer mit exzellenten Betten und Du/WC, aber ohne TV und anderem Schnickschnack für wenig Geld angeboten werden. Oftmals günstige Angebote im Internet. ❷–❹

Mittlere Preisklasse

Adi Dharma Cottages, Jl. Legian 155, ✆ 0361-751527, 💻 www.adidharmahotel.com. Nach dem Passieren der hübschen Dämonenwand, die die bösen Geister verwirren soll, erreicht man dieses ruhige Hotel mit schön gestaltetem Pool mit Wasserfalldusche. 37 relativ saubere

Moderne Zimmer zu günstigen Preisen

Fat Yogi Cottages, Poppies Lane 1, ✆ 0361-751665, 🖳 www.indo.com/hotels/fat_yogi. Die Zimmer im neuen Anbau auf der linken Seite der Anlage mit einem schönen Garten und kleinem Pool sind empfehlenswert: geräumig, ruhig, mit AC und schön verglaster Du/WC oder Bad/WC mit Warmwasser ausgestattet und mit Schrankwand und beleuchteten Bildern modern eingerichtet. Die Zimmer im hinteren und rechten Teil der Anlage sind älter und nicht so ansprechend gestaltet und ausgestattet. WLAN und amerikanisches Frühstück inkl. Das Personal ist nicht sehr hilfsbereit. ❹

und helle Zimmer mit Balkon, AC, Kühlschrank, TV und Bad/WC. ❺

Balita Inn, Poppies Lane 2, ✆ 0361-753795, 🖳 www.balitainn-hotel.com. Recht neues Hotel mit 15 sauberen Zimmern mit AC, Minibar und Warmwasser-Du/WC rings um den kleinen Pool. WLAN und Frühstück inkl. Reservierung empfehlenswert. ❹

Bendesa Accommodation, Jl. Legian, ✆ 0361-754366, 🖳 www.bendesaaccommodation.com. In der weitläufigen Anlage mit Pool liegen ältere, sehr saubere und gut instand gehaltene Zimmer. Die neuen AC-Zimmer sind etwas muffig und lohnen die Mehrausgabe nicht. ❸–❹

Best Western Kuta Seaview, Jl. Benesari, ✆ 0361-754396, 🖳 www.bwkutaseaview.com. Das kunterbunte, im Sommer 2011 eröffnete 3-Sterne-Hotel mit Pool auf dem Dach bietet 144 in grellbunten Farben und mit allem der Kategorie entsprechendem Komfort eingerichtete Zimmer. Frühstücksbuffet und WLAN im Lobbybereich. ❺–❻

Dayu Beach Hotel, Jl. Kartika Plaza, Gang Puspa Ayu, ✆ 0361-752263. Ruhiges, kleines Hotel mit Pool abseits der Straße und überteuerten, mit dunklem Holz eingerichteten Zimmern mit AC, TV, guten Matratzen und alten Bad/WC mit Warmwasser. Frühstück inkl. ❹

Dewi Sri Hotel, Jl. Legian Kelod, ✆ 0361-752555, 🖳 www.dewisrihotel.com. In der gepflegten, etwas lauten Anlage mit Pool wohnen viele australische Familien in den geräumigen und sauberen Zimmern mit AC, TV, Minibar und Du/WC. Zudem gibt es teurere, minimalistisch gestaltete und komfortable Zimmer im 2011 eröffneten Komplex. Sehr guter Service und Frühstück inkl. WLAN kostenpflichtig. ❺

Green Garden Hotel, Jl. Kartika Plaza 9, ✆ 0361-761023, 🖳 www.greenbali.com. Empfehlenswertes Hotel mit 30 sauberen Zimmern mit LCD-TV, Kühlschrank, Bad/WC und kleinem Balkon, aber ohne Meeresblick. Ein Pool, Restaurant und eine kleine Bibliothek runden das Angebot ab. Gutes Preis-Leistungs-Verhältnis. WLAN inkl. ❺

Hotel Lusa, Jl. Benesari, ✆ 0361-753714, 🖳 www.hotellusakuta.com. Das pastellfarbene Hotel bietet ältere, aber große und saubere Zimmer mit Balkon oder Bungalows mit Terrasse, teils mit AC. Es gibt einen netten Pool. Einsilbiges Personal. WLAN inkl. ❸–❹

Kuta Town Houses, Jl. Pasar Agung, ✆ 0361-761464, 🖳 www.kutatownhouses.com. Neue 4-stöckige Apartmentanlage im Herzen Kutas mit großem Pool. Alle Apartments sind modern mit LCD-TV mit DVD-Player und Safe ausgestattet. Teils auch mit Kochnische und zweitem Schlafzimmer. Frühstück im Restaurant und WLAN inkl. Reservierung empfehlenswert. ❺–❼

Masa Inn, Poppies Lane 1 Nr. 27, ✆ 0361-758507, 🖳 www.masainn.com. Die 3-stöckige, ruhige Anlage mit 2 großen Pools im gepflegten Garten eignet sich besonders für Familien mit Kindern. Die 90 etwas älteren Zimmer mit AC, Minibar, TV und Safe sind sehr sauber, aber etwas überteuert. Frühstück inkl. ❺

Ruhige Anlage mit kühlen Zimmern

Un's Hotel, Jl. Benesari 16, ✆ 0361-757409, 🖳 www.unshotel.com. In einem sehr gepflegten Garten mit Pool liegen die 30 empfehlenswerten kühlen und sauberen Zimmer mit harten Matratzen, TV und Du/WC, teils auch mit AC, Moskitonetz und Open-Air-Bad. Auch Familienzimmer. Das Warmwasser wird mit den Solarzellen auf dem Dach der Anlage erhitzt. Frühstück und WLAN inkl. ❹–❺

Mimpi Bungalows & Villa Kojutan, Poppies Lane 1, ✆ 0361-751848, ✉ kumimpi@yahoo.com.sg. Die unspektakulären, etwas älteren Bungalows in einer schönen Gartenanlage werden von den sehr schicken, großen, luftigen, in kühlem Weiß und Blautönen gehaltenen Zimmern im Obergeschoss der Villa mit AC, TV und mosaikhaft gekachelten Bad/WC überstrahlt. ❸–❺

Poppies Cottages, Poppies Lane 1, ✆ 0361-751059, 💻 www.poppiesbali.com. 20 komfortable und klimatisierte Bungalows im balinesischen Stil in einem tropischen Garten mit Pool. Alle sind sehr sauber und mit LCD-TV, WLAN und Open-Air-Du/WC ausgestattet. Guter Service, aber kein Frühstück. ❻

The 101, Jl. Legian 117, ✆ 0361-300 1101, 💻 www.the101bali.com. Neues Hotel mit modernen, farbenfroh gestalteten, sauberen Zimmern mit guten Matratzen, AC, TV, Du/WC, teils auch mit Balkon. Vom Dach des Hotels hat man eine schöne Aussicht über Kuta bis zum Meer, hier befindet sich auch der Pool. WLAN inkl. ❺–❻

Obere Preisklasse

Bali Dynasty Resort, Jl. Kartika Plaza, ✆ 0361-752403, 💻 www.balidynasty.com. 4-Sterne-Resort mit 2 Pools, das durch einen stilvollen Mix aus balinesischen und modernen Elementen besticht. Live-Gamelan-Musik in der elegant gestalteten Lobby. Die gepflegten Zimmer punkten mit allen für die Kategorie üblichen Komforts. Für diese Kategorie gutes Preis-Leistungs-Verhältnis. ❼

Dekuta, Poppies Lane 2, ✆ 0361-753880, 💻 www.dekuta.com. Das schicke, 2010 eröffnete Hotel in einem futuristisch gestalteten Bau bietet 53 sehr moderne, helle und schön eingerichtete, aber teure Zimmer mit LCD-TV und allem Komfort. Frühstücksbuffet und WLAN inkl. ❻–❼

Hard Rock Hotel, Jl. Pantai Kuta, ✆ 0361-761869, 💻 bali.hardrockhotels.net. Der riesige Hotelkomplex mit 418 Zimmern bietet neben einer gigantischen Poolanlage mit Beachvolleyball-Platz und 2 Restaurants auch einen Club in der Lobby, in dem jeden Abend Livebands auftreten. Die modernen Zimmer sind komfortabel und im Stil von 4 Musikrichtungen thematisch gestaltet. So gibt es z. B. Rock- oder Reggae-Zimmer. Tagesgäste können für US$10 den ganzen Tag im Pool tollen. Sehr freundliches Personal. WLAN kostet extra. ❽

The niche Bali, Jl. Legian 190, ✆ 0361-751789, 💻 www.thenichebali.com. Etwas zurückversetzt vom Trubel der Jl. Legian liegt dieses kleine, gut gepflegte Hotel mit Pool und großen, modernen Zimmern mit AC, TV mit DVD-Player, Minibar und Du/WC. Freundliches Personal. WLAN kostet extra. Reservierung empfehlenswert. ❻–❼

Hochklassige Villen in perfektem Design

Villa de daun, Jl. Legian, ✆ 0361-756276, 💻 www.villadedaun.com. Ideal zum Entspannen und Verwöhntwerden ist dieses wunderschöne Boutiquehotel im Herzen Kutas. Die 12 luxuriösen Villen sind elegant auf höchstem Niveau eingerichtet. Ein privater Pool, eine komplett ausgestattete Küche, ein Wohnzimmer und riesige Bäder gehören zu jedem Bungalow. Auch der Service eines Butlers, der das reichhaltige Frühstück frisch zubereitet, ist im Preis inbegriffen! ❽

Essen

In Kuta gibt es jede Menge Restaurants, die alle erdenklichen kulinarischen Wünsche befriedigen. Zahlreiche Cafés bieten auch ein gutes Frühstück nach westlichen Vorstellungen an.

Mehr Restauranttipps s. eXTra [4089].

Amerikanisch

esc – Urban Food Station, Jl. Legian 61, ✆ 0361-755423, 💻 www.61legian.com. Unterhalb der gut besuchten Sky Garden Lounge werden US-amerikanische Gerichte angeboten. Auf 2 Stockwerken kann man zu jeder Tageszeit in modernem Dinerambiente Chicken Wings, Bagels oder frischen Kuchen essen. Hauptgerichte ab 30 000 Rp. Zudem noch ein Irish Pub. 🕓 24 Std.

TJ's Restaurant, Poppies Lane 1, ✆ 0361-751093. Mexikanisches Restaurant, das Enchiladas,

Süd-Bali

Leckere Burritos

Mojo's Flying Burritos, Benesari Lane, ✆ 0361-764930, 💻 www.mojosflyingburritos.com. In dem kleinen, beliebten und farbenfrohen Imbiss werden äußerst schmackhafte und relativ preisgünstige Burritos und Enchiladas vor den Augen der Gäste frisch zubereitet. Neben den Standardvarianten kann man sich die Burritos auch nach eigenen Wünschen zusammenstellen. Sehr leckere hausgemachte Guacamole und Limonade. Es gibt auch Frühstück, einen nicht besonders schnellen Lieferservice und eine Margarita-Happy-Hour. Weitere Filialen in Seminyak und Ubud. ⌚ 9–24 Uhr.

einige internationale Gerichte und hausgemachte Salsas zubereitet. Hauptgerichte kosten 50 000–70 000 Rp, Cocktails ab 60 000 Rp. Große Tequila-Auswahl. ⌚ 12–23 Uhr.

Asiatisch

Kin Khao Thai Restaurant, Jl. Kartika Plaza 170, ✆ 0361-757808. Wem der Sinn nach Essen aus dem Land des Lächelns steht, bekommt hier leckere Gerichte aus frischen Zutaten. Hauptgerichte ab 40 000 Rp. ⌚ 10–23 Uhr.
Nachtmarkt, Jl. Pantai Kuta, neben dem Mercure Hotel. Auf dem zentral gelegenen Nachtmarkt gibt es eine vielseitige Auswahl an asiatischem Essen. In einem Rondell angeordnet sind hier allerlei Essenstände zu finden, die günstige Gerichte verkaufen, die an den Tischen in der Mitte des Marktes verspeist werden.
Nachtmarkt, Jl. Tanjung Sari, nahe dem Hauptpostamt. Die einfachen Restaurants werden hauptsächlich von Einheimischen frequentiert und bieten die Möglichkeit, abseits des Touristentrubels sehr günstiges indonesisches und chinesisches Essen auszuprobieren. ⌚ ab 18 Uhr.
Queen's of India, Jl. Kartika Plaza, vor dem Bali Dynasty Resort, ✆ 0361-765988, 💻 www.queenstandoor.com. In diesem indischen Restaurant diniert man in edlem Ambiente mit nettem, zuvorkommenden Service. Gute Auswahl an Currygerichten. Empfehlenswert ist das Butter-Chicken-Gericht für 65 000 Rp. Hauptgerichte ab 55 000 Rp. Auch Lieferservice. ⌚ 11–23.30 Uhr.

Sushi, wie es sein soll

Kunti II Sushi Restaurant, Jl. Benesari 27, ✆ 0361-765148, Lieferservice 0816-582849, 💻 www.kunti2.com. Für Freunde guter japanischer Küche gibt es hier qualitativ hochwertiges Sushi mit viel frischem Fisch und wenig Reis. Besonders die Set-Menüs ab 60 000 Rp sind lohnenswert. Die Speisekarte bietet aber auch viele andere leckere japanische Gerichte. Freundliches Personal. Die erste, ältere Filiale befindet sich in der Jl. Legian 14, ✆ 0361-761454. ⌚ 11–24 Uhr.

Europäisch

IFIORI, Jl. Kartika Plaza, ✆ 0813-3869 8267, 💻 www.ifioribali.com. Hier gibt es gehobene italienische Küche zu ebensolchen Preisen in stilvollem Ambiente mit ausgezeichnetem Service. Empfehlenswert ist die *Fettucini Di Fume Salmone*, geräucherter Lachs in Weißwein-Creme-Soße. Auch australische Steaks. Livemusik jeden Do 19.30–23.30 Uhr. ⌚ 11–2 Uhr.
Mama's German Restaurant, Jl. Legian, Ecke Jl. Benesari, ✆ 0361-761151, 💻 www.bali-mamas.com. In bayerischer Biergartenatmosphäre gibt es zu gehobenen, aber angemessenen Preisen alles, was das (süd-)deutsche Herz begehrt. Brezeln, Schweinshaxe, Wiener Schnitzel oder Nürnberger Bratwürste mit Sauerkraut finden in großen Portionen ihren Weg auf den Teller. Das riesige Eisbein reicht bei normalem Appetit locker für 2 Pers. Hauptspeisen ab 60 000 Rp. Bundesliga-Liveübertragungen, deutsche Tageszeitungen und Gratis-WLAN. ⌚ 24 Std.
Rosso Vivo, Jl. Pantai Kuta, ✆ 0361-751961, 💻 www.kutaseaviewhotel.com/rossovivo.html. Diese exklusive Kombination aus Cocktailbar und Restaurant im modernen Loungestil liegt direkt an der Strandpromenade und serviert vorwiegend westliche Gerichte und Fusionsküche. Für ein romantisches Dinner sind

die Tische auf dem Dach ideal. Jeden So von 17–23 Uhr lateinamerikanische Livemusik. Hauptgerichte ab 60 000 Rp. ⌚ 7–1 Uhr.

Indonesisch

Kunyit Bali Restaurant, Jl. Kartika Plaza, ✆ 0361-759991. Dieses elegante Gartenrestaurant serviert authentische balinesische Küche. Empfehlenswert sind die Reistafel und die günstigen Entengerichte. Alle Speisen werden ohne Glutamat zubereitet. Hauptgerichte ab 60 000 Rp. ⌚ 10–23 Uhr.

International

Dog Dragon Grill, Benesari Lane, ✆ 0361-923 2628. Hier werden nicht, wie der Name suggeriert, Hunde und Drachen, sondern saftige Steaks aus Australien und frische Meeresfrüchte gegrillt. Gerichte werden mit tgl. wechselnden Freigetränken serviert. Mi ist britische Comedynacht. Hauptgerichte ab 50 000 Rp. ⌚ 8–24 Uhr.

Gong Corner, Gang Ronta. Die ruhiger gelegene Filiale des beliebten Bamboo Corner in der Poppies Lane 1 ist ein äußerst günstiges Traveller-Restaurant mit einer großen Auswahl an westlichen, chinesischen und indonesischen Speisen. Empfehlenswert ist das Hühnchen-Cordon bleu. Hauptspeisen schon ab 10 000 Rp. ⌚ 9–24 Uhr.

Havana Club, Poppies Lane 1, ✆ 0361-762448. Restaurant mit mittelamerikanischem Flair. Bei Salsa-Musik werden gute Steaks, riesige BBQ-Spieße mit Meeresfrüchten, Fisch und Fleisch sowie Tapas serviert. Die köstlichen Pizzen kommen direkt aus dem Steinofen. Große Auswahl an Cocktails. Hauptgerichte ab 60 000 Rp. WLAN inkl. ⌚ 12–23 Uhr.

Kori Restaurant, Poppies Lane 2, ✆ 0361-758605. Edel eingerichtetes, hochpreisiges Restaurant mit gemütlichen Sitzecken am Fischteich. Es werden frischer Fisch, Meeresfrüchte und andere Delikatessen serviert. Umfangreiche Auswahl an Champagner, Weinen und Havanna-Zigarren. Hauptgerichte ab 65 000 Rp. ⌚ 8–24 Uhr.

Poppie's Restaurant, Poppies Lane 1, ✆ 0361-751059, 💻 www.poppiesbali.com. Das 1973 eröffnete Restaurant ist eine Oase der Ruhe im Trubel des Kommerztourismus von Kuta. Es liegt in einem schönen Garten und serviert äußerst leckere Seafood-Gerichte und indonesische und westliche Speisen ab 49 000 Rp. Die Reistafel für 2 Pers. gibt einen guten Überblick über die indonesische Küche. WLAN inkl. Reservierung empfehlenswert. ⌚ 8–23 Uhr.

Warung Pama, Gang Ronta, ✆ 0361-752021. In dem Familienbetrieb bekommt man frische Obstsäfte, Sandwiches und Salate zu günstigen Preisen serviert. Der ideale Ort für einen guten Start in den Tag oder einen herzhaften Snack zwischendurch. ⌚ 8–22 Uhr.

Cafés

Café Kopi Pot, Jl. Legian, ✆ 0361-752614. Dieses kleine Café ohne viel Ambiente ist für seine große Auswahl an Kaffee- und Kuchenspezialitäten bekannt. Auf der Speisekarte finden sich auch viele Suppen und leckere Salate. ⌚ 8–23 Uhr.

Celato, Jl. Legian. Leckere italienische Eisspezialitäten in zahlreichen Geschmacksrichtungen gibt es hier zum Mitnehmen. Eine Kugel kostet 15 000 Rp. ⌚ 10–1 Uhr.

Unterhaltung

Wenn die Sonne untergeht, erwacht das Nachtleben in Kuta. Aus den modern gestalteten und mit guter Technik ausgestatteten Clubs

Die wichtigste Partyadresse in Kuta

Sky Garden Lounge, Jl. Legian 61, ✆ 0361-755423, 💻 www.skygardenbali.com. Der populärste und lauteste Club von Kuta. Jeden Abend ab 21 Uhr füllen sich die 4 Floors mit jungen Urlaubern, die zu House-Klängen im Club Cyclone oder Hip-Hop-Beats im Brandy's Cocktails und kleine Snacks zu sich nehmen. Eine tolle Aussicht über Kuta von der Lounge, tgl. wechselnde, extrem günstige Angebote, ein Unterhaltungsprogramm mit Tänzerinnen und Akrobaten und die sehr langen Öffnungszeiten sind einige der Gründe, warum die Location beim Partyvolk so beliebt ist. Biergarten, irisches Pub, der esc-Diner und eine Sportsbar runden das Angebot ab. ⌚ ab 20 Uhr.

schallt größtenteils kommerzielle elektronische Musik. Doch die Auswahl ist groß: Von Oldies bis Reggae ist für jeden Musikgeschmack und jede Altersstufe etwas dabei. Auch an stylishen Lounges und Cocktailbars herrscht kein Mangel.

Einige größere Etablissements verlangen ein symbolisches Eintrittsgeld, das ein Gratisgetränk beinhaltet, aber oft ist der Eintritt komplett frei. Es herrscht keine strenge Türpolitik, allerdings haben es Indonesier wesentlich schwerer, in einen Club zu kommen, als westliche Touristen. Normalerweise erreicht die Stimmung zwischen 1 und 4 Uhr nachts ihren Höhepunkt.

Mehr Unterhaltungstipps s. eXTra [4089].

Eikon Bar & Lounge, Jl. Legian 178, ✆ 0361-750701. Stilvolle Mischung aus Bar und Club mit einer langen Theke, an der von 20–22 Uhr die Cocktails zum halben Preis gemixt werden. Martini- und Weinlounge im 2. Stock mit Gratis-WLAN. Alkoholische Getränke ab 20 000 Rp. 🕒 19–3 Uhr.

Gracie Kelly's, Jl. Kartika Plaza, im Bali Dynasty Resort, ✆ 0361-752403, 💻 www.balidynasty.com/gk. Die älteste irische Kneipe in Kuta serviert englisches Pub Food und Biere und Ales der balinesischen Storm Brauerei. Jeden Abend Livemusik ab 20 Uhr. Jeden Di auch das typisch britische Pub-Quiz. 🕒 ab 11 Uhr.

Maccaroni, Jl. Legian 52, ✆ 0361-754662, 💻 www.maccaroniclub.com. Gegenüber der Sky Garden Lounge befindet sich diese exklusiv anmutende, stilvolle und beliebte Lounge. Auf 2 Stockwerken kann man italienisch essen, Cocktails genießen oder der Musik lauschen. Hauptgerichte und Cocktails ab 50 000 Rp. Happy Hour ab 23 Uhr. 🕒 9–1.30 Uhr.

M Bar Go, Jl. Legian, ✆ 0361-970048. Moderner Club, der sich besonders nach 1 Uhr mit einem jungen, größtenteils indonesischen Publikum füllt, das zu Hip-Hop-, R&B- und Techno-Klängen die Hüften schwingt. Die Tanzfläche ist durch eine große Bar vom Loungebereich getrennt, der mit rotem Leder eingerichtet ist. Im 2. Stock gibt es eine weitere Lounge, in der am Wochenende Elektro aufgelegt wird. Eintritt frei. 🕒 bis 4 Uhr.

Oceans 27, Jl. Kartika Plaza, direkt am Strand vor der Discovery Kartika Plaza, ✆ 0361-765027, 💻 www.oceans27.net. Modern gestaltete, große Lounge mit Restaurant und fantasievoll integrierter Poollandschaft. Von den Liegen am Strand bieten sich schöne Ausblicke auf den allabendlichen Sonnenuntergang. 🕒 11–2 Uhr.

Vi Ai Pi, Jl. Legian 88, ✆ 0361-750425, 💻 www.viaipi-bali.com. Fast jeden Tag treten internationale DJs, leichtbekleidete Tänzerinnen oder Cover-Bands in der großen Bar im 2. Stock auf. Bei seichter Elektromusik am frühen Abend auch ein guter Ort für den Sundowner. Happy Hour bis 22 Uhr. Cocktails ab 65 000 Rp, Snacks ab 40 000 Rp, jeden Abend wechselnde Spezialangebote. 🕒 12–3 Uhr.

Feste

Seit 2003 wird im Sep oder Okt in Kuta ein großer, bunter **Karneval** mit viel Musik und Tanz veranstaltet. Die genauen Termine und das Programm gibt es auf der Facebook-Fanseite und unter ✆ 0361-761306 oder ✉ kutakarnival9@gmail.com.

Einkaufen

Das Angebot an Souvenirs, Kunsthandwerk und Textilien ist überwältigend, nicht immer gilt dies jedoch für die Preise und die Qualität. Man sollte sich von penetranten Verkäufern nicht zu Spontankäufen verleiten lassen, sondern sich Zeit nehmen zum Vergleichen und Handeln. Weitere Tipps zum Handeln s. S. 39.

Bücher

Einige Buchläden in der Jl. Benesari, Poppies Lane 1 und 2 und im Gang Ronta verkaufen überwiegend englischsprachige, gebrauchte Bücher. Oft gibt es auch ein kleines deutschsprachiges Angebot. Manchmal kaufen die Buchhändler auch gelesene Bücher zum halben Preis an.

Gramedia, in der Bali Galleria Mall, ✆ 0361-758072, ✉ gam03@gramediabooks.com. Hier bekommt man größtenteils indonesischsprachige Literatur, aber auch eine gute Auswahl an Deutsch-Indonesischen Wörterbüchern.

Kerta Bookshop, Jl. Pantai Kuta 6B, ✆ 0361-758047. Der älteste Secondhand-Buchladen auf

Bali existiert seit 1975 und führt Bücher in Englisch, Deutsch, Französisch und weiteren Sprachen. 🕓 10–18 Uhr.
Periplus Bookshop, in der Bali Galleria Mall, ✆ 0361-752670. Die größte englischsprachige Buchhandlung mit einem breiten Angebot an aktuellen Reiseführern, Zeitschriften und neuen Büchern. Weitere Filialen im Carrefour-Supermarkt, in der Discovery Shopping Mall, im Matahari im Kuta Square, im Seminyak Square und am Flughafen.

DVDs

In Kuta gibt es jede Menge **DVD-Geschäfte**, die (illegale) Kopien der neuesten Kino-Blockbuster und Fernsehserien verkaufen. Die Läden sind meist professionell geführt und bieten eine riesige Auswahl. Gewöhnlich werden 10 000 Rp pro DVD verlangt und ab dem zehnten gekauften Silberling noch weitere umsonst dazugegeben. Eines der größten und günstigsten DVD-Geschäfte befindet sich auf der Jl. Kartika Plaza zwischen dem Discovery Kartika Plaza Hotel und dem Hotel Santika. Insbesondere bei den neuesten Filmen handelt es sich oft um im Kino mitgeschnittene Versionen mit minderwertiger Bild- und Ton-Qualität. Teils ist auch die Tonspur gegenüber der Bildspur verschoben, sodass jede DVD kurz auf Qualität und Vollständigkeit geprüft werden sollte. Am besten spielt man das letzte Kapitel einfach kurz an.
Die Einfuhr dieser DVDs nach Europa – soweit schwarz kopiert – ist illegal! Insbesondere bei Mitnahme mehrerer DVDs muss damit gerechnet werden, dass der Zoll die Kopien einzieht, ferner kann ab einer bestimmten Menge von Raubkopien eine strafrechtliche Verfolgung drohen.

Einkaufszentren

Die **Bali Galleria Mall** an der Umgehungsstraße zum Airport ist das größte Einkaufszentrum der Insel mit zahlreichen Boutiquen und größeren Läden.
Im **Kuta Square** am südlichen Ende der Jl. Pantai Kuta befinden sich viele Mode- und Sportgeschäfte und der große **Matahari Department Store** mit einem breit gefächerten Angebot.
Die **Discovery Shopping Mall** an der Jl. Kartika Plaza vereint zahlreiche westliche Geschäfte unter einem Dach. So gibt es hier z. B. einen Marks & Spencer's und verschiedene Sport- und Souvenirläden.

Souvenirs

Im Erdgeschoss des **Matahari Department Store** im Kuta Square gibt es eine riesige Auswahl an Souvenirs zu Festpreisen.
Eine weitere Möglichkeit ist ein Besuch bei Geneva Handicraft, s. Seminyak, „Einkaufen", S. 176.

Surfausrüstung

Pointsurf Shop, Jl. Legian 111, ✆ 0361-756474, 💻 pointsurf.wordpress.com. Hier bekommen Wellenreiter gute Surfbretter, Body Boards, Taschen und Zubehör. 🕓 8–21 Uhr.

Textilien

Alle bekannten Surf-Lifestyle-Marken wie Billabong, Roxy oder Rip Curl betreiben in Kuta große Geschäfte. Günstiger sind die Läden, die alle Marken unter einem Dach verkaufen. Vor dem Kauf sollte die Ware genau begutachtet werden, denn es finden sich auch immer wieder Fälschungen oder Ausschussware unter den Produkten.
Batik Keris, Jl. Kartika Plaza, in der Discovery Shopping Mall, 💻 www.batikkerisindonesia.com. Indonesiens bekanntestes Batik-Kaufhaus hat auch auf Bali eine Niederlassung. Schicke Kleidung für Sie und Ihn – allerdings nicht ganz billig. 🕓 8–21 Uhr.
Uluwatu, Hauptfiliale in der Jl. Legian 118 und weitere Filialen in der Jl. Legian 43, Jl. Pantai Kuta und Jl. Bakung Sari, ✆ 0361-287638, 💻 www.uluwatu.co.id. Die eleganten Baumwollkleider dieser balinesischen Marke gibt es nur in drei Farben: Schwarz, Weiß und Beige. Ein Stück kostet mind. 400 000 Rp. Vor allem japanische Touristen lieben die hochwertigen Textilien mit Lochstickereien.

Aktivitäten

Surfschulen

In verschiedenen Surfläden, einigen günstigen Unterkünften und am Strand werden Surfbretter vermietet. Sie kosten pro Std. ab 20 000 Rp. Mietet man pro Woche, bekommt man schon für 600 000 Rp ein nagelneues Surfbrett.

Big Kahuna Hawaiian Style Surf School, Jl. Pantai Kuta, ☏ 0361-765081, 💻 www.bigkahunasurfschool.com. Hier kann man für 450 000 Rp den Anfängerkurs belegen und wird nach hawaiianischen Prinzipien unterrichtet. Die Schüler werden beim Surfen fotografiert und können die Bilder im Anschluss erwerben.

Pro Surf School, Jl. Pantai Kuta, zwischen Jl. Melasti und Jl. Benesari ganz im Norden, ☏ 0361-744 1466, 💻 www.prosurfschool.com. Die von Billabong unterstützte Schule arbeitet nur mit zertifizierten Surflehrern und max. 3 Pers. pro Gruppe. Dafür beginnen die Kurspreise hier erst bei 45 €. Es werden auch länger dauernde Kurse angeboten. Kostenloser Abholservice vom Hotel.

Rip Curl School of Surf, Blue Ocean Boulevard, Seminyak, ☏ 0361-735858, 💻 www.ripcurlschoolofsurf.com. Mit max. 5 Schülern werden 3x tgl. Kurse in verschiedenen Erfahrungsstufen abgehalten. Von Anfängern bis Fortgeschrittenen kann hier jeder Wellenreiter etwas dazulernen. Der Anfängerkurs mit drei 2 1/2-stündigen Lektionen kostet 1,7 Mio. Rp inkl. eines Rip-Curl-T-Shirts. Außerdem gibt es die Möglichkeit, Privatstunden zu nehmen und in Sanur das Wakeboarden zu erlernen (s. S. 185). Bilder der ersten Surfversuche kosten 150 000 Rp. Weitere Filialen in Canggu und Sanur.

Mit Spaß Surfen lernen

Odysseys Surf School, im Mercure Hotel, Jl. Pantai Kuta, ☏ 0361-742 0763, 💻 www.odysseysurfschool.com. Diese von Oakley gesponserte Schule bietet 2 1/2-stündige Kurse für US$35 an, die von fachkundigen und engagierten Lehrern geführt werden und max. 4 Pers. gleichzeitig unterrichten. Die Ausrüstung wird gestellt und es wird mit „weichen" Longboards trainiert. Fotos von den ersten Surfversuchen werden für 200 000 Rp verkauft. Kostenloser Abholservice und freundliches Personal.

Wocky Surf School, Poppies Lane 2, ☏ 0813-3850 9247, ✉ wockysurfschool@gmail.com. Die preisgünstigste Schule für einen Anfängerkurs. Hier kann man schon für US$25 2 Std. auf dem Brett stehen, Einzelkurse für US$35 und 3-Tageskurse für US$60. Allerdings können die Gruppen dafür auch etwas größer und die Surfbretter etwas älter sein. Auch Frauenkurse. Zudem Verkauf von Surfbrettern und Ausrüstung.

Vergnügungsparks

Bali Sling Shot, Jl. Kartika Plaza, ☏ 0361-757935, 💻 www.balislingshot.net. Für 300 000 Rp p. P. kann man sich von einem Katapult in einer Kapsel an Gummiseilen in den Himmel schießen lassen. Ein Vergnügen für Leute mit starken Nerven und Magen.

Waterbom Park, Jl. Kartika Plaza, ☏ 0361-755676, 💻 www.waterbom.com. Im Süden von Kuta bietet der riesige, 3,8 ha große Park mit Jacuzzi, Spa und 16 Wasserrutschen, von denen 5 nur für Kinder sind, Nervenkitzel und Entspannung für die ganze Familie. Eintritt für Erwachsene US$26, Kinder von 2–12 Jahren US$16, unter 2 Jahren gratis. 🕓 9–18 Uhr.

Wellness

An der Jl. Legian nördlich des Bali Bomb Memorials reiht sich ein billiger Massagesalon an den nächsten. Preise unterscheiden sich kaum und liegen um die 50 000 Rp pro Std. für eine normale Ganzkörperbehandlung. Es gibt einige wenige Salons, die einen überdurchschnittlichen Service zu etwas höheren Preisen anbieten:

Shinkei Spa, Jl. Legian 64, ☏ 0361-764515. Angenehmes und preisgünstiges Spa mit 2 Niederlassungen in der Nähe des Bali Bomb Memorials. Die entspannende Atmosphäre wird leider ab 21 Uhr von der Musik der benachbarten Nachtclubs zerstört. Traditionelle Massagen ab 90 000 Rp. 🕓 9.30–23.30 Uhr.

Smart Salon, Jl. Pantai Kuta 204, ☏ 0361-858 0892. Großer und beliebter Salon mit 2 Niederlassungen in Kuta und professionellen Therapeuten. Balinesische Ganzkörpermassage ab 95 000 Rp pro Std., zudem u. a. Shiatsu,

Thai-Massage und balinesische Massage mit heißen Steinen. Mehrstündige Wellnesspakete ab 400 000 Rp. ⌚ 10–24 Uhr.

Touren

MBA Tours & Travel, Poppies Lane 1, und zahlreiche weitere Niederlassungen in Kuta und Legian, ☎ 0361-766346, 💻 mba-baliadventures.com. Hier können fast alle Freizeitangebote auf Bali günstig gebucht werden. Zudem auch Mietwagenverleih.

Perama Tours, Jl. Legian, ☎ 0361-751875, 💻 www.peramatour.com. Der Veranstalter bietet gute Touren zu fairen Preisen, sachkundige Beratung und praktische Infos und ist eine zuverlässige, aber nicht unbedingt die komfortabelste und günstigste Wahl, wenn es um Busfahrten in andere Regionen Balis geht. Mit den hier gekauften Tickets können beliebig viele Zwischenstopps entlang der Strecke eingelegt werden. So kann man z. B. während der Tour von Kuta nach Lovina ein paar Tage in Ubud rasten, ohne dafür mehr zu bezahlen. Gepäckaufbewahrung für 10 000 Rp pro Woche.

Sonstiges

Autovermietungen

Näheres s. S. 69.

Geld

Zahlreiche Geldautomaten an den Hauptstraßen und in den vielen kleinen Supermärkten von Circle K und MiniMarket in Kuta sorgen für Nachschub. Einige Automaten spucken bis zu 3 000 000 Rp aus, während andere max. 1 250 000 Rp auszahlen.

Informationen

Perama Tours, Büro in der Jl. Legian, ☎ 0361-751875, 💻 www.peramatour.com. Empfehlenswerte Anlaufstelle für alle Fragen.

Internet

Es gibt zahlreiche **Internetcafés** in Kuta. Der gängige Tarif beträgt 150–300 Rp pro Min. Die Übertragungsraten sind im Vergleich zu anderen Teilen der Insel schnell und die Verbindungen zuverlässig. Mehr Details s. S. 55.

Vorsicht beim Geldwechsel

Liegt der Wechselkurs deutlich über dem gültigen Bankkurs, bekommt man oft Falschgeld oder zu wenig Geld ausbezahlt. Manchmal wird auch eine zusätzliche Kommission verlangt, die es eigentlich nicht geben sollte, s. S. 47.

Medizinische Hilfe

In Süd-Bali gibt es eine Vielzahl von guten und professionell geführten Krankenhäusern und Kliniken. Bei kleineren Blessuren gibt es zudem kleine Arztpraxen, die pro Konsultation ca. 300 000 Rp berechnen. Für mehr Details s. S. 50.

Post

Kuta Post Office, Gang Selamat, Jl. Raya Kuta, ☎ 0361-754012. In der Hauptfiliale der Post kann man Pakete sicher einnähen lassen und verschicken. ⌚ Mo–Do 8–14, Fr 8–12, Sa 8–13 Uhr, So geschlossen.

Briefe und Pakete können auch an kleinen Postannahmestellen abgegeben werden, die über das Stadtgebiet verteilt sind. Postal Agents liegen in der Jl. Benesari, der Jl. Pattimura und im Gang Ronta. ⌚ Mo–Sa 9–18 Uhr, So geschlossen.

Wäscherei

Ayu Laundry Service, Gang Sorga, ☎ 0859-3610 5044. Kleine, zuverlässige und günstige Wäscherei.

Transport

Angkot

Die traditionellen Verkehrsmittel, auch unter dem Namen Bemo bekannt, verkehren nicht mehr innerhalb der Orte Kuta, Legian und Seminyak. Sie fahren aber vom Bemo Corner am östlichen Ende der Jl. Legian für 10 000 Rp p. P. zum Busbahnhof Tegal in Denpasar. Von dort ist eine Weiterfahrt für 5000 Rp p. P. in die Innenstadt möglich.

Busse

Seit 2011 gibt es die **Trans Sarbagita** Buslinie, deren Busse von 5–21 Uhr alle 15–20 Min. von Nusa Dua im Süden durch Kuta und

Flughafengebühr nicht vergessen!

Anders als an fast allen Flughäfen der Welt, ist in Indonesien die Abfluggebühr nicht im Ticketpreis inbegriffen! Am Flughafen von Bali beträgt diese **Airport Tax** 150 000 Rp für internationale Flüge bzw. 50 000 Rp für Inlandflüge. Da die Gebühr nicht per Kreditkarte bezahlt werden kann, sollten immer genügend Rp oder US$ zum Abflug mitgenommen werden!

Denpasar bis zum Batubulan Terminal fahren und dabei an festen Haltestellen anhalten. Eine Fahrt kostet unabhängig vom Ziel 3500 Rp. Die Haltestellen von Süd nach Nord: BTDC Terminal – Nusa Dua Beach – Taman Griya (Jl. By Pass) – Jimbaran – Jl. Kedonganan – Jl. Tuban (Graha Asih Hospital) – Dewa Ruci Statue – Sunset Road (Carrefour) – Central Park Terminal – Jl. Pedungan (nahe der Militärbasis) – Benoa Hafen – Jl. Serangan – Danau Poso – Sindhu Beach – Matahari Terbit Beach – Padang Galak Beach – Jl. I.B. Mantra – Tohpati – Batubulan Terminal.

Busse zu anderen Zielen auf Bali fahren am Perama-Büro in der Jl. Legian und von den verschiedenen Busstationen rund um Denpasar ab.
Tickets können bei zahlreichen Agenten gebucht werden. In der Regel wird man in relativ komfortablen Minibussen vom Hotel abgeholt und am Zielort zur gewünschten Adresse gebracht. Preisbeispiele:
PADANG BAI und CANDI DASA um 6, 9, 11 und 13 Uhr für 85 000 Rp;
SANUR um 6.30, 9, 11, 13 und 16 Uhr für 40 000 Rp;
UBUD um 9, 11, 13 und 16 Uhr für 55 000 Rp.
Bei mind. 2 Fahrgästen werden auch folgende Strecke bedient:
BEDUGUL um 10 Uhr für 60 000 Rp;
KINTAMANI um 9 Uhr für 100 000 Rp;
LOVINA um 9, 11 und 13 Uhr für 150 000 Rp.
Für den Transport nach Nusa Lembongan, Lombok oder auf die Gili-Inseln gibt es Angebote inkl. Bootstransfer:
GILI-INSELN um 6, 9 und 11 Uhr für 150 000 Rp;
KUTA (Lombok) um 6, 9 und 11 Uhr für 210 000 Rp;
MATARAM und SENGGIGI um 6, 9 und 11 Uhr für 130 000 Rp;
NUSA LEMBONGAN um 6 und 9 Uhr für 110 000 Rp.
Nähere Informationen zu Bussen s. S. 77.

Taxis

In Kuta, Legian und Seminyak ist es leicht, ein Taxi zu bekommen. Die Grundgebühr für Fahrten beträgt inkl. des ersten Kilometers 5000 Rp, jeder weitere Kilometer kostet 4000 Rp.
Die überteuerten Coupon-Taxis vom Flughafen verlangen nach Kuta, Legian oder Seminyak 55 000–80 000 Rp.

Flüge

s. S. 35

Legian

Schlendert man entlang der Jalan Legian in Richtung Norden, ändert sich das Stadtbild. Die Zahl der Partytouristen nimmt ab, dafür tauchen häufiger Galerien und Kunsthandwerkerläden auf. Das Warenangebot ist auch hier auf eine australische Kundschaft ausgerichtet. Insgesamt geht es etwas geruhsamer und gesitteter zu als weiter südlich. Auch hier sind viele neue Hotels entstanden, die mit schickem Design und Komfort punkten können. Die Mehrzahl der Unterkünfte richtet sich an ein älteres und wohlsituiertes Publikum, aber auch einige günstige Alternativen locken Backpacker in Richtung Norden.

Übernachtung

Die Preise sind generell etwas höher als in Kuta, die günstigen Hotels sind meist älter.
Fast alle Unterkünfte können auch Touren organisieren und bei der Anmietung von Motorrollern und Autos behilflich sein. Ein paar große, luxuriöse Hotelkomplexe dominieren die Strandgegend.
Weitere Übernachtungsmöglichkeiten s. **eXTra [4111]**.

Legian

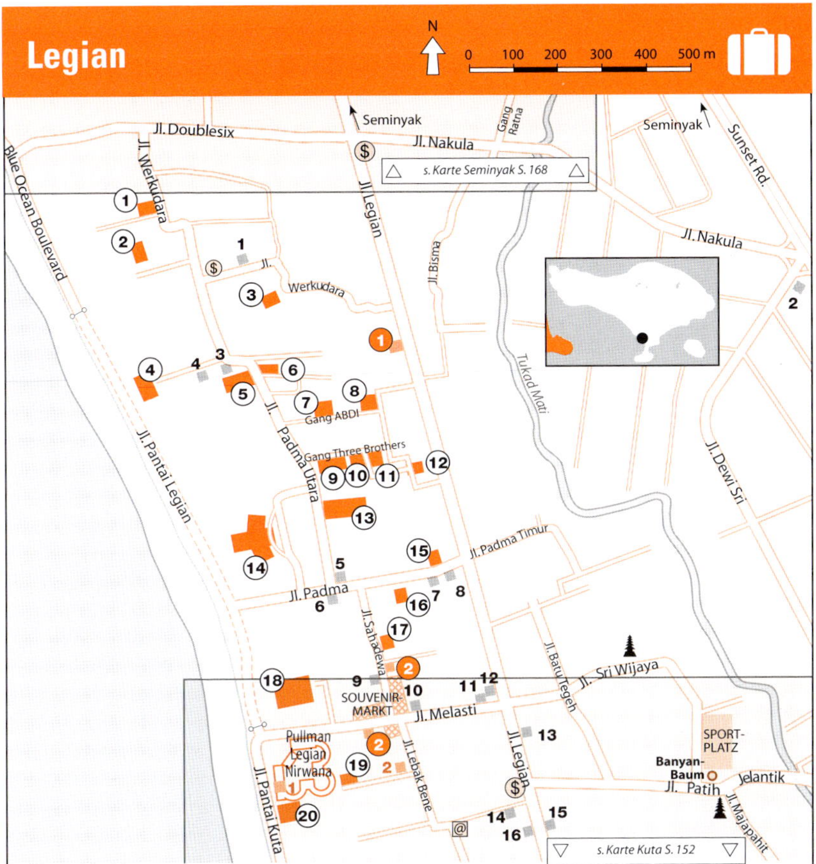

bernachtung:
1. Puri Damai
2. Hotel Kumala Pantai
3. Bali Court Hotel
4. Bali Niksoma
5. Royal Tunjung Bali Hotel & Spa
6. Adika Sari Bungalows
7. Bhuwana Beach Cottages
8. The Island
9. All Seasons Resort
10. Arca Bungalow
11. Sri Ratu Cottages
12. Ayodia Beach Inn
13. Three Brothers Inn
14. Padma Resort Bali at Legian
15. Padma Surya
16. Hotel Oka
17. Suriwathi
18. Legian Beach Hotel
19. Senen Beach Inn
20. Alam KulKul Boutique Resort

Essen:
1. Yut z Place
2. Ketupat Restaurant
3. Pavone
4. Petit Caf
5. Posers Pub
6. Bianco Restaurant & Bar
7. Indo-National
8. MozzarellA Restaurant & Bar
9. Garlic Lane Restaurant & Bar
10. Ketumbar Restaurant & Lounge
11. LemonGrass ThaiRestaurant
12. Shisha Caf
13. Swiss Restaurant
14. Waroeng Tan Poh
15. Nero Bali
16. Caf Etnik

Sonstiges:
1. 88 Club Bali
2. Buchladen

Transport:
1. Air Asia
2. MBA Tours (2x)

Untere Preisklasse

Ayodia Beach Inn, Gang Three Brothers, ✆ 0361-752169. Preisgünstige Unterkunft in einer kleinen, engen Anlage mit einfachen und spärlich eingerichteten, aber recht sauberen Zimmern mit Bad/WC und teilweise auch AC. ❷

Bhuwana Beach Cottages, Jl. Padma Utara, Gang Abdi 2, ✆ 0361-752234. Backpacker-Unterkunft mit kleinen und einfachen

2-stöckigen Zimmern mit Du/WC und Balkon, die zwar älter, aber in Ordnung sind. Günstig für kleine Gruppen sind die größeren und teureren, aber sehr geräumigen Bungalows. ❷–❹

Hotel Oka, Jl. Padma, ✆ 0361-751085, ✉ okasaricv@yahoo.co.id. Ruhig abseits der Straße gelegen, wohnt man hier in freundlicher, familiärer Atmosphäre in sehr einfachen, alten und spartanisch eingerichteten, aber sauberen Zimmern mit weichen Matratzen und Du/WC bei einer herzensguten Besitzerin. Manche der Zimmer im Erdgeschoss stinken etwas. ❷

Senen Beach Inn, Jl. Melasti, Gang Senen 2, ✆ 0361-755470. Eine der günstigsten Unterkünfte in Legian mit ebenso preiswertem Restaurant. Mit den Preisen steigt auch die Matratzenqualität. Die teuersten, dennoch wenig attraktiven Zimmer haben Open-Air-Bäder. ❷

Sri Ratu Cottages, Gang Three Brothers, ✆ 0361-754468, ✉ sriratuhotel@yahoo.com. In einer recht engen, ruhig gelegenen Anlage mit Pool, aber ohne Garten liegen die großen, sauberen Zimmer mit alter Einrichtung, AC, TV und Warmwasser-Du/WC. Die Zimmer im oberen Stockwerk sind neuer und komfortabler. Frühstück inkl. ❸–❹

Mittlere Preisklasse

Adika Sari Bungalows, Jl. Padma Utara, ✆ 0361-751413, ✉ adikasari@telkom.net. Hübsche kleine Anlage mit Pool und alten einfachen und neueren empfehlenswerteren Zimmern mit AC, TV, Kühlschrank und Du/WC.

Erschwinglicher Luxus

Hotel Kumala Pantai, Jl. Werkudara, ✆ 0361-755500, 🖳 www.kumalapantai.com. Schöne 3-Sterne-Anlage in einem tropischen Garten, die mit riesigen Holzstatuen und anderem Prunk völlig überladen ist. Die 90 Zimmer mit Dusche, edlem Marmorboden und Bad/WC sind sehr geräumig und die beiden Pools riesig. Mit Restaurant an der Strandpromenade. Gutes Preis-Leistungs-Verhältnis. Frühstücksbuffet inkl. Reservierung empfehlenswert. ❺–❼

Komfortabler Travellertreffpunkt

The Island, Jl. Padma Utara, Gang Abdi 18, ✆ 0361-762722, 🖳 www.theislandhotelbali.com. Sehr viele alleinreisende weibliche Gäste finden den Weg in diese angenehme, moderne und ruhig gelegene Boutique-Unterkunft mit kleinem Pool und entspannter Atmosphäre. Neben 10 schönen Zimmern mit AC und privatem Du/WC gibt es auch einen sehr sauberen, weißen Schlafsaal mit bequemen Doppelstockbetten, Schließfächern und Gemeinschafts-Du/WC für 250 000 Rp p. P. Sehr leckere Sandwiches und frisch zubereitete Smoothies im Restaurant im Eingangsbereich, zudem eine Bar auf dem Dach. Mi und So „Kinovorführungen". Freundliches Personal. WLAN inkl. ❺–❻

Luftiges Restaurant mit Hauptgerichten ab 40 000 Rp. WLAN, Mineralwasser und Frühstück inkl. ❺–❻

All Seasons Resort Legian, Jl. Padma Utara, ✆ 0361-767688, 🖳 www.allseasonslegian.com. Sehr modernes und farbenfrohes 3-Sterne-Hotel mit langem Pool, Spa und 113 sauberen Zimmern. Die teureren haben Open-Air-Du/WC und bunte Keramik-Badewannen. WLAN in der Lobby gratis, im Zimmer kostenpflichtig. Online-Buchungen sind deutlich günstiger. ❻–❼

Arca Bungalow, Gang Three Brothers, ✆ 0819-3305 2599, ✉ cokd_blues@yahoo.co.id. Die etwas spärlich bepflanzte Anlage mit einem netten Pool bietet teils sehr geräumige und komfortable Bungalows mit AC und Du/WC. Netter Besitzer, der gutes Englisch spricht. ❹–❺

Bali Court Hotel, Jl. Werkudara 14, ✆ 0361-750242, 🖳 www.balicourthotel.com. Ganz in Weiß gehaltene Anlage mit mediterranem Touch und einem einladenden Pool. Stylishe, wenn auch etwas abgewohnte und nicht sehr saubere Zimmer mit viel Stein und Marmor und AC, großem LCD-TV mit DVD-Player und Du/WC mit riesigem Duschkopf. Auch 7 Apartments mit Küche. WLAN kostenpflichtig. Frühstück inkl. ❻–❼

Padma Surya, Jl. Padma 12, ✆ 0361-751452. Das von außen wenig einladende Hotel hat überraschend moderne, ordentliche Zimmer mit AC und sauberem Du/WC, aber wenig Tageslicht und etwas Straßenlärm zu bieten. Kleines Frühstück und WLAN inkl. ❹

Puri Damai, Jl. Werkudara 6, 0361-753039, puridamai.madeswarung.com. Der Besitzer vom bekannten Made's Warung in Kuta bietet in der älteren, gepflegten Anlage mit Pool 12 2-stöckige, voll ausgestattete und AC-gekühlte Apartments mit eigenen Küchen, etwas abgenutzten Möbeln und großen Bad/WC. Zudem 16 kleinere Zimmer. WLAN inkl. ❹–❺

Suriwathi, Jl. Sahadewa 12, 0361-753162, suriwathi@yahoo.com. In einem weitläufigen, grünen Garten liegt diese familienfreundliche Anlage mit Pool und 50 Zimmern. Die geräumigen, einfachen und sauberen Räume bieten AC, Terrasse oder Balkon und Warmwasser-Du/WC. Das Personal ist sehr freundlich und hilfsbereit. Frühstück inkl. ❹–❺

Three Brothers Inn, Jl. Legian, Gang Three Brothers, 0361-751566, www.threebrothersbungalows.com. Charmante Anlage mit prächtigem Garten und großem Pool in einer ruhigen Gasse. Es werden geräumige und saubere, aber ältere und etwas dunkle Zimmer mit AC, TV mit DVD-Player und Open-Air-Du/WC, teils auch mit Badewanne, geboten. Die Ventilator-Zimmer sind überteuert. Frühstück inkl. ❸–❻

Obere Preisklasse

Alam KulKul Boutique Resort, Jl. Pantai Kuta, 0361-752520, alamkulkul.com. Ein stilvoll gestaltetes Boutiquehotel in zentraler, aber ruhiger Lage in Strandnähe. 80 komfortable Zimmer, auch einige große für Familien, und exklusive Villen. 2 Pools sowie ein tolles Jamu Traditional Spa, in dem traditionelle javanische Rezepturen zur Anwendung kommen. Frühstück inkl. ❼–❽

Bali Niksoma, Jl. Padma Utara, 0361-751946, www.baliniksoma.com. Ansprechend in kühlen Grau- und Schwarztönen gestaltetes, luxuriöses 4-Sterne-Boutiquehotel im modernen balinesischen Lounge-Stil direkt am Strand, mit 2 großen Pools mit Meerblick und geräumigen, eleganten Zimmern mit allem Komfort. Frühstück inkl. ❽

Legian Beach Hotel, Jl. Melasti, 0361-751711, www.legianbeachbali.com. Die riesige 4-Sterne-Anlage liegt direkt am Strand und bietet 218 luxuriöse Zimmer, 2 Pools und 4 Restaurants in einem riesigen Garten. Das Hotel gehört nicht umsonst seit Jahren zu den 99 beliebtesten Hotels der Welt. Online-Buchungen sind wesentlich günstiger. ❼–❽

Padma Resort Bali at Legian, Jl. Padma 1, 0361-752111, www.padmahotels.com. Riesiges 5-Sterne-Hotel in einer wunderschönen Gartenanlage mit 405 sehr stilvoll eingerichteten Zimmern mit großem LCD-TV mit DVD-Player, Balkon, blitzsauberem Bad/WC mit 2 großen Duschköpfen und allem erdenklichen Komfort. Zudem 2 große Pools, Fitnessraum, Sauna und 3 exklusive Restaurants. Höchst professioneller Service. WLAN kostenpflichtig. ❽

Royal Tunjung Bali Hotel & Spa, Jl. Padma Utara, 0361-756013, www.royaltunjungbali.com. Nur 150 m vom Strand entfernt, bietet dieses Hotel komfortabel eingerichtete 2-stöckige Bungalows mit AC, Du/WC und Badewanne, Balkon sowie separatem Wohn- und Küchenbereich und Bar im unteren Geschoss. Pool und Spa sorgen für Entspannung. Frühstück inkl. ❻–❽

Essen

Bianco Restaurant & Bar, Jl. Padma, 0361-760070, www.rama-restaurants-bali.com. Kolonialstil pur herrscht hier zwischen den weißen Schwingtüren. Auf den großen Leinwänden werden Rugby-Spiele übertragen und an den Tischen schmackhafte italienische Spezialitäten ab 40 000 Rp serviert. 9–23.30 Uhr.

Café Etnik, Jl. Legian 355, 0361-751707. Günstiges Essen in entspannter Atmosphäre wird hier von freundlichem Personal serviert. Neben den üblichen Verdächtigen finden sich auf der Karte auch einige arabische Spezialitäten. Hauptgerichte ab 35 000 Rp. 9–1 Uhr.

Garlic Lane Restaurant & Bar, Jl. Sahadewa 3, 0361-755285, www.garliclanerestaurant.com. Kleines, mit gemustertem dunklen Holz ansprechend gestaltetes Restaurant mit einer guten Auswahl an Pasta-Varianten und Pizzen. Hauptgerichte ab 40 000 Rp. ⏲ 9–23 Uhr.

Indo-National, Jl. Padma 17, ✆ 0361-759883. In rustikaler und gleichzeitig schicker Atmosphäre gehen in diesem Restaurant westliche, asiatische und Fusionsgerichte zu verträglichen Preisen an die hungrigen Gäste. Es gibt auch vegetarische Variationen aller Gerichte.

Ketumbar Restaurant & Lounge, Jl. Melasti, ✆ 0361-751046. Italienisches Restaurant in quietschbunten Farben, das seine Wände oft für Kunstausstellungen zur Verfügung stellt. Steinofenpizzen ab 45 000 Rp, eine kleine Auswahl an Weinen, Cocktails, sowie ein Mittagsmenü mit 3 Gängen für 80 000 Rp. WLAN inkl. ⏲ 10–23 Uhr.

LemonGrass ThaiRestaurant, Jl. Melasti, ✆ 0361-369 8652, 💻 www.lemongrassbali.com. Das freundliche, nach vorne offene Restaurant serviert schmackhafte thailändische Gerichte. Hauptgerichte ab 60 000 Rp. Auch Lieferservice. ⏲ 8–24 Uhr.

MozzarellA Restaurant & Bar, Jl. Padma 9, ✆ 0361-755896, 💻 www.mozzarella-resto.com. In modernem, aber rustikalem Ambiente mit viel recyceltem Holz wird eine große Auswahl an frischen Salaten, Steaks und indonesischen Gerichten sowie leckere Desserts serviert. Hauptgerichte ab 50 000 Rp. Sa begleitet eine Beatles-Coverband den Abend. ⏲ 11–23 Uhr. In der Jl. Padma Utara liegt außerdem das **MozzarellA by the sea**, wo es günstige Cocktails gibt, ✆ 0361-751654.

Nero Bali, Jl. Legian 384, ✆ 0361-750756, 💻 www.nerobali.com. Mediterranes Restaurant mit luxuriösem Ambiente und gutem Service. Leckeres Souvlaki und Shishkebab und eine große Auswahl an Alkoholika. Hauptgerichte ab 40 000 Rp. WLAN inkl. ⏲ 11–24 Uhr.

Pavone, Jl. Padma Utara 4, ✆ 0361-756030, 💻 www.pavonebali.com. In diesem sehr elegant, komplett in Weiß eingerichteten Restaurant werden indonesische und australische Gerichte gezaubert. Leckere und preiswerte Frühstücksvariationen. Am Wochenende genießt man bei einem kühlen Drink die sanften Töne des Klaviers. ⏲ 6–23 Uhr.

Petit Café, Jl. Padma Utara, ✆ 0361-750345. Ein nettes, kleines mit Lampions dekoriertes Café mit balinesischer Musik. Hauptgerichte kosten um 40 000 Rp. WLAN inkl. ⏲ 9–23 Uhr.

Posers Pub, Jl. Padma 1, ✆ 0361-766497, 💻 www.sendokbali.com. Beliebtes britisch gestaltetes Pub im Herzen Legians mit deutscher Speisekarte und deutschem Besitzer. Neben Schnitzel und Currywurst auch frischer Fisch. Hauptgerichte ab 40 000 Rp. ⏲ 8–1 Uhr.

Shisha Café, Jl. Raya Legian, ✆ 0361-761400, 💻 www.shisha.co.id. In bequemen Sesseln und lässig-orientalischem Ambiente kommen die gängige Touristenkost, aber auch einige libanesisch-marokkanische Gerichte ab 50 000 Rp auf den Tisch. Shishas für 47 000 Rp. ⏲ 10–1, Fr und Sa bis 2 Uhr.

Swiss Restaurant, Jl. Legian, ✆ 0361-762345, 💻 www.bali-swiss.webs.com. Seit Ende 2011 befindet sich das seit 1977 bestehende Restaurant des gastfreundlichen Hausherren Jon und seiner bezaubernden Frau Suci wieder an alter Wirkungsstätte mitten im Trubel. Auf der Karte der schwarz-weiß gefliesten Stube stehen Klassiker wie Geschnetzeltes, Raclette, Fondue oder Bratwürste mit Rösti, aber auch leckere indonesische Gerichte und Frühstück. Mit etwas Glück erzählt Jon dazu unterhaltsame Anekdoten aus seinem spannenden Leben oder spielt auf seiner Violine. Schweizer Hauptgerichte ab 50 000 Rp, indonesische ab 35 000 Rp.

Waroeng Tan Poh, Jl. Legian 355, ✆ 0361-757742. Empfehlenswertes Restaurant für Reisende mit Laptops. Beim Verzehr der asiatischen Gerichte im ruhigen Steingarten kann man kostenlos im Internet surfen. Hauptgerichte ab 25 000 Rp, seit Kurzem gibt es auch Kebap. ⏲ 8–23 Uhr.

Yut'z Place, Jl. Werkudara 521, ✆ 0361-765047, ✉ yuti_59@hotmail.co.id. Die Speisekarte dieses gut besuchten Restaurants mit dunklen Holzstühlen und Tischen ist nicht ohne Grund auch deutschsprachig. Hier gibt es leckere Spätzle, Rösti und Weißwürste in großen Portionen zu vernünftigen Preisen. Hauptgerichte kosten ab 50 000 Rp. WLAN von 9–16 Uhr. ⏲ 8–23 Uhr.

Mehr Restauranttipps s. **eXTra [4120]**.

Unterhaltung

Discotheken sind in Legian rar. Die Tanztempel in Kuta sind allerdings schnell zu Fuß zu erreichen.

88 Club Bali, im Pullman Legian Nirwana Hotel, Jl. Pantai Kuta, ✆ 0361-764477. Das überwiegend indonesische Publikum ist eher wohlhabend. Die Barkeeper mixen nicht nur eine Vielzahl an erstklassigen, hochpreisigen Cocktails, sondern mutieren am späten Abend auch zu Jongleuren und Feuerspuckern. Die langen schwarzen Tische und der Tresen werden abends kunstvoll beleuchtet. Di ist Ladies Night mit einem Gratisdrink für die weiblichen Gäste. Cocktails um 85 000 Rp. ⌚ 19–5 Uhr.

Sonstiges

Die Informationen im Kuta-Teil (s. S. 161) gelten auch für Legian, da sich der größte Teil der touristischen Infrastruktur im Süden befindet und die drei Orte Kuta, Legian und Seminyak mehr und mehr zusammenwachsen.

Seminyak

In nördlicher Richtung geht Legian nahtlos in Seminyak über, dem krönenden Abschluss der drei ineinander verschmolzenen Badeorte, die heute das Herz des kommerziellen Tourismus auf Bali bilden. In Seminyak geht es bedeutend schicker und kultivierter zu als in Kuta. Ausgefallene Restaurants, hochklassige Hotels und Villenanlagen sowie elegante Boutiquen reihen sich aneinander und laden zum niveauvollen Shoppen und Genießen ein.

Die absoluten Highlights von Seminyak warten direkt am Meer: ein Dinner bei Sonnenuntergang im exquisiten Gado Gado, danach ein Cocktail im eleganten Ku De Ta und zu guter Letzt direkt am Strand im La Plancha die Nacht zum Tage machen.

Übernachtung

Die Zimmerpreise sind hier grundsätzlich höher als weiter im Süden. Die Auswahl an günstigen Unterkünften ist begrenzt, die vorhandenen Budgethotels sind meist älter. Die teureren Anlagen überzeugen dagegen durch ihre liebevolle Gestaltung und bieten zum Teil Luxus pur.

Zudem hat sich in Seminyak eine Vielzahl kleiner, exquisiter Villenanlagen angesiedelt. Oft verfügt jedes Anwesen über einen privaten Pool, Garten und mehrere Schlafzimmer. Familien, die einen hohen Standard erwarten und ganz abschalten wollen, werden hier fündig.

Weitere Übernachtungsmöglichkeiten s. eXTra [4123].

Untere Preisklasse

Blue Ocean Bungalow, Blue Ocean Boulevard, ✆ 0361-730289. Direkt am Strand von Seminyak gelegene Unterkunft in einer Gartenanlage mit 30 alten, aber großen und kühlen Zimmern mit durchgelegenen Matratzen und Warmwasser-Bad/WC. Die teureren auch mit AC. Vernünftiges Preis-Leistungs-Verhältnis. Direkt davor liegt die Rip Curl School of Surf. ❸–❹

Inada Losmen, Jl. Raya Seminyak, Gang Bima, ✆ 0361-732269, ✉ putuinada@hotmail.com. Dieses kleine Losmen mit angenehmer Atmosphäre liegt sehr ruhig in einer winzigen Seitengasse und bietet die wohl günstigsten Zimmer in Seminyak. Alte, sehr einfache, aber saubere Räume mit recht guten Federkernmatratzen und großen Du/WC. Frühstück inkl. ❷

Ned's Hideaway, Jl. Raya Seminyak, Gang Bima, ✆ 0361-731270. Von teuren Villen umgeben, wohnt man in der schmalen, etwas verschachtelten Anlage in einfachen, aber günstigen Zimmern mit weichen Matratzen, alter Einrichtung und Balkon bzw. Veranda, teils auch mit AC. ❷

Tune Hotel Legian, Jl. Doublesix, ✆ 0361-735575, 💻 www.tunehotels.com. In dem modernen, von der Jl. Doublesix zurückversetzten Bau liegen die 170 sauberen, wenn auch etwas beengten Zimmer mit AC, sehr bequemen Betten und kleiner Du/WC. Die Zimmer in den oberen Stockwerken nach hinten sind deutlich ruhiger. Sehr freundliches Personal. Wie bei Tune üblich, kostet jedes Extra wie AC, Handtücher, WLAN oder Frühstück zusätzlich. Günstige Angebote im Internet. ❷–❹

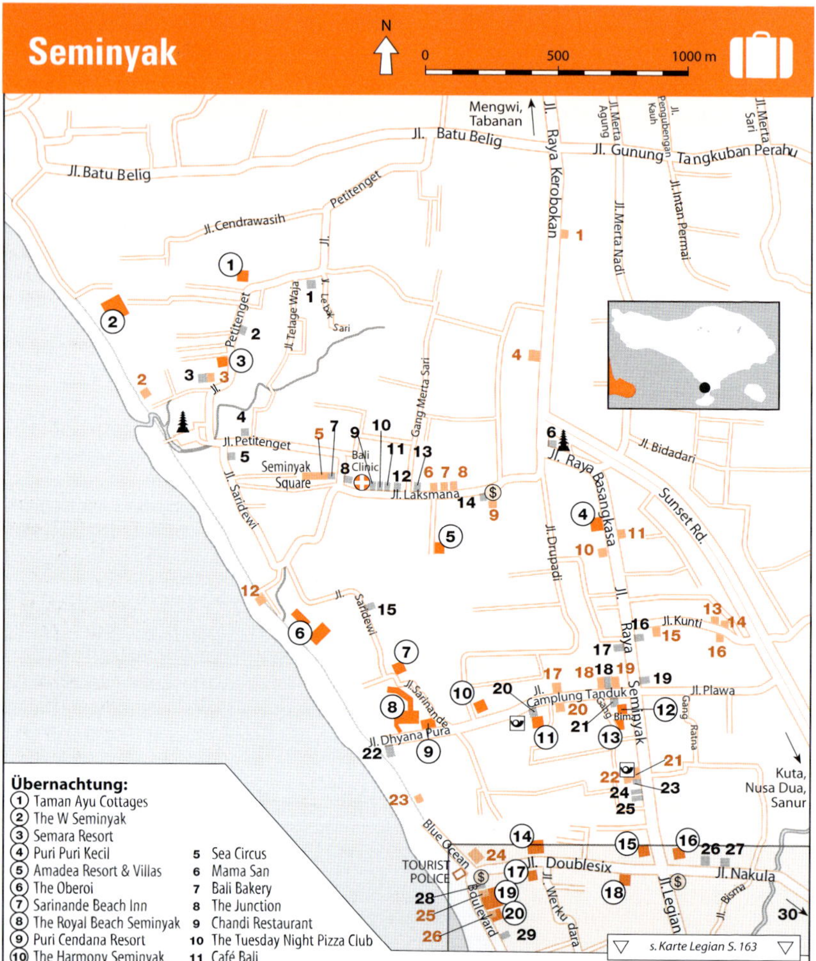

Übernachtung:

1. Taman Ayu Cottages
2. The W Seminyak
3. Semara Resort
4. Puri Puri Kecil
5. Amadea Resort & Villas
6. The Oberoi
7. Sarinande Beach Inn
8. The Royal Beach Seminyak
9. Puri Cendana Resort
10. The Harmony Seminyak
11. The Green Room Seminyak
12. Ned's Hideaway
13. Inada Losmen
14. Tune Hotel Legian
15. The Haven
16. Puri Wisata Bungalows
17. Hotel Bali Subak
18. Hotel Pearl
19. O-CE-N Bali by Outrigger
20. Blue Ocean Bungalow

Essen:

1 Tulip
2 Biku
3 Nutmegs Restaurant
4 Kuni's
5 Sea Circus
6 Mama San
7 Bali Bakery
8 The Junction
9 Chandi Restaurant
10 The Tuesday Night Pizza Club
11 Café Bali
12 Khaima
13 Ultimo Italian Restaurant
14 Café Zucchini
15 Art Café
16 Mannekepis
17 Queen's Tandoor
18 JP's Warungclub
19 Warung Ocha
20 Passargad
21 Zula
22 Gado Gado
23 Café Seminyak
24 Pantarei
25 Ryoshi
26 Malo's Restaurant & Bar
27 Extrablatt
28 Tékor Bali
29 Seaside Restaurant
30 Ketupat Restaurant (s. Karte Legian)

Sonstiges:

1 The Wine House
2 Potato Head Beach Club
3 Hu'u Bar
4 Geneva Handicraft Centre & Furniture
5 Periplus Bookshop
6 Uluwatu
7 Down to Earth
8 Red Carpet Champagne Bar
9 Nemo
10 espace Spa
11 Jari Menari
12 Ku De Ta
13 Periplus Bookshop
14 Bali Deli
15 chill Reflexology
16 Prana Spa
17 Studio5 Lifestyle Boutique
18 Bahiana
19 Maria Magdalena Lounge Bar
20 Bali Joe
21 Bintang Supermarket
22 Kopi Sobat
23 La Planca
24 Cocoon
25 Deja'vu
26 Ripcurl School of Surf

Mittlere Preisklasse

Hotel Bali Subak, Jl. Doublesix, ✆ 0361-733486, 🖳 www.hotelbalisubak.com. Die einfachen, sauberen, etwas dunklen, aber relativ preisgünstigen Zimmer im renovierten Gebäude bieten AC, TV, bequeme Matratzen und Du/WC. Zudem auch einen Pool. Frühstück inkl. ❹

Hotel Pearl, Jl. Doublesix, ✆ 0361-732743, 🖳 www.balihotelpearl.com. Modernes Hotel in einer etwas zurückversetzten, ruhigen Gartenanlage mit kleinem Pool und etwas abgewohnten, aber immer noch hübschen, geräumigen Zimmern in Doppelstockbungalows mit TV, Minibar, ruhiger Terrasse und großer Dusche oder Bad/WC. Im exzellenten, aber sehr hochpreisigen Restaurant werden heimische Spezialitäten des französischen Kochs Jeremy serviert. WLAN inkl. ❺–❻

Puri Cendana Resort, Jl. Dhyana Pura, ✆ 0361-730869, 🖳 www.puricendanaresortbali.com. Anlage mit sehr gepflegtem Garten mit Pool und etwas älteren, dezent balinesisch eingerichteten Zimmern mit AC, TV, Minibar, Himmelbetten und Warmwasser-Bad/WC mit Steinbadewannen. Die teureren Zimmer teilen sich in einen Wohnbereich mit Bad/WC unten und einen Schlafbereich oben. Große Preisunterschiede zwischen Haupt- und Nebensaison. Online-Buchungen sind wesentlich günstiger. WLAN im Restaurant und Frühstück inkl. ❺–❻

Puri Puri Kecil, Jl. Raya Seminyak 25, ✆ 0361-738852. Die etwas zurückversetzte Anlage mit großem Pool bietet gute Budgetvillen, die alle nach einer anderen Hauptstadt benannt sind, und Zimmer. Alle sind gut instand gehalten und mit neuer AC, TV und Du/WC ausgestattet. Die 2-stöckigen Villen mit Privatgarten haben große, offene Wohnzimmer sowie voll ausgestattete Küchen mit Kühlschrank im Erdgeschoss und einen Schlafbereich im 1. Stock. Sehr freundliches Personal. ❹–❺

Puri Wisata Bungalows, Jl. Raya Seminyak, ✆ 0361-730322, ✉ puriwisata@yahoo.com. Besonders die neueren, sehr geräumigen und komfortablen Deluxe-Zimmer rund um den kleinen Pool sind zu empfehlen. Sie bieten bei gutem Preis-Leistungs-Verhältnis 2 große Betten, AC, TV, Kühlschrank, Kochnische und Bad/WC. Zudem schöne Liegen auf dem Balkon. Etwas komische Klientel. Ab 2 Übernachtungen gibt es einen gratis Flughafentransfer. WLAN und Frühstück im Restaurant inkl. ❹

Sarinande Beach Inn, Jl. Sarinande 15, ✆ 0361-730383, 🖳 www.sarinandehotel.com. In der freundlich anmutenden und ruhigen Anlage mit Pool liegen 26 etwas ältere, aber helle und geräumige Zimmer mit AC, TV, großen Betten, Warmwasser-Du/WC und Terrasse. Die Zimmer sind für das nördliche Seminyak relativ günstig. WLAN und Frühstück inkl. ❹

Taman Ayu Cottages, Jl. Petitenget, ✆ 0361-473 0111, 🖳 www.tamanayucottage.com. Im ruhigen Ortsteil Kerobokan liegt diese ältere, aber gepflegte Anlage mit Pool und komfortablen AC-Zimmern, alle mit TV, Du oder Bad/WC, teils auch mit DVD-Player. Die schicken Bungalows zudem mit kleiner Küche und Wohnbereich sowie Blick auf die Reisfelder. Freundliches Personal. WLAN inkl. ❻–❼

The Green Room Seminyak, Jl. Dhyana Pura, Gang Puri Kubu 63B, ✆ 0361-738 208, 🖳 www.thegreenroombali.com. In der kleinen, aber feinen Anlage liegen die größtenteils mit Himmelbett ausgestatteten, kreativ gestalteten Zimmer mit Du/WC, teils auch mit AC und TV mit DVD-Player, rund um einen Natursteinpool. Hier wohnen viele Surfer. Nachts ist es wegen der Nachtclubs auf der Hauptstraße etwas laut. Frühstück inkl. ❹–❺

The Harmony Seminyak, Jl. Drupadi 234, ✆ 0361-737711, 🖳 www.theharmony-hotel.com. Moderner Komplex mit Pool und 20 sterilen Räumen sowie 12 Villen, die alle mit AC, TV, Minibar, Safe und Warmwasser-Du/WC ausgestattet sind und Terrasse oder Balkon haben. WLAN und Frühstück inkl. ❹–❺

Obere Preisklasse

Amadea Resort & Villas, Jl. Laksmana 55, ✆ 0361-847 8155, 🖳 www.amadeabali.com. Weit zurückversetzt von der Jl. Laksmana liegt diese schicke, neue Anlage mit 2 schönen, großen Pools, Spa auf dem Dach und 86 teils bereits ziemlich abgewohnten, aber mit viel dunklem Holz schön eingerichteten Zimmern mit verglastem Du/WC. Sehr freundliches Personal.

Frühstücksbuffet inkl. WLAN im Restaurant für 30 000 Rp pro Std. ❼

O-CE-N Bali by Outrigger, Blue Ocean Boulevard, ✆ 0361-737400, 💻 www.outrigger.com. Die edlen, in Cremefarben gehaltenen 5-Sterne-Suiten und Penthäuser direkt am Strand sind von beeindruckend moderner Architektur umgeben und hell und luxuriös eingerichtet. Mit sehr gutem Restaurant, zuvorkommendem Service und dem längsten und wohl auch schönsten Pool in Seminyak. Frühstücksbuffet inkl. ❽

Semara Resort, Jl. Petitenget, ✆ 0361-847 6661, 💻 www.semararesorts.com. Große, gepflegte Anlage mit einladendem Pool-Bereich, deutschem Chefkoch und schicken, modern gestalteten Zimmern mit allen Annehmlichkeiten. Hier gibt es besondere Angebote für Kinder: Schwimmtraining, Babysitter und einen großen, gut ausgestatteten Kindergarten, der für die ersten 2 Std. kostenlos und danach für 1000 Rp pro Min. gestressten Eltern eine Auszeit erlaubt. ❽

The Haven, Jl. Raya Seminyak 500, ✆ 0361-738001, 💻 www.thehavenbali.com. Elegante und teure 4-Sterne-Anlage mit 90 luxuriösen Zimmern und Suiten mit modern minimalistischer Einrichtung, schönen Bädern und großen Balkonen oder Terrassen, teils auch eigenen Küchen. 3 Pools, die teilweise unter dem Hotelgebäude verlaufen. WLAN inkl. ❼–❽

The Oberoi, Jl. Saridewi, ✆ 0361-730361, 💻 www.oberoibali.com. Das berühmte Luxus-Boutiquehotel bietet auf 15 ha exklusive, höchst edel im balinesischen Stil eingerichtete Zimmer und Villen mit allem erdenklichen Komfort, teils auch mit Privatpool. Hochklassige Wellness-Programme im Spa. Großer Pool mit Meerblick. Hervorragender Service. ❽

The Royal Beach Seminyak, Jl. Dhyana Pura, ✆ 0361-730730, 💻 www.theroyalbeachseminyakbali.com. Das 5-Sterne-Hotel liegt in einer gigantischen Anlage mit 2 sehr schönen Pools. Hier wird französisches Design mit moderner balinesischer Kunst vereint. Die stilvollen und modern eingerichteten Zimmer und Villen sind mit allem Komfort ausgestattet und sehr geräumig. Frühstück inkl. ❽

The W Seminyak, Jl. Petitenget, ✆ 0361-473 8106, 💻 www.starwoodhotels.com/whotels. Das neue, extrem stylishe Hotel zeichnet sich durch eine Mischung aus modernem und durchdachtem Design, lockerem, aber äußerst professionellem Service und höchstem Komfort und Luxus aus. Die riesige Poollandschaft und angesagten Restaurants und Lounges tun ihr Übriges dazu. ❽

2 HIGHLIGHT

Essen

Die Auswahl an kulinarischen Köstlichkeiten ist in Seminyak überwältigend: Es kommen Speisen aus der ganzen Welt auf den Tisch. Das Angebot reicht von authentischen italienischen, indischen oder indonesischen Gerichten über hochklassiges Seafood, moderne Fusionsküche und vegetarische Kost bis hin zu traditionellem nordafrikanischen, griechischen oder persischen Essen. Die Preise sind verhältnismäßig hoch, aber der zum Teil hervorragenden Qualität des Essens angemessen. Die größte Auswahl bietet die auch als „Eat Street" bekannte Jl. Laksmana. Auf 500 m finden sich hier neben zahlreichen Modeboutiquen einige der besten Restaurants Balis.
Mehr Restauranttipps s. **eXTra [4130]**.

Asiatisch

Chandi Restaurant, Jl. Laksmana 72, ✆ 0361-731060, 💻 www.chandibali.com. In indisch-kolonial angehauchtem Ambiente werden Spezialitäten aus ganz Asien serviert. Es werden ausschließlich biologisch angebaute Gewürze und Salate aus Ubud, Kaffee aus Sumatra und importierte Rinderfilets verwendet. Große Auswahl an Weinen, Hauptgerichte ab 70 000 Rp, Fleischgerichte um 125 000 Rp. WLAN inkl. 🕒 18–24 Uhr.

Kuni's, Jl. Laksmana 80, ✆ 0361-730501, 💻 www.kunisbali.com. Das stilvolle Restaurant mit offen einsehbarer Küche serviert gehobene japanische Gerichte. Neben den klassischen Varianten von Sushi, Sashimi und Gyoza auch Gegrilltes vom Spieß und vegetarische

Indonesisches Essen, wie es sein soll

Ketupat Restaurant, Jl. Dewi Sri, ✆ 0361-758 9699, 🖳 www.ketupatrestaurant.com. Nachdem die Filiale in Kuta aufgrund ablaufender Pachtverträge schließen musste, bekommt man in dem schönen Garten neben dem azurblauen Pool exzellentes indonesisches Essen serviert. Schon die ausführliche Speisekarte, die Gerichte aus dem ganzen Inselarchipel versammelt, lässt einem das Wasser im Mund zusammenlaufen. Die großen, schmackhaft angerichteten Portionen übertreffen dabei noch die Erwartungen. Sehr zuvorkommender Service. Hauptgerichte ab 40 000 Rp. ⌚ 10–23.30 Uhr.

Alternativen. Reservierung empfehlenswert. ⌚ 18–23 Uhr.

Mama San, Jl. Raya Kerobokan 135, ✆ 0361-730436 🖳 www.mamasanbali.com. Hier werden die Geschmackswelten Südostasiens in stilvoll-nostalgischer Teehaus-Atmosphäre auf den Teller gezaubert. Ob Peking-Ente mit Pflaumensoße, Schweinebauch nach vietnamesischer Art, Laotisches vom Grill oder indonesisches Dendang Belado – Küchenchef Will Meyrick teilt die kulinarischen Entdeckungen seiner Asienreisen zu sehr gehobenen Preisen in dem gut besuchten Restaurant. Lounge im 1. Stock. ⌚ 11–22 Uhr.

Queen's Tandoor, Jl. Raya Seminyak 73, ✆ 0361-732770, 🖳 www.queenstandoor.com. Das Restaurant an der lauten Hauptstraße, das bereits seit 1986 existiert, serviert authentische Gerichte vom indischen Subkontinent. Hauptgerichte um 50 000 Rp. ⌚ 10–24 Uhr.

Ryoshi, Jl. Raya Seminyak 15. Die große 2-stöckige Hauptfiliale (unten AC-gekühlt, oben open-air) des japanischen Restaurants bietet neben leckeren Sushi, Sashimi und Ramen auch jeden Mo, Mi und Fr qualitativ hochwertigen Live-Jazz ab 21 Uhr. ⌚ 12–23.30 Uhr.

Europäisch

Extrablatt, Jl. Nakula 10, ✆ 0361-732982. Während die Einrichtung mit einfachen Holztischen rustikalen Charme versprüht, steht eine gute Auswahl an deftigen deutschen Gerichten auf der Speisekarte. Neben Frühstück nach teutonischem Geschmack gibt es auch Kassler, Rinderzunge, Schweinebraten und einige andere bekannte Spezialitäten ab 40 000 Rp. Besonders lecker sind die 8 verschiedenen Wurstsorten. ⌚ bis 21 Uhr.

Malo's Restaurant & Bar, Jl. Nakula 9, ✆ 0361-730913. Das kleine, aber feine Schweizer Restaurant ist das einzige auf Bali, das Kaninchen nach mitteleuropäischem Geschmack zubereitet (100 000 Rp). Außerdem auch Steaks, Sauerkraut und Käsespätzle für 28 000 Rp. ⌚ 8–24 Uhr.

Mannekepis, Jl. Raya Seminyak 2, ✆ 0361-847 5784, 🖳 www.mannekepis-bistro.com. Das 2-stöckige Restaurant serviert neben belgischen Spezialitäten wie Rindereintopf und Stoemp auch eine große Auswahl an Weinen und belgischen Bieren. Von Do–Sa 21–23.30 Uhr treten gute Jazz- und Blues-Livebands auf. Oben zudem Kicker- und Billardtisch sowie ein in den Boden eingelassener Koi-Teich, der dank des Glasbodens auch vom Erdgeschoss aus bewundert werden kann. Hauptgerichte ab 80 000 Rp. WLAN inkl. ⌚ 10–2 Uhr, letzte Essensbestellung 23.30 Uhr.

Pantarei, Jl. Raya Seminyak 17A, ✆ 0361-732567. Obwohl in Seminyak die europäische Küche sehr gut vertreten ist, sind griechische Speisen eine Seltenheit. In dem seit 1997 existierenden, rustikalen Lokal gibt es fleischlastige Hauptgerichte ab 60 000 Rp. Im vorderen

Erstklassig und direkt am Strand

Gado Gado, Jl. Dhyana Pura 99, ✆ 0361-736966, 🖳 www.gadogadorestaurant.com. Absolut empfehlenswertes und gediegenes europäisches Seafood-Restaurant mit leichtem Fusionskücheneinschlag im puristischen Stil mit wunderschönem Blick auf das tosende Meer und den berühmten Sonnenuntergang. Exzellente Essensqualität und große Portionen zu angemessenen, aber gehobenen Preisen. Sehr aufmerksamer und freundlicher Service. Hauptgerichte ab 150 000 Rp. ⌚ 9–24 Uhr.

Bereich liegt die loungeartige The Bar@ Pantarei. ⏲ 10–23, Bar 21–1 Uhr.

The Tuesday Night Pizza Club, Jl. Laksmana, ✆ 0361-730614. Gladiator, Octopussy, A Fistful of Dollars oder Notting Hill – hier bekommt jede Pizza und Pasta einen Filmtitel, der manchmal schon ahnen lässt, was einen erwartet, etwa beim Schweigen der Lämmer oder dem Popeye-Salat. Vegetarische Gerichte ab 20 000 Rp. Lieferservice. ⏲ 10.30–22 Uhr.

Ultimo Italian Restaurant, Jl. Laksmana 104, ✆ 0361-738720. Italienisches Feinschmeckerlokal mit offener Küche und Steinofen. Es werden u. a. Antipasti, hausgemachte Nudelgerichte, Pizzen und frische Meeresfrüchte zu sehr günstigen Preisen angeboten. Große Auswahl an Weinen. Hauptgerichte ab 30 000 Rp. ⏲ 17–24 Uhr.

International

Café Bali, Jl. Laksmana, ✆ 0361-736484. Sehr gemütlich eingerichtete Kolonialstilvilla. An Tischen auf der Veranda oder in den Sitzecken unter edlen Kronenleuchtern im Inneren genießt man (ost-)asiatische und italienische Gerichte. Außerdem gibt es guten Kaffee, verschiedene Blattteesorten und eine große Auswahl an Weinen. Hauptgerichte ab 38 000 Rp. ⏲ 7–24 Uhr.

JP's Warungclub, Jl. Dhyana Pura 6, ✆ 0361-731622, 💻 www.jps-warungclub.com. Die Speisekarte des modernen Restaurants ist vorwiegend westlich geprägt, bei der Zubereitung wird aber das Beste aus aller Welt hinzugegeben. Ganz nach britischem Vorbild kann man hier auch seinen Nachmittagstee schlürfen. Abends gibt es regelmäßig Livemusik wie Jazz und Rock. Hauptgerichte kosten ab 32 000 Rp. WLAN inkl. ⏲ 8–1 Uhr.

Sea Circus, Jl. Kayu Aya 22, ✆ 0361-738667, 💻 www.seacircus-bali.com. Kleines, rustikales und freundliches Lokal, das neben Salaten, Baguettes, Kaffee und Cocktails vor allem durch Seafood, hausgemachte Marmeladen und Katerfrühstück-Menüs ab 75 000 Rp mit buchstäblich allem, was die Küche hergibt, besticht. Für 30 000 Rp gibt es eine Schultermassage. WLAN inkl.

Seaside Restaurant, Blue Ocean Boulevard 14, ✆ 0361-737140, 💻 www.seasidebali.com. Neben Fischfilets und verschiedenen Burgern gibt es hier auch mexikanisches Essen. Abends verwandelt sich das Restaurant in eine Lounge mit Meeresblick und das Dach in ein Open-Air-Kino. Do und So Livemusik. Wer in der Urlaubszeit ein paar Kilo zugelegt hat, kann im Fitnessstudio nebenan die Pfunde wieder wegstrampeln (80 000 Rp pro Besuch). ⏲ 12–23 Uhr.

The Junction, Jl. Laksmana, ✆ 0361-735610, 💻 www.the-junction-bali.com. In edel anmutendem, hellem Lounge-Ambiente bekommt man hier eine große Auswahl an leckeren, frisch zubereiteten belgischen Sandwiches, Crêpes und Nachspeisen, außerdem Gnocchi, Pasta und Thai- bzw. vietnamesische Gerichte. Hauptgerichte kosten ab 70 000 Rp.

Preisgekrönte Fusionsküche

Nutmegs Restaurant, Jl. Petitenget, in der Hu'u Bar, ✆ 0361-736443, 💻 www.nutmegs-restaurant.com. In dem eleganten Restaurant der beliebten Hu'u Bar kann man bei Kerzenschein an weiß gedeckten Tischen dinieren. Hier werden hochklassige und raffiniert zusammengestellte Gerichte zubereitet. Der Koch erhielt nicht ohne Grund 2008 den Preis für die innovativste Küche der Insel vom Magazin *the Beat*. Hauptgerichte kosten ab 130 000 Rp, und in dem dekorativ anmutenden Pool kann sogar gebadet werden. WLAN inkl. ⏲ tgl. außer So 11.30–15.30, Mo–Do 18–24, Fr, Sa, So 18–1 Uhr.

Schlemmen zum Schnäppchenpreis

Tékor Bali, Blue Ocean Boulevard, ✆ 0361-735268. Egal, ob zum Frühstück, Brunch oder Sonnenuntergangsdinner – das Tékor bietet leckere, stets qualitativ hochwertige Gerichte und günstige Tagesangebote. Der Schwertfisch, die Lammkoteletts, die sautierten Riesengarnelen und die leckeren Beerensäfte sind besonders zu empfehlen. Die eingerahmten Bilder an der Wand zeigen Stars, die hier gegessen haben. WLAN von 8–18 Uhr inkl. ⏲ 7.30–24 Uhr.

Reservierung empfehlenswert. Auch Lieferservice. ⏲ 11–23 Uhr.

Warung Ocha, Jl. Raya Seminyak 52, ☎ 0361-736222. Beliebtes Restaurant direkt an der Hauptkreuzung von Seminyak. Große Auswahl an Salaten, Sandwiches, Nudel- und indonesischen Gerichten ab 20 000 Rp, auch Kuchen zum Nachtisch. Außerdem kann man sein eigenes Nasi Campur zusammenstellen. WLAN inkl. ⏲ 7–22 Uhr.

Zula, Jl. Dhyana Pura 5, ☎ 0361-731080, ✉ downtoearth@dps.centrin.net.id. Ein Paradies für jeden Vegetarier und die richtige Adresse für alle Bio-Fans. Die Speisekarte ist äußerst kreativ: Alles Fleischlose wird hier auf sehr schmackhafte und attraktive Weise zubereitet. Sehr freundlicher, zuvorkommender Service. Fabelhafte Säfte und Energiedrinks. Hauptgerichte für 29 000–60 000 Rp. Außerdem Verkauf einer großen Auswahl an Bio-Produkten. ⏲ 8–24 Uhr.

Orientalisch

Passargad, Jl. Dhyana Pura 3, ☎ 0361-738857, 💻 www.passargad.balifriendship.com. Dieses kleine, freundliche Restaurant bietet wohl die einzige Möglichkeit auf Bali, die persische Küche auszuprobieren. Hauptgerichte kosten 40 000–120 000 Rp. Es werden auch Shishas angeboten. ⏲ 12–24 Uhr.

Tulip, Jl. Raya Petitenget 69, ☎ 0361-215 8787, 💻 tulipbali.com. Licht am Ende des Tunnels für alle, die auch auf Bali nicht auf Döner, Lahmacun und türkische Salate verzichten können. Darüber hinaus auch andere Leckereien wie Piyaz, das aus Bohnen, Ei, Gemüse und Olivenöl zubereitet wird. Das Ganze kommt ortstypisch in schickem Ambiente und zu gehobenen Preisen. ⏲ 11–16 und 17–24, Fr und Sa bis 5 Uhr morgens.

Cafés

Art Café, Jl. Saridewi 17, ☎ 0361-736751, 💻 www.iloveartcafe.com. Ein sehenswertes, stilvolles Café, das sich ganz den lokalen Künsten verschrieben hat. Jeder kann in den Räumlichkeiten eigene Kunst ausstellen oder vortragen. Mi ist Akustikabend und Fr Romantik angesagt, von 20 Uhr bis spät in die Nacht treffen sich Künstler und musizieren gemeinsam in entspannter Atmosphäre. Indonesische und westliche Küche mit Bio-Salaten. ⏲ 7.15–23 Uhr.

Bali Bakery, Jl. Laksmana, ☎ 0361-755149, 💻 www.balibakery.com. Im Seminyak Square gelegener, äußerst gut besuchter Ableger der erfolgreichen Bäckereikette. Hier bekommt man leckere Kuchen, verschiedene Brotsorten und guten Kaffee. ⏲ 8–22.30 Uhr.

Biku, Jl. Petitenget 888, ☎ 0361-857 0888, 💻 www.bikubali.com. Gemütlich und heiter geht es in diesem wundervollen, antik eingerichteten Lesecafé zu. Neben Kaffee, Kuchen, Burgern und Hauptgerichten ab 50 000 Rp gibt es Cocktails ab 65 000 Rp, jede Menge Bücher, von 8–12 und 15–19 Uhr WLAN, interessante Gesprächspartner und Jazzmusik. ⏲ 8–23 Uhr.

Café Seminyak, Jl. Raya Seminyak 17, ☎ 0361-736967, 💻 www.cafeseminyak.com. Direkt vor dem großen Bintang-Supermarkt an der Hauptstraße gelegen, bekommt man in dem beliebten Bistro reichhaltiges Frühstück und frische Säfte zu vernünftigen Preisen. Gute Auswahl an Kuchen für 12 000–30 000 Rp sowie Brot und Bagel. WLAN inkl. ⏲ 7–23 Uhr.

Café Zucchini, Jl. Laksmana 49, ☎ 0361-736633. Das kleine, freundliche Café besteht nur aus 3 langen Holztischen, serviert aber recht ausgefallene Kreationen wie z. B. Walnuss-

Exzellentes marokkanisches Essen

Khaïma, Jl. Laksmana, ☎ 0361-742 3925, 💻 www.khaimabali.com. In minimalistisch-modernem Ambiente können hier hochklassige Mechoui-Kebabs und Tangine- sowie Couscous-Gerichte mit importierten Zutaten genossen werden. Original marokkanischer Minztee, Shishas und jeden Fr und Sa ab 21 Uhr Vorführungen von Bauchtänzerinnen runden das besondere kulinarische Erlebnis ab. Nur der Service war zur letzten Recherche leider so überfordert, dass die Bestellung 20 Min. dauerte! Hauptgerichte kosten 60 000–100 000 Rp. Reservierung empfehlenswert. ⏲ 18–24 Uhr.

Rosinen-Brot mit Ricotta und Honig. Außerdem gibt es Antipasti, hausgemachte Kuchen und täglich wechselnde Angebote. Hauptgerichte ab 80 000 Rp, Frühstück ab 40 000 Rp. ⌚ 7–21 Uhr.

Unterhaltung

Die Clubs und Bars in Seminyak sind schicker und dementsprechend auch teurer als die in Kuta. Einige der Bars in der Jl. Dhyana Pura sind besonders bei Homosexuellen beliebt und ziehen ein buntes Publikum an. Am Strand finden sich vor allem nördlich des Blue Ocean Boulevards zahlreiche einfache Strandbars, die mit ihren bunten Sitzsäcken dem überaus populären La Plancha nacheifern.

Mehr Unterhaltungstipps s. eXTra [4130].

Bahiana, Jl. Dhyana Pura 4, ✆ 0361-738662. Rings um die zentrale O-förmige Bar wird allabendlich zu lauter kubanischer und brasilianischer Salsa-Musik das Tanzbein geschwungen. Die vom freundlichen Personal servierten Cocktails kosten um 60 000 Rp, Essen gibt es ab 30 000 Rp. Happy Hour 17–22 Uhr. WLAN inkl. ⌚ 17–3 Uhr.

Bali Joe, Jl. Dhyana Pura, ✆ 0361-730931. In dieser Schwulen-Bar kann man auf gemütlichen Sofas und gebrauchten Sesseln sitzend die einfachen Cocktails für 70 000 Rp schlürfen und dabei den durchtrainierten Barkeeper bewundern. ⌚ 15–24 Uhr.

Die angesagteste Strandbar

La Plancha, direkt am Strand nördlich des Cocoon, ✆ 0361-890 0000, 💻 www.laplanchabali.com. Die beste Sicht auf den spektakulären Sonnenuntergang bietet sich nicht etwa aus den edlen Lounges, sondern von den bequemen bunten Sitzsäcken des La Plancha direkt am Strand. Zu entspannten Reggae-Klängen kann hier ein kühles abendliches Bier oder ein Eimer Sangria genossen werden. Die humanen Preise und die entspannte Atmosphäre machen die Strandbar zum beliebtesten Spot für junge Leute. Hier finden auch regelmäßig gigantische Strandpartys mit über 1000 Besuchern statt.

Cocoon, Blue Ocean Boulevard, ✆ 0361-731266, 💻 www.cocoon-beach.com. Dass der Trend in Seminyak ganz klar weg von lauten Nachtclubs in Richtung superedlen, aber dennoch informellen Beach Clubs geht, beweist dieser neue herausgeputzte Komplex aus Lounge, Restaurant und Bar mit schöner Poollandschaft und sehr aufmerksamem Service. In mediterranem Ambiente kann man hier die hochwertigen Cocktails ab 90 000 Rp, Hauptgerichte ab 100 000 Rp sowie Tapas und Frühstück genießen. ⌚ 8–3 Uhr.

Deja'vu, Blue Ocean Boulevard 7X, ✆ 0361-732777, ✉ dejavu_beach@yahoo.com. Der ehemals blitzblank polierte Club wurde 2011 in eine 2-stöckige Lounge umgewandelt. Laute urbane Musik wird hier trotzdem noch gespielt, aber alles ist etwas gediegener geworden. ⌚ 20–4 Uhr.

Hu'u Bar, Jl. Petitenget, ✆ 0361-473 6576, 💻 www.huubali.com. Die hochpreisige, luftige und mediterran anmutende Lounge ist eine Institutionen. Einen Drink an der eleganten dunkelbraunen Bar oder unter freiem Himmel auf den Sitzkissen, umringt von im Wind flatternden balinesischen Gebetsfahnen, einzunehmen, ist ein Genuss. Aufgelegt wird entspannte balinesische Lounge-Musik. Riesige Auswahl an Cocktails. ⌚ 17–1, am Wochenende bis 3 Uhr.

Ku De Ta, Jl. Laksmana 9, ✆ 0361-736969, 💻 www.kudeta.net. Das exklusive und sehr elegante Lounge-Restaurant direkt am Meer lässt ein bisschen Café-del-Mar-Feeling auf Bali aufkommen. Hier treffen sich die Reichen und Schönen. Mit Blick auf das tosende Meer räkelt man sich auf überdimensionalen Sofas bei Champagner (300 000 Rp), einer großen Auswahl an kreativ zusammengestellten Cocktails (110 000 Rp) und exzellentem Essen (Hauptgerichte ab 250 000 Rp). Es werden auch Zigarren verkauft. Das Ganze ist natürlich nicht preiswert, aber etwas Besonderes. Sehr gründliche Security. ⌚ 8–2 Uhr.

Maria Magdalena Lounge Bar, Jl. Dhyana Pura 6, ✆ 0361-823 0298, 💻 www.maria-magdalena-bali.com. Im Erdgeschoss werden an der zentralen Bar Cocktails serviert. Im 1. Stock gibt es eine kleine Terrasse und

2 Billardtische. Die Musik ändert sich tgl., so gibt es Mo Reggae, Di akustische und So klassische Musik. Drinks ab 72 000 Rp, Essen ab 35 000 Rp. ⌚ 19–4 Uhr.

Potato Head Beach Club, Jl. Petitenget, ✆ 0361-473 7979, 💻 www.ptthead.com. Der sehr beliebte Beach Club punktet mit Liegen und Gazebos mit Meerblick und einer ausgelassenen, aber dennoch feinen Atmosphäre. Die Drinks sind teuer und die Musik gediegen elektronisch. Das Restaurant Lilin ist direkt angeschlossen. ⌚ 11–2 Uhr.

Red Carpet Champagne Bar, Jl. Laksmana 42C, ✆ 0361-737889, 💻 www.redcarpetbali.com. Von hübschen Bedienungen im knappen rot-weißen Hotelpagen-Outfit begrüßt, stolziert der Gast hier auf dem roten Teppich in die offene, auf edel getrimmte Bar mit Schmuck- und Mode-Boutique. Bei frischen Häppchen ab 60 000 Rp stoßen die gut gekleideten Gäste mit teuren Weinen oder einem aus der riesigen Auswahl auserkorenen Champagner an. Cocktails ab 120 000 Rp. WLAN inkl. ⌚ 11–2 Uhr.

Aktivitäten

Bungee-Jumping

The Bungy Company, ✆ 0361-731144, 💻 www.thebungyco.com. Bisher stand der 60 m hohe, weithin sichtbare Turm direkt am Strand von Seminyak auf dem Gelände des mittlerweile geschlossenen Doublesix Clubs. In den nächsten Monaten soll er an anderer Stelle, wahrscheinlich in Kuta, wieder öffnen. Verschiedene Sprünge kosten ab 990 000 Rp.

Wellness

chill Reflexology, Jl. Kunti 118X, ✆ 0361-734701, ✉ chill@thevillas.net. Sehr modernes und edel anmutendes Spa mit 1-stündigen Massagen ab 180 000 Rp.

espace Spa, Jl. Raya Seminyak 3B, ✆ 0361-730828, 💻 www.espacespabali.com. Weiteres professionelles Spa, das neben aromatherapeutischen Massagen auch Körperpeelings und -masken sowie Maniküre und Pediküre anbietet. Eine 60-minütige Ganzkörpermassage kostet 159 000 Rp. ⌚ 9–21 Uhr.

Prana Spa, Jl. Kunti, ✆ 0361-730840, 💻 www.pranaspabali.com. In dem opulenten Komplex kann man sich in kitschig-orientalistischem Ambiente auf hohem Niveau verwöhnen lassen. Normale Massagen kosten mit mind. 450 000 Rp pro Std. zwar deutlich mehr als in anderen Spas, aber mehrstündige Paketangebote wie Divine Unity oder Turkish Trio versprechen ein Erlebnis für alle Sinne. Es werden tgl. empfehlenswerte Yogakurse angeboten. Zudem auch ein Restaurant. Freundlicher Service. ⌚ 9–22 Uhr.

> **Von tanzenden Fingern verwöhnt**
>
> **Jari Menari**, Jl. Raya Basangkasa 47, ✆ 0361-736740, 💻 www.jarimenari.com. Nur männliche Therapeuten bieten hier ihre höchst professionellen Dienste an. Anspruchsvolle Massagetechniken finden sich u. a. in der Bewegungsmassage, Klangschalentherapie und der 4-Hände-Harmonie-Massage wieder. Es werden auch Gourmet-Massagen inkl. Mittagsmenü und dienstags von 9–15.30 Uhr ein Massagekurs für US$170 angeboten. 90-minütige Behandlungen kosten 350 000 Rp. Oft muss man 2 Tage im Voraus reservieren. Eine weitere Niederlassung gibt es in Tanjung Benoa in der Nähe des Conrad Hotels. ⌚ 9–22 Uhr.

Einkaufen

Seminyak verfügt über die höchste Boutiquendichte Balis. Spaziert man die Jl. Raya Seminyak entlang, bekommt man einen guten Eindruck davon, welche Kunst und Mode gerade angesagt ist. Auch die Jl. Laksmana und die Jl. Dhyana Pura sind voller kleiner Läden.

Einkaufszentren

Bintang Supermarkt, Jl. Raya Seminyak. Der Supermarkt bietet eine große Auswahl an Lebensmitteln, teils auch Importprodukte, Schreib- und Haushaltswaren. Hier bekommt man auch Moskitonetze. ⌚ 7.30–23 Uhr.

Seminyak Square, Jl. Laksmana, ✆ 0361-732106, 💻 www.seminyaksquare.com. Kleines, modernes Shoppingcenter mit Boutiquen der bekannten Surfmarken und verschiedener balinesischer Labels, einem Periplus-Buchladen, Black Canyon Coffee und einer beliebten Bäckerei. Jeden So zwischen 9 und 17 Uhr findet hier ein großer Markt mit vielen interessanten Verkaufsständen statt.

Feinschmeckergeschäfte

Bali Deli, Jl. Kunti 117X, ✆ 0361-738686, 🖳 www.balideli.net. Was wären Seminyaks ausländische Bewohner ohne den frischen Bio-Salat aus dem Supermarkt des Bali Deli? Hier bekommt man allerlei importierte und lokale Leckereien, zudem gibt es eine gute Bäckerei und riesige Frischfleisch- und Fischauswahl: Wer für ein Picknick oder das Frühstück nach deutschem Geschmack einkaufen möchte, ist hier richtig. Das kinderfreundliche Restaurant bietet neben knackigen Sandwiches und Süßspeisen exzellente Fleischgerichte. Auf Wunsch auch Lieferservice. 🕒 7–22 Uhr.

Down to Earth, Jl. Laksmana 99, ✆ 0361-736645. In dem Ableger des Bio-Restaurants Zula bekommen Naturverbundene alle Zutaten für einen ökologisch verträglichen und gesunden Lebensstil in großer Auswahl und zu vernünftigen Preisen. 🕒 8–24 Uhr.

Kopi Sobat, Jl. Raya Seminyak 17, ✆ 0361-736967. Hinter dem Bintang-Supermarkt versteckt sich ein Geschäft, in dem man Kaffee aus allen Ecken des Landes nicht nur vor Ort genießen, sondern auch für den Heimgebrauch kaufen kann. Da wären *Gayo*-Bohnen aus Aceh, *Mandailing*- und *Toraja*-Kaffee aus Sulawesi, Kaffee aus Lampung oder der berühmte *Kopi Luwak*. Auch Kakao aus Bali. 🕒 7.30–22 Uhr

The Wine House, Jl. Raya Kerobokan 66, ✆ 0361-737217. Diese Weinhandlung beherbergt eine große Auswahl erlesener balinesischer und ausländischer Weine für den besonderen Abend in guter Gesellschaft.

Alle Souvenirs günstig an einem Ort

Geneva Handicraft Centre & Furniture, Jl. Raya Kerobokan 100, ✆ 0361-733542, 🖳 www.genevahandicraft.com. Etwas außerhalb gelegen, bietet Geneva auf 4 Stockwerken so ziemlich jedes Souvenir, das auf Bali hergestellt wird, zu sehr günstigen Festpreisen und ist damit der ideale Ort, um Mitbringsel zu erstehen. Im Erdgeschoss finden sich Möbel, während im 2. und 3. Stock Tausende von Souvenirs auf Abnehmer warten. Auf dem Dach wiederum stehen Statuen. Man sollte genügend Zeit mitbringen, um sich durch das riesige Angebot zu arbeiten. 🕒 9–20 Uhr.

Souvenirs

Studio5 Lifestyle Boutique, Jl. Dhyana Pura, ✆ 0361-738 6986, 🖳 www.studiofivebali.com. In dem sich über 3 Etagen erstreckenden Komplex liegen neben einem Brautmodeladen und verschiedenen Wellness-Bereichen auch ein Fotostudio und ein Café. 🕒 9–22 Uhr.

Tauchausrüstung

Nemo, Jl. Laksmana 117, in einer Seitenstraße, ✆ 0361-730010, 🖳 www.nemowetsuit.com. Wer viel taucht, legt Wert auf passende und hochwertige Ausstattung. Für Anzüge ist Nemo das Nonplusultra auf Bali: individuell gestaltbare Wetsuits zu günstigen Preisen. Einen 3 mm dicken, maßgeschneiderten Neoprenanzug gibt es für ca. US$180. Zipper, Pads und Kapuze kosten extra.

Textilien

Wer die Straßen von Kuta entlangspaziert, kann schon mal den Glauben an gutes Design und Qualität (und womöglich auch Nerven) verlieren. Weiter im Norden hat man aber die Chance kleine Läden zu entdecken, in denen man sich sicher in das ein oder andere Teil verliebt. Die Preise liegen zwar auf einem ähnlichen Niveau wie in der Heimat, die Qualität ist aber meist höher. Besonders auf der Jl. Raya Seminyak und der Jl. Laksmana findet sich ein großes Angebot an kleinen Läden zum Stöbern.

Twenty.One.Degrees (21dgrs), Jl. Raya Seminyak 47a, 🖳 21dgrs.com. Ein spannendes deutsches Label, das 2009 einen eigenen Shop auf Bali eröffnet hat. Hier wird keine Massenware verkauft, sondern individuelle, mit Liebe zum Detail gestaltete Kleidung für Mann und Frau. Geschmückt ist die Boutique mit klein- und großformatigen Illustrationen der Designerin, die die Geschichte der Insel erzählen.

Sonstiges

Die Infos im Kuta-Teil (s. S. 161) gelten auch für Seminyak, da sich ein Großteil der touristischen Infrastruktur im Süden befindet und die drei Orte Kuta, Legian und Seminyak mehr und mehr zusammenwachsen.

Strände nördlich von Seminyak

Entlang der Küste von Seminyak bis Tanah Lot erstrecken sich einige Strände, an denen immer mehr Villenanlagen gebaut werden. **Pantai Canggu** bietet ausgezeichnete Surfbedingungen. Hier findet man feinen schwarzen Sand. Unterkunft bieten vorwiegend Villen, die beide Straßenseiten säumen. Direkt am Strand können Besucher in einem kleinen, einfachen Restaurant ihren Hunger stillen. Direkt nördlich schließt sich der **Pantai Batu Bolong** an, der genauso wie der benachbarte **Pantai Echo** sehr beliebt bei Surfern ist, die sich hier in die hohen Wellen der gefährlichen Brandung stürzen. Der wunderbare Ausblick auf das Meer kann bei einem Snack oder leckeren Smoothie in einem der kleinen Restaurants direkt am Pantai Echo genossen werden. Der weiter nördlich gelegene **Pantai Seseh** eignet sich ebenfalls sehr gut zum Surfen.

Übernachtung

Pantai Batu Bolong

Agung Canggu Hotel, Jl. Padang Lenjong Canggu, 400 m vom Strand entfernt, ✆ 0361-730800. Sehr sauberes, älteres Hotel mit Pool und Zimmern mit AC, TV, Minibar und großem Warmwasser-Bad/WC. ❸

Coconuts Gh., Jl. Batu Bolong 92, 350 m vom Strand entfernt, ✆ 0878-6192 7150, 💻 www.coconutsguesthouse.com. Neue, moderne Villa mit Pool und großen Zimmern mit AC, TV, Minibar, Safe und Warmwasser-Du/WC. Netter australischer Besitzer und familiäre Atmosphäre. WLAN inkl. Reservierung empfehlenswert. ❺

Hotel Tugu Bali, Jl. Batu Bolong, ✆ 0361-731701, 💻 www.tuguhotels.com. Preisgekröntes Boutiquehotel mit teuren Zimmern, die mit eindrucksvollen Kunstwerken und Antiquitäten eingerichtet sind und Privatpools haben. Große Auswahl an Freizeitaktivitäten. Zudem ein großer Frischwasserpool, Spa, Tennisplatz sowie eine südostasiatische Kunst- und Antiquitätengalerie. Ohne Frühstück. Reservierung empfehlenswert. ❽

Das Surfcamp schlechthin

The Chillhouse Surf Retreat, Jl. Kubu Manyar 22, ca. 1 km vom Strand landeinwärts, ✆ 0813-5337 6872, 💻 www.thechillhouse.com. Innovatives Surfcamp-Konzept mit komfortablen Zimmern mit Open-Air-Du/WC, entspannten Aufenthaltsflächen, einem Pool und Bio-Restaurant. Verschiedene pauschale Wochenangebote für Einzelpersonen, Familien und Pärchen inkl. Surf- oder Yogakursen, Massagen und Ausflügen. Zimmer ohne Paket für 30 €, Zimmer mit Halbpension 55 € p. P. ❹–❺

Pantai Echo

Ecosfera, Jl. Batu Mejan, ✆ 0361-889 0871, 💻 www.ecosferabali.com. Kleines Boutiquehotel mit Pool und 28 großen Zimmern mit AC und Warmwasser-Du/WC, teils auch mit Balkon. Die teureren sind im marokkanischen Stil gehalten und mit schön geschnitzten Möbeln und dunklen Holzdielen eingerichtet. Eigenes Spa und Restaurant. Frühstück und WLAN inkl. ❺–❼

Jepun Bali Homestay, Jl. Batu Mejan, ✆ 0361-361 0613, ✉ jepunbalihomestay@yahoo.com. Unterkunft mit einfachen, spartanisch eingerichteten, aber hellen Zimmern mit harten Schaumstoffmatratzen, AC, Veranda oder Balkon und muffigen Warmwasser-Du/WC ohne Waschbecken. WLAN inkl. ❸–❹

Essen

Deus Ex Machina Café, Jl. Batu Mejan 8, Pantai Batu Bolong, ✆ 0813-3806 4000, 💻 www.deus.co.id. Das stylishe Restaurant bietet neben den in der offenen einsehbaren Küche kunstfertig hergestellten panasiatischen Gerichten in kleinen Portionen zu hohen Preisen einen sehr interessanten, wenn auch hochpreisigen Shop. Hier wird neben restaurierten

Vintage-Motorrädern, Fährrädern und Surfbrettern auch die aktuelle Modekollektion des Besitzers, Gründer der berühmten Surfmarke Mambo, angeboten. Hauptgerichte ab 90 000 Rp, auch Frühstück. ⌚ 9–23 Uhr.

Sticky Fingers, Jl. Pantai Pura Batu Mejan, Pantai Echo, ✆ 0361-809 0903, 💻 www.stickyfingersbali.com. Pizza Salsiccia e Cipolla oder Barilla in Weißweinsoße – die aus frischen, teils aus Italien importierten Zutaten auf den Teller gezauberten Gerichte schmecken authentisch und rechtfertigen die leicht gehobenen Preise. Die kleine, unscheinbare Pizzeria bietet zudem einen Lieferservice und serviert auch Frühstück. ⌚ 7–22 Uhr.

Sanur

Sanur war die erste touristisch erschlossene Ortschaft der Insel. Bereits in den 1940er-Jahren entstanden hier auf westliche Touristen zugeschnittene Unterkünfte. Heutzutage wird der 6 km südöstlich von Denpasar gelegene Ort weithin sichtbar von der zehnstöckigen Anlage des Inna Grand Bali Beach Hotels überragt. Entgegen balinesischer Tradition ist das höchste Haus der Insel höher als die höchste Palme. Mehrere Luxushotels, aber auch viele preiswerte Unterkünfte konzentrieren sich in Sanur und ziehen eine bunt gemischte Klientel an. Die Atmosphäre ist ruhiger als in Kuta, sodass Sanur sich auch als Urlaubsort für ältere Besucher eignet, die Ruhe suchen und etwas mehr Geld ausgeben können. Viele Hotels kooperieren mit internationalen Reiseveranstaltern und beherbergen zahlreiche Pauschaltouristen.

Dem **Strand** ist ein großes Korallenriff vorgelagert, das die Unterwasserströmungen abschwächt und daher das Schwimmen sicherer macht als an der Westküste. Auch Kinder können hier ohne große Bedenken ins Wasser gehen. Allerdings ist der Strand bei Weitem nicht so schön breit wie in Kuta.

Wer sich für Kunst interessiert, sollte das **Le Mayeur Museum**, ✆ 0361-286201, besuchen. A. J. Le Mayeur, ein belgischer Maler, der 1958 in Brüssel starb, lebte fast 30 Jahre lang am Strand von Sanur. Er war mit Ni Polok verheiratet, einer der berühmtesten *Legong*-Tänzerinnen ihrer Zeit, die er auf vielen Gemälden verewigte. Mit zunehmender Popularität empfing Le Mayeur selbst hohe Staatsgäste wie Präsident Sukarno oder Jawaharlal Nehru. Sein Haus und sein Atelier bilden heute das Museum, das aber schon bessere Zeiten gesehen hat. Ausgestellt sind seine Gemälde in Öl und Wasserfarben sowie die antike Einrichtung. Das Museum liegt südlich der Jl. Hang Tuah an der Jl. Setapak direkt am Strand. ⌚ 8–16, Fr 8.30–12.30 Uhr, Eintritt 10 000 Rp.

Ein lohnendes Ausflugsziel ist der 1999 eröffnete **Bali Orchid Garden**, Jl. Bypass Tohpati, Kasamba 1, ✆ 0361-466010, 💻 www.baliorchidgardens.com. In dem kleinen, aber feinen Orchideengarten ca. 10 Autominuten außerhalb von Sanur, erwarten die Besucher wunderschöne Orchideen und andere tropische Pflanzen. Mutige können den *Kopi Luwak*, den Katzenkaffee, probieren, dessen Bohnen erst durch den Verdauungsprozess des Fleckmusangs ihr berühmtes Aroma erhalten. ⌚ 8–18 Uhr, Eintritt 100 000 Rp.

Ein weiterer interessanter Ausflug führt zum **Mangrove Information Centre**, Jl. By Pass Ngurah Rai KM 21, Suwung, ✆ 0361-726969. Nicht nur für Botaniker ist ein Besuch lohnenswert. Auf einem 1,5 km langen Rundweg durch unterschiedliche Mangrovenwälder erhält man Einblicke in die bedrohte Flora und Fauna der Küsten von Bali. Im dazugehörigen Informationszentrum kann man sich weiterbilden und die verschiedenen Mangrovenarten und ihre Bewohner kennenlernen. ⌚ 7.30–18 Uhr, Eintritt 50 000 Rp, Kinder 20 000 Rp.

Übernachtung

Da Sanur auf eine besonders lange touristische Tradition zurückblickt, sind viele der hier angesiedelten Unterkünfte schon etwas in die Jahre gekommen. Es gibt aber eine breitgefächerte Auswahl an Zimmern jeder Preisklasse, sodass sowohl Budgettraveller als auch komfortsuchende Kurzurlauber problemlos eine ihren Ansprüchen entsprechende Bleibe finden werden.

Weitere Übernachtungsmöglichkeiten s. eXTra [4139].

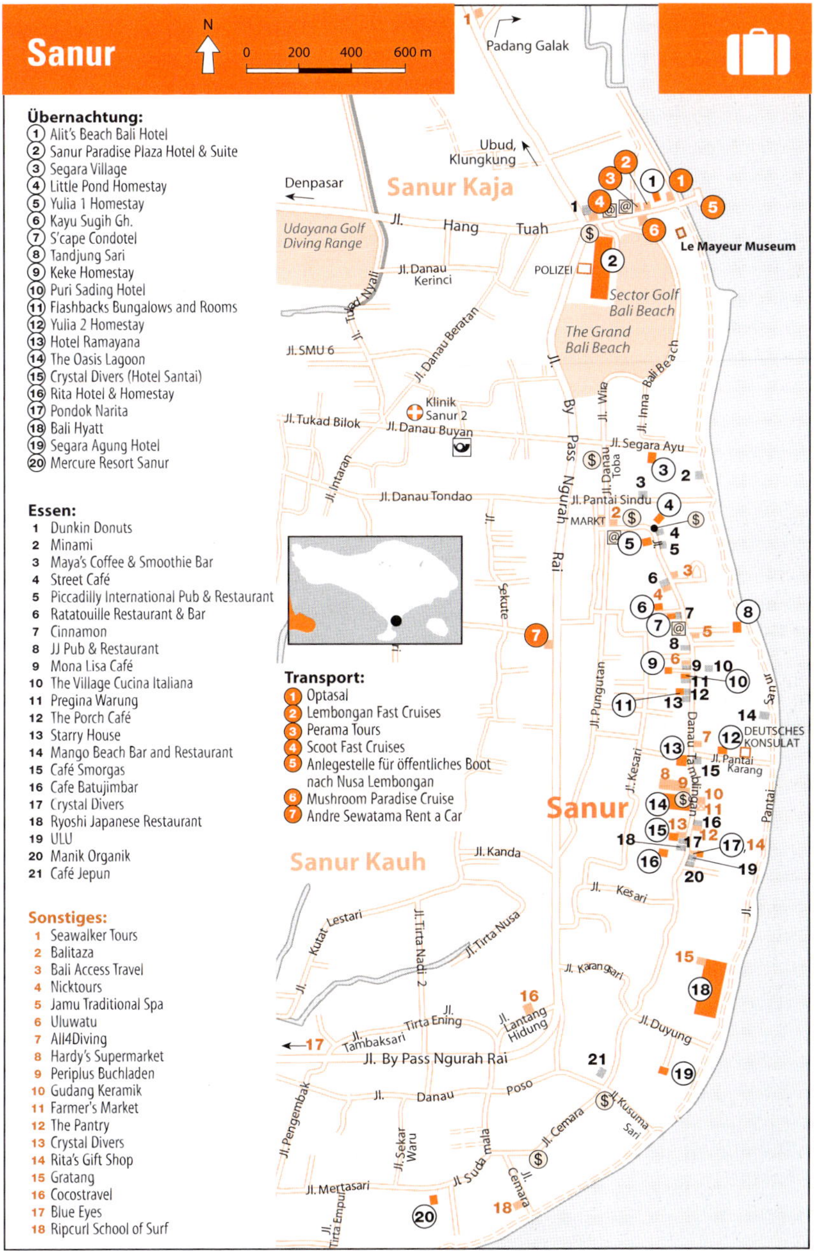
Sanur
N
0 200 400 600 m
Übernachtung:
1 Alit's Beach Bali Hotel
2 Sanur Paradise Plaza Hotel & Suite
3 Segara Village
4 Little Pond Homestay
5 Yulia 1 Homestay
6 Kayu Sugih Gh.
7 S'cape Condotel
8 Tandjung Sari
9 Keke Homestay
10 Puri Sading Hotel
11 Flashbacks Bungalows and Rooms
12 Yulia 2 Homestay
13 Hotel Ramayana
14 The Oasis Lagoon
15 Crystal Divers (Hotel Santai)
16 Rita Hotel & Homestay
17 Pondok Narita
18 Bali Hyatt
19 Segara Agung Hotel
20 Mercure Resort Sanur
Essen:
1 Dunkin Donuts
2 Minami
3 Maya's Coffee & Smoothie Bar
4 Street Café
5 Piccadilly International Pub & Restaurant
6 Ratatouille Restaurant & Bar
7 Cinnamon
8 JJ Pub & Restaurant
9 Mona Lisa Café
10 The Village Cucina Italiana
11 Pregina Warung
12 The Porch Café
13 Starry House
14 Mango Beach Bar and Restaurant
15 Café Smorgas
16 Cafe Batujimbar
17 Crystal Divers
18 Ryoshi Japanese Restaurant
19 ULU
20 Manik Organik
21 Café Jepun
Sonstiges:
1 Seawalker Tours
2 Balitaza
3 Bali Access Travel
4 Nicktours
5 Jamu Traditional Spa
6 Uluwatu
7 All4Diving
8 Hardy's Supermarket
9 Periplus Buchladen
10 Gudang Keramik
11 Farmer's Market
12 The Pantry
13 Crystal Divers
14 Rita's Gift Shop
15 Gratang
16 Cocostravel
17 Blue Eyes
18 Ripcurl School of Surf
Transport:
1 Optasal
2 Lembongan Fast Cruises
3 Perama Tours
4 Scoot Fast Cruises
5 Anlegestelle für öffentliches Boot nach Nusa Lembongan
6 Mushroom Paradise Cruise
7 Andre Sewatama Rent a Car
Padang Galak
Ubud, Klungkung
Denpasar
Sanur Kaja
Udayana Golf Diving Range
Jl. Hang Tuah
Jl. Danau Kerinci
Jl. Tukad Nyali
POLIZEI
Le Mayeur Museum
Sector Golf Bali Beach
The Grand Bali Beach
Jl. SMU 6
Jl. Danau Beratan
Klinik Sanur 2
Jl. Tukad Bilok
Jl. Danau Buyan
Jl. Wira
Jl. Inna Bali Beach
Jl. Segara Ayu
Jl. Danau Toba
Jl. By Pass Ngurah Rai
Jl. Intaran
Jl. Danau Tondao
Jl. Pantai Sindu
MARKT
Jl. Sekute
Jl. Pungutan
DEUTSCHES KONSULAT
Jl. Pantai Karang
Jl. Kesari
Jl. Danau Tamblingan
Sanur
Jl. Pantai Sanur
Sanur Kauh
Jl. Kanda
Jl. Kesari
Jl. Kutat Lestari
Jl. Tirta Nadi 2
Jl. Tirta Nusa
Jl. Karang Sari
Jl. Duyung
Jl. Lantang Hidung
Jl. Tirta Ening
Jl. Tambaksari
Jl. By Pass Ngurah Rai
Jl. Danau Poso
Jl. Pengembak
Jl. Sekar Waru
Jl. Kusuma Sari
Jl. Cemara
Jl. Suda mala
Jl. Mertasari
Jl. Tirta Empul

Untere Preisklasse

Keke Homestay, Jl. Danau Tamblingan 96, ✆ 0361-287282, 🖳 www.keke-homestay.com. Dieses freundliche, ruhig gelegene Guesthouse mit 7 einfachen Zimmern mit Du/WC, teils auch mit AC und Warmwasser, wird von einer liebenswerten balinesisch-japanischen Familie geführt. Frühstück inkl. ❷–❸

Little Pond Homestay, Jl. Tamblingan 19, ✆ 0361-289902. Das liebenswerte Homestay mit 15 kleinen, sauberen Zimmern mit Du/WC und einem Pool bietet zu sehr günstigen Preisen alles, was ein Traveller braucht. Die teureren Räume auch mit AC, TV und Warmwasser. WLAN inkl. ❷–❸

Pondok Narita, Jl. Danau Tamblingan 81, ✆ 0361-284315, ✉ ritagiftshop_bali@yahoo.com. Die angenehme und familiäre Atmosphäre der kleinen, süßen Anlage spiegelt sich in den 18 sauberen und kühlen, aber etwas muffigen Zimmern mit AC, guten, harten Matratzen und Bad/WC wider. Das günstige Ventilator-Zimmer ist abgewohnt. ❷–❹

Yulia 1 Homestay, Jl. Danau Tamblingan 38, ✆ 0361-288089. Mitten in einem schönen Garten mit blühenden Pflanzen gibt es saubere Zimmer mit guten Matratzen und Du/WC in familiärer Atmosphäre. Die teureren sind größer und haben Warmwasser. Der Besitzer ist Vogelliebhaber und führt seine Lieblinge gerne bei Wettbewerben vor. WLAN und Frühstück inkl. ❸–❹

Yulia 2 Homestay, Jl. Danau Tamblingan 57, ✆ 0361-287495, ✉ kf-billy@indo.net.id. Kleine Anlage mit hellen, sauberen, teils leicht abgewohnten Zimmern mit dunklen Möbeln, weichen Matratzen und Du/WC, teils auch mit AC, TV, Warmwasser und Open-Air-Bad/WC. Freundliches Personal. Frühstück inkl. ❸–❹

Ein Ruhepol zum Entspannen

Rita Hotel & Homestay, Jl. Danau Tamblingan 152, ✆ 0361-287969, ✉ ritabali2@yahoo.co.id. Ein begrünter Weg führt in den idyllischen Garten, in dem 12 saubere, aber schon etwas ältere Zimmer mit AC, Kühlschrank, großen Warmwasser-Bad/WC und luftiger Open-Air-Dusche in tempelähnlichen Häuschen untergebracht sind. Die empfehlenswerten Zimmer im neu errichteten 2-stöckigen Bau im hinteren Teil der Anlage sind sehr geräumig, hell und mit Massivholzbetten mit guten Matratzen, Warmwasser-Du/WC, Terrasse oder Balkon und teils auch AC ausgestattet. Sehr freundliches Personal. Einfaches Frühstück inkl., WLAN kostenpflichtig. ❸–❹

Mittlere Preisklasse

Alit's Beach Bali Hotel, Jl. Hang Tuah 49, ✆ 0361-288567, 🖳 www.alitbeach.com. Direkt am Strand gelegene, weitläufige Anlage mit großen Bäumen, 3 Pools und Meerblick. Die Zimmer mit AC, TV, Minibar und kleinem Warmwasser-Bad/WC sind älter, aber gut in Schuss gehalten. Es werden auch komfortablere und teurere Suiten mit eigenem Wohnzimmer vermietet. Inkompetentes Personal. Frühstück inkl. ❸–❼

Flashbacks Bungalows and Rooms, Jl. Danau Tamblingan 110, ✆ 0361-281682, 🖳 www.flashbacks-chb.com. Die von einem freundlichen australischen Aussiedler geleitete, sehr gepflegte und beschauliche Anlage mit kleinem Pool bietet insgesamt 9 saubere Zimmer, teils mit AC. Frühstück im eigenen Café und WLAN inkl. Reservierung empfehlenswert. ❸–❺

Hotel Ramayana, Jl. Danau Tamblingan 130/152, ✆ 0361-288429. Die etwas beengte Anlage teilt sich mit dem Swastika Hotel nebenan den Pool. Die älteren Zimmer mit AC, neuen LCD-TV und Bad/WC mit eingelassener Wanne sind gut instand gehalten und bieten ein gutes Preis-Leistungs-Verhältnis. Ein neues Gebäude mit komfortableren Zimmern befindet sich momentan im Bau. ❹

Kayu Sugih Gh., Jl. Danau Tamblingan 76, ✆ 0361-282916, 🖳 kayusugihguesthouse.blogspot.com. In der sehr schön gestalteten und gepflegten Anlage mit saftigen Pflanzen und kleinen Teichen fühlt man sich bei singenden Minabirds fast wie in einer Oase. Die Zimmer sind pieksauber und komfortabel, aber etwas klein und daher für das Gebotene

Abtauchen in die Welt der Fische

Crystal Divers (Hotel Santai), Jl. Danau Tamblingan 168, ✆ 0361-287314, 💻 www.crystal-divers.com. In einem stilvollen Hof mit Pool liegen die funktional eingerichteten und sauberen Zimmer mit weichen Matratzen, Kühlschrank und Warmwasser-Du/WC mit schönen Waschbecken, teils auch mit AC und TV mit DVD-Player. Hier wurde auch an kleine Details gedacht: So findet sich in jedem Zimmer Autan, um sich vor Mückenstichen zu schützen. Jedes Zimmer hat einen anderen fischigen Namen. Freundliches Personal. Reichhaltiges Frühstück inkl. WLAN für US$10 für den kompletten Aufenthalt. ❹

zu teuer. Das Personal ist äußerst freundlich und hilfsbereit, die Atmosphäre familiär. Leckeres Frühstück, Kaffee und WLAN inkl. ❹–❺

Puri Sading Hotel, Jl. Danau Tamblingan 102, ✆ 0361-286206, 💻 www.purisadinghotel.com. In einer kleinen und gepflegten Anlage mit Pool liegen etwas zurückversetzt in 2-stöckigen Gebäuden modern mit viel dunklem Holz eingerichtete, geräumige und helle Zimmer mit AC, guten Matratzen, kleinem TV, Kühlschrank, Du und Bad/WC sowie Balkon, teils auch mit einer räumlich abgetrennten Ankleide und DVD-Player. WLAN und Frühstück inkl. ❺

S'cape Condotel, Jl. Danau Tamblingan 80, ✆ 0361-281490, 💻 www.scapebali.com. Hier bekommt man geräumige, puristisch eingerichtete 2-stöckige Bungalowhälften. Im unteren Stockwerk befinden sich Küche und Wohnzimmer mit WLAN, Stereoanlage und TV mit DVD-Player. Im Obergeschoss gibt es ein Schlafzimmer mit großem Bett, Bad/WC und Balkon mit Blick auf den lang gezogenen Pool. ❻

Segara Agung Hotel, Jl. Duyung 43, ✆ 0361-288446, 💻 www.segaraagung.com. In einer sehr gepflegten Gartenanlage mit kleinem Pool liegen die frisch duftenden, aber etwas beengten Zimmer mit guten Matratzen, AC, TV, sehr kleinem Warmwasser-Du/WC und Terrasse. WLAN und Frühstück inkl. ❹–❺

Obere Preisklasse

Bali Hyatt, Jl. Danau Tamblingan, ✆ 0361-281234, 💻 www.bali.resort.hyatt.com. Schöne Hotelanlage in einem weitläufigen Garten mit Zimmern, die den höchsten internationalen Standards genügen, in einer sehr schön designten Poollandschaft direkt am Strand. Sehr gutes, aber auch teures Spa im Stil eines balinesischen Dorfes. ❼–❽

Mercure Resort Sanur, Jl. Mertasari, ✆ 0361-288833, 💻 www.mercureresortsanur.com. Über 5 ha erstreckt sich das Resort ganz im Süden von Sanur. Die 189 Zimmer bieten jeglichen Komfort. Restaurant und Pool liegen direkt am weißen Sandstrand. Tgl. werden Fahrradtouren veranstaltet. Frühstück inkl. ❼

Sanur Paradise Plaza Hotel & Suite, Jl. Hang Tuah 46, ✆ 0361-281781, 💻 www.sanurparadise.com. Das beliebte 4-Sterne-Resort verwöhnt seine Gäste mit einer großen Poolanlage, stilvoll eingerichteten und komplett ausgestatteten Zimmern und einem umfangreichen Frühstücksbuffet. Im Sanur Harum-Restaurant werden tgl. Dim-Sum-Menüs serviert. WLAN und Frühstück inkl. ❼–❽

Segara Village, Jl. Segara Ayu, ✆ 0361-288407, 💻 www.segaravillage.com. In einem schönen, weitläufigen Garten mit großem *Banyan*-Baum gelegene Anlage mit Tennisplatz und 3 Pools sowie sehr schönen, minimalistisch gestalteten Zimmern und Bungalows mit verglastem Bad/WC und allem Komfort. WLAN in Restaurant und Lobby inkl. ❽

Tandjung Sari, Jl. Danau Tamblingan 41, ✆ 0361-288441, 💻 www.tandjungsarihotel.com. Direkt am Strand gelegene, schöne Anlage mit großem Pool und 26 gepflegten, geräumigen Bungalows mit Himmelbetten, AC, Minibar, riesigem Bad/WC, Open-Air-Dusche und antiker balinesischer Einrichtung. WLAN und Frühstück inkl. ❼

The Oasis Lagoon, Jl. Danau Tamblingan 136A, ✆ 0361-282264, 💻 www.theoasislagoon.com. Das im Sommer 2011 eröffnete 4-Sterne-Hotel begeistert mit einem riesigen, perfekt in die recht enge Anlage integrierten Pool. Die 126 mit Massivholzmöbeln eingerichteten Zimmer bieten alle Komfort und sind sehr sauber, aber nicht besonders geräumig. Etwas ineffizienter, aber freundlicher Service. ❼

Essen

Es gibt jede Menge Restaurants, die vor allem europäische Küche, aber auch indonesische Gerichte und andere asiatische Köstlichkeiten zubereiten. Die meisten befinden sich in der Jl. Danau Tamblingan und bieten auf Anfrage kostenlose Transfers von und zur Unterkunft. Viele Restaurants veranstalten auch regelmäßige traditionelle Tanzaufführungen. Mehr Restauranttipps s. eXTra [4149].

Asiatisch

Minami, an der Strandseite des Segara Village Hotel, ✆ 0812-8613 4471, 💻 www.minami-bali.com. Ganz in Weiß strahlt das kleine japanische Restaurant, dessen freundliches Personal neben Gyoza auch hochwertiges Sushi, Teriyaki und Nudelsuppen serviert. Das Ganze zu gehobenen Preisen. WLAN inkl. Lieferservice. ⏲ 11–23 Uhr.

Ryoshi Japanese Restaurant, Jl. Danau Tamblingan 150, ✆ 0361-288473. Die Sanur-Filiale des bekannten japanischen Restaurants bietet frisches Sushi, Sashimi und andere leckere Spezialitäten aus dem Land der aufgehenden Sonne. Ein Teil des Lokals ist AC-gekühlt. Freundlicher Service. Hauptgerichte ab 35 000 Rp. WLAN inkl. ⏲ 12–24 Uhr.

Starry House, Jl. Danau Tamblingan 108, ✆ 0361-287500. In dem einfachen, im Vorbeigehen leicht zu übersehenden Restaurant gibt es empfehlenswerte authentische chinesische Gerichte zu günstigen Preisen. Schneller und freundlicher Service. Hauptgerichte ab 32 000 Rp. WLAN inkl. ⏲ 10–23 Uhr.

ULU, Jl. Danau Tamblingan 85, ✆ 0361-207 6854. In dem kleinen, gemütlichen Restaurant mit dunklen Holztischen und -bänken werden thailändische Spezialitäten serviert. Hauptgericht ab 55 000 Rp. Lieferservice zwischen 17 und 19 Uhr. ⏲ 10–23 Uhr.

Authentische Pizza und Pasta

The Village Cucina Italiana, Jl. Danau Tamblingan 47, ✆ 0361-285025. Elegantes, minimalistisch eingerichtetes italienisches Restaurant mit großem Weinkeller, das neben guter Pasta und sehr leckeren Pizzen mit knusprigem Boden sogar Gnocchi und Risotto serviert. Pasta und Pizza ab 70 000 Rp, Fleischgerichte sind teurer. Kostenloser Shuttleservice. ⏲ 11–23 Uhr.

Europäisch

JJ Pub & Restaurant, Jl. Danau Tamblingan 92, ✆ 0361-289333. Das bereits 1990 eröffnete, große und einladende 2-stöckige Restaurant mit einer kleinen quadratischen Bar ist bekannt für seine Pasta, Pizzen und Steaks. Hauptgerichte gibt es ab 30 000 Rp. *Legong*-Tanzaufführungen Di und Sa um 19.30 Uhr. ⏲ 8–23 Uhr.

Piccadilly International Pub & Restaurant, Jl. Danau Tamblingan 27, ✆ 0361-289138, 💻 www.sendokbali.com. Trotz seines englischen Namens hat dieses Restaurant eine schwäbische Leitung. Hier bekommt man daher authentische Schnitzel, aber auch Currywurst, Käsespätzle und balinesisches Essen ab 40 000 Rp serviert. Kostenloser Shuttleservice. WLAN inkl. ⏲ 9–24 Uhr.

Ratatouille Restaurant & Bar, Jl. Danau Tamblingan 64, ✆ 0361-3858 8843. Modernes, helles Restaurant, in dem man nicht nur die namensgebenden vegetarischen Ratatouille genießen kann. Auch viele europäische Spezialitäten ab 45 000 Rp, leckere und sehr beliebte Barbecue-Spareribs, aber auch balinesische Gerichte. Di und Sa gibt es *Batak*-Livemusik. Gerichte ab 20 000 Rp. Kostenloser Shuttleservice. ⏲ 7–23 Uhr.

Indonesisch

Pregina Warung, Jl. Danau Tamblingan 106, ✆ 0361-283353. An den dunklen Holztischen mit roten Sitzkissen kann man die preisgünstigen, aber dennoch leckeren Gerichte des kleinen, gemütlichen Restaurants genießen. Die gebratene Ente und das Hühnchen in roter balinesischer Soße sind besonders zu empfehlen. Hauptgerichte ab 30 000 Rp. ⏲ 12–22 Uhr.

International

Café Jepun, Jl. Danau Tamblingan 212, ✆ 0361-287049. Das gemütliche Restaurant bietet indonesische und europäische Gerichte ab 30 000 Rp und hat zusätzlich eine gute

Ökologisch bewusst genießen

Manik Organik, Jl. Danau Tamblingan 85, ✆ 0361-855 3380, ✉ manik.organik@gmail.com. Das kleine, freundliche, vegetarische Restaurant bietet eine vielfältige Auswahl. Neben einer Tageskarte und verschiedenen Säften, Tees und Kaffees werden auch Bio-Produkte, Rohkost und homöopathische Mittel verkauft. Jeden Mo ab 19 Uhr findet ein Bauchtanzkurs statt, zudem auch tgl. Yoga-, Tai Chi- und Meditationskurse. Hauptgerichte um 55 000 Rp. ◷ 8–22.30 Uhr.

Auswahl an Standard-Cocktails auf der Speisekarte. Jeden Abend ab 19.30 Uhr Livemusik. ◷ 16–24 Uhr.

Cinnamon, Jl. Danau Tamblingan, ✆ 0361-288457, 💻 www.cinnamonbali.com. In dem stilvoll eingerichteten Restaurant mit gemütlichen Stühlen und entspannter Atmosphäre werden gute indonesische und internationale Gerichte unter freiem Himmel serviert. Es gibt regelmäßig *Legong*-Aufführungen. Hauptgerichte ab 65 000 Rp. WLAN inkl. ◷ 8–22 Uhr.

Mango Beach Bar and Restaurant, am Sindhu Beach, ✆ 0811-387211, 💻 www.mangobeachrestaurant.balipromotion.net. Nettes Strandrestaurant, das einfache Gerichte ab 35 000 Rp serviert. Das mit Fotos, Flaggen und Gemälden dekorierte Lokal verleiht dem Ort Farbe, Charme und ein besonderes Ambiete. Billardtisch sowie Di, Do und Sa Livemusik. ◷ 8–22 Uhr.

Mona Lisa Café, Jl. Danau Tamblingan 98, ✆ 0852-3799 7215, ✉ monalisa.bali@hotmail.com. Hier gibt es alles von Züricher Geschnetzeltem mit Rösti über Nasi Goreng bis hin zu thailändischen Salaten. Man kann auch auf Baststühlen im schönen Innenhof sitzen. Hauptgerichte 35 000–75 000 Rp. ◷ 8–23 Uhr.

Street Café, Jl. Danau Tamblingan 21, ✆ 0361-289259. Nettes Café, in dem Pianoabende stattfinden. Die Speisekarte umfasst viel Fleisch vom Grill, türkische Pizza für 40 000 Rp und frei kombinierbare Salate. Gerichte um 50 000 Rp, Salatbar für 15 000 Rp. WLAN inkl. ◷ 7–23 Uhr.

Cafés

Café Batujimbar, Jl. Danau Tamblingan 75A, ✆ 0361-287374, 💻 www.cafebatujimbar.com. In dem schön gestalteten, kultiviert anmutenden Café werden neben leckeren Kuchen und 11 verschiedenen Eissorten für 16 000 Rp pro Kugel auch wohlschmeckende Hauptspeisen angeboten. Freundlicher Service. Hauptgerichte kosten 55 000–250 000 Rp. WLAN 50 000 Rp für 2 Std. ◷ 7.30–23 Uhr.

Café Smorgas, Jl. Danau Temblingan, ✆ 0361-289361, 💻 www.cafesmorgas.com. Unter schwedischer Leitung wird in dem beschaulichen Café eine gute Auswahl an selbst gebackenen Kuchen sowie Salate und Sandwiches mit dunklem Brot angeboten. Gerichte ab 40 000 Rp. ◷ 7–21 Uhr.

Maya's Coffee & Smoothie Bar, Jl. Pantai Sindhu 7, ✆ 0361-283889, 💻 www.smoothienow.com. In moderner Wohnzimmeratmosphäre wird eine große Auswahl an exzellenten, riesigen, frischen Smoothies für 20 000–30 000 Rp serviert. Außerdem gibt es mit importierten westlichen Zutaten belegte Baguettes und gegrillte Burger sowie frische Salate und sehr guten balinesischen Kaffee. In der gemütlichen Kuschelecke kann man es sich richtig bequem machen. WLAN inkl.

The Porch Café, Jl. Danau Tamblingan 110, ✆ 0361-281682, 💻 www.flashbacks-chb.com. Das kleine Café im klassischen Stil bietet neben einer großen Auswahl an Kaffee und teuren Sandwiches auch leckere Burger und ein reichhaltiges Frühstück an. Hauptgerichte ab 50 000 Rp. Lieferservice innerhalb Sanurs. WLAN inkl. ◷ 7.30–23 Uhr.

Für einen guten Start in den Tag

Crystal Divers, Jl. Danau Tamblingan 168, ✆ 0361-286737. Im vor dem Hotel gelegenen Restaurant gibt es das empfehlenswerteste Frühstück Sanurs. Für 30 000 Rp bekommt man neben Milch und Cornflakes, Obst und einem Orangensaft-Trinkpäckchen auch Eier mit Bacon und Tomaten sowie selbst gebackene leckere dänische Brötchen mit Marmelade. ◷ 6–11 Uhr.

Unterhaltung

Blue Eyes, Jl. By Pass Ngurah Rai 888, ✆ 0361-722083. Große, südlich außerhalb Sanurs an der Schnellstraße gelegene, sehr laute Discothek mit relativ hohen Getränkepreisen und strikter Türpolitik: Mit Sandalen und Beachwear erhält man keinen Eintritt. Abends heizen Go-Go-Tänzerinnen der größtenteils einheimischen Menge ein. ⌚ bis 3 Uhr.

Gratang, im Bali Hyatt. Hier gibt es jeden Abend von 22–1 Uhr Livemusik.

Traditionelle Tänze werden regelmäßig in den großen Hotels und Restaurants und bei Tempelfesten aufgeführt. Alle vier *Banjar* von Sanur unterhalten ihre eigenen Gamelan-Orchester und Tanzgruppen.

Feste

Beim jährlich stattfindenden **Layan Layan Festival** lassen kreative Drachenbauer ihre großen, bunten Flugdrachen in die Lüfte steigen. Die Größe und Kunstfertigkeit vieler Flugobjekte ist beeindruckend. Das Fest findet am Strand von **Padang Galak**, 1 km nördlich von Sanur, im Juni oder Juli statt, wenn die Winde am stärksten wehen.

Einkaufen

An der Jl. Danau Tamblingan liegen viele Galerien und Souvenirshops, die Kunsthandwerk aus Bali und teils kunstvolle Gemälde verkaufen.

Bücher

Periplus Bookshop, im Hardy's Supermarkt-Gebäude, Jl. Danau Tamblingan 136, ✆ 0361-282790, 💻 www.periplus.co.id. Gute Auswahl an englischsprachigen Büchern und Zeitschriften. Auch viele Bücher über Bali.

Keramik

Gudang Keramik, Jl. Danau Tamblingan, ✆ 0361-298363. Geschäft mit viel balinesischer Keramik zu günstigen Preisen. ⌚ 9–17 Uhr.

Möbel

Viele Möbelgeschäfte und Antiquitätenhändler haben sich entlang der 4-spurigen Jl. By Pass Ngurah Rai zwischen Sanur und Kuta angesiedelt. Hier gibt es eine riesige Auswahl an preiswerten, größtenteils qualitativ hochwertigen Möbeln. Auch Auftragsarbeiten werden gerne angenommen.

Ökologische Produkte

Balitaza, Jl. Danau Tamblingan 1, ✆ 0361-313 8989. In dem kleinen Laden bekommt man von der freundlichen Angestellten biologisch hergestellte Produkte. Kaffee aus Bali, verschiedene Teemischungen, Gewürze, Massageöle und andere Kosmetika findet man in den Schränken. ⌚ 8.30–12 und 15–20.30 Uhr.

Farmer's Market, Jl. Danau Tamblingan. Jeden So findet auf dem Parkplatz von Gudang Keramik ein schöner Markt statt, auf dem biologisch angebautes Obst und Gemüse verkauft wird und zudem verschiedene Künstler ihre Produkte anbieten. ⌚ So 10–14 Uhr.

Souvenirs

Rita's Gift Shop, Jl. Danau Tamblingan 81, ✆ 0361-286362, ✉ ritagiftshop_bali@yahoo.com. Wer auf der Suche nach Souvenirs ist, wird hier das Richtige finden. Ob kleine oder große Mitbringsel, der Shop bietet von balinesischen Statuen, Gemälden, Vasen und Sarongs bis hin zu handgefertigtem Schmuck alles zu erschwinglichen Preisen. ⌚ 8–22 Uhr.

Supermarkt

Hardy's Supermarket, Jl. Danau Tamblingan 136, ✆ 0361-282705. In dem großen Einkaufskomplex befindet sich neben dem Periplus-Buchladen

Alles, was man vermisst

The Pantry, Jl. Danau Tamblingan 75A, ✆ 0361-281008. Ein Feinschmeckergeschäft mit einer riesigen Auswahl an importierten und selbst hergestellten Waren. Hier bekommt die strapazierte Backpackerseele echtes Grau- und Vollkornbrot und Marmelade aus Bali. Dazu eine Wurst- und Käsetheke, Obst und Gemüse aus biologischem Anbau und eine Fülle an internationalen Weinen. Natürlich nicht ganz günstig, aber höchst empfehlenswert. ⌚ 9–21 Uhr.

auch ein riesiger Supermarkt mit einer guten Auswahl an Lebensmitteln, Getränken, Souvenirs zu Festpreisen und Drogerieartikeln. Jeden Abend von 19–20.30 Uhr finden vor dem Gebäude balinesische Tanzvorführungen statt. Das Programm liegt im Supermarkt aus. ⏲ bis 22 Uhr.

Textilien

Uluwatu, Jl. Danau Tamblingan, ✆ 0361-287638, 💻 www.uluwatu.co.id. Eine Filiale der beliebten balinesischen Marke für handgearbeitete Stickereien. ⏲ 8–22 Uhr. Näheres im Kapitel Kuta unter „Einkaufen" s. S. 158.

Aktivitäten

Surfen, Kite- und Wakeboarden

Rip Curl School of Surf, im Sanur Beach Hotel, Jl. Danau Tamblingan, ✆ 0361-287749, 💻 www.ripcurlschoolofsurf.com. Neben den auch in Seminyak veranstalteten Surfkursen (s. Kuta „Aktivitäten" S. 159) kann man hier Kite- und Wakeboarden erlernen. 2-stündige Anfängerkurse im Kiteboarden kosten 950 000 Rp, Wakeboarden 1 Std. für 850 000 Rp. Transport aus Nusa Dua, Kuta, Legian und Seminyak inkl.

Tauchen und Schnorcheln

Eine Vielzahl von professionellen Tauchschulen hat sich in Sanur angesiedelt. Sie sind gut ausgerüstet und bieten verschiedene Touren in Tauchgebiete rund um ganz Bali an.

All4Diving, Jl. Danau Tamblingan 27, ✆ 0361-282609, 💻 www.all4diving.com. Das 2011 eröffnete, moderne Tauchzentrum unter indonesischer Leitung bietet neben Ausflügen inkl. 2 Tauchgängen ab US$115 und dem Open-Water-Diver für US$455 inkl. ausgefalleneren Tauchgängen vor Tulamben und Padang Bai auch Tauchausrüstung zum Verkauf an. ⏲ 9–20 Uhr.

Crystal Divers, Jl. Danau Tamblingan 168, ✆ 0361-286737, 💻 www.crystal-divers.com. Höchst professionell geführte 5-Sterne-PADI-Tauchschule unter dänischer Leitung mit sehr gut gewartetem Equipment. Open-Water-Kurse kosten US$450, 2 Tauchgänge direkt vor Sanur US$60, bei Nusa Penida US$135, Tulamben US$110. Hilfsbereites, freundliches Personal.

Seawalker Tours, Jl. By Pass Ngurah Rai 5, ✆ 0361-281408, 💻 www.clubaquabali.com. Auf dem Meeresboden herum wandeln wie die ersten Taucher – so ähnlich funktioniert das Programm, bei dem die Seawalker mit Spezialhelmen, -anzügen und Frischluftschläuchen ausgestattet werden. So können selbst abenteuerlustige Nichtschwimmer die Unterwasserwelt vor Sanur bestaunen. Tauchgänge ab US$75, Kinder US$59, Transport und Mittagessen gegen Aufpreis.

Wellness

Jamu Traditional Spa, Jl. Danau Tamblingan 41, ✆ 0361-286595, 💻 www.jamutraditionalspa.com. Das in einem schönen Garten untergebrachte, elegante Spa bietet eine Vielzahl von teuren, aber professionellen Behandlungen an. Zur Zeit der Recherche wurden auf die offiziellen Preise von 800 000 Rp für eine 2-stündige Kur 50 % Rabatt gewährt.

Touren

Bali Access Travel, Jl. Danau Tamblingan 31, ✆ 0361-851 9902, 0813-3776 6544, 💻 www.baliaccesstravel.com. Erstes Unternehmen auf Bali, das Betreuung, Transport und individuell zusammengestellte Ausflüge für körperlich behinderte Menschen anbietet. Die Preise der Touren richten sich nach dem ausgearbeiteten Programm. Gut ausgebildete Guides und Pflegepersonal, rollstuhlgerechte Fahrzeuge und Rollstuhlverleih. Zudem gibt es einen kostenpflichtigen Service, der die Behindertengerechtheit der ausgewählten Unterkünfte überprüft oder geeignete vorschlägt. ⏲ 8–17 Uhr.

Cocostravel, Jl. Latang Hidung 5A, ✆ 0813-3764 0179, 💻 www.cocostravel.com. Unter deutscher Leitung werden hier abenteuerliche Touren mit dem Mountainbike durch Bali, Java, Lombok oder Flores veranstaltet. Weitere Informationen s. S. 61.

Nicktours, Jl. Danau Tamblingan 68, ✆ 0361-287792, 💻 www.nicktours.com. Empfehlenswerter Tourveranstalter mit dänischem Management und breitem Angebot. Weitere Informationen s. S. 62. ⏲ Mo–Sa 9–13 und 17–20 Uhr.

Sonstiges

Autovermietungen

Näheres s. S. 69.

Post

Postamt im Banjar Taman, südlich der Jl. Danau Buyan.

Transport

Die Fahrt mit einem **Angkot** (Bemo) sollte innerhalb Sanurs ca. 5000 Rp p. P. kosten. Teilweise verlangen die Fahrer von Touristen allerdings deutlich mehr. Am besten ist, man drückt ihnen das Geld beim Aussteigen passend in die Hand.

Taxis sind in der ganzen Stadt leicht zu bekommen. Am empfehlenswertesten sind die blauen Fahrzeuge von Blue Bird.

Busse

Viele Unternehmen bieten den Transport zu Zielen auf der ganzen Insel an. Die Angebote von Perama liefern gute Anhaltspunkte, da sich die Preise nur geringfügig voneinander unterscheiden.

Perama Tours, Jl. Hang Tuah, im Pondok Santhi. Hier können Bustickets und Touren gebucht werden. Die Busse halten direkt vor dem kleinen Laden.

BEDUGUL um 10.30 Uhr für 60 000 Rp;
CANDI DASA um 6.30, 10.30 und 14 Uhr für 60 000 Rp;
KINTAMANI um 10.30 Uhr für 150 000 Rp (mind. 2 Fahrgäste);
KUTA und FLUGHAFEN um 9.15, 11.15, 12.45, 15.45 und 18.45 Uhr für 25 000 Rp;
LOVINA um 10.30 Uhr für 125 000 Rp;
PADANG BAI um 6.30, 10.30 und 14 Uhr für 60 000 Rp;
UBUD um 6.30, 10.30, 14 und 17 Uhr für 40 000 Rp.

Für den Transport nach Lombok oder auf die Gili-Inseln gibt es Pakete inkl. Bootstransfer:
MATARAM und SENGGIGI um 6.30 oder 10.30 Uhr für 150 000 oder 500 000 Rp;
GILI-INSELN um 10.30 Uhr für 500 000 Rp.

Boote

Für den Transfer auf die vorgelagerten Inseln NUSA LEMBONGAN und NUSA PENIDA gibt es verschiedene Alternativen. Mittlerweile fahren manche Anbieter sogar bis auf die Gili-Inseln vor Lombok:

Lembongan Fast Cruises, Jl. Hang Tuah 41, ✆ 0361-801 2324, 💻 www.rockyfastcruise.com. Der neueste Anbieter fährt mit 3 Booten 4x tgl. um 10, 12, 14 und 16.30 Uhr in 25 Min. nach NUSA LEMBONGAN. Zurück geht es um 9, 11, 13 und 15.30 Uhr. Preis 450 000 Rp p. P. für Hin- und Rückfahrt, einfach 250 000 Rp. Abholung innerhalb Süd-Balis inkl.

Mushroom Paradise Cruise, Jl. Hang Tuah 78, ✆ 0361-281974, 💻 www.mushroom-lembongan.com. Die Schnellboote für 15 Pers. brauchen 30 Min. und fahren auf Lembongan die MUSHROOM BAY und JUNGUT BATU an. Abfahrten um 9.30, 11.30, 14.30 und 16.30 Uhr. Zurück auf das Festland um 8, 9, 13 und 15.30 Uhr. Der Preis liegt bei 450 000 Rp p. P. für Hin- und Rückfahrt, einfach 250 000 Rp inkl. Abholung. Ohne Abholung kostet die einfache Strecke nur 175 000 Rp. Kinder zahlen weniger.

Öffentliche Boote, Abfahrt am Pier am Ende der Jl. Hang Tuah. Jeden Tag um 8 Uhr fährt für 60 000 Rp ein mit bis zu 70 Pers. besetztes Fischerboot in 1 1/2 Std. nach JUNGUT BATU, bei Bedarf auch ein weiteres um 10.30 Uhr für 80 000 Rp. Zusätzlich gibt es um 8 Uhr ein Boot in die MUSHROOM BAY für 60 000 Rp. Falls man dorthin möchte, sollte dies beim Ticketkauf angekündigt werden, sonst landet man auf dem anderen Schiff. Nach TOYAPAKEH auf Nusa Penida geht es um 10 und 16 Uhr für 250 000 Rp in 2 Std.

Optasal, Jl. Hang Tuah, ✆ 0361-918 9900. Die Schnellboote fahren um 9, 12.30 und 16 Uhr in 40 Min. nach JUNGUT BATU und um 14.30 und 16.30 Uhr in die MUSHROOM BAY für 175 000 Rp pro einfache Strecke.

Scoot Fast Cruises, Jl. Hang Tuah 27, ✆ 0361-285522, 💻 www.scootcruise.com. Mit dem Schnellboot kommen bis zu 15 Pers. in 30 Min. auf die Insel nach JUNGUT BATU. Abfahrten um 9.30, 11.30, 13.30 und 17 Uhr, zur Hochsaison auch um 9 Uhr. Zurück um 8.30, 10.30, 12.30 und 16 Uhr, zur Hochsaison auch um 8.30 Uhr. Der Preis liegt bei 500 000 Rp p. P. für Hin- und Rückfahrt, einfach 300 000 Rp. Zudem fahren die Boote von Jungut Batu weiter nach GILI TRAWANGAN. Das Boot ab Sanur um 9.30 Uhr kommt am frühen Nachmittag auf Gili Trawangan an. Die Fahrt kostet 1,2 Mio. Rp p. P. für Hin- und Rückfahrt, einfach 650 000 Rp. Es kann auch ohne Aufpreis ein längerer Zwischenstopp auf Nusa Lembongan eingelegt werden. Im Preis ist eine Abholung innerhalb Süd-Balis und aus Ubud inbegriffen.

Serangan

Auf der kleinen Insel, zu der eine Brücke hinüberführt, befindet sich der **Pura Sakenan**, einer der wichtigsten Tempel Balis, der manchmal sogar zu den *Sad Kahyangan*, den sechs heiligsten Tempeln, gezählt wird. Seine Gründung geht, wie bei vielen anderen Meerestempeln, auf einen Besuch des Shiva-Priesters Danghyang Nirartha zurück, der 1489 aus Daha, dem heutigen Kediri in Ost-Java, nach Bali gekommen war. Das Bemerkenswerteste an dem Tempel ist ein steinerner, fünfstöckiger *Candi*, der für die königlichen Ahnen aus dem Majapahit-Geschlecht errichtet wurde. Zur Feier des *Manis Kuningan*-Festes, dem Tag nach *Kuningan*, pilgern Tausende von Balinesen mit Opfergaben hierher. Weitere Informationen zu dieser Feier s. **eXTra [4156]**.

Serangans Bewohner, die hauptsächlich vom Fischfang leben, sind meist Bugis, die aus Süd-Sulawesi stammen. Früher haben sie auf der Insel Meeresschildkröten aus Sulawesi, Borneo, Irian Jaya und anderen Außeninseln „zwischengelagert". Die Tiere endeten dann häufig als Steaks auf den Tellern der Touristen, aber auch Balinesen haben zu bestimmten zeremoniellen Anlässen Schildkrötenfleisch gegessen. Da Meeresschildkröten zu den stark gefährdeten Tierarten gehören, hat diese Unsitte glücklicherweise ein Ende gefunden: Seit Januar 1999 ist jeglicher Verzehr, Verkauf oder Besitz von Schildkrötenfleisch und Schildplatt streng verboten. Einige Händler und Fischer von Serangan sind bereits schwer bestraft worden.

Eine Aufzucht- und Pflegestation für verletzte Schildkröten ist das **Turtle Conservation and Education Center** (TCEC) in der Jl. Tukad Wisata 4, ✆ 0361-857 7881, ✉ info.tcec@gmail.com. Hierher werden von Booten angefahrene und kranke Schildkröten gebracht. In kleinen Sandgehegen schlüpfen Babyschildkröten unter Beaufsichtigung, um dann in Becken ungefährdet heranwachsen zu können. In einem großen Becken sind ältere Schildkröten untergebracht, die man mit kleinen Fischen füttern kann. Zur Finanzierung der Station sollte eine kleine Spende gegeben werden. 🕓 9–17 Uhr.

Im **Serangan Marine Garden** in der Jl. Tukad Punggawa 24, ✆ 0361-877 1532, ✉ m_garden@beautiful-island.net, können Besucher 100 Fischarten und Korallen bestaunen, die in kleinen Aquarien gehalten werden. Auch wenn die Mitarbeiter sehr schlecht Englisch sprechen, ist ein Besuch für Freunde der Unterwasserwelt Balis empfehlenswert. 🕓 Außer Mo 9–17 Uhr. Eintritt frei.

Jimbaran

Das Fischerdorf Jimbaran, wenige Kilometer südlich des Flughafens, liegt in einer 4 km breiten Bucht, die von einem sehr schönen, hellen Sandstrand gesäumt wird. Da es keine starken Strömungen gibt, eignet sich der Strand auch gut zum Schwimmen. Hier haben sich einige Luxushotels und ein paar einfachere Unterkünfte angesiedelt. Allerdings kann man außer Baden, Faulenzen und Essen wenig unternehmen.

Jimbaran ist vor allem für seine vielen günstigen **Fischrestaurants** bekannt, die ihre Gäste auf dem Strand mit fangfrischen, gegrillten Meerestieren bewirten. Entlang der Jl. Pantai Kedonganan reiht sich ein Strandlokal ans nächste. Die Tische füllen sich bei Sonnenuntergang besonders schnell, und wenn man nicht vor der ansteigenden Flut mitsamt Stuhl und Tisch flüchten muss, kann die angenehme Strandatmosphäre bis in den späten Abend genossen werden.

Am nördlichen Ende der Bucht findet täglich der überaus geschäftige **Kedonganan Fischmarkt** statt, der auf jeden Fall einen Besuch wert ist. Hier kaufen nahezu alle Restaurants in Süd-Bali ihren Fisch und die Auswahl ist schier überwältigend. Besonders in den frühen Morgenstunden, wenn die Fischer mit ihren bunt angemalten Booten *(Prahu)* und ihrem Fang zurückkehren, bietet sich eine spannende und betriebsame Szenerie.

Der bekannteste Tempel Jimbarans ist der **Pura Ulun Siwi**, der von einem riesigen *Banyan*-Baum überragt wird. Er ist als als bedeutendster aller *Subak*-Tempel extrem wichtig und wird von den Reisbauern Balis bei Missernten und anderen Problemen aufgesucht. Im Pura Ulun Siwi werden mehrere *Barong* und andere Masken wie *Rangda* und *Jauk* aufbewahrt, die über große magische Kräfte verfügen sollen. In der Regel werden die Masken alle 15 Tage an *Kajeng Kliwon* für eine Zeremonie vor dem Tempel hervorgeholt, um das alte Drama vom ewigen Kampf zwischen Gut und Böse neu aufleben zu lassen. Manch Beteiligte und Zuschauer fallen bei diesen *Barong*-Aufführungen in Trance. Die aktivste Periode der Masken ist um *Galungan* und in den drei Wochen danach, denn dann feiern alle sechs Tempel von Jimbaran ihr *Odalan*. Weitere Informationen zum magischen *Barong* von Ulun Siwi s. **eXTra [4161]**.

Übernachtung

Ayana Resort Bali, Jl. Karang Mas Sejahtera, ✆ 0361-702222, 💻 www.ayanaresort.com. Der lange, trostlose Weg, der 2,5 km südwestlich von Jimbaran beginnt, scheint im Paradies zu enden. Die 77 ha große Anlage hat 368 Zimmer, Bungalows und Villen. Alle Zimmer sind mit riesigem LCD-TV und allem Komfort ausgestattet. Zudem 6 Restaurants, 4 Pools, Golfanlage und Tennisplatz sowie die wohl spektakulärste Bar der Insel: die direkt an den Klippen gelegene The Rock Bar. ❽

Keraton Jimbaran Resort, Jl. Mrajapati, ✆ 0361-701961, 💻 www.keratonjimbaranresort.com. Elegantes strandnahes Hotel mit Pool und deutschsprachigem Service. Die 102 großen, hellen, voll ausgestatteten Zimmer und Villen sind mit Schnitzereien und rustikalen Möbeln einladend eingerichtet. Auf dem Gelände gibt es zudem eine umfangreiche Sammlung von alten und seltenen Bonsai-Bäumen zu bestaunen. Frühstück inkl. ❼–❽

Menega Café, Jl. Four Seasons Resort, Muaya Beach, ✆ 0361-705888, 💻 www.menega.com. Im etwas weiter südlich gelegenen Foodcourt in der Nähe des Four Seasons Hotels reiht sich ein Fischrestaurant ans nächste. Hier gibt es fangfrische Snapper für 60 000 Rp, Tintenfischringe für 75 000 Rp pro kg, Riesengarnelen für 145 000 Rp pro kg und ganze Lobster für 4000 000 bis 600 000 Rp pro Stück direkt vom

Jeden Tag landen Bootsladungen von frischem Fisch auf dem Markt von Jimbaran.

Die spektakulärste Bar Balis

The Rock Bar, im Ayana Resort Bali, Jl. Karang Mas Sejahtera, ✆ 0361-702222, 🖳 www.ayanaresort.com/rockbarbali. Nicht ohne Grund wurde die Bar 2010 von CNN zur besten Hotelbar der Welt gewählt. Aus 15 m Höhe bietet sich von der modernen, minimalistisch aus Glas gestalteten Plattform mit eleganter Bar ein sensationeller Blick auf das tosende Meer, besonders zum Sonnenuntergang. Mit einem exzellenten, wenn auch hochpreisigen Cocktail in der Hand kann sich hier jeder für eine kurze Zeit wie ein VIP fühlen. Tgl. legen DJs entspannte House-Musik auf. Strikter Dresscode (keine Board-Shorts oder Bintang-Shirts).

Holzkohlegrill. Reis, Gemüsebeilagen, Soßen und Früchte zum Nachtisch sind inkl. Ein Menü bekommt man für 125 000 Rp p. P. Mit den Füßen im Sand wartet man auf das Essen und genießt den Blick aufs Meer. ◷ 8–23 Uhr.

Sari Jimbaran Gh., Jl. Pantai Jimbaran 2, ✆ 0361-704135, 🖳 www.sari-jimbaran.com. Die kleine, nett gestaltete, aber nicht sehr gut in Schuss gehaltene Anlage mit Pool bietet einfache, recht kleine Bungalows und Zimmer mit AC und einer Dusche, bei der man auf weißen Kieselsteinen steht. Einfaches Frühstück inkl. ❹

Sari Segara Resort, Jl. Pantai Kedonganan, ✆ 0361-703647, 🖳 www.sarisegara.com. Schöne Anlage mit verspieltem Garten, 2 Pools und 104 schon etwas in die Jahre gekommenen, aber sauberen Zimmern mit AC, TV, Minibar und Bad/WC, das nach Desinfektionskugeln riecht. Hier spricht das Personal auch deutsch. Frühstück inkl. ❺–❻

Villa Puri Royan, Jl. Pantai Sari 25, ✆ 0361-708530, 🖂 puriroyan@gmail.com. In der rosa und hellgrünen, recht kitschig wirkenden und engen Anlage mit kleinem Pool gibt es Zimmer mit Warmwasser-Du/WC, die teureren auch mit AC, sowie Villen mit Küche und separatem Wohnzimmer. Verschlafenes Personal. ❸–❹

Weitere Übernachtungsmöglichkeiten s. eXTra [4158].

Essen und Unterhaltung

Blue Marlin Café, Jl. Pantai Kedonganan, ✆ 0361-702242. Eines der vielen Seafood-Restaurants an der Strandpromenade. Etwas teurer als die Konkurrenz im Muaya Beach Foodcourt, aber auch hier eine gute Auswahl an frischem Fisch und Meeresfrüchten. Abends lassen Bauchtänzerinnen ihre Hüften kreisen. ◷ 8–24 Uhr.

Insadong Restaurant, Jl. Pamelisan Agung 26, ✆ 0361-703260. Ehemals eine Villa, bietet das Restaurant italienische und indonesische Spezialitäten sowie Fisch-Barbecue inkl. Reis und Früchten für 65 000 Rp. WLAN inkl. ◷ 10–23 Uhr.

Nusa Dua

Die 140 km² große Bukit-Halbinsel im Süden von Bali bietet eine heiße, trockene Savannenlandschaft aus Kalkgestein mit Kakteen und wenigen kleinen Dörfern. In einer durch Korallenriffe geschützten Bucht im Osten der Halbinsel wurde das 300 ha große Touristenzentrum Nusa Dua aus dem Boden gestampft. Von der Weltbank gefördert, versuchte man hier ein neues Konzept zu verwirklichen. Nusa Dua verdankt seine Existenz der Befürchtung, dass der Pauschaltourismus mehr und mehr von der Kultur des Landes zerstören könnte. Eine vierspurige Schnellstraße verbindet die Touristenstadt mit dem Flughafen (20 Min. Fahrzeit). Besonders bei japanischen Urlaubern erfreuen sich die hier gelegenen Luxusanlagen höchster Beliebtheit.

Wer in Nusa Dua wohnt, muss sich mit einem Bali für Pauschaltouristen zufriedengeben. Man lebt völlig isoliert und die Anreise zu den meisten Sehenswürdigkeiten ist verhältnismäßig weit. Abendliche Veranstaltungen außerhalb von Nusa Dua kann man höchstens mit dem Taxi, einem eigenen Fahrzeug oder im Rahmen einer organisierten Tour besuchen.

Das **Museum Pasifika**, ✆ 0361-774935, 🖳 www.museum-pasifika.com, beherbergt 250 Gemälde verschiedener Künstler und brüstet sich damit, die weltweit größte Sammlung asiatisch-pazifischer Kunst zu besitzen. Die elf in einem Rondell angeordneten Ausstellungsräume sind dabei thematisch sortiert. Die ersten fünf Räume widmen sich dem indonesischen Archipel, in Raum 6 finden wechselnde Ausstellungen statt. Nur in Raum 6 und 9 darf fotografiert werden. ⌚ 10–18 Uhr, Eintritt 70 000 Rp.

Übernachtung

Ayodya Resort Bali, ✆ 0361-771102, 💻 www.ayodyaresortbali.com. Das Hotel legt viel Wert darauf, seinen Gästen balinesische Legenden und Traditionen näherzubringen. In der riesigen Anlage liegen die sehr schönen, modern eingerichteten Zimmer und Suiten mit dunklem Holzparkett und allem erdenklichen Komfort. 5 Restaurants zum Schlemmen, Pool, Tennisplatz und Strandzugang. ❼–❽

Courtyard Marriott, ✆ 0361-300 3888, 💻 courtyardmarriottbali.com. 2011 eröffnetes 4-Sterne-Resort mit 250 luxuriösen, mit allem Komfort ausgestatteten Zimmern, die einen Mix aus westlichen und balinesischen Designelementen bieten. Restaurant mit offener Küche, das Fusionsküche serviert. Poollandschaft. ❼

Grand Hyatt Bali, ✆ 0361-771234, 💻 www.bali.grand.hyatt.com. Gigantische Anlage mit 648 Zimmern und Suiten mit allem Komfort. Das Resort besitzt auch eine kleine Shoppingarkarde und eine eigene Gesundheitsstation. ❽

The Laguna, ✆ 0361-771327, 💻 www.luxurycollection.com. Die stilvoll dekorierten Zimmer und Suiten sind sehr geräumig und komfortabel. Einige haben Teakholzböden und direkten Zugang zum Pool. Das Hotel bietet alles, was man in dieser Preiskategorie erwarten kann. ❽

Essen

Laguna Garden Restaurant, Jl. Pratama, ✆ 0361-773525, ✉ lagunagarden_01@yahoo.com. Das charmante Restaurant serviert neben indonesischen Speisen eine gute Auswahl deutscher und internationaler Gerichte zu recht günstigen Preisen. Hauptgerichte ab 49 000 Rp. Von 18–22 Uhr gibt's eine im Essen inbegriffene Salatbar. Sehr freundliches Personal. WLAN und Shuttleservice inkl. ⌚ 11–23 Uhr.

Nyoman's Beergarden, Jl. Pantai Mengiat, ✆ 0361-775746, 💻 www.sendokbali.com. Hier fühlt sich der Schwabe wohl: Es gibt Käsespätzle, Currywurst, Bouletten, Flädlisuppe und Pfeffersteak. Der Betreiber ist ein Schwarzwälder, der auf Bali sein Herz verlor. Hauptspeisen ab 40 000 Rp. Kostenloser Shuttleservice. ⌚ 11–24 Uhr.

Tropical, Jl. Pantai Mengiat, ✆ 0361-777600, 💻 www.tropicalbalirestaurant.com. Seafood-Restaurant der gehobeneren Klasse mit asiatischer und europäischer Küche. Das Abendessen wird häufig von traditionellem Tanz oder Livemusik begleitet. Happy Hour von 18–20 Uhr. Hauptgerichte ab 39 000 Rp. Kostenloser Shuttleservice. ⌚ 10–23 Uhr.

Tanjung Benoa

Nördlich von Nusa Dua erstreckt sich auf einer langen, schmalen, nach Norden gerichteten Landzunge ein kleineres Touristenzentrum. Tanjung Benoa war früher das Handelszentrum der Bukit-Halbinsel und noch heute zeugen die vielen Bugis- und chinesischstämmigen Einwohner von regem Betrieb und Warenaustausch vergangener Zeiten. Außer Luxushotels sind hier auch preiswerte Unterkünfte zu finden, die aber allesamt nicht am Strand liegen. Neben Bademöglichkeiten bietet der Ort jede Menge Gelegenheiten zum Wassersport, wie z. B. Wasserski, Windsurfing, Parasailing, Hochseefischen, Segeln, Tauchen oder Schnorcheln.

Übernachtung

Melia Benoa, Jl. Pratama, ✆ 0361-771714, 💻 www.meliabenoa.com. Diese riesige, schöne Hotelanlage bietet modern und komfortabel

Mit viel Liebe zum Detail

Pondok Agung Homestay, Jl. Pratama 99, ✆ 0361-771143, ✉ pondok.agung@hotmail.com. In einem wunderschönen und sehr gepflegten Garten mit Blumen, Obstbäumen und einem Lotusteich finden sich die sehr einladend mit viel Holz im balinesischen Stil gehaltenen, luftigen und sauberen Zimmer mit AC, TV, Warmwasser-Bad/WC und Terrasse oder Balkon. Sehr freundliches und hilfsbereites Personal. WLAN und Frühstück inkl. ❸–❺

Nusa Dua und Tanjung Benoa

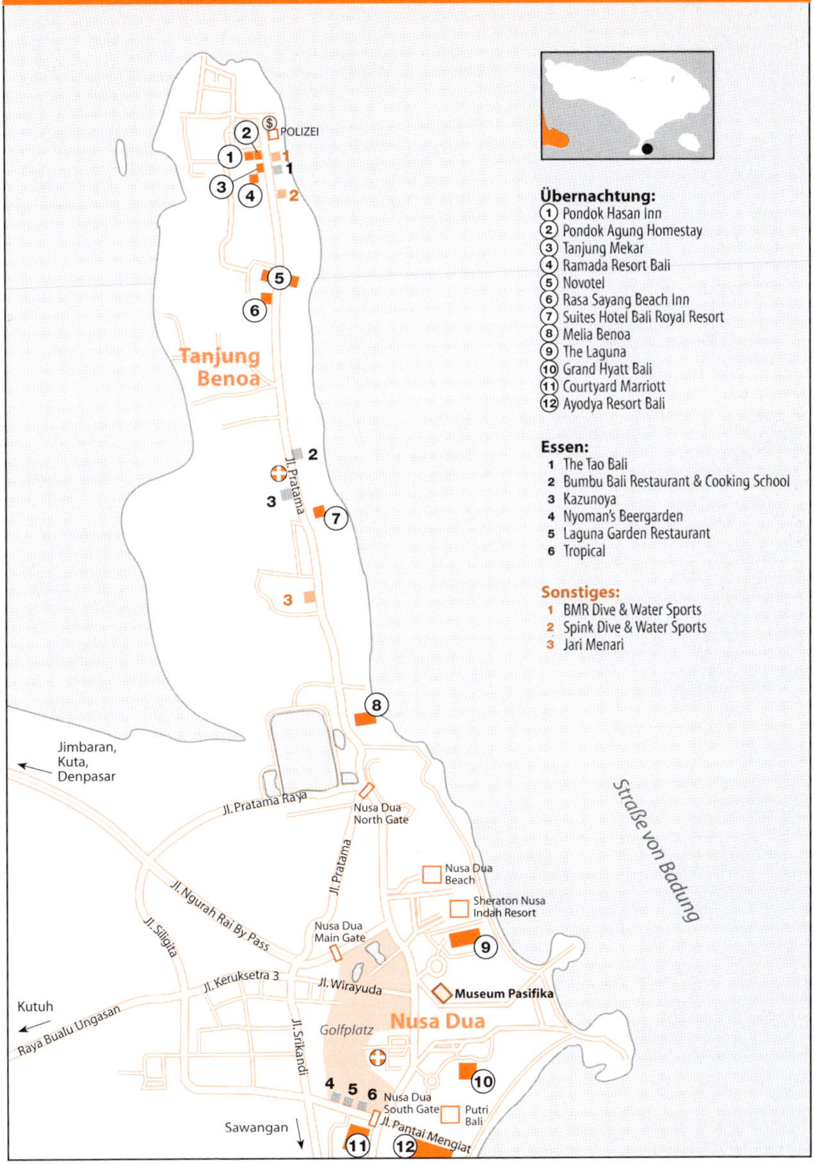

Es gibt sie noch – fast menschenleere Sandstrände auf Bali

eingerichtete Zimmer mit jedem erdenklichen Komfort. Auch All-Inclusive-Pakete buchbar. Niedrigere Preise bei Buchung über das Internet. WLAN und Frühstück inkl. ❽

Novotel, Jl. Pratama, ✆ 0361-772239, 💻 www.novotelbalibenoa.com. Das 4-Sterne-Hotel mit 3 Pools liegt in einer großen Anlage mit üppigem Garten. Das Interieur der komfortablen Zimmer ist komplett aus Kokospalmenholz gezimmert. Überwiegend westliche Gäste. Frühstück inkl. ❽

Pondok Hasan Inn, Jl. Pratama, ✆ 0361-772456, ✉ hasanhomestay@yahoo.com. Renovierte und saubere Zimmer mit TV, Kühlschrank und Warmwasser-Du/WC und schönen Holzstühlen auf der Veranda. Auch geräumige Familienzimmer mit großem LCD-TV für 500 000 Rp. WLAN inkl. ❸

Ramada Resort Bali, Jl. Pratama 97A, ✆ 0361-773730, 💻 www.ramadaresortbenoa.com. Die 3-stöckige Hotelanlage mit schönem Garten wurde zum GIZ-Pilotprojekt für Tsunamisicherheit auserkoren. Die geräumigen Zimmer und Villen mit AC, TV, Minibar und Du/WC sind liebevoll eingerichtet. Recht gutes Preis-Leistungs-Verhältnis. Viele kostenlose Freizeitangebote für die Gäste. WLAN inkl. ❻–❽

Rasa Sayang Beach Inn, Jl. Pratama 88X, ✆ 0361-771643, ✉ rsbind@yahoo.com. Budgetunterkunft mit teilweise renovierten, etwas muffigen, aber sauberen Zimmern mit TV und Warmwasser-Du/WC, teils auch AC und Minibar. WLAN und Frühstück inkl. ❶–❸

Suites Hotel Bali Royal Resort, Jl. Pratama, ✆ 0361-771039, 💻 www.baliroyal.com. Die sehr ruhige Anlage unter freundlicher österreichischer Leitung bietet eine familiäre Atmosphäre und einen großen Pool sowie 12 strohgedeckte, liebevoll eingerichtete Bungalows mit Marmorfliesen, Himmelbetten, großem Steinbad/WC und dem üblichen 4-Sterne-Komfort. Im Restaurant gibt es gute Wiener Schnitzel. Frühstück inkl. ❽

Tanjung Mekar, Jl. Pratama, ✆ 0361-772063. Hier gibt es 4 saubere und günstige, wenn auch leicht muffige Zimmer mit weichen Matratzen, Kühlschrank, TV und Bad/WC, teils auch mit AC in familiärer Atmosphäre. Auf dem Boden liegen Bastmatten. Gutes Preis-Leistungs-Verhältnis. Freundliche Besitzer. ❷

Weitere Übernachtungsmöglichkeiten s. eXTra [4163].

Exzellentes Essen und Kochkurse

Bumbu Bali Restaurant & Cooking School, Jl. Pratama, 2 Filialen in Benoa, ✆ 0361-774502, 💻 www.balifoods.com. Geschmacklich raffinierte balinesische Küche wird hier vom bekannten Schweizer Koch Heinz von Holzen, der 20 Jahre Erfahrung mitbringt, auf sehr ansprechende Weise in simplem Ambiente angerichtet. Besonders empfehlenswert ist die Reistafel, die einen umfassenden Überblick über die einheimische Küche ermöglicht. Freundlicher Service. 3x wöchentl. werden für US$100 sehr lohnenswerte Kochkurse angeboten. Frühmorgens geht es auf den Markt in Jimbaran, um die Zutaten einzukaufen, die später zu einem leckeren Mittagessen verarbeitet werden. 🕓 11.30–23 Uhr, Kochkurse 6–15 Uhr.

Essen

Kazunoya, Jl. Pratama 73, ✆ 0361-775542. AC-gekühltes japanisches Restaurant mit einer großen Auswahl an Tempura, Sushi und Sashimi. Kostenloser Shuttleservice. 🕓 11.30–23 Uhr.

The Tao Bali, Jl. Pratama 96, ✆ 0361-772902, 💻 www.taobali.com. Stilvoll eingerichtetes Restaurant direkt am Sandstrand. Die Speisen werden asiatisch, vor allem auf thailändische Art, zubereitet. Hauptspeisen ab 70 000 Rp, Seafood ab 100 000 Rp. Nach dem Essen kann man auf den Loungesesseln am Pool entspannen. Kostenloser Shuttleservice. 🕓 10.30–23 Uhr.

Mehr Restauranttipps s. eXTra [4167].

Aktivitäten

Wassersport

Besonders Ost-Asiaten betreiben hier alle Arten von **Wassersport**. Das finanzkräftige Publikum sorgt für relativ hohe Preise im Vergleich zu

anderen Orten auf Bali. Dafür ist die Auswahl an Aktivitäten wesentlich höher.
Mehr Tipps zu Aktivitäten s. eXTra [4170].

BMR Dive & Water Sports, Jl. Pratama 99X, ✆ 0361-771757, 💻 www.bmrbali.com. Der größte und teuerste Anbieter für Wassersport hat angebaut und bietet neben einem Restaurant jetzt auch ein eigenes Spa. Parasailing (US$20), Wasserski (US$35 für 15 Min.), Banana-Boat (US$20 für 15 Min.), Jet-Ski (US$25 für 15 Min.), Wakeboarding (US$35 für 15 Min.) sowie Schnorcheln (US$25 für 1 Std.) und Tauchen (2 Tauchgänge US$100, Seawalker, s. S.185, US$80 für 30 Min.) sind im Angebot. Hilfsbereites Personal. ⌚ 8–17 Uhr.

Spink Dive & Water Sports, Jl. Pratama 170X, ✆ 0361-772257. PADI-Tauchkurse und besondere Angebote für Wassersportaktivitäten: Parasailing für US$15, Banana-Boat für US$20, Jetski für US$25 und einen Tauchgang für US$40.

Wellness

Jari Menari, Jl. Pratama 88X, auf der gegenüberliegenden Straßenseite nördlich des Conrad Hotels, ✆ 0361-778084, 💻 www.jarimenari.com. Seit 2010 gibt es das überaus erfolgreiche Spa auch in Nusa Dua. Nur männliche Therapeuten bieten hier ihre höchst professionellen Dienste an. Für weitere Details s. S. 175. ⌚ 9–21 Uhr.

Transport

Boote

Island Explorer Cruises, Jl. By Pass Ngurah Rai 622, Suwung, ✆ 0361-728088, 💻 www.bali-activities.com/flyer.html. Vom Pier am Hafen von Benoa auf der anderen Seite der Meeresenge geht es mit dem Lembongan Flyer in 30 Min. nach NUSA LEMBONGAN. Abfahrten um 10.30 und 15.30 Uhr für 300 000 Rp p. P. für die einfache Strecke oder 495 000 Rp hin und zurück. Hoteltransfer innerhalb Süd-Balis und aus Ubud inkl.

Marina Srikandi, Jl. Suwung Batan Kendal 8C, Denpasar, ✆ 0361-212799. Ab Benoa geht es um 8 Uhr in 2 1/2 Std. via PADANG BAI nach GILI TRAWANGAN. Einfache Fahrt für 660 000 Rp.

3 HIGHLIGHT

Uluwatu

An der südwestlichen Spitze der trockenen Bukit-Halbinsel erhebt sich einsam auf einer steilen Klippe, 100 m über dem tosenden, türkisen Ozean, der kleine, aber höchst bedeutsame Tempel **Pura Luhur Uluwatu**, der allein aufgrund seiner ausgesprochen herrlichen Lage eine Besichtigung wert ist.

Er fehlt in keiner Liste der *Sad Kahyangan*, der sechs heiligsten Tempel Balis, obwohl diese Verzeichnisse sich oft nicht einig sind. Viele balinesische Tempel haben einen Schrein namens *Palinggih Uluwatu*, in dem bei einer Opferzeremonie Uluwatus Gottheiten zu Gast sind. Sein *Odalan* findet zehn Tage nach *Kuningan* statt, dem Schlusspunkt der zehntägigen Feier zu Ehren der Schöpfung der Welt.

Pura Uluwatu ist zweifellos ein sehr altes Heiligtum. Ein Shiva-Priester aus Java, bekannt als Empu Kuturan (*Empu* = Weiser), ein legendärer Lehrer und Religionserneuerer, der im 11. Jh. auf Bali wirkte, soll diesen Tempel erbaut bzw. eine hier schon vorhandene ältere heilige Stätte ausgebaut haben. Jahrhunderte später kam Danghyang Nirartha, ein anderer großer Hindu-Lehrer, nach Bali, um der Religion neue Impulse zu geben. Nach jahrzehntelangem Wirken und dem Bau vieler Tempel wählte Nirartha Pura Uluwatu als den Ort, wo er in Versenkung *Moksa* erlangte und in das Nirwana einging. Seitdem fügt man dem Tempelnamen das Luhur hinzu (*ngeluhur* = *Moksa* erlangen).

Der Tempel ist Shiva Mahakala geweiht, dem Gott der Vernichtung und Auflösung der Welt. Ihm schreibt man z. B. schwere Stürme und Seuchen zu. Die Felsenklippe, auf der sich der Tempel erhebt, soll einer Sage nach das versteinerte Schiff der Göttin der Gewässer, Dewi Danu, sein, die übers Meer nach Bali kam. Die Göttin wird meist an Bergseen verehrt, z. B. im Pura Ulun Danau Bratan (s. S. 282).

Man sollte sich von den Tempelaffen nicht nervös machen lassen. Am besten ist es, einen Stock dabeizuhaben, mit dem man die Affen verscheuchen kann, falls sie allzu aufdringlich werden. Wie in allen Tempeln sind sittsame Kleidung sowie ein Sarong und eine Tempelschärpe *(Slendang)* erforderlich, die am Eingang geliehen werden können. Der Eintritt zum Tempel beträgt 3000 Rp. Es gibt zahlreiche einfache Essenstände am Parkplatz.

Der Kecak-Tanz am Uluwatu

Es lohnt sich, den Besuch des Pura Luhur Uluwatu so zu organisieren, dass man ihn mit einer abendlichen Tanzaufführung kombinieren kann. Die einstündigen **Feuertanzaufführungen zum Sonnenuntergang** ab 18 Uhr werden zwar immer von Touristenschwärmen besucht, sind aber aufgrund des spektakulären Bühnenplatzes hoch oben auf den Klippen absolut empfehlenswert. Man sitzt auf einer halbrunden Tribüne mit direktem Blick auf den Sonnenuntergang, während die hinduistische Legende des *Ramayana* zum Leben erweckt wird. Der Eintrittpreis von 50 000 Rp ist angesichts dieser Szenerie allemal gerechtfertigt. Die Farbenpracht der sinkenden Sonne bietet einen wunderschönen Hintergrund für den traditionellen Tanz um eine Öllampe. Im Schein der züngelnden Flammen singen sich über 40 *Kecak*-Sänger mit dem hypnotischen *cak-cak-cak* in eine Trance und bilden so den Rahmen für das *Ramayana*-Ballett, das von reich geschmückten Tänzern aufgeführt wird und mit dem beeindruckenden Feuertanz des rettenden Hanuman den Höhepunkt erreicht. Die Zuschauer sind so nah am Geschehen, dass es in den ersten Reihen beim feurigen Ende richtig heiß werden kann. Diese an Intensität nur schwerlich zu übertreffende Show ist für viele Besucher ein einprägsames Erlebnis balinesischer Kultur. Weitere Details zum *Kecak* s. S. 135.

Surfstrände auf der Bukit-Halbinsel

In der Umgebung des Pura Luhur Uluwatu liegen die abenteuerlichsten Surfstrände von Bali. Sie sind nicht für Anfänger geeignet: Die Wellen sind bedeutend höher als in Kuta und oft geht es über gefährliche Riffe hinweg und bedrohlich nah an spitzen Klippen vorbei. Hauptsächlich trifft man hier australische Surfer. Auf der Küstenstraße gibt es einfache Unterkünfte, die etwas überteuert, aber fast immer ausgebucht sind.

Seit 1980 wurden am **Suluban Beach** schon mehrmals internationale Surfwettbewerbe ausgetragen. Am **Labuan Sait Beach**, einem weiteren beliebten Surfstrand, kann man auf dem großen kostenpflichtigen Parkplatz halten und an einfachen Warung eine Kleinigkeit essen oder den Surfern bei ihren waghalsigen Manövern zuschauen. Weitere Surfstrände auf der Halbinsel sind **Bingin Beach**, **Impossible Beach**, **Nyangnyang Beach** und **Padang Padang Beach**. Nahezu alle diese Strände sind nur über schmale, unbefestigte Wege zu erreichen, häufig eine steile Kletterpartie. Mit einem eigenen Transportmittel gelangt man oft nur bis auf 2 km an den Strand heran.

Übernachtung

Jacko House, Jl. Pantai Suluban, ✆ 0361-769973, ✉ jackohaoseuluwatu@yahoo.com. Nicht weit vom Suluban-Strand entfernt, liegt diese Unterkunft für Surfer ideal. Das kleine, saubere Hotel bietet sehr einfache, kühle Zimmer mit großem Du/WC. ❷–❸

Kenanga Inn, Jl. Labuhan Sait 72, Pecatu, ✆ 0361-847 0685, ✉ kenangainn@yahoo.com. Das einsilbige Personal vermietet komplett geflieste, leicht muffige und dunkle, aber saubere Zimmer mit sehr dünnen Matratzen, AC und TV. Gutes Preis-Leistungs-Verhältnis. ❷–❸

Padang-Padang Inn, Jl. Melasti 432, Pecatu, ✆ 0361-895 7459, 💻 www.padangpadanginn.com. Nette, kleine Anlage mit Pool und neueren, geräumigen, aber kahlen Zimmern mit Du/WC, teils auch AC, Warmwasser und Balkon, sowie einige etwas ältere Bambusbungalows. ❷–❹

Pink Coco Bali, Jl. Labuan Sait, Padang Padang Beach, ✆ 0361-895 7371, 💻 www.pinkcocobali.com. Die neue, mediterran gestaltete Anlage mit schönem Pool bietet geräumige und luftige Zimmer im oberen Stockwerk der 2-stöckigen, bordeauxroten Bauten mit guten Matratzen, AC, LCD-TV, Kühlschrank und Du/WC mit hübschen Waschbecken. Die günstigeren Zimmer im Erdgeschoss sind hingegen etwas enttäuschend. Italienisches Restaurant mit gratis WLAN. ❹–❻

Rocky Bungalows, Jl. Pantai Suluban 313, ✆ 0361-769845, 🖳 www.rockybungalowsbali.com. Recht nette Anlage mit Pool mit direktem Blick auf das tosende Meer und 16 kleinen, sauberen und gefliesten Bungalows mit TV mit DVD-Player und Du/WC, teils auch mit AC. Frühstück inkl. ❹–❺

Surga Bali, Jl. Pantai Suluban, ✆ 0819-9907 7900, ✉ info.surgabali@gmail.com. In der direkt an den Klippen gelegenen Anlage mit kleinem Überlaufpool werden ganz neue, aber überteuerte und recht dunkle und spartanisch eingerichtete Zimmer mit AC vermietet. ❺

The Stage Hotel, Jl. Pantai Suluban. Direkt neben dem Jacko House gibt es rings um einen kleinen Teich empfehlenswerte, neue und sehr günstige Zimmer in Doppelstockbungalows aus Holz mit guten Matratzen und Du/WC. Gutes Preis-Leistungs-Verhältnis und freundliche Besitzer. Einfaches Frühstück inkl. ❷–❸

Thomas Cliff Café & Homestay, Jl. Padang Padang, ✆ 0813-3803 4354. Direkt an einer Klippe mit sagenhafter Aussicht gelegene, heruntergekommene Anlage mit einfachen Bungalows mit Du/WC, teils auch AC, zu Budgetpreisen. Unfreundliches Personal. ❸

Weitere Übernachtungsmöglichkeiten s. eXTra [4174].

Essen

The Gang Restaurant, Jl. Pantai Suluban. Das zum The Stage Hotel gehörige Restaurant serviert einfache Travellerkost und indonesische Gerichte zu sehr günstigen Preisen.

Trattoria, Jl. Labuan Sait, Padang Padang Beach, ✆ 0361-822 7741, 🖳 www.trattoriaasia.com. Die bekannte italienische Restaurantkette hat auch hier eine Filiale. Im mediterran eingerichteten Restaurant können Gäste Pizza- und Pastagerichte ab 44 000 Rp verspeisen. ◷ 6.30–23.30 Uhr.

Ulu Restaurant, Jl. Melasti, Padang Padang Beach, ✆ 0813-3866 9364. Rund um einen kleinen plätschernden Springbrunnen kann man hier an grün gedeckten Tischen das Panaeng-Curry und andere leckere Thai-Gerichte probieren. Hauptgerichte ab 50 000 Rp. ◷ 10–23 Uhr.

Aktivitäten

Impossible Surf School, Jl. Melasti, Padang Padang Beach, ✆ 0813-3873 4339, 🖳 www.impossiblesurflessons.com. Größte und bekannteste Surfschule in der Umgebung. Ein 2 1/2-stündiger Kurs kostet US$35 inkl. Transport, Trinkwasser und Surfbrett.

Weitere Strände und Tempel auf der Bukit-Halbinsel

Lohnenswert ist ein Ausflug zum **Dreamland Beach**, der mittlerweile kein Geheimtipp mehr ist. An dem strahlend weißen Sandstrand und Kalksteinkliff sollte ein zweites Kuta mit vielen großen Hotelbauten entstehen. Fast alle Bauprojekte wurden aber aufgrund der globalen Finanzkrise eingestellt. An dem abgelegenen, oft sehr trockenen und heißen Strand kann man die Sonne genießen, schwimmen und surfen, aber sonst nicht viel unternehmen. Parken kostet 5000 Rp pro Motorrad und 15 000 Rp pro Auto.

Wer trotz Hitze noch mehr von der Halbinsel sehen will, kann einige Küstentempel und Höhlen erkunden, z. B. **Pura Balangan** an Bukits Nordwestküste nahe dem Dorf Cengiling, ein Höhlentempel an einem hübschen, kleinen Sandstrand. **Pura Masuka** und **Pura Batu Pageh** liegen an der Südküste. Ersterer ist ein kleiner Tempel in herrlicher Lage auf hohen Klippen über dem Ozean, Letzterer ein Höhlentempel an einer Steilküste. Die nicht besonders spektakulären Küstentempel **Pura Gunung Payung** und **Pura Geger** an der Ostseite der Halbinsel erheben sich beide auf Klippen über dem Meer, zu erreichen über Bualu und Sawangan. Zu allen Küstentempeln führen Wege, die zum Teil mit dem Auto, einige aber auch nur mit dem Motorrad zu befahren sind.

Zentral-Bali

Stefan Loose Traveltipps

Kunstmuseen in Ubud Für Kunstfreunde ein Muss: das Puri Lukisan im Zentrum, das Blanco Museum und das Neka Art Museum im Norden sowie das Agung Rai Museum of Art im Südosten. S. 200

4 **Tanzaufführungen in Ubud** Beim Besuch einer balinesischen Tanzaufführung wird man in eine andere Welt entführt. S. 204

Wellness in Ubud In einem der zahlreichen Spas kann man sich von Kopf bis Fuß verwöhnen lassen. S. 220

5 **Sangeh** Durch den magisch anmutenden Affenwald von Sangeh toben freche Makaken. S. 223

Petulu Mitten in dem kleinen Dorf hat sich eine große Kolonie weißer Reiher angesiedelt. S. 234

6 **Gunung Kawi** Die steile Schlucht des Pakrisan-Flusses birgt hinduistische Monumente und einstige Einsiedlerhöhlen. S. 235

7 **Pura Tirta Empul** Das klare Wasser der von einer Tempelanlage umrahmten heiligen Quellen soll eine heilende Wirkung haben. S. 235

ZENTRAL-BALI

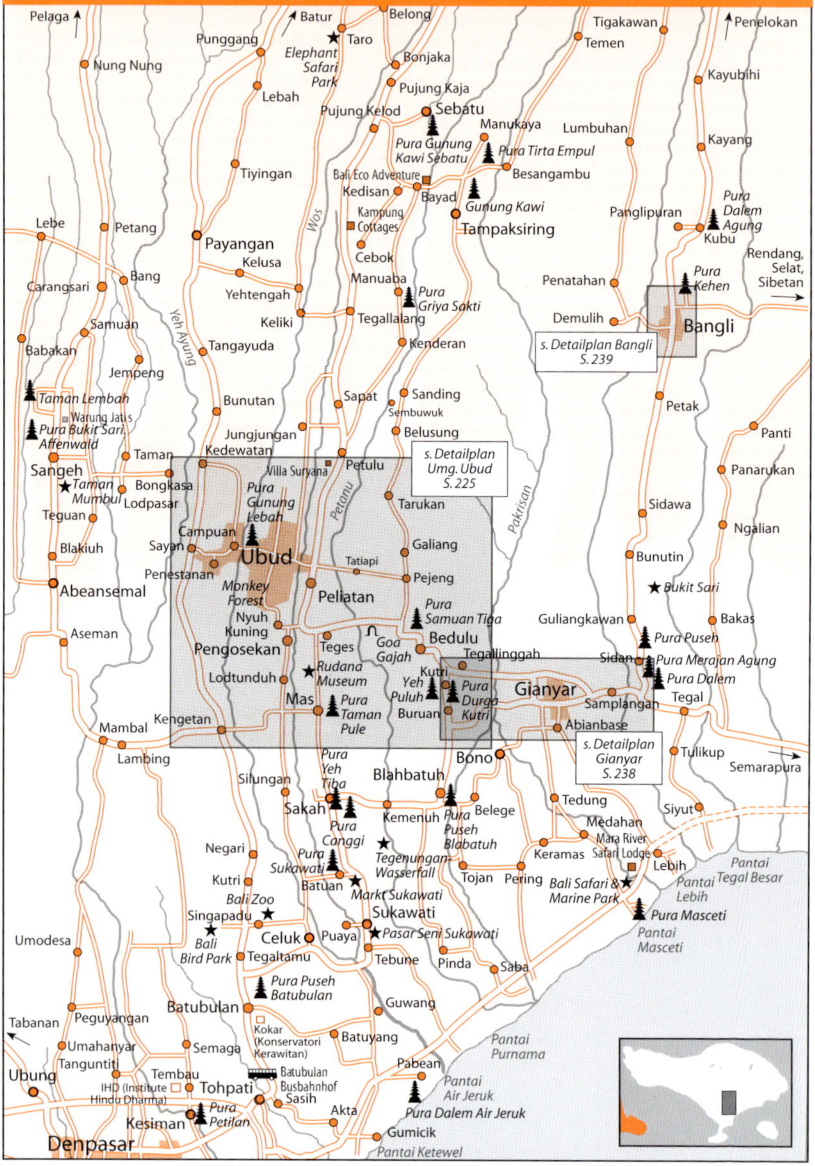

Nördlich von Denpasar erstreckt sich bis zu den Hängen der Vulkane des Batur-Massivs die für Bali typische Reisterrassenlandschaft. Hier ist das Land saftig grün, fruchtbar, facettenreich und einfach zu schön, um es bloß auf einem Tagesausflug per Touristenbus abzuhandeln. Stattdessen bietet sich Ubud als gute Basis an, um das kulturelle Zentrum der Insel und die Umgebung ein paar Tage lang zu erkunden.

Neben zahlreichen Galerien, Kunstmuseen und dem Affenwald sind es besonders die Tanzaufführungen, die **Ubud** zum kulturellen Highlight der Insel erheben. Nirgends sonst hat man allabendlich die Möglichkeit, solch eine Vielzahl traditioneller Vorführungen zu genießen. Bei einer Wanderung über die Reisfelder der direkten Umgebung erschließt sich Besuchern zudem eine faszinierende Welt, die noch viel mit dem Bali vergangener Tage gemein hat. Wer sich ein bisschen mehr Zeit nimmt, wird verstehen, warum sich seit den 1930er-Jahren hier so viele europäische Künstler niedergelassen haben.

Westlich von Ubud liegt der märchenhafte Affenwald von **Sangeh**, der noch weit weniger touristisch ist als sein Pendant in Ubud. Nach Süden führen die schmalen Straßen durch das dichtbesiedelte Gebiet bis nach Denpasar, vorbei an Ortschaften, die sich jeweils auf ein Kunsthandwerk spezialisiert haben. So finden sich z. B. in **Teges** Holzschnitzer, in **Celuk** Silberschmiede und in **Batubulan** Bildhauer. Östlich der Touristenenklave ist es besonders die Höhle **Goa Gajah**, die Besucher anzieht, während der Norden mit einer ganzen Reihe spannender Attraktionen aufwartet. Das wunderschön inmitten von Reisfeldern in einer Schlucht gelegene Heiligtum **Gunung Kawi** und die heiligen Quellen von **Pura Tirta Empul** sind zwei der schönsten Tempelanlagen Balis, aber auch die Reisterrassenformationen von **Tegallalang** sind mehr als sehenswert. Beim Rückweg nach Ubud können zum späten Nachmittag in den Feldern von **Petulu** noch Scharen von weißen und gelben Reihern beobachtet werden.

Neben den klassischen Sehenswürdigkeiten gibt es in Zentral-Bali vor allem viele kleine Highlights zu bestaunen, die man auf eigene Faust entdecken kann: Reisfelder bei Sonnenuntergang, ein Maler beim Mischen seiner Farben, Bauern, die ihre Enten am Abend durch die Felder nach Hause treiben oder Kinder beim Baden im Fluss – Bilder, die untrennbar mit Bali verbunden und hier noch tatsächlich zu sehen sind. Wer sich auf die Suche begibt und balinesisches Dorfleben kennenlernen möchte, wird genauso fündig werden wie Reisende, die einfach nur Ruhe und Erholung suchen.

Die Fahrt von Süd-Bali nach Ubud

Ein erster lohnenswerter Stopp sind die allmorgendlichen Darbietungen des *Barong*-Tanzes in **Batubulan**. Von dort aus geht es in Tegaltamu geradeaus nach **Singapadu**, wo man sich im Bali Bird Park einen Überblick über die heimische Fauna verschaffen kann. Danach führt die Strecke über zahlreiche Dörfer mit Kunstgewerbeläden und beinahe ebenso vielen Galerien weiter via Celuk, Sakah und Mas oder über die ländlichere Straße via Silungan und Pengosekan nach Ubud. Entlang der Straßen liegen zahlreiche Läden, die Gold- und Silberschmiedekunst, Holzschnitzereien und Gemälde verkaufen. Für eine detaillierte Beschreibung der Orte s. Unterkapitel „Südlich von Ubud", S. 224.

Ubud

Umgeben von Reisterrassen und kleinen Dörfern, die schöne Ziele für Tagesausflüge und Wanderungen abgeben, liegt der wichtigste Ort Zentral-Balis – Ubud. Dass er sich zu dem Touristenzentrum im Inselinneren entwickelt hat, liegt nicht zuletzt daran, dass sich das ländliche Bali in der Umgebung in seiner ganzen Schönheit präsentiert. Außerdem scheint inmitten der fruchtbaren Landschaft fast jeder Balinese ein Künstler zu sein. In Zentral-Bali leben unzählige Maler, Tänzer, Gamelan-Musiker und Holzschnitzer.

Der moderne Tourismus hat sich in Ubud und den umliegenden Dörfern erst ab Ende der 1970er-Jahre entwickelt, zehn Jahre später als im Süden. Heutzutage ist Ubuds touristische Infrastruktur sehr gut ausgebaut: Hotels aller

Preiskategorien, hochklassige, aber auch preisgünstige Restaurants und nicht zuletzt unzählige Kunstgalerien, die Gemälde in allen nur erdenklichen Stilrichtungen zum Verkauf anbieten, buhlen um zahlungskräftige Kunden. Selbstverständlich brachte der Massentourismus nicht nur Positives, so sind die Hauptstraßen mittlerweile notorisch verstopft und auf der Jl. Monkey Forest suchen einige Bettler, zumeist Zuwanderer aus Java und Madura, ihr Glück. Auf den geschäftigen Hauptstraßen reihen sich Souvenirläden an Modegeschäfte und Ateliers, in denen die naiven Bilder „junger Künstler" zu überhöhten Preisen verkauft werden. Auch wenn der Ort inzwischen sehr touristisch ist, hat er sich doch seinen ganz eigenen, dörflichen Charme bewahrt.

Eat, Pray, Love auf Bali

Im Film radelt Julia Roberts über die saftigen Reisfelder von Bali, wandert durch die bizarre Vulkanlandschaft am Gunung Batur und badet im glasklaren Meer. Sie wohnt in einer traumhaften Villa in Ubud, trifft ihren Traummann sowie Ketut, den wundersamen Heiler ihrer Psyche, und eine sympathische Heilerin für ihren verletzten Körper. Nach langer Suche in New York, Italien und Indien ist es schließlich die Insel Bali, wo sie ihr Glück findet.

Selbst wenn es nur ein Buch bzw. Film ist, so beruht er doch auf der wahren Geschichte von Elizabeth Gilbert. Der Bestseller und die herrliche landschaftliche Filmkulisse sind in den letzten Jahren für viele Anlass gewesen, Bali zu bereisen. In den USA werden spezielle Touren zu den Drehorten angeboten, die bevorzugt von alleinstehenden Frauen im mittleren Alter gebucht werden. Man kann sich von Ketut gegen die nicht ganz geringe Gebühr von 250 000 Rp aus der Hand lesen lassen und kitschige Eat-Pray-Love-Souvenirs erwerben. Dass der durch das Buch und den Film losgetretene Boom nicht bei allen ankommt bezeugen die bei Naughty Nuri's Warung erhältlichen T-Shirts mit dem süffisanten Aufdruck „Eat, Pay, Leave." In diesem Sinne: „See you later, alligator!"

Zentrum der Kunst

Ubud ist ein Einkaufsparadies. Vor allem auf dem zentralen **Markt**, an dem fast alle Tagesbesucher abgesetzt werden, und in den Hauptstraßen findet sich ein riesiges Angebot an Kunstgewerbe und anderen Souvenirs. Auf der von zahllosen Geschäften, Restaurants und Hotels gesäumten **Jalan Monkey Forest** trifft man mehr Touristen als Einheimische und die Geschäfte haben ihr Angebot vollkommen auf die ausländische Kundschaft ausgerichtet. Etwas entspannter bummelt man nördlich der Hauptstraße in der **Jalan Kajeng**, die auch unter dem Namen Jalan Han Snel bekannt ist.

Wer Bilder einkaufen will, sollte zuerst im **Museum Puri Lukisan**, dem ältesten Kunstmuseum von Ubud, ✆ 0361-971159, 🖳 www.museumpuri lukisan.com, seinen Blick für die verschiedenen Stilrichtungen schärfen. Die Gebäude im traditionellen balinesischen Stil liegen mitten in einem großen Garten und präsentieren eine Zusammenstellung von Bildern der modernen balinesischen Malerei, die ihre Motive aus dem alltäglichen Leben schöpft. Während im Pitamaha-Haus Werke der Vorkriegszeit zu sehen sind, zeigt die Ida Bagus Made Galerie die mitunter surrealistischen Bilder des berühmten namensstiftenden Malers und das Wayang-Haus Wayang-Malerei der Nachkriegszeit. Hier werden zudem Kurse in Tanz, Malerei und sogar Korbflechten angeboten. 🕓 9–17 Uhr, Eintritt 40 000 Rp.

Das **Blanco Renaissance Museum**, ✆ 0361-975502, 🖳 www.blancomuseum.com, befindet sich westlich des Puri Lukisan, oberhalb des Campuhan-Flusses in einem markanten, neoklassizistischen Kuppelbau. Auf 2 ha Land, die Blanco vom König von Ubud erhielt, wurde das Gebäude nach einem Entwurf des katalonischen „Dalí von Bali" höchstpersönlich errichtet und kurz nach seinem Tod 1999 eröffnet. Noch heute lebt die Familie des Malers hier. In dem von beschaulichen Gärten voller exotischer Vögel umgebenen und von goldenen Figuren gekrönten Museum ist die bildgewordene Faszination des Künstlers für die balinesische Frau zu bewundern. Blancos Begeisterung galt vor allem der berühmten Tänzerin Ni Rondji, seiner späteren Ehefrau. Die hier ausgestellten Aquarelle und skizzenhaften Porträts in kräftigen Farben brin-

Wie die Künstler nach Ubud kamen

Bereits im 8. Jh. wurde die Region um Ubud als ein magischer Ort angesehen. In Campuhan, dort wo die beiden Flüsse Tukad Wos und Yeh Ayung zusammenfließen, spürte der hinduistische Priester Sri Markandeya auf seiner Reise durch Bali ein Zentrum von Licht, Energie und spiritueller Macht. Er erbaute den Tempel **Gunung Lebah** und verbreitete von hier aus die Lehren des Hinduismus. So wurde das Tal zu einer wichtigen Pilgerstätte balinesischer Hindus und zum Mittelpunkt der spirituellen Heilung und Meditation auf der Insel. Hier konnte man Kraft schöpfen, den Göttern dienen und sich mit heiligem Wasser reinigen. Daher ist es wenig verwunderlich, dass sich in dieser Region die kunstvollsten Tänze entwickelten, die als Darbietungen für die Götter verstanden wurden.

Viele Jahrhunderte später sandte der König von Klungkung seinen Sohn Agung Anom Wijayasunu nach Sukawati, um dort ein Zentrum der Macht und Kunstfertigkeit zu errichten. Die besten Bildhauer, Steinmetze, Holzschnitzer und Schmiede aus Klungkung und Mengwi kamen, um Anfang des 18. Jhs. den **Puri Sukawati** zu erbauen. Auch Tänzer und Musiker strömten in den Palast, um die Künste zu praktizieren und weiter zu entwickeln.

1927, weitere 200 Jahre später, lud der damalige Herrscher von Ubud, Tjokorde Gede Agung, den deutschen Maler **Walter Spies** ein, der von der Ortschaft so begeistert war, dass er blieb und in den 1930er-Jahren eine Menge schillernder Persönlichkeiten aus der westlichen Kunstszene anlockte. Sie und die Balinesen beeinflussten sich dabei immer wieder wechselseitig. Vor allem Walter Spies und **Rudolf Bonnet** malten und forschten hier einen großen Teil ihres Lebens. Der Rest ist Geschichte: Ubud wurde zu einer international anerkannten Drehscheibe der Malerei.

Die Studios der Künstler **Antonio Blanco** und **Han Snel**, die sich in den 1950er-Jahren hier niederließen und erst Ende des 20. Jhs. verstarben, können immer noch besucht werden.

gen oft in nur wenigen Pinselstrichen die verborgene Schönheit der Modelle zum Ausdruck, die Antonio und später auch seinen Sohn Mario inspirierten. Der erfolgreiche und wohlhabende Künstler umgab sich gern mit den Schönen und Reichen dieser Welt. So ist er im Eingang zum Museum u. a. zusammen mit Michael Jackson auf einem Foto zu sehen. Ein kleines Amphitheater, ein Shop und ein Restaurant runden das Angebot ab. 🕒 9–17 Uhr, Eintritt 50 000 Rp, Studenten 30 000 Rp.

Ein weiteres interessantes Kunstmuseum ist das von Suteja Neka aufgebaute **Neka Art Museum** an der Straße nach Kedewatan, etwa 2 km nördlich von Campuhan, ✆ 0361-975074, 💻 www.museumneka.com. Die gesamte Bandbreite balinesischer Kunst ist hier in mehreren Häusern zu bestaunen. Neben Bildern balinesischer Maler (u. a. I Gusti Nyoman Lempad, Ida Bagus Made Nadera, Anak Agung Gde Sobrat sowie die Young Artists) hängen auch die Werke anderer indonesischer (u. a. Affandi und Widayat) sowie europäischer Künstler (u. a. Walter Spies, Rudolf Bonnet, Arie Smit, Theo Meier, Miguel Covarrubias, Han Snel und Antonio Blanco) aus, die sich mit Bali beschäftigt oder in Bali gelebt haben. Die einzelnen Bilder sind mit erhellenden Erklärungen versehen, die die gegenseitige Beeinflussung westlicher und balinesischer Künstler erläutern. So wird etwa Spies' Einführung von Lichteffekten in die balinesische Kunst anschaulich dargestellt. Immer wiederkehrende Motive der balinesischen Malerei sind Weiblichkeit, der Generationenwechsel und das Landleben. Neuere Bilder behandeln auch die Spannung zwischen Tourismus und ländlichen Traditionen, etwa die Werke von I Wayan Bendi. Auch die moderne abstrakte Kunst ist hier u. a. durch die Holzembryo-Skulpturen von I Made Supena vertreten. Relativ jung ist die beachtliche Sammlung von *Keris*-Dolchen im Obergeschoss des Hauptgebäudes, die mit Erläuterungen zu den verschiedenen Klingenformen und den Holz-, Metall- und Edelsteinverzierungen der zwischen Kurzschwert und Taschenmesser rangierenden Prestigewaffe versehen ist.

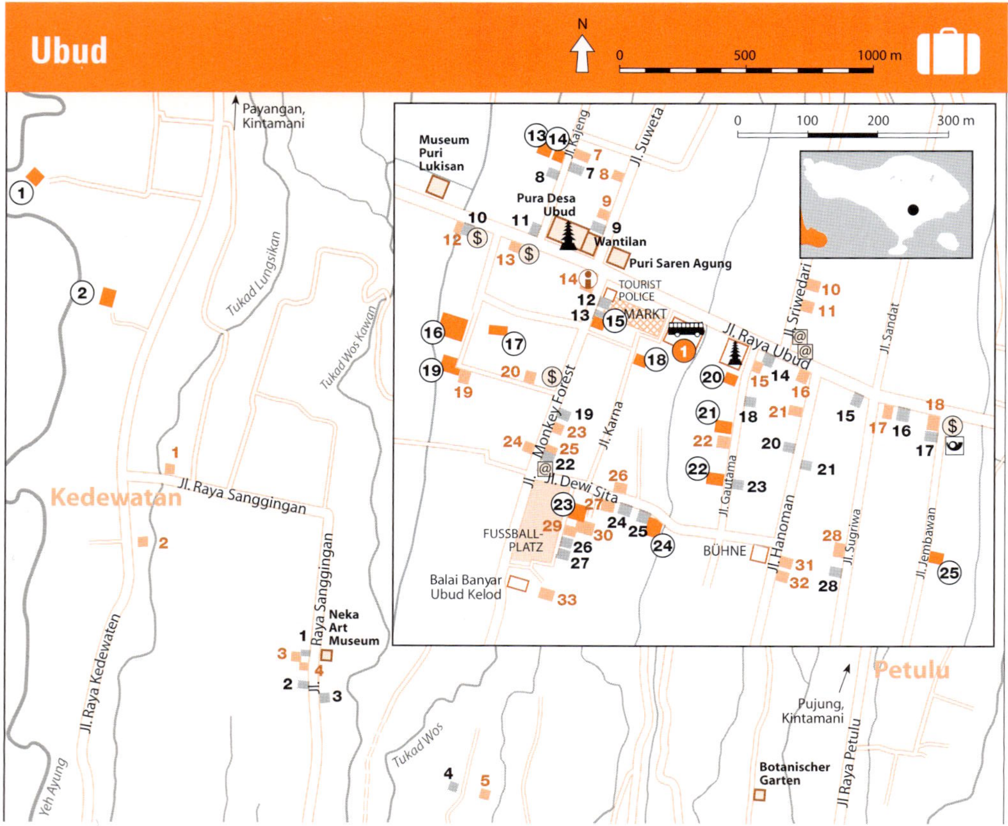

Übernachtung:

1. Kupu Kupu Barong Villas & Tree Spa
2. Puri Bunga Resort & Spa
3. Hotel Tjampuhan
4. Ben's Homestay
5. Gerebig Bungalows
6. Pager
7. Waka Namya Resort & Spa
8. Sari Bamboo Bungalows
9. Honeymoon Gh.
10. Bali Moon
11. Hibiscus Cottages
12. Ala's Green Lagoon
13. White Lotus
14. Ladybamboo Villa
15. Canderi Homestay
16. Oka Wati Hotel
17. Arjuna House
18. Sania's House
19. Gria Jungutan
20. Vinananda
21. Goutama Homestay
22. Agung Cottages
23. Wahyu's Bungalows
24. Dewangga Bungalows
25. Arik's Homestay
26. Nick's Hidden Cottages
27. Puji Bungalows
28. Komaneka at Bisma
29. Ubud Village Hotel
30. Kunang-Kunang Gh.
31. Dana Sari
32. Barong Resort & Spa
33. Pangkung House
34. Argasoka Bungalows
35. Wenara Bali Bungalow
36. Nyoman Karsa Bungalows
37. Tegal Sari
38. Artini 3 Cottages
39. ARMA Resort
40. Guci Gh.
41. Sari Bungalows
42. Alam Sawah Lodge & Cafe

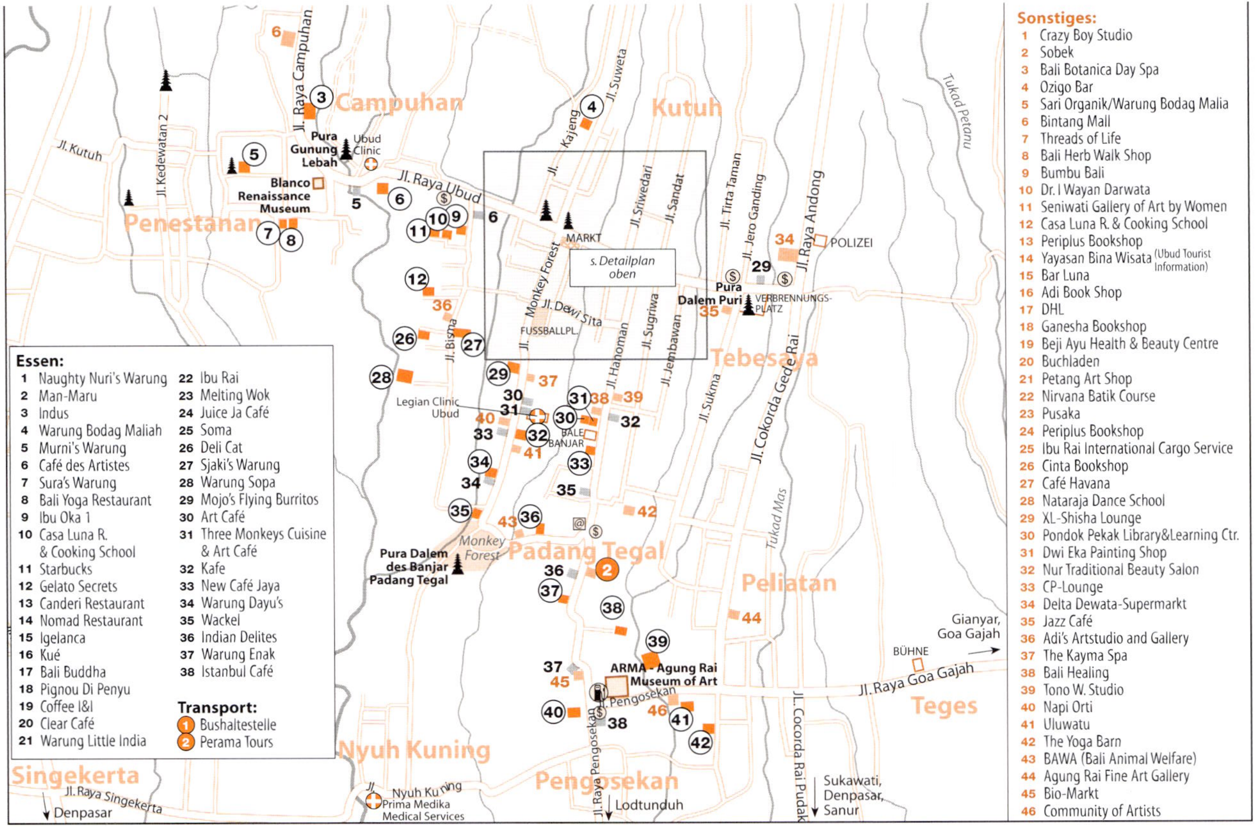

Essen:
1 Naughty Nuri's Warung
2 Man-Maru
3 Indus
4 Warung Bodag Maliah
5 Murni's Warung
6 Café des Artistes
7 Sura's Warung
8 Bali Yoga Restaurant
9 Ibu Oka 1
10 Casa Luna R. & Cooking School
11 Starbucks
12 Gelato Secrets
13 Canderi Restaurant
14 Nomad Restaurant
15 Igelanca
16 Kué
17 Bali Buddha
18 Pignou Di Penyu
19 Coffee I&I
20 Clear Café
21 Warung Little India
22 Ibu Rai
23 Melting Wok
24 Juice Ja Café
25 Soma
26 Deli Cat
27 Sjaki's Warung
28 Warung Sopa
29 Mojo's Flying Burritos
30 Art Café
31 Three Monkeys Cuisine & Art Café
32 Kafe
33 New Café Jaya
34 Warung Dayu's
35 Wackel
36 Indian Delites
37 Warung Enak
38 Istanbul Café
Transport:
1 Bushaltestelle
2 Perama Tours
Sonstiges:
1 Crazy Boy Studio
2 Sobek
3 Bali Botanica Day Spa
4 Ozigo Bar
5 Sari Organik/Warung Bodag Malia
6 Bintang Mall
7 Threads of Life
8 Bali Herb Walk Shop
9 Bumbu Bali
10 Dr. I Wayan Darwata
11 Seniwati Gallery of Art by Women
12 Casa Luna R. & Cooking School
13 Periplus Bookshop
14 Yayasan Bina Wisata (Ubud Tourist Information)
15 Bar Luna
16 Adi Book Shop
17 DHL
18 Ganesha Bookshop
19 Beji Ayu Health & Beauty Centre
20 Buchladen
21 Petang Art Shop
22 Nirvana Batik Course
23 Pusaka
24 Periplus Bookshop
25 Ibu Rai International Cargo Service
26 Cinta Bookshop
27 Café Havana
28 Nataraja Dance School
29 XL-Shisha Lounge
30 Pondok Pekak Library&Learning Ctr.
31 Dwi Eka Painting Shop
32 Nur Traditional Beauty Salon
33 CP-Lounge
34 Delta Dewata-Supermarkt
35 Jazz Café
36 Adi's Artstudio and Gallery
37 The Kayma Spa
38 Bali Healing
39 Tono W. Studio
40 Napi Orti
41 Uluwatu
42 The Yoga Barn
43 BAWA (Bali Animal Welfare)
44 Agung Rai Fine Art Gallery
45 Bio-Markt
46 Community of Artists
Campuhan
Kutuh
Penestanan
Tebesaya
Padang Tegal
Peliatan
Teges
Nyuh Kuning
Pengosekan
Singekerta
Jl. Raya Campuhan
Jl. Kutuh
Jl. Kedewatan 2
Pura Gunung Lebah
Ubud Clinic
Blanco Renaissance Museum
Jl. Raya Ubud
Jl. Kajeng
Jl. Suweta
Jl. Monkey Forest
MARKT
s. Detailplan oben
Jl. Sriwedari
Jl. Sandat
Jl. Tirta Taman
Jl. Jero Ganding
Jl. Raya Andong
POLIZEI
Pura Dalem Puri
VERBRENNUNGS-PLATZ
Jl. Dewi Sita
FUSSBALLPL.
Jl. Bisma
Jl. Hanoman
Jl. Sugriwa
Jl. Jembawan
Jl. Sukma
Jl. Cokorda Gede Rai
Tukad Petanu
Tukad Mas
Legian Clinic Ubud
BALE BANJAR
Monkey Forest
Pura Dalem des Banjar Padang Tegal
ARMA - Agung Rai Museum of Art
Jl. Pengosekan
Jl. Raya Pengosekan
Jl. Raya Goa Gajah
BÜHNE
Gianyar, Goa Gajah
Jl. Cocorda Rai Pudak
Sukawati, Denpasar, Sanur
Lodtunduh
Jl. Nyuh Kuning
Prima Medika Medical Services
Jl. Raya Singekerta
Denpasar

Auch der rituelle Einsatz der Dolche, das Mystische und Heilige an ihnen sowie die Kunst des Schmiedens finden Erörterung. Im Bildarchiv im hinteren Bereich neben einem traditionellen Pavillon sind Fotos ausgestellt, die einen guten Einblick in das Bali der 1930er- und 1940er-Jahre ermöglichen. Außerdem gibt es eine Halle mit wechselnden Ausstellungen. 🕒 9–17 Uhr, Eintritt 40 000 Rp.

Das Areal des 1996 eröffneten **ARMA – Agung Rai Museum of Art**, 📞 0361-976659, 💻 www.armamuseum.com, liegt südöstlich des Affenwaldes in Pengosekan. In der weitläufigen und aufwendig in balinesischer Architektur gestalteten Anlage mit schönen Gärten sind neben der permanenten Gemäldesammlung des Ehepaars Agung Rai auch Wanderausstellungen zu sehen. Das Spektrum reicht von klassischer *Kamasan*-Malerei auf Baumrinde und Werken Raden Salehs über Gemälde der Batuan-Gruppe aus den 1930er-Jahren bis hin zu den Werken von Walter Spies, Willem Dooijewaard und Rudolf Bonnet. Ferner werden Tanzaufführungen und sonntags morgens auch Workshops veranstaltet. Zu den abendlichen Veranstaltungen verkehrt ein Shuttlebus vom Yayasan Bina Wisata (Ubud Tourist Office). 🕒 9–18 Uhr, Eintritt 40 000 Rp inkl. einem Getränk im Café.

Eine aktive Künstlergruppe, **Community of Artists**, 📞 0361-975321, genannt, die unter der Leitung von Dewa Nyoman Batuan arbeitet, stellt seit den 1970er-Jahren ihre Werke gegenüber dem Haupteingang des Kokokan Hotels in Pengosekan her und aus. Hier sind u. a. Gemälde mit Naturszenen in Pastelltönen, bemalte Holzschnitzereien und mit Schnitzereien verzierte Möbelstücke zu bewundern, zudem werden zahlreiche Workshops angeboten. Der Künstler I Dewa Putu Putrayasa Batuan, 📞 0812-390 0436, etwa hat sich ganz in die Kunst und Philosophie des Mandala vertieft und gibt sein Wissen über die geometrischen Kreisfiguren an Interessierte weiter.

Der Ortsteil **Peliatan**, direkt südöstlich der Innenstadt, ist berühmt für seine guten Tänzer und von Pengosekan aus zu Fuß zu erreichen. Die erste *Tirta-Sari*-Tanzgruppe des Ortes ging schon in den 1950er-Jahren auf USA- und Europatournee. In dem 1952 in Hollywood gedrehten Streifen *Road to Bali* bildet die Gruppe den einzigen authentischen Bali-Hintergrund für die Abenteuer von Bob Hope, Bing Crosby und Dorothy Lamour. Holzschnitzer und Maler bieten hier in Läden ihre Produkte an.

4 HIGHLIGHT

Tanzaufführungen

Der Besuch einer der täglich stattfindenden Aufführungen gehört zum kulturellen Pflichtprogramm eines jeden Ubud-Besuchers. Jeden Abend finden auf verschiedenen Bühnen, meist in oder vor einem Tempel, **Tanzveranstaltungen** statt. Das Angebot ist überwältigend vielseitig und die Karten werden in der Regel bereits nachmittags von jungen Einheimischen in den Straßen zum Kauf angeboten. Die Darbietungen beginnen zumeist zwischen 19 und 20 Uhr und dauern etwa zwei Stunden. Zu den täglich stattfindenden Vorstellungen gehören anmutige *Legong*- und beeindruckende *Kecak*-Tänze sowie erzählerische *Wayang-Kulit*-Aufführungen. Mehrmals wöchentlich werden auch furchteinflößende *Barong*-, kriegerische *Kris*- sowie andere Trance-Tänze, *Ramayana*-Ballett und Gamelan-Konzerte veranstaltet. Hintergrundinformationen zu den einzelnen Tänzen s. Land und Leute ab S. 133.

Leider liegen einige Veranstaltungsorte sehr nahe an den geschäftigen Hauptstraßen, sodass der rege Verkehr das stimmungsvolle Ambiente manchmal etwas trüben kann. Je nach Art und Ort der Aufführung variieren die Preise zwischen 75 000 und 100 000 Rp. Die aktuellen Termine sind auf dem beim Yayasan Bina Wisata (Ubud Tourist Office) erhältlichen Infoblatt *Schedule of Performances* abgedruckt. Zu außerhalb liegenden Veranstaltungsorten verkehren im Ticketpreis inbegriffene Minibusse.

Der Affenwald von Ubud

Eine der touristischen Hauptattraktionen von Ubud ist der heilige **Affenwald (Monkey Forest)**, 📞 361-971304 💻 www.monkeyforestubud.com, der im äußersten Süden der Jl. Monkey Forest beginnt. Der Wald wird von etwa 300 Makaken

Legong-Tanzunterricht

Zahlreiche Kultur-Institutionen von Ubud bieten Besuchern die Möglichkeit, zuzuschauen, wie kleine Mädchen im *Legong*-Tanz unterrichtet werden. Schon im Alter von vier bis fünf Jahren beginnen sie mit dem Training der graziösen Bewegungsabläufe, denn nur junge Mädchen bis zur einsetzenden Pubertät dürfen den *Legong* tanzen. Eine Ausnahme stellen die Tanzshows für Touristen dar. Einige Lehrer nehmen auch europäische Schülerinnen an. Aber selbst für erfahrene Tänzerinnen ist es schwer, in fortgeschrittenem Alter die vorgeschriebenen Körperhaltungen zu erlernen. Weitere Details zum *Legong*-Tanz s. S. 136.

(Macaca fascocilaris) bevölkert, überwiegend Jungtiere, aber auch ältere Männchen, die bis zu 10 kg schwer werden und recht aggressiv reagieren können. Kommt man ohne Erdnüsse und andere Leckereien hierher, verhalten sich die Affen normalerweise friedlich. Dennoch gilt es Abstand zu wahren und Kameras, Brillen und andere lose am Körper baumelnde Gegenstände sicher zu verstauen, da sie sonst von den Affen geklaut werden könnten.

50 m hinter der Kasse führen rechts Stufen in eine kleine Schlucht hinab und unter einem *Banyan*-Baum hindurch. Läuft man den kleinen Pfad am Fluss entlang, betritt man eine magische Welt. Das dichte grüne Blätterdach der alten Bäume lässt nur ab und zu einige Sonnenstrahlen hindurch, sodass der dämmrige Ort von einer märchenhaften Atmosphäre erfüllt wird: Die Steine und Felsen sind von Moos bewachsen und die herabhängenden Wurzeln der heiligen *Banyan*-Bäume strecken sich Richtung Erde. Dazwischen tollen neugierige junge Affen herum und beobachten die Besucher, die älteren wiederum liegen faul auf den Felsen und Bäumen. Am Flussufer geht es deutlich ruhiger zu als am Eingang zum Affenwald, wo sich die Makaken teils lautstark um Bananen und Erdnüsse streiten.

Im Affenwald von Ubud gibt es drei heilige Tempel: Der wichtigste ist der Unterwelttempel **Pura Dalem** des Banjar Padang Tegal im Südwesten der Parkanlage, den einige bizarre *Rangda*-Statuen und die omnipräsenten Affen bewachen. Die beiden anderen heiligen Stätten sind der Badetempel auf der nordwestlichen Seite und der **Pura Prajapati**, der sich am östlichen Rand des Waldes befindet. Ein kleiner Friedhof liegt auf einer Anhöhe direkt westlich neben dem Haupteingang. ⌚ 8–18 Uhr, Eintritt 20 000 Rp, Kinder 10 000 Rp.

Wer vom Affenwald Richtung Süden fährt, vorbei an Hotels und den Galerien einiger Maler und Holzschnitzer, erreicht das Dorf **Nyuh Kuning**, eine Bauernsiedlung, in der viele Maler, Holzschnitzer und Korbflechter leben.

Tempel und Palastanlagen

In der Jl. Raya Ubud befindet sich der Haupttempel, der **Pura Desa Ubud**, östlich daneben liegt der **Wantilan**. Der Ort dient der Dorfgemeinschaft als Treffpunkt. Er ist eine Art Aula, in der nicht nur Rituale, sondern auch andere gesellschaftlich wichtige Veranstaltungen stattfinden.

Auf der gegenüberliegenden Seite liegt der Palast der Adelsfamilie **Puri Saren Agung**. Ida Tjokorda Putu Kandel ließ ihn während seiner Herrschaft von 1800 bis 1823 erbauen. In den 1930er-Jahren fungierte der Palast unter dem damaligen König Tjokorde Gede Agung, der den Tourismus in Ubud stark förderte, zudem als erstes Hotel. Heute leben hier die Nachkommen der damaligen Könige. Tagsüber kann man im Komplex spazieren gehen, abends finden hier Tanzvorstellungen statt.

Ökologische Lebensweisen

Ubud hat sich nicht nur zum Zentrum der Künste, sondern in den letzten Jahrzehnten auch zum Zentrum ökologischer, d. h. naturverträglicher Lebensweisen entwickelt. Nirgendwo sonst auf Bali kann man seinen Urlaub so naturnah, aktiv und zugleich entspannt gestalten wie hier.

Es gibt unzählige Wege, die Schätze der Natur zu bestaunen und sich von ihnen verwöhnen zu lassen. Bei **Spaziergängen** in und um Ubud lässt sich immer wieder Neues entdecken und geführte Wanderungen und **Fahrradtouren** ermöglichen außergewöhnliche Einblicke in die Flora und Fauna der Insel. Zudem kann man aufschlussreiche und interessante Ausflüge zu den Öko-Bauernhöfen in der Umgebung unternehmen. Es bieten sich auch spannende und lehrreiche Perspektiven auf den traditionellen balinesischen Alltag. Warum nicht mal einen Kurs in balinesischer Kräuterheilkunde besuchen, ein ökologisch angebautes Tomatenbeet umgraben oder in einem gemeinnützigen Projekt als Englischlehrer aktiv werden? In Ubud bieten sich so viele Möglichkeiten, dass eine Auswahl schwerfällt.

Nach einem ereignisreichen Tag können Besucher sich auf einmalige Wellness-Erlebnisse freuen. In einem der vielen **ökologischen Spas** wird man in duftenden Rosenblüten gebadet oder verwöhnt die Haut mit feinstem Obst – ein berauschendes Erlebnis für Körper und Geist! Auch Freunde des **Yoga** kommen voll auf ihre Kosten und können in traumhafter Umgebung zu sich selbst finden.

Nach der körperlichen Entspannung warten Gaumenfreuden, die Ubud im Überfluss zu bieten hat. Unzählige Restaurants bieten eine breite Auswahl exquisiter Küchen. Immer mehr von ihnen legen dabei Wert auf biologisch angebautes Gemüse und verzichten auf chemische Zusatzstoffe. Auch ist die Auswahl an Kräutergetränken, Gesundheitscocktails und puren Fruchtsäften nirgendwo sonst auf Bali so groß wie hier.

Jeden Samstag findet von 9.30–14 Uhr in Padang Tegal vor dem Kafe ARMA ein kleiner **Bio-Markt**, 💻 www.ubudorganicmarket.com, statt. Frisches Gemüse, Kräuter und Obst aus ökologischem Anbau werden hier ebenso angeboten wie Gesundheits-Drinks, Medizin, organische Seifen und Literatur zu alternativen Lebensstilen.

Übernachtung

Es gibt Hunderte Hotels, Bungalowanlagen und Homestays, die die Haupt- und Nebenstraßen sowie die schmalen begrünten Seitengassen der Dörfer säumen und auch noch weit verstreut in den umliegenden Reisfeldern zu finden sind.

Viele der günstigen Unterkünfte gehören in die **Homestay**-Kategorie, d. h., man wohnt für wenig Geld bei einer Familie, die ein paar Zimmer eingerichtet oder ein paar zusätzliche Häuschen sowie sanitäre Anlagen erbaut hat. Die Mehrzahl der Homestays liegt in den ruhigen Seitengassen nördlich und südlich der Jalan Raya Ubud und östlich der Jalan Monkey Forest. Weitere entdeckt man in den südöstlichen Dörfern Pengosekan und Peliatan sowie im Nordwesten in den Reisfeldern bei

Penestanan. Zumeist bieten sie eine ähnliche Ausstattung zu vergleichbarem Preis. Bleibt man ein paar Tage, können ordentliche Rabatte ausgehandelt werden. Einige der etablierten Homestays haben mittlerweile angebaut und dadurch den Standard von Mittelklassehotels erreicht, ohne dabei ihre familiäre Atmosphäre eingebüßt zu haben.
Daneben gibt es auch **Bungalowanlagen** und **kleinere Hotels** in verschiedensten Preisklassen. Ein Schwimmbecken gehört mittlerweile zur Grundausstattung jeder Mittelklasseunterkunft. Dafür sind die Zimmer oft relativ teuer und ohne AC. Da es in Ubud besonders nachts recht kühl werden kann, ist diese aber auch nicht zwingend notwendig.
Die meisten **Luxushotels** findet man westlich von Ubud in Campuhan, Sayan und Kedewatan am Rande der Yeh Ayung-Schlucht, einige hochpreisige Anlagen liegen aber auch im Ort selbst.
Da die Unterkünfte teils sehr weit auseinander liegen, wurde eine regionale Unterteilung vorgenommen.
Weitere Übernachtungsmöglichkeiten s. eXTra [4199].

Zwischen Jalan Monkey Forest und Jalan Hanoman

Im touristischen Zentrum von Ubud finden sich Übernachtungsmöglichkeiten in allen Preisklassen. Die Mehrzahl der günstigen Unterkünfte liegen im Gang Arjuna und nördlich der Jl. Dewi Sita.

Untere Preisklasse

Argasoka Bungalows, Jl. Monkey Forest, ✆ 0361-970912, 💻 www.argasokabungalows.weebly.com. In der weitläufigen, etwas chaotisch am Hang errichteten Anlage schauen morgens die Affen aus dem benachbarten Monkey Forest vorbei. Die günstigen und hellen Zimmer bieten gute Matratzen und riesige, halboffene Du/WC mit Warmwasser. Freundliches Personal. Frühstück und WLAN inkl. ❷–❸

Arjuna House, Gang Arjuna, ✆ 0857-37558. In einem großen Hof mit nettem Garten gibt es eine breitgefächerte Auswahl an Bungalows und Zimmern mit Du/WC, teils auch mit Warmwasser und AC. Frühstück inkl. ❷

Arik's Homestay, Jl. Jembaran, ✆ 0361-977597, ✉ adi_gitu00@yahoo.co.id. Die 6 einfachen Zimmer mit guten Matratzen und Warmwasser-Du/WC sind sehr sauber und günstig. Frühstück inkl. ❷–❸

Canderi Homestay, Jl. Monkey Forest, ✆ 0361-975054. Ibu Canderi war 1970 die erste in Ubud, die Rucksacktouristen eine Bleibe anbot. Auch heutzutage ist die rüstige und liebenswerte Besitzerin immer noch in das Tagesgeschehen involviert und begrüßt Gäste auch gerne auf Deutsch. Die Zimmer in der engen Anlage sind zwar ein bisschen muffig, aber sehr sauber und bieten ein super Preis-Leistungs-Verhältnis, gute Matratzen und ein jeweils großes Bad/WC. ❷

Gria Jungutan, Gang Beji Jungutan, ✆ 0361-975752. Direkt in der Nähe der belebten Hauptstraße liegt dieses großzügige Refugium, umringt von Palmen und Bananenstauden. Hier gibt es geräumige, saubere Zimmer mit Moskitonetzen und Warmwasser-Bad/WC. Vom großen Balkon hat man eine wunderschöne Aussicht auf den Fluss. ❷

Pangkung House, Jl. Hanoman 49, ✆ 0361-972301, ✉ pangkungbali@yahoo.co.id. In einem ruhigen Innenhof versteckt liegt dieses Häuschen, dessen oberes Zimmer zu einem sehr guten Preis-Leistungs-Verhältnis vermietet wird. Der einladende, helle Raum hat einen Balkon mit Blick auf das Reisfeld nebenan sowie eine nette Sitzecke, ein bequemes Massivholzbett mit Moskitonetz und Bad/WC. Traditionelle Designelemente werten das Zimmer auf. Frühstück und WLAN inkl. ❸

Sania's House, Jl. Karna 7, ✆ 0361-975535, ✉ sania_house@yahoo.com. Die kleine, freundliche Anlage mit süßem Pool bietet Wohnräume in vielen Kategorien. Von einfachen, aber sehr sauberen Zimmern mit Schaumstoffmatratzen bis hin zu palastartigen Räumen mit wunderschön geschnitzten Türen und thronartigen Sesseln ist alles dabei. Guter Service und kleine Bibliothek. ❷–❹

Vinananda, Jl. Gautama, ✆ 0812-3650 9508, ✉ restu_ibu07@yahoo.com. Das kleine, ruhige

Homestay bietet einfach eingerichtete Zimmer mit bequemen Matratzen, Du/WC sowie ein paar Bildern an den Wänden. Die netten Betreiber führen nebenan einen Massagesalon und geben Kurse in stressabbauender Meditation und in der Herstellung balinesischer *Wayang*-Puppen. Nach Rabatten fragen. Frühstück und WLAN inkl. ❸

Mittlere Preisklasse

Agung Cottages, Jl. Gautama 18, ☏ 0361-975414, ✉ agungcott@yahoo.com. Die von vielen deutschen Gästen bewohnte Anlage mit schönem Garten bietet leicht abgewohnte, aber noch immer komfortable Zimmer mit Federkernmatratzen, älterer Du/WC und traditionellen Holzverzierungen. Das Zimmer im oberen Stock ist etwas besser. Nette Betreiberin und Frühstück inkl. ❸–❹

Dana Sari, Jl. Hanoman 43, ☏ 0361-970539, 💻 www.danasari.com. Die recht neue, 2-stöckige Anlage abseits der Straße bietet schicke, saubere und helle Zimmer mit Du oder Bad/WC und Blick auf die Reisfelder vor dem Haus. WLAN und Frühstück inkl. ❸–❹

Dewangga Bungalows, Jl. Dewi Sita, ☏ 0361-973302, 💻 www.dewanggaubud.com. Weitläufige, grüne Anlage mit sauberen und hellen Zimmern mit Warmwasser-Bad/WC und teils AC. Vom Balkon der 2-stöckigen Bungalows hat man eine gute Aussicht auf den großen Garten. In der Hotelgalerie werden Werke von dem Künstler I Gusti Putu Suteja und seiner Frau Mega Sari ausgestellt. Tee gibt es den ganzen Tag über. ❸–❹

Goutama Homestay, Jl. Gautama 14, ☏ 0361-970482, ✉ adiadnyana93@yahoo.com. In einer ruhigen Anlage bietet eine freundliche Familie saubere, helle und geflieste Zimmer mit Holzmöbeln und Du oder Bad/WC an. WLAN und Frühstück inkl. ❸–❹

Kunang-Kunang Gh., Jl. Hanoman 43, ☏ 0361-976052, 💻 www.kunangkunangguesthouse.com. In den Reisfeldern nahe der geschäftigen Jl. Hanoman vernimmt man lediglich den Lärm der schnatternden Entenfamilien. Die einfachen, leicht abgewohnten und teils etwas dunklen Zimmer sind geräumig und funktional eingerichtet, die teureren mit Diwan sowie toller Eckbadewanne und Tropendusche mit Warmwasser, teils auch mit AC und Kühlschrank. Von der Terrasse bietet sich eine herrliche Aussicht. ❸–❹

Nyoman Karsa Bungalows, ☏ 0361-975743, ✉ dikarsa_bungalows@hotmail.com. In der freundlichen Anlage liegen die schicken, modern eingerichteten Zimmer mit AC, TV mit DVD-Player sowie Bad/WC. Vom schönen mehrstufigen Pool hat man einen tollen Blick auf die Reisfelder. ❺

Oka Wati Hotel, Gang Beji Junjutan, ☏ 0361-973386, 💻 www.okawatihotel.com. 1980 war Oka Wati die erste in Ubud, die komfortablere Zimmer an Touristen vermietete. In der schönen, luftigen und gepflegten Gartenanlage mit Pool liegen die 12 balinesisch eingerichteten Zimmer mit AC und Kühlschrank, die nichts von ihrem Charme eingebüßt haben. Die teureren sind sehr geräumig und mit Dusche und Badewanne sowie sehr schönen Waschbecken ausgestattet. WLAN gegen Entgelt. ❺

Tegal Sari, Jl. Hanoman, ☏ 0361-973318, 💻 www.tegalsari-ubud.com. Weitläufige, von Reisfeldern umgebene Anlage mit sehr stilvollen, individuell und gemütlich eingerichteten und geräumigen Bungalows mit Du/WC und Badewanne, teils auch mit AC und Veranda mit tollem Blick auf die Reisfelder oder den Affenwald. Pool, Fitnessbereich, Bibliothek und Restaurant, das ökologische Gerichte serviert, vorhanden. Sehr freundliches Personal. ❹–❻

Wahyu's Bungalows, Jl. Dewi Sita, ☏ 0361-975308. Die familienfreundliche Anlage mit kleinem Pool und großen, kühlen und sehr sauberen Zimmern mit Warmwasser-Bad/WC, teils auch AC und ansehnlicher Terrasse oder Balkon liegt in einem grünen Garten. Die neuen Zimmer sind schlicht und modern und die alten balinesisch eingerichtet. Vom angeschlossenen Restaurant kann man das muntere Treiben auf dem Sportplatz beobachten. ❸–❹

Wenara Bali Bungalow, Jl. Monkey Forest, ☏ 0361-977384, ✉ wenarabali@hotmail.com. Direkt neben dem Affenwald kann man hier in schönen Zimmern mit Warmwasser-Du/WC oder Bad/WC und teils auch AC übernachten. Vom großen Balkon bietet sich eine wunderschöne Aussicht auf die Reisfelder und den plätschernden Fluss. Manchmal kann unverhoffter Affenbesuch aufkreuzen. Neuer Pool. Frühstück inkl. ❸–❹

Obere Preisklasse

Barong Resort & Spa, Jl. Monkey Forest, ✆ 0361-971759, 💻 www.barong-resort.com. Obwohl die kleine, aber feine und gepflegte Anlage mitten im Zentrum liegt, wohnt man hier sehr ruhig in 11 edlen Bungalows mit Privatgarten. Die komfortablen, komplett ausgestatteten Zimmer trumpfen mit in den Boden eingefasster Badewanne auf, sind aber überteuert. Die Villen bieten zudem einen Privatpool, für alle anderen Einheiten liegt ein Pool in der Mitte der Anlage. Der Service ist für die Preisklasse etwas unaufmerksam, aber freundlich. ❽

Ubud Village Hotel, Jl. Monkey Forest, ✆ 0361-975571, 💻 www.theubudvillage.com. In der beschaulichen Gartenanlage mit schönem Pool sind die Zimmer im linken Teil zu bevorzugen, da die Musik der Boom-Boom Bar nicht bis hierher herüberschallt. Die 23 etwas älteren und dunklen, aber komfortablen Bungalows bieten AC, TV, Marmorboden und luftiges Open-Air-Bad/WC mit in den Boden eingefasster Badewanne sowie privatem Vorgarten. Die Deluxe-Zimmer punkten zudem mit einer schönen, großen Terrasse mit Liege und Marmortisch. Freundlicher Service. ❼

Jalan Bisma und Jalan Kajeng

Wer den Trubel hinter sich lassen möchte und dennoch im Zentrum wohnen will, sollte hier suchen. Beide Straßen haben ihren ganz eigenen Charme und bieten günstige und schöne Unterkünfte.

Untere Preisklasse

Ben's Homestay, Jl. Suweta, ✆ 0361-973388, ✉ ben_bali88@yahoo.com. Am Ende der Jl. Kajeng führt eine steile Treppe mitten in einen Bambuswald. Hier liegen die hell gefliesten, geräumigen Zimmer mit Warmwasser-Du/WC und einladendem Balkon, auf dem man den Gamelan- oder Grillenkonzerten lauschen kann. ❷–❸

Puji Bungalows, Jl. Bisma, ✆ 0818-564722. Ein Pfad führt zu den Bungalows mit 6 spartanisch ausgestatteten Zimmern mit weichen Schaumstoffmatratzen und Warmwasser-Du/WC. Während des Frühstücks auf der Terrasse kann man mit den Händen durch die Reispflanzen streichen und sich den Duft um die Nase wehen lassen. WLAN inkl. ❷

Mittlere Preisklasse

Ala's Green Lagoon, Jl. Bisma, ✆ 0361-970476, 💻 www.alasgreenlagoon.baliklik.com. Die Bungalows sind im traditionellen balinesischen Stil mit wunderschön verzierten Holztüren gebaut und liebevoll mit Himmelbett und Bad/WC eingerichtet. Vom erhöht gelegenen Pool bietet sich ein schöner Blick auf die Reisterrassen. WLAN und Frühstück inkl. ❸–❺

Honeymoon Gh., Jl. Bisma, ✆ 0361-973282, 💻 www.casalunabali.com. In der großen, grünen Anlage mit Pool stehen die geräumigen, stilvoll mit dunklen Möbeln eingerichteten Bungalows mit gepflegten Zimmern, teils mit modernem Bad/WC, AC und schönen farbenfrohen, zweiflügeligen Eingangstüren. Das freundliche Personal gibt gerne Tipps für individuelle Wanderungen durch die Reisfelder um Ubud. Auch Kochkurse im Restaurant Casa Luna in der Jl. Raya werden angeboten. Reservierung empfehlenswert. WLAN und Frühstück inkl. ❺–❻

Ort der Ruhe im Herzen von Ubud

Ladybamboo Villa, Jl. Kajeng 13C, ✆ 0361-970048, 💻 www.ladybamboo.com. Vom Bremer Lambert und seiner Frau Reki wird man nicht nur exzellent bekocht und unterhalten, sondern auch in die Geschichte der Ortschaft eingeführt oder in die angrenzenden Reisfelder entführt. Die geräumigen Zimmer mit Du/WC, teils auch mit AC, LCD-TV mit DVD-Player, iPod-Anlage, edlem Marmorboden und privater Terrasse, liegen um einen ruhigen, tropischen Garten mit Pool und kleinem Restaurant. Die Gastgeber haben immer gute Tipps parat und bieten Kochkurse an. Frühstück inkl. ❺–❻

Reisfeldromantik im Doppelpack

Diese 2 Unterkünfte bieten neben sehr sauberen, liebevoll eingerichteten und komfortablen Zimmern auch wunderschöne Ausblicke auf die umliegenden saftig grünen Reisfelder. Anstatt Straßenlärm gibt es nachts nur Grillen-, Frosch- und *Tokee*-Konzerte (s. S. 82). Eine Reservierung ist bei beiden empfehlenswert.

Bali Moon, Jl. Bisma, ✆ 0361-978293, 💻 www.balimoon.baliklik.com. Das kleine familiengeführte Gästehaus bietet optimale Voraussetzungen für einen entspannten Aufenthalt. Die Zimmer mit schweren balinesischen Holzmöbeln und einem großen, traditionellen Himmelbett erzeugen eine romantische Atmosphäre. In das offene Bad/WC mit großzügiger Wanne führt ein Pfad aus hellen Kieselsteinen. Die 6 Zimmer verteilen sich auf einem älteren und einem neuen Komplex. Die freundlichen Besitzer des Gästehauses geben gerne Exkurse in balinesischer Kultur. WLAN und Frühstück inkl. ❸

Hibiscus Cottages, Jl. Bisma, ✆ 0361-970475, 💻 www.hibiscus-cottages.com. Die 5 Zimmer mit geräumigem Warmwasser-Bad/WC und Balkon oder Terrasse, teils auch mit AC, sind sehr empfehlenswert. Von der Veranda des VIP-Zimmers kann man an klaren Tagen bis zum Strand von Sanur blicken. Gerne bezieht der freundliche Besitzer seine Gäste in die täglichen religiösen Rituale mit ein. Die Santan-Pancakes und Gemüse-Omelettes, die man mit Obstsalat oder frischem Saft zum Frühstück serviert bekommt, sind mit die besten ganz Balis. WLAN, Kaffee, Tee und reichhaltiges Frühstück inkl. ❸–❺

Nick's Hidden Cottages, Jl. Bisma, ✆ 0361-970960, 💻 www.nickshotels-ubud.com. Fast am Ende der Jl. Bisma, an einem Hang zum Fluss in völliger Ruhe gelegene Anlage mit einem großen, geschwungenen Pool und Bungalows im balinesischen Stil. Mitten im Grünen bietet sich hier ein atemberaubender Blick auf Palmen und Bananenwälder. Die spartanisch eingerichteten Zimmer sind teils mit AC und Bambusmöbeln ausgestattet und haben abgenutzte Bad/WC. WLAN und Frühstück inkl. ❹

White Lotus, Jl. Kajeng 23, ✆ 0899-013492, ✉ sander_goeb@hotmail.com. Das 2011 eröffnete Hotel bietet 2 liebevoll eingerichtete Zimmer mit Warmwasser-Du/WC, guten Matratzen und einer kleinen Aussichtsplattform mit wunderschönem Ausblick auf einen kleinen Wasserfall und Reisterrassen. Die freundliche italienische Besitzerin bietet in ihrem ruhigen Garten persönliche Yogakurse an. Tee und Kaffee inkl. ❹

Obere Preisklasse

Komaneka at Bisma, Jl. Bisma, ✆ 0361-971933, 💻 www.komaneka.com. Das Hotel verspricht grenzenlosen Luxus in atemberaubender Lage. An der steilen Schlucht zum Fluss gelegen, gibt es neben Zimmern, die keine Wünsche offenlassen, auch Villen mit Privatpool in schwindelerregender Hanglage. Traumhafte Sonnenuntergänge sind garantiert. WLAN inkl. ❽

Im Nordwesten von Ubud

In den Reisfeldern von Penestanan, weitab vom geschäftigen Treiben in Ubud, finden sich viele 2-stöckige Bungalows. Campuhan war in den 1930er-Jahren das Zentrum der modernen Malerei und bietet ebenfalls einige Übernachtungsmöglichkeiten. Weiter im Norden in Kedewatan liegen einige der luxuriösesten Hotelanlagen von Bali.

Mittlere Preisklasse

Gerebig Bungalows, Penestanan Kelod, ✆ 0361-974582, 💻 www.gerebig.com. Die Anlage wird von Palmen begrenzt und ein kleiner Bach plätschert mitten durch den romantischen grünen Garten mit einem kleinen Pool. Die großen, gemütlichen Bungalows haben Küche, Warmwasser-Du/WC und Terrassen. Die Buchtauschbörse bietet auch viele deutsche Schmöker. Reservierung empfehlenswert. ❹–❺

Pager, ✆ 0361-975433. Hier kann bei einem Maler in außergewöhnlich gestalteten, teils 2-stöckigen Bungalows mit 1 bis 2 Zimmern und extravaganten Bädern mit Steinbadewanne übernachtet werden. Die riesige Fensterfront beschert eine tolle Aussicht auf das Flusstal. ❸–❺

Puri Bunga Resort & Spa, Kedewatan, ✆ 0361-753867, 💻 www.puribungahotel.com. Spektakulär an der Schlucht des Yeh Ayung gelegene Anlage unter polnischem Management mit 2 Pools, die deutlich günstiger ist als die benachbarten Luxushotels. Hier wohnt man zu einem vertretbaren Preis in 10 geräumigen und komfortablen Zimmern mit großen Betten und Bad/WC. Es werden auch Kochkurse angeboten. Frühstücksbuffet, WLAN, Fahrräder sowie 2x tgl. Shuttlebus nach Ubud inkl. ❻

Sari Bamboo Bungalows, Jl. Penestanan, ✆ 0361-975547, ✉ sari_bamboo@hotmail.com. Etwas ältere Anlage mit Pool und nett eingerichteten 2-stöckigen Bungalows mit Vorgarten, Küche, einfachen Warmwasser-Du/WC und großen Terrassen mit Liegen. Vom Himmelbett im oberen Stockwerk hat man eine tolle Aussicht auf die Reisfelder. Sehr freundliches Personal. WLAN und Frühstück inkl. ❹

Obere Preisklasse

Hotel Tjampuhan, Jl. Raya Tjampuhan, ✆ 0361-975368, 💻 www.tjampuhan-bali.com. Das 1928 für die Gäste des Prinzen von Ubud im traditionellen balinesischen Stil erbaute Hotel hat mittlerweile etwas Staub angesetzt. Es liegt im engen Tal des Yeh Wos und bietet 67 geschmackvoll eingerichtete Zimmer mit dunklen Holzmöbeln und Warmwasser-Bad/WC, teils auch mit AC. Von 1928 bis 1940 wohnte hier der Maler Walter Spies, der sich den mittlerweile modernisierten Naturwasserpool bauen ließ. Originell eingerichtetes Spa. Transportservice ins Zentrum und Frühstück inkl. ❼

Kupu Kupu Barong Villas & Tree Spa, Kedewatan, ✆ 0361-975478, 💻 www.kupubarong.com. Diese äußerst exklusive, 3 ha große Villenanlage liegt ca. 15 Min. vom Zentrum entfernt an der Schlucht des Yeh Agung und ist die älteste ihrer Art im Großraum Ubud. Die 34 eleganten Villen aus Holz und *Alang-Alang*-Gras sind mit separatem Wohnzimmer, Himmelbett, *Ikat*-Decken, einer riesigen Fensterfront und einer großen marmornen Sitzbadewanne luxuriös ausgestattet und bieten teils auch einen privaten Pool. WLAN inkl. ❽

Waka Namya Resort & Spa, Jl. Raya Penestanan, ✆ 0361-975719, 💻 www.wakanamya.com. Die luxuriöse Anlage in den Reisfeldern von Penestanen verfügt durch ihre edle Einrichtung aus naturbelassenem Holz und Steinen über ein herrlich geruhsames Ambiente. Jeweils 4 der mit allem Komfort eingerichteten Zimmer teilen sich einen Pool. ❼

Im Südosten von Ubud

In Tebesaya und Peliatan bietet sich ein Bild kleinstädtischen Lebens. In den Nebenstraßen geht es weit weniger touristisch zu als weiter westlich. In- und ausländische Studenten sowie Kunstinteressierte bleiben gerne für längere Zeit in dieser Gegend.

Untere Preisklasse

Alam Sawah Lodge & Cafe, Peliatan, ✆ 0361-975797. Mehrstöckige Unterkunft mit Pool und Zimmern mit TV, Kühlschrank und Warmwasser-Du/WC. Bei Interesse gibt es hier Lehrstunden in *Anklung*, den traditionellen balinesischen Bambusmusikinstrumenten. Zudem besitzen die Söhne eine bemerkenswerte Sammlung von Oldtimer-Motorrädern, man sieht sie immerfort an Fahrzeugen basteln. ❷

Sari Bungalows, Peliatan, ✆ 0361-975541, ✉ ironkic@hotmail.com. Ein ausgedehntes Grundstück, umgeben von Kokosnusspalmen, Bananenpflanzen und Reisbewässerungskanälen, mit einfachen, etwas schmuddeligen und wenig einladenden, aber sehr günstigen Zimmern mit harten Matratzen und Du/WC. Die Tochter der Besitzer gibt Lehrstunden in balinesischem Tanz. Fahrrad- und Motorradverleih. ❶

Mittlere Preisklasse

Artini 3 Cottages, Jl. Raya Pengosekan, ✆ 0361-974147, 💻 www.artinicottage.com. Von Reisfeldern umgeben, weitab der Straße

Hier fühlt man sich zu Hause

Guci Gh., Jl. Raya Pengosekan, ✆ 0361-975975, 🖳 www.guci-bali.com. Der äußerst talentierte Maler Nyoman und seine deutsche Frau Ulli kümmern sich herzlich um ihre Gäste. In einem schönen Garten mit Kunstwerken stehen die älteren, aber sauberen und gepflegten Bungalows mit Veranda, Holzmöbeln und einladenden Betten mit Moskitonetz sowie Open-Air-Du/WC mit Warmwasser. Zudem gibt es 2-stöckige Doppelbungalow-Hälften, die neben einem schön gestalteten, offenen Schlaf- und Wohnraum und wunderschönen Bädern auch eine komplett ausgestattete Küche bieten. Das freundliche Personal serviert ein tgl. wechselndes Frühstück, WLAN inkl. ❹

ruhig gelegen und dennoch zentrumsnah stehen um einen Pool die etwas älteren, sauberen Bungalows und Zimmer mit Holz- und Bambusinterieur, bequemen Matratzen, Veranda oder Balkon und Du/WC. Nachts hört man nur die quakenden Frösche in den Reisfeldern. WLAN im Restaurant und amerikanisches Frühstück inkl. ❹–❺

Obere Preisklasse

ARMA Resort, Jl. Peliatan Raya, ✆ 0361-976659, 🖳 www.armaresort.com. Die weitläufige Anlage im Grünen hat durchaus etwas vom Charme alter Tempelanlagen. Die geschmackvoll und komplett eingerichteten Zimmer mit Bad/WC sowie die luxuriösen Villen mit Privatpool und schicken Open-Air-Du/WC sind höchst komfortabel. Es gibt freien Eintritt zum benachbarten ARMA – Agung Rai Museum of Art und ein großes Angebot an Kunstkursen. Fast tgl. finden Tanzvorstellungen statt. WLAN im Restaurant inkl. ❼–❽

Essen

Die Auswahl an Restaurants ist riesig groß. Neben vielen Lokalen, die ihre Speisen auf den Geschmack der Touristen abgestimmt haben, gibt es in Ubud auch viele erstklassige Restaurants, in denen fantastische Gerichte gezaubert werden.

Keinesfalls entgehen lassen sollte man sich eine **Bali-Ente** *(Bebek Betutu)* zum Abendessen, auch wenn sie nicht ganz billig ist und einen Tag vorher bestellt werden muss. In traditioneller Art auf Reisstroh gegart, ist das zarte Fleisch ein Genuss.

Mehr Restauranttipps s. **eXTra [4213]**.

Amerikanisch

Mojo's Flying Burritos, Jl. Raya Ubud, gegenüber dem Pura Dalem, ✆ 0361-920 9422, ✉ mojosflyingburritos@gmail.com. Die aus Kuta bekannte Burrito-Schmiede bietet nun auch in Ubud ihre leckeren, auch selbst zusammenstellbaren Wraps, Tacos, Quesadillas, Nachos und Enchiladas in gewohnt guter Qualität an. Auch Lieferservice. ⏲ 10–22 Uhr.

Asiatisch

Indian Delites, Jl. Raya Pengosekan, gegenüber dem Perama-Büro, ✆ 0361-744 4222. Im traditionellen Lehmofen *(Tandoor)* werden in dem kleinen, offenen Restaurant Kebabs und Hähnchen gebacken. Auch vegetarische und Fischgerichte sowie 4 Sorten *Dhal* und 7 Lamm-Variationen stehen zu gehobenen Preisen auf der Speisekarte. Lieferservice. ⏲ 10.30–22.30 Uhr.

Indus, Jl. Raya Sanggingan, ✆ 0361-977684, 🖳 www.casalunabali.com/indus-restaurant. In wunderschöner Lage im Tal werden auf

Die besten Rippchen Balis

Naughty Nuri's Warung, Jl. Raya Sanggingan, ✆ 0361-977547. Rustikal und eng geht es in diesem sehr gut besuchten, seit 1995 bestehenden Warung zu. Hier sitzen viele US-amerikanische Stammgäste an den einfachen Holztischen. Die schlagfertigen Bedienungen, ausnahmslos Frauen, servieren fantastische Barbecue-Rippchen vom Schwein für 85 000 Rp, die jeden Rupiah wert sind, leckere Hähnchenschenkel und Burger. Besonders zum Abend wird die Stimmung immer lustiger und gelöster. Ein großes Bintang Bier kostet 38 000 Rp. Ein paar Häuser weiter südlich liegt der etwas modernere Nacho Mama Grill, der mexikanische Speisen anbietet. ⏲ 10–22 Uhr.

2 Etagen, weitab vom Straßenlärm, exquisite asiatische Gerichte zubereitet. Atemberaubende Aussicht. Auch Sonntagsbrunch und jeden Mo und Fr Live-Latin-Musik. 🕒 7.30–23 Uhr.

Istanbul Café, Jl. Raya Pengesokan, ✆ 0361-971266. Köfte, Kebab, Lamm im irdenen Pott, *Manti* (türkische Teigtaschen) oder Aubergine mit Hackfleisch, Tomaten und grünem Pfeffer – der türkische Koch zaubert hier zu verträglichen Preisen authentische Gerichte. Die Speisekarte wird durch guten Kaffee und ein paar Cocktails zum Abend komplettiert.

Man-Maru, Jl. Raya Singgingan, ✆ 0361-972519. Das modern gestaltete Restaurant bietet die Küche aus dem Süden Japans. Interessanterweise ist die Speisekarte mit Kalorienangaben versehen. Hauptgerichte um 50 000 Rp. Transport innerhalb Ubuds inkl. 🕒 12–24 Uhr.

Warung Little India, Jl. Hanuman, nördlich der Jl. Dewi Sita, ✆ 0361-977161. Neben Samosas und anderen Gerichten vom Subkontinent hält das winzige Restaurant hausgemachten Apfelkuchen, Lassies und einfache Standards aus Thailand und Indonesien bereit. Gerichte ab 25 000 Rp. 🕒 11–22 Uhr.

Europäisch

Café des Artistes, Jl. Bisma 9X, ✆ 0361-972706, 💻 www.cafedesartistesbali.com. Gehobene belgische Küche in ansprechendem und ruhigem Ambiente mit exzellentem Service. Neben vorzüglichen Tenderloin-Steaks gibt es eine große Wein- und Zigarrenauswahl und eine akzeptable Spirituosenkarte mit original belgischem Bier. Hauptgerichte kosten 40 000–120 000 Rp. 🕒 11–24 Uhr.

Deli Cat, Jl. Monkey Forest, auf der anderen Seite vom Sportplatz, ✆ 0361-971284, ✉ delicat_ubud@hotmail.com. Das kleine, nette und ruhig gelegene Restaurant trumpft mit einer großen Auswahl an Sandwiches auf, die man sich mit solch exotischen importierten Belägen wie Parma-Schinken, Salami oder Camembert selbst zusammenstellen kann. Zudem gibt es auch preisgünstige westliche Hauptgerichte, wie sehr leckere Burger und eine große Auswahl an Würstchen für 45 000 Rp. Empfehlenswert! WLAN inkl. 🕒 9–24 Uhr.

Zum Dahinschmelzen

Melting Wok, Jl. Gautama, ✆ 0821-5366 6087. Das kleine, 2011 eröffnete Restaurant der Französin Géraldine und ihres franko-laotischen Gatten Philippe bietet etwas Besonderes, nämlich kein feststehendes Menü. Je nach Markteinkauf zaubert Philippe ein kleines, leckeres Buffet aus Gemüse, Fleisch und Beilagen, geschmacklich orientiert an den Küchen aus Réunion und Laos. Ein flott servierter, gut portionierter Teller kostet 25 000 Rp und ist um die Mittagszeit die ideale Alternative zum Warten in den teuren Restaurants. 🕒 11–21 Uhr.

Pignou Di Penyu, Jl. Gautama 5, ✆ 0361-972577, ✉ pignoudipenyu@gmail.com. Ob Gratins, Filet Mignon, Froschschenkel, Hase oder Schnecken nach Monsieur Bruns Art – die indo-französische Betreiberin sorgt für authentische Gerichte, die zu französischen Weinen und leicht gehobenen Preisen genossen werden können. Ein paar asiatische Alternativen sind ebenfalls erhältlich. WLAN inkl. 🕒 11–22 Uhr.

Wackel, Jl. Hanoman, ✆ 0361-971555. Die indonesische Besitzerin serviert diverse deftige deutsche Spezialitäten, darunter Leberkäse, Gulascheintopf, Zwiebelrostbraten oder Weißwürste ab 26 000 Rp. Auch Reibekuchen findet man auf der Speisekarte. Da sind die angebotenen indonesischen Gerichte eher Nebensache. 🕒 10–22 Uhr.

Indonesisch

Canderi Restaurant, Jl. Monkey Forest, ✆ 0361-975054. Die rüstige Ibu Canderi war 1970 die erste in Ubud, die Rucksacktouristen eine Bleibe anbot. Auch das Restaurant war damals einer der Treffpunkte der Szene. Die Tacos nach indonesischer Art für 25 000 Rp sowie die anderen sehr günstigen einheimischen Gerichte bieten für preisbewusste Reisende eine empfehlenswerte Alternative zu den teuren Restaurants auf der Jl. Monkey Forest.

Igelanca, Jl. Raya Ubud, ✆ 0361-809 9124. Dieser einfache, in Orange gehaltene,

2-stöckige Warung überzeugt mit frisch zubereiteten traditionellen, indonesischen Speisen wie *Gado Gado* zu überraschend günstigen Preisen. Hauptgerichte ab 15 000 Rp. ⌚ 8–23 Uhr.

Soma, Jl. Dewi Sita, ✆ 0361-971120. In dem liebevoll gestalteten Restaurant werden aus Bio-Produkten hergestellte Gerichte serviert, darunter indonesische Speisen, Sandwiches und Snacks. An den frisch gepressten Saftkreationen kommt man nicht vorbei. Große Auswahl an Teesorten, die mit anderen Bio-Produkten auch zum Verkauf angeboten werden. ⌚ 9–22 Uhr.

Sura's Warung, Jl. Kajeng 10, ✆ 0852-3840 8899. Das gemütliche kleine Warung bietet günstige und sehr leckere balinesische Gerichte. Zu Jazzmusik kann hier nach Vorbestellung auch *Bebek Betutu* oder eine Reistafel verspeist werden. Hauptgerichte ab 23 000 Rp. ⌚ 9–22 Uhr.

Warung Enak, Jl. Pengosekan, ✆ 0361-972911, 💻 www.warungenakbali.com. In durchmischtem Ambiente aus verschiedensten Stilen bekommt man indonesische Gerichte aus Sumatra, Kalimantan, Sulawesi, Java, Lombok, Ambon, West-Papua und natürlich Bali serviert. Wer indonesisch Kochen lernen möchte, kann hier Kurse belegen. Abholung innerhalb von Ubud inkl. ⌚ 8–23 Uhr.

Warung Sopa, Jl. Sugriwa. Vegetarische, indonesische Küche mit südjapanischem Einschlag aus Okinawa. Dieses nette Restaurant serviert nicht einfach Standardgerichte, sondern z. B. Nasi Campur mit Linsencurry, Tofu-Falafel, Algen-Lumpia oder Samosas aus *Okara*, dem fettarmen und proteinreichen Nebenprodukt der Milchherstellung aus Soya. Lecker? *Hai*!

Saugut!

Ibu Oka 1, Jl. Suweta, ✆ 0361-207 7490. Gleich um die Ecke vom Palast Puri Agung, direkt unter einem *Banyan*-Baum, gibt es hier das typisch balinesische und sehr leckere Spanferkel *(Babi Guling)* – ein Muss für Freunde der deftigen Küche. Auch ansonsten geht es in dem immer gut besuchten, modernen Warung rustikal zu. Man teilt sich die Tische oder Plätze auf dem Boden mit manch Einheimischen und vielen anderen Touristen. Eine weitere Filiale gibt es in der Jl. Suweta. ⌚ 11–18 Uhr.

International

Art Café, Jl. Monkey Forest, ✆ 0361-970910. Das kleine, künstlerisch mit zahlreichen Spiegeln eingerichtete Café bietet eine breite Auswahl an Hauptgerichten ab 40 000 Rp in sehr entspannter, freundlicher Atmosphäre. Die Burritos und die Tiramisu sind besonders lecker. Im hinteren Teil liegt auch ein netter kleiner Garten. WLAN inkl. ⌚ 7–20.30 Uhr.

Bali Buddha, Jl. Jembawan 1, gegenüber dem Postamt, ✆ 0361-976324, ✉ info@balibuddha.com. Angesagtes und entspanntes Restaurant, das außergewöhnliche vegane und vegetarische Speisen sowie leckere Gesundheits-Shakes anbietet. Auch Lasagne und Burger für Karnivore. Im unteren Bereich befindet sich ein Bio-Laden mit ökologischen Lebensmitteln und anderen Produkten. Empfehlenswert sind die leckeren Kuchen. Hauptgerichte ab 39 000 Rp. Lieferservice. ⌚ 7–22 Uhr.

Juice Ja Café, Jl. Dewi Sita, ✆ 0361-971056. Die leckeren Baguettes, Kuchen, Salate und indonesischen Hauptgerichte werden nicht nur im gemütlichen 2-stöckigen Restaurant serviert, sondern auch geliefert. Ein kleiner Shop bietet Bio-Produkte an. Absolut empfehlenswert sind die Fruchtsäfte sowie die leckeren Frozen Joghurts. Außer von 12–14 Uhr WLAN inkl. ⌚ 7–23 Uhr.

Kafe, Jl. Hanoman 44B, ✆ 0361-780 3802, 💻 www.balispirit.com. Immer gut besuchtes Café und Restaurant mit umweltgerechten Recyclingmöbeln. Große Kaffee- und Teeauswahl, Bio-Reis, gesunde Obst- und Gemüsesäfte sowie Essen aus aller Welt und leckerer Sonntagsbrunch. Mo ab 18 Uhr gibt es ein Dinner mit anschließendem Kino für 85 000 Rp. Es werden auch Massagen, Yogakurse und Workshops angeboten. WLAN von 8–12 und 15–19 Uhr inkl. ⌚ 8–23 Uhr.

Murni's Warung, an der Brücke nach Campuhan, ✆ 0361-975233, 💻 www.murnis.com. Eines der ersten Restaurants in Ubud und mittlerweile eine alteingesessene Institution auf 5 Stockwerken mit fantastischer Aussicht. Viele Gäste werden das in der Speisekarte abgedruckte Zitat von Cathay Cox unterschreiben können. Gerichte ab 35 000 Rp. Ab 19 Uhr kostenlose Abholung vom Hotel. WLAN inkl. ⌚ 8–22 Uhr.

New Café Jaya, Jl. Monkey Forest, ✆ 0361-971078. Das kleine und einfache Restaurant bietet preisgünstige Baguettes sowie internationale und indonesische Hauptgerichte. Der Erdbeer-Mandarinen-Saft ist sehr lecker. WLAN inkl. ⌚ 7–22 Uhr.

Nomad Restaurant, Jl. Raya Ubud 35, ✆ 0361-977169, 💻 nomad-bali.com. Hier wird seit 1979 exzellente Fusionsküche mit Gemüse vom eigenen Bio-Bauernhof im Norden von Ubud serviert. Hausgemachte Pasta, Thunfisch-Steak oder Rinder-Kebab – schon beim Anblick der kreativ gezauberten Köstlichkeiten läuft einem das Wasser im Mund zusammen. Hinterher kann man bei Loungemusik die Cocktails ausprobieren. Gerichte ab 70 000 Rp, Cocktails ab 60 000 Rp. ⌚ 10–22 Uhr.

Sjaki's Warung, Jl. Monkey Forest, auf der anderen Seite des Sportplatzes, ✆ 0813-5718 1122, 💻 www.sjakitarius.nl. Das einfache Restaurant dient als Lernstätte für geistig behinderte Kinder und Jugendliche, die hier Kochen, Servieren sowie den Umgang mit Touristen lernen. Die gemeinnützige Organisation betreibt auch das Haus direkt dahinter sowie ein weiteres in Selat in Ost-Bali. Hier lernen die Kinder spielerisch Selbstständigkeit und soziales Verhalten. Das löbliche Projekt kann mit einem Besuch im Restaurant, Sach- und Geldspenden unterstützt werden. ⌚ 10–22 Uhr.

Leckere Gerichte und Säfte

Ibu Rai, Jl. Monkey Forest 72, ✆ 0361-973472, 💻 www.iburai.com. In dem alteingesessenen und luftigen Restaurant werden neben sehr leckeren Hauptspeisen, die sowohl westlich als auch balinesisch beeinflusst sind, auch thailändische Küche und frische Beerensäfte angeboten. Die Großgarnele auf Pasta mit Koriander und Basilikum-Pesto ist sehr zu empfehlen. Wechselnde Wochenkarte und Auswahl an Cocktails. Angemessene Preise. ⌚ 9–22.30 Uhr.

Alles biologisch und verträglich

Warung Bodag Maliah, Subak Sok Wayah, ca. 1 km nördlich des Zentrums, ✆ 0361-780 1839, ✉ sari-organik@hotmail.com. Angeschlossen an den Bio-Bauernhof Sari Organik, werden mitten in herrlich fotogener Reisfeldlandschaft in einem ganz aus Holz und Bambus konstruierten Pavillon asiatische, internationale und vegetarische Gerichte ab 25 000 Rp serviert. Die Salate und die ausgefallenen Saftkreationen erfreuen sich besonderer Beliebtheit. Die Zubereitung der Speisen kann man dank der offen einsehbaren Küche verfolgen. Zudem stehen ökologische Reissorten, Weine und Bio-Bier aus Lovina zum Verkauf.

Auf der Farm nebenan können Besucher eigenhändig die Produkte pflücken und sie im Restaurant bezahlen. Abholung aus Ubud bzw. Lieferservice auf Anfrage ist möglich. ⌚ 8–21 Uhr.

Warung Dayu's, Jl. Monkey Forest, ✆ 0361-973196. Das günstige Restaurant ist ein beliebter Treffpunkt zum abendlichen Bier. Serviert werden einfache und günstige europäische sowie indonesische Gerichte ab 25 000 Rp an alten Bambustischen. Schneller Service. ⌚ 9–22 Uhr.

Cafés

Bali Yoga Restaurant, Jl. Kajeng, ✆ 0361-971770. Wer am Morgen das Verlangen nach einem speziellen Frühstück verspürt, ist hier genau richtig, denn dieses einfache, kleine Restaurant bietet neben indonesischen Speisen auch ein vielfältiges, internationales Frühstücksangebot, darunter ein norwegisches Frühstück für 35 000 Rp.

Casa Luna Restaurant & Cooking School, Jl. Bisma, ✆ 0361-973282, 💻 www.casalunabali.com. Im hinteren Bereich des luftigen und edlen Cafés stehen große Tische, an denen mit Blick auf den Fluss gespeist werden kann. Zudem auch ein AC-gekühlter Raum mit schönen Marmortischen. Neben den exzellenten Kuchen und einer guten Auswahl an Broten, die hier in luftigem Kaffeehaus-Ambiente geboten werden, ist das Casa Luna eine der besten Kochschulen in Ubud, s. S. 219. Hauptgerichte gibt es ab 60 000 Rp, ein Müsli kostet 40 000 Rp.

Clear Café, Jl. Hanoman 8, ✆ 0361-889 4437, 💻 www.clear-cafe-ubud.com. Das neue und mit Holz-, Bambus- und Steinelementen modern gestaltete Café serviert zu entspannter Musik in lässig-kühlem Ambiente Frühstück, kleine Snacks, Salate, Gesundheitsdrinks und diverse Tees zu leicht gehobenen Preisen. Viele Bio-Zutaten, vegetarische und vegane Gerichte. Freundliche Bedienung. WLAN inkl. ⌚ 8–22.30 Uhr.

Coffee I&I, Jl. Monkey Forest 67, ✆ 0361-972950, ✉ coffeeand@hotmail.com. Im AC-gekühlten Erdgeschoss der modernen Kaffeebar servieren 3 lustige Balinesinnen guten einheimischen Kaffee, leckeren Erdbeersaft und verschiedene Sandwiches, während man im 1. Stock nett an der frischen Luft das Treiben auf der Hauptstraße beobachten kann. Kaffee und Säfte gibt es ab 16 000 Rp, Sandwiches sind nur geringfügig teurer. WLAN inkl. ⌚ 8–22 Uhr.

Kué, Jl. Raya Ubud, ✆ 0361-975249. Freunde exzellenter Torten, Pralinen und süßer Backwaren kommen hier voll auf ihre Kosten. Zudem bietet das kleine Café eine feine Auswahl an Sandwiches, Wraps und Salaten und ist auch mit einem Stand auf dem Bio-Markt in Pengosekan vertreten. Lieferservice. ⌚ 8–22 Uhr.

Three Monkeys Cuisine & Art Café, Jl. Monkey Forest, ✆ 0361-975554. Mit Blick auf die Reisfelder gibt es hier neben Tapas und den typischen Gerichten auch ausgefallene Desserts wie einen Erdbeer-Minze-Salat mit Karamell oder eine belgische Schokoladentorte. ⌚ 7–23 Uhr.

Das leckerste Eis in Ubud

Gelato Secrets, ✆ 0361-977899, 💻 www.gelatosecrets.com. Der kleine, sehr empfehlenswerte Eisladen stellt alle seine 24, teils sehr ausgefallenen, Eissorten selbst her. Dabei werden nur frische Zutaten verwendet, was man auch schmeckt. Auch wenn eine Kugel 20 000 Rp kostet, ist sie das Geld allemal wert. 2 Kugeln gibt es für 35 000 Rp, 3 für 45 000 Rp, auch zahlreiche Toppings stehen zur Auswahl. ⌚ 9–22.30 Uhr.

Unterhaltung

Für Nachtschwärmer hat Ubud weniger zu bieten als Kuta oder Seminyak. Es gibt aber einige nette Orte, an denen man sich auf ein Bier oder einen Cocktail treffen kann, allerdings selten bis spät in der Nacht.

Mehr Unterhaltungstipps s. eXTra [4213].

Bar Luna, Jl. Hanuman, ✆ 0361-971832, 💻 www.casalunabali.com/bar-luna. In dem netten, mit Korbsesseln eingerichteten Café werden nicht nur leckere vegetarische Gerichte und eine gute Auswahl an Teesorten angeboten, sondern auch wechselnde Fotografien ausgestellt. Zudem treffen sich hier die Literaten und Künstler. Di und Do findet ab 20 Uhr der Lit Club statt, bei dem die illustren Teilnehmer nicht nur ihre Werke vortragen, sondern auch mal zur Gitarre greifen. ⌚ 8–23 Uhr.

Café Havana, Jl. Dewi Sita, ✆ 0361-972973, ✉ info@cafehavanabali.com. Die freundlichen Bedienungen werden zu Tanzlehrerinnen und fordern die Gäste auf, zu temperamentvoller Latino-Musik die Hüften zu schwingen. Für Hungrige gibt es auch Essen in kleinen Portionen. Livemusik Do–Sa 19–22, Salsa-Tanzkurs Sa 17.30–18.30 Uhr. WLAN inkl. ⌚ 10–24 Uhr.

CP-Lounge, Jl. Monkey Forest, ✆ 0361-978954, 💻 www.cproyalsteakhouse.com. Zentral unterhalb des Sportplatzes gelegen, gibt es in eher ungemütlichem AC-gekühltem Ambiente Cocktails und Longdrinks ab 100 000 Rp zu lauter Musik. Happy Hour 19–22 Uhr. Livebands von 23–2.30 Uhr. Außerdem Billardtuch und draußen ein Steakhaus. WLAN inkl. ⌚ 19–5 Uhr.

Jazz Café, Jl. Sukma, ✆ 0361-976594, 💻 www.jazzcafebali.com. Bei Livemusik und ausgewählter westlicher und asiatischer Küche

kann man in gediegenem, ansprechendem Ambiente den Tag ausklingen lassen. Eintritt bei Livemusik 25 000 Rp. Abholservice.
🕒 Di–So 17–24 Uhr.

Napi Orti, Jl. Monkey Forest, 📞 0361-970982, ✉ catoenx@yahoo.com. Gemütliche Reggae-Bar, in der man auch spät abends noch mit Bier und Pizzen versorgt wird.

Ozigo Bar, Jl. Sanggingan, 📞 0361-974728, 💻 ozigobarubud.blogspot.com. Der einzige Club in Ubud ist eine Mischung aus Bali, einer 1980er-Jahre-Disco und einem edlen Café. Während unten die Party rockt, gibt es in der 2. Etage auf schicken Ledersofas Cocktails. Jeden Abend Livemusik von Latin über Jazz bis Reggae. Ab 0.30 Uhr elektronische Tanzmusik. 🕒 ab 22 Uhr.

XL-Shisha Lounge, Jl. Monkey Forest 129X, auf der anderen Seite vom Sportplatz, 📞 0361-975751, 💻 www.xlshishalounge.com. Bereits draußen kriecht der süßliche Duft der Wasserpfeifen in die Nase. Die Lounge im mediterran-orientalischen Stil bietet im Inneren viel Platz. Neben der zentralen Bar und separierten Chill-Ecken gibt es auch einen Raum mit einer riesigen Leinwand, auf der Sportereignisse übertragen werden. Die in 9 Geschmacksrichtungen erhältlichen Shishas kosten 75 000 Rp, zudem auch einfache Gerichte, Cocktails, Weine und arabische Tees. 🕒 11–3 Uhr.

Feste

Ubud Writers und Readers Festival, 💻 www.ubudwritersfestival.com. Das seit 2004 von der gemeinnützigen Organisation Yayasan Mudra Swari Saraswati unter Leitung der Autorin Janet De Neefe (bekannt für ihr Buch *Fragrant Rice*) organisierte Festival widmet sich jedes Jahr einem anderen zentralen Themenfeld und ist immer einen Besuch wert. Jeden Oktober treffen sich Hunderte Schriftsteller, Dichter, Journalisten, Theatergruppen und ein breites Publikum aus aller Welt für 5 Tage, um ihre Arbeiten vorzustellen und gemeinsam kreativ zu sein. Ubud ist dann vollgepackt mit Denkern, Schauspielern, Literaten und allerlei interessanten Menschen, die sich in Lesungen, Workshops, Ausstellungen und Vorführungen künstlerisch und literarisch mit aktuellen Themen in Indonesien und der Welt auseinandersetzen.

Die mehr als 80 einzelnen Veranstaltungen finden mit Hilfe zahlreicher Freiwilliger in über 50 verschiedenen Cafés, Museen, Hotels und auf öffentlichen Plätzen statt. Neben hochpreisigen Sonderveranstaltungen, die oftmals ein luxuriöses Buffet und den Vortrag einer illustren Persönlichkeit, wie etwa Michael Ondaatje, Amitav Ghosh oder dem Literatur-Nobelpreisträger Wole Soyinka, beinhalten und oft ausverkauft sind, gibt es täglich mehrere kostenlose Aufführungen und Buchvorstellungen, oft flankiert von Jazz-, Salsa- oder Rap-Konzerten. Eine Tageskarte für internationale Gäste kostet für die Hauptveranstaltungen 850 000 Rp, für Workshops 700 000 Rp. Das Programm sowie die ersten, vergünstigten Early Bird Tickets werden in der Regel im Sommer desselben Jahres ausgegeben. Seit 2011 finden zeitgleich auch in anderen Orten Balis und Indonesiens kleine Literatur-Events statt.

Ab 2012 soll auch ein **Bali Emerging Writers Festival** stattfinden, das einer breiten Öffentlichkeit neue interessante Autoren vorstellt.

Einkaufen

Bücher

Adi Book Shop, Jl. Hanoman, Ecke Jl. Raya Ubud, 📞 0361-970290. Kleiner Buchladen mit einer guten Auswahl an gebrauchter Reiseliteratur und deutschen Büchern. 🕒 8.30–19 Uhr.

Cinta Bookshop, Jl. Dewi Sita. Gute Auswahl an gebrauchten englisch- oder deutschsprachigen Taschenbüchern.

Ganesha Bookshop, Jl. Raya Ubud, 📞 0361-970320, 💻 www.ganeshabooksbali.com. Der Buchladen war der erste in Ubud und führt neben gebrauchten, neuen und antiquarischen Taschenbüchern aus allen Genres auch eine sehr gute Auswahl an Büchern über Bali und Indonesien. 🕒 9–20 Uhr.

Periplus Bookshop, Jl. Raya Ubud 23, 📞 0361-971803, 💻 www.periplus.co.id. Eine der Ubud-Filialen der Kette liegt direkt gegenüber dem

Puri Lukisan Museum. Große Auswahl an englischsprachigen Büchern und Zeitschriften, auch gute Karten und Atlanten zu Bali und Indonesien. Weitere Filialen in der Jl. Monkey Forest und in Campuhan.

Pondok Pekak Library & Learning Center, ✆ 0361-976194, ✉ librarypondok@yahoo.com. Die kleine Bibliothek wurde aufgebaut, um den Kindern in Ubud die Möglichkeit zu geben, nach Herzenslust zu schmökern. Auch Besucher finden eine gute Auswahl englisch- und deutschsprachiger Bücher, die gemütlich vor Ort gelesen oder günstig ausgeliehen werden können. Buchspenden sind willkommen. Zudem regelmäßige Tanzaufführungen. ◷ So–Fr 9–21, Sa 9–17 Uhr.

The Yoga Barn, Jl. Hanoman 44, ✆ 0361-971236, 💻 www.theyogabarn.com. Hier gibt es die wohl größte Auswahl an Yogaliteratur auf Bali, mit über 70, größtenteils aus Indien importierten Titeln. ◷ 7–20 Uhr.

Malerei

Entlang der Hauptstraße reiht sich eine Galerie an die nächste, die sowohl Gemälde im traditionellen Stil als auch modernere Richtungen anbieten. Diese Geschäfte bieten sich gut dafür an, einen Überblick über die beliebten Motive und Stilrichtungen und das Preisspektrum zu erhalten. Die Preise für Bilder sind meist in US$ ausgezeichnet. Die Qualität hat jedoch oft unter der Massenproduktion zu leiden. Wenn man etwas mehr Zeit hat, können Bilder auch wesentlich günstiger direkt bei den Malern, die sowohl in Ubud als auch in den umliegenden Dörfern wohnen, gekauft werden. Abzuraten ist aber von Bustouren, die auf ihrer Rundfahrt einen Halt in einer der großen Kunstgalerien einlegen. Die Provision für die Touranbieter wird von den Käufern getragen, die hier außerdem kaum Zeit zum Handeln bekommen. Es ist immer besser, man kommt alleine.

Adi's Artstudio and Gallery, Jl. Bisma 102, ✆ 0361-977104, 💻 www.adi-s-gallery.com. Der deutsche Adi betreibt eine sehenswerte, kleine, aber feine, gemeinnützige Kunstgalerie und ermöglicht es jungen, talentierten Künstlern aus ganz Indonesien, ihre Stücke auszustellen. Vor der Galerie befindet sich das Sweet Komang's Gallery Café. ◷ 10–17 Uhr.

Crazy Boy Studio, Jl. Raya Sanggingan, ✆ 0815-5801 4350, ✉ neckysodikin@yahoo.co.id. Der 1972 in Bandung auf Java geborene Künstler Necky malt höchst interessante expressionistische Gemälde, die keiner der traditionellen balinesischen Schulen zuzuordnen sind, sondern einen ganz eigenen Stil aufweisen. Die teils sehr bunten, teils in tristen Grau- und Blautönen mit Acrylfarben gemalten Bilder spiegeln die wechselhaften Gemütszustände ihres Schöpfers wider.

Dwi Eka Painting Shop, Jl. Hanuman 22, ✆ 0812-465 7144, ✉ ubudbalidwieka@yahoo.co.id. Hier sind bunte, überaus detailreiche Öl- und Acrylbilder mit hinduistischen Motiven, Tanz- und Festszenen zu bewundern, alles im traditionellen Stil. Auch Bilder in Postkartengröße und mit Rahmen. Die Preise können etwas heruntergehandelt werden.

Petang Art Shop, Jl. Hanuman, unweit der Jl. Raya Ubud, ✉ petang-artis@hotmail.com. Bewegung und Weiblichkeit finden in minimalistischem, skizzenhaftem Stil und dezentem Farbeinsatz Ausdruck. Die Gemälde sind zumeist im mittelgroßen Format und nicht billig.

Seniwati Gallery of Art by Women, Jl. Sriwedari 2b, ✆ 0361-975485, 💻 www.seniwatigallery.com. Eine sehr empfehlenswerte kleine Galerie, die einen Besuch wert ist und ausschließlich Gemälde balinesischer Künstlerinnen ausstellt, die auch erworben werden können. Die freundlichen Mitarbeiterinnen führen durch die Ausstellungsräume. Zurzeit sind mehr als 70 Malerinnen mit ihren Werken in der Galerie vertreten. Schöne Postkarten, T-Shirts sowie andere kleine Geschenke werden auch zum Verkauf angeboten. Eintritt frei. ◷ Di–So 9–17 Uhr.

Tono W. Studio, Jl. Hanuman, ✆ 0857-3703 2209, ✉ w_tono70@yahoo.com. Der sehr facettenreiche, teils naturalistische, teils impressionistische Stil Tonos beeindruckt durch den plastischen Duktus seiner Reisfeld-Motive und ausdrucksstarke Porträts. Hier können auch Bilder in Auftrag gegeben werden. ◷ 10–22 Uhr.

Supermärkte

In der **Jl. Monkey Forest**, **Jl. Hanoman** und **Jl. Raya Ubud** gibt es mehrere, rund um die Uhr geöffnete Minimärkte mit einem breit gefächerten Angebot.

Bintang Mall, Jl. Raya Campuhan. Hier gibt es einen großen Supermarkt, einen Deli, ein Dim Sum sowie ein vietnamesisches Restaurant und zahlreiche Geldautomaten. 🕓 9–22 Uhr.

Delta Dewata-Supermarkt, im Osten von Ubud an der Hauptstraße nach Petulu. Preiswerter Supermarkt mit einem großen Angebot.

Textilien

Bunte Batikdecken, Tempelschals, Seidentücher und Sarongs in vielen verschiedenen Qualitäten werden überall angeboten, eine große Auswahl findet man auch auf dem zentralen Markt.

Pusaka, Jl. Monkey Forest 71, ☏ 0361-978619, ✉ pusaka6@indosat.net.id. Die hochwertigen, handgewebten, in natürlichen Farben gehaltenen Textilien werden alle auf Bali hergestellt, sind aber sehr hochpreisig und vor allem bei Japanern beliebt. Die günstigsten Stücke gibt es für 300 000 Rp, Hemden und Kleider sind deutlich teurer. Sehr freundliche Angestellte. Eine weitere Filiale gibt es in Seminyak.

Uluwatu, Jl. Monkey Forest, ☏ 0361-977557, 💻 www.uluwatu.co.id. Die eleganten Baumwollkleider dieser balinesischen Marke werden auch in Ubud verkauft. Ein Oberteil kostet ca. 400 000 Rp, Kleider sind deutlich teurer.

Aktivitäten

Kochkurse

Bumbu Bali, Jl. Monkey Forest, ☏ 0361-976698, 💻 www.bumifood.com. Die Kochkurse für 250 000 Rp p. P. starten morgens um 9 Uhr mit einem Gang über den Markt und dauern bis nach dem Mittagessen. Es werden traditionelle vegetarische Gerichte gekocht. Reservierung spätestens 1 Tag vorher. 🕓 8–23 Uhr.

Casa Luna Restaurant & Cooking School, Jl. Bisma, ☏ 0361-977409, 💻 www.casalunabali.com. Die Kochkurse mit max. 10 Pers. werden an einer zentralen Kochstelle abgehalten. Die Kurse für 300 000 Rp p. P. finden Mo–Fr ab 9.30 Uhr im Honeymoon Guesthouse statt und führen in die Geheimnisse der balinesischen Küche ein. Di und Do geht es bereits um 8 Uhr los, denn dann ist ein Marktbesuch mit eingeschlossen. So hingegen wird für 400 000 Rp p. P. nachmittags eine Ente zubereitet.

Warung Enak, Jl. Pengosekan, ☏ 0361-972911, 💻 www.warungenakbali.com. Die Kochkurse fangen hier schon um 7 Uhr mit einem Besuch auf dem Markt an. Die selbst gekochten Gerichte werden beim Mittagessen genossen. Anschließend erhält jeder Teilnehmer die Rezepte und ein Zertifikat. Vegetarische Kochkurse auf Anfrage. Die Kurse finden Mo, Di und Sa statt, Preis ab 450 000 Rp p. P. Abholung innerhalb Ubuds inkl.

Kurse in balinesischen Künsten

ARMA – Agung Rai Museum of Art, ☏ 0361-976659, 💻 www.armamuseum.com. Das Museum bietet eine große Auswahl

Guten Gewissens shoppen

Threads of Life, Jl. Kajeng 24, ☏ 0361-972187, 💻 www.threadsoflife.com. 1998 rief eine kleine Gruppe von Webern die Threads of Life ins Leben, die heute mit über 1000 Webern und Weberinnen in mehr als 400 Kooperativen auf elf indonesischen Inseln kooperiert. Nicht nur aus Bali stammende traditionelle Web- und Färbetechniken werden bewahrt, vorgeführt und gelehrt, sondern auch Verfahren aus Sumba, Flores, Timor, Java, Sulawesi, Kalimantan und anderen Inseln des Archipels. Die Institution ist Mitglied der International Fair Trade Organisation und unterstützt Webkooperativen in ganz Indonesien. Die Stoffe von durchweg guter Qualität werden mit natürlichen Farben gefärbt und zu für die Produzenten fairen Preisen verkauft. Zudem sind Webkurse und sogar ein- bis mehrtägige Touren durch die Welt indonesischer Webkunst im Angebot. 🕓 10–19 Uhr.

an verschiedenen Kursen zu Themen wie z. B. dem balinesischen Tanz, Hinduismus oder Astrologie.

Community of Artists, in Pengosekan, ✆ 0361-975321. Dieses Zentrum bietet günstige Kurse an. Bereits ab 100 000 Rp wird man in verschiedene Künste eingeführt. Das Programm kann nach den eigenen Vorstellungen zusammengestellt werden. Rabatte für die Teilnahme an mehreren Kursen. Abholservice aus Ubud.

Made Arka, ✆ 0812-368 8355, ✉ arkarinin@yahoo.com. In dem Studio in Tegallalang wird man direkt vom Künstler im traditionellen Stil unterrichtet. Der Maler aus Ubud ist u. a. in der Agung Rai Gallery zu sehen und hat auch international in vielen Galerien ausgestellt. 3 Std. Privatunterricht kosten nach Vereinbarung US$35.

Museum Puri Lukisan, Jl. Raya Ubud, ✆ 0361-975136, 🖳 www.mpl-ubud.com. Auch hier sind viele verschiedene Kurse im Angebot. Sie kosten um 400 000 Rp p. P.

Nataraja Dance School, Jl. Sugriwa 20, ✆ 0819-9976 7008. Der ausgebildete Tänzer und Musiker Wayan Karta gibt individuellen Unterricht in balinesischem Tanz und Gamelan für 200 000 Rp für 90 Min.

Nirvana Batik Course, Jl. Gautama 10. Hier werden ein- bis mehrtägige Batikkurse ab US$35 pro Tag angeboten.

Pondok Pekak Library & Learning Center, ✆ 0361-976194, ✉ librarypondok@yahoo.com. In der Bibliothek werden Tanz- und Gamelan-Unterricht für 50 000 Rp, 3-stündige Kurse im Malen und Holzschnitzen für 300 000 Rp und mehrtägige Indonesischkurse gegeben, wahlweise einzeln oder in der Gruppe.

Selbst kreativ werden

WS Art Studio, Jl. Raya Silungan (von Ubud kommend links), Lodtunduh, ✆ 0859-3506 3719, ✉ wahana_silver@yahoo.com. Professionelle Schmuckdesigner geben 3-stündige Kurse im Schmieden von Silberschmuck oder dem Schnitzen von Holzmasken oder -figuren. Zudem stehen Unterweisungen in der Batikmalerei oder im Anfertigen von Opfergabenkörbchen auf dem Programm. In der Gebühr von 300 000 Rp p. P. sind 5 g Silber bzw. alle anderen Materialen enthalten, die mit den eigenen Händen verarbeitet werden. Voranmeldung erforderlich.

Rafting

Sobek, ✆ 0361-768050, 🖳 www.balisobek.com. Der seit Langem etablierte Anbieter veranstaltet seit über 20 Jahren abenteuerliches Wildwasserrafting auf dem Yeh Ayung und dem Telaga Waja. Für alle Touren Abholservice aus Ubud. Weitere Informationen s. Traveltipps S. 61.

Wellness

Die Insel Bali ist für ihre Wellness- und Erholungsangebote berühmt, sie besitzt nicht umsonst die höchsten Spa-Dichte weltweit. Ubud ist das Zentrum der balinesischen Spas. Hier nur eine winzige Auswahl:

Bali Botanica Day Spa, Jl. Raya Sanggingan, ✆ 0361-976739, 🖳 www.balibotanica.com. Etwas weiter außerhalb, aber dafür an einem plätschernden Bach gelegen, bietet dieses professionelle Spa alles – von 75-minütigen Kräutermassagen für 150 000 Rp bis hin zu 2-stündigen *Mandi*-Behandlungen für 195 000 Rp oder aufwendigen ayurvedischen *Chakra-Dhara*-Massagen für 495 000 Rp. Außerdem gibt es Maniküre, Pediküre, Gesichts- und Handbehandlungen, sowie einen Friseur und Yoga-Retreats. Transport von und nach Ubud inkl. ⏲ 9–20 Uhr.

Bali Healing, Jl. Hanoman 43, ✆ 0361-791 1104. Hier wird eine Reihe von sehr guten und preisgünstigen Behandlungen angeboten. Peelings, Reflexzonenmassagen und Massagen mit heißen Steinen kosten pro Std. 50 000–100 000 Rp.

Beji Ayu Health & Beauty Centre, Gang Beji Jungutan, ✆ 0361-970796, 🖳 www.bejiayu.com. Gäste können hier zwischen Ayurveda, balinesischer oder schwedischer Therapie sowie Hot-Stone-Massage wählen, 30 Min. gibt es ab 55 000 Rp. Andere Schönheitsbehandlungen wie Ganzkörperpeeling kosten ab 85 000 Rp und Gesichtsbehandlung ab 75 000 Rp. ⏲ 9–21 Uhr.

Nur Traditional Beauty Salon, Jl. Hanoman 28, ✆ 0361-975352, ✉ nursalonubud@yahoo.com. In dieser seit 1978 bestehenden Institution kann man sich bei einer Massage für 155 000 Rp, bei einem Körperpeeling mit indonesischen Kräutern *(Lulur)* oder in duftenden Blütenbädern erholen. Für Genießer gibt es eine 4-stündige königliche, javanische Schönheitskur für 795 000 Rp. Wer sich im Vorreiter der Spas und Schönheitssalons verwöhnen lassen möchte, sollte 1–2 Tage vorher buchen. Paketangebote ab 175 000 Rp. ⌚ 9–21 Uhr.
The Kayma Spa, Jl. Monkey Forest, ✆ 0361-910 0017, 💻 www.kaymaspa.com. Von der Hauptstraße zurückversetzt in einem schönen Garten gelegenes, elegantes Spa mit Blick auf ein Reisfeld. Alle Pflegeprodukte werden ausschließlich aus natürlichen Zutaten hergestellt. Eine 60-minütige balinesische Massage gibt es für 180 000 Rp, 90 Min. Shiatsu für 250 000 Rp und verschiedene 2-stündige Körperpeelings für 260 000 Rp.

Yoga

The Yoga Barn, Jl. Hanoman 44, ✆ 0361-971236, 💻 www.theyogabarn.com. In der idyllischen Anlage aus traditionellen Häusern finden tgl. von 7–21 Uhr Kurse in allen möglichen Yoga-Stilen und Meditationsformen statt. Oft kommen Gastlehrer aus dem Ausland, und wer selbst ein Yogi werden möchte, findet hier die entsprechenden Ausbildungsangebote.

Touren

Eine ganze Reihe von Veranstaltern bietet Ausflüge in die Umgebung an. Tagestouren zum Besakih, nach Nord- oder Ost-Bali kosten mind. 150 000 Rp, Sonnenaufgangs-Trekking zum Vulkan Gunung Batur 400 000 Rp p. P.
Bali Bike-Baik Tour, ✆ 0361-978052. Die englischsprachigen Touren führen mit dem Fahrrad durch Dörfer und Reisterrassen, vorbei an Kaffeeplantagen, Tempeln und dem Vulkan Batur und sind eine spannende Alternative zu den üblichen Touren im Auto. Ab Ubud kostet eine Tagestour 400 000 Rp p. P. inkl. Fahrrad, Helm, Frühstück, Mittagessen, Eintrittsgeldern und Erfrischungen sowie Unfallversicherung bis 35 000 €.
Bali Birdwalks, Penestanan Kelod, Campuhan, ✆ 0361-975009, 💻 www.balibirdwalk.com. Wohl niemand in ganz Ubud weiß mehr über Vögel als Victor Manson. Auf den 3 1/2-stündigen Spaziergängen erhält man viele Informationen über die einheimischen Vogelarten und ihre natürliche Umgebung. Di und Fr–So um 9 Uhr ab Murni's Warung in Campuhan, Preis US$37 p. P. inkl. Mittagessen. Individuelle Termine sowie weitere Touren auf Anfrage. 10 % der Einnahmen kommen Vogelschutzprojekten zugute.
Bali Eco Cycling, ✆ 0361-975557, 💻 www.baliecocycling.com. Spannende Fahrradtouren durch die Dörfer und Felder des Batur-Massivs und Zentral-Bali mit wunderschönen Ausblicken, gutem Essen und informativen Zwischenstopps abseits ausgetretener touristischer Pfade. Abholung, Verpflegung und Regenkleidung inkl. Preis 360 000 Rp p. P., Kinder unter 12 Jahren zahlen 250 000 Rp. Abholung inkl. Für Kleinkinder sind Kindersitze verfügbar.
Herb Walks, ✆ 0812-381 6024, 💻 www.baliherbalwalk.com. Auf einem 3-stündigen Spaziergang wird man in die Geheimnisse traditioneller balinesischer Heilpflanzen eingeweiht. Zudem gibt es Kurse zur Herstellung traditioneller Medizin und Körperpflegeprodukte. Preis US$18 p. P.
Nomad's Organic Farm, Reservierungen einen Tag im Voraus im Restaurant oder bei Made unter ✆ 0361-749115. Das gleichnamige Restaurant organisiert Halbtagestouren zum eigenen Bio-Bauernhof 40 km nördlich von Ubud. Man erfährt, wie Bio-Dünger produziert und angewendet wird. Mittags gibt es Essen auf dem Hof mit selbst geerntetem Salat und den feinen Soßen des Restaurants. Die individuell gestalteten Touren dauern etwa 6 Std. und umfassen je nach Wunsch und Zeit auch einen Besuch des Gemüsemarktes in Bedugul. Preis 250 000 Rp p. P., Abholung vom Hotel inkl.
Perama Tours, Jl. Hanoman, ✆ 0361-974722. Meist etwas teurerer Anbieter, der aber immer zuverlässig arbeitet und auch Touren nach Lombok, Flores und Komodo anbietet.
Ubud Cultural Rice-Paddy Walk, ✆ 0361-791 2146, ✉ kungsaga@yahoo,com.

Die 2 1/2-stündigen Wanderungen durch die Landschaft bringen Besuchern die dörflichen Strukturen, die Methoden des Reisanbaus und die Eigenheiten der lokalen Fauna, etwa anhand der Kolonie weißer Reiher oder beim Libellenfangen, näher. Zum Abschluss darf an einer typisch balinesischen Wasserquelle *(Beji)* getrunken und gebadet werden.

Yayasan Bina Wisata (Ubud Tourist Information), Jl. Raya Ubud, ✆ 0361-973285. Die offizielle Touristeninformation bietet 8 verschiedene, preisgünstige Bustouren für 125 000–200 000 Rp p. P. in alle Teile Balis an. Im Preis sind aber weder Guide noch Eintrittspreise inbegriffen. Fast alle Touren beginnen um 9 Uhr und sind bis zum Sonnenuntergang wieder zurück in Ubud.

Sonstiges

Autovermietungen

Autos ohne Fahrer kosten pro Tag je nach Modell 130 000–400 000 Rp. Autos mit Fahrer gibt es je nach Fahrzeugtyp ab 360 000 Rp pro Tag inkl. Benzin. Bei längerer Mietdauer lässt sich der Preis oft noch herunterhandeln. Näheres zu Autovermietungen s. Mietwagen S. 69.

Fahrrad- und Motorradvermietungen

Fahrräder und Mopeds sind überall im Zentrum und in den Unterkünften ab 20 000 Rp bzw. 40 000 Rp pro Tag zu mieten.

Informationen

Yayasan Bina Wisata (Ubud Tourist Information), Jl. Raya Ubud, ✆ 0361-973285. Die offizielle und gut besuchte Touristeninformation ist ein empfehlenswerter Anlaufpunkt für Neuankömmlinge. Besonders der überaus hilfreiche, kompetente und fließend Englisch sprechende Agung Budi Darma wartet mit zahlreichen guten Informationen auf. Zudem bekommt man hier eine Karte von Ubud, eine Liste der zahlreichen kulturellen Aufführungen und den *Calender of Events*. Zum Angebot gehören ein Schwarzes Brett, verschiedene Touren, Tickets für Tanzveranstaltungen, Zeitungen und Bücher. 🕒 8–20 Uhr.

Internet

Internet gibt es nahezu überall ab 6000 Rp pro Std., am günstigsten in der Jl. Raya Ubud. Viele Cafés und Hotels bieten kostenlosen WLAN-Zugang.

Medizinische Hilfe

Dr. I. Wayan Darwata, Jl. Sriwedari 6, ✆ 0361-974691. Empfehlenswerter praktischer Arzt, der in Hawaii studiert hat und Englisch spricht. Dr. Darwata macht auch Hausbesuche. 🕒 außer So 16–20 Uhr.

Prima Medika Medical Services, Nyuh Kuning, ✆ 0361-972374, 💻 www.primamedika.com. Privatklinik mit Hauptsitz in Denpasar und einem 24-Std.-Notdienst. Auch Röntgen, Krankentransport, zahnärztliche Behandlungen, Hausbesuche und Apotheke.

Ubud Clinic, Jl. Raya Campuhan 36, ✆ 0361-974911. Zum Angebot des Hauses gehören neben 24-Std.-Notdienst auch ein Krankenwagen sowie ein zahnärztlicher Dienst.

Unterstützung für Behinderte bieten Ketut, ✆ 0819-9951 6997, ✉ sama_ketut@yahoo.com, und Made ✆ 0819 9987 7643, ✉ madenano81@yahoo.com. Sie organisieren u. a. behindertengerechte Hotels, Restaurantbesuche und Touren.

Polizei

Am Markt, an der Abzweigung der Jl. Monkey Forest, befindet sich ein Stand der Tourist Police. Die Zentrale liegt in der Jl. Andong.

Post

POS Indonesia, Jl. Jembawan 1, ✆ 0361-975764, ✉ sujanasamuh@yahoo.com. 🕒 Mo–Sa 9–17 Uhr.

Speditionen

Lassen sich die Einkäufe nicht mehr im Gepäck verstauen, bietet sich ein Gang zu einer Spedition an, die die Souvenirs verpackt und an die gewünschte Adresse sendet.

DHL, Jl. Raya Ubud 16, ✆ 0361-972195, 💻 www.dhl.com. 🕒 Mo–Fr 9.30–17, Sa 9.30–12 Uhr.

FedEX, Jl. Raya Andong 30X, ✆ 0361-977575, ✉ rsantoso@rpxholding.com. ◷ Mo–Fr 8.30–17, Sa 8.30–13 Uhr.

Ibu Rai International Cargo Service, Jl. Monkey Forest 72, ✆ 0361-975066, ✉ ibu_rai_cargo@yahoo.com.

Transport

Busse

Viele Reisebüros bieten den Transport per Bus an, was weitaus schneller und komfortabler ist als die Fahrt mit den öffentlichen Minibussen. Preise und Abfahrtszeiten unterscheiden sich nur unwesentlich.

Preisbeispiele:

AMED, TULAMBEN und TIRTA GANGGA um 7.30 und 11.30 Uhr für 120 000 Rp;
BEDUGUL um 11.30 Uhr für 95 000 Rp;
KINTAMANI um 11.30 Uhr für 95 000 Rp;
KUTA und FLUGHAFEN um 9, 12.30, 15 und 18 Uhr für 50 000 Rp;
LOVINA um 11.30 Uhr für 130 000 Rp;
MUNDUK um 11.30 Uhr für 130 000 Rp;
NUSA LEMBONGAN um 7 und 9 Uhr für 125 000 Rp;
PADANG BAI und CANDI DASA um 7.30, 8.30 und 11.30 Uhr für 50 000 bzw. 60 000 Rp;
SANUR um 9, 12.30, 15 und 18 Uhr für 50 000 Rp;
GILI-INSELN um 7.30, 8.30 und 11.30 Uhr für 150 000 Rp, mit Schnellboot um 7 und 11.30 Uhr für 660 000 Rp;
KUTA (Lombok) um 7 Uhr für 200 000 Rp;
MATARAM (Lombok) und SENGGIGI (Lombok) um 7.30, 8.30 und 11.30 Uhr für 130 000 Rp.

Minibusse

Von 6–17 Uhr fahren kleine Busse preisgünstig, aber in unregelmäßigen Abständen neben dem Marktgelände ab. Die braunen Minibusse fahren nach DENPASAR (Terminal Batubulan) für 15 000 Rp. Wer nach Osten oder Norden will, fährt mit einem blauen, grünen oder orangefarbenen nach GIANYAR für 10 000 Rp und kann dort umsteigen in Busse nach TAMPAKSIRING, BANGLI, PENELOKAN, KLUNGKUNG oder SINGARAJA.

Westlich von Ubud

5 HIGHLIGHT

Der Affenwald von Sangeh

Mitten in einem dichten, märchenhaften Wald liegt nördlich des Dorfes Sangeh und westlich der Hauptstraße nach Kintamani der **Affenwald Pura Bukit Sari** („Elixier des Berges"), ein moosbewachsener Tempel aus dem 17. Jh., errichtet von König Tjokorde Sakti Blambangan von Mengwi. Er war der erste Touristen zugängliche Affenwald auf Bali und diente als Meditationsort in Vollmondnächten. Bereits Charlie Chaplin besuchte ihn auf seiner Bali-Reise im Jahre 1932 und war von den zahllosen Makaken begeistert.

Am Eingang der magisch anmutenden, 14 ha großen Parkanlage wacht die riesige Statue des Gottes des Schlafes, Patung Kumbakarna, der jüngere Bruder von Rawana, über das Gelände und leitet Besucher auf dem zentralen Weg Richtung Tempel. In den schlanken, bis zu 50 m hohen *Pala*-Bäumen (Dipterocarpaceen) und auf dem Tempel selbst, der leider nur von außen begutachtet werden kann, tummeln sich die Makaken, die nur darauf warten, dass jemand ein Päckchen Erdnüsse kauft. Jeder Besuchergruppe wird ein Führer zur Seite gestellt, der durch den Wald lotst und den richtigen Umgang mit den Affen zeigt. Die wichtigste Regel dabei lautet, die Affen niemals mit den Händen zu berühren. Es kommt zwar hier deutlich seltener vor als im sehr touristischen Monkey Forest in Ubud, aber ab und zu wird einer der 400 Makaken aggressiv oder versucht, die Besucher zu bestehlen. Sonnenbrillen oder andere lose Gegenstände sollten gut in der Handtasche oder dem Rucksack verstaut werden. Wer möchte, kann sich von einem Fotografen mit einem Affen ablichten lassen. Die Makaken werden dreimal täglich gefüttert. Die Führer zeigen Besuchern auch gerne einen besonderen Baum, der einem Weg rechter Hand des Tempels folgend nahe der Straße steht und in seinem Stamm Verformungen aufweist, die abstrakt an die Geschlechtsorgane von sowohl Mann als auch

Frau erinnern. Der Weg vom Tempel zurück zum Parkplatz ist von viel zu vielen Souvenirständen gesäumt.

Eintritt 10 000 Rp, Parkgebühr 5000 Rp pro Auto, Führer erwarten eine kleine Spende, ✆ 0361-742 2740, eine knappe Stunde Autofahrt von Ubud entfernt. An einem Mittwoch, 14 Tage vor *Galungan*, feiert man hier das *Odalan*.

Der Hauptstraße 300 m weiter nach Norden folgend kann im **Warung The Jati's**, ✆ 0361-742 2865, in den Reisfeldern eine kleine Mahlzeit zu sich genommen werden. Verschiedene Fischsorten wie *Gurame*, *Nila* oder *Lele* bestimmen die Speisekarte. Gerichte ab 12 000 Rp. ⌚ 9–21.30 Uhr.

Taman Lembah

Folgt man vom Affenwald der Hauptstraße ca. 1 km Richtung Norden und biegt links in einen Feldweg ein, steht man nach 400 m im Taman Lembah, auch als Tanah Wuk bekannt, einer Parkanlage am Rande einer Schlucht mit schöner Aussicht. Steile Treppen führen in die Schlucht hinab, wo ein Bach zum Baden einlädt, und es sich lohnt, mit einer Taschenlampe durch die Höhle zu laufen. Bevor es über eine Treppe wieder hinaufgeht, trifft man am anderen Ende auf eine Wasserpumpenstation.

Taman Mumbul

Eine schmale, asphaltierte Straße führt 1,5 km südöstlich vom Affenwald zum Taman Mumbul, einem lauschigen Platz mit einem Badesee, einem Tempel und weiteren Teichen. Besonders imposant ist hier der reich verzierte *Waringin*-Baum.

Petang

Hinter Sangeh steigt die Straße stetig an, die Reisterrassen gehen bald in Bambuswälder, Obst- und Nelkenplantagen oder Gemüsefelder über. In dem kleinen Ort Petang, 10 km nördlich von Sangeh an der Hauptstraße gelegen, starten **Raftingtouren** diverser Anbieter auf dem Yeh Ayung. Es ist die älteste und beliebteste Rafting-Strecke der Insel, denn hier herrschen nahezu ganzjährig gleichmäßige Strömungen und Wassermengen, und am Flussrand gibt es neben Wasserfällen und üppiger Vegetation auch Affen, seltene Vögel und Fledermäuse zu bestaunen – ein 300 m langer Streckenteil führt durch eine Höhle. Raftinganbieter s. S. 61.

Nung Nung

Der Hauptstraße weitere 10 km Richtung Norden folgend, erreicht man den in 900 m Höhe gelegenen Ort Nung Nung. Von hier kann man auf einer 2 km langen Wanderung durch die Reisterrassen zu einem wunderschön gelegenen, 50 m hohen **Wasserfall** gelangen. Um sich bis zu dem im dichten Bergwald verborgenen, nahezu unberührten Katarakt durchzukämpfen, muss man die steilen, teils rutschigen Treppen hinabsteigen, was besonders bei nassen Wetterbedingungen für ältere Menschen keine leichte Aufgabe sein kann. Unten angekommen werden Besucher mit einem sehr fotogenen Naturschauspiel, frischer Luft und zwitschernden Vögeln belohnt.

Südlich von Ubud

Zahlreiche Reisebusse, Pkw und Motorräder drängen sich auf der schmalen Hauptstraße Richtung Denpasar. Obwohl man sich hier in einer dörflichen Gegend befindet, bleiben die Schönheiten der balinesischen Landschaft hinter den nahtlos ineinander übergehenden Siedlungen verborgen. Selbstfahrer können jedoch auf die schmalen Seitenstraßen ausweichen, wo sich das ursprüngliche Bali in seiner ganzen Pracht zeigt. Entlang der Hauptstraße haben sich zahlreiche klimatisierte Kunst- und Antiquitätengeschäfte mit englisch und deutsch sprechendem, geschultem Personal und Preisauszeichnungen in US$ angesiedelt. Sie bieten eine gute Gelegenheit, sich über das umfangreiche Angebot einen Überblick zu verschaffen.

Teges

Teges besteht aus den Dörfern **Teges Kanginan** im Osten und **Teges Kawan** im Westen. Kanginan ist berühmt für seine Tanzgruppen und Orchester. Die Bewohner von Kawan haben sich hingegen auf **Holzschnitzereien** spezialisiert. Hier findet man geschnitzte Früchte, Pflanzen und Tiere so originalgetreu geformt und bemalt, dass sie manchmal wie echt wirken.

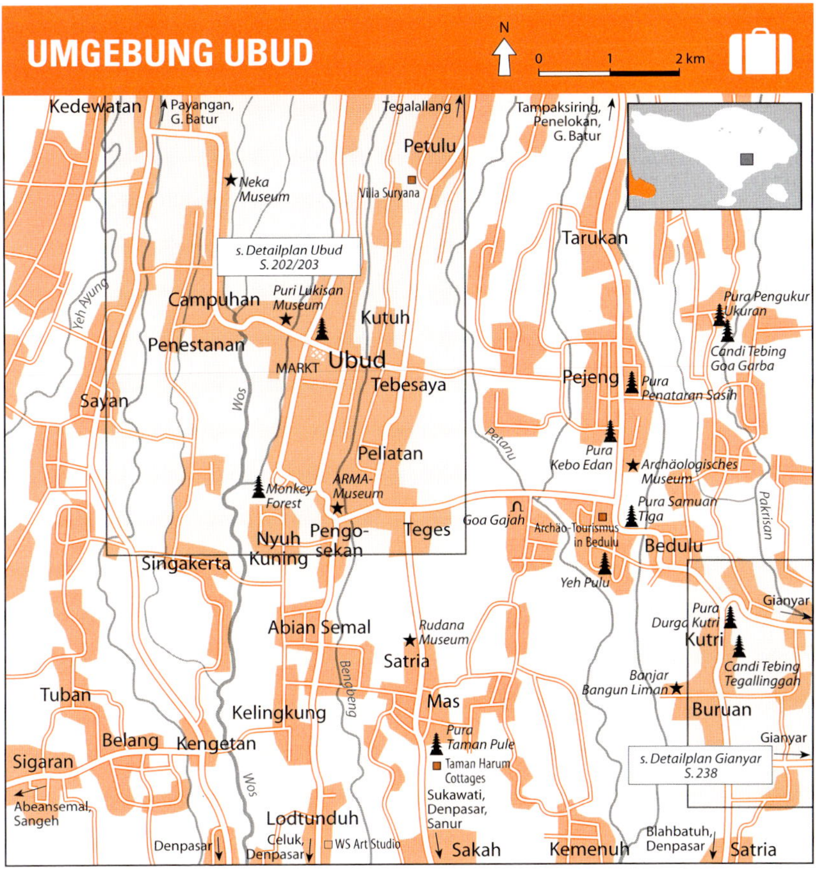

Mas

Südlich von Teges und 20 km nordöstlich von Denpasar liegt die Ortschaft Mas, das Dorf der Brahmanen. Viele Bewohner von Mas (das übersetzt Gold bedeutet) führen ihre Abstammung auf den Shiva-Priester und Religionserneuerer Danghyang Nirartha aus Java zurück. An dem Ort, in dem er im 16. Jh. gelebt haben soll, steht nun der große Tempel **Pura Taman Pule**. An *Kuningan* findet im Tempel ein gewaltiges, dreitägiges Fest mit Hahnenkämpfen, Tänzen, Theater, Jahrmarkt und Prozessionen statt. Dabei wird *Wayang Wong,* ein traditionelles Drama, aufgeführt, das hier seine Ursprünge haben soll.

Viele Männer im Ort arbeiten als Holzschnitzer an Masken und unbemalten Statuen aus Edelhölzern. Schon kleine Kinder werden dafür angelernt. Die Hauptstraße ist gesäumt von Kunstgalerien, in denen **Holzschnitzereien** aller Art, aber auch Möbel verkauft werden.

Das empfehlenswerte, von Reisfeldern umgebene, in einem großen Bau untergebrachte **Rudana Museum**, Jl. Cok Rai Pudak 44, ✆ 0361-975779, 💻 www.therudana.org, vermittelt einen umfassenden Überblick über die hochwertige Kunst und Malerei auf Bali und in Indonesien. Hier gingen schon einige hohe Staatsgäste ein und aus. Die mehr als 400 Werke 82 verschiedener, sowohl einheimischer als auch ausländischer Künstler sind auf den vier Stockwerken des 1995 eröffneten und gut in Schuss gehaltenen Museums ausgestellt. Dabei finden sich alle Stilrichtungen wieder, von traditionellen Landschaften und Bildkalendern auf Textil über fotorealistische Porträts bis hin zu modernen Gemälden balinesischer Tänzerinnen und sehr abstrakten Kunstwerken – hier ist für jeden Geschmack etwas dabei. Im Untergeschoss sind klassische, traditionelle balinesische und javanische Stücke ausgestellt, während sich das 1. und 2. Stockwerk Kunst moderneren Ursprungs widmet. Im 3. Stock finden sich dann ausschließlich Gemälde traditioneller Künstler aus Ubud und Umgebung, teilweise aus dem 19. Jh., mit typischen Motiven wie der Schlacht zwischen Hanomans Armeen und den Dämonen. In der angeschlossenen Fine Art Gallery kann man Künstlern bei der Arbeit über die Schulter schauen oder gleich ein Gemälde kaufen. Auch Werke so bekannter Künstler wie Antonio Blanco, Affandi oder Rudolf Bonnet werden hier feilgeboten. Wer das nötige Kleingeld nicht dabeihat, findet direkt am Eingang einen Geldautomaten. ⏲ 9–17 Uhr, Eintritt 100 000 Rp inkl. gratis *Slendang* und Getränk.

Eine Übernachtungsmöglichkeit bieten die **Taman Harum Cottages** am südlichen Ortsende, ✆ 0361-975567, 💻 www.tamanharumcottages.com. Hinter der Tantra Art Gallery versteckt sich die etwas abgewohnte Bungalowanlage mit Pool und Restaurant inmitten der Reisfelder. Alle Zimmer haben Kühlschrank, Himmelbetten und Open-Air-Du/WC mit Warmwasser, teilweise auch einen Balkon mit Blick über die Felder. Frühstück und Transport nach Ubud inkl. ❺–❼

Sakah

Südlich von Mas gibt es zwei herrlich in der Natur gelegene Tempel, die einen Zwischenstopp wert sind:

Pura Yeh Tiba (auch Pura Hyang Tiba) ist ein alter Tempelkomplex und liegt ca. 1 km abseits der Hauptstraße südwestlich vom Dorf Sakah. Der Weg ist ab der großen Straßengabelung ausgeschildert. Es geht erst in westlicher Richtung über einen Fluss, dann links (Richtung Süden), beim Dorftempel rechts und nach 150 m wieder links. Eine Steininschrift trägt die Jahreszahl *Saka 1258* (1336 n. Chr.).

Pura Canggi liegt im Südosten und ist zu Fuß über idyllische Feldwege zu erreichen. Von der

Im Rudana Museum kann man Künstlern bei der Arbeit über die Schulter schauen.

großen Straßengabelung folgt man ca. 300 m der Hauptstraße Richtung Gianyar, biegt rechts ab (Richtung Süden) und geht 500 m weiter geradeaus. Schon von Weitem ist der riesige *Ganggahan*-Baum, ein Verwandter des *Waringin*, zu sehen. Auffallend ist auch die große Halle für Hahnenkämpfe *(Wantilan)*. Der Tempel scheint noch älter zu sein als Pura Yeh Tiba, denn hier stehen Steinskulpturen aus der *Pejeng*-Zeit.

In beiden Tempeln werden von Besuchern Spenden erwartet.

In Sakah gabelt sich die Hauptstraße. Richtung Osten gelangt man über **Kemenuh** und **Kutri** nach Gianyar. Von Kemenuh führt eine Abzweigung zum vom Palmen umsäumten Wasserfall Tegenungan (s. S. 233).

Sukawati

In der Gegend um Sukawati wird entlang der Hauptstraße viel Kunsthandwerk verkauft, vor allem bunt bemalte Holzschnitzereien, geflochtene Bambuskörbe, musikalische Windräder aus Bambus *(Pindakan)* und Tempelschirme sowie anderes Zubehör für religiöse Zeremonien. An jedem Morgen findet im Ortszentrum ein großer **Obst- und Gemüsemarkt** statt.

Am großen Platz gegenüber liegt der **Pasar Seni**, ein Kunstmarkt, in einem modernen, zweistöckigen Gebäude. Besonders am frühen Morgen können hier günstige Schnitzereien und andere Kunstgewerbe-Produkte erstanden werden. Selbst Händler aus Kuta kaufen hier ein.

Zudem kommen viele *Dalang* (Puppenspieler) aus dem Ort, die es meisterlich verstehen, mit ihren *Wayang Kulit*-Figuren alte Epen zum Leben zu erwecken. In einigen Geschäften werden billige, aber dennoch hübsche Kopien dieser aus Büffelleder gearbeiteten Schattenspielfiguren verkauft.

Vom Pasar Seni aus führt ein 1,5 km langer Weg Richtung Westen zum Dorf **Puaya**, wo in vielen Häusern Masken und Schattenspielfiguren hergestellt werden. Mit etwas Verhandlungsgeschick kann hier preisgünstiger als in jedem Souvenirladen eingekauft werden. Die meisten Künstler haben allerdings keine Schilder an der Tür, sodass man sich durchfragen muss.

In der Gegend von Sukawati werden *Odalan*-Tempelfeste oft von einer besonders sehenswerten Zeremonie gekrönt. Es handelt sich um farbenfrohe Prozessionen junger Mädchen in bodenlangen Gewändern, die zu einer nahe gelegenen heiligen Quelle führen.

In Sukawati zweigt südlich des Marktes eine schmale Asphaltstraße nach Südosten zum **Pantai Purnama** ab, einem schwarzen Sandstrand ohne Schatten und Touristen. Zudem befinden sich hier ein schöner, alter Tempel, der **Pura Dalem Air Jeruk** („Orangensafttempel"), und eine Garnelen-Zuchtstation.

Celuk

Südwestlich von Sukawati liegt Celuk, das Dorf der Gold- und Silberschmiede: Hier reiht sich ein Laden an den anderen. Neben Gegenständen für den religiösen Gebrauch wird hauptsächlich Silberschmuck (800er oder 925er) nach westlichem Geschmack angeboten. Die Kunsthandwerker fertigen auf Bestellung auch Stücke in jedem gewünschten Design *(made to order)* an. Ein Einkauf zwischen 10 und 11.30 Uhr sollte vermieden werden, dann sind die großen Reisebusse unterwegs und es ist schwer, die überhöhten Touristenpreise herunterzuhandeln.

Singapadu

Wer in Tegaltamu aus südlicher Richtung kommend nicht auf der Hauptstraße nach rechts abzweigt, sondern geradeaus auf einer schmalen Nebenstraße weiterfährt, gelangt in das Dorf Singapadu. Gut ausgeschildert ist die Zufahrtsstraße zum sehenswerten **Bali Bird Park**, ✆ 0361-299352, 💻 www.bali-bird-park.com, der kurz vor dem Dorf zu finden ist. Neben spektakulären Kakadus, Paradies- und Nashornvögeln und einem Albino-Pfau sind auf dem nach geografischen Regionen angeordneten, 2 ha großen Gelände über 200 weitere Vogelarten, teils auch freifliegend, zu bewundern. Nicht umsonst brüstet sich der Park damit, die größte Sammlung indonesischer Vogelarten weltweit zu besitzen. Das große „Papua"-Freigehege mit einem nachgebauten Regenwald sowie die „Bird of Prey"- Show mit Eulen, Adlern und Falken sind dabei die Hauptattraktionen. Der Park betreut auch ein erfolgreiches Brutprogramm für den Bali-Star, das bereits 50 Jungtiere hervorbrachte.

Für interessante Ausflüge mit dem eigenen Transportmittel und auch für schöne Spaziergänge bietet die Umgebung von Ubud vielfältige Möglichkeiten, zumal es in der Region vieles von Balis ursprünglicher Schönheit zu entdecken gibt. Längere Touren mit dem Fahrrad können wegen der starken Sonne und dem Auf und Ab in der hügeligen Landschaft jedoch schnell zu einer schweißtreibenden Angelegenheit werden, daher lohnt es sich, auf motorisierte Verkehrsmittel zurückzugreifen oder speziell für Zweiräder konzipierte Touren zu buchen. Die hier beschriebenen Touren und Wanderungen können je nach Interesse auch individuell kombiniert werden. In Ubud werden auch Wanderkarten verkauft, die die Orientierung erleichtern. Viele Wege und Straßen verlaufen in Nord-Süd-Richtung, sie sind meistens breit und fast schnurgerade. Von Osten nach Westen schlängeln sich nur wenige schmale Pfade und noch weniger befahrbare Straßen in die tief eingeschnittenen Flusstäler hinab. Im Zweifel können die freundlichen Menschen überall nach dem Weg gefragt werden: „Di mana jalan ke …?" heißt „Wo ist der Weg nach …?". Viele Ausflugsziele lassen sich am besten zu Fuß erkunden. Entlang der schmalen Hauptstraßen trübt allerdings der dichte Verkehr die Wanderlust.

Spaziergänge

Nach Norden durch die Reisfelder bis zum Öko-Bauernhof

Ein schöner Spaziergang führt in die Reisfelder nördlich von Ubud und zum **Sari Organik/Warung Bodag Maliah**, Subak Sok Wayah, ✆ 0361-780 1839, ✉ sari-organik@hotmail.com, einem Bio-Bauernhof. In einer guten halben Stunde kann man vom zentralen Markt durch die gemütliche **Jl. Kajeng** und weiter in die Felder wandern, um dem geschäftigen Ubud für kurze Zeit zu entfliehen. Der Fußweg beginnt bei den Abangan Bungalows an der Jl. Raya Ubud und ist ausgeschildert. Man wird mit atemberaubenden Ausblicken auf schier endlose Reisterrassen belohnt. Schließlich gelangt man zum Bio-Bauernhof Sari Organik, wo die Anbauweisen der verschiedenen Gemüsesorten anschaulich erklärt und demonstriert werden. Wer aktiv werden möchte, kann selbst geerntetes Gemüse im dazugehörigen Restaurant zubereiten lassen. Mittlerweile haben sich drei Bio-Bauernhöfe auf unterschiedliche Obst-, Gemüse- und Kräutersorten spezialisiert. Der Rückweg führt auf einem gepflasterten Weg durch die Reisfelder hinunter in die Stadt und endet kurz vor der Ubud Clinic auf der Jl. Raya Ubud. Die Strecke eignet sich auch gut für einen romantischen Abendspaziergang. Dann kann man das leckere Bio-Essen zum Sonnenuntergang genießen.

Nach Westen durch Campuhan und Penestanan

Auf der Hauptstraße geht es in westlicher Richtung hinab bis zur Brücke, die eine tiefe Schlucht überspannt. Links oben auf einer Anhöhe hinter der Brücke liegt das **Blanco Renaissance Museum**, ✆ 0361-975502 (s. S. 200). Im pompösen Anwesen des Ende 1999 verstorbenen Malers Antonio Blanco sind nur seine eigenen Werke ausgestellt. Außerdem können in der Galerie Kunstwerke seines Sohnes Marco erworben werden. ◷ 9–17 Uhr, Eintritt 50 000 Rp. Rechts unten in der Schlucht sieht man den Zusammenfluss *(= Campuhan)* des **Yeh Wos** mit einem seiner Nebenflüsse. Flüsse sind allen Hindus heilig und Flusskreuzungen ganz besonders. Auf der Landzunge erhebt sich der *Subak*-Tempel **Pura Campuhan**, auch bekannt als Pura Gunung Lebah, der der Reisgöttin Dewi Sri geweiht ist. Da der Wos in der Nähe von Penelokan unterhalb der Batur-Caldera entspringt und offensichtlich vom Batur-See gespeist wird, verehrt man in diesem Tempel auch die Gottheiten vom Gunung Batur. Der Tempel zählt zu den ältesten auf Bali: Seine Gründung geht auf den ostjavanischen Hindupriester Markandeya zurück, der im 8. Jh. lebte (s. S. 110). Er feiert sein *Odalan* an einem Mittwoch, zehn Wochen vor *Galungan*. Folgt man dem **Yeh Wos** durch die Reisfelder, kann man die Ruhe und Schönheit des Flusstals genießen.

Ein paar hundert Meter Richtung Norden liegt das **Tjampuhan Hotel**. Eines der Gebäude war in den 1930er-Jahren die Villa des Malers Walter Spies (s. S. 201).

Von Campuhan aus gelangt man auf zwei Wegen nach **Penestanan**. Der erste, eine asphaltierte Straße, beginnt hinter dem Blanco Renaissance Museum, der zweite ein paar hundert Meter nördlich vom Tjampuhan Hotel. Dort führt auf der gegenüberliegenden Straßenseite eine steile Treppe den Berg hinauf und geht dann in einen schmalen Fußweg über. Der schöne Spaziergang durch Reisfelder und vorbei an zahlreichen Ferienhäusern führt schließlich zum Dorf der **Young Artists**, die heute gar nicht mehr so jung sind.

1960 ließ sich hier der holländische Maler **Arie Smit** nieder und animierte einige 12- bis 14-jährige Jungen zum Malen. Daraus entwickelte sich eine völlig neue Malschule mit eigenständigem Stil. Da die „jungen Künstler" aus Bauernfamilien stammten, wählten sie entsprechende Motive: das Dorfleben, die Arbeit auf den Feldern oder religiöse Zeremonien, meist eine ganze Anzahl von einzelnen kleinen Szenen in einem einzigen Gemälde.

Durch die Schlucht des Yeh Ayung

Diese kurze Wanderung beginnt an der Brücke über den Campuhan-Fluss bei Murni's Warung. Hier zweigt ein gut ausgebauter Feldweg ab, der vorbei am **Pura Gunung Lebah** Richtung Norden führt. Der Weg entlang des **Yeh Ayung Flusses** führt durch saftig grüne Reisfelder. Hier kann man vollkommen in die Ruhe und Schönheit des Flusstales eintauchen. Nach guten zwei Stunden wird westlich von Campuhan in **Sanggingan** wieder die Hauptstraße erreicht, die zurück nach Ubud führt. Der Weg zurück ist relativ weit und beschwerlich, da er an der belebten Hauptstraße entlangführt. Wer auf die Stunde Fußmarsch verzichten möchte, nimmt einfach ein Motorradtaxi oder Angkot.

Nach Süden entlang der Jl. Bisma zum Monkey Forest

Ein weiterer netter Spaziergang in der Nähe des Zentrums führt an der **Jl. Bisma** entlang. Folgt man ihr bis nach Süden, wird sie nicht nur zu einem ruhigen, kleinen Feldweg, sondern läuft auch gerade auf das westliche Ende des **Monkey Forest** zu.

Tagestouren ab Ubud

Tour 1: Richtung Südosten nach Goa Gajah und Bedulu

Diese vielseitige und interessante Tagestour führt durch das kleinstädtische **Peliatan** hinaus zum beeindruckenden Höhlenheiligtum **Goa Gajah**. Nymphenbäder und alte Felsskulpturen vermitteln dem Besucher einen Eindruck von dem, was früher einmal war. Danach können die zahlreichen Tempel und Statuen in **Bedulu** und **Kutri** erkundet werden, bevor es in die Nähe von Kemenuh zum **Tegenungan-Wasserfall** geht. Hier kann man bei einem Blick weit hinunter zu den hinabstürzenden Wassermassen des Petanu-Flusses ein wenig entspannen. Ausgeruht geht es über **Sakah** mit seinen zahlreichen Holz- und Maskenschnitzern und Kunstgalerien zurück nach Ubud. Für eine detaillierte Beschreibung der einzelnen Orte und Sehenswürdigkeiten s. Unterkapitel „Östlich von Ubud", S. 230.

Tour 2: Richtung Nordosten zum Gunung Kawi und Pura Tirta Empul

Zunächst führt der Weg, wie in Tour 1 beschrieben, von Ubud über **Peliatan** zur **Goa Gajah** und von dort weiter nach **Pejeng**. Anschließend geht es über die Dörfer Galiang, Tarukan, Belusung und Sanding hinauf nach **Tampaksiring** zum Bergheiligtum **Gunung Kawi** und danach weiter zum schönen Wassertempel **Pura Tirta Empul**. Anschließend besteht noch die Möglichkeit, die Goldfische im Teich von **Sebatu** und weiter im Norden den **Elephant Safari Park** bei Taro zu besichtigen. Auf dem Rückweg nach Ubud über den Ort **Tegallalang** mit seinen wunderschönen Reisterrassenformationen kann noch ein letzter Halt in **Petulu** eingelegt werden. Am späten Nachmittag lassen sich hier die von den Feldern zurückkehrenden Reiher aus nächster Nähe beobachten. Für eine detaillierte Beschreibung der einzelnen Orte und Sehenswürdigkeiten s. Unterkapitel „Nördlich von Ubud", S. 233.

Das nach ebendieser bedrohten Vogelart benannte Restaurant serviert aus lokalen Zutaten ohne Glutamat hergestellte Gerichte und ungesüßte Saftkreationen, die alle Namen von Vögeln tragen, zu vernünftigen Preisen. 🕓 9–17.30 Uhr, Eintritt US$25, Kinder US$13.

Nicht weit entfernt liegt auch der **Bali Zoo** *(Kebun Binatang Bali)*, Jl. Raya Singapadu, Sukawati, 📞 0361-294357, 💻 www.bali-zoo.com. Die vielen tropischen Tiere wie Tiger, Krokodile oder Komodo-Warane können nicht nur in den Gehegen, sondern auch bei Fütterungen beobachtet werden. Auch bietet sich die fragwürdige Möglichkeit, verschiedene Tiere zu streicheln und mit ihnen ein Erinnerungsfoto schießen zu lassen. Ein *Canopy-Walkway* führt in luftiger Höhe durch die Baumwipfel. In den Stunden nach Sonnenuntergang werden auch Rundgänge angeboten, bei denen Guides die nachtaktiven Tiere des Zoos vorstellen. 🕓 9–18, Mi und So bis 21 Uhr, Eintritt US$24, Kinder US$12, Familien mit max. 2 Kindern US$65 bzw. US$35, US$25 oder US$108 inkl. Fütterung, Show und Softdrink.

Kutri

Weiter Richtung Norden werden in den Dörfern **Kutri** und **Negari** in zahlreichen Werkstätten entlang der Straße Steinstatuen gefertigt. Die Auswahl ist groß und die Preise sind im internationalen Vergleich sehr niedrig. Zudem kann man sich mit den Bildhauern unterhalten und ihnen bei der Arbeit über die Schulter schauen.

Batubulan

Der Ort ist das traditionelle **Zentrum der Bildhauer**, die ursprünglich nur für Tempel, heutzutage aber auch für Hotelanlagen und Restaurants kunstvolle steinerne Statuen und Reliefs herstellen. Diese Fertigkeit ist eine der wenigen Künste auf Bali, die sich nur schwer von der Souvenirindustrie verwerten lässt und daher noch ihren ursprünglichen Charakter erhalten hat. Dass der Handel an den Straßenständen dennoch bestens funktioniert, beweisen die prächtigen Häuser dahinter.

Ein Meisterwerk der Bildhauerkunst ist der **Pura Puseh Batubulan**, 300 m östlich der Hauptstraße neben der *Sahadewa*-Bühne. Außer riesigen Elefanten stehen auch Buddha-Figuren in meditierender Haltung auf dem Tempelgelände.

Im **Kokar** *(Konservatori Kerawitan)*, dem Konservatorium für darstellende Künste, kann man Musik- und Tanzschülern beim Proben zusehen. Täglich wird hier um 9 Uhr ein **Barong-Tanz** und um 18.30 Uhr der **Kecak-Tanz** aufgeführt. Die großen Touristenbusse legen für die morgendliche Show ihren ersten Stopp ein.

Gumicik und Pantai Air Jeruk

Von Tohpati, ca. 1 km südlich von Batubulan, führt ein Abstecher über schmale Asphaltstraßen Richtung Osten zum dunklen Sandstrand von **Gumicik** (Pantai Ketewel). Etwas weiter östlich, am Strand **Pantai Air Jeruk**, findet man ein wenig Schatten unter Kokospalmen. Touristen verschlägt es nur selten hierher.

Wer von Norden kommt, kann bereits in Celuk vor der Betonbrücke (mit der alten Hängebrücke daneben) rechts abbiegen. Auf einer Nebenstraße gelangt man über **Guwang**, wo große *Garuda* aus dunklem Holz geschnitzt werden, zu den dunklen Sandstränden.

Östlich von Ubud

Goa Gajah

Goa Gajah, „die Elefantenhöhle", liegt etwa 2,5 km östlich von Ubud an der Straße nach Bedulu. Der Eingang zur Höhle ist mit seltsamen Skulpturen verziert, die in den Felsen gehauen sind. Eine verzerrte Fratze scheint alle, die eintreten, mit ihrem riesigen Maul zu verschlucken. Es handelt sich dabei um die älteste auf Bali vorhandene Darstellung von Boma, dem Sohn des Gottes des Wassers Vishnu, und Ibu Pertiwi, der Mutter Erde. Die Skulpturen im Inneren der Höhle lassen darauf schließen, dass die Höhle früher von einem Einsiedler bewohnt war. Es werden hier drei einfache schwarze Phallussymbole verehrt.

Vor der Höhle liegen Badeplätze mit Nymphen, die erst 1954 entdeckt wurden. Steigt man in die Schlucht hinab, findet man weitere Ruinen und einen schönen Wald, in dem überall kleine

Steinfiguren stehen. Wenn gerade keine Busladung mit Touristen ankommt, ist Goa Gajah ein angenehm ruhiger und erholsamer Ort.

Eintritt 15 000 Rp, Kinder 7500 Rp, Parken 5000 Rp für Autos, 1000 Rp für Motorräder. Der obligatorische Tempelschal kann am Eingang kostenlos geliehen werden. Vielsprachige Führer bieten ihre Dienste für 20 000 Rp an.

Bedulu

Ein kleiner Ort mit einer sehr bewegten Geschichte: Hier in der Gegend um Pejeng und Bedulu wurde im 9. Jh. von der *Warmadewa*-Dynastie das erste bekannte hinduistische Königreich von Bali begründet. Nach einer Zeit der Abhängigkeit vom Kediri-Reich in Ost-Java erfreuten sich die nachfolgenden Könige der *Pejeng*-Dynastie vorübergehender Selbstständigkeit, die erst mit der Eroberung durch Majapahit 1343 ein Ende fand. Der letzte König von Bedulu/Pejeng, der den javanischen Heeren eine Zeitlang erbitterten Widerstand geleistet hatte, war **Ratna Banten**.

Da kein anderes Gebiet auf Bali so viele Altertümer aufweist wie die Gegend um Bedulu und Pejeng, war es naheliegend, hier auch das **Archäologische Museum** (Museum Gedong Arca Purbakala) zu errichten, ✆ 0361-942354. Das nur für Freunde der Archäologie spannende Museum liegt südlich vom Pura Penataran Sasih an der Ortsgrenze zwischen Pejeng und Bedulu. Das freundliche Personal zeigt gerne die Fundstücke aus der Steinzeit, der Bronzezeit (Steinsarkophage) und den ersten Jahrhunderten des Hinduismus auf Bali. 🕒 7–15 Uhr, Eintritt frei, eine kleine Spende wird erwartet.

Noch mehr Fundstücke sind verstreut in der Umgebung von Bedulu und Pejeng in vielen kleinen Tempeln untergebracht. Meist handelt es sich hierbei allerdings nur noch um Fragmente uralter Statuen. Sehenswert ist die große Bima-Statue, die von Büffeln und Dämonen flankiert wird, im **Pura Kebo Edan** („Tempel des verrückten Wasserbüffels"), nur 200 m nördlich des Museums. Die Statue ist ein Relikt des geheimen, tantrischen *Bhairava-Shiva*-Kultes, zu dessen Ritualen orgiastische Blutopfer gehörten.

Nicht weit entfernt, östlich von der Hauptkreuzung in Bedulu, liegt der **Pura Samuan Tiga**. Der Tempel stammt wahrscheinlich aus dem 11. Jh. und ist den drei *(Tiga)* obersten Hindu-Gottheiten *(Trimurti)* Brahma, Vishnu und Shiva geweiht.

Auch das Felsrelief **Yeh Pulu** im Süden von Bedulu ist einen Besuch wert. Ein Schild an der Hauptstraße weist den Weg. Inmitten von Reisfeldern erstreckt sich an einer niedrigen Felswand ein aufwendiges, 25 m langes und 2 m hohes Relief, das hauptsächlich lebendige Szenen aus dem Arbeitsalltag zeigt. Bedeutung und Alter der Anlage sind ein bisher ungelöstes Rätsel. Man vermutet, dass Yeh Pulu

Balinesisches Dorfleben und Geschichte hautnah erleben

Eine ganz eigene Form von gemeinschaftsbasiertem Tourismus hat sich mit dem **Archäo-Tourismus**, archäologischen Tourismus, in Bedulu, nahe der Tempelhöhle Goa Gajah entwickelt. Wer tief in die faszinierende Frühgeschichte der Insel und die Anfänge des balinesischen Hinduismus eintauchen möchte, sollte sich zwei bis drei Tage Zeit nehmen, um dabei die archäologischen Funde und das Leben in einem traditionell organisierten balinesischen Dorf kennenzulernen. Meldet man sich drei Tage vorher telefonisch unter ✆ 0361-955490 an, wird ein individuelles Programm zusammengestellt, das je nach Interesse Kochkurse, Tänze, traditionelle Spiele, Spaziergänge zu den ältesten archäologischen Funden und Überresten der Herrscher von Bedulu beinhaltet – alles unter kompetenter Leitung von Agung, selbst ein bekannter Archäologe mit Wohnsitz im Tempel von Bedulu. Übernachtet wird in einfachen, aber sauberen Zimmern mit Kaltwasser-Du/WC im Tempelkomplex oder direkt bei Familien. Frühstück und sämtliche Aktivitäten sind im Preis eingeschlossen. Jeglicher Profit kommt dem Dorf zugute. Preis pro Tag US$25, von denen US$15 direkt an die Dorfbewohner gehen.

Ratna Banten

Ratna Banten, mit vollem Titel Raja Sri Aji Asura Bumi Banten, war offenbar ein Magier und Meister eines tantrischen Geheimkults. Durch ein Versehen bei magischen Experimenten soll sich der Kopf des Königs in einen Schweinskopf verwandelt haben. Das brachte ihm einen zweiten Namen ein: Raja Dalem Bedahulu (*beda* = verwandelt, *hulu* = Kopf). Eine etwas profanere Erklärung ist, dass er den Namen aufgrund seiner Dickköpfigkeit erhielt. Er weigerte sich nämlich vehement, sich Majapahit zu unterwerfen. Der Ort, an dem sein Palast stand, ist heute als **Bedulu** bekannt.
Der erste Minister des Königs, **Kbo Iwo**, verfügte wohl ebenfalls über große magische Kräfte. Als Riese, der in wenigen Nächten ganze Heiligtümer und Höhlen mit seinem Fingernagel aus dem Fels kratzte, ist er in den balinesischen Volksmythen bis heute lebendig. S. Kasten „Die Legende vom Batur-See“, S. 288.

zu einer Eremitenklause gehörte und etwa im 14. Jh. entstanden ist.

Das wenig besuchte Felsenheiligtum **Candi Tebing Tegallinggah** liegt versteckt in einer Schlucht und ist über schmale *Jalan Sawah*, Wege durch die Reisfelder, zu erreichen. Das Auffälligste an der offenbar sehr alten, ziemlich verfallenen Anlage sind zwei kleine Felsen-*Candi*, ähnlich denen am Gunung Kawi. Daneben gibt es idyllisch gelegene Einsiedlerhöhlen und mehrere Quellen.

Der etwas mehr als 1 km lange Fußweg Richtung Nordwesten beginnt an der Hauptstraße von Bedulu nach Gianyar, östlich der Abzweigung nach Kutri, etwa 3 km vor Gianyar. Hier steht auch ein Hinweisschild, aber auf der falschen Straßenseite.

Bedulu erreicht man von Ubud aus mit dem orangefarbenen Angkot Richtung Gianyar für 5000 Rp.

Pejeng

In Pejeng direkt nördlich von Bedulu kann im **Pura Penataran Sasih** die größte Bronzetrommel der Welt besichtigt werden. Der „Mond von Pejeng“ ist eine wundervoll ausgearbeitete Kesseltrommel, die über und über mit dekorativen Ornamenten bedeckt ist. Sie hängt allerdings oben in einem Turm und ist daher relativ schlecht zu sehen.

Außerdem enthalten hier verschiedene offene Bauten antike steinerne Figuren, so z. B. eine Brahma-Shiva-Statue, einen Stein mit *Kawi*-Inschrift und andere Statuen aus dem 14. Jh., die bei Ausgrabungen auf dem Tempelgelände gefunden wurden. Die erneuerten Tempelbauten an sich sind nicht von besonderem Interesse. Kein Eintritt, doch es wird eine Spende erwartet. ⌚ 9–17 Uhr.

Nicht weit nördlich vom Pura Penataran Sasih führt beim Pura Pengukur Ukuran ein lohnender Abstecher hinunter in eine Schlucht zu einem sehr alten, kleinen Felsheiligtum mit Höhlen, Quellen und Badeplatz namens **Candi Tebing Goa Garba**.

Kutri

1 km südöstlich von Bedulu, an der Hauptstraße von Denpasar nach Gianyar, liegt das wichtigste Durga-Heiligtum der Insel, **Pura Durga Kutri**. Eine Treppe führt hinauf zu einem *Bale* auf dem kleinen Felshügel Bukit Dharma, der eine schöne Aussicht bietet. Das *Bale*, von seltsam geformten Felsen umgeben und von einem *Banyan*-Baum überschattet, beherbergt neben riesigen Eberköpfen eine reliefartige, achtarmige Statue der Todesgöttin Durga, die auf dem Bullen Nandi steht. Die ziemlich lädierte Figur aus dem 12. Jh. dient gleichzeitig als Totenmal für die Königin Mahendradatta. Weitere Details zu Königin Mahendradatta s. eXTra [4222].

Buruan und Blahbatuh

Südlich von Kutri liegt das Dorf **Buruan**, bekannt für seine guten Holzschnitzer, Bildhauer und Tänzer. Im **Banjar Bangun Liman** westlich der Hauptstraße steht ein Tempelkomplex, der in Bali einzigartig ist. Die drei üblichen Dorftempel Kahyangan Tiga, also Pura Puseh (Vishnu-Tempel), Pura Desa (zentraler Dorftempel) und Pura Dalem (Unterwelttempel), die normalerweise weit voneinander entfernt errichtet wurden, liegen hier in einer Reihe neben- bzw. hintereinander.

Der „Mond von Pejeng"

Obwohl der „Mond von Pejeng", ein Juwel der Bronzegießerei, typisch indonesische Stilelemente zeigt, ist seine Herkunft bis heute ungeklärt. Man datiert die Trommel auf das 3. Jh. v. Chr. und sieht in ihr ein wichtiges Zeugnis der Verbreitung der sogenannten Dong-Son-Kultur. Wegen einer ungewöhnlichen Fülle und Vielfalt von Funden bei dem kleinen nordvietnamesischen Dorf Dong-Son vermutet man hier die Wiege der südostasiatischen Bronzekultur. Dem „Mond von Pejeng" ähnliche, wenn auch weitaus kleinere und aus jüngerer Zeit stammende Kesseltrommeln aus Bronze fungieren auf der indonesischen Insel Alor bei Timor immer noch als Brautpreis. Von der Insel Roti, ebenfalls in dieser Gegend, und vom Sentani-See in Irian Jaya stammen einige der schönsten Bronzeäxte, deren Arbeitstechnik und Schmuckmotive den gleichen Stil aufweisen.

Den Balinesen ist der „Mond von Pejeng" besonders heilig. So werden oft Opfergaben vor der Trommel dargebracht.

Der Name erklärt sich aus folgender Legende: Von einst 13 Monden im Jahr stürzte einer zur Erde und verfing sich im Geäst eines Baumes. Seine Helligkeit störte die Diebe bei ihrer nächtlichen Arbeit und ein besonders Mutiger unter ihnen beschloss, das Licht mit seinem Urin auszulöschen. Dadurch explodierte der Mond, tötete den Frevler und fiel als Trommel zu Boden – dieser Sturz erklärt auch die Beschädigung an der Trommel.

Auf dem Weg Richtung Denpasar wird bald **Blahbatuh** erreicht, wo im **Pura Puseh** an der Straße nach Belaga und Bona das steinerne Riesenhaupt des legendären Riesen **Kbo Iwo** (s. Kasten S. 288) aufbewahrt wird. Ungewöhnlich sind die beiden Pferde mit Riesenpenis und Reiter, die das Tempeltor im Inneren flankieren.

Tegenungan Wasserfall

Weiter in Richtung Westen liegt **Kemenuh**, von wo aus eine Abzweigung Richtung Süden zum 2,5 km entfernt gelegenen Wasserfall **Air Terjun Tegenungan** führt. Hier stürzt sich der Petanu-Fluss in weiter Ferne einen Felsabsatz hinunter. Von oben kann man bei einem kühlen Getränk die Aussicht genießen. Der Weg nach unten ist jedoch sehr weit und beschwerlich. Parken und Eintritt 4000 Rp p. P.

Nördlich von Ubud

Der Botanische Garten

2 km nordöstlich von Ubuds Zentrum befindet sich seit 2006 der mit viel Hingabe gestaltete **Botanische Garten**, Jl. Tirta Tawar, Kutuh Kaja, ✆ 0361-900 0441, 💻 www.botanicgardenbali.com. Zwischen Orchideen und Bromelien finden sich hier viele weitere in Asien heimische Pflanzen sowie ein paar obskure Kunstwerke, ein Tempel und ein kleines Labyrinth. Zuletzt machte die Anlage leider einen etwas vernachlässigten Eindruck. Zudem fehlen oft Beschreibungen der einzelnen Pflanzenarten. 🕓 8–18 Uhr, Eintritt 50 000 Rp, Kinder 10 000 Rp.

Petulu

Die kleine, 3,5 km nordöstlich von Ubud gelegene Ortschaft ist bekannt für ihre **Holzschnitzer**, die sich auf Bilderrahmen, aber auch Stühle spezialisiert haben. Das Besondere ist, dass die Stühle meist aus nur einem massiven Holzblock gesägt und geschnitzt werden. Die größte Attraktion des Dorfes sind jedoch die Scharen von Kokokan-Reihern, die hier jeden Nachmittag ihr Lager aufschlagen.

Wer in direkter Sichtweite zu den Reihern übernachten möchte, ist in der **Villa Suryana**, Jl. Petulu Gunung 37B, ✆ 0361-976575, ✉ yansuryana@eksadata.com, genau richtig. Die freundliche österreichische Besitzerin und Künstlerin Marina sowie ihr indonesischer Mann Yan haben neben dem Guci Guesthouse in Pengosekan auch diese komfortable Villa mit Privatpool für bis zu 4 Pers. zu vermieten. Der Familienanschluss ist garantiert, denn im Haus direkt

Die Reiher von Petulu

Es scheint, als hätten sich sämtliche Reiher auf Bali in Petulu versammelt. Tagsüber sieht man die weißen und gelben Vögel meist durch die Reisfelder stelzen, nachmittags gegen 16 Uhr kehren sie jedoch geschlossen nach Petulu zurück und lassen sich beiderseits der Dorfstraße in den umliegenden Bäumen nieder.
Viele der älteren Menschen erinnern sich noch genau an die Ankunft der Vogelscharen eines Tages im November 1965. Das war zu der Zeit, als in ganz Indonesien, und natürlich auch auf Bali, Jagd auf Kommunisten gemacht wurde. In Petulu war es zu einem besonders blutigen Massaker gekommen, sodass anschließend eine große Reinigungszeremonie und Dämonenaustreibung abgehalten werden musste. Offensichtlich war diese sehr erfolgreich: Der größte *Banyan*-Baum des Dorfes stand plötzlich in voller Blüte, gleichzeitig trafen die ersten Reiher ein und begannen in den Bäumen des Dorfes ihre Nester zu bauen. Die Menschen glauben daher auch, dass die Reiher die wiedergeborenen Opfer des grausamen Massakers sind. Es ist also kein Wunder, dass man den Vögeln Respekt und Verehrung entgegenbringt. Regelmäßig alle 210 Tage findet für sie eine Zeremonie im Tempel statt. Die Vögel sollen sogar einen König haben, einen schwarzen Reiher mit grünen, leuchtenden Augen.

nebenan wohnen die Gastgeber. Frühstück und Transport von und nach Ubud sind bei einer Buchung inkl. Tanz- und Malkurse können organisiert werden. ❻

Tegallalang

Folgt man der Hauptstraße durch Petulu weitere 5 km nach Norden, erreicht man Tegallalang. Die Hauptstraße ist auf der Strecke von zahllosen Souvenir- und Kunsthandwerksgeschäften gesäumt, die die ganze Produktpalette Balis im Angebot zu haben scheinen. Die eigentliche Attraktion sind jedoch die ungeheuer fotogenen und leicht zu erreichenden Reisterrassenformationen, nicht die größten, aber vielleicht die schönsten ganz Balis. Von einem ca. 1 km langen Straßenabschnitt bietet sich ein atemberaubender Blick ins saftig grüne, komplett terrassierte Tal. Die besten Fotos lassen sich von den kleinen Terrassen aus schießen, die von Süden kommend rechter Hand der Straße über ein paar Treppenstufen zu erreichen sind. Da hier fast alle Ubud-Besucher vorbeischauen, herrscht ein reges Treiben. Die Ladenbesitzerinnen und Verkäufer sind ziemlich penetrant und lassen sich nicht leicht abschütteln. Auch scheinen ganze Heerscharen von Kindern Postkarten an den Mann bringen zu wollen. Mit einem freundlichen, aber resoluten Auftreten sollten aber auch sie davon zu überzeugen sein, dass man nichts kaufen möchte.

Südlich des Aussichtspunkts kann man in den spektakulär oberhalb der Schlucht gelegenen **Kampung Cottages**, ✆ 0361-901201, 💻 www.kampungtari.com, übernachten. Die einladenden, gekachelten Zimmer mit herrlichem Ausblick haben gute Matratzen, schickes Holzinterieur und ein großes Bad/WC. Freundliches Personal, Frühstück und WLAN inkl. Das entspannte Restaurant, 🕓 8–21 Uhr, bietet tolle Sitzmöglichkeiten am Tal und serviert eine breite Auswahl an Gerichten ab 45 000 Rp. ❻–❼

Keliki

In dem kleinen, ca. 7 km nördlich von Ubud und 2,5 km westlich von Tegallalang gelegenen Dorf ist die aussterbende **Kunst der balinesischen Miniaturmalerei** noch lebendig. Der Künstler Mandera Dolit leitet hier die letzte Schule der Insel, die diese Kunst lehrt, **Studio Dolit**, ✆ 081-5579 1433. Die kleinen, mit zugespitzten Palmblatthalmen und Tusche gezeichneten Kunstwerke bestechen vor allem durch eine enorme Detailfreude und traditionelle Motive, die Landschaften, balinesische Tänze oder Gottheiten zeigen. Dabei sind die Gemälde mit maximal 50 cm Breite und Länge sehr kompakt und werden in aufwendiger Handarbeit hergestellt, die bis zu zwei Wochen in Anspruch nehmen kann. Das Kunsthandwerk wurde in Keliki nicht wie in vielen anderen Orten für die Touristen angepasst oder verändert, sondern blieb authentisch. Die Bilder werden auf dem Markt von Sukawati zu Preisen um 100 000 Rp verkauft, dabei kommen die gesamten Erlöse den Familien der Schüler zugute.

6 HIGHLIGHT

Gunung Kawi

Im Norden von **Tampaksiring** liegt östlich der Straße in einer herrlichen, steilen Schlucht des Pakrisan-Flusses das von kunstvollen Reisterrassen umgebene Heiligtum **Gunung Kawi**. Aus zwei gegenüberliegenden Felswänden wurden neun Monumente in Form ost-javanischer *Candi* ausgemeißelt. Fast verwitterte Inschriften belegen, dass es sich dabei um die aus dem 11. Jh. stammenden Bestattungstempel des Königs Udayana und seiner Familie handelt.

Wenn man die in den Fels gehauenen Stufen, die von der Straße abgehen, hinunterkommt, sieht man fünf Monumente vor sich, die von links nach rechts folgenden Personen zugedacht sind: König Udayana, Königin Gunapriya, der Lieblingskonkubine des Königs und seinen Söhnen Marakata und Anak Wungsu. Die vier *Candi* auf der westlichen Seite des Flusses sind dem Andenken der vier Konkubinen Anak Wungsus gewidmet.

Im Süden des Tals, nicht weit von den Grabmalen entfernt, entdeckt man an mehreren idyllisch gelegenen Plätzen Gruppen von ebenfalls aus Felswänden ausgemeißelten Höhlen, in welchen vermutlich Eremiten und Asketen ihr einfaches Dasein fristeten.

Die *Candi* von Gunung Kawi verweisen deutlich auf javanische Einflüsse, denn in der balinesischen Kultur sind Felsendenkmäler sehr selten. Die Heiligtümer auf der Insel wurden normalerweise aus vergänglicheren Materialien errichtet. **Goa Gajah** bildet das Gegenstück zum Gunung Kawi und stammt ebenfalls aus dem 11. Jh. Eintritt 15 000 Rp, Kinder 7500 Rp, Tempelschal *(Slendang)* erforderlich, Parken 7500 Rp.

Für die Balinesen erklärt sich die Entstehung beider Heiligtümer aus einem Volksmythos, demzufolge der Riese **Kbo Iwo** sie in einer Nacht mit seinen Fingernägeln aus dem Felsen gegraben haben soll. Weitere Informationen zu Kbo Iwo s. Kasten „Die Legende vom Batur-See", S. 288.

Nur einige Kilometer nordwestlich, im Dorf **Bayad**, können mitten in der Natur bei **Bali Eco Adventure**, ✆ 0361-787 3603, 🖳 www.balieco adventure.com, ruhige, saubere Holzbungalows mit hellen Holzmöbeln, Balkon und Du/WC am Hang bezogen werden. Auf dem Grundstück werden Gewürze angebaut und der schöne Garten sowie ein naher Wasserfall sorgen für idyllische Atmosphäre. Zur Anlage gehört auch der Adventure Park mit Untergrundlabyrinth, Wanderpfaden und der heiligen Höhle Goa Maya. Wanderungen kosten ab US$29. Frühstück inkl. ❺–❻

7 HIGHLIGHT

Pura Tirta Empul

Das schöne Quellheiligtum Pura Tirta Empul liegt keine 2 km nördlich von Gunung Kawi und Tampaksiring, ca. 15 km nordöstlich von Ubud, und ist eines der beliebtesten Wallfahrtsziele auf Bali. Kurz hinter Tampaksiring führt rechts eine Straße zu den Quellen, die von der Gottheit Indra im Kampf gegen die Dämonen erschaffen worden sein sollen und wohl von einem der großen Vulkane gespeist werden. Schon seit über 1000 Jahren baden die Balinesen in dem heiligen Wasser. Das kühle Nass ergießt sich aus zwölf Fontänen in die Becken, in denen Kois und Blumenblüten schwimmen. Das Wasser verheißt sowohl spirituelle Reinigung als auch körperliche Heilung, so soll es verschiedene Krankheiten und Beschwerden lindern. Daher strömen täglich zahlreiche Einheimische und Besucher hierher, um sich einer rituellen Reinigung zu unterziehen. Oft haben sie sogar leere Flaschen oder Kanister dabei, um etwas vom heiligen Wasser mit nach Hause zu nehmen. Selbst der Gouverneur ließ sich hier einen Palast erbauen, der die Quellen überblickt und den auch der ehemalige indonesische Präsident Sukarno häufig besuchte. Man munkelt der Aussicht auf die hübschen badenden Balinesinnen wegen. Heutzutage finden internationale Staatsgäste, wie etwa Angela Merkel, hier ihr Quartier.

Die Anlage ist trotz ihrer Schönheit weit weniger touristisch als andere Tempel in der Umgebung und hat sich ihren ursprünglichen und angenehmen Charme bewahren können.

Das *Odalan* von Pura Tirta Empul wird nicht wie sonst üblich alle 210 Tage nach dem *Pawukon*-Kalender, sondern einmal im Jahr nach dem *Saka*-Mondkalender gefeiert, nämlich an Vollmond *(Purnama)* im September oder Oktober, und ist eine berauschende Festlichkeit. Dann bringen die Menschen aus Manukaya, einem nahen Dorf nördlich des Quellheiligtums, einen heiligen Stein zur Reinigung in den Tempel. Eine Inschrift auf diesem Stein belegt die Gründung von Tirta Empul im Jahre 926 n. Chr. Da dies ein heiliger Ort ist, müssen Besucher einen Tempelschal *(Slendang)* tragen. Eintritt 15 000 Rp, Kinder 7500 Rp, Parken 5000 Rp.

Sebatu und Pujung

In **Sebatu** arbeiten viele Holzschnitzer, die sich auf Schnitzereien im sogenannten antiken Stil spezialisiert haben. In einem Tal unterhalb des Dorfes steht der idyllisch angelegte Tempel **Pura Gunung Kawi Sebatu** (nicht zu verwechseln mit den gleichnamigen Königsgräbern in Tampaksiring), ein Quellheiligtum mit Goldfischteich, mehreren Badebecken und einer Grotte am Fuße eines dschungelüberwucherten Berghangs.

Wie im Nachbardorf Sebatu leben auch in **Pujung** viele Holzschnitzer. Hier werden große, bunte *Garuda*, bemalte Holzfrüchte, Bananenbäume usw. hergestellt. Aus 2–3 m langen Baumstämmen fertigt man groteske Pfähle, bedeckt mit ineinander verschlungenen Dämonenfiguren.

Taro

6 km nördlich von Pujung erreicht man über eine Asphaltstraße das von Nelken- und anderen Plantagen umgebene und herrlich im Grünen gelegene Dorf Taro. Die einzigen weißen Kühe auf der Insel, natürlich heilige Tiere, sind in Taro Kelod zu finden.

Der von Bali Adventure Tours, ✆ 0361-721480, 💻 www.baliadventuretours.com, betriebene, 3,5 ha große **Elephant Safari Park** in Taro beheimatet eine Herde von 30 Sumatra-Elefanten, auf denen Touristen reiten können. Ein etwa

Der Petanu-Fluss und Pura Tirta Empul

Der Name „**Petanu**" (der Verfluchte) geht auf einen Mythos aus den Anfängen des Hinduismus auf Bali zurück. In dieser Zeit herrschte der mächtige König Maya Danawa über Bali. Er besaß die Gabe, sich in andere Gestalten zu verwandeln, aber missbrauchte seine Fähigkeiten und wurde zu einem bösen Magier. Ein Priester erbat die Hilfe der Götter, um dem Treiben des grausamen Dämonen Einhalt zu gebieten. Der Götterkönig Indra und seine Truppen waren auch siegreich, bis sich Maya Danawa eine List ausdachte: Er schlich sich nachts ins Lager von Indras Truppen und vergiftete deren Trinkwasser. Dies tat er auf den Seiten seiner Füße, um keine Spuren zu hinterlassen (*Tampak* = ohne, *Siring* = Spuren). Die Truppen tranken das Wasser und wurden sehr krank und kampfunfähig. Um sie zu retten, stieß Indra an der Stelle des heutigen **Pura Tirta Empul** (übersetzt: sprudelnde Quelle) seinen Fahnenmast in den Boden und ließ eine reinigende und heilende Quelle aus der Erde entspringen. Das Wasser kurierte seine Armee. Nachdem Maya Danawa vergeblich versucht hatte, Indra mit seinem immer wieder wandelnden Aussehen zu verwirren, konnte er – in die Form eines Steines verwandelt – endlich durch Indras Pfeil getötet werden. Sein Blut mischte sich mit dem Wasser des Petanu-Flusses, der dadurch für 1000 Jahre verflucht war. Reis, der mit Wasser aus dem Fluss bewässert wurde, wuchs schnell und hoch. Sobald er geerntet wurde, floss aber Blut aus seinen Ähren und er roch nach Verwesung.

Erst als vor wenigen Jahrzehnten die 1000-Jahre-Frist abgelaufen war, wagte man es wieder, das Wasser des Petanu zu nutzen. Bis dahin galt der Fluss als unrein. So überrascht es kaum, dass an seinen Ufern so gut wie keine Tempel zu finden sind.

Ein ganz anderes Bild bietet sich am nächsten Fluss im Osten, dem Pakrisan, wo sich ein Heiligtum an das andere reiht. Der Pakrisan wird von Indras Quelle gespeist.

Herausgeputzt fürs Tempelfest

30-minütiger Ausritt inkl. Transfer, Parkeintritt, Mittagessen und Show kostet US$86, für Kinder US$58, Familien US$259. Touristische Shows, die neben fragwürdigen artistischen Einlagen auch das Verhalten und die Lebensweise der bedrohten Art vermitteln sollen, finden um 11, 13, 15.30 und 18.45 Uhr statt. Zudem können sich Besucher mit den Dickhäutern fotografieren lassen, sie anfassen und waschen. Ebenfalls im Angebot ist eine Nachttour inkl. Elefantenshow sowie einem Ritt durch den beleuchteten Wald mit 4-Gänge-Menü am See für US$99/69/302. Zum Park gehören auch ein kleines, aber recht interessantes Museum mit Mammutskelett sowie nützlichen und witzigen Fakten über die Dickhäuter, ein komfortables, teures Hotel, ein Spa mit Blick auf die Elefanten, ein Restaurant am Badesee und ein Souvenirladen. 🕓 9–17 Uhr, Eintritt US$16, Kinder US$8, Familien US$44.

Gianyar und Umgebung

27 km östlich von Denpasar liegt das Zentrum der balinesischen Weberei. Am Ortseingang von Gianyar werden in Geschäften Stoffe zu teils höheren Preisen als in Denpasar verkauft. Das Angebot umfasst sowohl Batik als auch *Endek*.

Seit der Majapahit-Herrschaft über Bali gehörte die Region Gianyar zum Machtbereich des Rajas von Gelgel. Erst im 18. Jh. entstand ein eigenes einflussreiches Königreich, dessen

Batik und Endek

Eine erwähnenswerte Batikindustrie existiert auf Bali erst seit wenigen Jahrzehnten, und das auch nur, um die Bedürfnisse der Touristen zu befriedigen. Die erwarten schließlich, Batik in Indonesien vorzufinden, und beachten dabei nicht, dass diese Kunst traditionell zwar in Java, aber nicht auf Bali ausgeübt wurde. Die auf der Insel verkauften Batikstoffe stammen daher überwiegend aus Java, auch wenn häufig das Gegenteil behauptet wird.

Die neue Bali-Batik für Touristen, ausschließlich *Batik Tulis* (also „beschriebene" oder „handbemalte" Batik), ist bunt und grob gemustert, meist auf einem weißen oder schwarzen Untergrund.

Ein typisch balinesisches Produkt ist dagegen *Endek*, ein handgewebter Stoff, bei dem die einzelnen Kettfäden schon vor dem Weben im sehr arbeitsintensiven *Ikat*-Verfahren mit dem gewünschten Muster eingefärbt werden.

Könige den Titel *Dewa Manggis* trugen. Einziges Überbleibsel ist heute der Königspalast im Zentrum der Stadt, **Puri Agung**. In der zweiten Hälfte des 19. Jhs. lieferten sich die Fürstentümer von Süd-Bali erbitterte Kämpfe. 1880 wurde die gesamte Fürstenfamilie von Gianyar in Klungkung gefangen genommen und das Gebiet aufgeteilt. Als zwei Söhne fliehen konnten, stellten sie ihr zurückerobertes Fürstentum als Protektorat unter den Schutz der Holländer. So blieb Gianyar verschont, als die Kolonialmacht die südlichen Fürstentümer mit Waffengewalt unterwarf, und konnte sich zu einem eigenständigen künstlerischen Zentrum entwickeln.

In Gianyar kann man nur im **Penginapan Pondok Wisata Gianyar 1**, Jl. Anom Sandat 10X, ✆ 0361-942165, übernachten, das hinter dem Bale Budaya, parallel zur Hauptstraße liegt. Das kleine 2-stöckige Gästehaus bietet einfache und günstige Zimmer. Es empfiehlt sich vorher anzurufen, damit auch wirklich jemand da ist. ❶

Ein großer Hardy's Supermarkt und ein Geldautomat stehen im Zentrum an der Jl. Ngurah Rai. Medizinische Hilfe leistet das R.S.U. Sanjiwani in der Jl. Ciung Wanara 2, ✆ 0361-943049. Hier liegt auch das Postamt.

Mit dem Bus geht es für 10 000 Rp zum Batubulan Terminal in Denpasar oder nach Ubud. Die meisten Busse verkehren vormittags.

Bono und Belege

1,5 km südwestlich von Gianyar liegt die Ortschaft **Bono**, berühmt für ihre *Kecak*-, Trance- und Feuer-Tänze. Hier werden kunstvolle, aus Palmblättern gefertigte Taschen, Körbe und Fächer hergestellt. Südwestlich von Bono liegt das Dorf **Belege**, wo diverse Bambusartikel, hauptsächlich Möbel, fabriziert werden. Wenige Kilometer weiter erreicht man bei Blahbatuh wieder die Hauptstraße.

Sidan und Bukit Sari

3 km östlich von Gianyar geht es zum Hügel **Bukit Sari** hinauf. Auf dem Weg lohnt ein Zwischenstopp in **Sidan** mit seinen reich verzierten Tempeln. Von Süden kommend liegen folgende Tempel rechts an der Straße, jeweils nur ein paar hundert Meter voneinander entfernt: **Pura Dalem** (Unterwelttempel), **Pura Merajan Agung** (Ahnentempel der *Raja*-Dynastie von Gianyar) und im Norden der **Pura Puseh** (Vishnu-Tempel). Von der oberen Plattform des Pura Merajan Agung hat man einen weiten Blick ins flache Land um Gianyar.

Pantai Lebih

Die Straße, die vom Puri-Agung-Palast in Gianyar Richtung Süden verläuft, gabelt sich schon bald: Geradeaus führt eine schmale, asphaltierte

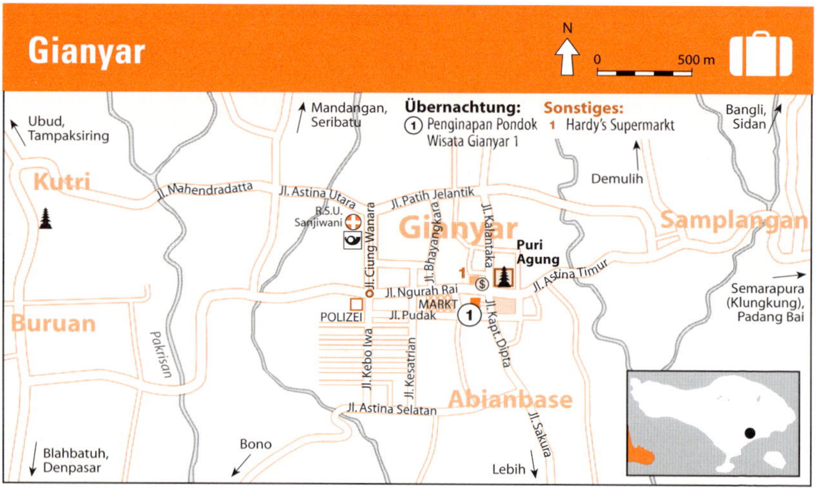

Straße an den dunklen Sandstrand **Pantai Lebih**. Hier, ca. 7 km von Gianyar entfernt, liegen einige Fischerdörfer, bunte Boote *(Prahu)* dümpeln im Wasser. Es gibt keine schattigen Plätzchen, aber auch keine Touristen.

Seit wenigen Jahren bietet in der Nähe des Pantai Lebih, nördlich der Schnellstraße, der 40 ha große **Bali Safari & Marine Park**, Jl. By-pass Prof. Dr. Ida Bagus Mantra, KM 19,8, ✆ 0361-950000, 💻 www.balisafarimarinepark.com, ein außergewöhnliches Safarierlebnis für die ganze Familie. Hier kann man Safaritouren durch das Freigehege mit 40 verschiedenen Tierarten unternehmen oder die Zeit mit Elefantenritten und Fotoshootings mit kleinen Orang-Utans verbringen. Der Park hat sich dem Schutz vom Aussterben bedrohter Tiere verschrieben und unterhält deshalb ein Forschungszentrum. Eintritt ab US$35 p. P. inkl. Abholservice in Süd-Bali. 🕓 9–17 Uhr.

Wer in Safaristimmung kommen möchte, kann auch direkt in der **Mara River Safari Lodge**, ✆ 0361-747 5000, 💻 www.marariversafarilodge.com, inmitten des Tiergeheges übernachten. Die Stelzen-Cottages in afrikanischem Ethno-Design sind luxuriös ausgestattet und haben Balkon und Fensterfronten mit direktem Blick auf Nashörner und Zebras. Mit Pool, Spa und hochpreisigem Restaurant. ❼–❽

Pantai Masceti

Am Pantai Masceti, einem schattenlosen, einsamen Strand, steht ein wichtiger Küstentempel, der **Pura Masceti**, mit einer riesigen Halle für Hahnenkämpfe *(Wantilan)*. Sehenswert ist sein *Odalan*, wenn unzählige Warung und Verkaufsstände und eine bunte Menschenmenge eine Jahrmarktatmosphäre aufkommen lassen. In der Nähe des Tempels ragt eine seltsame Betonkonstruktion in Form eines Riesendrachen empor.

Bangli und Umgebung

In der Provinzstadt findet alle drei Tage ein **Markt** statt. Es gibt etwa ein Dutzend größerer Tempel im Ort, daher werden in kaum einer anderen Stadt auf Bali so viele Tempelfeste gefeiert wie in **Bangli**.

Vom Zentrum aus ca. 2 km Richtung Norden und dann rechts ab, erreicht man den **Pura Kehen**. Dieser Tempel hat drei Etagen und wurde an einem Hügel erbaut. Eine breite Treppe führt hinauf zu den Eingangstoren, die mit besonders schönen Steinmetzarbeiten geschmückt sind. In die Mauern sind chinesische Porzellanteller eingelassen, die aber im Laufe der Jahre immer weniger geworden sind. Im ersten Hof steht ein großer, alter *Banyan*-Baum, in dem die *Kul-Kul*-Trommel des Tempels untergebracht ist. Kinder verkaufen hier alte chinesische Münzen und Guides drängen ihre Dienste auf. Es wird eine kleine Spende erwartet.

Wer in Bangli übernachten möchte, findet im **Bangli Inn**, Jl. Rambutan 1, ✆ 0366-91518, ältere, aber gepflegte Zimmer mit Schaumstoffmatratzen, Du/WC und kleinem Frühstück. Das mehrstöckige, saubere Hotel hat auch eine Dachterrasse mit Garten, von der sich ein weiter Blick bis hin zum Gunung Agung bietet. ❸

Ein Geldautomat der Bank Rakyat Indonesia (BRI), der nicht alle Karten annimmt, befindet sich nahe der Minibusstation an der Hauptkreuzung im Ort.

Die Minibusstation befindet sich im Stadtzentrum an der Jl. Merdeka. Busse verkehren zwischen 7 und 14 Uhr regelmäßig zum Batubulan Terminal von Denpasar für 25 000 Rp und nach Gianyar für 10 000 Rp, außerdem weniger häufig nach Kintamani in 45 Min. sowie nach Tampaksiring in 1 Std. für 25 000 Rp.

Panglipuran

Von Bangli aus, bergauf in Richtung Kintamani (s. S. 286), gelangt man nach ca. 3 km in das Dorf **Kubu**. Beim Pura Dalem Agung des Ortes wendet man sich links und erreicht nach ca. 1 km das traditionelle Dorf **Panglipuran**. Hier gibt es auf jedem Grundstück ein kleines, altes Haus mit Bambusschindel-Dach, das *Bale* genannt wird. In den Nachmittagsstunden, nachdem die Tourbusse den Ort verlassen haben, sieht man hier oben kaum einen Menschen auf der Straße. Es wird ein kleiner Eintritt verlangt.

Weiterfahrt nach Ost-Bali

Eine landschaftlich besonders reizvolle Strecke Richtung Osten beginnt südlich des Pura Kehen. Die schmale, kurvenreiche Straße über Tembuku nach Rendang durchquert mehrere tief eingeschnittene Flusstäler. Von Rendang aus kann das nahe gelegene Heiligtum Besakih (s. S. 301) besichtigt werden oder eine sehr schöne Bergstrecke Richtung Osten, vorbei am Fuße des Gunung Agung, über Selat und Sibetan nach Amlapura (s. S. 330) in Angriff genommen werden.

West-Bali

Stefan Loose Traveltipps

8 **Tanah Lot** Der meerumtoste Tempel zeigt sich am schönsten im Farbenspiel des Sonnenuntergangs. S. 244

Mengwi Die zweitgrößte Tempelanlage der Insel, der Pura Taman Ayun, zählt zu den bedeutendsten Heiligtümern auf Bali. S. 247

9 **Jatiluwih** Eine Wanderung durch die beeindruckenden Reisterrassenformationen in der Gegend um Jatiluwih. S. 250

Batukaru Das Bergheiligtum Pura Luhur Batukaru liegt am Fuße des erloschenen Vulkans Batukaru. S. 251

10 **Negara** Ein Erlebnis – das traditionelle Wasserbüffelrennen. S. 258

Pulau Menjangan Ein Schnorchelausflug in die farbenprächtige Unterwasserwelt vor der Küste des Bali-Barat-Nationalparks. S. 261

WEST-BALI

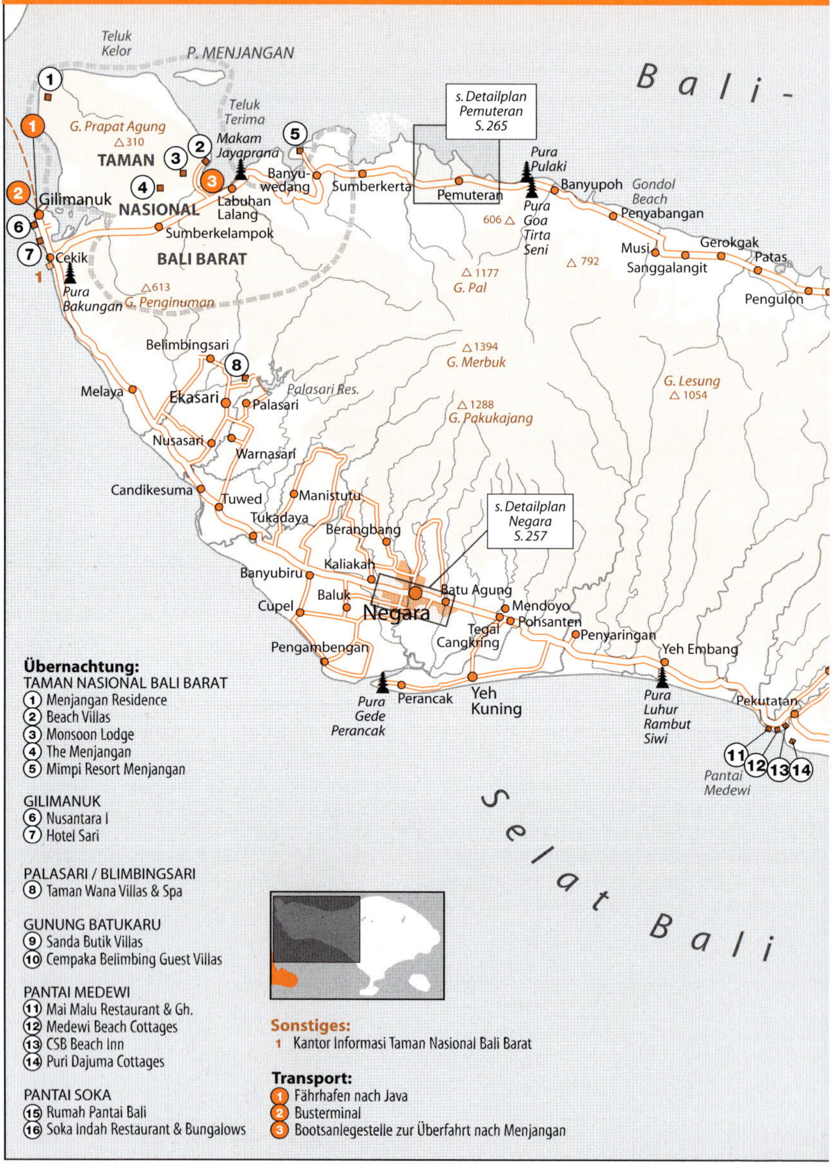
Teluk Kelor
P. MENJANGAN
Bali-
Teluk Terima
Makam Jayaprana
G. Prapat Agung
310
TAMAN
NASIONAL
BALI BARAT
Gilimanuk
Labuhan Lalang
Sumberkelampok
Cekik
Pura Bakungan
613
G. Penginuman
Banyuwedang
Sumberkerta
s. Detailplan Pemuteran S. 265
Pemuteran
Pura Pulaki
Banyupoh
Gondol Beach
Penyabangan
606
Pura Goa Tirta Seni
1177
G. Pal
792
Musi
Sanggalangit
Gerokgak
Patas
Pengulon
1394
G. Merbuk
G. Lesung
1054
Belimbingsari
Melaya
Ekasari
Palasari Res.
Palasari
1288
G. Pakukajang
Nusasari
Warnasari
Candikesuma
Tuwed
Manistutu
Tukadaya
Berangbang
s. Detailplan Negara S. 257
Kaliakah
Banyubiru
Baluk
Batu Agung
Cupel
Negara
Mendoyo
Pohsanten
Tegal Cangkring
Penyaringan
Pengambengan
Yeh Embang
Pura Gede Perancak
Perancak
Yeh Kuning
Pura Luhur Rambut Siwi
Pekutatan
Pantai Medewi
Selat Bali

Übernachtung:
TAMAN NASIONAL BALI BARAT
1 Menjangan Residence
2 Beach Villas
3 Monsoon Lodge
4 The Menjangan
5 Mimpi Resort Menjangan
GILIMANUK
6 Nusantara I
7 Hotel Sari
PALASARI / BLIMBINGSARI
8 Taman Wana Villas & Spa
GUNUNG BATUKARU
9 Sanda Butik Villas
10 Cempaka Belimbing Guest Villas
PANTAI MEDEWI
11 Mai Malu Restaurant & Gh.
12 Medewi Beach Cottages
13 CSB Beach Inn
14 Puri Dajuma Cottages
PANTAI SOKA
15 Rumah Pantai Bali
16 Soka Indah Restaurant & Bungalows
Sonstiges:
1 Kantor Informasi Taman Nasional Bali Barat
Transport:
1 Fährhafen nach Java
2 Busterminal
3 Bootsanlegestelle zur Überfahrt nach Menjangan

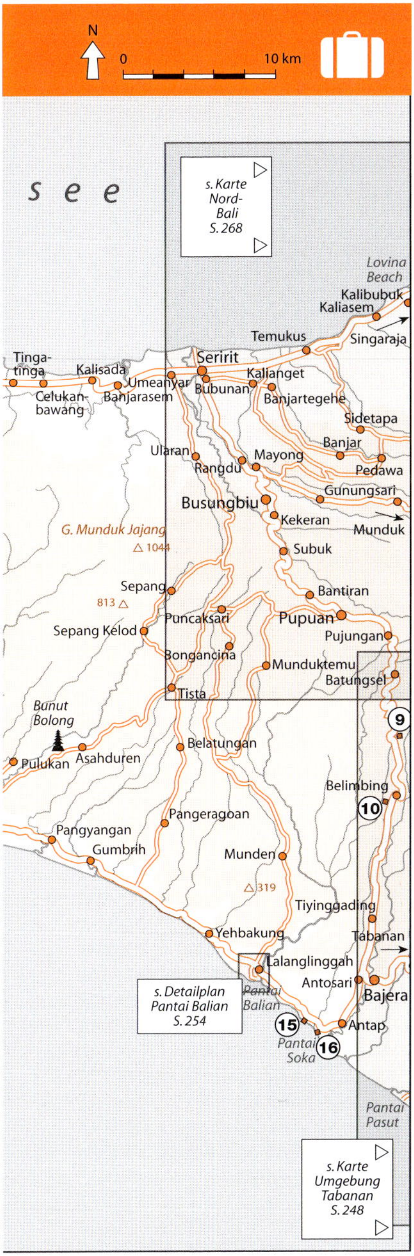

Viele Bali-Besucher lernen West-Bali nur im Rahmen eines Tagestrips aus dem Süden oder aus Ubud kennen, der zum Tempel **Tanah Lot**, der bekanntesten Sehenswürdigkeit der Region, führt. Er liegt spektakulär auf einem Felsen in der reißenden Brandung und ist wohl der meistfotografierte Tempel der Insel. Doch auch zwei weitere Highlights sind allemal einen Besuch wert: der **Pura Taman Ayun** in Mengwi, zweitgrößter Tempelkomplex der Insel, und die saftig grünen Reisterrassen von **Jatiluwih**, die größten ihrer Art auf Bali. Die nördlich von **Tabanan** gelegenen Terrassenformationen sind die eindrucksvollsten ihrer Art, das älteste Beispiel für die traditionelle Subak-Bewirtschaftung und ein Muss für jeden Besucher. Nordwestlich von Tabanan führt zudem eine Straße in die Berglandschaft des **Gunung Batukaru**, der zweithöchsten Erhebung der Insel. Hier geht es merklich ursprünglicher zu als in vielen anderen Regionen Balis.

Die mit Lastwagen und Bussen aus Java stark befahrene Küstenstraße nach Gilimanuk führt zunächst vorbei an den beliebten Surfstränden **Pantai Balian** und **Pantai Medewi**, wo sich die Surfer halsbrecherisch von den gigantischen Wellen der Jembrana-Küste verschlingen lassen. Nördlich der Straße rücken die bewaldeten Berge näher an die Küste, die Dörfer werden spärlicher und selbst die Tempel, sonst reich verziert, werden schlichter. Die Region rund um **Negara** lockt mit einmaligen **Wasserbüffelrennen** Besucher aus der ganzen Insel an.

Kurz vor **Gilimanuk**, dem Fährhafen für die Überfahrt nach Java, zweigt die weit weniger befahrene Straße nach Singaraja nach Osten ab und führt direkt durch den 190 km² großen **Bali-Barat-Nationalpark**, in dem man bei Wanderungen den sehr seltenen Bali-Star und andere Tierarten erspähen kann. Die Landschaft ist savannenartig, die Vegetation eher karg, doch auch Mangrovenwälder an der Küste und Urwälder in den höher gelegenen Bergregionen bilden Teile des weitläufigen Nationalparks. Die **Korallenriffe** rund um die Insel **Pulau Menjangan** sind die Hauptattraktion und bieten Tauch- und Schnorchelplätze von Weltklasse. Östlich des Parks haben sich in **Pemuteran** viele Hotelanlagen angesiedelt, die wohl die angenehmsten Übernachtungsmöglichkeiten in West-Bali bieten.

8 HIGHLIGHT

Tanah Lot

Pura Tanah Lot, 31 km westlich von Denpasar, ist einer der landschaftlich am schönsten gelegenen Tempel, eine der am meisten besuchten Touristenattraktionen und das bekannteste Fotomotiv der Insel. Malerisch auf einer winzigen Felseninsel an der von Klippen gesäumten Küste aufragend, bietet er mit seinen bizarren Konturen eine fantastische Szenerie. Zum Sonnenuntergang versammeln sich zahllose Touristen, um das Heiligtum zu bestaunen. Der beste Blick bietet sich dann von den Terrassen der Restaurants an der Felsklippe direkt oberhalb der Tempelanlage. Tagsüber geht es hingegen ruhiger zu.

Obwohl er nur ein kleines Heiligtum ist, wird Pura Tanah Lot („Land inmitten des Meeres") in manchen Verzeichnissen der *Sad Kahyangan* (die sechs heiligsten Tempel von Bali) aufgeführt. Sogar in vielen Bergtempeln findet man Schreine, an denen die Gottheiten von Tanah Lot, die Schutzgötter der Meere, verehrt werden. Wie so viele andere Küstentempel soll auch er im 16. Jh. von dem javanischen Shiva-Priester Danghyang Nirartha gegründet worden sein, der einer Sage nach während seiner Wanderung durch Bali einem Licht folgte, das ihn zu dem kleinen Felsen führte. Während seiner Meditationspause vor den Felsen scharrten sich zahlreiche Schüler um ihn. Um eine Konfrontation mit lokalen Priestern zu vermeiden, wechselte er daraufhin auf das felsige Eiland und begründete die Tempelanlage.

Während der Flut ist der Felsen von einer starken Brandung umtost, bei Ebbe kann man auf einem von Meeresalgen bewachsenen Pfad hinüberlaufen und sich das Heiligtum genauer anschauen. Der Zugang zum Tempelinneren ist allerdings Gläubigen vorbehalten. Im Inneren stehen fünf den heiligen Berg Meru repräsentierende, mehrstöckige Schreine. In einer kleinen Höhle unterhalb des Tempels entspringt eine Süßwasserquelle, die ständig von Brahmanen bewacht wird. Gegen eine kleine Spende kann man hier von dem heiligen Wasser trinken und sein Gesicht darin waschen. In den Höhlen und Spalten am Fuße der Felsen auf der Küstenseite hausen schwarzweiß gestreifte Seeschlangen (Nattern-Plattschwänze), die Wächter des Tempels. Obwohl sie hochgiftig sind, haben sie angeblich noch niemanden gebissen.

Auf der Souvenirmeile zwischen Parkplatz und Tempelanlage drängen sich Touristen, Händler und Guides, die Führungen zu den Felsspalten und Fototermine mit den Schlangen anbieten. Frauen und Kinder wollen Postkarten und andere Souvenirs verkaufen. Hier gibt es neben kleinen Supermärkten auch Geldautomaten und zahllose Souvenir- und Bekleidungsgeschäfte. Das Essen in den Restaurants auf den Klippen ist nicht besonders. Hier findet tgl. um 18.30 Uhr für 50 000 Rp p. P. eine *Kecak*-Tanzaufführung statt.

Eintritt 10 000 Rp, Parkgebühr für Motorrad 2000 Rp, Auto 5000 Rp. Pura Tanah Lot feiert sein *Odalan* immer am Mittwoch nach *Kuningan*.

Pantai Yeh Gangga und Pantai Pasut

Wenige Kilometer nordwestlich von Tanah Lot sind die pechschwarzen Strände Pantai Yeh Gangga und Pantai Pasut noch recht unberührt und beeindrucken mit weitläufigen Reisfeldern auf der einen und dem Schauspiel der hohen brechenden Wellen auf der anderen Seite. Diese Region wird auch „die Reiskammer von Bali" genannt.

Naturkräfte bedrohen Tanah Lot

Tanah Lots Felseninsel ist in Gefahr, von der gewaltigen Brandung des Indischen Ozeans erodiert zu werden. Nachdem die Erosion in den frühen 1980er-Jahren gefährliche Ausmaße annahm, startete im Oktober 1987 ein 800 Mrd. Rp teures Schutzprojekt unter japanischer Beteiligung. Zwei Hubschrauber installierten rund um die Felseninsel an die 3000 Beton-Tetrapoden, jeder 1,5 bis 2 t schwer, die gleich einem Riff als Wellenbrecher fungieren. Auch einige Schreine des Tempels, der ständig den salzhaltigen Gischtwolken ausgesetzt ist, mussten restauriert werden. Heute ist knapp ein Drittel des Felsens vor den Touristenaugen gut versteckter, künstlicher Stein.

Übernachtung

Tanah Lot

Dewi Sinta Hotel & Restaurant, ✆ 0361-812933, 💻 www.dewisinta.com. Große, ruhige Hotelanlage mit 2 Pools an der Souvenirpromenade zum Tempel. Alle der 20 älteren Zimmer sind mit AC, TV und Warmwasser-Bad/WC ausgestattet, die teureren gut gepflegt. Frühstück inkl. Gut besuchtes Restaurant. ❹

Mutiara Tanah Lot Bungalow, ✆ 0361-812935. Wer günstig und direkt an der Tempelanlage unterkommen möchte, ist in den einfachen Zimmern des kleinen Hotels richtig. Die teureren sind mit AC etwas komfortabler. ❷–❹

Pan Pacific Nirwana Bali Resort, Jl. Raya Tanah Lot, ✆ 0361-815900, 💻 www.panpacific.com/en/Bali/Overview.html. Riesiges 5-Sterne-Resort am Meer mit Blick auf den Tempel, Golfplatz, Schwimmlagune mit Strand, Spa sowie 4 Pools. 278 höchst komfortable und teure Zimmer, Suiten und Villen. Reservierung empfehlenswert. ❽

Pantai Yeh Gangga

Bali Wisata Bungalows, ✆ 0361-744 3561, 💻 www.baliwisatabungalows.com. Direkt am Strand gelegene Bungalowanlage des deutschen Besitzers Peter mit angenehm familiärer Atmosphäre, sehr freundlichem Personal und riesigen, aber etwas älteren Zimmern, zum Teil mit Warmwasser und AC. Großer Salzwasserpool und Gartenanlage. Vom Strand kann man bei Ebbe in etwa 1 Std. zum Tempel Pura Tanah Lot laufen. ❸–❺

Waka Gangga Resort, ✆ 0361-416257, 💻 www.wakaexperience.com. Ruhige, edle, von Lotusteichen und Reisfeldern umgebene Luxusbungalows mit allem Komfort, AC, Steinbadewanne und Warmwasser-Open-Air-Dusche. Die großen Fensterfronten bieten einen sagenhaften Panoramablick auf die Brandung. Pool mit Meerblick. Entspannung auf höchstem Niveau. WLAN und Frühstück inkl. Das Resort bietet den Gästen außerdem viele Aktivitäten, wie Strandritte und Trekkingtouren. ❽

Pantai Pasut

Puri Dewa Gh., ✆ 0812-387 1711, ✉ suamba.negara@gmail.com. Für Reisende, die das dörfliche Leben kennenlernen möchten, eignet sich diese kleine Bungalowanlage, die im Ort als „Bibis" ausgeschildert ist und 1,7 km vom Pantai Pasut entfernt im Dorf Tibubiyu liegt. Traditionelle 2-stöckige Cottages mit Meerblick in einem Garten an den Maisfeldern. Zimmer mit guten Betten, Du/WC und zum Teil auch Warmwasser. Frühstück inkl. Kleines Restaurant mit indonesischen Gerichten. ❹

Transport

Die Fahrt aus Kuta, Legian oder Seminyak sowie Ubud nach Tanah Lot dauert ca. 45 Min. Fast alle Besucher kommen mit dem eigenen Transportmittel oder im Rahmen einer Tour hierher. An der Abzweigung nach Tanah Lot warten Minibusse, die überhöhte Touristen-Charterpreise verlangen.

Tabanan

Die saubere, von Reisfeldern umgebene Distrikthauptstadt ist abgesehen vom großen **Markt** für Touristen nicht besonders interessant. Das Umland hingegen hat einiges zu bieten, das es am besten mit dem eigenen Fahrzeug zu erkunden gilt.

Im Zentrum der Stadt steht auf der Hauptkreuzung die große **Dasa-Muka-Statue** mit zehn Gesichtern. Schräg gegenüber vom lebendigen Markt befindet sich der **Palast Puri Agung Tabanan** an der Straße zum Gunung Batukaru.

Tabanan war einst die Residenz eines Herrscherhauses. 1906, kurz nach dem *Puputan* von Badung, drangen die Holländer auch hierher vor. Der letzte *Raja*, Gusti Ngurah Agung, kapitulierte unter der Bedingung, seinen Titel und ein paar Landrechte behalten zu dürfen. Er wurde zusammen mit seinem Sohn gefangen genommen und man drohte ihnen mit Deportation. Noch in derselben Nacht begingen beide den rituellen Selbstmord *Puputan*.

In Tabanan lebte einst auch der berühmte, inzwischen verstorbene Tänzer Mario, der Schöpfer des *Oleg-Tambulilingan*-Tanzes. Marios Spezialität war der *Kebyar-Duduk*-Tanz, den er 1925 kreierte und mit bisher unerreichter Perfektion darbot.

Einmal Reisbauer sein

Das **Subak Museum**, ✆ 0361-810315, liegt 2 km östlich vom Zentrum, südlich der Hauptstraße in der Jl. Gatot Subroto Sanggulan. Hier sind die Geräte zu bestaunen, mit denen die schwere Arbeit auf den Reisfeldern bewältigt wird. Der Besucher erfährt auch Näheres über die *Subak*, die Zusammenschlüsse der Reisbauern, die besonders für die Organisation der Bewässerungssysteme der Felder verantwortlich sind. Die Führungen sind kostenlos und sehr anschaulich, da sich auf dem weitläufigen Gelände auch ein Museumsbauernhof samt eigenem Bewässerungssystem befindet. Viele Exponate, Figuren, Fotos und Erklärungen sind auf Englisch. Besonders für Kulturinteressierte spannend. ⌚ Mo–Do, Sa 8–17, Fr 8–13 Uhr, Eintritt 5000 Rp, Kinder 3000 Rp.

Medizinische Hilfe bekommt man im RSU Tabanan, Jl. Pahlawan 14, ✆ 0361-811027. Auf der selben Straße liegen auch die Polizeistation sowie das Postamt. Die **Busstation** befindet sich an der Jl. Pulau Batam. Minibusse fahren für 15 000 Rp nach Denpasar oder nach Negara. Zudem gibt es viele Geldautomaten im Stadtgebiet.

Umgebung von Tabanan

Kerambitan

In dem Dorf, 6 km westlich von Tabanan, sind zwei weitläufige Palastanlagen der Fürsten *(Raja)* von Tabanan erhalten geblieben.

Der **Puri Anyar**, ✆ 0361-812668, ✉ tujoesbali @yahoo.co.id, ist der jüngere und luxuriösere Palast von beiden. Im reich ausgeschmückten *Bale Gong*, dem Musikpavillon, werden nach Voranmeldung Tänze für Touristen aufgeführt. Wer das Leben der Fürstenfamilie kennenlernen möchte, kann nach Voranmeldung in dem knapp 2 ha großen Tempelkomplex aus dem 17. Jh. übernachten. Drei einzigartige und kunstvoll eingerichtete, aber leider etwas muffige und vernachlässigte Zimmer mit Open-Air-Du/WC mit kleinen Fischteichen stehen bereit. Im kleinen, offenen Atelier kann man dem Sohn des Prinzen, ein passionierter Künstler, bei der Arbeit über die Schulter schauen und seine Werke bewundern. Beim Abendtee oder Frühstück gibt der Fürst mit Freude eine Einführung in die balinesische Geschichte oder erzählt einen Schwank aus seinem Leben. Frühstück inkl. ❹

Auch im zweiten, älteren Palast, dem **Puri Agung** (auch *Puri Gede*), ✆ 0361-812667, werden nach Voranmeldung bei einem festlichen Dinner Tänze aufgeführt. Sehenswert ist der Familientempel: Hunderte von Porzellantellern chinesischer und europäischer Herkunft, die in die Wände eingelassen sind, zieren die Schreine und *Bale* des beeindruckenden Heiligtums.

Kerambitan ist das einzige Dorf auf Bali, welches in den Tagen vor *Nyepi* das exorzistische Ritual *Tektekan* abhält. 80 bis 100 Musiker hämmern auf unterschiedlich gestimmte Bambusrohre ein und produzieren eine überwältigende Geräuschkulisse. Südlich von Kerambitan gelangt man zu den Stränden **Pantai Pasut** (s. S. 244) und **Pantai Klating**.

Pejaten

Das einzige Dorf in dem berühmten Reisanbaugebiet, 5 km südlich von Tabanan, in dem kaum ein Reisbauer lebt, denn fast jede Familie betreibt hier eine Töpferwerkstatt. Das Töpferhandwerk hat hier Tradition. Gearbeitet wird nach alten Methoden mit moderneren Brennöfen. Zu den Produkten gehören Haushaltswaren, Baumaterial (Dachpfannen), Gegenstände für den religiösen Gebrauch und Kunsthandwerk, wie z. B. groteske Terrakotta-Figuren und glasierte Keramikgefäße.

Munggu

Nur in diesem Dorf, 9 km südlich von Tabanan und 4 km östlich von Tanah Lot, wird am *Kuningan*-Tag die *Ngerebug*-Zeremonie durchgeführt. Eine lange Prozession zieht dabei mehrmals rund um das Dorf, die Männer „bewaffnet" mit 4 bis 5 m langen Stangen. Zum Abschluss des Umzugs teilen sich die Männer in große Gruppen auf und beginnen einen chaotischen Kampf, jeder gegen jeden, indem sie die Stangen hoch über ihren Köpfen gegeneinanderschlagen und versuchen, sich gegenseitig zu Boden zu drücken. Die Zeremonie endet mit einer Segnung der Kämpfer durch den Priester.

Tabanan

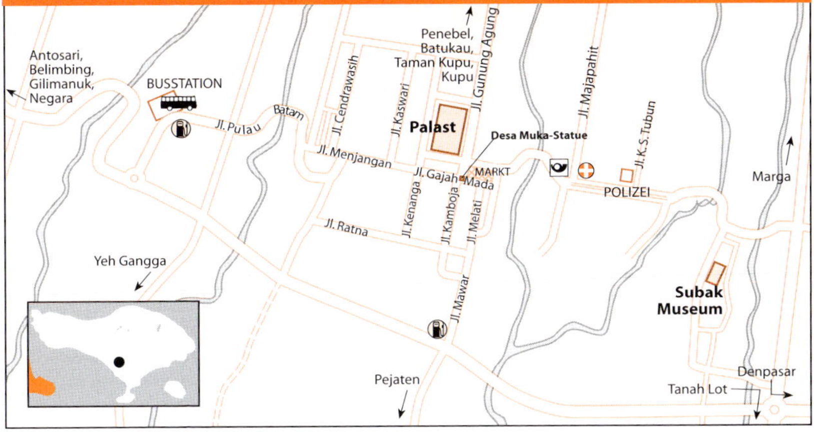

Kapal

Dieses Dorf, 8 km südöstlich von Tabanan, ist ein Zentrum der **Zementbeton-Gießerei**. Von Tempeltoren über Toilettenbecken bis zu Göttern und Dämonen reicht die Palette der hier gefertigten Erzeugnisse. Zudem ist Kapal bekannt für seine **Töpfereien und Keramikwerkstätten**. Die Industrie ist jedoch relativ jung, da man auf Bali jahrhundertelang nur chinesische Importware nutzte. Anfangs produzierten die vielen kleinen Heimwerkstätten des Dorfes nur schlichte Haushaltsgegenstände. Als sie aber nicht mehr mit der Plastikindustrie konkurrieren konnten, bot der Tourismus einen neuen Markt. Jetzt werden auch Dekorationsgegenstände, wie Wandteller, Blumenvasen und Tonfiguren mit fein gearbeiteten Mustern, Verzierungen und traditionellen Motiven, hergestellt, wie man sie von Holzschnitzereien und Steinmetzarbeiten kennt. Wer sich intensiver mit diesem auf Bali seltenen Handwerk beschäftigen möchte, sollte beim Bali Ceramics Institute an der Jl. By Pass Ngurah Rai zwischen Kuta und Sanur vorbeischauen.

Einen Besuch lohnt der **Pura Sadha** südlich der Hauptstraße: der Tempel für die Ahnen der Dynastiegründer von Mengwi. Am Rande des Tempelvorhofs steht ein gewaltiger *Banyan*-Baum. Im Tempelinneren sind neben den üblichen Schreinen und *Bale* drei ungewöhnliche Bauwerke zu finden: ein elfstöckiger Ziegelstein-*Candi (Prasada)*, der auf die javanische Majapahit-Dynastie zurückgeht und auf Verbindungen zum Pura Sakenan auf der Insel Serangan hinweist, ein meist trockenes Wasserbecken, das einen Bergsee symbolisiert und als Bad für die Himmelsnymphen *(Widadari)* dient, sowie 60 Sitze aus Ziegelsteinen, die auf einer Plattform aneinandergereiht sind und die Throne der vergöttlichten Ahnen darstellen. Das *Odalan* von Pura Sadha fällt mit dem *Kuningan*-Fest zusammen.

Mengwi

In Mengwi, 4 km nördlich von Kapal, befindet sich der zweitgrößte Tempelkomplex von Bali, der offizielle Staatstempel der Mengwi-Dynastie **Pura Taman Ayun** („Tempel des schwimmenden Gartens"). I Gusti Agung Putu, der erste Fürst von Mengwi, ließ ihn im Jahr 1634 über vier Ebenen auf einer Flussinsel erbauen.

Er gilt als einer der prächtigsten Tempel der Insel und repräsentiert den hinduistischen Kosmos. Eine Brücke führt über den breiten Wassergraben voller Lotusblumen zur ersten Ebene, wo an Feiertagen die Zeremonien und Hahnenkämpfe stattfinden. Besucher können zurzeit nur entlang der äußeren Tempelmauern laufen und

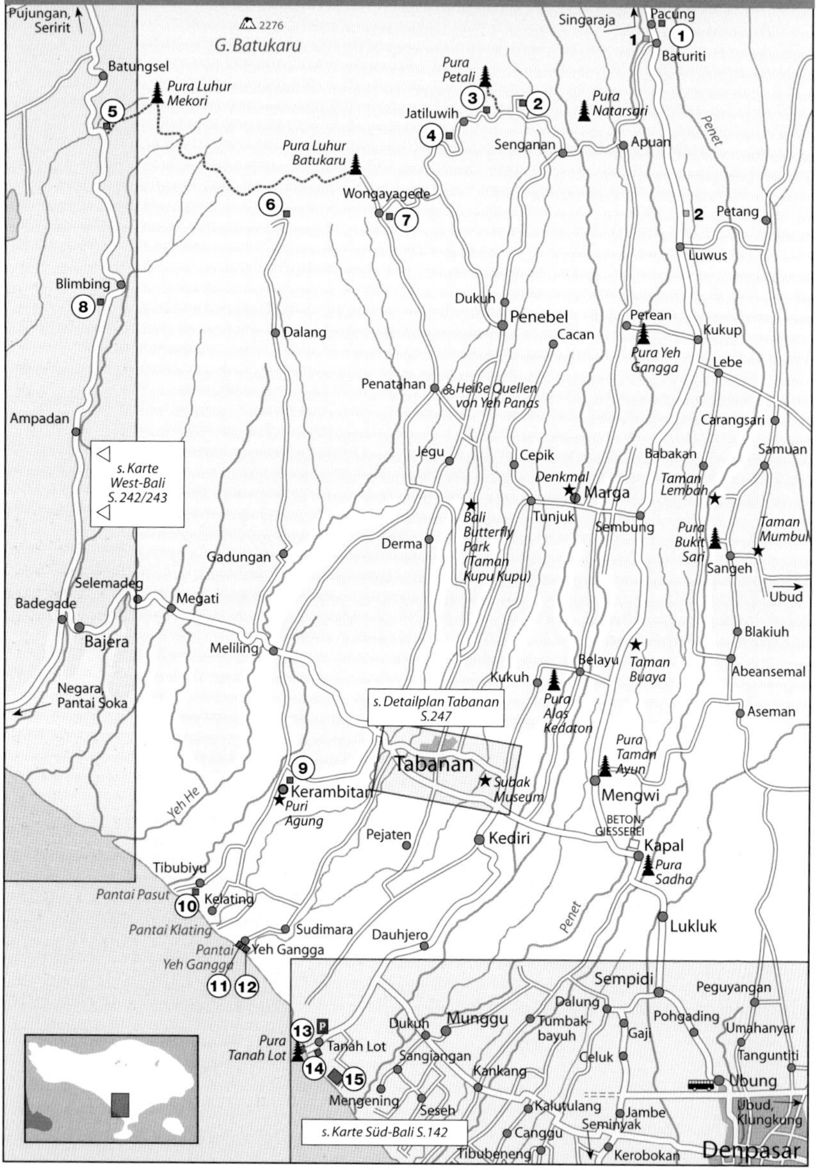
Pujungan, Seririt
2276
G. Batukaru
Batungsel
Pura Luhur Mekori
5
Pura Luhur Batukaru
6
Wongayagede
7
Pura Petali
3
2
Jatiluwih
4
Senganan
Singaraja
Pacung
1
1
Baturiti
Pura Natarsari
Apuan
Penet
2
Petang
Luwus
Blimbing
8
Dalang
Dukuh
Penebel
Cacan
Perean
Pura Yeh Gangga
Kukup
Lebe
Penatahan
Heiße Quellen von Yeh Panas
Ampadan
s. Karte West-Bali S. 242/243
Jegu
Cepik
Carangsari
Babakan
Samuan
Denkmal
Marga
Taman Lembah
Tunjuk
Sembung
Bali Butterfly Park (Taman Kupu Kupu)
Derma
Pura Bukit Sari
Taman Mumbul
Sangeh
Ubud
Gadungan
Selemadeg
Badegade
Megati
Bajera
Meliling
Blakiuh
Belayu
Taman Buaya
Kukuh
Pura Alas Kedaton
Abeansemal
Aseman
Negara, Pantai Soka
s. Detailplan Tabanan S.247
Tabanan
Subak Museum
Pura Taman Ayun
Mengwi
9
Kerambitan
Puri Agung
Yeh He
Pejaten
Kediri
BETON-GIESSEREI
Kapal
Pura Sadha
Tibubiyu
Pantai Pasut
10
Kelating
Pantai Klating
Sudimara
Dauhjero
Penet
Lukluk
Pantai Yeh Gangga
Yeh Gangga
11
12
Sempidi
Peguyangan
Dalung
13
P
Dukuh
Munggu
Tumbak-bayuh
Pohgading
Gaji
Umahanyar
Pura Tanah Lot
Tanah Lot
Sangiangan
Celuk
Tanguntiti
14
15
Kankang
Ubung
Mengening
Seseh
Kalutulang
Jambe
Ubud, Klungkung
Seminyak
s. Karte Süd-Bali S.142
Canggu
Tibubeneng
Kerobokan
Denpasar

West-Bali

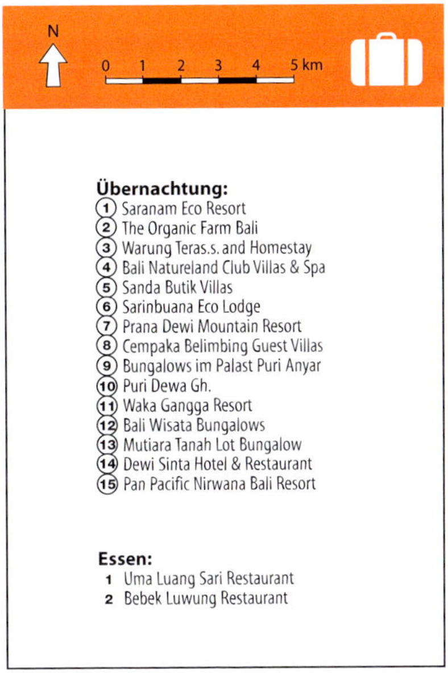

das heilige Innere nicht betreten. Durch ein geteiltes Tor erreicht man über eine Treppe die zweite Ebene mit Schreinen und einem Brunnen. Auf der dritten Ebene steht der reich verzierte Bale Pengubengan. Das Haupttor zur letzten Ebene wird nur an hohen Feiertagen geöffnet und der Eintritt ist ausschließlich Hindus vorbehalten. In diesem heiligsten Tempelbezirk stehen 29 Schreine verschiedenster Größe mit bis zu elf übereinanderliegenden Dächern. Das steinerne Eingangstor und die geschnitzten Türen der Schreine sind gute Beispiele für balinesische Handwerkskunst. Pura Taman Ayun feiert sein *Odalan* zehn Tage nach *Kuningan*. Vor dem Tempel gibt es den üblichen Trubel mit Essen- und Souvenirständen. ⌚ 8–18 Uhr, Eintritt 5000 Rp, Kinder 1500 Rp. Minibusse fahren ab dem Terminal Ubung in Denpasar für 16 000 Rp nach Mengwi. Der Tempel steht östlich der Hauptstraße, Abzweigung am Markt.

Belayu

Von Mengwi Richtung Norden kommt man in den Weberort Belayu, wo golddurchwirkte *Songket* für Festtage und Tempeltänze hergestellt werden. Die Frauen arbeiten mehrere Wochen an einem Stück, entsprechend hoch ist auch der Preis.

Kukuh

Nordöstlich von Tabanan, in der Nähe von Belayu, liegt **Pura Alas Kedaton** (Pura Dalem Kayangan), ein 300 Jahre alter Tempel, der sich in dichtem Wald verbirgt. Der Tempel wird von Affenhorden bevölkert, in den Bäumen hängen kreischende Flughunde und es herrscht viel Touristenrummel. Pura Alas Kedaton feiert sein *Odalan* zehn Tage nach *Kuningan*.

Die Einwohner Kukuhs, die regelmäßig Zeremonien in dem Heiligtum abhalten, haben angeblich noch nie einen toten Affen gefunden. Seltsamerweise entdeckt man rundherum viele kleine Erdhügel, deren Anzahl sich ständig vergrößert. Es sieht so aus, als hätten die Affen ihre Toten beerdigt, zumindest glauben das die Leute.

Marga

10 km nördlich von Tabanan, in Marga, erinnert ein **Denkmal** *(Margarana)* an den Untergang einer Kompanie der jungen indonesischen Republik im Kampf gegen die Holländer. 1946 wollten sich diese Soldaten unter Kommandeur Ngurah Rai den Holländern nicht ergeben. Hunderte Stein-Stupas erinnern an die Gefallenen.

Perean

Nördlich von Marga, westlich der Straße von Mengwi nach Bedugul, liegt in einer Schlucht an einer Brücke ein Wasserheiligtum: der **Pura Yeh Gangga** mit Quellen, Badeplätzen und Höhlen. Eine hier gefundene Inschrift trägt die Jahreszahl *Saka* 1256, 1334 nach unserem Kalender.

Rund 4 km weiter nördlich kann in Luwus im Restaurant **Bebek Luwung**, ✆ 0361-745 7880, eine Mittagspause eingelegt werden. Serviert werden leckere Huhn- und Entengerichte, frisches Sambal, vegetarische Beilagen und der berühmte Kopi Luwak, luxuriöser Kaffee, der aus den von der Schleichkatzenart Musang unverdaut ausgeschiedenen Kaffeebohnen aufgebrüht wird – die riesige, auffällige Strohente weist den Weg und ist schon von der Straße aus zu sehen.

Pacung

10 km nördlich von Perean und 6 km von Luwus entfernt liegt Pacung an der Hauptstraße. Hier kann man in einem der Touristenrestaurants essen und dabei die beeindruckende Gebirgslandschaft genießen. Übernachtungsmöglichkeiten bieten sich in den komfortablen Zimmern und Bungalows der in den Hang und das Tal gebauten Anlage des **Saranam Eco Resort**, ✆ 0368-21038, 💻 www.saranamresortbali.com. Die sauberen, unspektakulären Zimmer mit Bad/WC bieten eine herrliche Aussicht in das Tal, ein Seilzug-Lift befördert die Gäste von dort zurück ins Hauptgebäude. ❻–❼

Apuan

Nimmt man kurz vor Pacung die Abzweigung von der Hauptstraße nach Westen (links abbiegen), erreicht man nach 4 km auf dem Weg nach Jatiluwih das von Gewürznelken- und Vanilleplantagen umgebene Dorf Apuan. Alle 210 Tage an *Tumpek Krulut*, 35 Tage nach *Kuningan*, findet hier ein spektakuläres Fest statt. *Tumpek Krulut* ist ein inselweiter Festtag, an dem Musikinstrumente, Masken und Tanzkostüme gereinigt und gesegnet werden, begleitet von Opferzeremonien für diese Gegenstände. Im **Pura Natarsari** in Apuan kommen zu diesem Anlass bis zu 60 *Barongs* der verschiedensten Typen zu einem dreitägigen Fest zusammen. Alle diese *Barongs* sollen miteinander verwandt sein.

9 HIGHLIGHT

Jatiluwih

Das älteste **Anbau- und Bewässerungssystem** *(Subak)* von Bali ist ein unglaublich komplexes architektonisches Meisterwerk in rund 700 m Höhe. Nicht ohne Grund wird es als Unesco-Weltkulturerbe gelistet. Der Name **Jatiluwih** heißt übersetzt „ergreifende Schönheit", und das gilt für die saftig grünen Terrassen, die sich hier am Hang des Gunung Batukaru in die steilen Schluchten hinunterziehen, allemal. Von den zahlreichen Aussichtspunkten entlang der asphaltierten Straße bieten sich atemberaubende Ausblicke auf das ausgeklügelte, kunstvoll angelegte Bewässerungssystem: Hier kann man Bauern dabei zuschauen, wie sie ihre Felder bestellen, und kleine Schreine mit Opfergaben für die Reisgöttin Dewi Sri inmitten des satten Grüns

Rund um Jatiluwih erstrecken sich die beeindruckendsten Reisterrassen der Insel.

erspähen. Bereits Walter Spies (s. S. 201) kam von Ubud aus oft in diese malerische Gegend, um sich inspirieren zu lassen. Bei einer längeren Wanderung entlang der verschachtelten Reisfelder oder einer Fahrradtour kann man die gigantischen Terrassenformationen gebührend genießen. Mehr Informationen zu den balinesischen Subak gibt es im Subak-Museum von Tabanan (s. S. 246).

Besucher mit dem Auto müssen eine Maut von 10 000 Rp p. P. zahlen.

Übernachtung

Entlang der Straße gibt es Homestays, die für ca. 100 000 Rp einfache Zimmer mit Mandi, Hocktoilette oder Du/WC ohne Frühstück bieten.

Bali Natureland Club Villas & Spa, Jl. Raya Jatiluwih, ✆ 0361-880077, 🖳 www.balinatureland.com. Schöne Aussicht auf die Landschaft bieten die 2-stöckigen, strohgedeckten *Lumbung* aus dunklem Holz dieser älteren, freundlichen Unterkunft mit Quellwasserpool. Alle Zimmer haben Open-Air-Dusche oder Bad, WC separat, Balkon und bequeme Betten mit Moskitonetz sowie Liegen im Erdgeschoss. Am Wasserfall auf der Rückseite der Anlage steht eine Meditationshütte für Yoga. Frühstück, Abendessen, Abholung und 1 Massage inkl. ❼

The Organic Farm Bali, Munduk Lumbang, ✆ 0813-5337 6905, 🖳 www.theorganicfarmbali.com. Wer im angenehm kühlen Hochland Balis im totalen Einklang mit der Natur leben und dabei noch die lokale Bevölkerung unterstützen möchte, ist hier genau richtig: Das Wasser zum Waschen kommt aus den nahen Quellen, die Früchte und das Gemüse werden von den Gästen selbst gepflückt und der Kaffee kommt von nebenan. Der Aufenthalt bei den freundlichen holländisch-balinesischen Gastgebern dauert mind. 2 Nächte und beinhaltet ein volles, aber entspanntes Programm. Mit Blick auf den Gunung Agung bieten die 2 Häuser etwas Komfort, aber absolute Abgeschiedenheit und Ruhe. ❼

Warung Teras.s. and Homestay, ✆ 0812-3702 6333. Wer eine direkte Aussicht auf die wunderschönen Reisterrassen haben und dennoch günstig unterkommen möchte, sollte sich hier einquartieren. Die 3 sauberen, recht einfachen Zimmer ohne Ventilator haben komfortable Betten und Du/WC. Zum Homestay gehört ein kleiner Warung. Frühstück inkl. ❸

Transport

Die **Anfahrt mit dem eigenen Fahrzeug** aus Zentral-Bali führt von Sangeh (s. S. 223) zunächst ca. 10 km nach Norden. In der Ortschaft Petang geht es dann nach Westen (links) auf eine kleine Nebenstraße ab. Nach 15 Min. über Stock und Stein folgt man in Luwus der großen Hauptstraße, die von Denpasar nach Singaraja führt, für 7 km nach Norden (rechts abbiegen), um in Pacung, kurz vor Batu Riti, nach Westen (links) auf die Jl. Pacung Jatiluwh Baturiti einzubiegen. Auf der Nebenstraße kann man kurz hinter der Abzweigung vom **Uma Luang Sari Restaurant** bei einem Snack die schöne Aussicht auf die umliegenden Reisterrassen genießen. Der Straße folgend, beginnt bereits nach weniger als 10 km in Senganan die auffällige Ausschilderung nach Jatiluwih. An der Straßengabelung im Ort geht es rechts ab und schon bald ist die herrlich fotogene Postkartenlandschaft erreicht.

Aus westlicher Richtung kommend, biegt man dagegen von der Tabanan-Batukaru-Straße in Wongayagede in Richtung Osten (links) auf die durchgehend asphaltierte Seitenstraße ab. Der Weg ist ebenfalls sehr gut ausgeschildert. Gleich hier beginnt die gewundene 14 km lange Strecke durch die beeindruckendsten Reisterrassen der Insel.

Batukaru

Am Südhang dieses 2276 m hohen erloschenen Vulkans, des „Muschelbergs", steht das wenig besuchte, kleine Bergheiligtum **Pura Luhur Batukaru** auf einer Lichtung im Dschungel in 825 m Höhe, im Hintergrund der Schlund des Vulkankraters. Nur wenige Meter östlich der Tempelbauten liegt ein Wasserheiligtum. Stufen führen hinab zu diesem stillen Teich mit einer winzigen Insel in seiner Mitte. Dichte Vegetation säumt die Ufer des Teiches. Man sollte sich genügend Zeit lassen, um die Stimmung dieser heiligen Stätte auf sich wirken zu lassen.

Die Versöhnung: Tabanan und Buleleng

Ein altes Manuskript berichtet von der Zerstörung des Pura Luhur Batukaru im Jahre 1604 durch einen König aus Buleleng (Nord-Bali), der gegen Tabanan Krieg führte. Der König und seine Truppen wurden anschließend von Millionen von Wespen angegriffen und in die Flucht geschlagen: die Vergeltung der erzürnten Götter. Doch der König bereute und heute finden sich neben den Schreinen für die Ahnen der *Tabanan*-Dynastie auch die für die Vorfahren der Herrscher aus Buleleng.

Der Gründer des Pura Luhur Batukaru, Empu Kuturan, ein Hindu-Heiliger aus Java, hat hier wohl schon eine Kultstätte vorgefunden, als er im 11. Jh. den Tempel als einen der vier Richtungstempel für die Himmelsrichtung Westen erbauen ließ. Ein siebenstufiger *Candi* deutet auf Majapahit-Einflüsse hin und ist Mahadewa geweiht, dem Gott des Westens, eine der neun Richtungsgottheiten und Spender von Fruchtbarkeit und Wachstum. Deshalb ist die Anlage nicht wie sonst üblich auf den Gunung Agung ausgerichtet, sondern auf den Gunung Batukaru. Zugleich ist der Tempel auch der Ahnentempel der *Rajas* von Tabanan mit Schreinen für die Götter der drei Bergseen Bratan, Buyan und Tamblingan.

Pura Luhur Batukaru wird in allen Verzeichnissen der sechs heiligsten Tempel Balis *(Sad Kahyangan)* aufgeführt. Sein *Odalan* feiert man einen Tag nach *Galungan,* immer an einem Donnerstag.

Er ist wohl der einzige Tempel auf Bali, bei dem ein Schild den Zutritt für schwangere Frauen und Kinder unter fünf Jahren verbietet. Außerdem wird – auch auf Deutsch – darauf hingewiesen, dass der heiligste Teil der Anlage von Ungläubigen nicht betreten werden darf. Auch sonst finden sich über die gesamte Tempelanlage verteilt viele multilinguale Verbotsschilder. Batukaru ist eine ruhige Alternative zu dem von Touristen bevölkerten Pura Besakih. Selbst Getränkekioske sucht man hier vergeblich. ⌚ 8.30–17 Uhr, Eintritt 10 000 Rp, zudem Sarong- und *Slendang*-Verleih gegen Spende.

Am Fuße des Gunung Batukaru kann man mit ATV-Bikes (Quads, kleine, offene Geländewagen) durch die schöne Landschaft preschen, ein lautes und actionreiches Vergnügen, das besonders jüngere Urlauber anspricht, s. S. 62.

An der Straße zum Batukaru, ca. 6 km nördlich von Tabanan, ist der **Bali Butterfly Park** (Taman Kupu Kupu), ✆ 0361-894 0594, 💻 balibutterflypark.itrademarket.com, für Freunde der Farbenpracht genau das Richtige. Hier leben Hunderte Arten von Schmetterlingen, darunter schöne Exemplare aus der Gattung der Vogelflügler (Ornithoptera) sowie Ritterfalter. Man kommt am besten morgens, wenn die Schmetterlinge am aktivsten sind. ⌚ 8–17 Uhr, letzter Einlass 16 Uhr, Eintritt 60 000 Rp, Kinder 30 000 Rp.

Naturreservat und Bergbesteigung

Die feuchten Berg-Urwälder auf dem Gunung Batukaru sind neben dem Nationalpark im Westen von Bali das einzige nennenswerte Wildgebiet der Insel. In dem 1762 ha großen Naturreservat **Cagar Alam Batukaru** finden Ornithologen mit Geduld und Fernglas ein lohnendes Betätigungsfeld vor.

Zudem kann vom Pura Luhur Batukaru aus der Gunung Batukaru bestiegen werden: Nachdem man etwa 200 m westlich vom Tempelkomplex einen Bach überquert hat, beginnt ein steiler, glitschiger Pfad zum Gipfel des Vulkans. Mit einer guten Aussicht wird man allerdings nicht belohnt, da der Berg von dichtem Dschungel überzogen ist. Oben steht ein kleiner Tempel. Wer den Berg besteigen möchte, findet am Tempel Guides, die für maximal fünf Personen 800 000 Rp verlangen. Der Aufstieg ist schwer und nur mit guter Kondition, eigenen Essensvorräten und passender Ausrüstung zu empfehlen.

Unternehmungslustige können mit einem Guide auch in einigen Stunden nach Westen zum **Pura Luhur Mekori** wandern, einem Heiligtum, das an der Bergstraße von Badegede nach Seririt liegt.

Penatahan

Auf dem Weg zum Batukaru liegen 1 km südlich von Penatahan die heiligen **heißen Quellen von Yeh Panas**. Um sie herum ist ein kleiner Tempel errichtet worden, weitere Quellen gibt es unterhalb des Tempels am Ufer des Flusses Tukad Yehho. Wer nur den Tempel besichtigen möchte, zahlt 10 000 Rp Eintritt. Wer baden will, zahlt pro Person überteuerte 100 000 Rp, Kinder von 2 bis 16 Jahren 50 000 Rp.

Übernachtung

Wer sich von der Hektik der Touristenzentren erholen möchte und keine Attraktionen braucht, findet am Hang des Gunung Batukaru 2 empfehlenswerte Unterkünfte.

Prana Dewi Mountain Resort, nahe Wongayagede, ✆ 0361-473 6654, 💻 www.balipranaresort.com. Diese 2 ha große Anlage inmitten von schön angelegten Reisterrassen bietet neben einem Pool Bungalows, die auf natürliche Weise in die Berglandschaft integriert sind und mit schönen Holzdielen, Warmwasser und großen, halboffenen Bädern punkten. Es gibt ein gutes Restaurant, das für seine Gerichte nur Zutaten aus ökologischem Anbau verwendet und Öko-Fruchtsäfte anbietet. So wuchs der Reis auf den eigenen Feldern. Der Vater des freundlichen Besitzers möchte sein Deutsch auffrischen und plaudert gern über seine Zeit in Deutschland. Frühstück inkl. ❺–❻

Transport

Ab Tabanan verkehren **Minibusse** nach WONGAYAGEDE (mind. 10 000 Rp) sowie nach PENEBEL (13 km, ebenfalls 10 000 Rp).

Mit eigenem Fahrzeug kann man von Wongayagede aus auf schmalen Straßen durch die wunderschöne Reisterrassenlandschaft von Jatiluwih nach PACUNG fahren.

Nach SARINBUANA geht es von Tabanan auf der Hauptstraße nach Westen und nach 8 km durch den Ort Meliling. Nach der großen Brücke zweigt eine Straße in nördliche Richtung nach Gadungan und Dalang ab. Danach der Beschilderung nach Sarinbuana folgen.

Oase für Naturliebhaber

Sarinbuana Eco Lodge, Desa Sarinbuana, ✆ 0828-9700 6079, 💻 www.baliecolodge.com. Nördlich von Dalang auf 700 m Höhe haben Linda und Norm ein ökologisches Paradies in familiärer Atmosphäre geschaffen. Die 4 Boutique-Bungalows stehen in einem tropischen Garten und haben Veranden mit wunderbarer Aussicht über Reisterrassen und Dschungel. Teilweise auch für Familien geeignet, bieten sie allen Komfort mit handgeschnitzter Einrichtung und liebevoll natürlich dekoriertem Open-Air-Du/WC mit Warmwasser. Reisfeldwanderungen und leckere Bio-Kost im Restaurant. Frühstück inkl. In der direkten Nachbarschaft wird zudem ein einfaches Zimmer für 250 000 Rp vermietet. ❼

Jembrana-Küste

Pantai Soka

Die Straße Richtung Westen nach Negara und Gilimanuk verläuft gut 20 km westlich von Tabanan am Pantai Soka zum ersten Mal an der Küste entlang. Hier bietet sich ein wunderbares Panorama mit dem lang gezogenen, pechschwarzen Sandstrand und der gewaltigen Brandung südlich und schönen Reisterrassenformationen nördlich der Straße. An der Hauptstraße befindet sich ein riesiger Parkplatz für Touristenbusse, das gigantische Hinweisschild „Soka Indah" weist den Weg. Hier liegen ein riesiges indonesisch-europäisches Restaurant mit Meerblick sowie etliche Kioske und die Soka Art Gallery. Zum späten Nachmittag ist das Ganze allerdings ausgestorben, nur ein einsamer Security-Mitarbeiter wacht über das Areal und Schwalben kreisen am Himmel. Am Hang findet sich die Bungalowanlage. Das dem Pantai Soka vorgelagerte Korallenriff ist fast kreisförmig und einer alten Sage nach der umgeworfene Kochtopf des Riesen *Kbo Iwo*, der auch für die Entstehung des Gunung Batur verantwortlich gemacht wird.

Kurz vor Soka in Badegede zweigt eine interessante Straße nach Norden ab, die über Belimbing, Pupuan und Mayong an die Nordküste führt (s. S. 284, Munduk).

Pantai Balian

Die Abzweigung, die von der Hauptstraße zur Balian-Bucht führt, liegt 7 km nordwestlich vom Pantai Soka. Von hier sind es nochmals etwa 600 m bis zu den ersten Hotelanlagen. In Balian

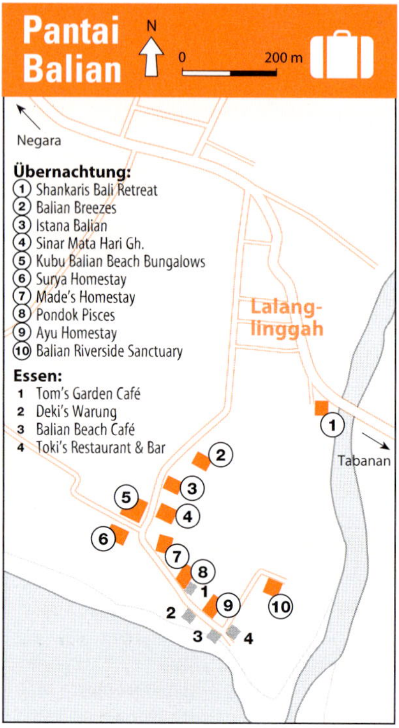

kommen Surfer bei den richtigen Strömungsverhältnissen genauso wie am bekannteren Medewi-Strand auf ihre Kosten. Hier ist das Wohnen jedoch deutlich angenehmer: Es gibt viele kleine Hotels, die auch für ruhesuchende Familien entspannende Zufluchtsorte darstellen. Die ländliche Umgebung voller grasender Kühe ist von Kokospalmen und zahlreichen plätschernden Bächen durchzogen. In entspannter Atmosphäre kann man hier die wilde Brandung am schwarzen Sandstrand genießen. Aufgrund der zahlreichen spitzen Steine ist das Tragen von Riffschuhen äußerst empfehlenswert.

Für Surfer sind die Wellen an der Flussmündung des Balian-Flusses dann interessant, wenn das Meer in Medewi zu ruhig ist. Besonders in den frühen Morgenstunden können die Kunststücke der Wellenreiter in der meterhohen Brandung bestaunt werden. Wer sich selbst hinauswagen will, sollte wissen, dass man bei starker Strömung besser auf den Strand von Medewi ausweicht, da es dann hier zu gefährlich wird. Außerdem spült der Fluss besonders in der Regenzeit schmutzige Wassermassen ins Meer, sodass die Ohren besser mit Ohrstöpseln geschützt werden sollten. Viele freistehende Felsbrocken und der steinige Grund machen diesen Surfspot nur für erfahrene Surfer empfehlenswert.

Pantai Medewi

Bei Pulukan und Pekutatan, weitere 25 km westlich in Richtung Negara, befindet sich am steinigen **Medewi-Strand** der bekannteste Surfspot von ganz West-Bali. Einschlägige Surfzeitschriften behaupten, dass es hier die längsten Lefthand Breaks der ganzen Insel gibt, und hin und wieder finden Surfcamps, -wettbewerbe und -veranstaltungen statt. Einige Restaurants, Unterkünfte und ein Surfladen haben sich hier angesiedelt, um am Ansturm der Surfer mitzuverdienen. Der steinige Grund empfiehlt, wie auch in Balian, das Tragen von Riffschuhen. Für Nicht-Surfer gibt es keinen Badestrand und kaum Freizeitalternativen. Maut bei der Einfahrt zu den Hotels 5000 Rp.

Übernachtung

Pantai Soka

Karte S. 242

Rumah Pantai Bali, ✆ 0812-391 5149, 💻 www.villarumahpantai.com. Ca. 3 km westlich des Pantai Soka betreibt der deutsche Besitzer Rainer diese schöne und moderne, aber auch teure Villa auf Klippen. Von hier bietet sich eine schöne Aussicht auf das tosende Meer. 4 große, komfortable und gemütlich eingerichtete Zimmer mit AC, TV mit DVD-Player und Warmwasser-Du/WC. Das große offene Wohnzimmer und die Gemeinschaftsküche bieten viel Raum für Entspannung und Erholung. Pool, WLAN und Frühstück inkl. ❼–❽

Soka Indah Restaurant & Bungalows, Jl. Raya Denpasar-Gilimanuk, KM 45, ✆ 0361-746 3106. Anlage in herrlicher Küstenlage mit Pool, Zugang zum Strand und großen Zimmern mit Sofas und zum Teil AC und Warmwasser-Bad/WC. Baden im Meer kann man wegen der Strömungen nicht. ❸

Pantai Balian

Karte S. 254

Ayu Homestay, ✆ 0812-399 3353, ✉ karti kaputu75@gmail.com. Budgetunterkunft mit alten, einfachen, aber hellen Zimmern, die je 2 Doppelbetten, Moskitonetze und einfache Du/WC bieten. Frühstück inkl. ❷–❸

Balian Breezes, ✆ 0817-344520, 💻 www.balianbreezes.com. 2-stöckiges Ferienhaus in einem schönen Garten mit kleinem Pool. Die Zimmer mit AC haben gute Betten, TV mit DVD-Player, große Warmwasser-Du/WC, Terrasse und eine gemeinsame offene Küche. Empfehlenswert für Familien. Reservierung über die Internetseite. ❹–❺

Balian Riverside Sanctuary, ✆ 0813-3879 7722, 💻 www.balianriversidesanctuary.com. Am östlichen Ende der Bucht an der Flussmündung gelegene, schöne Anlage mit 5 gepflegten und geräumigen Holzbungalows mit TV, DVD-Player und Steinbädern mit schön verzierten Türen, teils auch 2-stöckig und mit funktionaler Küche. Nettes Personal. ❹–❻

Istana Balian, ✆ 0878-6209 5656, 💻 www.istanabalian.com. Recht beengte Anlage mit kleinen, aber sehr modernen Zimmern mit AC, TV mit DVD-Player, Kühlschrank und Warmwasser-Du/WC sowie einem schönen Pool im oberen Bereich. Freundliches Personal. Frühstück im eigenen Restaurant inkl. ❺

Familienfreundlich und komfortabel

Kubu Balian Beach Bungalows, ✆ 0815-5861 5061, 💻 www.kububalian.com. Sehr nette, ruhige Anlage, die sich perfekt für Familien, die länger im Ort verweilen, eignet. Hier lebt Honey, die Ente, gemeinsam mit ihrem besten Freund Jacky, dem Hund. Gepflegte, geräumige und saubere Bungalows mit guten Betten, großer Veranda, Warmwasser-Du/WC und teilweise auch einer Küche. Das große Familienhaus mit 3 Schlafzimmern kostet 900 000 Rp und bietet aus dem oberen Stockwerk eine tolle Aussicht über die Bucht. Kleiner schöner Pool. Einfaches Frühstück inkl. ❹–❻

Made's Homestay, ✆ 0812-396 3335. Das sehr hilfsbereite Personal vermietet geräumige, saubere Zimmer mit sehr gutem Preis-Leistungs-Verhältnis, teilweise mit eigener Küche. Einfaches Frühstück auf der Terrasse im hinteren Teil der gepflegten Anlage inkl. ❷

Pondok Pisces, ✆ 0813-3879 7722, 💻 www.pondokpiscesbali.com. Nettes, aber überteuertes Guesthouse mit 5 traditionellen, strohgedeckten und mit schönen Schnitzereien verzierten Holzbungalows mit Terrasse, guten Matratzen, TV mit DVD-Player, Kühlschrank und teils mit aus Stein gestalteten Warmwasser-Du/WC. Dazugehöriges Café und Restaurant. Frühstück und WLAN inkl. ❺–❻

Shankaris Bali Retreat, an der Hauptstraße 500 m östlich der Abzweigung, ✆ 0361-814993, 💻 www.shankarisbaliretreat.com. Süßes, auf einem Hügel gelegenes Hotel unweit des Meeres mit sauberen Bungalows mit großem mosaikverzierten Open-Air-Du/WC sowie Moskitonetz, ein Zimmer auch mit AC. Die teureren Zimmer haben ruhige Terrassen mit Blick über einen Palmenwald. 2 Pools, Yogakurse und Internetzugang für 20 000 Rp pro Std. Frühstück inkl. ❹–❺

Sinar Mata Hari Gh., ✆ 0813-3846 6448, ✉ baliansurferhomestay@yahoo.com. Unterkunft mit 5 einfachen Zimmern, die mit Bambusmöbeln, harten Matratzen, Moskitonetz, einer großen luftigen Veranda und Du/WC ausgestattet sind, teils auch mit AC und TV mit DVD-Player. Pool vorhanden. ❸

Surya Homestay, ✆ 0813-3868 5643, ✉ wayan.suratni@gmail.com. Relativ neues, sauberes und einfaches Hotel mit 5 Zimmern mit Du/WC zu günstigen Preisen. ❷–❸

Weitere Übernachtungsmöglichkeiten s. eXTra [4225].

Pantai Medewi

Karte S. 242

CSB Beach Inn, Pulukan, ✆ 0813-3866 7288. Einige Kilometer vor Medewi, ruhig zwischen Dorfrand und Meer gelegen. Optimale Kombination aus Surfurlaub und balinesischem Dorfleben. Große, einfache Zimmer, teilweise mit AC und Warmwasser-Du/WC. Mountainbike-Verleih. Frühstück inkl. ❷–❸

Mai Malu Restaurant & Gh., ✆ 0365-470 0068. Das günstigste Hotel an der Straße in der Nähe des Surferstrandes mit 8 sauberen Zimmern mit Du/WC. Hochterrasse und obere Zimmer bieten Blick aufs Meer. Das Restaurant serviert westliche und einheimische Gerichte zu günstigen Preisen. ❷

Medewi Beach Cottages, ✆ 0365-470 0080. Weitläufige Gartenanlage mit 20 alten und überteuerten Bungalows mit AC, Federkernmatratzen, kleinem TV und dreckigem Warmwasser-Du/WC. Zudem 7 abgewohnte, muffige und dunkle, aber preisgünstige Zimmer mit durchgelegenen Matratzen in einem unattraktiven Gebäude auf der anderen Straßenseite. Insgesamt nicht zu empfehlen, die einzigen Vorteile sind die Lage direkt am Strand und der Pool. Frühstück inkl. ❷–❻

Puri Dajuma Cottages, Pekutatan, ✆ 0365-43955, 🖳 www.dajuma.com. Ansprechendes Resort mit Steinbungalows und Pool in einem schönen Garten am Strand. Große Zimmer mit AC, Safe, Minibar und Open-Air-Bad/WC. Auf Wunsch werden Kurse zu kulturellen Themen wie Tanz und Ökotourismus-Touren angeboten. Das Hotel bietet außerdem ein Spa sowie Surfbrettverleih. 2 Restaurants, Frühstück inkl. ❼

Weitere Übernachtungsmöglichkeiten s. eXTra [4229].

Essen

Pantai Balian

Karte S. 254

Balian Beach Café, ✆ 0858-5735 2329. Einfacher Warung in Strandlage, der eine kleine Auswahl an indonesischen und internationalen Gerichten serviert. Hier gibt es frische Grillgerichte mit Reis und Gemüse ab 20 000 Rp. ⌚ 8–22 Uhr.

Deki's Warung, ✆ 0878-6072 0769. Hier kann man zwischen gegrilltem Rind, Schwein, Huhn oder Fisch wählen und den Meerblick genießen. Hauptgerichte ab 20 000 Rp. ⌚ 7–22 Uhr.

Toki's Restaurant & Bar. Das Restaurant am unteren Ende der Straße serviert leckere Burritos und Quesadillas in großen Portionen ab 25 000 Rp und kaltes Bier. Ein Muss zum Sonnenuntergang. Auch Frühstück. Kostenpflichtiges WLAN. ⌚ 7–21 Uhr.

Tom's Garden Café, ✆ 0813-379 7722. Das zum Pondok Pisces gehörende Café und Restaurant offeriert neben indonesischen Gerichten auch Hamburger, Sandwiches und Pasta. Freitags wird gegrillt. Hauptgerichte ab 23 000 Rp. WLAN bis 18 Uhr inkl. ⌚ 8–21 Uhr.

Transport

Zu den Abzweigungen, die von der Hauptstraße zum Pantai Soka, Pantai Balian oder Pantai Medewi führen, kommt man mit den **Bussen**, die zwischen Denpasar und Gilimanuk verkehren.

Westlich des Gunung Batukaru

Kurz vor dem Pantai Medewi zweigt nach Nordosten eine selten befahrene Nebenstraße über Tista nach Pupuan ab. Auf halbem Wege zwischen Pulukan und Tista verläuft sie bei **Asahduren** durch ausgedehnte Gewürznelken-Plantagen. Eine weitere Attraktion dort ist der **Bunut Bolong**, ein riesiger *Waringin* (*Banyan*-Baum), der am nördlichen Ortsausgang auf beiden Seiten der Straße Wurzeln geschlagen hat, sodass man mit dem Auto durch ihn hindurchfahren muss.

Eine weitere kleine Verbindungsstraße geht in Antosari, einige Kilometer östlich vom Pantai Balian, Richtung Norden ab und führt bis nach Mayong (s. S. 285). Auf der Strecke liegt etwa 10 km südlich von **Pujungan** in einem Wald mit vielen Vögeln der **Pura Luhur Mekori**. Dieser kleine Tempel ist kein typisch balinesischer Tempel, auch wenn der Name dies vermuten lässt. Es gibt hier weder Tempelmauern noch Schreine. Vielmehr handelt es sich um ein altes, schmuckloses Megalith-Heiligtum auf einer Waldlichtung.

Wenige Kilometer südlich vom Pura Luhur Mekori am Hang des Gunung Batukaru in ca. 600 m Höhe kann man im Dorf Belimbing in den **Cempaka Belimbing Guest Villas**, s. Karte S. 242, ✆ 0361-754 1178, 🖳 www.cempakabelimbing.com, einer der schönsten Bungalowanlagen Balis, übernachten. Das kleine, herrlich gelegene Hotel in traditioneller balinesischer Architektur mit prächtigem Garten, Pool sowie großartiger Aussicht auf die umliegenden Reisterrassen verwöhnt Gäste mit 16 Villen mit Möbeln im Antik-Look, guten Betten, Open-Air-Du/WC und teils AC. ❺–❼

Einige Kilometer nördlich davon in Sanda liegen die **Sanda Butik Villas**, s. Karte S. 242, 0828-372 0055, www.sandavillas.com, inmitten einer alten Kaffeeplantage. Das kleine, charmante Hotel mit spektakulärer Aussicht von den großen Terrassen der einzelnen Bungalows bietet komfortable, wenn auch hochpreisige Zimmer mit guten Betten, AC, TV und Kühlschrank. ❼

Den höchsten Punkt passiert der Weg zwischen den Dörfern Pujungan und Pupuan am Westhang des Gunung Batukaru. Hier gibt es östlich der Straße einen Wasserfall zu entdecken.

Yeh Embang

6 km westlich von Medewi liegt der Küstentempel **Pura Luhur Rambut Siwi**, der dem Heiligen Danghyang Nirartha geweiht ist, weil er hier einst ein Dorf von einer Seuche befreite. Die dankbaren Bewohner hätten ihn gern dabehalten, da er jedoch noch zum *Raja* von Gelgel wollte, hat er ihnen nur ein paar Haare dagelassen (*Rambut* = Haar).

Das Heiligtum liegt auf einem Felsen über einem dunklen Strand und lädt zum Verweilen ein. Neben dem dreistufigen *Meru* für Nirartha sind Schreine für die Göttin der Gewässer, *Dewi Danu*, und für *Shiva* als Gottheit des Gunung Agung errichtet. Zwei Treppen führen hinunter an den Strand zu kleineren Tempeln und Höhlen. Pura Luhur Rambut Siwi feiert *Odalan* an *Perangbakat Anggara*, immer an einem Dienstag, fast zwölf Wochen nach *Kuningan*.

Negara und Umgebung

Negara liegt 74 km westlich von Tabanan an der Hauptstraße nach Gilimanuk und ist die Hauptstadt von Jembrana, dem Distrikt mit der niedrigsten Einwohnerzahl der Insel. Die freundliche Kleinstadt hat für Touristen neben den spektakulären **Wasserbüffelrennen** nicht viel zu bieten. Sie weist jedoch einen sehr ursprünglichen Charakter auf, der weit entfernt von den touristischen Ballungszentren im Süden der Insel einen ganz eigenen Charme versprüht. Die traditionellen Pferdekutschen werden hier noch als weitverbreitetes Fortbewegungsmittel genutzt.

Im Distrikt Jembrana stößt man auf einige musikalische Besonderheiten. Ein gebräuchliches Musikinstrument ist hier das **Bumbung**, eine Art Bambus-Xylophon. Tänze und Tanzdramen, die von diesem Instrument begleitet werden, sind z. B. der 1840 entwickelte *Bumbung Gebyog* und der 1912 entstandene *Bumbung Jegog*. Während diese Tänze nur in West-Bali verbreitet sind, erfreut sich der ebenfalls aus Jembrana stammende *Joged Bumbung* auf der ganzen Insel großer Beliebtheit. Der *Joged* ist ein reiner Unterhaltungstanz, bei dem sich die Tänzerinnen ihre Partner aus dem Publikum

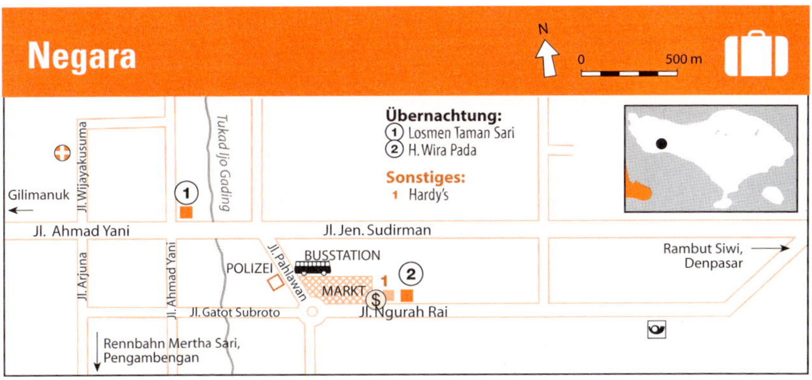

Wasserbüffelrennen von Negara

In den 1930er-Jahren entwickelten Reisbauern die im Westen Balis berühmten Büffelrennen *(Mekepung)*, um die langweilige, arbeitsarme Trockenzeit zu überbrücken. Daraus entwickelte sich ein ernstzunehmender, überaus beliebter Wettkampf zwischen zwei Jockeys. Früher wurden die Mannschaften entsprechend ihrer geografischen Herkunft aufgeteilt: Westlich des Flusses Tukad Ijo Gading, der direkt durch Negara fließt, trug das Team eine rote Fahne, während die östliche Mannschaft durch eine grüne Fahne identifizierbar war.

Heutzutage finden in den Monaten Juni bis Oktober jeden zweiten Sonntag auf den abgeernteten Reisfeldern rund um Negara kleinere Ausscheidungsrennen statt, die bereits Hunderte von Zuschauern anlocken. Hier ist die Stimmung festlich ausgelassen. Den Höhepunkt eines Rennjahres aber bildet der große, prestigeträchtige Jembrana Regent's Cup, der für gewöhnlich auf der Rennbahn von Negara abgehalten wird.

Ein bunt dekorierter zweirädriger Karren *(Cikar)* mit Jockey wird von zwei Büffeln gezogen, die kräftemäßig und farblich zueinander passen sollten. Die bis zu einer Tonne schweren Kraftpakete werden eigens zu diesem Zweck gezüchtet und müssen keine Feldarbeit verrichten. Vor dem Rennen werden die Köpfe der Büffel reich verziert *(Gelungan)*, die Hörner von bunten Stoffsocken eingehüllt und auf der Deichsel wird ein Banner *(Badong)* befestigt. So erinnert ihr Aussehen etwas an traditionell geschmückte balinesische Tänzerinnen. Auf das Startsignal hin donnern diese sonst so sanft und plump wirkenden Tiere mit einer verblüffenden Geschwindigkeit von bis zu 60 km/h an den jubelnden Zuschauern vorbei die Strecke hinunter, um eine Wendemarke herum und wieder zurück. Da Wasserbüffel weiche Hufe haben, zieht man Reisfelder der Straße vor, damit sich die Tiere nicht verletzen.

Die Rennstrecke ist etwa 2 km lang und so schmal, dass sie nur für einen Karren Platz bietet. Es starten immer nur zwei Karren gleichzeitig, der eine 10 m hinter dem anderen. Sieger ist nicht unbedingt das schnellste Team, denn auch Stil und Eleganz werden bewertet. Der vordere Wagen muss jedoch auch 10 m vor dem hinteren ins Ziel kommen, um eine Chance auf den Sieg zu haben.

Es kommt immer wieder vor, dass der Jockey die Kontrolle über seine Bullen verliert und der Wagen von der Strecke ausbricht. Dann gilt es, der tonnenschweren Gefahr so schnell wie möglich auszuweichen. Auch fallen Jockeys in Trancezustände. Auch dann gilt es, ihnen aus dem Weg zu gehen.

Mit den Rennen erbitten die Balinesen den Segen der Götter für die nächste Ernte. Gleichzeitig geben die Büffel etwas von ihrer Kraft an die Reisfelder ab. Wie immer bei solchen Veranstaltungen wird hoch gewettet.

Die genauen Termine sind jedes Jahr verschieden, daher ist es am besten, sich vorher beim Touristeninformationsbüro in Negara, ✆ 0365-41210, ext. 3393, zu informieren.

holen. Ein weiterer für diese Gegend typischer Tanz ist *Kendang Mebarung*, der meist mit einem Trommler-Wettstreit endet.

Übernachtung

Hotel Wira Pada, Jl. Ngurah Rai 107, Negara, ✆ 0365-41161. Das beste Hotel der Stadt mit Innenhof und gutem Restaurant. Ruhige, alte Zimmer mit weichen Schaumstoffmatratzen und Mandi, teils auch mit AC und TV. Frühstück inkl. ❶–❷

Losmen Taman Sari, Jl. Ahmad Jani, Negara, ✆ 0365-41154. Saubere Zimmer bei einer netten Familie. Die teureren mit AC und Du/WC wurden renoviert. Die günstigen haben nur Mandi und keinen Ventilator. Kein Frühstück, jedoch Kaffee und Tee den ganzen Tag. Ein Ticketbüro für Busse nach Java liegt gegenüber. ❶–❷

Einkaufen

Hardy's, Jl. Ngurah Rai. Der große Supermarkt bietet die breiteste Auswahl an Lebensmitteln und Kosmetikartikeln westlich von Denpasar. ⏲ 8–20 Uhr.

Touren

Reiseagenturen und Büros für Bustickets liegen in der Jl. Ahmad Yani.

Sonstiges

Geld

Viele Geldautomaten befinden sich in der Nähe von **Hardy's Supermarkt** an der Jl. Ngurah Rai.

Medizinische Hilfe

RSU Negara in der Jl. Wijayakusuma.

Polizei

Polizeistation, gegenüber der Busstation in der Jl. Pahlawan.

Post

Postamt in der Jl. Ngurah Rai.

Transport

Busse von und nach Ubung (DENPASAR) kosten 25 000 Rp. Die Fahrt dauert 3 Std. Ab oder nach TABANAN geht es für 20 000 Rp. Nach GILIMANUK kostet es 5000 Rp und dauert 45 Min.

Perancak

Ein kleines Küstendorf südlich von Negara, zu erreichen über Mendoyo an der Straße nach Denpasar und dann über die Abzweigung am Markt von Tegal Cangkring. Hier landete Mitte des 16. Jhs. der berühmte Shiva-Priester Danghyang Nirartha nach seiner Überfahrt von Blambangan (Java) in einer Kürbisschale und ruhte unter einem *Ancak*-Baum, einem Verwandten des *Banyan*. Der Tempel, der an dieser Stelle erbaut wurde, heißt deshalb **Pura Gede Perancak**, eine schöne Anlage aus weißem Korallengestein an einer Flussmündung gelegen. Das *Odalan* wird an *Buda Umanis Medangsia*, elf Tage nach *Kuningan*, an einem Mittwoch gefeiert.

Pengambengan

Der Ort Pengambengan, knapp 6 km südwestlich von Negara, ist der wichtigste Fischereihafen von Bali. Die Fischer kreuzen mit ihren großen *Prahu*, den traditionellen Booten, meist in der Meeresstraße Selat Bali. Ein Großteil ihres Fangs wird gleich am Strand in Konservenfabriken verarbeitet.

Palasari und Belimbingsari

Auf halbem Weg zwischen Negara und Gilimanuk zweigen Straßen zu zwei Dörfern ab, in denen balinesische Christen leben. In **Palasari** und dem benachbarten **Warnasari** wohnen etwa 1500 Katholiken, die 1700 Einwohner von **Belimbingsari** sind Protestanten. Sehenswert ist die katholische Kirche Gereja Santo Fransiskus in Palasari, die 1940 unter Schirmherrschaft des holländischen Pastors erbaut wurde und auf einmalige Weise balinesische Bau- und Dekorelemente mit gotisch-christlicher Symbolik vereint. Auch viele balinesisch-hinduistische Kulturelemente wurden hier ins Christentum integriert. So sind beide Kirchen mit den gleichen Stilmitteln dekoriert, die von Balinesen während der *Galungan*-Feiern verwendet werden. Zur Weihnachtsmesse tragen die Gläubigen dieselbe Festtagskleidung, die sonst bei hinduistischen Tempelfesten getragen wird. In den kirchlichen Schulen wird zudem Musik und Tanz unterrichtet, wobei hier nicht *Mahabharata* und *Ramayana*, sondern biblische Themen mit balinesischen Tänzen dargestellt werden.

1,5 km nördlich von Palasari wurde in den späten 1980er-Jahren ein **Staudamm** gebaut, der die Insel mit Strom versorgt und als 1300 ha großes, 8 Mio. m³ fassendes Wasserreservoir dient. Der Staudamm ist ein beliebtes Ausflugsziel der Einheimischen an Wochenenden. Auf dem Weg dorthin können viele schöne Reisterrassen bewundert werden. Hier stehen auch die extrem luxuriösen **Taman Wana Villas & Spa**, ✆ 0365-470 2208, 🖳 www.bali-tamanwana-villas.com. Zu der schönen Anlage am Südrand des Nationalparks gehören auch weite Anbauflächen für ökologischen Landbau. Die Villen bieten teilweise Platz für bis zu 16 Gäste. Wer online bucht, spart deutlich bei den hohen Zimmerpreisen. ❼–❽

Gilimanuk

Der Hafen, von dem aus die Fähren von Bali nach Java übersetzen, liegt 128 km von Denpasar und 88 km von Singaraja entfernt auf einer kleinen Halbinsel. Auf der von javanischen Lastwagen stark befahrenen Schnellstraße kann man Gilimanuk in ca. drei bis vier Stunden von Denpasar aus erreichen. Die Straße nach Singaraja zweigt kurz vor der Stadt nach Osten ab und führt direkt durch den einzigen Nationalpark der Insel. In der Hafenstadt findet man einige kleine Supermärkte, in denen man sich mit dem nötigen Proviant eindecken kann, bevor man mit der Fähre nach Java übersetzt. Die Bevölkerung hier stammt mehrheitlich aus Java und Madura und ist folglich muslimisch geprägt.

Übernachtung

Karte S. 242
Für Hängengebliebene gibt es Unterkünfte in Gilimanuk, die meist alt, heruntergekommen, muffig und ohne Komfort, aber günstig sind.
Hotel Sari, Jl. Pogot 333, ✆ 0365-61264.
1 km vor dem Fährhafen links gelegen. Zimmer mit sehr einfachem Du/WC und teilweise auch AC, TV, Kühlschrank und Warmwasser. Restaurant. ❷
Nusantara I, ✆ 0815-5890 6977. In direkter Nähe zur Moschee gibt es hier spartanisch eingerichtete, aber saubere Zimmer mit Du/WC, teilweise auch AC, TV und Warmwasser. Frühstück inkl. ❶–❷

Transport

Busse

Die Busse fahren ab dem Terminal gegenüber vom Hafen nach DENPASAR (Terminal Ubung, 130 km) in 4 Std., Minibus für 28 500 Rp, Bus für 18 700 Rp p. P., SINGARAJA (100 km) morgens in 2 1/2 Std. für 12 900 Rp (Bus) bzw. 19 500 Rp (Minibus), PADANG BAI für 27 300 Rp, AMLAPURA für 26 300 Rp und NEGARA in 45 Min. für 5000 Rp. Die Busse fahren erst ab, wenn sie voll sind.

Fähren nach Java

Abfahrt etwa alle 15–30 Min. rund um die Uhr. Preise: Erwachsene 6000 Rp, Kinder 5000 Rp, Motorrad 16 000–32 000 Rp, Auto 114 000 Rp, Minibus 230 000 Rp.
Es gibt 5 verschiedene Fährgesellschaften, die aber alle die gleichen Preise verlangen. Den Zeitunterschied beachten: In Java ist es 1 Std. früher als auf Bali.

Taman Nasional Bali Barat

Der 190 km² große Nationalpark im Westen der Insel ist der einzige Nationalpark auf Bali und umfasst im Wesentlichen eine Hügelkette mit dem Gunung Pal (1177 m) und dem Gunung Merbuk (1394 m). Er schließt auch den äußersten Zipfel der Insel, ein Kap um den Gunung Prapat Agung (310 m) nördlich von Gilimanuk, ein und bietet tolle Korallengärten, Schildkrötenstrände und Seevogelkolonien in der **Teluk Terima** und auf der Insel **Pulau Menjangan**. Somit ist der Park für Taucher und Vogelfreunde gleichermaßen reizvoll.

In den gemischten Monsunwäldern des Hügellandes lebt eine ornithologische Rarität: der endemische weiße Bali-Star *(Leucopsar rothschildi, jalak putih)*. Wegen dieses seltenen Vogels wurde ein Teil des Nationalparks schon im Jahre 1947 von dem damaligen balinesischen *Raja* zum Naturschutzgebiet erklärt.

Neben der reichen Vogelwelt begegnet man Hirschen und Wildschweinen, zwei Affenarten (Makaken und den Black Monkeys) und dem *Banteng*, einem wilden Vorfahren des Bali-Rinds. Sogar Civet-Katzen können manchmal gesichtet werden.

Durch den westlichen Teil des Parks schlängeln sich viele Pfade, die es auf Tagestouren, möglichst mit einem Führer, zu erkunden gilt. Der östliche und größere Teil ist Schutzgebiet und somit Touristen unzugänglich. Hierfür benötigt man eine Sondergenehmigung vom Parkhauptquartier.

Um die Halbinsel **Prapat Agung** verläuft ein Fußpfad mit kleinen Schutzhütten, aber ohne Möglichkeit, seine Trinkwasserreserven aufzufüllen. Für die Wanderung braucht man zehn Stunden. In den Mangroven, die ca. 7000 ha der Nationalparkfläche einnehmen, kann man Makaken beobachten, die Krabben verspeisen. Hier wächst auch der begehrte, aber hier selbstverständlich geschützte *Sawo-Kecik*-Baum, der Holz für Schnitzereien liefert. An der Nordseite der Halbinsel in der **Teluk Kelor** leben die berühmten weißen Stare. Auf halbem Wege zwischen Cekik und der Teluk Terima liegt eine große Forschungs- und Aufzuchtstation für die Vögel an der Straße nach Pemuteran. Von hier führt ein Pfad in drei bis vier Stunden Fußmarsch direkt zur Teluk Kelor.

In **Cekik**, 3 km südlich von Gilimanuk, an der Abzweigung der Straße nach Singaraja, liegt das Parkhauptquartier **Kantor Informasi Taman Nasional Bali Barat**, ✆ 0365-61060, 💻 www.tnbalibarat.com (Informationen nur auf Indonesisch). Dort gibt es Informationen und die Möglichkeit, Trekkingtouren zu buchen. Ein Dschungel-Trek für zwei Personen kostet 240 000 Rp für zwei Stunden, 320 000 Rp für drei Stunden und 550 000 Rp für sieben Stunden. Die vierstündigen Vogelbeobachtungs-Wanderungen kosten 500 000 Rp und starten um 6 Uhr morgens. Alle Preise beinhalten Nationalparkführer und Permits. Weiterhin können zweistündige Mangroventouren sowie Tierbeobachtungen für 500 000 Rp in vier Stunden zwischen 6 und 10 Uhr morgens sowie zwischen 15 und 19 Uhr nachmittags arrangiert werden. Die Touren können auch in den Tauchzentren und Hotels in Pemuteran und Umgebung gebucht werden.

Direkt inmitten des Nationalparks kann man im **The Menjangan**, ✆ 0362-94700, 💻 www.themenjangan.com, einem im April 2011 komplett modernisierten Öko-Luxusresort, übernachten. Die **Monsoon Lodge** bietet 14 komfortable, geräumige, elegant-minimalistisch eingerichtete Zimmern rund um einen großen Pool. Zudem gibt es noch die direkt am Strand gelegenen, 100 m² großen **Beach Villas** im *Joglo*-Stil und die riesige, über den Klippen thronende **Menjangan Residence** mit Sicht über das Meer. Zudem noch das Mangrove Spa im Mangrovenwald mit Meerblick. ❼–❽

Achtung auf der Straße von Gilimanuk nach Pemuteran: Auf dem Teilstück, das entlang des Taman Nasional Barat verläuft, tollen Affen an der Straße herum und es herrscht aufgrund der Trockenheit große Waldbrandgefahr!

Pulau Menjangan

Nach einer halbstündigen Bootsfahrt, bei der man in der Regel richtig nass wird, kann man in die Unterwasserwelt der Korallenriffe an den Ufern der unbewohnten, 175 ha großen Insel Pulau Menjangan eintauchen, eines der schöns-

Das Meer vor dem Bali-Barat-Nationalpark ist ruhig und klar – perfekt zum Tauchen.

Tauchreviere bei Pulau Menjangan

Menjangan verfügt über sieben beliebte Tauchreviere, die zu den besten Balis zählen. Im Westen liegt **POS1** mit einem sandigen, bis zu 30 m abfallenden Hang, umgeben von Weichkorallen und unendlich vielen Fischen. Am seichten, sandigen **Garden Eel** bekommt man Hartkorallen, riesige Schwämme, Anemonen- und Trompetenfische sowie andere Meeresbewohner zu sehen. Die Überreste des **Anker Wreck** in 45 m Tiefe beherbergen Keramikwaren und Glasflaschen und sind ein guter Ort, um Schildkröten und Haie aus nächster Nähe zu erspähen. Die **Korallengärten** im Norden entlang einer 8 bis 40 m steil abfallenden Wand beherbergen große Snapper-Fische und einen schwarz getüpfelten Riffhai. Im Osten schließt sich mit dem **Temple Point** ein sandiger Tauchspot an, in dem Krokodilfische und Nacktschnecken beheimatet sind. Das **POS2** im Südosten besteht aus einer bis zu 50 m tief abfallenden Riffwand mit Doktorfischen, Papageienfischen, Garnelen und Haien. Der benachbarte **Cave Point** beherbergt Unterwasserhöhlen mit interessanten Felsformationen.

ten Tauch- und Schnorchelgebiete Indonesiens. Steile Riffe, große Artenvielfalt und Sichtweiten von bis zu 40 m machen Pulau Menjangan zu einem Muss für Taucher und Schnorchler.

In Labuhan Lalang kann ein Boot für einen Schnorcheltrip zur Pulau Menjangan gechartert werden. Frühmorgens ist es am schönsten. Zum Schnorcheln sind ein Führer und die nötige Ausrüstung erforderlich. Die meisten Hotels bieten Schnorchel- und Tauchtouren zur Insel an. Der ca. 6-stündige Ausflug inkl. Verpflegung, Ausrüstung, Guides und zwei Tauch- oder Schnorchelgängen kostet US$90 für Taucher bzw. US$40 für Schnorchler. Zusätzlich muss seit 2009 eine Eintrittsgebühr von US$2,50 pro Tauchrevier entrichtet werden, die lokalen Schutzprojekten zugutekommt.

Jayaprana und Layon Sari

In ganz Bali kennt man ihre Geschichte, die sogar Stoff für Tanzdramen und *Wayang*-Aufführungen liefert:
Jayaprana wächst als Waise am Königshof von Buleleng auf. Der König erlaubt ihm, die schöne Layon Sari zu heiraten, verliebt sich aber selbst in sie. Also lässt er Jayaprana von einem seiner Minister ermorden und versucht, *Layon Sari* zu seiner Frau zu machen. Doch das getreue Weib zieht den Selbstmord vor, und vereint wird das Ehepaar an der Teluk Terima bestattet.

Wer über eine gut gefüllte Reisekasse verfügt, kann in Labuhan Lalang einen Bootstrip zu den zwei nahen Naturreservaten auf Java – Baluran im Norden und Blambangan im Süden – organisieren.

Teluk Terima

Von der Straße nach Singaraja landeinwärts liegt auf einem Hügel eine tempelähnliche Grabstätte: **Makam Jayaprana**, ein friedlicher, beruhigender Ort. Ein Stufenweg führt durch den Wald hinauf und bietet tolle Ausblicke über die Bucht bis zur Insel Pulau Menjangan.

Der Ort ist eine Gedenkstätte für Jayaprana und seine Frau Layon Sari, die im 16. Jh. lebten und in einem Tempel als Statuen dargestellt werden. Die Wanduhren, die überall herumhängen und unterschiedliche Zeiten anzeigen, sind Geschenke frommer Pilger. Von jedem Besucher wird eine kleine Spende erwartet.

Pemuteran

Dank der wunderbaren und leicht zu erreichenden Schnorchel- und Tauchreviere entwickelt sich der Tourismus in Pemuteran, einem Dorf nur wenige Kilometer östlich des Nationalparks Bali Barat, sehr gut. In den letzten Jahren wurden viele neue Unterkünfte errichtet, die Besuchern die größte Auswahl an Übernachtungsmöglichkeiten an der Nordküste West-Balis bieten. Viele der Hotels betreiben eigene Tauchschulen und veranstalten Wanderungen oder Bootstouren in den nahe gelegenen Nationalpark. Die zahlreichen teureren Unterkünfte liegen allesamt auf der Strandseite nördlich der Straße Richtung Singaraja, während die billigeren größtenteils im Landesinneren südlich der Straße zu finden sind. Abgesehen von der spannenden Unterwasserwelt passiert hier allerdings nicht sehr viel, sodass es für weniger enthusiastische Taucher schnell langweilig werden könnte.

Der Ort hat einen breiten Sandstrand, dem ein natürliches Korallenriff im Osten und ein **künstliches Riff** (s. Kasten) im Westen vorgelagert sind. In keiner anderen Region Balis ist ein so großes Terrain mit Korallengärten in flachem Wasser ohne starke Strömungen und hohe Wellen zugänglich. Die Riffe dienen als Zufluchtsorte u. a. für Krokodilfische, Skorpionsfische, Clownfische, Rotfeuerfische und bunte Federsterne.

Wo östlich von Pemuteran steile Felswände die Straße an den Strand drängen, schmiegt sich die Tempelanlage **Pura Pulaki** an eine schwarze Klippe und ist von den üblichen Affenhorden bevölkert. Es ist ein relativ schmuckloser Tempel, der aber oft zu den *Sad Kahyangan*, den sechs heiligsten Tempeln von Bali, gezählt wird. Seine Gründung geht auf den wohlbekannten Danghyang Nirartha, einen Heiligen aus Java, zurück, dessen schöne Tochter Swabana von einem Mann aus Pegametan entführt wurde. In seinem Zorn verfluchte der Heilige das Dorf, das gleich darauf in Asche lag, und die Bewohner verwandelten sich in niedere Dämonen. Die schöne Swabana verließ ihren unreinen Körper und stieg als Dewi Melanting in die Götterwelt auf. Zu ihrem Andenken ließ Nirartha den Tempel erbauen.

Dewi Melanting ist die Göttin des Handels und des Reichtums. Fast jeder Marktflecken auf Bali hat einen *Pura Melanting* und jeder Händler hat in seinem Laden einen Altar, um der Göttin zu opfern.

Auf der gegenüberliegenden Straßenseite befindet sich der kleine, in die Felsklippen gebaute Höhlentempel **Pura Goa Tirta Seni** ca. 10 m über der Straße.

Übernachtung

Untere Preisklasse

Taruna Homestay, ✆ 0813-3853 6318, 🖳 www.tarunahomestay.com. Kleiner Homestay mit Spa und sehr freundlichem Personal. Saubere Zimmer mit dunklen Möbeln, gefliester Stein-Open-Air-Du/WC und Veranda. Die teureren Zimmer auch mit AC. Taruna, der Besitzer dieses kleinen Familienbetriebes, unterhält die Gäste gerne durch seine Musik. Frühstück inkl. ❸

Warung Suka Sari, ✆ 0813-3826 2829, ✉ sukasariwarung@gmail.com. Nur 100 m

Das Biorock Reef Structures Projekt von Pemuteran

Die farbenprächtigen Korallengärten vor Pemuteran haben wie viele andere Tauchreviere in Südostasien stark unter der Dynamitfischerei gelitten. Seit die lokale Bevölkerung und ausländische Hotels und Tauchschulen im Jahr 2000 erkannt haben, dass durch die mutwillige Zerstörung der Fischbestand sowie die Tauchattraktionen und damit ihre Lebensgrundlage verschwinden, haben sie als **Global Coral Reef Alliance** vor Pemuteran das mit ca. 2 ha größte Riff-Projekt der Welt initiiert. Das direkt vor der Küste gelegene, von Menschenhand geschaffene Korallenriff in 5–11 m Tiefe wird mithilfe von mehr als 50 Biorock-Stahlkäfigen, durch die eine 12 V und 5 Ampere niedrige Gleichstromspannung fließt, aufgeforstet und dient zudem noch als künstlicher Wellenbrecher. Die Spannung beschleunigt das Wachstum der mit dünnen Drähten an den Stahlkäfigen befestigten Korallen um ein Vielfaches und macht sie besonders resistent gegen externe Einflüsse wie z. B. erhöhte Temperaturen oder Chemikalien. Alle Tauchschulen von Pemuteran beteiligen sich an diesem Projekt und haben teilweise auch weitere, eigene Schutzprojekte gegründet. Informationen unter 🖳 www.globalcoral.org. Eine aktuelle Dokumentation zum Thema kann man unter 🖳 vimeo.com/32615744 anschauen. Sie wurde elf Jahre nach Beginn des Projekts am 11.11.2011 gefilmt.

Gut umsorgt im freundlichen Homestay

kUbUkU Bed & Breakfast, ✆ 0362-700 5225. Folgt man der Beschilderung entlang der holprigen kleinen Straße, erreicht man diese liebenswürdige, 2009 eröffnete, gepflegte Unterkunft. Sie liegt zwar etwas ab vom Schuss, entschädigt aber mit 9 pieksauberen, modern eingerichteten Zimmern mit sehr guten Matratzen. Die teureren sind zudem sehr geräumig und mit dunklen Holzmöbeln, AC und schöner Du/WC mit großem Duschkopf, Lavasteinplatten und viereckigen Waschbecken ausgestattet. Sehr freundliche, familiäre Atmosphäre. Eigenes Tauchzentrum an der Straße. Frühstück im Restaurant und WLAN inkl. ❸–❹

vom Strand entfernter, liebenswerter, einfacher Homestay mit angeschlossenem Restaurant. Neue saubere Zimmer mit guten Matratzen und Open-Air-Du/WC mit Warmwasser, teils auch mit AC. ❸–❹

Mittlere Preisklasse

Bali Oase, oranges Hinweisschild ca. 3 km westlich des Pondok Sari Beach Resorts, ✆ 0813-3860 3796, 💻 www.bali-oase-resort.de. Die von einer Deutschen geleitete Anlage liegt 3 km landeinwärts, abseits der Hauptstraße direkt am Strand und ist nicht leicht zu finden. 3 helle Bungalows mit Veranda, Moskitonetz und halboffenem Du/WC. Im Garten wachsen Obstbäume und Blumen. Auf Wunsch organisiert die Besitzerin Tauch- und Schnorchelausflüge. Zum Frühstück gibt es selbst gebackenes Brot und Marmelade aus eigener Herstellung, auch Vollpension buchbar. ❺

Kleine Anlage mit Entspannungsgarantie

Villa Bagus, ✆ 0852-3814 8851. Die versteckte, 100 m von der Hauptstraße zurückversetzte, neue Anlage mit kleinem grünen Garten hat nur 4 Zimmer. Die breiten Glastüren sowie die große Fensterfront lassen den modern eingerichteten Raum besonders hell erstrahlen. Die sauberen und komfortablen AC-Zimmer haben große Open-Air-Du/WC mit Warmwasser und schwarz-weißen Kacheln. Für eine Abkühlung sorgen 2 kleine Pools, die sich direkt vor den Zimmern befinden. Reservierung empfehlenswert. Frühstück inkl. ❹

Jubawa Homestay, ✆ 0362-94745. Die neuen, sauberen, komplett mit dunklen Holzmöbeln eingerichteten AC-Zimmer im hinteren Teil der empfehlenswerten Anlage sind wegen der lauten Durchgangsstraße zu bevorzugen. Die teuersten mit sehr bequemen dicken Matratzen, verglasten Bädern sowie Blick auf den schönen, recht großen Pool. Frühstück sowie 1 Std. Internet pro Tag inkl. ❸–❹

Rare Angon Homestay & Restaurant, ✆ 0362-94747, ✉ rareangon@yahoo.co.id. Kleiner Homestay mit gutem Restaurant an der Straße und liebevoll eingerichteten AC-Zimmern mit ausgefallenem Open-Air-Du/WC. Die günstigen Zimmer sind klein und einfach. Restaurant mit eckigen Tischen mit schönen Sand- und Muscheldekorationen. Angeschlossen ist das eigene PADI-Tauchcenter Pemuteran Dive Resort. Frühstück inkl. ❸–❹

Obere Preisklasse

Amertha Bali Villas, ✆ 0362-94831, 💻 www.amerthabalivillas.com. Große Hotelanlage mit deutschsprachigem Manager und großen Bungalows mit Einrichtung im balinesischen Stil, Himmelbetten und Open-Air-Bad mit Tropendusche. Jeweils 2 Zimmer teilen sich einen Privatpool. Restaurant mit indonesischer, thailändischer und internationaler Küche. Riesiger Pool, Spa. ❻–❼

Mimpi Resort Menjangan, Banyuwedang, ✆ 0362-94497, 💻 www.mimpi.com. Preisgekröntes, ökologisches 4-Sterne-Hotel in Nationalparknähe mit individuell gestalteten Zimmern mit Open-Air-Du/WC und Warmwasser aus einer heißen Quelle. 2 große Pools, Tauchschule und Spa. WLAN und Frühstück inkl. Ganz in der Nähe liegen heiße Quellen, die angeblich eine heilsame Wirkung haben. ❼–❽

Pondok Sari Beach Resort & Spa, ✆ 0362-94738, 💻 www.pondoksari.com. Bei Deutschen sehr beliebte, riesige Anlage am schattigen Strand mit Pool und 35 hübschen Bungalows

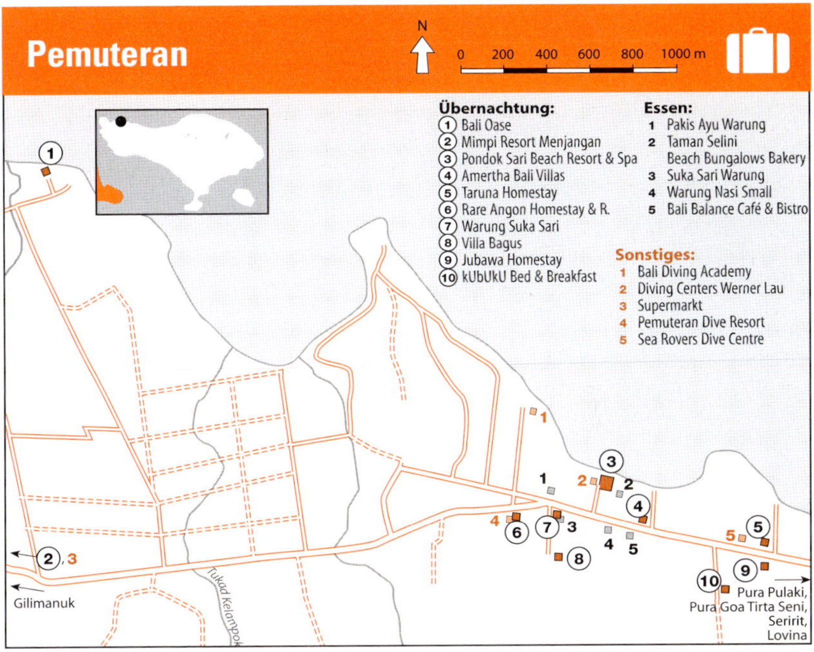

mit AC, Warmwasser und zum Teil auch Open-Air-Du/WC. Frühstück inkl. Reservierung empfehlenswert. In der Hauptsaison Mindestaufenthalt von 6 Nächten. Hotelrestaurant mit internationalen Speisen, die abends in romantischer Atmosphäre direkt am Strand genossen werden können. ❺–❼
Weitere Übernachtungsmöglichkeiten s. eXTra [4232].

Essen

Bali Balance Café & Bistro, ☏ 0853-3745 5454, 💻 www.bali-balance.com. Das im Sommer 2011 eröffnete Café bietet neben einer echten Kaffeemaschine auch Sandwiches, selbst gebackene Kuchen und Quiche. Im kleinen Garten hinter dem Gebäude gibt es nette Sitzgelegenheiten an dunklen Holztischen. Gerichte ab 40 000 Rp. WLAN inkl. ⏱ 10–21 Uhr.

Pakis Ayu Warung, ☏ 0852-3753 5753, ✉ pakis_ayu@yahoo.co.id. Dass dieses kleine Restaurant einen griechischen Besitzer hat, wird beim ersten Blick auf die Speisekarte klar, denn neben indonesischen Gerichten gibt es auch Souvlaki. Dahinter wird für 700 000 Rp ein komfortables Zimmer mit Himmelbett, AC, TV und kleinem Privatpool und Open-Air-Du/WC vermietet.

Taman Selini Beach Bungalows Bakery, ☏ 0812-3628 3802. Auf Vorbestellung bekommt man von der Bäckerei der Taman Selini Beach Bungalows frisches und sehr leckeres deutsches Graubrot (32 000 Rp pro Laib), Croissants (4000 Rp), Baguettes (7000 Rp) oder Bagels (8000 Rp).

Warung Nasi Small. Die freundliche Besitzerin des kleinen Warung bietet neben einer kleinen Auswahl an vegetarischen Gerichten ab 18 000 Rp auch frisch zubereiteten Fisch und Meeresfrüchte zu günstigen Preisen. Wer europäisches Essen bevorzugt, bekommt hier auch Pasta- und Nudelgerichte. Auf Bestellung zudem Bebek Betutu und Babi Guling. ⏱ 8–21 Uhr.

Warung Suka Sari, ☏ 0813-3826 2829. Hier kann man leckeren *Pepes Ikan*, in Bananenblätter eingewickelten Fisch, für 35 000 Rp genießen.

Professionell betreut unter Wasser

Diving Centers Werner Lau, im Pondok Sari Beach Bungalow Resort, ✆ 0812-385 9161, 💻 www.wernerlau.com. Reservierungen in Deutschland unter ✆ 04105-690936. Die größte, am besten ausgerüstete und auch teuerste Tauchschule des Ortes bietet Tauchkurse auf Deutsch und verschiedene Touren in den Nationalpark an. Außerdem betreut die Schule viele soziale und ökologische Projekte auf Bali. Ein erstklassig geleiteter Open-Water-Kurs kostet 330 € und ein Tauchgang direkt am Strand 44 € inkl. Ausrüstung, jeder weitere 25 €, in den leicht zu erreichenden Riffen 51 €, vor Menjangan 2 Tauchgänge 115 €. 5 Std. Schnorcheln vor Menjangan für 54 €. Schnorchelausrüstung kann auch für 8 € pro Tag geliehen werden.

Gäste bekommen neben günstigen indonesischen Standardgerichten auch internationale und vegetarische Speisen. 🕒 7–22 Uhr.

Einkaufen

Der Supermarkt westlich des Ortes, direkt am Eingang zum Nationalpark, verfügt über eine große und gut sortierte Auswahl an Lebensmitteln und Drogerieartikeln. 🕒 8–18 Uhr.

Aktivitäten

Tauchen und Schnorcheln

Viele der Tauchschulen in Pemuteran sind relativ teuer, die Preise bewegen sich fast auf europäischem Niveau und sind zumeist auch in Euro ausgezeichnet. Preiswerter ist es in den kleineren Tauchschulen der günstigeren Unterkünfte.

Ein Schnorchelausflug vor die Küste von Pulau Menjangan kostet um die 350 000 Rp p. P. für 2 Std. inkl. Ausrüstung. Die Gäste werden mit dem Bus vom Hotel abgeholt, zur Bootsanlegestelle gebracht und mit kleinen Fischerbooten rausgefahren.

Bali Diving Academy, am Strand vom Taman Sari Resort, ✆ 0361-270252, 💻 www.scubali.com. Beliebtes Tauchcenter mit deutschsprachigem Tauchlehrer, das Open-Water-Kurse für US$440 sowie Tauchgänge beim Biorock-Projekt ab US$35 offeriert.

Pemuteran Dive Resort, Büro im Rare Angon Homestay & Restaurant. Die Tauchschule bietet Tauchgänge ab 400 000 Rp bei mind. 2 Teilnehmern sowie Open-Water-Kurse für 3,5 Mio. Rp an.

Sea Rovers Dive Centre, ✆ 0811-385 7118, 💻 www.searovers.net. Nunmehr seit 14 Jahren eine bewährte Tauchschule unter englischer Leitung. Die Gruppen sind meist kleiner und auch hier können Taucher ihren Anteil am Biorock-Projekt leisten. Open-Water-Kurse ab 275 €.

Transport

Da sich Pemuteran recht lang gezogen an der Straße zwischen Gilimanuk und Singaraja erstreckt, ist es zu empfehlen, für größere Distanzen innerhalb des Orts die roten **Angkot** anzuhalten, die ca. alle 15 Min. die Straße entlangfahren und für 3000 Rp Mitfahrer aufgabeln.

Außerdem fahren **Busse** zwischen GILIMANUK und SINGARAJA durch PEMUTERAN. Von Gilimanuk 8000 Rp, von Singaraja 12 000 Rp. Die Hotels vor Ort haben eine gemeinsame Preisliste und bieten Kurz- und Langstrecken-Fahrdienste zu überteuerten Preisen an.

Nord-Bali

Stefan Loose Traveltipps

11 **Gitgit** Tief im Dschungel liegt der höchste Wasserfall der Insel. S. 280

12 **Danau Bratan** Malerisch: der am Bergsee gelegene Tempel Pura Ulun Danu Bratan. S. 282

13 **Bedugul** Magische Ruhe herrscht im Kebun Raya, dem Botanischen Garten von Bali, der einem Märchenwald gleicht. S. 282

Danau Buyan und Danau Tamblingan Die Fahrt entlang der Straße nach Munduk ist landschaftlich absolut beeindruckend. S. 284

Munduk Vom beschaulichen Örtchen Munduk aus können zahlreiche Wanderungen in die Umgebung unternommen werden. S. 284

Gunung Batur Durch grandiose Landschaft steigt man zum Kraterrand des Vulkans auf. S. 290

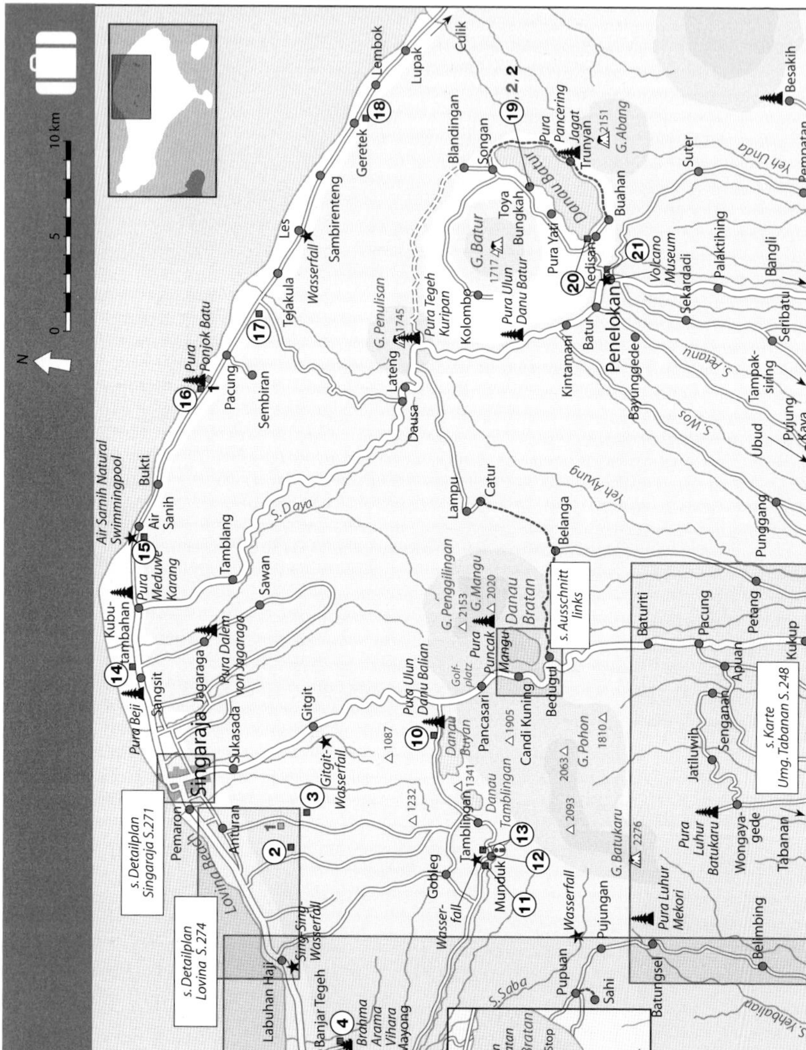
NORD-BALI
N
0
5
10 km
Pantai Umeanyar
Seririt
Busungbiu
Banjar Tegeh
Heiße Quellen
Brahma Arama Vihara
Mayong
Labuhan Haji
Sing-Sing-Wasserfall
Lovina Beach
Anturan
Pemaron
s. Detailplan Lovina S. 274
s. Detailplan Singaraja S. 271
Singaraja
Pura Beji
Sangsit
Kubu-tambahan
Pura Meduwe Karang
Air Sanih Natural Swimmingpool
Air Sanih
Bukti
Pura Ponjok Batu
Pacung
Sembiran
Tejakula
Les
Wasserfall
Sambirenteng
Geretek
Lembok
Lupak
Culik
Sukasada
Jagaraga
Pura Dalem von Jagaraga
Sawan
Tamblang
S. Daya
Gitgit
Gitgit-Wasserfall
Pura Ulun Danu Balian
Danau Buyan
Pancasari
Golfplatz
Pura Puncak Mangu
G. Mangu
G. Penggilingan
Danau Bratan
s. Ausschnitt links
Candi Kuning
Bedugul
G. Pohon
Danau Tamblingan
Tamblingan
Munduk
Gobleg
Wasserfall
Pujungan
Wasserfall
Pupuan
Sahi
S. Saba
G. Batukaru
Pura Luhur Mekori
Pura Luhur Batukaru
Batungsel
Belimbing
Wongaya-gede
Tabanan
Jatiluwih
Senganan
Apuan
Pacung
Baturiti
Petang
Kukup
s. Karte Umg. Tabanan S. 248
s. Karte West-Bali S. 242/243
Tista
Bunut Bolong, Asahduren, Pekutatan
S. Yehbaliah
Lampu
Catur
Belanga
Yeh Ayung
Punggang
Ubud
Pujung Kaya
Tampak-siring
Dausa
Lateng
G. Penulisan
Pura Tegeh Kuripan
Kolombo
Pura Ulun Danu Batur
G. Batur
Toya Bungkah
Songan
Blandingan
Danau Batur
Pura Pancering Jagat
Trunyan
G. Abang
Buahan
Pura Yati
Kedisan
Penelokan
Batur
Kintamani
Volcano Museum
Bayunggede
S. Wos
S. Petanu
Sekardadi
Palaktihing
Bangli
Seribatu
Suter
Yeh Unda
Pempatan
Besakih
Pura Ulun Danu Bratan
Danau Bratan
Strawberry Stop
Markt
Bedugul
Candi Kuning
Bali Treetop Adventure Park
Botan. Garten (Kebun Raya Eka Karya)
1087
1232
1341
1905
2063
2093
1810
2153
2020
1745
1717
2151
2276

Eine Auszeit vom hektischen Treiben im Süden können Besucher in Nord-Bali nehmen, wo es merklich ruhiger und weniger touristisch zugeht. Der schmale Küstenstreifen nördlich der zentralen Bergkette wurde bereits 1854 – 50 Jahre früher als der Süden der Insel – von den Holländern kolonialisiert. Der westliche Einfluss war hier entsprechend stärker, was vor allem in der größten Stadt **Singaraja**, dem ehemaligen Verwaltungszentrum der Holländer, deutlich wird. Das einzige wirkliche Touristenzentrum ist **Lovina**, das sich entlang eines 6 km langen Küstenabschnitts mit einer Vielzahl an Unterkünften aller Preisklassen erstreckt und Möglichkeiten für Tagesausflüge in die Umgebung bietet.

Die zentrale Bergkette mit dem aktiven Vulkan **Gunung Batur** und seinem Kratersee auf der östlichen und den Bergseen **Danau Bratan**, **Danau Buyan** und **Danau Tamblingan** auf der westlichen Seite ist häufig in den Wolken versteckt. Besucher können hier dem Massentourismus entkommen und das Bali der Bergdörfer, wie z. B. **Kintamani**, **Toya Bungkah** oder **Munduk**, kennenlernen. Im Hochland kann es kühl werden und die vulkanische Landschaft wirkt deutlich rauer und trockener als der Süden, was sich auch auf den recht derben Charakter der hiesigen Bewohner ausgewirkt hat. An den fruchtbaren und gemäßigt temperierten Berghängen werden Obst und Gemüse, Kaffee, Nelken und Tabak geerntet, denn das Klima eignet sich nicht für den Reisanbau. Selbst Erdbeeren und Salate wachsen hier. An der Küste gedeihen dagegen Reis und Früchte wie Mango, Durian, Rambutan, Mangosteen und sogar Weintrauben, die von kleinen Winzereien entlang der Nordostküste zu Bali-Wein verarbeitet werden.

Übernachtung:
- (1) Kali Manik Eco Resort
- (2) Puri Mangga
- (3) Sananda Bungalows
- (4) Banjar Hills Retreat
- (5) Enjung Beji Resort
- (6) Kebun Raya Guest House VIP
- (7) Melati Home Stay
- (8) Mekar Sari
- (9) Strawberry Hill Hotel
- (10) Bukit Kembar Hotel
- (11) Karang Sari
- (12) Guru Ratna Homestay, Meme Surung Homestay, Munduk Sari Villa, Aditya Homestay
- (13) Puri Lumbung Cottages, Melanting Cottages
- (14) Berdikari Cottages
- (15) Mimpi Bali, Puri Rena Bandung, Ciliks Beach Garden Air Sanih
- (16) Bali Lege Beach Bungalows & Restaurant, Villa Boreh Beach Resort and Spa
- (17) Cili Emas
- (18) Alamanda
- (19) Under the Volcano II, Puri Bening Hayato
- (20) Hotel Segara, Hotel Surya
- (21) Lakeview Hotel

Essen:
1 Puri Bagus Ponjok Batu Agro Restaurant
2 Toya Tribe Café

Sonstiges:
1 Pegasus Farm
2 Toya Devasya Resort & Spa

Vor dem Ausbau des Straßennetzes auf Bali bildete das zentrale Batur-Massiv eine nur unter großen Mühen zu überwindende Barriere. Diese relative Isolation von Süd-Bali und die engen Kontakte mit ausländischen Kulturen haben dazu geführt, dass sich in Nord-Bali ganz eigene Bräuche und Kunstformen erhalten oder entwickelt haben, die sich deutlich vom übrigen Bali unterscheiden. Die Institution des *Banjar* (Dorfrat) ist im Norden nicht so stark ausgeprägt, ebenso wenig das System der Kasten. Auch die vielstufigen *Meru* sind nur selten in nordbalinesischen Tempeln zu finden. Tempelmauern und -tore sind dagegen regelmäßig mit üppigen, manchmal grotesken Reliefs übersät und oft farbig bemalt. Eine noch sehr lebendige und spannende Tradition sind die Büffelrennen, *Sapi Gerumbungan*, im Distrikt Buleleng, für die, ähnlich wie in West-Bali (s. S. 258), besondere Büffel mit großem Aufwand gezüchtet und vor dem Start mit prächtigem, ornamentalem Kopfschmuck versehen werden.

Singaraja

Singaraja, vor mehr als 400 Jahren gegründet, ist die Hauptstadt des Distrikts Buleleng, des flächenmäßig größten Bezirks auf Bali, und mit 80 000 Einwohnern zugleich die zweitgrößte Stadt der Insel. Wörtlich als „Löwenkönig" übersetzt, benannte man sie zu Ehren des ersten Königs Ki Gusti Panji Sakti, der das Königreich Buleleng (= Mais) durch Eroberungen ungefähr auf seine heutige Größe, nämlich ein knappes Drittel der Insel, ausdehnte. Jahrhundertelang befand sich hier der wichtigste Hafen Balis, in dem chinesische, arabische, portugiesische, buginesische und javanische Händler aufeinandertrafen.

Das Gebiet um den früheren Hafen ist noch von einigen alten Kanälen durchzogen. Hier lag einst das Kampung Arab, das Stadtviertel der Araber. Zudem steht dort auch der größte chinesische Tempel Balis, der **Ling Gwan Kiong**. In den 1930er-Jahren war die Stadt der erste Anlauf- und Sammelpunkt für Urlauber, die von Singaraja aus zu ihren Unterkünften in Munduk, Ubud oder Denpasar weiterreisten. Der ausländische Einfluss war daher hier bis zum Ausbau der Infrastruktur in Süd-Bali am größten. Davon zeugen noch heute die gemischte Bevölkerung und die deutlich auszumachenden fremden Kultureinflüsse.

Nach drei blutigen, aber erfolglosen Versuchen (1846, 1848 und 1849) hatten es die Holländer 1854 endlich geschafft, die Kontrolle über die Stadt zu erlangen: der erste Schritt zur Eroberung der gesamten Insel. Es dauerte allerdings noch ein halbes Jahrhundert, bis auch die letzten *Rajas* in Süd-Bali unterworfen wurden. Singaraja wurde die Hauptstadt der Provinz Nusa Tenggara und blieb bis 1953 das Verwaltungszentrum der Insel. Ganz und gar nicht balinesisch wirken die breiten Straßen und die Häuser im holländischen Kolonialstil. Heute ist Singaraja eine typische große Provinzstadt, in der es für ausländische Touristen nicht besonders viel zu entdecken gibt.

Eine Ausnahme bildet dabei die **Historische Bibliothek Gedung Kirtya** im alten Palastgebäude *(Sasana Budaya)* in der Jl. Veteran, die die weltweit einzige Sammlung an *Lontar*-Schriften beherbergt. An die 7000 Exemplare sind vorhanden, darunter die ältesten schriftlichen Überlieferungen Balis. In den Anfangstagen des Museums zu Beginn des 20. Jhs. wagten geisterfürchtige Balinesen keinen Schritt hinein, aus Angst, von uralten Flüchen befallen zu werden. Auch Inschriften auf Kupfer *(Prasati)*, solche aus der Pejeng-Bedulu-Dynastie des 10. Jhs. sowie lateinische aus der Kolonialzeit sind in den Räumen ausgestellt. Sie sind nach Themen wie Magie, Philosophie, Religion oder Medizin *(Usada)* gruppiert. 🕓 Mo–Fr 8–16 Uhr, Eintritt 10 000 Rp.

In der Jl. Pramuka steht der **Pura Agung Jagatnatha**, der größte Tempel Nord-Balis, zu dem bei zeremoniellen Anlässen Hunderte Menschen aus der ganzen Region pilgern.

Übernachtung

Man übernachtet besser in Lovina, wo die Auswahl an Hotels deutlich größer und der Standard höher ist.

Hotel Wijaya, Jl. Sudirman 74, ☏ 0362-21915. In dem schönen Innenhof mit Garten liegen die sauberen und relativ ruhigen Zimmer mit Du/WC, die teureren auch mit AC, TV, Kühlschrank und Warmwasser-Du oder Bad/WC. Frühstück inkl. ❷–❹

Sonstiges

Apotheke

Kimia Farma, Jl. A. Yani.

Einkaufen

Ein großer Supermarkt der Kette **Hardy's** liegt in der Jl. Ngurah Rai, 🕓 9–21 Uhr. **Carrefour** ist in der Jl. Surapati 120, wenige Meter östlich des Flusses, auf der rechten Straßenseite, vertreten. 🕓 8–21 Uhr.

Geld

Geldautomaten stehen in der Jl. A. Yani (Mandiri und Danamon), in der Jl. Ngurah Rai (BNI) sowie in der Jl. Sutomo Singaraja.

Information

Touristeninformation in der Jl. Gajah Mada, Ecke Jl. Veteran, ☏ 0362-25141. 🕓 Mo–Sa 8–16 Uhr.

Medizinische Hilfe

Karya Dharma Usadha Hospital, Jl. Yudistira 7, ☏ 0362-24356.

RSU, Jl. Ngurah Rai 30, ☏ 0362-41543.

Polizei

Die **Polizeistation** liegt in der Jl. Pramuka.

Post

Das **Postamt** befindet sich in der Jl. Gajah Mada, ☏ 0362-21788.

Transport

Vom **Banyuasri-Busbahnhof** im Westen der Stadt verkehren Busse nach DENPASAR für 25 000 Rp, GILIMANUK für 12 900 Rp, NEGARA für 20 000 Rp und AMLAPURA für 25 000 Rp.

Singaraja

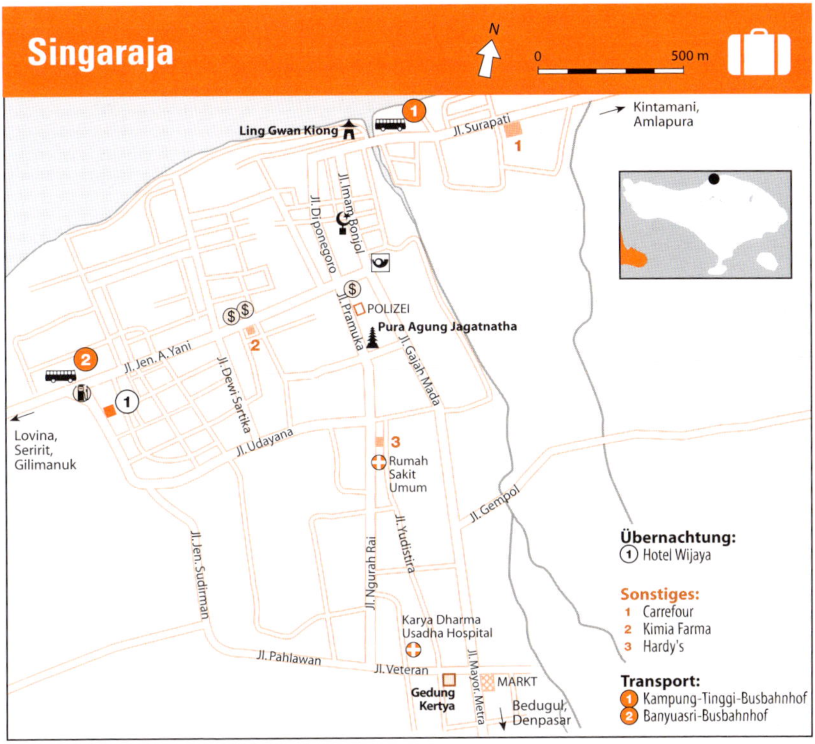

Minibusse nach LOVINA kosten 5000 Rp.
Vom **Kampung-Tinggi-Busbahnhof** im Osten der Stadt fahren Busse nach SANGSIT für 5000 Rp und KINTAMANI für 25 000 Rp.
Innerhalb von Singaraja verkehren **Bemos** für 3000–5000 Rp, der Transfer zwischen den beiden Busbahnhöfen kostet 5000 Rp.

Lovina

Die einst eigenständigen Dörfer Pemaron, Tukad Mungga, Anturan, Kalibukbuk, Kaliasem, Temukus und Banyualit sind mittlerweile zu Lovina zusammengewachsen. Der ausgedehnte Strandabschnitt 6 bis 12 km westlich von Singaraja bildet das touristische Zentrum von Nord-Bali und zieht viele Besucher an, die dem Trubel von Kuta entkommen möchten. Da die schwarzen Sandstrände hier nicht so schön und breit wie die im Süden sind und das ruhige Meer keine Surfer anlockt, geht es deutlich geruhsamer zu.

Die jungen Männer des Dorfes buhlen in der Hauptsaison jedoch um jeden Neuankömmling und versuchen ihn in ihr Restaurant oder Hotel zu locken. Auch bei Fragen zu Autovermietung oder Tagestouren stehen sie mit Rat und Tat freundlich zur Seite. Wer sich von dieser Dienstwilligkeit bedrängt fühlt, sollte klar artikulieren, dass die Hilfe nicht gebraucht wird und man es auf eigene Faust versuchen möchte. In der Hauptsaison von Juli bis September herrscht auch in Lovina Hochbetrieb.

Delphintouren

Die touristische Hauptattraktion von Lovina sind die Delphine, die sich jeden Morgen vor der Küste tummeln, akrobatische Sprünge vollführen und miteinander sowie mit den Booten spielen. Die ökologisch fragwürdigen Delphintouren können in jedem Hotel oder Reisebüro gebucht werden und sollten inklusive Transport zur Anlegestelle ca. 60 000 Rp p. P. kosten. Zum Zeitpunkt der Recherche war eine Preiserhöhung auf 120 000 Rp für 2012 geplant. Abfahrt ist bereits gegen 6 Uhr früh. Im Preis ist natürlich keine Garantie für das Auftauchen von Delphinen enthalten.

Wenn sich in den seichten Gewässern keine Tümmler blicken lassen, fahren die kleinen Auslegerboote auch auf das offene Meer hinaus. Delphine sind sehr schnelle Schwimmer und machen sich gerne einen Spaß daraus, an einer Stelle aufzutauchen, um die Touristenboote anzulocken, und dann fünf Sekunden später wieder an einer völlig anderen Stelle ihre Schnauze aus dem Wasser zu strecken.

In den letzten Jahren wuchs die Anzahl der Boote erschreckend an und Tierfreunden vergeht beim Anblick von 40 Booten, die auf einen gesichteten Delphin zu- und direkt über die Meeressäuger hinwegbrettern, schnell die Lust. Man sollte seinem Bootskapitän klar sagen, dass ein derart **aggressives Hetzen der Tiere** missbilligt wird. Sollte man keine Delphine zu Gesicht bekommen, kann man sich mit dem meist wunderschönen und klaren Sonnenaufgang über der Küste von Lovina trösten.

Auch sollte man nicht damit rechnen, wieder trockenen Fußes an Land zu gehen. Es wird daher empfohlen, Schwimmsachen zu tragen und Kamera, Handy und Geldgürtel wasserdicht zu verpacken. Die vordersten Sitze sollte man guten Gewissens anderen Leuten überlassen, denn hier wird es am feuchtesten.

Übernachtung

Zahlreiche Hotel- und Bungalowanlagen ziehen sich über 6 km an der parallel zum Strand verlaufenden Straße entlang. Es gibt mehr als genug Hotels in allen Preisklassen.
Weitere Übernachtungsmöglichkeiten s. eXTra [4188].

Untere Preisklasse

Harris Homestay, ✆ 0362-41152. Die Betreiber, ein bayrisch-javanisches Ehepaar, vermieten in gemütlicher Atmosphäre seit vielen Jahren 5 einfache, pieksaubere, helle und preisgünstige Zimmer mit Du/WC und kleinem Frühstück. Das EZ kostet schlappe 70 000 Rp. ❷

Hotel Angsoka, ✆ 0362-41841, 💻 www.angsoka.com. In der gepflegten und weitläufigen Hotelanlage mit Pool gibt es je nach Preisklasse verschieden große Zimmer mit Du/WC, teils auch mit AC und Warmwasser. Sogar eine kleine Hütte auf Stelzen wird vermietet. Die neueren Zimmer im hinteren Teil sind ruhiger, in den älteren Zimmern vorn hört man nachts den Betrieb der Bars. Kleines Frühstück inkl. ❷–❸

Hotel Elsa 2, ✆ 0362-41448. Saubere, ordentliche Zimmer ohne viel Schnickschnack, dafür mit bequemen Betten, AC und großem Bad/WC, zudem eine kleine Veranda. WLAN und Frühstück im Restaurant inkl. Freundliches Personal. ❷–❸

Mandhara Chico, in Anturan, etwa 3 km westlich des Zentrums von Lovina am Strand, ✆ 0812-360 3268, 💻 www.mandhara-chico-bali.com. Freundliche, ruhige Anlage mit sauberen, gefliesten, teils mit AC und Bastwänden ausgestatteten Zimmern mit Du/WC sowie einer Suite mit 2 Schlafzimmern, Balkon und Open-Air-Du/WC. Nettes Restaurant und ein auch für Kinder geeigneter Pool. Freundliches Personal. Frühstück inkl. ❸

Mas Bungalows, ✆ 0362-41773, 💻 www.masbungalows.com. Ein Gästehaus mit viel Liebe zum Detail. Die Zimmer mit Moskitonetz und Warmwasser-Du/WC sind geschmackvoll mit Muscheln und winzigen Steinchen

Wer suchet, der findet

Jhon's Guesthouse, direkt hinter dem abgewohnten Puri Manggala am Strand, ✆ 0362-42189. Das wohl beste Preis-Leistungs-Verhältnis bietet die etwas versteckt zwischen Straße und Strand gelegene Anlage mit 4 modernen, kleinen Suiten mit Wohnbereich, Küche, schickem Bad mit Du/WC und Schlafzimmer. Frühstück, Ruhe sowie Meerblick sind gratis und lassen sich im Strandpavillon vor dem Haus bestens kombinieren. Das Ganze ist komfortabel und ruhig. ❸

dekoriert und teils mit AC ausgestattet. Das Personal ist nett, der Pool recht groß und die Anlage gepflegt. Für das Gebotene etwas zu teuer, doch die resolute Betreiberin lässt mit sich handeln. Reichhaltiges Frühstück inkl. ❸

Padang Lovina, Jl. Binaria, ✆ 0362-41302, ✉ padanglovina@yahoo.com. Kleine, gepflegte Anlage mit sehr großen, sauberen und kühlen Zimmern und großem Du/WC mit dekorativen Kieselsteinen, teils auch Warmwasser und AC. Frühstück und Poolbenutzung im Pulestis Beach Hotel inkl. ❷–❸

Pulestis Beach Hotel, ✆ 0362-41035, ✉ jokoartawan@hotmail.com. Das kleine Hotel ist von innen und außen mit bunten Schnitzereien im *Wayang*-Stil dekoriert. Es gibt einen kleinen Pool vor dem Restaurant, die einfachen Zimmer haben teils Warmwasser und AC und bestechen durch Stuckarbeiten an den Wänden. ❸

Puri Bali Hotel, ✆ 0362-41485, 💻 www.puribalilovina.com. „Luxury on a shoestring" ist das Motto dieses Hotels. Die große Anlage mit schönem Pool beherbergt Zimmer und hübsche strohgedeckte Bungalows mit Du/WC in verschiedenen Preisklassen, teils auch mit AC und Warmwasser. Die neueren Zimmer sind zu bevorzugen. Frühstück inkl., WLAN kostet 15 000 Rp für 2 Std. ❸–❹

Rumah Kita, ✆ 0362-41615. Wörtlich übersetzt bedeutet der Name „unser Haus". Hier findet man in einem kleinen Miniaturdorf schöne 2-stöckige Häuschen, die unten Open-Air-Bad/WC und oben ein Schlafzimmer mit Moskitonetz sowie eine große Terrasse bieten. Außerdem auch eine Gemeinschaftsküche. ❸

Mittlere Preisklasse

Aneka Lovina Villas & Spa, Jl. Raya Kalibukbuk, ✆ 0362-41121, 💻 www.anekalovinabali.com. Weitläufige, gepflegte Strandanlage mit Pool, Spa, sehr freundlichem Personal und etwas älteren, aber hübsch gestalteten Zimmern mit AC, TV, Kühlschrank und geräumigem Bad/WC. Die neueren Bungalows haben Bambusdächer und moderne Du oder Bad/WC. WLAN in der Lobby und Frühstück inkl. ❺–❻

Nugraha Lovina, Jl. Raya Singaraja, ✆ 0362-41601, 💻 www.nugraha-hotel.com. Sehr schöne Anlage mit Pool und angenehm gestalteten, kühlen Zimmern mit AC, TV, Kühlschrank, großem Du/WC und Meerblick, teilweise mit Teppichboden. Das Personal ist sehr freundlich und hilfsbereit. WLAN in der Lobby, amerikanisches Frühstück inkl. ❹

Schöner wohnen und besser entspannen

Chonos Hotel, ✆ 0362-41569, 💻 www.chonoshotel.com. An der Hauptstraße gelegenes Hotel mit Pool und sehr geschmackvoll und modern eingerichteten Zimmern mit Du/WC, teils auch mit Open-Air-Bad, AC und TV. WLAN für die großen und Spielecke für die kleinen Kinder inkl. Im Restaurant auf der Dachterrasse kann man sich an den Tischgrillen selbst als Koch versuchen. Reichhaltiges amerikanisches Frühstück inkl. ❺

Rambutan Boutique Hotel, ✆ 0362-41388, 💻 www.rambutan.org. Das selbst ernannte Boutiquehotel beherbergt in einem großen tropischen Garten 2 Pools, zahlreiche Villen, Zimmer und natürlich die namensgebenden *Rambutan*-Bäume. Die mit balinesischen Details dekorierten Räume sind schon etwas älter, aber groß, sauber und teils mit AC, TV und Minibar ausgestattet. Ein Highlight ist die Stein-Du/WC. Frühstück im europäischen Restaurant inkl., WLAN kostenpflichtig. ❹–❼

Saraswati, Jl. Saraswati, ✆ 0362-41462, 💻 www.saraswati-bali.com. Sehr kuschelige, von einem deutsch-balinesischen Ehepaar geführte Anlage mit Salzwasserpool in ruhiger Lage direkt am Strand. Die zwei Bungalows sind liebevoll individuell gestaltet und haben Moskitonetze und Du/WC, deren Warmwasser aus Solarenergie gewonnen wird. Außerdem gibt es eine Küche zur gemeinschaftlichen Nutzung. Tee, Kaffee und Frühstück inkl. Reservierung empfehlenswert. ❺

Sawah Lovina, Jl. Ketapang, ca. 100 m von der Hauptstraße entfernt, ✆ 0362-41091. Vorbei an Kühen, Palmen und Bananenbäumen, findet man in einem wunderschönen Garten mit großem Pool samt Kinderbecken die 6 eleganten Bungalows mit vielen kleinen Sitzecken. Frühstück, Tee und Kaffee inkl. Reservierung empfehlenswert. ❹

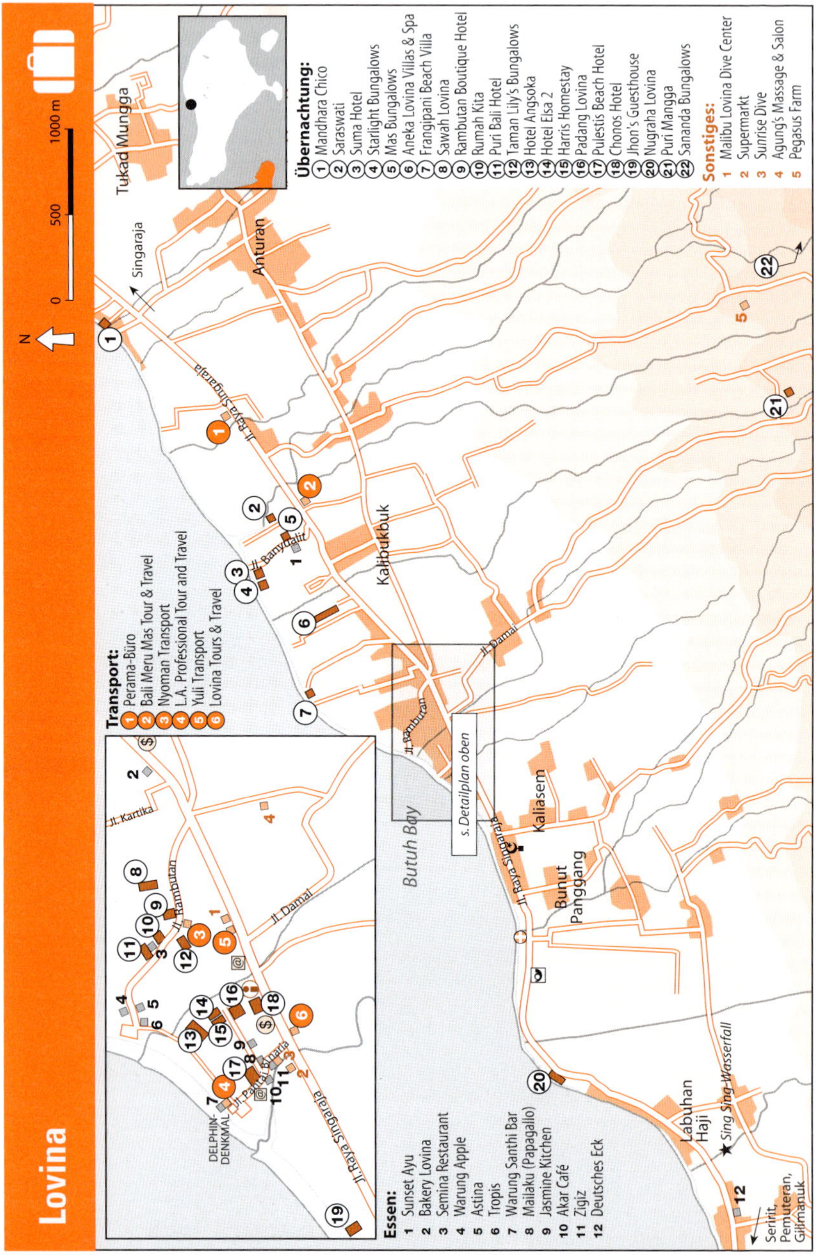

Lovina
N
0
500
1000 m
Übernachtung:
1 Mandhara Chico
2 Saraswati
3 Suma Hotel
4 Starlight Bungalows
5 Mas Bungalows
6 Aneka Lovina Villas & Spa
7 Frangipani Beach Villa
8 Sawah Lovina
9 Rambutan Boutique Hotel
10 Rumah Kita
11 Puri Bali Hotel
12 Taman Lily's Bungalows
13 Hotel Angsoka
14 Hotel Elsa 2
15 Harris Homestay
16 Padang Lovina
17 Pulestis Beach Hotel
18 Chonos Hotel
19 Jhon's Guesthouse
20 Nugraha Lovina
21 Puri Mangga
22 Sananda Bungalows
Sonstiges:
1 Malibu Lovina Dive Center
2 Supermarkt
3 Sunrise Dive
4 Agung's Massage & Salon
5 Pegasus Farm
Transport:
1 Perama-Büro
2 Bali Meru Mas Tour & Travel
3 Nyoman Transport
4 L.A. Professional Tour and Travel
5 Yuli Transport
6 Lovina Tours & Travel
Essen:
1 Sunset Ayu
2 Bakery Lovina
3 Semina Restaurant
4 Warung Apple
5 Astina
6 Tropis
7 Warung Santhi Bar
8 Mailaku (Papagallo)
9 Jasmine Kitchen
10 Akar Café
11 Zigiz
12 Deutsches Eck
Tukad Mungga
Singaraja
Anturan
Jl. Raya Singaraja
Jl. Banyualit
Kalibukbuk
Jl. Damai
Jl. Rambutan
s. Detailplan oben
Butuh Bay
Kaliasem
Bunut Panggang
Labuhan Haji
Sing Sing-Wasserfall
Seririt, Pemuteran, Gilimanuk
Jl. Kartika
Jl. Pantai Binaria
DELPHIN-DENKMAL

Starlight Bungalows, ✆ 0362-700 5271, 💻 www.starlight-bali.com. Ein schickes Strandrestaurant ziert diesen freundlichen Betrieb, dessen komfortable Bungalows mit AC, TV und bequemen Betten recht gut besucht sind. Pool, viel Ruhe, tägliches Lagerfeuer und 4x wöchentl. akustische Livemusik. Sehr freundliches Personal. WLAN inkl. ❺

Suma Hotel, ✆ 0362-41566, 💻 www.sumahotel.com. Liebevoll gestaltete und gut besuchte Hotelanlage mit einladendem Pool und gutem Restaurant. Zimmer mit Bad/WC, teils auch AC, TV, Minibar und vielen kleinen Details. Frühstück inkl. ❸–❹

Taman Lily's Bungalows, ✆ 0362-41307, 💻 www.balilovinahotel-tamanlilys.com. Im holländischen Kolonialstil erbaute Anlage mit 6 geräumigen Bungalows mit großem Bett und älterem, aber sauberem Warmwasser-Bad/WC, teils auch mit Kühlschrank und AC. Sehr freundliches Personal, Frühstück inkl. ❸–❹

Obere Preisklasse

Frangipani Beach Villa, Jl. Kartika 99, ✆ 0819-3655 2532, 💻 www.frangipanibeachhotelbali.com. Die komplett eingerichteten Zimmer dieser recht exklusiven Anlage sind modern, groß, hell und haben schöne Open-Air-Du/WC, dazu WLAN, TV und AC. Das Holzinterieur besticht durch stilvollen Antik-Look. Frühstück inkl. Reservierung empfehlenswert. ❼

Essen

Viele Unterkünfte haben ihr eigenes Restaurant und oft auch eine Bar. Zusätzlich säumen zahlreiche große und kleine Restaurants die Straßen, einige bieten auch Livemusik sowie balinesische Tanzvorführungen.

Mehr Restauranttipps s. eXTra [4197].

Astina, ✆ 0362-42287. Nette Bar mit offener Küche und jungem Publikum. Von 14–15 Uhr gibt es Happy-Hour-Pizzen für 20 000–25 000 Rp und auch die restlichen indonesischen und europäischen Gerichte sind nicht viel teurer.

Bakery Lovina, Jl. Raya Singaraja, ✆ 0362-42225. Ideal zum Frühstücken: Hier gibt es echtes Brot, original italienischen Schinken und Salami und allerlei importierte Köstlichkeiten. Die Sandwiches kommen mit mehr als daumendicken Scheiben Schwarz- oder Graubrots und den leckersten Belägen. Im Erdgeschoss werden Käse, Wurst, Sauerkraut, Jägermeister und alles, was das deutsche Herz sonst noch begehrt, verkauft. Selbstverständlich nicht ganz günstig. Freundliches Personal. 🕓 7.30–21.30 Uhr.

Jasmine Kitchen, Jl. Binaria, ✆ 0362-41565. Thai-Restaurant mit den typischen, wenn auch geschmacklich nicht ganz authentischen Gerichten aus dem Land des Lächelns. Neben den typischen Currys gibt es auch leckere Fisch- und Fleischgerichte. Der Garnelensalat mit Orange und Tamarinde ist besonders lecker. Hauptgerichte ab 40 000 Rp, zudem diverse Kaffee- und Teesorten. WLAN inkl. 🕓 10.30–22.30 Uhr.

Mailaku (Papagallo), Jl. Binaria, ✆ 0362-41163. Empfehlenswertes, nicht allzu teures Restaurant, das auch westliche Küche serviert und für seine Pizzen und Steaks beliebt ist. Wer möchte, kann sich hier seine eigene Pizza zusammenstellen. Auch Grau- und Schwarzbrot und eine große Auswahl an Cocktails, die man ganz oben im 3. Stock mit Blick auf das Meer genießen kann. WLAN im Erdgeschoss. 🕓 10–23 Uhr.

Semina Restaurant, ✆ 0362-41094. Süßes, günstiges Restaurant, das authentische

Grün ist die Hoffnung ...

Akar Café, Jl. Pantai Binaria, ✆ 0817-972 4717. ... aller Vegetarier und Veganer, die in Lovina mal abseits der Standardküche essen möchten. Das ganz in Tönen der „Ökofarbe" gehaltene Café hat hinten einen gemütlichen Sitzbereich und serviert originelle, wohlschmeckende und erschwingliche Gerichte aus frischen Zutaten – ganz ohne Fleisch, teils auch vegan. Hummus, leckere Salate, Nudeln mit Sesampesto und Cashewnüssen, Lasagne oder selbst kombinierbare Gerichte – nichts ist wirklich teuer, aber alles wirklich lecker! Durstige finden in den ausgefallenen Saftkombinationen und Tees ausreichend gesunde Auswahl. Frühstücksmenüs um 30 000 Rp, Hauptgerichte ab 40 000 Rp. Entspannte Musik und WLAN inkl. 🕓 8–22 Uhr.

indonesische und balinesische Gerichte, Seafood und auch eine kleine Auswahl an westlichen Speisen zubereitet. Je nach Anzahl der Gäste werden hier traditionelle balinesische Tänze aufgeführt. 🕒 8–22 Uhr.
Sunset Ayu, Jl. Banyualit, 📞 0362-41054. Die Spezialität dieses preisgünstigen Restaurants sind indonesische und balinesische Speisen. Während man in dem einer Grotte nachempfundenen Restaurant dem Klang des plätschernden Wassers lauscht, zieht schon der Geruch der leckeren Sate-Spieße in die Nase.
Tropis, 📞 0362-701 0285. Zum Sonnenuntergang werden an der Strandpromenade Pasta, indonesische Gerichte, jede Menge Seafood und bei Bedarf auch 5-Gänge-Menüs serviert. Für Leute, die weiter außerhalb wohnen, wird ein Abholservice angeboten.
Warung Apple, Jl. Rambutan, gegenüber dem Astina. In dem gut besuchten Restaurant servieren der deutschsprachige Betreiber und sein Team gute indonesische und balinesische Küche und zur Happy Hour ab 17 Uhr auch Säfte für 4000 Rp.
Warung Santhi Bar, Jl. Pantai Binaria, 📞 0852-3720 5350. Direkt neben dem Delphindenkmal wird in dem kleinen Warung vom Sandwich über Nasi Goreng bis zu Schnitzel und Pizza alles zu günstigen Preisen angeboten.

Futtern wie bei Muttern

Deutsches Eck, Jl. Raya Singaraja, 📞 0362-42128, ✉ rstraub52@yahoo.de. Hier haben der 70-jährige Niederbayer Richard und seine balinesische Frau mit viel Naturholz der indonesischen Vegetation ein kleines Stück *Jerman* abgerungen. Gutes Essen in familiärer Atmosphäre kommt in dem hierzulande recht exotisch wirkenden, rustikalen Restaurant deutscher Machart auf den Tisch. Bouletten, Schnitzel, Rouladen wie auch die hausgemachte Leberwurst, gutes Brot, Kasseler und Sauerkraut wecken – oder stillen – so manches kulinarische Heimweh, ohne den Geldbeutel allzu sehr zu erleichtern. Es werden auch Zimmer mit AC und bequemen Betten vermietet. Pool und WLAN inkl.

Hier lassen sich auch Ausflüge organisieren und Motorräder mieten. 🕒 8–22 Uhr.
Zigiz, Jl. Pantai Binaria, 💻 www.zigiz-bar.com. Jede Menge Cocktails, neben den üblichen Sorten Bier sogar Guinness, und Sportübertragungen lassen hier nicht nur Männerherzen höherschlagen. Livemusik ab 21 Uhr. 🕒 ab 16 Uhr.

Aktivitäten

Reiten

Pegasus Farm, in Kayuputih, 10 Min. südlich von Lovina in den Hügeln, s. Karte S. 274, 📞 0858-5746 9576, 💻 pegasus-organic-farm.blogspot.com. Die Öko-Farm bietet Kurse für Anfänger und Fortgeschrittene sowie Ausritte, z. B. durch den Wald, die Reisfelder und kleine Dörfer. Ausritte sind mit 130 000 Rp pro 30 Min. oder 550 000 Rp pro 2 Std. nicht ganz billig, bei längeren Ausritten gibt es Getränke und einen kundigen Guide dazu. Anfängerreitstunden ab 300 000 Rp. Reiten von 7–10 und 15–16.30 Uhr.

Tauchen und Schnorcheln

Wer in den vorgelagerten Korallenriffen schnorcheln will, muss sich mit einem Boot hinausfahren lassen. 2-stündige Schnorcheltouren werden von den Tauchschulen für Preise ab 120 000 Rp p. P. inkl. Ausrüstung angeboten. Draußen ist das Meer glasklar, sodass man die farbige Unterwasserwelt ungehindert genießen kann. Die schönsten Tauch- und Schnorchel-Spots liegen jedoch im Naturschutzgebiet der Insel **Menjangan**, die per Boot in 1 Std. erreichbar ist. Nach den zur Trockenzeit vom Festland auf die Insel ziehenden Hirschen benannt, zählt das kleine Idyll zu den schönsten Tauch- und Schnorchelgebieten der Region. Großfische wird man hier kaum finden, dafür umso mehr Variationen von Korallen, dazu Drücker-, Skorpion-, Clown- und Feuerfische, die „tanzenden Aale" sowie diverse Quallenarten und Seepferdchen. Die Sicht beträgt gute 20 m und Strömungen gibt es hier kaum. Die spektakulären Steilwände zählen zu den Highlights der Tauchtouren. Weitere Details s. S. 64.
Malibu Lovina Dive Center, 📞 0362-41225, 💻 www.malibu-dive.com. 5-Sterne-Tauch-

zentrum mit Open-Water-Kursen ab 250 € und Spezialkursen für Fotografen, Wrack- und Tieftaucher. 2 Tauchgänge inkl. Essen, Transport und Softdrinks 45–75 €.
Sunrise Dive, Jl. Pantai Binaria, ✆ 0857-3729 7920. Empfehlenswerte PADI-Tauchschule, die Tauch- und Schnorcheltouren nach Amed, Pulau Menjangan und Tulamben anbietet. Manche der Tauchlehrer sprechen deutsch und die Verpflegung an Bord ist reichhaltig. Tauchgänge kosten 40–60 €, Schnorcheln je nach Ziel 15 € vor Lovina oder 25–40 € vor Pulau Menjangan inkl. Mittagessen. Für den Open-Water-Kurs sind 315 € zu zahlen.

Wellness

Agung's Massage & Salon, Jl. Damai, ✆ 0362-42018, 🖳 www.agungs.com. Professioneller, kleiner, nicht weit von der Hauptstraße im Dorf gelegener Massagesalon, der eine Vielzahl von preisgünstigen Massagen und Schönheitskuren anbietet. 90 Min. Ganzkörpermassage für 150 000 Rp, natürliche Körper- und Gesichtsmasken 45 000 Rp. Nach Voranmeldung auch Abholservice vom Hotel. ⏲ 11–19 Uhr.

Touren

Halb- und Ganztagstouren in die Umgebung, etwa zum Wasserfall in Les, zum größten buddhistischen Tempel Balis, dem Brahma Vihara Arama im Dorf Dencarik, oder zu den heißen Quellen in Banjar, lassen sich entweder über die Unterkünfte oder einen der zahlreichen Touranbieter organisieren. Sie kosten ungefähr 350 000 Rp pro Auto und Guide, für Trekkingtouren im Nationalpark von Menjangan ca. 275 000 Rp p. P. inkl. Permit, Transport und Essen. Empfehlenswert sind:
Bali Meru Mas Tour & Travel, Jl. Raya Singaraja, ✆ 0362-41085. Bei diesem seriösen Touranbieter können auch inländische Flüge gebucht, Geld gewechselt und Zahlungen mit Kreditkarte vorgenommen werden.
L.A. Professional Tours & Travel, am Delphindenkmal, ✆ 0362-343 5627, www.labalitours.com. ⏲ 8–20 Uhr.
Nyoman Transport, Jl. Rambutan, ✆ 0362-42267.
Yuli Transport, Jl. Raya Singaraja, ✆ 0362-41184.

Sonstiges

Autovermietungen

Alle Autovermietungen in Lovina erwarten die Abgabe des Reisepasses oder Flugtickets als Sicherheit für die Leihdauer.
L.A. Professional Tours & Travel, Adresse s. o. Der einzige Anbieter, der sich nach Verhandlungen mit der Abgabe der „Departure-Card" zufriedengab. Automatik-Motorräder kosten 60 000 Rp pro Tag, inkl. Teilkasko. Die Autos sind recht alt und teuer und das Personal nicht besonders freundlich. Suzuki Karimun für 200 000 Rp, Toyota Avenza für 250 000 Rp.
Lovina Tours & Travel, Jl. Raya Singaraja, ✆ 0362-41384, ✉ biluk20_lovina@yahoo.com. Mietwagenverleih mit Fahrzeugen in gutem Zustand und (nach Handeln) angemessenen Preisen. Für einen Mietwagen sollte mit mind. 135 000 Rp pro Tag inkl. Teilkasko-Versicherung gerechnet werden. Gegen Aufpreis ist die Abgabe des Fahrzeugs auch in einem anderen Ort möglich.

Informationen

Ein kleines Informationsbüro befindet sich im Gebäude der Polizei in Kalibukbuk. ⏲ Theoretisch Mo–Sa 8–20 Uhr.

Internet

Internetcafés befinden sich vor allem in der Jl. Binaria und kosten um 10 000 Rp pro Std. ⏲ 10–22 Uhr. Günstiger kann man in den Internetcafés an der Hauptstraße zwischen Jl. Binaria und Jl. Rambutan im Netz surfen. Viele Restaurants und Hotels bieten inzwischen kostenloses WLAN.

Transport

Die besten Verkehrsverbindungen in die nähere Umgebung gibt es ab Singaraja. Ein **Bemo** von Lovina zum Banyuasri-Busbahnhof kostet 5000 Rp, die Fahrt dauert etwa 15 Min. Nach Pemuteran sind es 20 000 Rp.
Im Zentrum von Lovina wird der Transport zu verschiedenen Zielen angeboten. Meist wird man am Vormittag in kleinen **Minibussen** von seiner Unterkunft abgeholt, die oft schneller und bequemer, teils sogar billiger sind als die großen **Perama-Busse**.

Preisbeispiele:
BEDUGUL für 80 000 Rp;
CANDI DASA oder PADANG BAI für 130 000 Rp;
JIMBARAN und NUSA DUA für 175 000 Rp;
KINTAMANI für 110 000 Rp;
MATARAM oder SENGGIGI für 235 000 Rp;
TULAMBEN und AMED, für 120 000 Rp;
UBUD, KUTA, SANUR oder Flughafen
für 90 000 Rp.

Umgebung von Lovina

Folgt man der Hauptstraße von Lovina Richtung Westen, erreicht man nach ungefähr 3 km nahe Labuhan Haji den **Sing-Sing-Wasserfall**. Während der Trockenzeit führt er jedoch oftmals kein Wasser und ist daher nur in der Regenzeit einen Besuch wert.

Das **Brahma Vihara Arama** ist das einzige buddhistische Kloster auf Bali und liegt 10 km westlich von Lovina, etwa 2 km oberhalb des Dorfes Banjar Tegeh, still und abgeschieden auf einem Hügel. Die Anlage stammt aus den 1970er-Jahren, wer also äonenaltes Kulturerbe erwartet, wird enttäuscht sein. Um einen Springbrunnen führen Treppen, die mit den buddhistischen Erleuchtungsstufen in Sanskrit und Indonesisch beschriftet sind, zu Gebetsräumen, in denen Buddha-Figuren chinesischen und hinduistischen Stils stehen. Die Gebetshalle ist ganz dem sitzenden Buddha gewidmet und mit Reliefdarstellungen aus dem Leben des Siddharta verziert. Rechter Hand steht ein großer, mit floralen Mustern geschmückter, goldener Stupa, von vielarmigen Wächtern behütet. Auf der obersten Terrasse, die über eine Treppe erreicht wird, steht eine siebenstufige, entfernt an den Borobodur in Java erinnernde Anlage vor einem großen, offenen Meditationsplatz. Von hier bietet sich eine wunderschöne Aussicht bis zur Küste. Im begehbaren Bau blicken vier Buddhas in die vier Himmelsrichtungen und die Reliefs ringsherum erzählen von seinem Leben. In einem der ruhigen Innenhöfe dieser mit Skulpturen und Blumen geschmückten Andachtsstätte lässt es sich bestens verweilen. Wer hier meditieren möchte, findet auf der Webseite 💻 www.brahmaviharaarama.com die Termine der nächsten Meditationskurse. 🕓 7–22 Uhr, es wird eine Spende erwartet.

In Banjar Tegeh oder beim Kloster kann man auch nach dem Weg zu den nahe gelegenen **heißen Quellen** *(Air Panas)* fragen, einem hübschen, erholsamen Platz mit Naturschwimmbad, Bungalowanlage und Restaurant. Eintritt 4000 Rp, erm. 3000 Rp, Parken 2500 Rp. Eine Stunde Massage kostet 45 000 Rp.

Ungefähr 13 km westlich von Lovina liegt **Seririt**. Hier zweigt die Straße in die Berge über Munduk und den Danau Tamblingan nach Bedugul ins Inselinnere ab, während die gut ausgebaute Küstenstraße weiter Richtung Pemuteran nach West-Bali führt.

Auf den Spuren der Natur

Kali Manik Eco Resort, 5 km westlich von Seririt, ca. 1,7 km einer kleinen Straße Richtung Meer folgend, ✆ 0362-706 4888, 💻 www.bali-eco-resort.com. Dieses einzigartige Resort unter österreichischer Leitung liegt abgeschieden inmitten kleiner Gärten am Meer. Hier werden Obst und Gemüse nach ökologischen Kriterien angebaut, Solarwärme genutzt und Abwässer gezielt wiederverwendet. Man wohnt in großen, individuell und liebevoll eingerichteten Hütten, die komfortabel in erdigen, warmen Farbtönen mit viel Holz, Stein und Bambus gestaltet sind. Ausgestattet sind sie mit Moskitonetz, Minibar und geräumigen Warmwasser-Du oder Bad/WC mit stilvoll verzierten, dunklen Steinmosaiken. Im Restaurant können sich Gäste von den Kochkünsten der Besitzerin und ihrer freundlichen balinesischen Partnerin begeistern lassen. Die Zutaten kommen aus dem eigenen Garten oder aus der unmittelbaren Umgebung. Wasser, Tee, Kaffee und Frühstück inkl. ❺–❼

Übernachtung

In der Umgebung von Lovina gibt es einige empfehlenswerte Übernachtungsmöglichkeiten.
Banjar Hills Retreat, unmittelbar nördlich des Klosters Brahma Vihara Arama, ✆ 0815-5808 3880, 💻 www.balibanjarhills.com.
Die 4 sauberen, gefliesten, mit etwas Farbe versehenen Zimmer haben komfortable Betten, AC und Open-Air-Du/WC, teils auch Kühl-

Im Brahma Vihara Arama suchen Meditationsschüler aus aller Welt Einkehr und meditative Ruhe.

schrank. Ein kleines Restaurant und eine Minibibliothek sind im Gemeinschaftsbereich am Pool untergebracht. ❹

Puri Mangga, 3 km vom Lovina entfernt in Kayuputih in den Bergen gelegen, ✆ 0362-700 1411, 💻 www.puri-mangga.de. Die schön gestaltete, hoch gelegene Anlage mit Blick auf das Meer befindet sich unter deutscher Leitung und bietet teils klimatisierte Häuser im balinesischen Stil, perfekten Service und ein exzellentes Spa. Auch günstigere Zimmer im *Lumbung*. Sehr freundlicher Service und ein schickes Restaurant. Frühstück inkl. ❺–❼

Sananda Bungalows, in Selat, 5 km landeinwärts von Lovina, ✆ 0362-700 0215, 💻 www.sanandabungalows-bali.com. Das in einem idyllischen Garten mit Yoga-Pavillon gelegene sozial-engagierte Öko-Resort unter deutscher Leitung vermietet saubere, hübsch eingerichtete Zimmer mit guten Betten, Moskitonetzen und schicken Open-Air-Du/WC. Neben ökologisch verträglich angebauten Lebensmitteln und Sonnenkollektoren nutzt man hier auch kompostierbare Waschnüsse zum Wäschewaschen, zudem werden Schulmittel für einheimische Kinder gespendet. WLAN inkl. ❹

Bratan-Massiv

Das zentrale Bergmassiv der Insel liegt etwa 20 km südlich von Singaraja. Die hügelige Gebirgslandschaft mit den Bergen **Gunung Penggilingan** (2153 m) und **Gunung Mangu** (2020 m) sowie den drei großen Bergseen **Danau Bratan**, **Danau Buyan** und **Danau Tamblingan** ist von beeindruckender Schönheit. Hier oben befand sich einst eine riesige Kraterlandschaft. Reste des alten Kraterrandes befinden sich halbkreisförmig im Norden und Osten, mit dem **Gunung Penggilingan** als höchster Erhebung. In dem einstigen Krater befand sich bis 1818 ein einziger großer See. Der Ausbruch eines Nebenvulkans verschaffte einem Teil der Wassermassen einen Abfluss, was katastrophale Folgen für viele Dörfer am Berghang hatte. Zurück blieben drei kleinere, idyllisch gelegene Seen und eine Menge fruchtbaren Ackerlandes. Heutzutage bietet sich daher der Blick über eine stimmungsvolle, beschauliche Landschaft. Richtung Südwesten ragen in unregelmäßigen Abständen bis zum **Gunung Batukaru** (2276 m) jüngere Vulkankegel auf.

11 HIGHLIGHT

Gitgit

Von Norden kommend, gelangt man 9 km südlich von Singaraja auf halbem Wege nach Bedugul beim Dorf Gitgit zum **Gitgit-Wasserfall**, dem höchsten Wasserfall der Insel. Am Eingang sind 5000 Rp, erm. 3000 Rp, zu zahlen, ein optionaler Guide kostet um die 30 000 Rp. Anschließend geht es den 1 km langen Weg mit vielen, mitunter rutschigen Stufen entlang, vorbei an unzähligen Verkaufsständen, an denen um das eine oder andere Souvenir gefeilscht werden kann.

Der Pfad führt immer tiefer in den Bergwald hinein und gibt schließlich einen atemberaubenden Blick auf saftig grüne Reisfelder frei. Je nach Jahreszeit können auch Nelken-, Kakao- und Kaffeeplantagen in voller Blüte erspäht werden. Angekommen in der Dschungelschlucht, kann man die aus einer Höhe von 40 m herabstürzenden Wassermassen bewundern, die sich wie weiße Wolken auf dem Felsen ausbreiten. An diesem magisch anmutenden Ort spielt nur die Musik der Natur und des Wassers. Auf der linken Seite des Wasserfalls steht ein kleiner Schrein.

In der Gegend gibt es insgesamt drei Wasserfälle, die vom gleichen Fluss gespeist werden, untereinander liegen und alle mit dem Namen Gitgit werben. Etwa eine Fahrminute südlich des hier beschriebenen Gitgit-Wasserfalls liegt ein zweiter, der ebenfalls nur zu Fuß erreichbar ist. Nachdem man auf dem Parkplatz 2000 Rp Eintritt bezahlt hat, folgt man dem 200 m langen Betonpfad zu dem weniger spektakulären Wasserfall, der dafür mit ruhiger Abgeschiedenheit entschädigt.

Pancasari

Der steilen und extrem gewundenen Straße von Lovina Richtung Süden folgend, kann man in der Umgebung des Örtchens Pancasari am Gunung Mangu einen bedeutsamen Tempel bewundern, den man auf einem etwas längeren Spaziergang

Touren in Nord-Bali

Tour 1: Von Lovina nach Candi Kuning, Bedugul und Munduk

Die Tour ist für private Transportmittel ausgelegt und durchaus an einem Tag zu schaffen, wenn man auf lange Spaziergänge und Wanderungen verzichtet. Auf dem Weg finden sich aber auch mehrere Übernachtungsmöglichkeiten, besonders Munduk bietet sich hier an.

Man verlässt Lovina in Richtung Osten und fährt auf der Hauptstraße nach Singaraja. Im Zentrum der Stadt biegt man rechts ab und nimmt die Straße nach Süden. Die bergige Strecke führt zunächst in das Dörfchen Gitgit. Am Straßenrand wird gleich mehrmals die Hauptattraktion ausgeschildert: der **Gitgit-Wasserfall**. Danach geht es auf der kurvigen Straße über **Pancasari** nach **Bedugul**. Am See **Danau Bratan** liegt der beschauliche **Pura Ulun Danu Bratan** und etwas weiter die Hauptstraße entlang der wunderschöne **Botanische Garten** und der **Markt von Candi Kuning**. Der Weg mit dem Auto zurück nach Lovina führt über die landschaftlich wunderschöne Strecke auf dem Grat entlang der beiden Bergseen **Danau Buyan** und **Danau Tamblingan** und weiter in die beschauliche, schön in den Bergen gelegene Ortschaft **Munduk**. Hinter Munduk folgt man der Straße via Mayong bis zurück an die Küste. Hat man das Meer vor Augen, biegt man in Seririt nach rechts ab und fährt Richtung Lovina weiter, während auf der linken Seite im Meer die Sonne untergeht. Wer noch Zeit hat, kann im Restaurant des Puri Mangga, am Berghang südlich von Lovina, bei einem Sundowner mit Blick auf die Küste den Tag Revue passieren lassen.

Tour 2: Von Lovina nach Kintamani und zum Danau Batur

Auch bei dieser zweitägigen Tour verlässt man Lovina mit dem eigenen Transportmittel Richtung Osten und fährt durch Singaraja. Hat man das Verkehrschaos der Stadt erst einmal hinter sich gelassen, geht es gemütlich entlang der Küstenstraße Richtung Osten. Bei **Kubutambahan** zweigt die große Straße nach rechts in die Berge ab und wird bald steil und kurvig. Nach ca. 30 km ist das Hochplateau um den **Gunung Penulisan** erreicht. Etwas weiter südlich liegen **Kintamani** und das Dorf **Batur**, die einen kurzen Zwischenstopp wert sind. Weiter geht es über den Aussichtspunkt **Penelokan** in die beeindruckende Kraterlandschaft des **Gunung Batur**. Am See **Danau Batur** gibt es Unterkünfte und die Möglichkeit den Vulkan in einer frühmorgendlichen Tour zu besteigen. Jenseits des Sees liegt **Trunyan**, ein Dorf der balinesischen Ureinwohner, das ebenfalls ein spannendes Reiseziel darstellt.

Tour 3: Von Lovina nach Ost-Bali

Die dritte Tour ist in einem Tag zu schaffen und führt nach Ost-Bali. Wieder fährt man von Lovina aus Richtung Osten und durch Singaraja. Auf der Hauptstraße geht es immer weiter geradeaus entlang der Küste über **Sangsit**. Hinter dem Ort zweigt eine Straße ins Landesinnere nach **Jagaraga** und **Sawan** ab. Hier kann man Tempelanlagen mit reichen, ausgefallenen Reliefs bewundern. Zurück auf der Hauptstraße geht es über **Kubutambahan**, **Air Sanih**, **Sembiran**, **Tejakula** und **Sambirenteng** in die Gegend der Tauchresorts von Tulamben und Amed in Ost-Bali.

erreicht. Der wenig bekannte Bergtempel **Pura Puncak Mangu** steht in enger spiritueller Verbindung zu dem weiter südlich gelegenen und weitaus berühmteren Wassertempel Pura Ulun Danu Bratan. Der Pura Puncak Mangu gilt als einer der vier Richtungstempel, die der Heilige Empu Kuturan im 11. Jh. gründete. Neben Shiva und anderen Gottheiten erscheint hier auch Vishnu, der im balinesischen Kosmos die Wächtergottheit des Nordens darstellt. Der Tempel ist allen Balinesen heilig, deshalb führt auch ein gut ausgetretener Pfad hinauf. Die letzten 2 km sind dennoch extrem steil und wegen der feuchten Witterung gefährlich glitschig. Die Anlage ist wenig beeindruckend und es ist praktisch keine Aussicht vorhanden, da dichter Dschungel das Gipfelplateau und den Tempel umgibt.

Im **Bali Handara Kosaido Country Club**, ✆ 0362-342 2646, 💻 www.balihandarakosaido.com, können Golfer auf einer großen, abwechslungsreichen Anlage ihr Handicap verbessern und auch Stunden nehmen. 18 Loch inkl. Caddy und Golfcar kosten US$150, Abschlagtraining US$30 und ein 18-Loch-Kurs mit Trainer US$70.

12 HIGHLIGHT

Danau Bratan

Am Ufer des Bergsees Danau Bratan steht einer der meistfotografierten Tempel der Insel. Schon allein wegen seiner malerischen Lage ist der **Pura Ulun Danu Bratan** einen Besuch wert. Ein Teil der 1663 erbauten Anlage liegt auf zwei kleinen Inseln in Ufernähe. Auf der äußersten Insel steht ein dreistufiger *Meru* (balinesische Pagode), in dem der Gott Shiva in seiner Gestalt als Schöpfer und seine Gemahlin Parvati in ihrer Manifestation als Dewi Danu, Göttin der Gewässer, verehrt werden. Der schlanke, elfstufige *Meru* auf der zweiten Insel ist Sitz von Vishnu als Gott des Fruchtbarkeit spendenden Wassers und der Berge sowie seiner Gattin Dewi Sri, Göttin der Schönheit, des Reichtums und des Ackerbaus. Im größeren Tempelkomplex am Seeufer stehen u. a. ein siebenstufiger *Meru* für Brahma und ein dreistufiger Lotusthron *(Padmasana)* für die Hindu-Trinität Brahma-Vishnu-Shiva. Im Süden der Anlage sind die Schreine für die Vorfahren der *Rajas* von Mengwi untergebracht.

Nach dem Passieren des Ticketschalters betritt man die sehr gepflegte Gartenanlage, die zum Ufer führt und zahlreiche lebensgroße Tierstatuen beheimatet. Links vom Eingang entdeckt man ein buddhistisches Denkmal und fünf Buddha-Statuen, denn Buddha wird von den balinesischen Hindus als neunte Inkarnation Vishnus verehrt. Die Statuen stellen die fünf transzendentalen Buddhas dar, welche die fünf Himmelsrichtungen symbolisieren. Sie unterscheiden sich lediglich durch ihre Handhaltung *(Mudra)*.

Morgens ist die beste Zeit, um den Tempel ohne Wolken zu fotografieren. Wer möchte, kann die Tempelanlage auch vom See aus bewundern. Eintritt 10 000 Rp.

Auf dem Danau Bratan kann man mit gemieteten Kähnen, Motorbooten und sogar auf Wasserskiern herumfahren. Bootsfahrten mit einem Schnellboot werden am Südufer des Sees für 125 000 Rp für bis zu drei Personen angeboten. Ein Kajak kann für 65 000 Rp für 30 Min. und eine Angelausrüstung für 50 000 Rp pro Tag geliehen werden.

Auf der anderen Seite des Sees liegen drei Höhlen, die von indonesischen Zwangsarbeitern während der japanischen Besatzung im Zweiten Weltkrieg als Bunkerersatz ausgehoben wurden und besichtigt werden können.

Candi Kuning

Candi Kuning ist der größte Ort der Gegend und liegt in 1200 m Höhe unmittelbar am Danau Bratan. Direkt an der Hauptstraße etwas weiter südlich befindet sich der sehenswerte **Markt von Candi Kuning**. Orchideen und andere Hochland-Dschungelgewächse sowie kunstvoll aufgetürmtes Obst und Gemüse in erstaunlicher Artenvielfalt locken Käufer aus ganz Bali an. Hier gibt es auch schmackhafte, frische Erdbeeren zu kaufen. Für Touristen lohnt es, einen Blick auf die Souvenirs zu werfen. Auch Orchideensamen sind preiswert zu erstehen. Mit etwas Verhandlungsgeschick können die anfangs stark überteuerten Preise gedrückt werden, vor allem am Spätnachmittag, wenn kaum noch Touristen da sind.

Bei schönem Wetter kann man von Candi Kuning aus dreieinhalb bis vier Stunden entlang der Südseite der beiden **Seen Buyan und Tamblingan** wandern. Für eine detaillierte Beschreibung der abenteuerlichen **Wanderung** s. eXTra [4187].

13 HIGHLIGHT

Der Botanische Garten von Bedugul

Direkt neben dem Markt in Candi Kuning, nur 10 Min. Fahrt vom Danau Bratan entfernt, liegt die Einfahrt zum bereits 1959 gegründeten Botanischen Garten, **Kebun Raya Eka Karya** (*Kebun* = Garten). Alle 500 m wartet der riesige Garten mit einer neuen Naturlandschaft auf. Palmen, Farnwälder und Laubbäume sind hier vertreten. Das Kakteenhaus sowie der Rosen- und Orchideengarten überraschen mit vielen verschiedenen

Arten und Züchtungen. Mehr als 20 000 Spezies sind hier insgesamt versammelt, die meisten davon endemisch. Seit seiner Erweiterung 1975 bedeckt der Garten ein Areal von 157,5 ha in einer Höhe von 1250 bis 1450 m an den Hängen des 2063 m hohen Gunung Pohon. Er ist einer von nur vier offiziellen Botanischen Gärten der indonesischen Regierung und dient neben der Erholung auch der Forschung und Dokumentation aller Pflanzen aus Hochlandhabitaten Ost-Indonesiens. Ein Herbarium, eine Bibliothek sowie eine Datenbank vervollständigen die wissenschaftlichen Einrichtungen.

Während des balinesischen „Frühlings" von April bis Juni lohnt sich ein Besuch ganz besonders, da zu dieser Zeit viele der Pflanzen in voller Blüte stehen und die ganze Farbpracht tropischer Vegetation zur Schau stellen.

In dem teils wie ein magischer Märchenwald wirkenden Areal stößt man immer wieder auf kleine, von Bäumen umgebene und idyllisch gelegene Tempelanlagen. Bis auf das Konzert der Zikaden und die Schreie der Affen herrscht hier eine beeindruckende Stille. An Wochenenden sind allenfalls Gruppen einheimischer Touristen zu sehen. Pärchen schätzen den Botanischen Garten als Ort für ein romantisches Rendezvous *(Kebun Jodoh)*. Wer sich zuvor auf dem Markt mit saftigen Erdbeeren und Trauben eingedeckt hat, kann hier, begleitet von den Klängen der Natur, ein Picknick veranstalten. Vorsicht sei dabei aber vor den dreisten Affen an einigen Tempeln geboten.

Unter den 668 Baumarten ist die Geseng-Pinie die höchste, während der Große Neuseeländische Baumfarn und der Hassk-Rhododendron die seltensten Pflanzen des Parks darstellen. Bei vielen Besuchern ist der Garten allerdings besonders für seine Begonien bekannt, von deren Vielfalt man sich im Begonienhaus überzeugen kann. Von dem Artenreichtum der 4000 verschiedenen Orchideenarten Indonesiens (viele davon aus Papua) bekommt man im Orchideenpark einen guten Eindruck.

Dank der vielen, weiten Flächen kommen auch Tierfreunde auf ihre Kosten und können mit etwas Glück Waldhühner *(Ayam Hutan)*, Eidechsen, Baummarder sowie knapp 100 Vogel- und 37 Schmetterlingsarten sichten.

Aufgrund der Größe des Gartens wird eine Rundfahrt mit dem eigenen Auto empfohlen, aber auch ausgedehnte Spaziergänge sind möglich. Ein 8 km langer Fußweg führt ab dem Gästehaus im Norden durch die Hügel. Roller sind nicht erlaubt. ⏲ 7–18 Uhr, Eintritt pro Auto 12 000 Rp und 7000 Rp p. P. Englischsprachige Guides kosten 250 000 Rp und sind unter ✆ 0368-203 3211, ✉ kebunrayabali@yahoo.com, buchbar. Allgemeine Infos unter ✆ 0368-22050, 💻 www.bali botanicgarden.org.

Der **Bali Treetop Adventure Park**, ✆ 0361-852 0680, 💻 www.balitreetop.com, bietet eine spannende Erweiterung des Botanischen Gartens. Auf sieben in den Bäumen befestigten Seil- und Netz-Parcours in einer Höhe von 2–20 m können sowohl Kinder ab 12 Jahren als auch Erwachsene in verschiedenen Schwierigkeitsstufen klettern, springen und rutschen – Spaß und Nervenkitzel für die ganze Familie. Eintritt für 2 1/2 Std. für Erwachsene US$21, für Kinder US$14.

Bedugul

In Bedugul, südlich des Bratan-Sees, 30 km von Singaraja und 48 km von Denpasar entfernt, bietet sich eine wunderschöne Aussicht, die in krassem Gegensatz zu dem stereotypen, von Palmen, Stränden und Reisfeldern geprägten Bild der Insel steht. Anstelle der üblichen Postkartenmotive blickt man auf wolkenverhangene Wälder, Kaffeeplantagen und üppig grüne Gemüsefelder. Der Ortsname Bedugul deutet darauf hin, dass sich hier eine Kultstätte für Reisbauern befindet, die vom Danau-Bratan-See das Wasser für ihre *Sawah* (Reisfelder) beziehen. Als Bedugul werden die kleinen Schreine bezeichnet, die vereinzelt zwischen den Reisfeldern zu sehen sind. Aufgestellt werden sie von den örtlichen *Subak*, den Bewässerungsgemeinschaften. Der niederschlagsreiche Ort wird außerdem auch Regenstadt genannt.

In Bedugul lockt die Möglichkeit, selbst Erdbeeren zu pflücken. Dies ist u. a. südlich des Strawberry Hill Hotels und beim **Strawberry Stop**, ✆ 0368-21060, möglich. Bei Letzterem halten auch die Reisebusse, und es gibt neben Erdbeeren mit Eiscreme, Erdbeersaft, Milchshakes und spärlich mit Beeren belegten Pfannkuchen auch vollständige Mahlzeiten. ⏲ 8–19 Uhr.

Danau Buyan und Danau Tamblingan

Kurz vor der Abzweigung der Straße nach Munduk gibt es eine weitere Möglichkeit, selbst frische Erdbeeren zu pflücken. Dafür folgt man der Zufahrtsstraße zum Tempel Pura Ulun Danu Balian am Nordufer des Danau-Buyan-Sees.

Wenige hundert Meter weiter, ca. 8 km nördlich von Bedugul, beginnt eine der landschaftlich interessantesten, beeindruckendsten und schönsten Strecken von Bali. Die Straße biegt hinter einer Haarnadelkurve nach Westen ab und führt durch einen märchenhaften Wald, immer auf einem schmalen Grat entlang durch kleine Dörfer. Es bietet sich ein fantastischer Blick auf die zwei Seen **Danau Buyan** und **Danau Tamblingan** im Süden und bis zum Meer im Norden. Am Beginn der Straße verkaufen Einheimische manchmal kleine Opfergaben für das Auto, die die Insassen auf der anspruchsvollen und kurvenreichen Strecke beschützen sollen. Besonders schön ist die Fahrt am späten Nachmittag. Unterwegs bieten sich viele Haltemöglichkeiten, von denen man wunderbare Landschaftsaufnahmen machen kann. Viele Warung stehen hier am Nordufer und bieten herrliche Aussicht auf den Danau Buyan. Bei den entsprechenden Wetterverhältnissen kommt es auch vor, dass man über den Wolken fährt, ein ebenso tolles Erlebnis. Die durchgehend asphaltierte, aber besonders zu Beginn von Schlaglöchern übersäte Straße führt weiter durch Wälder, Kaffee- und Nelkenplantagen bis hinunter nach Munduk.

Übernachtung

Bukit Kembar Hotel, auf Höhe des Danau Buyan an der Straße nach Munduk, ✆ 0819-1630 5269, ✉ i_yudek@indo.net.id. Wer auf dem Bergkamm übernachten möchte, bekommt bei der sehr netten Besitzerin günstige, ältere Zimmer mit halbwegs bequemen Betten und Du/WC in ordentlichem Zustand zu fairen Preisen. Frühstück inkl. ❷

Enjung Beji Resort, gleich nördlich vom Pura Ulun Danu Bratan, ✆ 0368-203 3070. Hotel mit direktem Zugang zum Tempel. Die Zimmer liegen relativ dicht beieinander und sind mit harten Matratzen, Bambusmöbeln und Warmwasser-Bad/WC eingerichtet, die geräumigen Bungalows hingegen stehen weit verstreut. Gutes Restaurant mit empfehlenswertem *Ikan Pepes Kemangi* (in Bananenblättern gebackener Fisch). Frühstück mit frischem Erdbeersaft inkl. ❹–❻

Kebun Raya Guest House VIP, im Botanischen Garten, ✆ 0368-203 3211, 💻 www.kebunrayabali.com. Das neue Gästehaus protzt mit einer riesigen, blitzblank polierten Eingangshalle und farbenprächtigen Begonien. Die 14 großzügig geschnittenen Zimmer mit großen Schränken und sauberer Du/WC mit Warmwasser haben alle einen Balkon. Frühstück inkl. ❸–❺

Mekar Sari, an der Zufahrt zum Botanischen Garten, ✆ 0368-203 3193. 3 gemütliche, geflieste Zimmer mit guten Bambusbetten, TV, Du/WC mit Warmwasser bei einer netten Familie. Zum Frühstück gibt es Pancakes. ❸

Melati Home Stay, an der Zufahrt zum Botanischen Garten, ✆ 0813-3749 7999, 💻 www.melatihomestay.baliklik.com. 6 einfache, saubere, geflieste Zimmer mit Du/WC, kleinem TV und Parkplatz vor dem Haus der freundlichen Betreiberin. Frühstück und WLAN inkl. ❷

Strawberry Hill Hotel, am Danau Bratan, ✆ 0368-21265, 💻 www.strawberryhillbali.com. In der gepflegten Anlage liegen die 10 sehr sauberen, modernen und hübsch ausgestalteten Bungalows mit Terrasse, süßem Steinbad/WC mit Föhn, bequemen Betten und LCD-TV. Gutes Preis-Leistungs-Verhältnis. Frühstück und WLAN inkl. ❹

Munduk

Der kleine Ort, 700 m über dem Meeresspiegel, ist von Kaffeeplantagen umgeben. Schon die Holländer besaßen hier Wochenend- und Ferienhäuser, um sich im milden Klima von der Hitze in Singaraja zu erholen. Einige Häuser stammen noch aus dieser Zeit. Neben dem Klima macht besonders die Aussicht den Ort attraktiv, liegt er doch genau auf einem Berggrat mit Blick auf die umliegenden Gebirgszüge. Munduk bietet sich besonders als Basis für verschiedene Ausflüge in die Umgebung an und weist eine hohe Dichte an einfachen Unterkünften und Restaurants auf, die sich alle entlang der schmalen Hauptstraße konzentrieren.

Der Ort ist seit Langem für die traditionellen Bambusinstrumente bekannt, die hier produziert werden. Zudem sind die Leichenverbrennungen erwähnenswert, die hier besonders aufwendig zelebriert werden. Die Bevölkerung setzt sich aus wenigen Familienclans zusammen und jeder Clan veranstaltet alle zehn Jahre eine Kremationsfeier für sämtliche Sippenmitglieder, die in diesem Zeitraum verstorben sind. Die Verbrennung hat allerdings einen eher symbolischen Charakter, da von vielen Verstorbenen nach den in der Zwischenzeit verstrichenen Jahren kaum noch etwas übrig ist. Am Tag vor der Verbrennung nehmen alle unverheirateten Familienmitglieder, traditionell gekleidet und festlich geschmückt, an einer langen Prozession durch das Dorf teil.

Etwas nördlich von Munduk liegt inmitten üppiger Dschungelvegetation der 30 m hohe Wasserfall **Air Terjun Munduk**, auch Melanting-Wasserfall genannt, der bisher nur selten von Touristen besucht wird. In dem glasklaren Wasser kann auch gebadet werden. Vom Danau Tamblingan aus kommend, geht kurz vor Munduk ein Weg rechts ab, auf dem das kühle Nass zu Fuß nach einem knappen Kilometer erreichbar ist. Eintritt 5000 Rp.

In **Mayong**, ca. 12 km nordwestlich von Munduk, erreicht man eine Weggabelung: Richtung Süden geht es auf einer gut ausgebauten, aber wenig befahrenen Straße über die Berge zur Südwestküste. Die Hauptstraße auf der anderen Seite der Insel wird wenige Kilometer östlich vom Pantai Balian (s. S. 253) erreicht. Davor geht es noch durch das Dorf Pupuan (s. S. 256).

Übernachtung

Im milden Klima dieser Höhenlagen kommen die meisten Unterkünfte ohne Ventilator oder AC aus, dafür bieten alle Warmwasser.

Guru Ratna Homestay, ✆ 0813-3852 6092, ✉ gururatna_hs_bali@yahoo.com. Es stehen hübsche Zimmer mit privatem Du/WC und Familienzimmer mit Gemeinschafts-Du/WC bereit. Schickes Holzmobiliar verleiht den älteren Räumlichkeiten etwas Charme. Vom kleinen Restaurant genießt man eine beeindruckende Aussicht über die Berglandschaft. Sehr freundliches Personal. Frühstück inkl. ❷–❹

Karang Sari, ✆ 0813-3845 5144, 💻 www.karangsari-guesthouse.com. Gut ein Jahr alt sind die gefliesten Zimmer mit guten Matratzen und moderner, sehr sauberer Du/WC. Die Anlage bietet eine tolle Aussicht auf die Plantagen und die umliegenden Steilhänge. Kleines Frühstück inkl. ❸

Melanting Cottages, ✆ 0362-700 5266, 💻 www.melantingcottages.com. Schöne, gepflegte Anlage am Hang mit 12 hübschen, etwas dunklen, aber ansprechend eingerichteten Massivholzbungalows mit Balkon, großem bequemem Bett (Moskitonetz), TV und Open-Air-Du/WC. Frühstück inkl. WLAN kostet extra. ❹

Meme Surung Homestay, ✆ 0362-700 5378. Auf einem der höchsten Punkte der Ortschaft liegen die sauberen, einfachen, älteren Zimmer mit etwas durchgelegenen Federkernmatratzen, Marmortisch, kleiner Kommode und Du/WC. Nettes Personal. Frühstück im Restaurant mit atemberaubender Aussicht inkl. ❸

Munduk Sari Villa, ✆ 0361-747 5473, 💻 www.munduksari.com. Die relativ zentral im Ort gelegene Villa beherbergt sehr saubere, helle, geflieste Zimmer mit großen Himmelbetten, TV und kleinem Bad/WC. Die teureren bieten zudem vom eigenen Balkon eine schöne Aussicht. Frühstück inkl. ❹–❺

Atemberaubende Aussicht

Aditya Homestay, von der Hauptstraße im Ort nach Süden auf die Jl. Pura Puseh abzweigen, ✆ 0852-3888 2968, 💻 www.adityahomestay.com. In dem 2011 eröffneten 2-stöckigen Bau gibt es schön eingerichtete, komfortable und saubere Zimmer mit großer Fensterfront, sehr guten Matratzen, Ventilator und Du/WC, im oberen Stockwerk auch mit beeindruckender Aussicht über das Tal. Die äußerst zuvorkommende Gastgeberin Ilo und ihre Familie inkl. des kleinen haarigen Hundes Micky kümmern sich rührend um ihre Gäste. Ein frischer Erdbeersaft als Willkommensdrink, ein tolles, liebevoll zubereitetes Frühstück und schmackhaftes, günstiges Abendessen gehören ebenso dazu wie die Gratis-Internetnutzung am Computer im Erdgeschoss. ❸–❹

Puri Lumbung Cottages, ✆ 0362-701 2887, 🖳 www.purilumbung.com. Ein Ökotourismus-Projekt, das sich Wald- und Wasserproblemen annimmt, aber vor allem die lokalen Künste wie Tanz und Musik unterstützt. Gäste können an vielen Workshops, Kursen oder Wanderungen teilnehmen und auch zusammen mit den Kindern des Dorfes Tänze einstudieren. Auf dem Hauptgrundstück wohnt man in traditionellen *Lumbung* mit schönem Open-Air-Du/WC und Moskitonetz oder in der luxuriösen Villa mit steinernem Bad/WC. Auf der Anlage sind an vielen Stellen die angebauten Gewürze und Nutzpflanzen beschildert. Zum Mittagessen traditionelle Livemusik im Restaurant. Frühstück inkl. ❻–❼

Touren und Transport

Im Ort gibt es einen freundlichen, als **Tourist Information Center** ausgeschilderten Anbieter, der neben Touren auch den Transport von Munduk in andere Touristenorte Balis organisiert und für 10 000 Rp pro Std. einen Internetzugang anbietet.
Eine einfache 2-stündige Wanderung zu den Wasserfällen in der direkten Umgebung kostet 150 000 Rp, ein 3-stündiger Trek durch die Reisfelder 250 000 Rp, anspruchsvolleres 3 1/2 Std.-Trekking 400 000 Rp, eine Halbtagestour 500 000 Rp und eine Tour zum zweitgrößten *Banyan*-Baum der Welt 300 000 Rp. Zudem auch Kochkurse im Angebot.
Für das Chartern eines Auto für max. 4 Pers. verlangt er nach LOVINA 200 000 Rp, BEDUGUL 270 000 Rp, KUTA oder UBUD 300 000 Rp, KINTAMANI 400 000 Rp und SANUR 380 000 Rp.

Batur-Massiv

Gunung Penulisan

Hat man aus dem Norden kommend die unzähligen Haarnadelkurven der steilen Straße hinter sich gelassen, liegt links des Weges ein Tempelkomplex, der sich über mehrere Etagen bis zum Gipfel des Gunung Penulisan (1745 m) erstreckt. Schon wegen der Aussicht lohnt es sich, die 333 Stufen der steilen Treppe zu erklimmen. Der **Pura Tegeh Kuripan** ist der am höchsten gelegene Tempel Balis und einer der ältesten. Er stammt aus den Tagen der frühen *Warmadewa*-Dynastie. Die wichtigste hier verehrte Gottheit ist Shiva in seiner Manifestation als Sanghyang Girinatha, dem Herrn der Berge. Es wird ein Eintrittsgeld erhoben.

Wie in einem Museum sind in den verschiedenen offenen Pavillons zahlreiche archäologische Fundstücke ausgestellt, die überwiegend aus dem 9. bis 13. Jh. stammen. Die *Lingga*- und *Yoni*-Darstellungen symbolisieren Shiva in Vereinigung mit seiner Shakti. Mehrere Steinstatuen verkörpern die vergöttlichten Herrscher von Zentral-Bali, oft als Figurenpaar „König mit Königin" in einer einzigen Skulptur. Die Skulpturen werden immer noch verehrt: Zu festlichen Anlässen umwickelt man sie mit Tüchern und stellt ihnen kleine Opfergaben hin.

Kintamani

Das kühle, oft von Wolken verhangene Kintamani, westlich des Gunung Batur und nördlich von Penelokan, ist der größte Marktort am Danau Batur. Alle drei Tage ist die Hauptstraße mit Gemüselastern und Minibussen hoffnungslos verstopft. Dann kann man die Gebirgsbewohner dabei beobachten, wie sie um Kaffeebohnen, Obst und Gemüse feilschen. Schon die Holländer unterhielten hier ein Gästehaus, ein erster Zwischenstopp für Besucher, die im Hafen von Buleleng (Singaraja) gelandet und auf dem Weg zu ihren Unterkünften in Denpasar waren.

In dem Dorf, das sich entlang der Straße erstreckt, gibt es die Kintamani-Hunde, eine besondere Rasse, die für ihr langes, dichtes Fell und ihr aufmerksames Wesen, das sie zu guten Wachhunden macht, weltweit beliebt ist. Sie sehen dem Husky ähnlich, können sogar einigermaßen gut klettern und sind im Ausland teure Rassehunde.

Das Dorf Batur

Richtung Süden ist Kintamani mit dem neuen Dorf Batur zusammengewachsen. Das alte Batur befand sich einst am Fuße des noch immer aktiven Vulkans. Nach einem schweren Ausbruch im Jahre 1917 wurde es stark zerstört, der Dorftempel wurde jedoch von den Lavamassen verschont, was man als gutes Omen interpretierte und das Dorf an gleicher Stelle wieder aufbaute. Der nächste schwere Ausbruch 1926 vernichtete das Dorf erneut, diesmal mitsamt dem Tempel. Erst daraufhin entschlossen sich die Leute, das Dorf an eine geschütztere Stelle an den Rand des kesselförmigen Kraters zu verlegen.

Mittelpunkt des Ortes ist der neue, große Tempel, **Pura Ulun Danu Batur**, ein umfangreicher Komplex. Eindrucksvolle, hohe Tempeltore und Reihen von vielstufigen, schlanken *Meru* erheben sich am Rande des Steilhangs über dem Krater, der einen fantastischen Hintergrund für das Heiligtum bildet. Die Gebäude bestehen aus dunklem Lavagestein und die Innenhöfe sind mit schwarzer Asche bestreut. Die hier verehrte Hauptgottheit ist Dewi Danu, Göttin der Gewässer. Es wird eine kleine Spende erwartet.

Pura Ulun Danu Batur ist ein bedeutendes Heiligtum. Entsprechend aufwendig ist sein *Odalan*, an einem Vollmond im März oder April, zwei Wochen nach *Nyepi*, dem balinesischen Neujahr.

Bayunggede

Kurz hinter dem Dorf Batur zweigt eine Straße rechts ab und führt nach Bayunggede. Wenn man Glück hat, kann man an einer der eindrucksvollen Zeremonien, die sich in der Abgeschiedenheit der Bergwelt erhalten haben, teilnehmen. Während die Leichenverbrennung im Gegensatz zum übrigen Bali hier eine sehr einfache, wenig spektakuläre Angelegenheit ist, wird *Ngusaba Teruna Daha*, ein einwöchiges Fest zur Zeit des Vollmondes im September oder Oktober, wesentlich aufwendiger zelebriert. Junge, traditionell gekleidete Mädchen werden dann in einer Prozession durch das festlich geschmückte Dorf vom Pura Dalem Pelapun zum Pura Bale Agung geführt.

Penelokan

In 1450 m Höhe bietet sich in Penelokan (der Name bedeutet „Aussichtspunkt") 6 km südlich von Kintamani ein wunderschöner Blick auf den Berg **Gunung Batur** und den dazugehörigen Kratersee. Bei gutem Wetter ist sogar die Südküste der Insel zu sehen. Im Westen des Sees verläuft die Hauptstraße von Bangli nach Singaraja über mehrere Kilometer auf dem Grat des Kraterrandes. Im Südosten ragt der Randkegel des **Gunung Abang** („älterer Bruder") auf, der mit 2151 m die höchste Erhebung des gesamten Massivs bildet.

Die tolle Sicht lockt zahlreiche Touristen an, die wiederum viele penetrante fliegende Händler nach sich ziehen. Die Restaurants in Penelokan bieten allesamt eine wunderschöne Aussicht auf den See und die Vulkane, sind aber überteuert, was vor allem an den Touristenbussen liegt, die hier zur Mittagszeit einfallen und ihre Gäste auf die Buffets loslassen. Wer durch Penelokan fahren möchte, muss eventuell einen geringen Eintritt bezahlen, je nachdem, wie aktiv die Geldeintreiber gerade sind.

Im Osten des Ortes liegt das **Batur Volcano Museum** (Museum Gunung Api), ✆ 0366-51186, 💻 www.baturmuseum.info. In dem unspektakulären, zwar noch neuen, aber bereits vernachlässigten Bau stehen ein paar Modelle, Karten und Tafeln, die auf Englisch und Indonesisch die Funktionsweise vulkanischer Prozesse im Allgemeinen und des Gunung Batur im Speziellen erläutern. Ein paar Gesteinsproben liegen ebenso aus, doch im Ganzen kann die lieblos gemachte Ausstellung wenig begeistern und ist allenfalls etwas für Kinder, die an dem kleinen Computerquiz möglicherweise ihre Freude finden. 🕓 8–15 Uhr, Eintritt 10 000 Rp.

Für eine Übernachtung bietet sich das **Lakeview Hotel** an, ✆ 0366-52525, 💻 www.lakeviewbali.com, mit direkt am Hang gelegenen, gefliesten, leicht überteuerten Zimmern mit Aussicht über die Berglandschaft und Warmwasser-Du/WC mit großem Duschkopf, teurere auch mit TV, Balkon und verglastem Bad. Vermutlich die einzige Unterkunft der Gegend, die einen gewissen Standard vorzuweisen hat. Amerikanisches Frühstück im bei Touristenbussen beliebten Restaurant und WLAN inkl. Direkt vor dem Hotel steht ein Geldautomat. ❺–❻

Am Danau Batur

Weiter zum See geht es von Penelokan die sehr steile Straße in den Krater hinab. Die Straße fächert sich kurz hinter Penelokan auf, die linke Abzweigung führt über das Örtchen **Kedisan** nach **Toya Bungkah**, wo viele Besucher über-

Die Legende vom Batur-See

Einst lebte auf Bali der Riese **Kbo Iwo**, ein Wesen so groß wie ein Berg. Mit seiner ungeheuren Kraft half er den Menschen häufig bei der Anlage neuer Reisterrassen und Bewässerungssysteme und auch beim Bau großer Tempel. So soll er die Felsenheiligtümer **Gunung Kawi** und **Goa Gajah** in nur einer Nacht mit einem Fingernagel aus dem harten Gestein geschabt haben. Als Belohnung für seine Arbeit gab er sich mit einer Mahlzeit zufrieden, aber das bedeutete für die Dorfbewohner, jedes Mal die Nahrung für mehr als 1000 Menschen zu opfern.

Nach einer Missernte konnten die Dörfler den Forderungen des Riesen nicht mehr nachkommen, und in seinem Ärger zerstörte er Häuser und Tempel und fraß sogar einige Männer und Frauen. Die so geplagten Menschen bedienten sich einer List: Wenn er ihnen einen tiefen Brunnen graben könnte, würden sie ihn reichlich belohnen, sagten sie. Kbo Iwo begann, mit seinen Händen ein tiefes Loch auszuheben, auf dessen Grund sich auch schon das erste Grundwasser sammelte. Aber selbst für einen Riesen war es eine ermüdende Arbeit, und so pflegte er in dem kühlen Erdloch täglich seinen Mittagsschlaf zu halten.

Eines Tages versammelten sich die Menschen um den Brunnen und überschütteten den schlafenden Riesen mit Unmengen von Kalk, den man sonst zum Weißen der Hauswände gebrauchte. Der Kalk wurde im Wasser schnell zu einer harten Masse, die dem Riesen seine Bewegungsfreiheit raubte und ihn schließlich begrub. Das Wasser stieg weiter, floss über den Brunnenrand und formte den heutigen See Danau Batur. Das aus dem Brunnen ausgehobene Erdreich liegt noch immer an seinem Platz als Gunung Batur. Manchmal regt sich der Riese noch, dann kommt es zu Erdbeben oder Vulkanausbrüchen.

nachten, um frühmorgens die Besteigung des Vulkans Gunung Batur in Angriff zu nehmen. Wer sich in Toya Bungkah nicht wohlfühlt, aber dennoch in der großen Kraterlandschaft wohnen möchte, findet auch in Kedisan einige nette Unterkünfte.

Einen guten Teil der zu den größten Vulkankratern der Welt zählenden Caldera füllt der halbmondförmige, 90 m tiefe **Danau Batur** aus, in dem die *Subak* (Organisationen von Reisbauern) aus der Region Gianyar jedes Jahr einen Büffel opfern. Im Laufe der letzten 200 Jahre war der

Gunung Batur (1717 m) schon mehr als 20-mal aktiv, mit größeren Eruptionen in den Jahren 1905, 1917, 1926 und 1963. Der letzte Ausbruch fand im Jahr 2000 statt, forderte aber keine Todesopfer. Die zwei schwersten Ausbrüche in den Jahren 1917 und 1926 hingegen forderten viele Menschenleben und vernichteten ganze Dörfer. Daher liegen die heutzutage bedeutendsten Orte, Penelokan und Kintamani, etwas sicherer oberhalb des großen Kraters an der Straße auf dem alten Kraterwall.

Der Südteil des Sees ist von Fischfarmen gesprenkelt, in denen der schmackhafte und nützliche Tilapia-Buntbarsch *(Ikan Mujair)* gezüchtet wird. Am nordwestlichen Ufer stehen ein paar Siedlungen, darunter Toya Bungkah. In der direkten Umgebung wird schwarzer Sand abgebaut, der andernorts auf Bali verkauft wird. Die vielen schwer beladenen Laster, die sich die Straße nach Penelokan hinaufquälen, zeugen von dieser Aktivität. Auf der anderen Seite des Sees liegt **Trunyan**, das Dorf der *Bali Aga*, der Ureinwohner Balis.

In Kedisan können Boote für eine Rundfahrt auf dem See gemietet werden. Neben einem Besuch des *Bali-Aga*-Dorfes Trunyan und dem dazugehörigen Friedhof wird auch in Toya Bungkah ein Halt eingelegt. Tickets bekommt man an einem Kiosk, die Überfahrt ist allerdings nicht ganz billig: Zwei Personen zahlen 300 000 Rp. Trunyan ist ansonsten über einen asphaltierten Weg, der immer am See entlangführt, zu erreichen.

Rund um die heißen Quellen am Ufer des Sees in Toya Bungkah ist die aufwendige, überteuerte und wenig attraktive Badeanlage **Toya Devasya Resort & Spa**, ✆ 0366-51204, 💻 www.toyadevasya.com, gebaut worden. Neben einem großen, gechlorten Pool findet man noch ein kleines Bad mit gesundem, heißem Quellwasser. Eintritt 150 000 Rp.

Übernachtung

Toya Bungkah

Viele Touristen, die den Batur besteigen oder nur ein paar Tage am See verbringen wollen, wohnen am nordwestlichen Ufer des Danau Batur. Alle beschriebenen Unterkünfte bieten den hier herrschenden Temperaturen entsprechend Warmwasser.

> **Warme Sachen einpacken**
>
> In den kleinen Dörfern wie auch auf den Bergen selbst kann es nicht nur nachts empfindlich kalt und feucht werden, daher sollten lange Hosen und ein Pullover in keinem Reisegepäck fehlen.

Puri Bening Hayato, ✆ 0361-796 4004, ✉ puribening2002@yahoo.de. Das große Hotel mit Pool am See wirkt verlassen wie ein Geisterhaus – doch es ist noch in Betrieb, wenn auch in die Jahre gekommen. Es gibt ausschließlich riesige Familienzimmer für max. 4 Pers. mit TV und gefliestem Bad/WC. Frühstück inkl. ❹

Under the Volcano II, ✆ 0366-52508, 💻 www.kintamanihotel.com. Kleines Gästehaus am See mit liebenswerter Besitzerin. Nicht gerade geschmackvoll eingerichtete, aber saubere Zimmer mit großen Schaumstoffmatratzen und dunklem Bad/WC. Kleines Frühstück inkl. Im Volcano III gegenüber gibt es auch Zimmer mit Seeblick. Motorradverleih und Rabatte möglich. ❷

Kedisan

Hotel Segara, ✆ 0366-5113, ✉ hotelsegara@plasa.com. Freundliches und sauberes Hotel mit Zimmern mit guten Matratzen, dunklem Bad/WC und teils auch TV ohne internationale Kanäle. Zum Frühstück bietet sich im großen Restaurant ein schöner Blick auf den See. ❷–❺

Hotel Surya, ✆ 0366-51139. Hotel mit tollem Blick auf den Danau Batur. Einfache, ältere und nicht immer ganz saubere Zimmer mit Federkernmatratzen und Du/WC, teils auch mit Badewanne und TV. Einfaches Frühstück im sehr windigen Restaurant inkl. ❷–❸

Essen

Nahezu alle Hotels bieten in ihren kleinen Restaurants neben Frühstück auch einfache Traveller-Kost und indonesische Gerichte an. Die Auswahl ist aber nicht besonders groß. Neben verschiedenen Reisgerichten wird als Spezialität auch frischer Fisch aus dem See angeboten.

Toya Tribe Café, neben den heißen Quellen, ✆ 0366-51204. Wer sich nach westlichen Speisen sehnt, wird hier fündig. Neben frischem Fisch aus dem See stehen auch Spaghetti und Pizza auf der Speisekarte. Hauptgerichte ab 40 000 Rp. ◷ 12–21 Uhr.

Trunyan

Das Dorf wird wie Tenganan (s. S. 328) von den *Bali Aga*, den ursprünglichen Einwohnern der Insel, bewohnt. Eingezwängt auf einem schmalen Landstreifen zwischen See und steilem Kraterrand, leben hier rund 700 Menschen in fast völliger Isolation vom restlichen Bali. Besucher sind nicht so willkommen wie in Tenganan, werden aber geduldet. Übernachtungsmöglichkeiten sind hier allerdings nicht vorhanden.

Viel zu sehen gibt es eigentlich nicht: Mauern aus finsteren Lavablöcken umgeben die eng aneinandergereihten Gehöfte, in denen man die sonst üblichen tropischen Gärten und Bäume vermisst. Wenn man Glück hat, kann man einen Blick auf die Arbeitsweise der Weberinnen oder die Handwerkskunst der Männer werfen. Hinter dem Ort führt ein steiler, gewundener Pfad die Kraterwand hinauf zu einem weiteren Dorf außerhalb des großen Kraters. Hier liegen die Ländereien der *Bali Aga*.

Das größte Heiligtum des Ortes ist der schmucklose **Pura Pancering Jagat** („Nabel der Welt"). In dem siebenstufigen *Meru* des Schreins verbirgt sich eine 3 m hohe Statue der obersten Lokalgottheit, Ratu Gede Pancering Jagat, die nur einmal im Jahr ein paar Auserwählten gezeigt wird. Es heißt, der Tempel sei über 1100 Jahre alt, und der imposante *Banyan*-Baum, der ihn schmückt, ist sicher nicht viel jünger.

Kurz nach Vollmond im September oder Oktober beginnen eine Reihe ungewöhnlicher Zeremonien im Rahmen des *Odalan* für diesen Tempel. Junge, unverheiratete Männer, maskiert und nur mit Büscheln getrockneter Bananenblätter bekleidet, laufen durchs Dorf und erschrecken die Zuschauer mit langen Peitschen. Die gleichen jungen Männer haben anschließend das Privileg, die Statue der Lokalgottheit mit einer Mischung aus Kalk, Honig und Wasser zu reinigen.

Die *Bali Aga* wurden kaum vom Hinduismus oder anderen Fremdeinflüssen berührt und entwickelten eine einmalige Art der **Totenbestattung**. Die Leichen werden nicht wie bei hinduistischen Balinesen verbrannt, auch nicht wie bei den *Bali Aga* von Tenganan beerdigt, sondern in weiße Tücher gehüllt und im Freien aufgebahrt, wo sie dann unbeachtet verwesen. Ein oder zwei Mal im Jahr werden ausgewählte Verstorbene dann zeremoniell zum Friedhof gebracht, der eine kurze Bootsfahrt nördlich des Dorfs liegt. Frauen sind dabei nicht zugelassen, da ihre Anwesenheit dem Volksglauben zufolge Erdrutsche und Vulkanausbrüche verursacht. Bei Ankunft am Friedhof grüßen den Besucher die ordentlich aufgebahrten Gebeine und Schädel der Ahnen. Die Neuzugänge werden in Bambuskäfigen unter dem Baum *Taru Menyan* („süßer Duft") platziert, dessen süßliche Ausdünstung angeblich den Geruch der Verwesung neutralisiert.

Man kann den Ort im Rahmen einer organisierten Tour aus Kedisan besuchen oder aber selbst per Auto oder Motorrad anreisen, dann biegt man an der Abzweigung von der Hauptstraße im Norden des Sees rechts ab. Auf einer asphaltierten Straße entlang einiger Plantagen und Felder erreicht man in ca. 15 Min. Trunyan. Im Ort lässt sich ein Preis von 250 000 Rp für eine Bootstour zum Friedhof und eine Führung durch das Dorf aushandeln. Die Bewohner sind allerdings nicht auf Touristen eingerichtet und entsprechend zurückhaltend gegenüber Fremden, daher ist hier Feingefühl im gegenseitigen Umgang gefragt.

Die Besteigung des Gunung Batur

Der Gunung Batur (1717 m) kann von Toya Bungkah aus in einer Tagestour bestiegen werden. Der Aufstieg beginnt meist um 4 Uhr morgens und findet mit einem Picknick auf dem Gipfel zum Sonnenaufgang seinen Höhepunkt. Bereits um 9 Uhr ist man wieder zurück am Ausgangsort. Eine Besteigung ohne Guide ist nicht möglich, denn die jungen Männer der Dörfer haben sich zusammengeschlossen und treten als eine „Regierungsorganisation" auf, die eine Besteigung im Alleingang verbietet. Sie zeigen sich schnell von einer ganz anderen, aggressiven Seite, wenn man versucht, den Berg auf eigene Faust zu bezwingen. Die Preise für die Touren sind allerdings erschwinglich, besonders wenn man sich in Gruppen zusammenschließt.

Feste Schuhe, mind. ein warmer Pullover und gute Kondition sind Pflicht. Dann wird der Aufstieg über die unwirklichen Lavaformationen zu einem großartigen Erlebnis. Touren zu noch aktiven Nebenkratern sollten nicht unternommen werden. Hier sind schon Touristen bei kleineren Ausbrüchen ums Leben gekommen.

Verlässliche Informationen bekommt man im Büro der **Association of Mount Batur Trekking Guides**, ✆ 0366-52362, ✉ volcanotrekk@hotmail.com, in Toya Bungkah. Für die vierstündige Tour zum Sonnenaufgang (3 Std. Marsch und 1 Std. Aufenthalt auf dem Gipfel) zahlt man zu zweit 300 000 Rp. Für die sechsstündige Tour, die auch den Kraterrand und den Pura Jabi umfasst, ungefähr das Doppelte. Das Frühstück kostet 25 000 Rp extra, der Transport von Pura Jabi nach Toya Bungkah weitere 60 000 Rp pro Auto. In der Hochsaison muss man diesen Preis jedoch erst aushandeln. Zwischen Juli und Dezember ist die Aussicht oft wolkenverhangen, sodass sich ein Aufstieg möglicherweise nicht lohnt.

Abstecher zum Gunung Abang

Südöstlich des Danau-Batur-Sees liegt der **Gunung Abang** (2151 m). Fährt man aus dem Krater zurück nach Penelokan, biegt man an der Gabelung auf dem Kraterrand links ab. Nach etwa 4 km gabelt sich die Straße an dem vielleicht schönsten Aussichtspunkt über den Krater. Rechts geht es weiter über Suter und Menanga nach **Besakih**. Links erreicht man nach ca. 1 km einen kleinen Tempel und einige Essenstände. Man folgt der unbefestigten Straße rechts vom Tempel bergab und sucht nach 1 km einen Parkplatz für sein Fahrzeug.

In einer scharfen Rechtskurve liegt ein Haus, in dessen Nähe der Weg zum Gipfel des Abang beginnt. Der Pfad ist gut ausgetreten, führt aber sehr steil durch verfilzten Buschwald und ist matschig und rutschig. Nach einer Stunde kommt man zu einem Tempelchen. Nach einer weiteren Stunde ist man auf dem Gipfel, wo man ebenfalls einen Tempel vorfindet und die Aussicht genießen kann. Wegen der Schlüpfrigkeit des Weges benötigt man auch für den Abstieg etwa zwei Stunden.

Von Singaraja Richtung Amed

Sangsit

Rund 8 km östlich von Singaraja, 250 m nördlich der Hauptstraße nahe Sangsit, steht der *Subak*-Tempel **Pura Beji**. Bereits im 15. Jh., als sich das *Majapahit*-Reich auf dem Höhepunkt befand, wurde dieser Tempel zu Ehren der Göttin der Fruchtbarkeit, Dewi Sri, erbaut. Mythische Fabelwesen, Hexen, Dämonen und Schlangen bewachen den Eingang. Dass sich im Inneren nur ein Hauptgebäude befindet, ist ebenso typisch für die nordbalinesischen Tempel wie die Fülle an Steinmetzarbeiten. Der Eintritt zum Tempel ist kostenlos, die Tempelmitarbeiter freuen sich jedoch über eine kleine Spende. Ein Sarong kann für 2000 Rp ausgeliehen werden.

Vom Pura Beji schlängelt sich ein kleiner Weg zum **Unterwelttempel** *(Pura Dalem)* von Sangsit, nur wenige hundert Meter nordöstlich Richtung Strand. Die Außenmauern des Heiligtums sind mit Reliefs geschmückt, die recht drastische erotische Szenen zeigen.

Einmal im Jahr zum Vollmond im April oder Mai findet in Sangsit die seltsame **Bungkakak-Zeremonie** statt. Ein Schwein wird in einem Bambuskäfig, der fast wie ein Verbrennungsturm aussieht, von einigen Männern und Jugendlichen aus dem Dorftempel getragen. In wilder Jagd rennen sie damit einen Hügel hinauf und wieder zurück zum Tempel. Dann versammeln sich die Dorfbewohner zu einer langen Prozession, die sich zu einer ein paar Kilometer außerhalb des Dorfes gelegenen heiligen Quelle begibt.

Östlich von Sangsit zweigt eine Straße in Richtung des Landesinneren zu den Dörfern Jagaraga und Sawan mit weiteren sehenswerten Tempeln ab.

Jagaraga und Sawan

In den beiden Dörfern stehen Tempelanlagen, die mit reichen, fantasievollen Reliefdarstellungen an den Tempelmauern, bizarren Figuren und Dämonenköpfen ausgeschmückt sind. Bemerkenswert sind vor allem die häufigen „europäischen" Motive in den Reliefs, vielleicht Karikaturen der ungeliebten Kolonialherren, vielleicht auch Darstellungen von Dämonen, die als Europäer verkleidet die Welt (Bali) unsicher machen.

200 m westlich der Berdikari Cottages zweigt die Straße Richtung Süden ab, auf der nach 4 km der **Pura Dalem** von **Jagaraga** erreicht wird. Dieser Tempel zeigt die interessantesten Motive: Ozeandampfer inmitten von Seeungeheuern, ins Meer stürzende Flugzeuge, langnasige Europäer im Auto, die von einem Banditen mit Pistole überfallen werden usw. Die spannendsten Reliefs befinden sich zwar an der Außenwand, aber dennoch lohnt sich eine geführte Tour mit K. T. Suradnya, der auf lebendige Weise die Symbolik und Geschichte des Tempels erklärt und im gegenüberliegenden Warung zu finden ist.

In **Sawan** werden *Gongs* für Gamelan-Orchester gegossen. Da der Gong das richtungweisende Instrument des Orchesters ist, kommt ihm und seiner Entstehung eine besondere Bedeutung zu.

Kubutambahan

Weiter auf der Hauptstraße von Sangsit Richtung Osten kommt man nach Kubutambahan. Nur 400 m östlich der Abzweigung nach Kintamani liegt nördlich der Straße der **Pura Meduwe Karang**, der zu den neun wichtigsten Staatstempeln Balis zählt. Meduwe Karang bedeutet übersetzt „der, dem die Erde gehört". Hier verehrt man den Sonnengott Surya, den Herrn der Felder, sowie Dewi Sri, die Reis- und Fruchtbarkeitsgöttin. Entsprechend beten die Menschen hier für eine gute Ernte. Der Tempel liegt auf einer Anhöhe und ist über zwei von 34 Skulpturen aus dem *Ramayana*-Epos gesäumten Eingangstreppen zu erreichen. Besucher gelangen in einen Innenhof, an dessen Ende das Heiligtum des Tempels liegt. Zwei kleine Schreine sind den Gottheiten Ratu Ayu Sari, einer Erscheinungsform der Erdmutter Ibu Pertiwi, und Ratu Ngurah Sari, dem Beschützer der Feldfrüchte, geweiht. Die Reliefs der Tempelmauern und Schreine stellen Dämonen, Geister, Fürsten und erotische Handlungen sowie eine Kampfszene aus dem *Ramayana* dar. Auch eine Darstellung, die dem letzten Abendmahl Christi ähnelt, ist zu finden.

Am Sockel der zentralen Terrasse im dritten Innenhof findet sich das ungewöhnliche Relief eines Fahrrads. Der in Stein gehauene **Radfahrer** ist kein Balinese, sondern der holländische Forscher und Künstler W. O. J. Nieuwenkamp, der 1904 die Insel mit einem Zweirad erkundete, dem ersten seiner Art auf Bali. Das bis dahin unbekannte Fortbewegungsmittel beeindruckte die Balinesen so sehr, dass sie es scheinbar für ein magisches Vehikel hielten: Es lässt sich ohne Antriebskette fahren und Reifen und Speichen sind durch Ranken und Lotusblüten ersetzt. Die Einheimischen nennen es liebevoll „Blumenfahrrad". Sogar der Sarong des Radfahrers und der Hintergrund werden durch florale Elemente geschmückt. Seit einem schweren Erdbeben im Jahre 1917 und der darauf folgenden Restaurierung ist die Darstellung des Radfahrers deutlich balinesischer, als das Original war: Nieuwenkamps Initialen und sein Bart sind verschwunden, man erkennt jedoch an der langen Nase, dass es sich hier um einen Europäer handeln muss.

Die freundlichen Tempelwächter erzählen Besuchern bei einem Rundgang gern alles über die Entstehung des Tempels und die Geschichten der in Stein dargestellten Figuren. Mit einer kleinen Spende kann der Tempel instand gehalten werden, zudem erwarten die Tempelwächter für die Führung ein kleine Spende. Parken kostet 2000 Rp, ein Sarong kann für 10 000 Rp geliehen werden.

Air Sanih

Air Sanih, 6 km östlich von Kubutambahan, bietet sich als Alternative zu Lovina an und ist ein guter Ausgangspunkt für Ausflüge zu den Tempeln in der Umgebung. Der Strand ist besonders für Leute geeignet, die sich in Abgeschiedenheit erholen wollen. Hier kann man nicht viel unternehmen. Außer wenigen Unterkünften bietet das kleine Örtchen nur ein Freibad, den **Air Sanih Natural Swimmingpool**. Hier kann man direkt am Meer in einer natürlichen Quelle baden. Das saubere Süßwasser, das aus einer Quelle im benachbarten Tempel sprudelt, läuft ins Meer. 🕓 7–19 Uhr, Eintritt 4000 Rp, Kinder 2000 Rp.

Pura Ponjok Batu

4 km östlich von Air Sanih, auf dem Weg nach Tejakula, liegt der **Pura Ponjok Batu** spektakulär auf einem Felsen am Meer. Er ist Danghyang Nirartha gewidmet, dem Priester, der im 16. Jh. viele Küstentempel der Insel begründet hat und

hier am Felsvorsprung *(Ponjok Batu)*, umrauscht von der Gischt der Wellen, meditiert haben soll. Der Legende nach hat er dabei die Strandung eines Schiffs prophezeit, und als das Schiff kam und auf Grund lief, machte er es mit Hilfe von Wasser aus einer heiligen Quelle wieder seetauglich und ließ die toten Matrosen wieder zum Leben erwachen. Heute erinnert eine steinerne Schiffsminiatur, die unterhalb des Tempels aus dem Wasser ragt, an seine Wundertat.

Ganz in der Nähe bietet das **Puri Bagus Ponjok Batu Agro Restaurant**, ✆ 0362-21430, 💻 www.bagus-agro.com, indonesische Küche sowie Kochkurse inmitten eines 5 ha großen Garten- und Weinbaugebiets. Vor dem Kochkurs werden auf Wunsch in einer Wanderung durch die Natur diverse Zutaten und Gewürze vorgestellt, die anschließend verkocht werden wollen. Wanderung und Kurs jeweils US$40, mehrgängige Menüs um 70 000 Rp p. P. Alles zusammen dauert etwa 8 Std.

Sembiran

Fährt man weiter Richtung Osten entlang der Küstenstraße, stößt man beim Ort **Pacung**, nicht zu verwechseln mit dem Ort gleichen Namens im Hochland von Zentral-Bali, auf eine Abzweigung, die ins Landesinnere nach **Sembiran** führt. Ein kleiner Abstecher lohnt sich allein der tollen Aussicht wegen. Miguel Covarrubias bezeichnete den Ort in seinem 1937 erschienenen Buch *Island of Bali* als ein von Dschungel umgebenes *Bali-Aga*-Dorf, ebenso traditionell wie Trunyan und Tenganan. Die Toten wurden in Tücher gewickelt und in eine wilde, von Dämonen heimgesuchte Urwaldschlucht geworfen. Heute hat der Dschungel gepflegten Plantagen und terrassierten Maisfeldern Platz gemacht, Tote werden begraben, manchmal sogar verbrannt, die Leute nennen sich nicht mehr *Bali Aga* und hören es auch nicht gerne, wenn sie so genannt werden. Äußerlich unterscheidet sich Sembiran wenig von anderen balinesischen Dörfern, obwohl man in den Tempeln noch seltsame Megalithen als Sitz von Geistern und Ahnen verehrt.

Tejakula

Zurück auf der Hauptstraße, geht die Fahrt weiter nach Tejakula, 34 km östlich von Singaraja, wo sich früher ein **heiliges Bad** befand, das heute nur noch schwer zu finden ist. Ein balinesischer Herrscher ließ diese prachtvoll ausgeschmückte Badeanlage errichten. Aus zahlreichen Wasserspeiern ergießt sich das kühle Nass in getrennte Becken für Männer und Frauen. Früher wurden hier die Pferde der Könige von Buleleng abgeschrubbt, weshalb der Platz als Pferdebad *(Pemandian Kuda)* bekannt ist. Tejakula war lange vor Benoa und Singaraja ein bedeutender Hafen und zahlreiche archäologische Funde belegen die weitreichenden Handelsverbindungen der hier ansässigen balinesischen Ureinwohner bereits vor 2000 Jahren. Der Straße nach Osten folgend, liegt etwa 4 km südöstlich nahe dem Dorf Les ein schöner **Wasserfall**, zu dem ein kleiner Pfad führt.

2008 machte eine obskure Meldung den Ort bekannt: Nachdem sich ein Bewohner unzüchtig an einer Kuh vergangen hatte, die zu allem Übel auch noch schwanger wurde, schmückten die Dorfbewohner diese wie eine Braut, ertränkten sie rituell und ließen den „Bräutigam" als symbolische Ertränkung und Reue seiner Sünden seine Kleider ins Meer werfen, um den verbotenen Liebesakt zu strafen und die harmonische Ordnung wiederherzustellen. Diese *Gamya Gamana*, „verrückte Hochzeit", genannte Tradition gibt es nur in Tejakula.

Übernachtung

Sangsit

Berdikari Cottages, ✆ 0362-25195. An der Hauptstraße kann man in den recht einfachen, älteren Zimmern, teils mit Open-Air-Du/WC mit Warmwasser übernachten. Das Hotel liegt mitten in der trockenen Einöde. ❶–❸

Air Sanih

Entlang der Hauptstraße liegen mehrere Hotels, zudem gibt es in den angrenzenden Bergen eine kleine Straße mit mehreren, teils neueren Unterkünften.

Ciliks Beach Garden Air Sanih, am Strand von Air Sanih, ✆ 0812-360 1473, 💻 www.ciliksbeachgarden.com. 4 elegante, großzügig und komfortabel eingerichtete Bungalows für 1–6 Pers. in einem schönen, grünen und weitläufigen Garten am Strand. Teilweise verfügen die Bungalows über 2 Schlafzimmer, AC, Terrasse, Open-Air-Du/WC und sind geschmackvoll mit Bambusmöbeln ausgestattet. Die Anlage befindet sich fest in der Hand Erholung suchender deutscher Urlauber. Frühstück inkl. Reservierung empfehlenswert. ❼

Mimpi Bali, 2 Min. mit dem Auto landeinwärts von der Hauptstraße, 0813-3857 9595, www.mimpibali.com. Etwas abseits findet sich diese kleine Anlage einer deutschen Besitzerin. Die 6 Zimmer mit Warmwasser-Du/WC sind ganz in Weiß gehalten, AC sollen demnächst folgen. Einladendes Restaurant auf der Dachterrasse. Vom Garten mit Pool hat man einen herrlichen Blick in die Berge. Durchgelegene Betten und leider etwas überteuert. Frühstück inkl. ❹

Puri Rena Bandung, am Strand von Air Sanih, 0817-974 2910, purirena@yahoo.com. Die Billigunterkunft hat Bungalows mit Du/WC und teils auch Open-Air-Bädern und liegt in einem großen vernachlässigten Garten mit Restaurant. Nette Besitzer. Frühstück inkl. ❷

Pacung

Bali Lege Beach Bungalows & Restaurant, 0813-3861 3800, www.balilegebeachbungalows.com. Folgt man der schmalen und holprigen Straße Richtung Strand, stößt man auf die in einem ruhigen Palmengarten am Meer gelegene Anlage. Hier stehen 2 neue, saubere, große Bungalows, die mit guten Matratzen, Moskitonetz, TV, AC und Open-Air-Du/WC mit Warmwasser ausgestattet sind. Sehr freundliches Personal. Frühstück im Restaurant inkl. ❹

Villa Boreh Beach Resort and Spa, 0858-5724 0068, www.bali-villa.org. Abgeschieden in einem großen, sehr schönen und stilvoll angelegten Garten mit direktem Strandzugang und Pool gelegen, bietet diese Anlage unter deutscher Leitung viel Entspannung und Ruhe. Die 4 Zimmer und 6 Bungalows im *Lumbung*-Stil sind individuell und liebevoll gestaltet. Fast alle haben AC, Moskitonetz, Open-Air-Du/WC und komfortable Sitzecken. Die im Spa genutzten Produkte stammen aus eigener Herstellung. Restaurant. Gut geschultes, freundliches Personal. ❻–❼

Tejakula

Cili Emas, 0878-6245 6739, www.ciliemas.com. Hier kann in einer schönen Bungalowanlage mit Pool inmitten von Kokospalmen am Meer übernachtet werden. Alle Zimmer haben bequeme Betten, moderne Du/WC, Moskitonetze und eine Veranda. Auch 2 Holz-*Lumbung* mit großen Terrassen. Septische Tanks, Abwasserverwertung, und Energiesparmaßnahmen verringern die Umweltbelastung. Restaurant mit Bio-Essen. Frühstück inkl. ❺

Geretek

Alamanda, 0812-465 6485, www.alam-anda.de. Das angenehme und ruhige 4-Sterne-Resort unter deutscher Leitung liegt in einer weitläufigen Anlage und bietet traditionelle strohgedeckte Bungalows, Pool und viele Liegen in einem grünen und sehr gepflegten Palmengarten am Strand. 29 saubere und komfortable Zimmer mit Bambusbetten und luftigen Du/WC. Restaurant, Spa und ein Tauchzentrum von Werner Lau, www.wernerlau.com, komplettieren das Angebot. Das Korallenriff liegt praktisch vor der Haustür. WLAN und Frühstück inkl. ❺–❼

Ost-Bali

Stefan Loose Traveltipps

Semarapura (Klungkung) Die berühmte Gerichtshalle des Taman Gili ist mit fantastischen Deckenmalereien ausgeschmückt. S. 296

Besakih Das größte und bedeutendste Heiligtum Balis liegt am Fuße des alles überragenden Gunung Agung. S. 301

14 Tauchen vor den Nusa-Inseln Vor Nusa Penida und Nusa Lembongan liegen spektakuläre Tauchspots mit seltenen Meeresbewohnern. S. 310

Goa Lawah Die heilige Höhle bietet Tausenden von Fledermäusen eine Heimat. S. 317

Tirtagangga Der von grünen Reisfeldern umgebene Wasserpalast des letzten Rajas nördlich von Amlapura bietet eine herrliche Aussicht. S. 333

Gunung Seraya Bei einer Fahrt durch die kargen Küstenlandschaften östlich des Gunung Seraya zeigt sich Bali von seiner ursprünglichen Seite. S. 335

Amed Von hier starten Tauchgänge oder Schnorchelausflüge zu den Schiffswracks vor der Ostküste der Insel. S. 336

OST-BALI

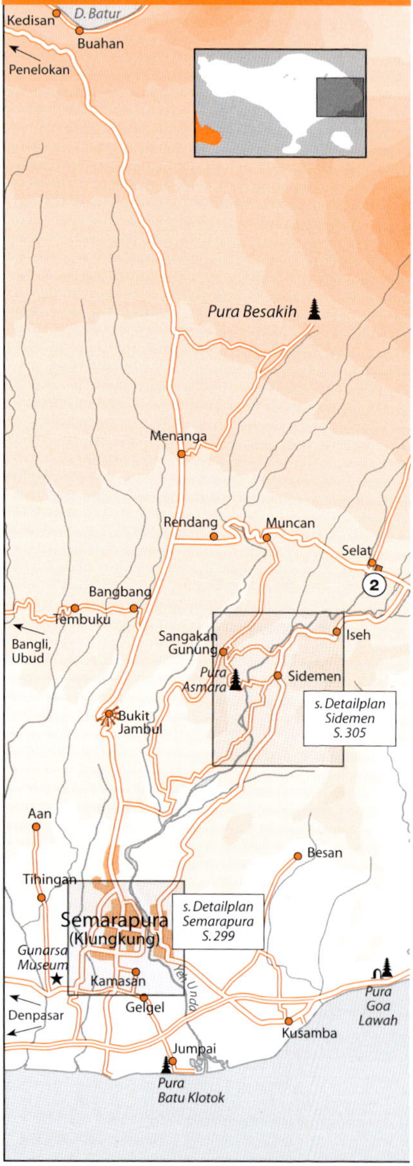

Der Osten von Bali ist mit seinen saftig grünen Reisterrassen, der Berglandschaft des alles überblickenden und als Weltnabel verehrten **Gunung Agung** und den in karger Landschaft gelegenen touristischen Küstenorten eine unglaublich vielfältige Region. Ob man nun bei der Besteigung des mit 3142 m höchsten Berges der Insel persönliche Grenzen ausloten oder in den Korallenriffen vor der Küste und den Inseln **Nusa Lembongan** und **Nusa Penida** mit Mondfischen, Mantarochen und Haien in die Tiefe hinabsteigen möchte, sportlich kommt hier jeder auf seine Kosten.

Kulturelle Highlights sind der Muttertempel der Balinesen, der **Pura Besakih**, am Südhang des Gunung Agung und die Gerichtshalle Kerta Gosa in **Semarapura** (Klungkung). Landschaftlich haben das Hinterland zwischen Klungkung und **Tirtagangga**, Heimat des schönen Wasserpalastes, und die Gegend um **Sidemen** mit ihren spektakulären Reisterrassenformationen einiges zu bieten. An der Südküste warten der entspannte Hafenort **Padang Bai** und die luxuriösere Touristenenklave **Candi Dasa** mit tropischen Buchten, weißen Stränden und Korallenriffen auf.

Auch im Nordosten, im zunehmend populären **Amed** und **Tulamben**, gibt es mittlerweile gute Unterkünfte in allen Preisklassen, die besonders Taucher anziehen. Sie kommen in erster Linie wegen des Wracks eines gesunkenen Frachtschiffs der US-Marine. Die Landschaft ist von spärlich mit Kakteen und *Lontar*-Palmen bewachsenen Lavafeldern geprägt. Sie reichen bis an die schwarzen Strände der Küste heran und erinnern allgegenwärtig an den letzten Ausbruch des Gunung Agung.

Semarapura (Klungkung)

Die geschichtsträchtige Hauptstadt des Bezirks Klungkung ist immer noch eines der kulturellen Zentren von Ost-Bali. Eine Tagestour hierher ist eine ideale Einführung in die Kunst und Geschichte der Region. Seit ihrer Umbenennung im Jahre 1995 heißt die Stadt Semarapura, ein Name, der den Balinesen zwar noch nicht ganz geläufig ist, aber von allen Ortsschildern prangt. Touristen kommen aus den landeinwärts gelege-

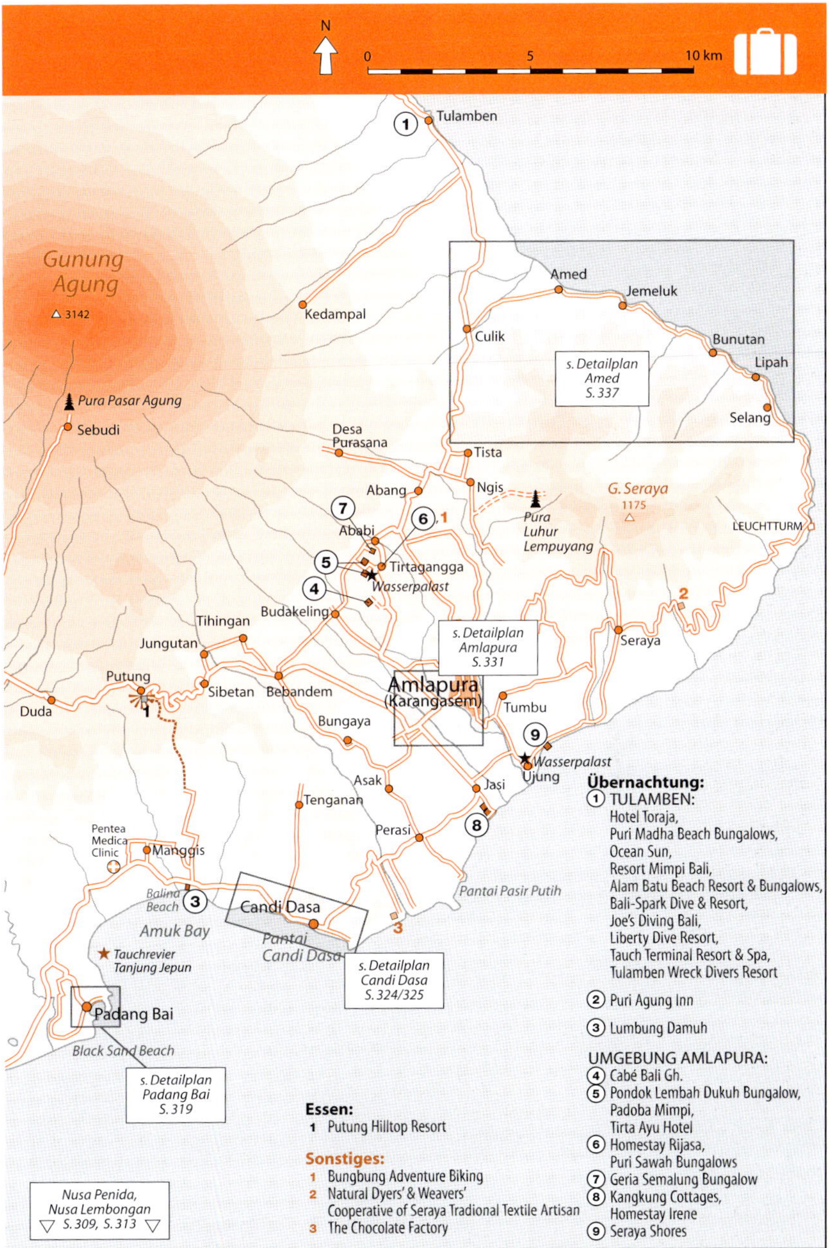
N
0
5
10 km
Tulamben
Gunung Agung
3142
Kedampal
Amed
Jemeluk
Culik
Bunutan
Lipah
Selang
s. Detailplan Amed S. 337
Pura Pasar Agung
Sebudi
Desa Purasana
Tista
Abang
Ngis
G. Seraya
1175
Pura Luhur Lempuyang
LEUCHTTURM
Ababi
Tirtagangga
Wasserpalast
Budakeling
Tihingan
Jungutan
Putung
Duda
Sibetan
Bebandem
s. Detailplan Amlapura S. 331
Amlapura (Karangasem)
Seraya
Tumbu
Bungaya
Wasserpalast
Ujung
Asak
Jasi
Tenganan
Perasi
Pentea Medica Clinic
Manggis
Balina Beach
Candi Dasa
Pantai Pasir Putih
Amuk Bay
Pantai Candi Dasa
Tauchrevier Tanjung Jepun
s. Detailplan Candi Dasa S. 324/325
Padang Bai
Black Sand Beach
s. Detailplan Padang Bai S. 319
Nusa Penida, Nusa Lembongan S. 309, S. 313
Übernachtung:
1 TULAMBEN:
Hotel Toraja,
Puri Madha Beach Bungalows,
Ocean Sun,
Resort Mimpi Bali,
Alam Batu Beach Resort & Bungalows,
Bali-Spark Dive & Resort,
Joe's Diving Bali,
Liberty Dive Resort,
Tauch Terminal Resort & Spa,
Tulamben Wreck Divers Resort
2 Puri Agung Inn
3 Lumbung Damuh
UMGEBUNG AMLAPURA:
4 Cabé Bali Gh.
5 Pondok Lembah Dukuh Bungalow,
Padoba Mimpi,
Tirta Ayu Hotel
6 Homestay Rijasa,
Puri Sawah Bungalows
7 Geria Semalung Bungalow
8 Kangkung Cottages,
Homestay Irene
9 Seraya Shores
Essen:
1 Putung Hilltop Resort
Sonstiges:
1 Bungbung Adventure Biking
2 Natural Dyers' & Weavers' Cooperative of Seraya Tradional Textile Artisan
3 The Chocolate Factory

Der Hof von Gelgel

Nach dem Fall der Pejeng-Dynastie (Bedulu in Zentral-Bali) im 14. Jh. ließen sich die von Majapahit (Ost-Java) eingesetzten Könige von Bali in Gelgel nieder und bauten hier ein neues politisches und kulturelles Zentrum auf. Der Niedergang des Majapahit-Reiches um 1500 und der Vormarsch des Islam auf Java hatten die Flucht des hindu-javanischen Hofes samt Priestern und Künstlern nach Bali zur Folge. Sie fanden eine neue Heimat am Hof von Gelgel, der in der Folgezeit unter König *(Raja)* Batu Renggong seinen Zenit erreichte und um 1550 sogar über die östlich gelegenen Nachbarinseln Lombok und Sumbawa herrschte.

Schon drei Generationen später wurde der Hof nach Klungkung verlegt. Für den nach Batu Renggongs Tod einsetzenden Verfall der Macht wurde ein Fluch verantwortlich gemacht, der auf dem Palast von Gelgel lasten sollte.

Nach und nach entstanden die anderen kleinen Königreiche auf Bali, meist Ableger des Hofes von Klungkung, die diesen weiterhin als eine Art kulturelles und religiöses Oberhaupt und Vorbild ansahen. Hier befand sich das oberste Gericht der Insel, wo alle Fälle verhandelt wurden, die nicht in den Dörfern durch die *Banjar*-Versammlungen geregelt werden konnten.

Die Vormachtstellung der *Rajas* von Klungkung wurde erst durch die Holländer gebrochen. Zwei Jahre nach dem dramatischen *Puputan* (kollektive Selbsttötung) von Badung (Denpasar) wiederholte sich dieser rituelle Massenselbstmord vor den Toren des Palastes von Klungkung. Der Palast wurde von holländischen Kanonen völlig zerstört.

Die einstige Hauptstadt ist heute nur noch ein Dorf. Leider gibt es kaum noch sehenswerte Überreste aus der Zeit des *Rajas* zu bestaunen.

nen Unterkünften rund um Sidemen oft nur ins Stadtzentrum, um Geld abzuheben. Klungkung hat jedoch weit mehr zu bieten.

Im Herzen der Stadt steht das letzte Relikt aus der glanzvollen Zeit der Könige: der faszinierende **Taman Gili**, die 1930–1960 restaurierten Überreste des ehemaligen Königspalasts *Semara Pura*, der von den Holländern zerstört wurde. Am 28. April 1908 fand hier eine der als *Puputan* bekannten Kämpfe zwischen der Kolonialmacht und den balinesischen Streitkräften statt, die im kamikazehaften Ehrentod vieler einheimischer Kämpfer endete. Einzig das Südportal, **Pemedal Agung**, steht noch als Teil des ursprünglichen Baus.

In der Anlage befindet sich die berühmte **Kerta Gosa**, die Gerichtshalle, die unter dem ersten König (und gleichzeitig dem obersten Richter) von Klungkung, Dewa Agung Jambe, im 17. Jh. errichtet wurde. Eindrucksvoller als jeder Gesetzestext verdeutlichen die Deckenmalereien, welche Strafen ein Verbrecher zu erwarten hatte. Ähnlich beeindruckende Deckenbilder sind im **Bale Kambang** zu bestaunen, einem schwimmenden Pavillon auf einer kleinen Insel im Zentrum eines großen Wasserbeckens. In früheren Zeiten wurden hier Zahnfeilungszeremonien durchgeführt. Die schon mehrmals restaurierten Deckenmalereien in beiden Bauwerken sind dem traditionellen *Wayang*-Stil zuzuordnen, der heute nur noch im Dorf **Kamasan** (s. S. 300) gepflegt wird.

Das an den Taman Gili angeschlossene **Semarajaya Museum** ist etwas veraltet, bietet aber interessante Informationen über die Kunst des *Songket*-Webens, die traditionelle Palmweinherstellung, die Techniken der Salzgewinnung und den aufopferungsvollen, aber hoffnungslosen Kampf gegen die Holländer.

🕓 7.30–17 Uhr, Eintritt in den Gesamtkomplex 12 000 Rp, Kinder 6000 Rp, Sarong inkl. Guide ab 20 000 Rp.

Etwa 5 km südwestlich vom Ortszentrum bei der großen Trimurti-Statue, die von drei Polizistenattrappen „bewacht“ wird, befindet sich das **Gunarsa Museum** (auch bekannt als Seni Lukis Bali Klasik), ✆ 0362-22256. Das in einem dreistöckigen Gebäude untergebrachte Museum zeigt klassische und moderne balinesische Kunst und wurde von dem balinesischen Maler Dr. Nyoman Gunarsa begründet. Sein Atelier befindet sich ebenso in dem Museum wie eine Schule für traditionellen Tanz und Gamelan-Musik. Ausgestellt sind viele zeitgenössische balinesische Arbeiten, aber auch eine große Sammlung

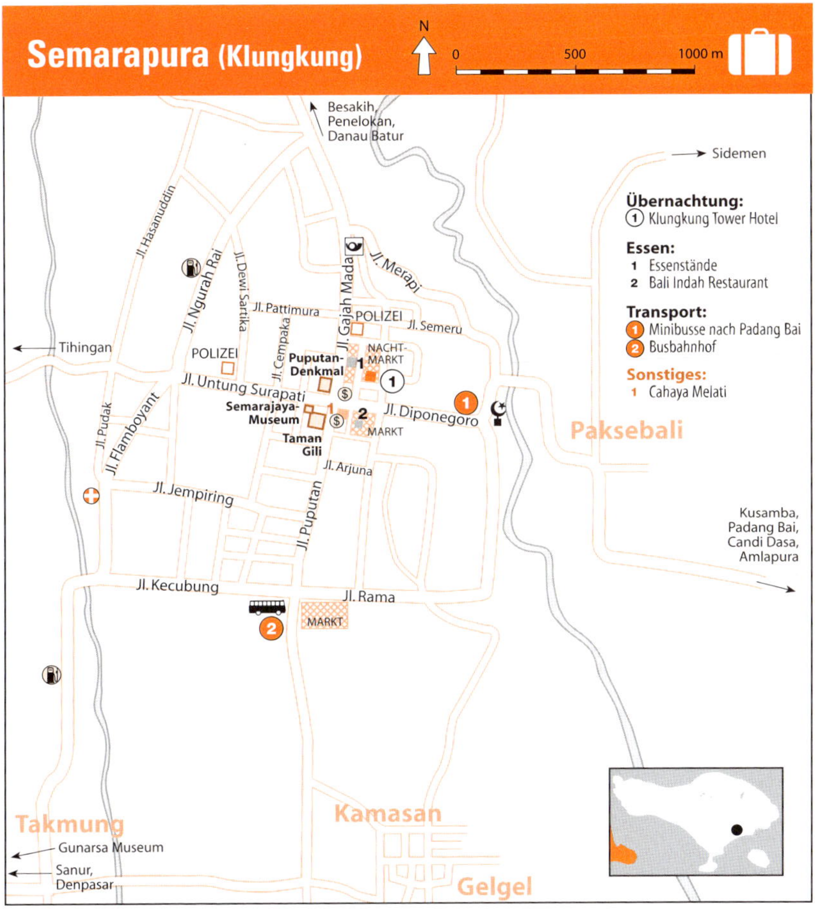

klassischer Malerei aus dem 17. bis 19. Jh. Traditionelle Skulpturen, Masken und Stickereien vervollständigen die Ausstellung. 🕓 9–17 Uhr, Eintritt 25 000 Rp.

Ein großartiger Aussichtspunkt, **Bukit Jambul**, liegt 7 km nördlich von Klungkung an der Straße nach Rendang.

Übernachtung

Empfehlenswerte Unterkünfte sind rar. Besser wohnt man in Padang Bai, Candi Dasa oder im Norden inmitten der Reisterrassen bei Sidemen.

Klungkung Tower Hotel, Jl. Gunung Rinjani 18, ✆ 0366-25637, ✉ towerhotel07@yahoo.co.id. Die beste und modernste Unterkunft der Satdt bietet 18 saubere, manchmal leider muffige Zimmer mit AC, TV, Minibar und Warmwasser-Du/WC. Auch ein Billardtisch und Souvenirladen sind vorhanden. Sehr freundliches Personal. WLAN im Restaurant, Frühstück inkl. ❸–❹

Essen

Ab dem frühen Abend wird an einigen Ständen auf dem **Nachtmarkt** nordöstlich der zentralen

Kreuzung einfaches, aber leckeres Essen angeboten.
Bali Indah Restaurant, Jl. Nakula 1, ✆ 0366-21056. Ein chinesisches Familienunternehmen, das mit seinen leckeren und günstigen Gerichten weit über die Stadtgrenzen hinaus bekannt ist. Mahlzeiten ab 15 000 Rp. ⌚ 7–20 Uhr.

Einkaufen

Relativ günstige *Lontar* (Palmblattmanuskripte), Antiquitäten und andere Souvenirs kann man in den Geschäften entlang der Hauptstraße erstehen.
Der Supermarkt **Cahaya Melati**, gegenüber des Taman Gili, hat ein Angebot an Lebensmitteln, Kleidung und eine begrenzte Auswahl an Büchern. ⌚ Mo–Sa 7.30–21 Uhr.

Sonstiges

Geld

In der Jl. Puputan, an der zentralen Kreuzung zwischen Markthalle und Taman Gili, gibt es Geldautomaten der Banken Mandiri und BNI. Außerdem ein Automat der Danamon-Bank in der östlichen Parallelstraße zum Markt.

Post

Das Hauptpostamt liegt in der Jl. Gajah Mada 58. ⌚ Mo–Do 8–14.30, Fr 8–11.30, Sa 8–13 Uhr.

Transport

Busse

Vom **Busbahnhof** im Südosten verkehren zwischen 6 und 14 Uhr Busse nach BATUBULAN bei DENPASAR (40 km) für 15 000 Rp, GIANYAR für 5000 Rp und SINGARAJA für 25 000 Rp.

Minibusse

Blaue Bemos fahren für 10 000 Rp über CANDI DASA nach AMLAPURA. Man steigt am besten in der Jl. Diponegoro, ca. 500 m östlich der großen Kreuzung, zu.
Weiße Bemos fahren nach PADANG BAI für 10 000 Rp.
Rote Bemos fahren zum BESAKIH für 15 000 Rp, allerdings können die Preisverhandlungen ziemlich hart werden.

Umgebung von Semarapura

Kamasan

Das Dorf, 2 km südlich von Klungkung, ist das Zentrum der traditionellen Malerei auf Bali. Hier hatte bereits der *Raja* von Gelgel 1380 seine Hofkünstler angesiedelt. Wie der Ortsname andeutet *(Mas* = Gold), lebten hier neben Malern hauptsächlich Gold- und Silberschmiede. Die Goldschmiede hatten die Kronjuwelen für den Herrscher anzufertigen und noch heute produziert man hier den traditionellen Schmuck, der bei Tempelzeremonien getragen wird, und die silbernen Schalen, in denen Frauen die aufgetürmten Opfergaben auf ihrem Kopf zum Tempel balancieren. Mit dem aufkommenden Tourismus hat die Malerei immer mehr an Bedeutung gewonnen.

Die Gemälde sind meist unsigniert, wie es der Tradition entspricht, denn die Künstler wurden früher als Handwerker angesehen, die im Dienste eines *Rajas* standen und lediglich dessen Aufträge ausführten. Die Bilder sind vorwiegend zweidimensional, ikonenähnlich gemalt und folgen strikten Regeln und Vorgaben. Neben Gemälden auf Leinwand in allen Größen, deren Motive überwiegend aus dem *Ramayana* und dem *Mahabharata* entlehnt sind, werden in Kamasan bemalte Hüte und Behälter mit Deckel aus Kokosnussschalen im *Wayang*-Stil angeboten (man spricht auch vom *Kamasan*-Stil). Die Kenntnis der akkuraten Maltechnik und der Bedeutung von Gestik und Mimik der dargestellten Personen wird von Generation zu Generation innerhalb einer Familie weitergegeben.

Obwohl viele Maler in Kamasan wohnen, sucht man Geschäfte, Studios und Galerien, wie man sie aus Ubud kennt, hier vergeblich. Das **Kamasan Arts Centre** bietet aber seit einigen Jahren ein breit gefächertes kulturelles Programm und kann auch Atelierbesuche organisieren.

Pura Batu Klotok

Südlich von Kamasan und Gelgel kommt man zu einem schwarzen Sandstrand, der einen kleinen, spektakulär gelegenen Küstentempel beheimatet: **Pura Batu Klotok**. Sein *Odalan* wird alle 210 Tage an einem Dienstag, zwei Wochen vor *Galungan*, gefeiert. Kurz vor *Nyepi*, dem balinesischen Neujahr, werden die *Pratima* aus dem

Besakih-Tempel in einer aufwendigen Prozession *(Melasti)* hierher gebracht, wo sie rituellen Reinigungen unterzogen werden.

Kusamba

Das Fischerdorf Kusamba liegt 6 km weiter östlich an einem breiten, überwiegend schwarzen Sandstrand vulkanischen Ursprungs. Überall am Strand, von dem aus man weit im Süden die große Insel **Nusa Penida** sehen kann, liegen die *Prahu* der Fischer, kleine Auslegerboote mit bunten Dreieckssegeln und Außenbordern, mit denen sie am späten Nachmittag zum Fischfang auf Meer hinausfahren.

Eine wichtige Einnahmequelle der Bewohner ist die **Meersalzgewinnung** (s. Kasten S. 315): Die Salzbauern schleppen das Meerwasser in großen Bottichen an Land und sprenkeln es über den Strand, sodass das Wasser auf dem heißen Sand schnell verdunstet. In vielen kleinen Familienbetrieben wird noch nach traditioneller Methode ohne technische Hilfsmittel gearbeitet.

Direkt am östlichen Ortsende zweigt bei dem grünen Schild „Penyeberangan Nusa Penida" eine Seitenstraße zum Meer ab. Über sie erreicht man die Anlegestelle der Marktboote aus Nusa Penida. Ein Bediensteter am Strand verkauft Tickets für die Überfahrt. Die Boote sind klein und werden oft mit Markthändlern und Ware überladen. Bei starkem Seegang ist die 1 1/2-stündige Fahrt kein Vergnügen! Abfahrten täglich gegen 6 und 15 Uhr für 20 000 Rp. Die Abfahrt kann sich oft um Stunden verzögern, trotzdem sollte man pünktlich am Strand sein.

Eine deutlich bessere Alternative sind die (Schnell-)Boote von Sanur nach Nusa Lembongan (s. S. 316) oder die Autofähre von Padang Bai nach Nusa Penida (s. S. 309). Organisierte Bootstouren gibt es ab Tanjung Benoa (s. S. 190).

Tihingan

Wenige Kilometer westlich von Klungkung lohnt ein Besuch bei den Gong-Handwerkern von Tihingan. In über 20 Familienbetrieben werden hier schon seit Jahrhunderten die Instrumente für das balinesische Gamelan-Orchester produziert. Die Werkstätten sind für Neugierige geöffnet und präsentieren stolz die traditionellen Herstellungstechniken.

Besakih

Der 3142 m hohe Gunung Agung ist das Zentrum der balinesischen Welt und Sitz der Götter. 20 km nördlich von Semarapura (Klungkung)

Zu wichtigen Tempelfesten werden den Göttern Unmengen an reich verzierten Opfergaben dargebracht.

liegt auf 950 m Höhe am Fuße des heiligen Berges der größte, älteste und heiligste Tempel der Insel, **Pura Besakih**, der von allen Balinesen als „Muttertempel" verehrt wird. Jedes ehemalige Königshaus, jeder Familienclan und jede Berufsgruppe ist hier mit einem eigenen Tempel vertreten. Der bedeutendste davon ist der **Pura Penataran Agung**, der einst der Königsfamilie von Klungkung gehörte. Schon im 8. Jh. soll der legendäre Rsi Markandeya, ein Hindu-Heiliger aus Java, Pura Besakih gegründet haben. Wahrscheinlich fand er hier schon ein uraltes prähinduistisches Megalithenheiligtum vor, das der Verehrung eines Berggottes und vor allem der Ahnen diente. Im Laufe der Jahrhunderte ist die Anlage immer wieder aufgebaut und erweitert worden. Heutzutage umfasst der spektakulär gelegene Tempelkomplex über 200 Gebäude.

Nur Hindus dürfen das Innere und damit Allerheiligste der Tempelanlage betreten, dagegen

Eka Dasa Rudra

Die größte Zeremonie, die für den Besakih-Komplex veranstaltet wird, ist **Bhatara Turun Kabeh**. Sie findet an Vollmond im März oder April statt, zwei Wochen nach *Nyepi*, dem balinesischen Neujahr. Alle fünf Jahre ist das Fest besonders groß, alle zehn Jahre sogar noch größer – und alle hundert Jahre nennt man es **Eka Dasa Rudra**, das wichtigste Tempelfest überhaupt, bei dem das Universum symbolisch gereinigt wird. Sechs Wochen lang wird gebetet und geopfert. Jeder Balinese, der dazu in der Lage ist, begibt sich in dieser Zeit auf eine Pilgerfahrt nach Besakih. Eka Dasa Rudra sollte immer zur Jahrhundertwende des *Saka*-Kalenders stattfinden. Da dieser Mondkalender im Jahre 78 n. Chr. beginnt, war es im März 1979 (Ende des *Saka*-Jahres 1900) für lange Zeit das letzte Mal, dass man diesem Ereignis beiwohnen konnte.

Es ist nicht ganz klar, warum man schon 1963 einen Versuch startete, dieses Fest zu begehen, obwohl einige Brahmanen und andere Religionsführer davon abrieten und auf das falsche Datum hinwiesen. Nicht zuletzt mögen politische Gründe dabei eine Rolle gespielt haben. Anfang der 1960er-Jahre war Bali eine der am meisten vernachlässigten Provinzen des jungen Staates, geprägt von Armut, korrupter Verwaltung und Misswirtschaft. Indonesiens erster **Präsident Sukarno**, dessen Mutter aus Bali stammte, hatte seine Teilnahme am Fest angekündigt. Gerade er hatte großes Interesse daran, das Jahrhundertfest abhalten zu lassen: zum einen als politisches Ablenkungsmanöver, zum anderen, um sein inzwischen stark verblichenes Image wieder aufzupolieren. Eine Rattenplage und die Vorahnung kommenden Unheils (die Kommunistenverfolgung 1965/66) ließen es auch den meisten Balinesen ratsam erscheinen, das gestörte Gleichgewicht auf der Insel wieder herzustellen. Doch die ohnehin schon unzufriedenen Götter zürnten jetzt erst recht und es kam zur Katastrophe.

Schon im Februar 1963, als man mit den Vorbereitungen zum Fest begann, quollen Rauchwolken aus dem Krater des **Gunung Agung**, der sich schon seit Jahrhunderten nicht mehr geregt hatte, Asche schwebte in der Luft und schwache Erdbeben waren zu spüren. Trotz zunehmender Zweifel eröffnete man die Zeremonie termingerecht am 8. März, allerdings ohne Sukarno, der vorsichtshalber zu Hause geblieben war. Am 12. März stieß der Agung Schlamm und Felsbrocken aus und am 17. März wälzten sich gewaltige, glühende Lavaströme die Bergflanken hinab und bewegten sich Richtung Muttertempel. Viele Menschen fanden den Tod, Dutzende von Dörfern wurden vernichtet, doch der Pura Besakih blieb größtenteils unversehrt. Jedem war nun klar, dass Sukarno kein Liebling der Götter sein konnte.

Natürlich musste Eka Dasa Rudra daraufhin wiederholt werden, aber diesmal zum richtigen Zeitpunkt. Der war im März 1979 gekommen, wie der harmonische und erfolgreiche Verlauf des Festes bewies.

dürfen einige Nebentempel in korrekter Bekleidung auch von Touristen besichtigt werden.

Vor dem Tempeleingang herrscht der übliche Touristenrummel mit Essen- und Souvenirständen sowie lästigen Guides. Besucher werden unmissverständlich darauf hingewiesen, dass der Zutritt nur mit einem Führer gewährt wird, was jedoch nur für die Tempel, nicht aber für das Gelände an sich gilt. Ein früher Besuch lohnt sich, denn ab 11 Uhr liegt der Berg oftmals schon in den Wolken. Eintritt 15 000 Rp, verhandelbare Preise für einen Führer.

Da der Pura Besakih aus zahlreichen Einzeltempeln besteht, wundert es nicht, dass hier sehr häufig Zeremonien abgehalten werden, meist nach dem *Saka*-Kalender bei Vollmond. Das *Odalan* des wichtigsten Tempels von Besakih, Pura Penataran Agung, ist z. B. an Vollmond im September oder Oktober.

Transport

Die meisten Touristen fahren in Reisebussen oder aber mit dem eigenen Fahrzeug zum Besakih.

Von KLUNGKUNG kommt man an Festtagen mit einem Minibus für 15 000 Rp direkt zum Tempel. Ansonsten geht es mit dem Minibus bis MENANGA für 10 000 Rp. Von hier führt der Weg 6 km steil hinauf. Öffentliche Minibusse vom Besakih talabwärts gibt es kaum. Oft ist es die einzige Möglichkeit, für rund 100 000 Rp einen Minibus oder ein Auto bis nach KLUNGKUNG zu chartern.

Vorsicht vor Abzocke am Besakih!

Bei unserer letzten Recherche zeigten sich die einheimischen Guides am Eingang unbeeindruckt vom auf den Tickets genannten Eintrittspreis und verlangten von Besuchern, die nicht in organisierten Gruppenreisen in den Tempel wollten, grotesk überhöhte Summen (bis zu 30 €!). Auch Diskussionen auf Indonesisch vermochten den Preis nicht weiter als bis auf das Dreifache des ausgeschriebenen Ticketpreises zu senken.

Zudem wird behauptet die „über 1 km lange" Strecke bis zu Tempeleingang könne nur mit dem Motorrad zurückgelegt werden. Es sind aber nur etwa 300 m, die man leicht zu Fuß gehen kann.

Am Tempeleingang warten bereits Frauen mit „Geschenken" auf ahnungslose Touristen. Selbstverständlich erwarten auch sie für die scheinbar selbstlos übergebenen Blüten eine satte Bezahlung.

Hat man sich einmal bis zum Eingang durchgekämpft, ist es noch nicht vorbei: Auf dem Gelände laden weitere Guides zur – mitunter als Fremdsprachentandem beschönigten – Führung durch den Tempelkomplex ein. Es sei an dieser Stelle ausdrücklich vor „kostenlosen" Angeboten gewarnt. Auch hier wird hinterher ein saftiges Geldgeschenk verlangt!

Gunung Agung

Die Bergbesteigung

Einige steile und mehr oder weniger ausgetretene Pfade führen auf den mit 3142 m höchsten Berg der Insel, dessen Gipfel heilig ist. Die beste Zeit für eine Besteigung ist die Trockenzeit (Mai bis Oktober). Die meisten Touren starten nachts, um nach vierstündigem Aufstieg pünktlich zum Sonnenaufgang den Gipfel zu erreichen, und sind bis zum Mittag wieder zurück. Guides sind unbedingt erforderlich, da sich Wanderer regelmäßig in dem verwirrenden Weggeflecht verirren.

Der einfachste Weg beginnt am **Pura Pasar Agung** in **Sebudi** in etwa 900 m Höhe, nördlich von Selat. Der relativ leichte Aufstieg führt zunächst auf einem schmalen, unbefestigten Pfad durch den Bergwald, danach durch Lava-Felsbrocken und wird mit einem wundervollen Blick auf Süd-Bali und den Gunung Rinjani auf der Nachbarinsel Lombok belohnt. Kurz vor dem steilen Anstieg steht ein kleiner Tempel. Von hier sind es noch drei bis vier Stunden Kletterei bis zum Kraterrand. Der Gipfel, nur wenige Meter höher, liegt westlich des Kraters, dazwischen erstreckt sich ein schmaler, gefährlicher Grat aus losem Lavagestein, den man nicht überqueren sollte!

Ein anderer, längerer Pfad, von dem aus man aber nicht den Krater sehen kann, führt direkt zum Gipfel. Man startet rechts vom Pura Besakih und läuft zwei Stunden am Fuße des Agung entlang nach Norden. Hier beginnt der eigentliche Aufstieg über die Westflanke des Vulkans, der schwieriger ist. Der Pfad verzweigt sich häufig und führt streckenweise durch verfilzten Dschungel. Am Pura Besakih bieten Guides Touren ab 500 000 Rp an; ab drei Personen kosten sie nur noch 250 000 Rp p. P.

An der Ostseite des Vulkans ist die Besteigung ab **Abang** und **Culik** möglich. Diese beiden Aufstiege werden selten genutzt. Sie sind äußerst schwierig und nur etwas für erfahrene Bergsteiger. Von Culik startet man von **Kedampal** ca. 2 km westlich, von Abang fährt man bis **Desa Purasana**, ca. 3 km westlich. Dort sollte man sich unbedingt von Ortskundigen begleiten lassen. Gaskocher sind aufgrund der enorm hohen Waldbrandgefahr überall verboten!

Auch wenn die Guides an der Touristeninformation am Besakih anderer Meinung sein mögen, für diesen Aufstieg ist gute Kondition unbedingt notwendig. Untrainierte oder geschwächte Menschen schaffen es oft nicht bis zum Gipfel und müssen vorher umkehren. Für den Aufstieg benötigt man neben festen Schuhen, Regenschutz und warmer Kleidung auf jeden Fall auch eine Taschenlampe, ausreichend Trinkwasser und Verpflegung. Empfohlen werden kann der Guide I Wayan Dartha, ✆ 0852-3700 8513, ✉ trekkerfirstnamedartha@yahoo.com, der ganze Besteigungspakete von Selat aus inkl. Übernachtung, Transport und Verpflegung für ca. US$50 p. P. anbietet.

Südlich des Gunung Agung

Bei einer Tour durch die Dörfer am Südhang des Agung ergeben sich viele farbenfrohe, kontrastreiche Bilder und atemberaubende Panoramablicke auf die natürlichen Schönheiten Balis. In den bergigen Ausläufern des Gunung Agung ist die Landschaft von dichtem Urwald, saftig-grünen Schluchten, Reisfeldern und Gemüseplantagen geprägt. Die landschaftlich beeindruckende Straße von Bangli Richtung **Rendang** durchquert in einem ständigen Auf und Ab mehrere malerische Flusstäler. Auf einer schmalen, asphaltierten Straße geht es über Muncan nach **Selat** durch eine schöne Berglandschaft mit herrlichen Reisterrassen. Ein paar Kilometer weiter biegt rechts eine Straße über **Iseh** und **Sidemen** nach Klungkung ab. Geradeaus geht es weiter nach Amed über **Putung**, **Bebandem** und **Ababi** unweit von Tirtagangga (s. S. 333). Bei einer Fahrt über die kleinen Dörfer wird man mit den für Bali so stereotypischen agrarromantischen Bilderbuchszenen belohnt. Die freundlichen Bewohner und die von teils spektakulären Gebirgszügen umrahmten Reisterrassen vermitteln noch einen Eindruck des ursprünglichen Bali. Die Strecke bietet viele Aussichtspunkte mit Blick bis zur Küste von Candi Dasa. Auf dem letzten Teilstück über **Culik** nach Amed geht das satte, feuchte Grün der Landschaft in eine trockenheiße Vegetation über.

Iseh

In Iseh besaß der deutsche Maler **Walter Spies** ein kleines, fantastisch über einem Abhang mit spektakulärer Aussicht gelegenes Haus nebst Atelier. Hierher zog er sich zurück, wenn es ihm in Campuan (Ubud) zu turbulent wurde, denn sein dortiger Wohnsitz war zum Ende der 1930er-Jahre zu einem bekannten Treffpunkt für Künstler aus der ganzen Welt geworden. Nach Spies' Tod im Jahre 1942 lebte der schweizerische Maler Theo Meier, der sogar einmal Präsident Sukarno zu seinen Gästen zählen durfte, bis 1957 in diesem Haus. Das Haus steht noch, aber die Leute, die jetzt dort wohnen, scheinen wenig Interesse an Besuchern zu haben. Von außen erinnert nichts mehr an Walter Spies, aber die ältesten Bewohner von Iseh können sich noch gut an ihn erinnern.

Putung

Fährt man von **Selat** weiter nach Osten, lohnt ein Zwischenstopp im Dorf **Putung** – einfach an der Kreuzung in Duda nicht links Richtung Sibetan abbiegen, sondern geradeaus fahren. Dort liegt rechter Hand das **Putung Hilltop Resort** direkt am Steilhang und bietet einen traumhaften Blick über Berghänge und Palmenwälder bis hin zur Insel Nusa Penida. Das Hotel selbst ist geschlossen, das Restaurant aber noch im Betrieb.

Fährt man von Putung weiter nach Süden, kommt man nach etwa 8 km zum Dorf **Manggis** nahe Candi Dasa. Die Strecke bietet ebenfalls wundervolle Aussichten, ist jedoch sehr steil und kurvig, und die Straße hat viele Schlaglöcher.

Sibetan

Östlich von Putung gelangt man bei Sibetan zu einem der wichtigsten Obstanbaugebiete auf Bali. Rambutan-, Durian- und Mangobäume überschatten die Gehöfte beiderseits der Straße. Sibetan ist bei den Balinesen auch als „Heimat der Salaks" bekannt, denn hier werden immerhin 80 % der landwirtschaftlichen Flächen dazu genutzt die Schlangenfrucht anzubauen. *Salak* sind kleinwüchsige, stark bestachelte Palmen mit enteneigroßen, süß-säuerlichen Früchten mit dunkelbrauner, schuppiger Schale, die hier zu Wein, Bonbons und Sirup verarbeitet werden.

Alle drei Tage findet ein großer, sehenswerter Markt (Obst, Gemüse, Vieh) in **Bebandem**, östlich von Sibetan, statt. Ab Bebandem führt eine Straße über das buddhistische Dorf **Budakeling** (s. S. 334) und **Ababi** nach Tirtagangga.

Sidemen

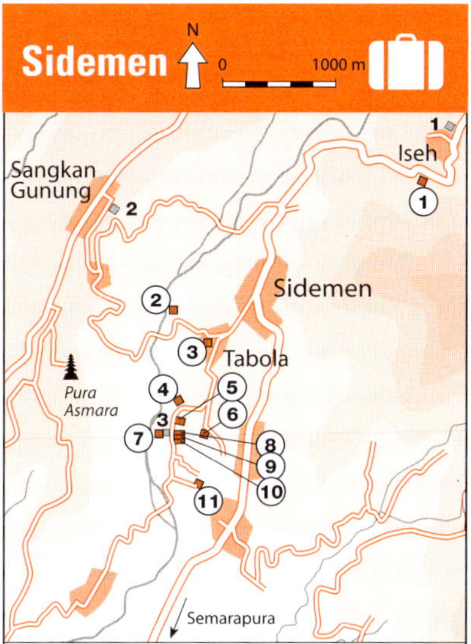

Übernachtung:
1. Pondok Wisata Patal Kikian
2. Uma Ayu
3. Pondok Wisata Lihat Sawah 1
4. Giri Carik
5. Sawah Indah Villa
6. Villa Aura Surga
7. Nirarta Centre for Living Awareness
8. Lihat Sawah 3
9. Uma Agung Villa
10. Rumah Tenun
11. Surya Shanti Villa

Essen:
1 Warung Organik
2 Warung Dwi Jahyanti
3 Jana's Warung

12 km nördlich von Klungkung, nahe den Flüssen Sungai Unda und Telaga Waja, liegt in einem malerischen Tal das idyllische Örtchen Sidemen. Hier haben sich zahlreiche komfortable Unterkünfte etabliert, die je nach Lage mit einem Ausblick zum mächtigen Agung, zum Meer bis nach Nusa Dua oder über die grünen Hänge und Hügel punkten können. Hier lassen sich gut ein paar entspannte Tage verbringen. Für Rastlose bieten sich Ausflüge zum Pura Besakih, nach Klungkung (Semarapura) und in die unmittelbare Umgebung sowie Webkurse, Rafting auf dem Telaga Waja oder Trekking am Gunung Agung an.

Im Westen ist der **Pura Asmara**, der auf dem Kamm des Bukit Asmara thront, ein lohnenswertes Ziel für einen Halbtagesausflug. Aus Sidemen kommend folgt man der Straße nach Südwesten ins Tal, überquert die beiden Brücken und fährt durch das Dorf Klunga den Hügel hinauf. Nach 15 Minuten Fahrt erreicht man den Ort Sangkan Gunung. Dort biegt man links in die Ortsstraße und gelangt nach weiteren 100 m mit einer Links-Rechts-Kombination auf die parallel verlaufende Straße, die zu einer alten Treppe führt. Nachdem die zahlreichen Stufen erklommen sind, eröffnet sich am Pura durch die Baumwipfel ein herrliches Panorama. Um den recht unspektakulären Tempel führt gegen den Uhrzeigersinn ein Trampelpfad zur Rückseite, von wo aus sich schöne Ausblicke ins Tal bieten.

Übernachtung

Alle Unterkünfte liegen, wenn nicht anders angegeben, in Tabola, dem südwestlichen Ortsteil von Sidemen. Das Klima ist mild und besonders nachts so angenehm, dass auf Klimaanlagen im Zimmer verzichtet werden kann. Weitere Übernachtungsmöglichkeiten s. eXTra [6967].

Untere Preisklasse

Giri Carik, ✆ 0819-3666 5821, ✉ giricarik@gmail.com. Die 3 schönen und sauberen Bungalows mit guten Matratzen, Moskitonetzen und schickem Open-Air-Du/WC mit Warmwasser bieten ein gutes Preis-Leistung-Verhältnis. Von der Veranda aus hat man eine schöne Aussicht auf den Gunung Agung. Freundliche Betreiber und familiäre Atmosphäre Frühstück inkl. ❸

Puri Agung Inn, in Selat an der Hauptstraße von Rendang nach Amlapura, ✆ 0366-530 0887. Leider dicht an der Straße gelegen, werden hier ältliche, aber nette Zimmer angeboten mit Warmwasser-Bad/WC. Die günstigeren sind etwas dunkel, die teureren groß und hell. Der freundliche Betreiber organisiert Trekking-Touren durch die Reisfelder und Gunung-Agung-Besteigungen. ❸

Rumah Tenun, Jl. Pura Dalem Cepik, ✆ 0819-1624 8209, ✉ labangetistrek@yahoo.co.id. Wer mit Familienanschluss wohnen möchte, kann hier ein einfaches Zimmer mit Gemeinschafts-Du/WC oder den komfortableren Bungalow beziehen. Der freundliche Besitzer Ketut Laba kümmert sich aufopferungsvoll um seine Gäste und bietet verschiedene Wanderungen in die Umgebung an. ❸

Mittlere Preisklasse

Nirarta Centre for Living Awareness, ✆ 0366-530 0636, 🖳 www.awareness-bali.com. Stilvoll mit viel Holz eingerichtete Bungalows mit Warmwasser-Du/WC in einem schönen Garten. Die teureren Zimmer bieten mit 3-seitiger Fensterfront Rundumsicht und eine schöne Sitzecke mit Kissen. Der englische Besitzer bietet tgl. Meditationskurse an, auch für Anfänger. Kein Pool, aber mit klarem Badefluss und gutem vegetarischem Restaurant. Sehr freundliches Personal, Frühstück inkl. ❹–❺

Pondok Wisata Patal Kikian, südlich von Iseh auf dem Weg nach Sidemen, ✆ 0366-530 0541, ✉ patalkikian@gmail.com. Der steile Weg führt zu den 3 versteckt gelegenen, riesigen Bungalows mit Du/WC und Veranda mit fantastischer Aussicht in einer charmanten, weitläufigen Anlage mit Pool am Berghang. Schon älter, aber sauber und hell. Frühstück inkl. ❺–❻

Sawah Indah Villa, ✆ 0366-534 4455, 🖳 www.sawahindahvilla.com. Die große, in Blau- und Grüntönen gehaltene Villa mit Pool, Balkon und Blick in die Reisfelder überzeugt durch elegante, helle Zimmer, die mit guten Matratzen, Parkettboden und sehr schön gestaltetem steinernem Open-Air-Bad/WC mit Warmwasser ausgestattet sind. In dem hübschen Restaurantpavillon serviert das freundliche Personal gutes Essen. Frühstück inkl. ❹–❺

Uma Agung Villa, ✆ 0366-530 5577, 🖳 www.umaagungvilla.com. Mitten in den Reisterrassen kann man hier in einem der 11 etwas spärlich eingerichteten, aber komfortablen Zimmer mit bequemen Matratzen und großem Open-Air-Bad/WC mit Warmwasser übernachten. Die teureren mit herrlicher Aussicht. Sehr schöner Überlaufpool. Frühstück im Restaurant inkl., Internet für 5000 Rp pro Std. ❹

Uma Ayu, an der nach Südwesten nach Tabola führenden Straße, ✆ 0852-5333 6897. Etwas versteckt liegt inmitten einer ruhigen Anlage mit mehreren Fischteichen der hübsche 2-stöckige Holzbungalow mit 2 Zimmern mit Open-Air-Du/WC und Balkon. Das Wasserplätschern liefert den passenden akustischen Hintergrund zur idyllischen Lage. Frühstück inkl. ❹

Villa Aura Surga, ✆ 0361-900 6705, ✉ aura.surga@ymail.com. 2 schicke, strohgedeckte, luxuriös gestaltete Villen mit guten Matratzen, stilvollem Interieur im Antik-Design und Open-Air-Du/WC. Die Anlage mit Pool bietet

Die Basis für entspannte Tage

Pondok Wisata Lihat Sawah 1, ✆ 0366-530 0516, 🖳 www.lihatsawah.com. Die gepflegte Anlage samt einladendem Pool mit toller Aussicht auf die Landschaft bietet komfortable Zimmer mit dezenten Holzverzierungen und Warmwasser-Bad/WC, teils auch mit Open-Air-Du/WC und Balkon. Es werden Web-, Koch und Tanzkurse sowie Touren organisiert. Sehr freundliches Personal. Restaurant mit großer Auswahl an guten thailändischen Gerichten. Frühstück inkl. Das in der Nachbarschaft gelegene Lihat Sawah 3 hat neuere, schickere Zimmer, aber weniger Personal. ❸–❺ totale Abgeschiedenheit in den Reisfeldern. Die Küche ist nicht gerade berauschend. Frühstück inkl. Rabatte sind möglich. ❺

Obere Preisklasse

Surya Shanti Villa, ✆ 0828-9729 8500, 💻 www.suryashantivilla.com. Die luxuriöse Anlage mit einladendem Pool bietet 2 schicke, helle, luftig und komfortabel ausgestaltete Doppelstockbungalows mit guten Matratzen und Schreibtisch im oberen sowie Sitzbereich und Open-Air-Bad/WC im unteren Stock. Zudem eine große Villa mit 4 Zimmern und 2 kleine mit je 2 Zimmern, die auch separat vermietet werden. Nachmittags untermalt traditionelle Musik das Reisfeldpanorama. WLAN und Frühstück inkl. ❼

Essen

Jana's Warung, am Nirarta Centre. In dem kleinen, mit Bambusmöbeln eingerichteten Restaurant gibt es gute balinesische und Thai-Gerichte zu verträglichen Preisen. *Pepes Ikan*, Fisch mit Gemüse im *Pandan*-Blatt gegart, sowie der Pancake mit Kokosraspeln und Palmsirup sind besonders lecker.

Warung Dwi Jahyanti, zwischen Klunga und Sangkan Gunung am Bukit Asmara. Für die beste Aussicht ins Tal lohnt sich ein Mittagessen oder Kaffee in dem kleinen Warung am Hang. Einfache indonesische Gerichte ab 20 000 Rp, respektables *Nasi Campur* und gute Säfte reißen zwar nicht vom Hocker, der buchstäbliche Blick über den Tellerrand dafür umso mehr. 🕒 9–18 Uhr.

Warung Organik, nördlich von Iseh, ✆ 0858-5701 3416, ✉ n.selamet@yahoo.com. Ebenfalls tolle Aussicht auf die Felder im Tal bietet dieses Restaurant, das auf einem Bambusgerüst an der Landstraße ruht. Die freundlichen Betreiber servieren indonesische und vegetarische Gerichte mit Zutaten aus eigenem Anbau ab 30 000 Rp. 🕒 7–19 Uhr.

Aktivitäten

Rafting

2 1/2 Std. Rafting von Rendang nach Tangkup auf dem **Telaga Waja** sind für ca. US$75 p. P. inkl. Transport, Mittagessen und Guide zu bekommen. Eine Versicherung ist aber nicht immer eingeschlossen, auch die Streckenlänge variiert zwischen den Anbietern, beträgt aber durchschnittlich 16 km bei einer Schwierigkeitseinstufung von 3–4.

Trekking

Besteigungen des **Gunung Agung** (s. S. 303) sind über jede Unterkunft zu organisieren und kosten ab 400 000 Rp p. P. In der Regel wird man gegen 1 Uhr morgens vom Hotel abgeholt und besteigt nach 1-stündiger Fahrt je nach Fitness in ca. 4–7 Std. den Agung. Idealerweise sitzt man zum Sonnenaufgang beim Frühstück auf dem Gipfel und kann die Aussicht bis Lombok und Java genießen, bevor sich im Laufe des Vormittags die Wolken um den Berg zusammenziehen.

Wandern

Schöne Wanderungen durch das Tal und die Reisfelder kosten 50 000 Rp pro Std. und dauern in der Regel 2–4 Std. Unterwegs werden den Teilnehmern je nach Route der Dorfzyklus, die Arbeitsweisen der Bauern, die diversen Nutzpflanzen und balinesische Traditionen nähergebracht. Die Unterkünfte und Touristeninformationsstände in Sidemen organisieren das Ganze ab 2 Pers.

Webkurse

Rumah Tenun, Jl. Pura Dalem Cepik, ✆ 0819-1624 8209, ✉ labangetistrek@yahoo.co.id. Die Frau des Hotelbesitzers Nengah Sukri veranstaltet empfehlenswerte Webereikurse für 50 000 Rp pro Std., in denen den Teilnehmern die traditionellen balinesischen Techniken nähergebracht werden. Die Produkte ihrer Arbeit werden auch zum Verkauf angeboten.

Transport

Von Selat fahren **Minibusse** nach BATUBULAN für 25 000 Rp. Nach AMLAPURA sowie SEMARAPURA kostet es 10 000 Rp und dauert 30 Min., allerdings verkehren die meisten Minibusse nur vormittags.

Gecharterte **Taxis** sind über die Unterkünfte zu buchen und kosten nach PADANG BAI ab 180 000 Rp in 1 Std., nach SANUR 250 000 Rp in 1 1/2 Std.

Nusa Penida

Die ehemalige Sträflingsinsel Nusa Penida ist mit 203 km^2 und etwa 7000 Einwohnern die größte der Nusa-Inseln im Südosten von Bali. Hier gibt es, im Kontrast zu dem saftigen Grün auf Bali, kaum Reisfelder. Stattdessen ist die Insel von einer überaus kargen Vegetation überzogen, bietet aber einige der spektakulärsten Tauchplätze von ganz Bali mit seltenen Großfischen und dramatischen Steilwänden.

Der Lebensstandard ist hier wesentlich niedriger als auf Bali, da die meisten Touristen ihr Geld auf der kleineren Nachbarinsel Nusa Lembongan lassen. In einigen Dörfern legen die Einwohner eine eher ablehnende Haltung gegenüber Touristen an den Tag. **Toyapakeh** hat einen wunderschönen Strand, an dem auch die Marktboote aus Nusa Lembongan ankommen. Leider eignet sich die Bucht nicht zum Schwimmen, da hier in Bambusrahmen im Wasser Algen angebaut werden (s. S. 314).

Sampalan ist das Verwaltungszentrum der Insel und bietet neben den meisten Übernachtungsmöglichkeiten auch den einzigen Markt mit vielen Essenständen. Vom neuen Fährhafen setzt die große Autofähre „Kapal Roro" täglich nach Padang Bai über.

Im Dorf **Ped** liegen die Vogelzuchtstationen und das Besucherzentrum der Stiftung Bali Bird Sanctuary (s. Kasten) sowie einige einfache Unterkünfte. Hier können sich Engagierte auch in Freiwilligenprojekten im Naturschutz nützlich machen. Auch der wichtigste Tempel der Insel liegt hier. Im mystischen **Pura Ped** wird der Dämon Jero Gede Macaling verehrt.

Für die detaillierte Beschreibung einer Wanderung über die trockene Insel s. eXTra [6977].

Vogelschutzgebiet

Das **Bali Bird Sanctuary** der NGO Friends of the National Parks Foundation, ✆ 0828-9760 8696, 🖳 www.fnpf.org, kümmert sich auf Nusa Penida um die bedrohlich geschrumpften Vogelbestände. Ziel ist eine Vergrößerung des Bestands, die keine Artgefährdung mehr darstellt, um sie anschließend wieder auszuwildern. Das berühmteste Beispiel ist der Bali-Star, von dem es auf der Insel 2005 nur noch zehn Exemplare gab. Nach nur zwei Jahren lebten hier bereits wieder über 60 Vögel, die teils vom indonesischen Präsidenten Yudhoyono höchstpersönlich freigelassen wurden. 2011 wurden 100 kleine, bunte Javaspechte in die Freiheit entlassen, deren Bestand zuvor ebenfalls bedroht war. Die ganze Insel samt Siedlungen und Einwohnerschaft wurde zum Vogelschutzgebiet erklärt. Die Dorfbewohner kamen überein, den Vogelschutz in die Selbstverwaltungsrichtlinien der Gemeinden aufzunehmen.

Übernachtung und Essen

Toyapakeh

Mutiara Bungalows, ✆ 0818-0533 3747. Unweit der Anlegestelle bietet diese ältere Anlage um einen Garten mit Restaurantpavillon einfache Zimmer mit Mandi/WC, teils auch AC. Frühstück gegen Aufpreis. ❷

Quicksilver, ✆ 0813-3820 7515. Die komfortabelste Unterkunft der Insel mit großen Holzbungalows, die ruhig in der Nähe des Strandes liegen, von dem aus die Boote nach Nusa Lembongan ablegen. Saubere, etwas abgewohnte Zimmer mit AC und schönem Open-Air-Du/WC in einem Steingarten. Empfehlenswert, aber etwas überteuert. ❸–❹

Sampalan

Made's Homestay, ✆ 0852-3881 4998. Hier gibt es einfache und etwas ältliche, aber saubere Bungalows mit bequemen Matratzen und Mandi/WC. Kleines Frühstück aus Omelett und Brot inkl. ❷

Nusa Penida Gh., Kutampi (Vorort von Sampalan), ✆ 0817-479 4176. Die 2 einfachen, recht dunklen, aber ordentlichen Zimmer mit Mandi/WC liegen um einen kleinen Innenhof abseits der Straße. Eine kleine Sitzecke mit Musikinstrumenten kann Gästen zur Abendunterhaltung dienen. ❷

Ray Homestay, ✆ 0366-23597. Um einen Garten mit vielen Singvögeln liegen die ruhigen, sauberen und einfachen Zimmer mit Mandi/Du/WC, die von einer freundlichen Betreiberin vermietet werden. Frühstück gegen Aufpreis. ❷

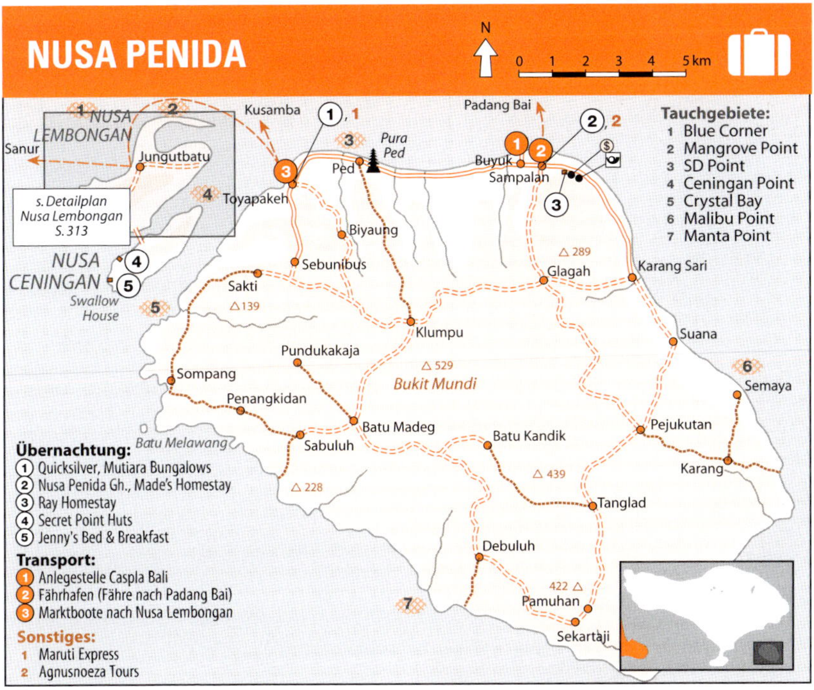

Viele **Essenstände** befinden sich in der Nähe des Marktes und an der Hauptstraße, die durch das Dorf führt.

Aktivitäten

Tauchen und Schnorcheln

Es gibt kein Tauchcenter auf der Insel. Einheimische Fremdenführer (s. Transport) bieten für max. 4 Pers. aber Charterboote für 400 000 Rp an, mit denen man zu den bekannten Tauch- und Schnorchelspots gelangt.

Touren

Agusnoeza Tours, Kutampi (Vorort von Sampalan), ✆ 0817-479 4176, ✉ agoes_noeza@yahoo.com. Bei dem Anbieter stehen neben Inselrundfahrten zu Wasserfällen und traditionellen Dörfern auch Schnorcheltouren für 400 000 Rp pro Boot und Tag und längere Ausflüge nach Lombok und Sumbawa auf dem Programm.

Transport

Minibusse und Motorräder

Vormittags fahren **Minibusse** die Nordküste der Insel entlang. Eine Fahrt von Toyapakeh nach Sampalan kostet 5000 Rp.

Motorräder sind für 60 000–70 000 Rp in den Unterkünften von Toyapakeh sowie im Motorradverleih in der Hafenzufahrt zu bekommen.

Boote

Nach LEMBONGAN geht es um 8 Uhr für 40 000 Rp in 30 Min. Danach sind nur noch gecharterte Boote für ca. 250 000 Rp zu haben.

Nach SANUR gibt es diverse Alternativen: Die öffentliche Fähre um 8 Uhr für 60 000 Rp braucht 2 Std. Daneben können Besucher mit resistentem Magen mit dem Schnellboot für 250 000 Rp in 30 Min. nach Bali:

Caspla Bali, ✆ 0361-720699, 💻 www.baliseaview.com, macht die Fahrt ab Buyuk (1 km westlich von Sampalan) um 8 und 16 Uhr.

14 HIGHLIGHT

Tauchen vor den Nusa-Inseln

Die starke Strömung der Lombok-Straße vor Nusa Penida, Ceningan und Lembongan macht die Tauchplätze an den Küsten zu etwas ganz Besonderem. Zum einen gedeihen die Korallengärten in den aufsteigenden kalten Wassermassen besonders farbenprächtig, zum anderen können hier Hochsee-Großfische wie Makrelen, Haie, Mantarochen und auch der seltene Mondfisch *(Mola Mola)* gesichtet werden. Um Nusa Lembongan und Nusa Penida herum gibt es 247 Korallenarten und 562 verschiedene Riff-Fischarten. Die Tauchbedingungen sind aufgrund des kalten Wassers und der heftigen Strömungen sehr anspruchsvoll. Für Anfänger sind vor allem die Tauchplätze im Nordwesten von Nusa Lembongan und im Kanal zwischen Nusa Penida und Ceningan nicht empfehlenswert. In jedem Fall ist die Begleitung durch einen erfahrenen und vertrauenswürdigen Tauchmaster unbedingt erforderlich!

Der bekannteste Tauchplatz ist die **Crystal Bay**, wo es in der Hochsaison recht turbulent zugehen kann. Im kristallklaren Wasser liegt ein bunter Korallengarten und vom Riffhang aus kann man in eine geräumige Fledermaushöhle tauchen. Außerhalb der Höhle findet sich ein guter Platz, um Mondfische zu erspähen.

Beliebt ist auch der **Manta Point** vor den steilen Kalkklippen der Südküste. Die riesigen Mantarochen können bei dieser Putzerstation schon in wenigen Metern Tiefe beobachtet werden. Aber Vorsicht: Zeitweise herrschen sehr starker Wellengang und nur mittlere bis kurze Sichtweiten!

Der **Malibu Point** vor der Ostküste von Nusa Penida ist ein idealer Platz, um Haie, Mantarochen und andere Hochseefische zu sehen. Leider ist er für viele Tauchanbieter zu weit entfernt, um angefahren zu werden.

Tolle Drifttauchgänge entlang eines Abhangs sind beim **SD Point** möglich. Auch hier begegnet man Großfischen wie Mantas, Haien und Barrakudas.

Um die farbenprächtige Korallenwand und die endlosen bunten Fischschwärme bei einem Drifttauchgang rund um den **Ceningan Point** zu genießen, braucht ein Taucher viel Erfahrung. Die Strömungen sind äußerst stark und unberechenbar.

Maruti Express, ✆ 0852-686 4972, fährt um 9 und 15 Uhr von der Anlegestelle etwas nördlich von Toyapakeh ab.

Nach PADANG BAI geht es mit der Autofähre ab Sampalan in 1 Std., Abfahrt 12 Uhr, 16 000 Rp. Ein Schnellboot macht die Strecke um 7.30 Uhr in der halben Zeit für 50 000 Rp.

Nusa Lembongan

Die 8 km² große Nusa Lembongan ist umgeben von Korallenriffen und Kalksteinkliffs und wird durch die 12 km lange „Straße von Badung" von Bali getrennt. Die (Schnell-) Boote aus Sanur und das Marktboot aus Toyapakeh legen an dem idyllischen Strand von **Jungutbatu** an. Ein Großteil der Bucht wird mit Seetangfeldern bewirtschaftet, vor allem bei Ebbe kann man die Algenbauern bei ihrer Arbeit beobachten.

Erst nachdem australische Surfer in den 1990er-Jahren verschiedene Gebiete vor der Bucht für sich entdeckt hatten, entwickelte sich die Insel touristisch. Viele Besucher kommen nur für einen Tagesausflug mit Luxusbooten von Tanjung Benoa herüber (s. S. 190) und sind am Nachmittag wieder verschwunden. Für sie sind die vor der Küste von Jungutbatu gelegenen großen, schwimmenden Ponton-Inseln, die eine ganze Reihe von Aktivitäten ermöglichen, ohne an Land gehen zu müssen. Da aber immer mehr Touristen die Insel als Alternative zum hektischen Süden Balis entdecken, gibt es eine große Auswahl an Unterkünften – und von Jahr zu Jahr kommen neue hinzu. Auch Taucher, die ihre Tage unter Wasser vor der Nachbarinsel

Der **Blue Corner** ist das beste Tauchrevier für Großfische. An dem Steilhang können bei guten Strömungsverhältnissen Mantas, Rochen, Haie, Schildkröten und mit etwas Glück auch Mondfische beobachtet werden.

Im weitläufigen Mangrovengebiet von Nusa Lembongan, dem **Mangrove Point**, ist man von farbenfrohen Fische umgeben. Schwärme von Kaiser- und Drückerfischen ziehen vorbei, und Haie und Thunfische sind vereinzelt zu sichten.

Nusa Penida verbringen, finden hier eine weit besser entwickelte touristische Infrastruktur vor. Trotz alledem hat sich die Insel bisher ihren idyllischen, außerhalb der Hauptsaison geradezu verschlafenen Charakter bewahrt.

Beim Strandspaziergang auf Nusa Lembongan wird schnell deutlich, dass der **Algenanbau** ein wichtiger Faktor der einheimischen Wirtschaft ist. Besonders in der Bucht von Jungutbatu und vor Nusa Ceningan wurden wie im Norden von Nusa Penida Algenfelder angelegt. Der Geruch von Seetang hängt überall in der Luft. Am Strand und in den Hinterhöfen der Dörfer wird massenweise weiß-gelbliches, grünes und dunkelrotes Seegras auf Plastikmatten getrocknet. Während die Männer des Dorfes mit ihren kleinen gelben Auslegerbooten die Felder abernten, verteilen die Frauen die Algenhaufen mit hölzernen Harken oder setzen entlang der Drahtseile junge Schösslinge in die Bambusrahmen.

Während in Jungutbatu viele einfache und Mittelklasse-Bungalows den Strand säumen, sind an den Buchten weiter südwestlich die luxuriöseren Hotelanlagen zu finden. Alle Hotels an der **Coconut Bay** liegen an einem Hang und bieten einen tollen Blick über die Bucht von Jungutbatu und auf die weiten Algenfelder. Die Hauptstraße führt von hier vorbei an dem Tempel **Pura Segara** einen steilen Hang hinauf zum Hauptort **Lembongan**. Hier leben die meisten der 5000 Einwohner der Insel.

Wer bei der ersten Hauptstraße im Dorf erst rechts und dann wieder links abbiegt und sich durchfragt, findet das Schild mit der Aufschrift „Underground House“. Das Höhlenhaus **Goa**

Sigalagala kann mit einer Taschenlampe besichtigt werden. Das unterirdische Labyrinth wurde zwischen 1961 und 1983 von einem einzigen Mann gegraben. Eintritt 20 000 Rp.

Westlich von Lembongan warten traumhaft weiße Strände in tropischen Buchten. Der belebteste ist **Mushroom Bay** mit einigen größeren Hotelanlagen. Empfehlenswert ist aber auch der weiter südlich gelegene **Dream Beach**. **Achtung**: Schwimmen und Surfen sind hier zwar möglich, aber aufgrund starker Strömungen und heftiger Brandung sehr gefährlich. Ein kleines Hinweisschild kurz vor dem Dream Beach weist den Weg querfeldein nach rechts zum **Devil's Tear**, wo sich die Wellen an den schwarzen Felsen dramatisch brechen.

Die ganze Ostküste ist von üppigen Mangroven bewachsen, in denen Fahrrad- und Wandertouren möglich sind. Vogelfreunde können hier auf die Sichtung seltener Arten hoffen.

Außerdem lohnt ein Abstecher nach **Nusa Ceningan**, einer Insel, die durch eine Brücke mit Nusa Lembongan verbunden ist. Vorbei an Algenfeldern gelangt man hier an wunderschöne Strände und Buchten, z. B. zum beeindruckenden **Swallow House**. Tief bohren sich hier die Wellen in die zerklüfteten Klippen und bieten ein atemberaubendes Schauspiel. Von den höher gelegenen Orten der Insel bietet sich ein herrlicher Blick bis nach Bali – zum Sonnenuntergang besonders eindrucksvoll!

Übernachtung

Günstige Unterkünfte finden sich vor allem in Jungutbatu nördlich der Bootsanlegestelle. In den Buchten weiter südlich sind die Übernachtungsmöglichkeiten durchweg hochpreisiger.

Achtung: Kommt man in Jungutbatu an, ist es wahrscheinlich, dass selbst ernannte „Guides" ziemlich penetrant bei der Zimmersuche helfen wollen. Ihre Provision, die bis zu 25 % Aufschlag pro Nacht betragen kann, zahlen natürlich die Gäste. Am besten direkt am Hafen deutlich machen, dass keine Hilfe benötigt wird, und sich bemühen, schneller als der „Guide" in der gewünschten Unterkunft zu sein.

Weitere Übernachtungsmöglichkeiten s. eXTra [4237].

Jungutbatu

Blue Corner Dive, 0819-1623 1054, www.bluecornerdive.com. Die Anlage mit Pool bietet moderne und schick ausgestattete *Lumbung*-Bungalows mit Veranda, AC, guten Matratzen und Open-Air-Du/WC. Die Bar ist Fr Schauplatz der einzigen Strandparty der Nusa-Inseln. Die sehr netten kanadischen Betreiber haben als Meeresbiologen ihr Augenmerk auf Umweltverträglichkeit gerichtet – traditionelle Architektur aus Kokospalmenholz und *Alang-Alang*-Gras, Uferbepflanzung als natürlicher Erosions- und Tidenschutz, Minimierung des Plastikverbrauchs und Kompostierung der Abfälle. Frühstück und WLAN inkl. ❹

Chiringuito Bungalows, am nördlichen Ende der Straße 0813-3791 8426. Die Unterkunft hat recht neue, stylishe Bungalows mit schickem Holzinterieur, AC, Du/WC und ein paar flippigen Designelementen, etwa einer in die Wand integrierten Vespa. Leider überteuert und recht weit ab vom Schuss. ❻

Pandana Gh., am Hügel südöstlich von Jungutbatu, 0812-396 4919, www.pandanaguesthouse.com. Die terrassenartig an den Hang gebaute Anlage mit 2 Pools bietet tolle Aussicht über die Bucht und die Insel sowie saubere Zimmer mit guten Matratzen und Bad oder Du/WC, teils auch mit AC. Sehr freundliches Personal. WLAN und Frühstück inkl. ❺

Pondok Baruna Gh., 0813-3753 5152, www.world-diving.com. Die australische Inhaberin Sue führt auch das Tauchcenter nebenan. Die günstigen Zimmer in Reihenbungalows sind älter, sauber, zweckmäßig mit Bambusmöbeln und Du/WC eingerichtet und haben eine Veranda mit Meerblick. Etwas abseits vom Strand gibt es auch neue, luxuriösere Zimmer mit AC, komfortablen Betten und Warmwasser-Du/WC. Pool. Im Restaurant serviert das freundliche Personal leckeres indonesisches Essen ab 35 000 Rp. Frühstück inkl. Reservierung empfehlenswert. ❷–❹

Secret Garden Bungalows, 0813-5313 6861, www.bigfishdiving.com. In einem einladenden Garten direkt hinter dem Tempel befinden sich einfache, aber große Zimmer mit schönen Betten und halboffenem Bad/WC.

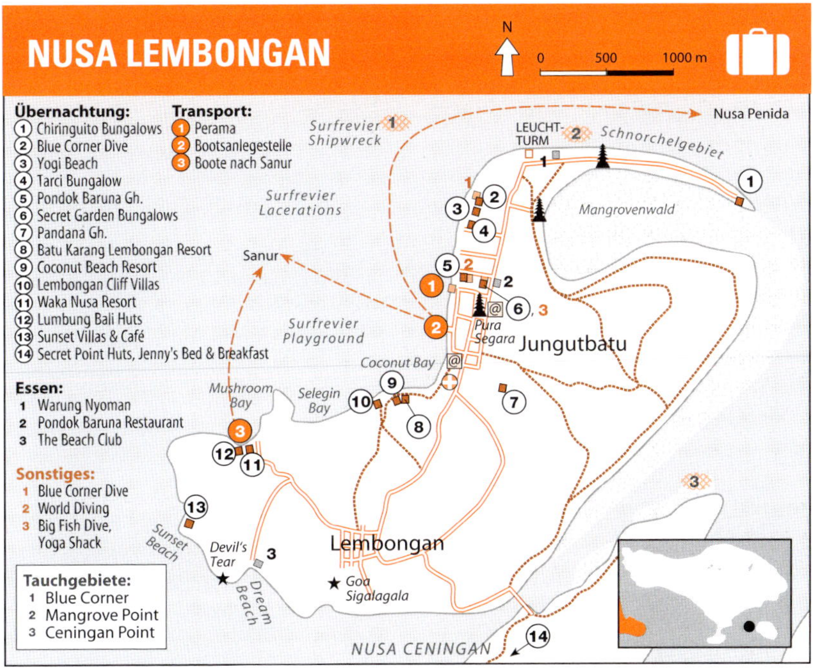

Auf der Veranda kann in Hängematten entspannt werden. ❷

Tarci Bungalow, ✆ 0812-390 6300. Einfache, 2-stöckige Bambusbungalows mit Du/WC, die bei Bedarf mehr als 2 Leuten Platz bieten. Schlafen ist sowohl oben teilweise mit Meerblick als auch im geräumigen Zimmer im unteren Stockwerk möglich. Der Besitzer Agus betreibt ein Strandrestaurant und bietet Surftrips an. ❷

Yogi Beach, im Norden des Ortes am Ufer, ✆ 0817-978 2646, 💻 www.bluecornerdive.com. Gutes Preis-Leistungs-Verhältnis bieten die 4 um eine große Wiese angelegten, sehr hellen und sauberen Bungalows mit Veranda und Du/WC, teils auch AC. Das Ganze ist mit Liegestühlen am Ufer schlicht, aber ansprechend gestaltet. ❷–❸

Coconut Bay

Batu Karang Lembongan Resort & Day Spa, am Hang der Bucht, ✆ 0366-24880, 💻 www.batukaranglembongan.com. Ein neues Luxushotel mit Spa und wunderschönen Villen mit allem Komfort. Selbst aus dem luxuriösen Open-Air-Bad mit großer Steinbadewanne bietet sich ein Blick auf die Bucht. Mindestaufenthalt 2 Nächte in der Neben-, 3 in der Hauptsaison. ❽

Coconut Beach Resort, hinter einem dicht bewachsenen Teil des Hanges am Ende der Bucht, ✆ 0361-728088, 💻 www.bali-activities.com. 8 runde, mit Meerblick, kühlen Steinböden, TV, Moskitonetzen, Bastmöbeln, Safe und Warmwasser-Du/WC, teils auch AC ausgestattete Bungalows. An der Rezeption können Bootsfahrten rund um die Insel gebucht werden. 2 Pools. Frühstück inkl. ❹

Lembongan Cliff Villas, ✆ 0819-3310 0912, 💻 www.lembongancliffvillas.com. Die Bungalows mit AC, guten Matratzen, Open-Air-Du/WC und teils Kühlschrank und Badewanne haben alle Blick auf das Meer. Freundliches Personal, Frühstück inkl. ❺–❻

Die Algenfarmer

In den von Korallenriffen geschützten Buchten der tropischen Inseln auf der Wallace Linie ist Algenanbau zu einem lukrativen Geschäft geworden. Hier gedeihen die anfälligen Gewächse im sauberen, ruhigen Meerwasser besonders gut, da sie keinen größeren Temperaturschwankungen ausgesetzt sind.
Nach einer Reifezeit von knapp über einem Monat und dem dreitägigen Trocknen wird der Seetang für 1500 bis 4000 Rp pro Kilo nach Sanur verkauft, wo er zu Pulver zermahlen und nach Japan, China oder in die westlichen Industriestaaten exportiert wird. Aus Algenpulver werden zwei beliebte Stoffe gewonnen: Karrageen und Agar. Beide Stoffe sind sogenannte Polysaccharide und dienen als Lebensmittelstabilisatoren. Anwendung finden sie auch in der Kosmetik- und Pharmaindustrie.
Wer die heilende Wirkung der Algen testen möchte, kann sich in den Luxushotels von Nusa Lembongan mit Algen einpacken lassen oder bei einer Algen-Massage entspannen. Algen sind besonders reich an Eiweiß, Vitaminen, Mineralien und Spurenelementen.

Mushroom Bay

Lumbung Bali Huts, ✆ 0813-3837 8456, 🖳 www.lembonganbalihuts.com. Die 4 kleinen, schönen *Lumbung* liegen direkt in der Bucht und haben im Erdgeschoss ein schönes Du/WC, während vom Balkon aus romantische Sonnenuntergänge genossen werden können. Mit kleinem Strandrestaurant. ❺

Waka Nusa Resort, ✆ 0361-723629, 🖳 www.wakaexperience.com. Die Luxuskette bietet hier 10 komplett ausgestattete, mit Stroh gedeckte Bungalows direkt am Strand. Alle mit Warmwasser-Du/WC, teils auch AC. Pools, Bar und Restaurant sind angenehm schattig unter Palmen gelegen. Frühstück, Nachmittagsobst und Transport von Bali an Bord eines privaten Katamarans inkl. ❼

Sunset Beach und Dream Beach

Sunset Villas & Café, ✆ 0813-3859 5776. Die mit *Alang-Alang*-Gras gedeckten, Bungalows in Traumlage nahe dem Sunset Beach bieten viel Platz. Sie sind hell, etwas abgewohnt, aber sauber und teils mit AC, Zugang zum Pool und schönem Open- Air-Du/WC. Vom Restaurant aus kann man beobachten, wie die Wellen spektakulär in die Bucht rauschen. Frühstück und Abholung vom Hafen inkl. ❹

Nusa Ceningan

Jenny's Bed & Breakfast, s. Karte S. 309, ✆ 0812-3627 7650, ✉ bsr_nuslem@yahoo.com. Hoch auf den Klippen hat sich eine Australierin ein von netten Hunden bewachtes Refugium gebaut. Die mit Holz verkleideten Bungalows bieten von der Terrasse eine wunderschöne Aussicht über die Insel und die Algenfarmen am Fuße der Felsklippe. Kühlschränke stehen zur Nutzung bereit. Auf Wunsch wird auch Essen aus dem lokalen Warung geliefert. Kleines, einfaches Frühstück inkl. ❸

Secret Point Huts, s. Karte S. 309, ✆ 0819-1626 8871, 🖳 www.secretpointhuts.com. Schicke, auf Holzpfeilern stehende *Lumbung* mit bequemen Matratzen, Open-Air-Du/WC und dezenter Dekoration, teils auch mit AC. Abholung und Frühstück inkl. ❺

Essen

Pondok Baruna Restaurant, gegenüber der gleichnamigen Unterkunft. In diesem hübschen Restaurant mit Holzinterieur, Sitzecke und entspannter Musik wird solide indonesische und westliche Kost zu verträglichen Kosten serviert. Hauptgerichte ab 30 000 Rp.

The Beach Club, am Dream Beach, ✆ 0828-9700 5656. In stilvoller Strandatmosphäre mit Blick auf die Wellen kann man hier sein Frühstück, ein kühles Bier, Cocktails oder Wein genießen. Tgl. Barbecue, mit Steak und Fisch aber auch Hummer. Zudem serviert das sehr freundliche Personal indonesische und internationale Gerichte zu leicht gehobenen Preisen.

Warung Nyoman, am Nordende der Insel nahe dem Leuchtturm. Kleines, unspektakuläres Bistro mit Plastikbestuhlung, dessen nette Betreiberin allerdings sehr leckere indonesische Gerichte zubereitet. Empfehlenswert ist der *Pepes Ikan*, im Bananenblatt mit Gemüse und Gewürzen gegarter Fisch. 🕓 10–19 Uhr.

Aktivitäten

Surfen

3 Weltklasse-Surfreviere liegen direkt vor der Bucht von Jungutbatu: **Shipwreck**, **Lacerations** und **Playground** trumpfen mit meterhohen Wellen auf. Boote werden für 250 000 Rp angeboten oder man paddelt einfach vom Strand zum nächstgelegenen Break.

Tauchen und Schnorcheln

Big Fish Diving, ✆ 0813-5313 6861, 💻 www.bigfishdiving.com. Die Secret Garden Bungalows beherbergen die von der netten Debbie geleitete Tauchschule, die 2 Tauchgänge für 600 000 Rp inkl. Equipment und Mittagessen sowie den Open-Water-Kurs für 3,5 Mio. Rp anbietet. Die Ausrüstung ist gut in Schuss, die Gruppen werden klein gehalten.

Blue Corner Dive, ✆ 0819-1623 1054, 💻 www.bluecornerdive.com. Die von 2 sehr netten Meeresbiologen und ihren Mitarbeitern betriebene Tauchschule legt besonderen Wert auf ökologisch verträglichen Umgang mit der Unterwasserwelt und bietet neben den üblichen Tauchkursen auch Training im wissenschaftlichem Tauchen und der Korallendiagnostik an. Derzeit werden 3 Stationen zur Erfassung des Zustands der Korallen und Mangroven überwacht.

World Diving, ✆ 0812-390 0686, 💻 www.world-diving.com. Die Tauchschule unter australischer Leitung bietet Open-Water-Kurse für US$395, bei Online-Absolvierung des theoretischen Teils nur US$315 an. Zudem individuelle Touren zu den Tauchplätzen um Nusa Lembongan und Penida ab US$79 inkl. 2 Tauchgängen.

Gute Schnorchelplätze liegen an der Nordküste der Insel. Viele Unterkünfte organisieren Halbtagsausflüge für Schnorchler. Boote können direkt am Strand für 50 000 Rp pro Std. gemietet werden. Bei World Diving sind 3- bis 4-stündige Schnorcheltouren für mind. 2 Pers. inkl. Equipment, Boot und Snack für US$25 im Angebot.

Yoga

Yoga Shack, im Secret Garden Bungalows, ✆ 0813–5313 6861 💻 www.yogashacklembongan.com. Außer So finden hier in einem Pavillon im Garten Kurse in Vinyasa-, Ashtanga- und Hatha-Yoga sowie Pilates statt. Taucher könnten an Kursen in uralten Atemtechniken, Surfer an solchen zur Oberkörper- und

Meersalzgewinnung

Das Meerwasser wird früh am Morgen über vorbereitete ebene Sandflächen versprüht. Gegen Mittag hat sich dann auf der Sandoberfläche eine dünne Salzkristallschicht gebildet. Diese Salzschicht wird mit dem anhängenden Sand zusammengeharkt und in große Bottiche gefüllt, die unter Schutzdächern oder in Hütten stehen. Der Boden des Bottichs besteht aus einem feinen Bambussieb.

Durch mehrmaliges Überschütten des Salz-Sand-Gemisches mit Meerwasser wird das Salz gelöst, und die konzentrierte Salzlake sickert durch das Sieb. Sie wird dann auf Bambusgerüsten stehend in ausgehöhlten Kokospalmenstämmen der Sonne ausgesetzt, damit das Wasser verdunsten kann, bis sich eine Art Salzbrei gebildet hat. Die Masse wird abgeschöpft, in Bambuskörbe gefüllt, damit die letzte Flüssigkeit durch die Ritzen abtropfen kann, und anschließend auf großen geflochtenen Tellern direkt in der Sonne zu Tafelsalz getrocknet.

Der richtige Zeitpunkt ist dabei die Kunst: Wird zu spät abgeschöpft, ist das gewonnene Salz zu bitter wegen der darin enthaltenen Magnesiumsalze, die eine stärkere Wasserlöslichkeit haben und sich folglich später kristallisieren als Tafelsalz (NaCl). Schöpft man zu früh ab, sind die bitteren Magnesiumsalze zwar noch nicht gelöst und versickern mit dem Wasser, aber man erhält nur eine kleine Menge des reinen Tafelsalzes. Langjährige Erfahrung ist das Geheimnis der Salzmacher von Kusamba. Sie kennen den richtigen Moment für das Abschöpfen des Salzbreis.

Gleichgewichtskontrolle Interesse finden. Teilnahme am 1 1/2-stündigen Kurs 60 000 Rp, 4 Kurse 220 000 Rp.

Sonstiges

Geld

Es gibt mehrere Wechselstuben und eine Bank BPD in Jungutbatu, aber noch keine Geldautomaten.

Internet

An der Straße von Jungutbatu wird in Warnets Internet ab 18 000 Rp pro Std. angeboten.

Medizinische Hilfe

PUSKESMAS Nusa Penida II, Jungutbatu, ✆ 0366-24473. Bei Krankheit und leichteren Verletzungen hilft die kommunale Poliklinik mit 2 Allgemeinärzten rund um die Uhr.

Transport

Die Insel ist relativ klein. Daher kann jeder Ort in weniger als einer Stunde gut zu Fuß erreicht werden. Außerdem werden Fahrräder und Mopeds für ca. 70 000 Rp pro Tag vermietet.

Für den Transfer zurück nach Bali gibt es zahlreiche Alternativen:

Öffentliche Boote fahren morgens um 8 Uhr von Jungutbatu sowie der Mushroom Bay für 60 000 Rp nach SANUR.

Ein **Marktboot** nach TOYAPAKEH auf Nusa Penida sammelt morgens zwischen 5.30 und 6 Uhr Mitfahrer am Strand von Jungutbatu ein, braucht 30 Min. und kostet 50 000 Rp p. P.

Bounty Cruise, ✆ 0361-726666, 💻 www.balibountycruises.com. Mit dem Schnellboot geht es um 15 Uhr in 45 Min. nach BENOA, von Bali auf die Insel um 10 Uhr. US$35, Hin- und Rückfahrt US$70.

Island Explorer Cruises, ✆ 0361-728088, 💻 www.bali-activities.com/flyer.html. Hier geht es in 30 Min. nach BENOA. Abfahrten um 9 und 13.30 Uhr für 300 000 Rp p. P. einfach oder 495 000 Rp hin und zurück. Hoteltransfer innerhalb Süd-Balis und nach Ubud inkl.

Lembongan Island Fast Boat Transfers, ✆ 0361-3610840, 💻 www.lembonganislandfastboat.com. Schnellboote nach BENOA um 9 und 13.30 Uhr für 300 000 Rp inkl. Hotel-Transfer in Süd-Bali. An- und Ablegestelle ist die Mushroom Bay vor Desa Lembongan.

Lembongan Paradise Cruise, ✆ 0366-559 6386, 💻 lembongancruise.com. Die Schnellboote fahren in 30 Min. nach SANUR und starten um 8, 9, 13 und 15.30 Uhr. Rückfahrt um 9.30, 11,30, 14.30 und 16.30 Uhr. 450 000 Rp p. P. für Hin- und Rückfahrt, einfach 250 000 Rp. Hoteltransfer inkl.

Ocean Star Express, ✆ 0811-385 6038, 💻 www.oceanstarexpress.com. Für 250 000 Rp geht es um 15.30 Uhr in 30 Min. nach SANUR, um 10 Uhr zurück auf die Insel. Transfer in Süd-Bali, Ubud und auf Lembongan inkl.

Optasal, ✆ 0361-918 9900. Nach SANUR in 40 Min. für 175 000 Rp pro einfache Fahrt. Nach TOYOPAKEH auf Nusa Penida um 10 und 16 Uhr in 2 Std. für 250 000 Rp pro Fahrt.

Perama, ✆ 0361-751875, 💻 www.peramatour.com. Fährt ab Kuta um 10 Uhr für 125 000 Rp, ab Sanur um 10.30 Uhr für 100 000 Rp und ab Ubud um 8.30 Uhr für 150 000 Rp nach JUNGUTBATU. Zurück um 8.30 Uhr vom Strandabschnitt direkt vor dem Perama-Büro.

Rocky Fast Cruises, ✆ 0828-9700 5565, 💻 www.rockyfastcruise.com. Um 9, 11, 13, 15.30 Uhr in 30 Min. nach SANUR und um 10, 12, 14 und 16.30 Uhr zurück auf die Insel. US$28/50 für Hin- bzw. Hin- und Rückfahrt, Studenten US$24 bzw. US$42. Transfer in Süd-Bali inkl.

Scoot Fast Cruises Scoot, ✆ 0828-9700 5551, 💻 www.scootcruise.com. In 30 Min. nach SANUR. Abfahrten um 8.30, 10.30, 12.30 und 15.30 Uhr. Zurück um 9.30, 11.30, 13.30 und 16.30 Uhr. 500 000 Rp p. P. für Hin- und Rückfahrt, einfache Fahrt 300 000 Rp. Zudem um 10.30 Uhr nach GILI TRAWANGAN via Teluk Kode auf Lombok für 600 000 Rp und 1,15 Mio. Rp Hin- und Rückfahrt.

The Tanis Lembongan Express, ✆ 0361-743 2344, 💻 www.tanisvillas.com/boat_transfer.php. Um 9, 11 und 13.30 Uhr in 30 Min. nach SANUR und um 11.30, 14.30 und 16.30 wieder zurück auf die Insel. 250 000 Rp, Hin- und Rückfahrt 450 000 Rp, ohne Hotel-Transfer nur 175 000 und 350 000 Rp.

Goa Lawah

Die Küstenstraße von Sanur ist bis 3 km vor Goa Lawah zu einer breiten vierspurigen Schnellstraße ausgebaut worden. Ab Goa Lawah in Richtung Padang Bai, Candi Dasa und Amlapura wird die stark befahrene Straße zusehends enger und kurviger.

Links der Hauptstraße liegt ein großer Tempel, der den Eingang zur heiligen Fledermaushöhle **Goa Lawah** bildet. Tausende von Fruchtfledermäusen, eine kleinere Art der Flughunde, hängen in dicken Trauben kopfüber an der Höhlendecke und rund um deren Eingang. Sie baumeln so dicht nebeneinander, dass es so aussieht, als sei der Felsen von einer kompakten Masse zappelnder Leiber überzogen.

Pura Goa Lawah erscheint in allen Verzeichnissen der *Sad Kahyangan* (der sechs heiligsten Tempel von Bali), obwohl diese Listen selten in allen Punkten übereinstimmen. Sicher war die Höhle schon eine alte Kultstätte, bevor der Tempel im 11. Jh. von Empu Kuturan, einem Hindu-Priester aus Java, gegründet wurde. Auch Danghyang Nirartha, der Mitte des 16. Jhs. aus Java kam, hat hier seine Spuren hinterlassen. Er wird ohnehin mit fast allen Küstentempeln in Verbindung gebracht.

Die Balinesen sind überzeugt, dass die Goa Lawah nur der Anfang eines lang gestreckten Höhlensystems ist, das beim Bergheiligtum Pura Besakih am Fuße des Gunung Agung einen Ausgang hat. Im 17. Jh. wurde der Anspruch eines Prinzen der Mengwi-Dynastie auf die Thronfolge angezweifelt. Das oberste Gericht in Klungkung beschloss, ihn einer Probe zu unterziehen: Sollte er einen Aufenthalt in der Höhle bei den giftigen Schlangen überleben, dann sei sein Anspruch gerechtfertigt. Der Prinz überstand das Abenteuer und tauchte nach ein paar Tagen unversehrt aus einer Höhle beim Besakih-Komplex wieder auf. Ein weiteres Zeichen für ein großes Höhlensystem war das spurlose Verschwinden zweier Kampfhähne während eines Hahnenkampfes in Pura Goa Lawah. Sie wurden wenige Tage darauf in Besakih wiederentdeckt.

Der Tempel ist dem Gott Maheswara geweiht und gilt als Todestempel. Das *Odalan* von Pura Goa Lawah wird alle 210 Tage an einem Dienstag gefeiert, zehn Tage nach *Kuningan*.

Links des großen Tempels bezahlt man den Eintritt in Höhe von 9000 Rp und erhält einen Leih-Sarong mit Tempelschal, der im Tempel getragen werden muss, mit eigenem Sarong kostet es nur 6000 Rp. Vor der Kasse steht ein Heer von Verkäufern. Auch deutschsprachige Guides bieten hier für 20 000 Rp ihre Dienste an.

Die Unterweltschlangen

Seltsame Naturphänomene sind den Balinesen immer heilig. Beim Anblick der dunklen Höhle wundert man sich nicht, dass hier u. a. Unterweltgottheiten verehrt werden, an erster Stelle Sanghyang Naga Basuki, der Herr der Schlangen. **Naga Basuki** ist eine der beiden Unterweltschlangen (die andere ist Antaboga), die die Weltenschildkröte Bedawang umschlingen, auf der die Insel Bali ruht. In den Tiefen der Höhle sollen Schlangen hausen, Manifestationen von Naga Basuki, die sich von verendeten Fledermäusen ernähren.

Padang Bai

Der geschäftige Hafen von Padang Bai liegt in einer schönen Bucht, 2 km abseits der Hauptstraße. Eng aneinandergereiht säumen Fischerboote den Strand, bunte Einbaumkanus mit Ausleger, deren Buge mit magischen Augen und einem Schnabel verziert sind. Von Padang Bai fahren die großen Fähren nach Lombok ab, die im Vergleich zu den eleganten Fischerbooten wie behäbige Schrottkisten wirken. Hier gibt es viele einfache, kleine Unterkünfte, die durch Freundlichkeit und Individualität bestechen.

Vorsicht: Am Hafen treiben sich lästige Straßenhändler herum, die überteuerte Fährtickets verkaufen oder Gepäck tragen wollen. Man sollte sein Gepäck nicht aus der Hand geben und Fahrscheine nur am offiziellen Schalter kaufen. Abends lungern zudem einige zwielichtige Gestalten in den dunklen Gassen herum, daher sei besonders allein reisenden Frauen zur Vorsicht geraten. Auch sollten hier keine Trekkingtouren zum Gunung Rinjani auf Lombok gebucht werden, s. S. 400.

Das überschaubare Padang Bai hat Besuchern neben kleinen Sandstränden in der direkten Umgebung auch eine abwechslungsreiche Korallenwelt zu bieten. Auch Klettertouren in die Hügel hinter der Bucht werden mit wunderbaren Ausblicken belohnt. In westlicher Richtung führt ein kurzer Spaziergang zum schönen **White Sand Beach** in der Bias-Tugel-Bucht. Leider wurde der gesamte Hang über der Bucht von einem Investor gekauft und gleicht einer Bauruine. Etwas weiter, der Ortsstraße folgend, gelangt man über kleine Wege durch den Palmenwald zum sehr ruhigen **Black Sand Beach**. Dieser breite schwarze Sandstrand kann allerdings aufgrund seiner Farbgebung sehr heiß werden und die heftige Strömung erschwert das Schwimmen. Östlich von Padang Bai liegt die kleine Bucht **Blue Lagoon** mit schönem Strand und Korallengärten, sie ist über einen kleinen Fußpfad zu erreichen. Hier gibt es auch Essenstände und hin und wieder Gitarrenmusik am Lagerfeuer. Im Wasser sollten Badeschuhe getragen werden, als Schutz vor den gefährlichen Stichen des Steinfisches.

Nach seiner Überfahrt von Java soll der legendäre Empu Kuturan, ein Religionslehrer und Reformator, im 11. Jh. in Padang Bai gelandet sein. Auf einem Hügel über der Bucht östlich des heutigen Hafens baute er sich eine Einsiedlerklause. Heute steht an der Stelle ein kleiner Tempel, der **Pura Silayukti**.

Übernachtung

Bislang gibt es hier noch keine Luxushotels. Das große Tourismusprojekt westlich der Hauptbucht wurde eingestellt und die hochpreisige „ökologische" Anlage im Osten ist enttäuschend.

Weitere Übernachtungsmöglichkeiten s. eXTra [4240].

Alola Inn, ✆ 0363-41501, ✉ Alola_Inn@yahoo.com. Die Anlage mit einem neuen Pool und zahllosen süßen Katzen besteht aus einem alten Komplex mit einfachen, sauberen Bungalows mit Du/WC und Veranda und einem neuen Komplex mit geräumigen Zimmern mit AC und Warmwasser. Freundliche Besitzer. Kaffee, Tee, WLAN und Frühstück inkl. ❸–❹

Bloo Lagoon Village, ✆ 0363-41211, 💻 www.bloolagoon.com. Die Anlage des hochpreisigen, aber ziemlich enttäuschenden „ökologisch verträglichen" Resorts mit großem Pool auf dem Hügel an der Blue Lagoon ist auch nach Jahren noch nicht richtig fertig. 35 Bungalows sind teils erst halbfertig, mit 2–3 Schlafzimmern, Moskitonetz, schönem Open-Air-Du/WC und Blick auf die Bucht. Recht inkompetentes Personal. Frühstück inkl. ❼

Homestay Made, Jl. Silayukti, ✆ 0363-41441, ✉ mades_padangbai@hotmail.com. Günstige, sehr saubere und einfache, geflieste Zimmer mit guten Matratzen und kleinem Du/WC. Von den Zimmern im 2. Stockwerk blickt man bis zum Meer. Mit nettem Café, wo das Frühstück, das inkl. ist, serviert wird. ❷–❸

Hotel Puri Rai, Jl. Silayukti 7X, ✆ 0363-41385, 💻 www.puriraihotels.com. Beliebtes Mittelklassehotel mit 3 großen Pools und kühlen, neu renovierten Steinhäusern mit jeweils 4 geräumigen Zimmern mit schattiger Veranda, weichen Matratzen, TV, Minibar und sauberem Warmwasser-Du/WC, AC gegen Aufpreis. Empfehlenswertes Restaurant mit breiter Auswahl an Seafood ab 35 000 Rp. WLAN in der Lobby und Frühstück inkl. Reservierung empfehlenswert. ❹–❺

Padang Bai Beach Bungalows (Absolute Scuba), Jl. Silayukti, ✆ 0363-42088, 💻 www.bali-absolute-scuba.com. Anlage mit Pool und 22 komfortablen, wenn auch etwas muffigen und ungepflegten Zimmern mit neuer AC, guten Matratzen und Warmwasser-Du/WC, die teureren auch mit Minibar und TV mit DVD-

Boutiquehotel für Traveller

Zen Inn, Jl. Segara, ✆ 0819-3309 2023, 💻 www.zeninn.com. Alle 3 kreativ gestalteten Zimmer sind mit großen Filmpostern witzig dekoriert und haben einen niedlichen Hinterhof. Zur Ausstattung gehören hübsche Bambusmöbel und ein sauberes Du/WC. Hier werden auch frischer Fisch und hausgemachte Burger serviert. Frühstück im stylishen Restaurant inkl. Reservierung empfehlenswert. ❷–❸

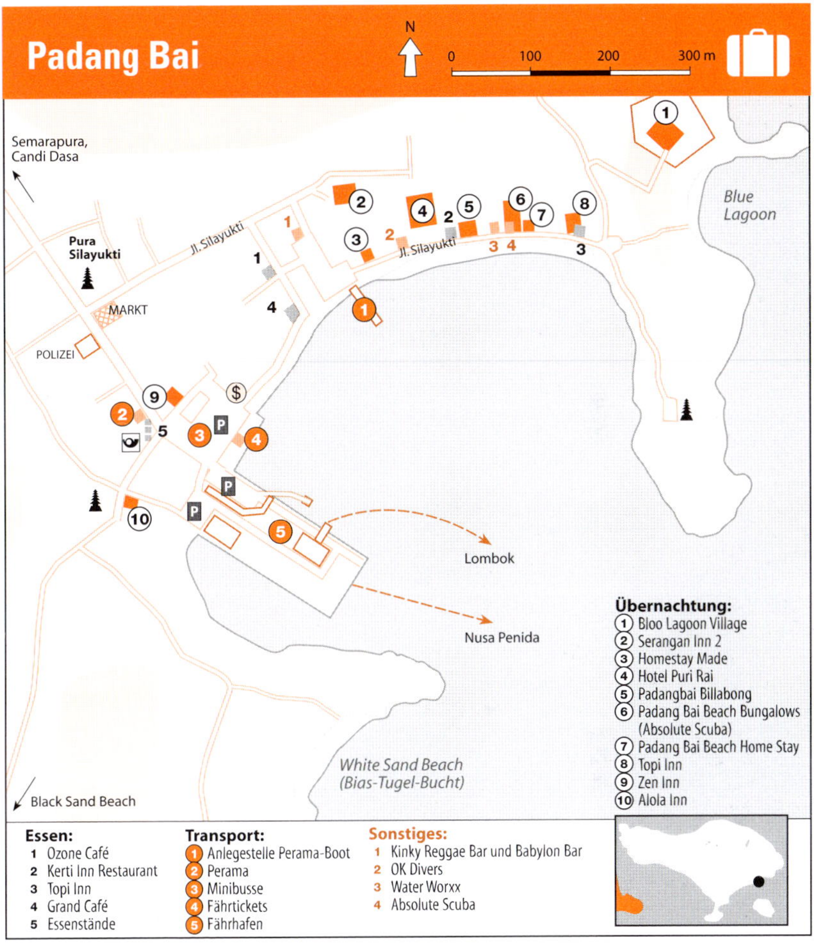

Player. Jeweils 2 der Zimmer teilen sich einen Balkon. Frühstück und WLAN inkl. ❺

Padangbai Beach Home Stay, Jl. Silayukti, ✆ 0363-41044. Was Tierfreunden gleich negativ aufstoßen wird, sind die 2 Python-Schlangen, die hier in einem Käfig gehalten werden. Wer darüber hinwegsehen kann, findet in der Anlage rund um einen schönen Pool einfache, dunkle Zimmer mit guten, harten Matratzen und Open-Air-Du. Die sehr kleinen und ungemütlichen AC-Zimmer lohnen nicht, die teureren geräumigeren schon. Frühstück und WLAN inkl. ❸–❺

Padangbai Billabong, Jl. Silayukti, ✆ 0363-41399. In der kleinen, betonierten Anlage liegen vorne sehr einfache Bungalows und weiter zurückversetzt genauso simple, aber 2-stöckige Bungalows mit alter Einrichtung und Du/WC im unteren Stockwerk. ❶–❸

Serangan Inn 2, Jl. Silayukti, ✆ 0363-41425. Das beste Preis-Leistungs-Verhältnis in Padang Bai bietet das etwas weiter vom Strand entfernt in einem Hinterhof gelegene 3-stöckige Hotel. 17 große, geflieste und saubere Zimmer mit guten Betten und Warmwasser-Du/WC, die teureren auch mit AC. Hier können auch der Transport nach Lombok und andere Touren gebucht werden, ✆ 0818-0550 2124. Einfaches Frühstück inkl. ❷–❹

Topi Inn, Jl. Silayukti 99, ✆ 0363-41424, 💻 www.topiinn.nl. Das aus natürlichen Materialien erbaute Haus liegt am Nordende der Bucht. In relaxter Atmosphäre werden hier Workshops zur balinesischen Kultur (z. B. Batik, Weberei, Gamelan und Kochkurse) angeboten, einige waren bei der letzten Recherche aber nicht verfügbar. Neben 5 sehr einfachen kleinen Zimmern, teils ohne eigenem Du/WC und mit Hochbetten, gibt es auch ein 80 m^2 großes Atelier, das in der Hochsaison als Schlafsaal genutzt wird. Eine Matratze mit Moskitonetz kostet 40 000 Rp. Restaurant mit gesundem Essen und Internetcafé. WLAN inkl. ❷

Essen

Es gibt einfache **Essenstände** in der Nähe vom Hafen, von der Fähre kommend 50 m links hinter dem Schlagbaum. Einfache und gute Restaurants findet man auch in der Jl. Segara, den kleineren Seitenstraßen und auf der Jl. Silayukti am Strand.

Grand Café, Jl. Pantai Segara, ✆ 0363-434 5043. Das kleine, entspannte Restaurant mit gemütlichen Holz- und Rattanmöbeln serviert europäische und einheimische Gerichte. Hauptgerichte ab 30 000 Rp. Sehr freundliches Personal. 🕓 11.30–22.30 Uhr.

Kerti Inn Restaurant, Jl. Silayukti, ✆ 0363-41391. Hier kann man sich frische Barrakudas, Makrelen und Riesengarnelen in der Auslage selbst aussuchen. Empfehlenswert ist der Red Snapper vom Grill mit würziger Soße. Fischgerichte ab 30 000 Rp.

Ozone Café, Jl. Segara, ✆ 0363-41501. Das von einer Belgierin geleitete, in Orange und Gelb dekorierte Restaurant ist ein beliebter Traveller-Treffpunkt. In gemütlichen Sitzecken genießt man balinesische Gerichte, Fisch und eine große Auswahl an Cocktails. Das Cordon bleu ist sehr lecker und preiswert. Hauptgerichte kosten ab 30 000 Rp. 🕓 11.30–22.30 Uhr.

Topi Inn, Jl. Silayukti 99, ✆ 0363-41424, 💻 www.topiinn.nl. Im tropischen Garten mit entspannter Atmosphäre werden gesunde Mahlzeiten ohne chemische Zusätze serviert. Große Auswahl an

Viele traditionelle *Prahu* sind schön verziert und scheinen fast ein Eigenleben zu besitzen.

leckeren Baguettes, vegetarischen Gerichten und knackigen Salaten. Die indonesischen Gerichte und das Seafood sind nicht immer schmackhaft. Zum aromatischen Bohnenkaffee gibt es Kuchen. Was die Gäste übrig lassen, wird an die Straßenhunde von Padang Bai verfüttert. Auswahl an Brettspielen. Freundliches Personal. Hauptgerichte ab 20 000 Rp. ⌚ 7–22 Uhr.

Unterhaltung

Kinky Reggae Bar und **Babylon Bar**, Jl. Silayukti. In direkter Nachbarschaft spielt sich in diesen Bars das gesamte Nachtleben ab. Mehrmals wöchentl. spielt eine Reggae- bzw. Rockband in den kleinen, schmalen Bars. Hier treffen sich Traveller und Einheimische, um bis in die Morgenstunden bei einem kühlen Bintang-Bier zu feiern.

Aktivitäten

Schnorcheln

Vom Blue-Lagoon-Strand kann man direkt zu den vorgelagerten Korallengärten schnorcheln, aber dabei sollte die teils starke Strömung beachtet werden.
Am Strand können Fischerboote gechartert werden, die Schnorchler zu dem beliebten Tauchrevier **Tanjung Jepun** bringen.
Die Ausrüstung wird für 30 000 Rp pro Tag vermietet, 2-stündige Schnorcheltrips gibt es für 300 000 Rp.

Tauchen

Mehrere Tauchbasen haben sich in Padang Bai niedergelassen, von denen viele auch Kurse in deutscher Sprache anbieten. Der Open-Water-Diver kostet US$300–380, ein Schnupperkurs US$55–65, Taucher mit Zertifikat zahlen für eine Tagestour mit 2 Tauchgängen je nach Ziel US$55–115. Von hier werden Riffe und Wracks vor Padang Bai und entlang der gesamten Ostküste, vor allem Pulau Tepekong, Tulamben, Amed und Nusa Penida, angesteuert.
Absolute Scuba, Jl. Silayukti, ✆ 0363-42088, 💻 www.absolutescubabali.com. Größere, professionell geführte Tauchschule mit eigener Hotelanlage und der zur Happy Hour belebten Buddha Bar.
OK Divers, Jl. Silayukti, ✆ 0363-41790, ✉ info@divingbali.cz. Unter sehr kompetenter tschechischer Leitung unterrichten hier ausschließlich westliche, auch deutschsprachige Tauchlehrer mit neuem Equipment.
Water Worxx, Jl. Silayukti, ✆ 0363-41220, 💻 www.waterworxbali.com. Die gute und professionelle Tauchschule wird von den beiden Deutschen David und Wolfgang geleitet.

Sonstiges

Autovermietungen, Fahrrad- und Motorradverleih

Wer einen fahrbaren Untersatz sucht, findet an der Hauptstraße am Strand und in fast jedem Hotel schnell passende Angebote.

Geld

In der Nähe des großen Parkplatzes gibt es einen Geldautomaten. Geldwechsler finden sich überall in der Stadt.

Internet

Es gibt mehrere Internetcafés, die 400 Rp pro Min. verlangen. Eine schnelle und recht zuverlässige Verbindung bietet das **Topi Inn**.

Transport

Busse

Es pendeln Busse verschiedener Anbieter zwischen Padang Bai und den anderen Touristenzentren. Was die Fahrtkosten betrifft, bieten die Preise von **Perama**, 💻 www.perama tour.com, eine gute Orientierung. Das Büro liegt 100 m von der Fähranlegestelle entfernt auf der linken Seite der Straße.
Von hier fahren die Busse nach KUTA bzw. zum Flughafen um 9, 13.30 und 16.30 Uhr in 2 Std. über SANUR (1 1/2 Std.) für 60 000 Rp und über UBUD (1 Std.) für 50 000 Rp, nach CANDI DASA in 20 Min. für 25 000 Rp und nach LOVINA um 9 Uhr über Ubud für 150 000 Rp.

Minibusse

Vom großen Parkplatz vor der Fähranlegestelle fahren Minibusse für 25 000 Rp nach DENPASAR, für 10 000 Rp nach CANDI DASA und für 15 000 Rp nach AMLAPURA.

Boote

Perama, 💻 www.peramatour.com. Das Zubringerboot für das Perama-Schiff nach Lombok holt Passagiere an dem kleineren Pier um 13.30 Uhr ab. Dann geht es zunächst zu allen 3 GILI-INSELN, ab Bangsal dann per Shuttlebus weiter nach SENGGIGI oder MATARAM. Alle Ziele kosten 400 000 Rp inkl. Mittagssnack. **Achtung**: Das Schiff kann bei Wellengang kräftig durchgeschüttelt werden – kein Spaß für empfindliche Mägen.

Fähren

Die großen Fähren verkehren rund um die Uhr ca. alle 1 1/2 Std. nach LEMBAR auf Lombok. Die Überfahrtszeit beträgt je nach Wellengang 4–6 Std. Erwachsene zahlen 36 000 Rp, Kinder 23 000 Rp. Ein Motorrad kostet 101 000 Rp (inkl. 2 Pers.), ein Pkw 659 000 Rp (inkl. 4 Pers.). Nach SAMPALAN auf Nusa Penida geht ein Boot gegen 13 Uhr in 2 Std. für 15 000 Rp.

Schnellboote

Zahlreiche Anbieter verbinden Padang Bai mit den Gili-Inseln. Da die Überfahrt bei starkem Seegang eine ziemlich schauklige und anstrengende Angelegenheit werden kann, ist sie für Kleinkinder ungeeignet. Je nach Wetterlage ist die Fahrt von Dez bis Feb auch für Erwachsene aufgrund des unberechenbaren, riskanten Wellengangs nicht zu empfehlen. Ein Transfer von Padang Bai zu den Touristenorten Süd-Balis ist zumeist im Preis inbegriffen. Zur Hochsaison kosten die Schnellboote die auf den Webseiten ausgeschriebenen 1,2 Mio. Rp für Hin- und Rückfahrt oder 690 000 Rp für die einfache Strecke. Die folgenden Preisbeispiele gelten für die Nebensaison, manchmal kann man sie sogar noch weiter runterhandeln.

Blue Beach Express, ☎ 0363-41187, 💻 www.bluebeachexpress.com. Das Schnellboot fährt von Padang Bai um 12 Uhr in 75 Min. nach GILI AIR, GILI MENO und GILI TRAWANGAN sowie weiter auf das Festland nach TELUK NARA. Zurück geht es ab Gili Air um 8.40 Uhr, Gili Meno 8.50 Uhr, Gili Trawangan um 9 Uhr und Teluk Nara um 9.15 Uhr. Einfache Fahrt für 300 000 Rp. Transfer nach Mataram oder Senggigi inkl.

Blue Water Express, ☎ 0361-895 1082, 💻 www.bwsbali.com. Ab Padang Bai geht es um 11.15 Uhr in 90 Min. nach GILI TRAWANGAN für 590 000 Rp einfache Fahrt und 1,1 Mio. Rp hin und zurück. Ab Gili Trawangan um 15 Uhr nach Padang Bai. Günstigere Preise und Familienpakete bei Buchung im Internet.

Dream Divers, ☎ 0370-693738, 💻 www.dreamdivers.com. Tauchschule, die mit einem Schnellboot um 7 Uhr für 350 000 Rp in 75 Min. nach GILI TRAWANGAN übersetzt, zur Hochsaison auch um 11 Uhr.

Eka Jaya, ☎ 0361-752277, 💻 www.baliekajaya.com. Ab Padang Bai nach GILI TRAWANGAN via TELUK KODEK um 8.30 und 13 Uhr für 300 000 Rp in 1 Std. Ab Gili Trawangan zurück um 10.30 und 15.30 Uhr. Abholservice innerhalb von Süd-Bali, in Mataram und Senggigi für 50 000 Rp.

Gili Cat, ☎ 0361-271680, 💻 www.gilicat.com. Um 9 Uhr nach GILI TRAWANGAN via TELUK KODE in 1 Std. Um 11 Uhr ab Gili Trawangan. Einfache Fahrt für 660 000 Rp, 1,2 Mio. Rp hin und zurück.

Gili Gili, ☎ 0361-773770, 💻 www.giligilifastboat.com. Von Padang Bai um 9.30 Uhr in 75 Min. nach GILI TRAWANGAN und GILI AIR via TELUK NARA. Von dort um 11.30 Uhr wieder zurück. Einfache Fahrt für 690 000 Rp bzw. 1,25 Mio. Rp hin und zurück.

Marina Srikandi, ☎ 0361-212799. Um 9 und 13 Uhr in 1 Std. nach GILI TRAWANGAN. Von dort um 11 und 15 Uhr zurück nach Padang Bai. Einfache Fahrt für 300 000 Rp.

Ocean Star Express, ☎ 0361-927 1019, 💻 www.oceanstarexpress.com. Um 9.30 und 14 Uhr in 1 1/2 Std. nach GILI TRAWANGAN via TELUK KODE. Zurück nach Padang Bai um 12 und 16 Uhr. Einfache Fahrt für 300 000 Rp inkl. Abholung und Hoteltransfer in Süd-Bali bzw. West-Lombok inkl.

Candi Dasa

Candi Dasa ist bereits seit den 1980er-Jahren die größte Touristenenklave in Ost-Bali. Auf über 2 km reihen sich viele ältere Mittelklassehotels, einige komfortable Tauchresorts und leider nur

Korallenabbau

Viele Korallenriffe vor den Küsten von Bali sind durch Dynamit-Fischerei und Korallenabbau stark geschädigt. Die Regierung ist sich dessen bewusst und sucht nach Auswegen, aber ein striktes Abbauverbot würde viele Familien zur Arbeitslosigkeit verurteilen.

Aus den herausgebrochenen Korallenblöcken wird in Brennöfen *kapur* (Kalk) gewonnen, der dann in Gipsmühlen zur Zementproduktion genutzt wird. In den 1980er-Jahren hatte die Zerstörung rund um **Candi Dasa** ein solches Ausmaß angenommen, dass die gewaltige Brandung ungebremst auf die Küste rollen konnte. Erst als die Wellen schon fast den gesamten Strand abgetragen hatten, folgten Gegenmaßnahmen. Seit 1989 verschandeln Beton-Wellenbrecher die Küste. Auch wenn sich seitdem die Riffe erholt haben und nun wieder Schnorchler und Taucher anlocken, bleibt der Sandstrand bis auf einen schmalen Streifen verschwunden. Pläne zur künstlichen Aufschüttung eines neuen Strandes wie in Sanur werden konkreter. Die Weltbank hat für das Projekt schon grünes Licht gegeben, nur ein ausführendes Unternehmen ist noch nicht gefunden.

ein paar gute Restaurants entlang der stark befahrenen Hauptstraße aneinander. Der Strand des einstigen Fischerdorfs ist dem Korallenabbau fast vollständig zum Opfer gefallen.

Schnorchler können direkt von der Küste aus zu den Korallengärten schwimmen. Schnorchelausrüstung wird direkt am Strand vermietet. Außerdem können Fischerboote gemietet werden, um die vorgelagerten Felseninseln zu erkunden. Hier liegen auch einige gute Tauchplätze.

Da Candi Dasa keinen breiten Sandstrand besitzt, müssen Badefans den 5 km langen Weg zur schönen, östlich gelegenen Bucht **Pasir Putih** („Weißer Sand") auf sich nehmen. Wer selbst hierherfahren möchte, sollte im Dorf Prasi nach einem kleinen Schild „White Sand Beach" Ausschau halten und dort rechts auf eine Dorfstraße abbiegen. Am Eingang wird eine Gebühr von 3000 Rp p. P. verlangt. Von hier sind es noch knapp 300 m über eine schlechte, aber in der Trockenzeit problemlos befahrbare Piste bis zum Strand. Dort wird eine Parkgebühr von 5000 Rp fällig. Am Pasir Putih kann man den ganzen Tag in der Sonne liegen. Einige kleine Warung sorgen für das leibliche Wohlbefinden. Neben einfachen Gerichten können hier auch fangfrische Fische selbst ausgesucht werden, die im Anschluss direkt auf dem Grill landen.

Dank der guten Infrastruktur nutzen viele Besucher Candi Dasa als Basis für Ausflüge zu den Sehenswürdigkeiten der Region. Besonders schnell ist man in **Tenganan**, einem der ältesten Dörfer der Insel, das von den *Bali Aga* (balinesische Ureinwohner) bewohnt wird. Es ist nur 3 km von der Abzweigung in Candi Dasa entfernt. Gegen eine Spende erhält man einen Einblick in die uralten Traditionen der Einwohner (s. S. 329).

Abgesehen von der Hauptstraße, wo Motorradfahrer um Fahrgäste werben, ist Candi Dasa ein ruhiges Fleckchen mit wenig Verkaufsrummel. Wem es dennoch zu hektisch wird, der findet abgelegene Unterkünfte an den Stränden **Balina Beach** und **Sengkidu Beach** wenige Kilometer weiter westlich.

Übernachtung

Es gibt eine große Auswahl an Unterkünften, sodass für jeden Geldbeutel etwas dabei ist. Die meisten Hotels sind allerdings schon relativ alt und preislich in der oberen Mittelklasse angesiedelt.

Weitere Übernachtungsmöglichkeiten s. eXTra [4243].

Untere Preisklasse

Ari Homestay, ✆ 0817-970 7339. Hier gibt es unschlagbar günstige, saubere und einfache Zimmer mit Warmwasser-Du/WC in sehr entspannter Atmosphäre. An einer Wand können Gäste den Aufenthalt kommentieren oder sich nach Lust und Laune verewigen. Neben vielen wertvollen Tipps vom australischen Besitzer und seiner balinesischen Frau gibt es morgens ein gutes Frühstück. ❶–❷

Candi Dasa

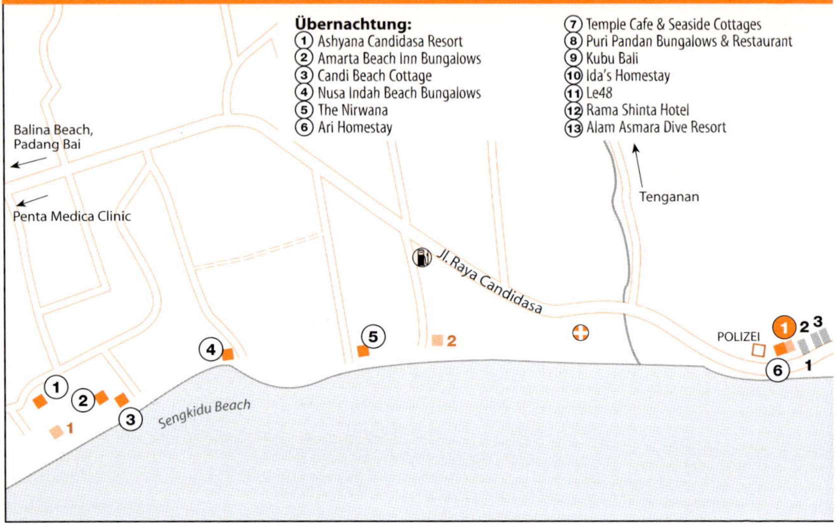

Puri Pandan Bungalows & Restaurant, ✆ 0363-41541, ✉ tituspandan@telkom.net. Hier überzeugen der Service und das freundliche Personal. Man wohnt in hübschen, kleinen Bungalows mit ruhiger Veranda und Warmwasser-Du/WC, die teureren auch mit AC. Das Restaurant liegt direkt am Strand und bietet abends einen tollen Blick auf den Sonnenuntergang. WLAN und Frühstück inkl. ❸–❹

Der Klassiker mit einfachem Charme

Ida's Homestay, ✆ 0363-41096, ✉ jsidas1@aol.com. Wer das Traveller-Bali von einst sucht, wird hier fündig. Seit 1974 führt der Stuttgarter Gastgeber diese Oase der Ruhe mit individuell eingerichteten, traditionellen Hütten mit Open-Air-Du/WC, teils AC und großer Veranda in einem romantischen, teils etwas dunklen, aber märchenhaften Palmengarten. Obwohl einfach ausgestattet, gehört oft ein Schmuckstück aus Teak-Holz aus der eigenen Restaurationswerkstatt zur Einrichtung. Frühstück inkl. Reservierung empfehlenswert. ❷–❹

Sekar Orchid Beach Bungalows, ✆ 0363-41086, 💻 www.sekarorchid.com. Die von einer sehr freundlichen Familie betriebene Anlage in einem grünen Garten mit Mango-Bäumen bietet einfache, geräumige und helle Bungalows mit weichen Matratzen und Du/WC, teils auch mit Warmwasser und Terrasse. Frühstück inkl. ❸–❹

Temple Café & Seaside Cottages, ✆ 0363-41629, 💻 www.balibeachfront-cottages.com. Die Anlage hat 7 verschiedene Bungalowtypen: Von nicht besonders schönen Zimmern mit Mandi bis hin zu sauberen Bungalows mit AC und Open-Air-Bad/WC mit Warmwasser ist alles dabei. ❷–❹

Mittlere Preisklasse

Ashyana Candidasa Resort, ✆ 0363-41539, 💻 www.ashyanacandidasa.com. Die Anlage mit Pool bietet kleine, mit *Alang-Alang*-Gras gedeckte, traditionelle Bungalows mit

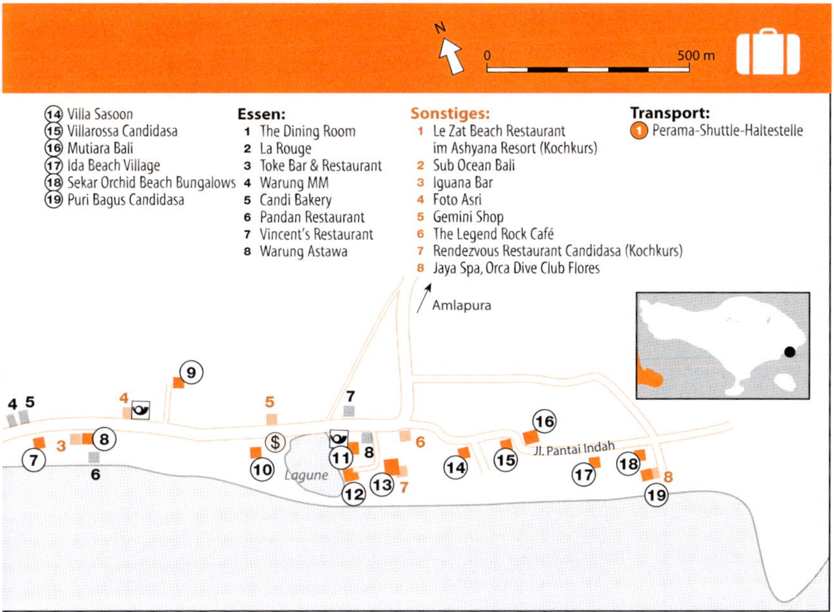

AC, Minibar und Warmwasser-Bad/WC mit eingelassener Steinbadewanne. Im Hotelrestaurant Le Zat werden Kochkurse angeboten. WLAN und Frühstück inkl. ❺–❻

Ida Beach Village, ✆ 0363-41118. Schöne, 1992 eröffnete und originell gestaltete Bungalowanlage im Stil eines traditionellen Dorfes mit 17 etwas abgewohnten, kühlen Zimmern mit AC, Marmorböden, Moskitonetz und Warmwasser-Bad/WC. Restaurant und kleiner Pool direkt am Meer. Frühstück inkl. ❹

Kubu Bali, ✆ 0363-41532, 🖳 www.kububali.com. Die luftigen Bungalows liegen schön an einem Hang in einem großen Garten voller Statuen, Teiche und kleiner Wasserfälle. Alle 20 etwas engen, aber gut instand gehaltenen Häuschen bieten AC, Open-Air-Du/WC mit Warmwasser und ruhige Terrassen. Die teuersten Bungalows liegen oben am Hang mit traumhaftem Blick auf das Meer. Pool am höchsten Punkt der Anlage. Sehr freundliches Personal. Frühstück inkl. ❺–❻

Le48, ✆ 0363-41177, 🖳 www.le48bali.com. In dem stylishen Hotel mit gepflegtem Rasen und gemütlichen Sitzen am Pool liegen modern und puristisch eingerichtete Bungalows sowie eine Villa die mit mit AC, TV, Minibar, Safe, Terrasse und Open-Air-Du/WC mit Warmwasser ausgestattet ist. Von der Bar aus kann man die Sicht auf die Lagune genießen. Frühstück inkl. ❻

Mutiara Bali, ✆ 0363-41285, ✉ mutiara_bali@yahoo.com. Auf der kleinen Anlage mit Pool befinden sich 3 recht einfach eingerichtete, aber gute Zimmer mit TV mit internationalen Sendern, Kühlschrank und modernen Bädern mit großer Eckbadewanne und separater Open-Air-Du. Das Preis-Leistung-Verhältnis ist gut. ❺

Rama Shinta Hotel, ✆ 0363-41778, 🖳 www.ramashintahotel.com. Charmante, kleine Anlage im balinesischen Stil mit Pool in einem tropischen Garten. Die 15 geräumigen Zimmer mit guten Matratzen und Du/WC, teils auch mit schönen Open-Air-Du/WC sowie AC, sind sauber und komfortabel. Freundliche deutsche Besitzer. WLAN und Frühstück inkl. ❹–❻

Obere Preisklasse

Alam Asmara Dive Resort, ✆ 0363-41929, 🖳 www.alamasmara.com. Ein kleiner Bach plätschert durch die schöne Anlage mit Pool und 12 luxuriösen, von Fischteichen umgebenen Bungalows mit AC, TV, Safe und stilvollem Open-Air-Bad/WC. Deutschsprachige Tauchschule, Spa und Restaurant direkt am Strand. WLAN und Frühstück inkl. ❼

Puri Bagus Candidasa, ✆ 0363-41131, 🖳 www.candidasa.puribagus.net. Die direkt am Strand gelegene, weitläufige Anlage mit mehreren Pools hat 46 komfortabel eingerichtete Bungalows mit guten, harten Matratzen und Open-Air-Du/WC mit separater Badewanne. Hilfreiches und freundliches Personal. Zudem sind ein Spa, ein deutschsprachiges Tauchzentrum und ein Kinderspielplatz vorhanden. Hohe Preisnachlässe zur Nebensaison. Online-Buchungen sind deutlich günstiger. Frühstück inkl. ❻–❼

Villarossa Candidasa, ✆ 0363-42062, 🖳 villarossa.org. Um einen Pool im gepflegten Garten mit Hängematte und Schaukel befinden sich 8 helle, geräumige und moderne Zimmer in 4 Bungalows, die alle individuell eingerichtet und mit Terrasse, AC, TV, Safe und Open-Air-Du/WC und Badewanne ausgestattet sind. In einem weiteren Bungalow befindet sich ein Gemeinschaftsraum mit großer Couch und Billardtisch. WLAN und Frühstück inkl. ❼

Villa Sasoon, ✆ 0363-41511, 🖳 www.villasasoon.com. In der gepflegten Anlage befinden sich 4 luxuriöse Villenkomplexe mit jeweils 2 Schlafzimmern. Man betritt zunächst die große, komplett ausgestattete Küche und den geräumigen, schön gestalteten und offenen Wohnbereich mit Esstisch, gemütlichem Sofa, TV mit DVD-Player und dunkler Holzeinrichtung. Danach geht es über den Privatgarten mit Pool zu den 2 separaten Villen, in denen sich die Schlafzimmer und die Open-Air-Du/WC befinden und die auch einzeln gemietet werden können. DVD-Verleih an der Rezeption, WLAN und Frühstück inkl. ❽

Sengkidu Beach

Amarta Beach Inn Bungalows, ✆ 0363-41230. Direkt am Strand finden sich recht geräumige, einfache Bungalows mit Schaumstoffmatratzen und Open-Air-Du/WC mit Warmwasser. Zudem auch neue, komfortabel und schön eingerichtete Zimmer im hinteren Teil der ruhigen Anlage mit großen bequemen Betten und steinernen Du/WC mit tropischem Duschkopf. Beliebtes Restaurant direkt am Meer. Ein Korallenriff liegt vor der Tür, Schnorchelausrüstung für 25 000 Rp pro Tag. Frühstück und Internet inkl. ❸–❺

Candi Beach Cottage, ✆ 0363-41234, 🖳 www.candibeachbali.com. Die geräumigen, hellen und dezent dekorierten Zimmer mit dunklen Möbeln sind mit AC, Minibar, TV, Safe, Warmwasser-Du/WC mit separater Badewanne sowie Terrasse oder Balkon ausgestattet. In der Anlage mit Pool sind Aktivitäten wie Volleyball, Tennis und Badminton möglich. Transfer ins Zentrum von Candi Dasa und Buffetfrühstück inkl. Online-Buchungen sind günstiger. ❻–❽

Nusa Indah Beach Bungalows, ✆ 0363-41062, 🖳 www.nusaindah.de. Kleine, von einem Kölner Ehepaar geführte Anlage mit schönen Bungalows. Die Zimmer bieten AC und ein großes Warmwasser-Bad/WC aus Marmor. Das kleine Spa liegt mitten im grünen Garten. Sehr nettes Personal. Pool, Frühstück und Leihfahrräder inkl. ❺–❻

The Nirwana, Jl. Raya Sengkidu, ✆ 0363-41136, 🖳 www.thenirwana.com. Hübsches Resort mit einladendem Pool und Spa, das 18 schicke Luxusbungalows mit TV mit DVD-Player, Safe, Minibar, einem Schreibtisch und einem sehr edlen Bad/WC anzubieten hat. Freundliches Personal. WLAN und Frühstück inkl. ❼

Balina Beach

S. Karte S. 297

Lumbung Damuh, ✆ 0363-41553, 🖳 www.damuhbali.com. Weitab aller Touristenströme entführen die freundlichen Gastgeber Tania und Lempot in ihr kleines Paradies. Zwischen Palmen stehen die 5 etwas engen, aber liebevoll eingerichteten *Lumbung* mit Blick auf das Meer. Alle sind mit Moskitonetz, Kühlschrank und Du/WC ausgestattet, die teureren auch mit Bad/WC und Open-Air-Du. Jeden

Abend gibt es selbst gebackene Pizza für 50 000 Rp. Frühstück mit selbst gebackenem Brot inkl. ❹

Essen

Candi Bakery, ✆ 0363-41883. Die kleine, etwas unscheinbare deutsche Bäckerei serviert Herzhaftes wie Bratwurst, Bauernfrühstück, Wiener Schnitzel, Gulasch oder Leberkäs zu sehr günstigen Preisen. Zudem gibt es leckeres Brot und Frühstückssets nach heimischem Geschmack. Hauptgerichte um 30 000 Rp.

La Rouge, ✆ 0363-41991, 🖳 www.larougebali.com. Auf etwas kitschigen roten Plüschsesseln und an rot gedeckten Tischen oder schön unter freiem Himmel im erhöht gelegenen Garten weiter hinten kann man die in der einsehbaren Küche oder im Tandoori-Ofen zubereiteten indischen Gerichte genießen. Die Portionen stillen auch den großen Hunger. Vegetarische Gerichte bereits ab 40 000 Rp, mit Fleisch ab 80 000 Rp, zudem auch internationale Gerichte und Cocktails. WLAN von 10–18 Uhr inkl. ⌚ 11–24 Uhr.

Pandan Restaurant, ✆ 0363-41541. Günstiger als in vielen anderen Strandrestaurants speist man hier direkt am Meer. Breite Auswahl an Meeresfrüchten, frischem Fisch und indonesischen Gerichten. Außerdem gibt es Schnitzel und frittierte Froschbeine. Hauptgerichte ab 30 000 Rp.

The Dining Room, ✆ 0363-42174, ✉ thediningroombali.com@ymail.com. Unter dem runden, doppelten Bambusdach befindet sich das hübsche Restaurant mit mediterraner Küche. Die Speisekarte ist nach Ländernamen geordnet. Die Pizzen kommen frisch und knusprig aus dem Steinofen. Hauptgerichte um 70 000 Rp. WLAN inkl. ⌚ 7–23 Uhr.

Toke Bar & Restaurant, ✆ 0363-41991. Neben balinesischer und internationaler Küche werden hier für die ältere Generation oft Tanzabende geboten. Hauptgerichte ab 30 000 Rp. Von 10–18 Uhr WLAN inkl. ⌚ 10.30–24 Uhr.

Warung Astawa, ✆ 0363-41363. Beliebter Warung mit großer Auswahl an 3-Gänge-Menüs für 72 000 Rp. Viel frischer Fisch und Seafood. Die Sate-Spieße können selbst am Tisch gegrillt werden. ⌚ 7–22 Uhr.

Warung MM. Sehr einfacher, nur mit Plastikstühlen ausgestatteter Warung neben dem Candi Dasa Café, der überaus günstige Hauptgerichte ab 10 000 Rp serviert. ⌚ 8–23 Uhr.

Schlemmen zu jazzigen Klängen

Vincent's Restaurant, ✆ 0363-41368, 🖳 www.vincentsbali.com. Exquisite balinesische und internationale Gerichte werden hier in einer angenehmen Jazz-Atmosphäre serviert. Große Auswahl an guten Weinen und vegetarischen Gerichten, aber auch leckeres Seafood, herzhafte Sandwiches und überzeugende Steaks. Das feine Ambiente wird durch den professionellen, äußerst freundlichen Service abgerundet. Hauptgerichte ab 30 000 Rp. ⌚ 10–24 Uhr.

Unterhaltung

Iguana Bar, ✆ 0363-41973. Beliebte Bar mit mehrmals wöchentl. stattfindenden Tanzabenden mit Livemusik. Große Auswahl an Cocktails und ein gutes Restaurant. ⌚ 8–23 Uhr.

The Legend Rock Café. Mo und Di gibt es hier Livemusik, zu der auch viele Einheimische gerne feiern. Große Auswahl an Getränken, aber auch gutes Essen. Hauptgerichte ab 24 000 Rp, Cocktails ab 25 000 Rp. WLAN inkl. ⌚ 9–23 Uhr.

Einkaufen

Foto Asri. Der Souvenirladen bietet auch Kopier- und Fotoservice. ⌚ Mo–Sa 8–21 Uhr.

Gemini Shop. Laden mit einer guten Auswahl an Souvenirs, Kleidung, Toilettenartikeln und Snacks. Außerdem eine kleine Apotheke. ⌚ 8–21 Uhr.

Aktivitäten

Kochkurse

Le Zat Beach Restaurant, im Ashyana Candidasa Resort, ✆ 0363-41539, ✉ info@ashyanacandidasa.com. Direkt am Strand von Candi Dasa veranstaltet das Restaurant zeitlich flexible indonesische Kochkurse.

Rendezvous Restaurant Candidasa, im Alam Asmara Dive Resort, ✆ 0363-41929, ✉ rendezvous@alamasmara.com. Die Kochkurse beginnen mit einem Besuch auf dem Markt und enden mit einem Festschmaus.

Tauchen und Schnorcheln

Fast jedes Hotel verleiht Schnorchelausrüstungen ab 20 000 Rp und organisiert Ausflüge mit Fischerbooten ab 150 000 Rp. Viele größere Hotels haben ein eigenes PADI-Tauchcenter und bieten Trips zu den Tauchspots in unmittelbarer Nähe, aber auch rund um die Nusa-Inseln und vor der Küste von Amed an. Empfehlenswert sind:

Orca Dive Club Flores, im Puri Bagus Candidasa, ✆ 0363-41217, ✉ info@orca-diveclub-bali.com. Unter deutscher Leitung bietet diese Schule Tauchgänge um Bali und Flores mit erfahrenen Tauchlehrern an. Ein Tagesausflug mit 2 Tauchgängen kostet 60 €.

Sub Ocean Bali, neben dem Hotel Rama Candidasa, ✆ 0363-41411, 💻 www.subocean bali.com. Gut ausgestattete holländische Tauchschule mit deutschsprachigen Tauchlehrern. Einzelne Tauchgänge kosten ab 28 € und Tauchkurse ab 225 €. ⏲ 8–19 Uhr.

Wellness

Jaya Spa, im Puri Bagus Candidasa, ✆ 0363-41131. Das Spa verwöhnt seine Gäste mit einer kleinen, etwas überteuerten Auswahl an Massagen und Schönheitsbehandlungen. Die spezielle Tirta Gangga After Sun Körper- und Haarpflege für 575 000 Rp zielt darauf ab, die nach dem Sonnenbaden geschädigte Haut und die Haare wieder zum Strahlen zu bringen. Andere Massagen ab 333 000 Rp pro Std. ⏲ 10–21 Uhr.

Sonstiges

Geld

2 Geldautomaten finden sich direkt östlich von Ida's Homestay.

Internet

An der Jl. Raya Candi Dasa gibt es einige **Internetcafés**, aber alle mit sehr langsamen Verbindungen für 350 Rp pro Min.

Medizinische Hilfe

Penta Medica Clinic, Jl. Raya Manggis 88, ✆ 0363-41909, 💻 www.pentamedica.com. Kleine, 2011 eröffnete Privatklinik mit Notfallambulanz.

Motorradverleih

An fast jeder Straßenecke werden Mopeds vermietet. Der Preis liegt bei 60 000 Rp pro Tag.

Post

Eine kleine Post befindet sich im Foto Asri sowie vor der Lagune hinter dem Le48.

Transport

Größere **Busse** nach PADANG BAI halten an der T-Kreuzung. Von hier muss man noch ein Bemo oder ein Motorradtaxi (Ojek) zum Ort nehmen oder ca. 2 km laufen.

Perama Busse halten kurz hinter der Polizei. Um 8.30, 12.30 und 16 Uhr fährt ein Shuttle für 25 000 Rp nach PADANG BAI, von wo aus man in alle anderen Touristenorte kommt. Bei mind. 2 Pers. wird zudem 2x tgl. für 125 000 Rp ein Transport über TIRTAGANGGA und AMED nach TULAMBEN angeboten.

Ojek (Motorradtaxis) bieten auch Kurzstreckentransporte an, vor allem nach TENGANAN und zum Strand PASIR PUTIH.

Alternativ können die orangefarbenen Angkot (Minibusse) für 5000 Rp Richtung Amlapura bis ins Dorf Prasi genommen werden.

Tenganan

Die Bewohner dieses 3 km von Candi Dasa entfernt im Landesinneren gelegenen Dorfes nennen sich *Bali Aga* („Original-Balinesen"). Sie führen ihre aristokratische Herkunft auf die Zeit der Pejeng- bzw. Bedulu-Könige im 10. bis 14. Jh. zurück und geben sogar Indra, den Götterkönig selbst, als ihren Stammesvater an. Neben den Einwohnern von Trunyan (am Batur-See) zählen sie zu den konservativsten *Bali Aga*. Seit Jahrhunderten sind sie ihren Traditionen treu geblieben, denn sie leben in fast völliger Isolation vom übrigen Bali. So sind sie

Traditionen der Bali Aga

Der Hinduismus ist bei den *Bali Aga* nur in Ansätzen zu erkennen. Entgegen den Regeln der südasiatischen Religion werden in Dorftempeln mysteriöse Steine verehrt, es gibt kein Kastensystem und die Toten werden begraben und nicht verbrannt. Das Dorf wird einerseits patriarchalisch, andererseits aber auch streng „kommunistisch" verwaltet. Es gibt keinen privaten Landbesitz und jeder Einwohner ist Mitglied einer der verschiedenen Dorforganisationen, abhängig von Familienstand, Geschlecht, Alter usw.

Der volle Name des Dorfes ist Tenganan Pegringsingan, wobei sich das letzte Wort auf die einzigartigen Doppel-*Ikat*-Stoffe *(Geringsing)* bezieht, die nur hier hergestellt und von Sammlern weltweit sehr geschätzt werden. Die kompliziert gemusterten Stücke, die meist bei Zeremonien getragen werden und magischen Schutz vor Krankheitsdämonen bieten sollen, sind in jahrelanger Kleinarbeit entstanden und entsprechend kostbar (einige Millionen Rupiah pro Stück). Zur Verwendung kommen nur Naturfarben, die aus Wurzeln, Rinden, Blättern oder Früchten hergestellt werden.

Tenganan gilt als wohlhabend. Das Dorf besitzt ausgedehnte Ländereien mit Reisfeldern, die die Bewohner aber nicht selbst bearbeiten. Hinduistische Balinesen übernehmen diese Arbeit, wofür ihnen ein Teil der Ernte überlassen wird. So bleibt den *Bali Aga* viel Zeit für ihre komplexen religiösen Riten.

Zu den Zeremonien werden meist in der Versammlungshalle *Bale Agung*, dem wichtigsten Gebäude im Dorf, Tänze aufgeführt, die sich sehr von den sonst in Bali üblichen Tänzen unterscheiden, z. B. der *Abuang-Tanz*, bei dem Gruppen unverheirateter Jungen und Mädchen auftreten. Ein heiliges *Gamelan Selunding*, dessen einzelne Klangkörper aus Eisen und nicht aus Bronze angefertigt sind, liefert die musikalische Begleitung. Erwähnenswert sind auch die jährlich anlässlich der *Usaba-Sembah*-Zeremonie stattfindenden rituellen, oft blutig endenden Zweikämpfe junger Männer, die mit dornenbesetzten *Pandanus*- Blättern aufeinander einschlagen.

Natürlich haben die *Bali Aga* von Tenganan ein völlig anderes Kalendersystem als das übrige Bali. Im *Calender of Events* erfährt man, wann hier ein Fest stattfindet. Seltsamerweise sind Touristen trotz Isolation und Konservatismus willkommen.

von den Majapahit-Einflüssen nur geringfügig berührt worden.

Das Dorf besteht aus zwei Parallelstraßen, an deren äußeren Seiten sich jeweils eine Häuserzeile befindet. Dadurch ist die Siedlung wie eine Festung nach außen abgeschottet. Nur durch vier Tore kommt man gegen eine Spende hinein. Hier können in vielen Souvenirläden *Lontar* (Palmblattmanuskripte) und Doppel-*Ikat* zu Liebhaberpreisen erstanden werden. Auch können Interessierte I Wayan Muditadnana beim Schreiben der *Lontar*, die er nach alten Vorlagen in seinem Haus herstellt, zusehen. Daneben bekommt man auch allerhand andere Souvenirs angeboten, die sich zwar gut als Mitbringsel aus Indonesien eignen, aber wenig mit den *Bali Aga* und ihren Traditionen zu tun haben: Batik aus Java, bemalte Eier aus Ubud und einfachen *Ikat*, der eher in Fabriken in Amlapura als in Tenganan gewebt wurde.

Bei einem Besuch des Dorfes fällt auf, dass die sonst in Bali üblichen Kinderscharen fehlen. Die niedrigen Geburtenraten sind das größte Problem von Tenganan: Das strikte Tabusystem der *Bali Aga* verbietet eine Heirat außerhalb des Dorfes. Wer gegen das Gebot verstößt, wird verbannt und siedelt sich in einem der Nachbardörfer an. Daher ist schon lange kein frisches Blut mehr nach Tenganan gekommen.

Die Kinderlosigkeit vieler Frauen ist das schwerwiegendste Symptom einer allmählichen Degenerierung. Im Laufe des 20. Jhs. ist die Bevölkerung um mehr als die Hälfte geschrumpft. Aber wie könnte ein erzkonservativer *Bali Aga* die Traditionen brechen? Die übrigen Balinesen, die stolz auf ihre Anpassungsfähigkeit sind, haben für *die Bali Aga* meist nur noch ein mitleidiges Lächeln übrig. Nur an der magischen Kraft des *Gamelan Selunding* und des *Kamben Geringsing* besteht inselweit kein Zweifel.

In der Nähe von Tenganan befinden sich zwei weitere *Bali-Aga*-Dörfer, Asak und Bungaya, die aber längst nicht mehr so traditionell sind. **Asak** besitzt ein antikes Gamelan mit hölzernen Klangkörpern. **Bungaya**, wie Tenganan von Mauern umgeben, wird von Steinmetzen und Korbflechtern bewohnt.

Amlapura (Karangasem)

Die Bezirkshauptstadt mit ihrem verwirrenden Einbahnstraßensystem ist nicht nur wegen ihrer Paläste aus dem 19. Jh. für Besucher von Interesse. Auffallend ist die verhältnismäßig große Anzahl an Muslimen, ein Überbleibsel aus der Zeit, als die Könige von Karangasem auch über die Nachbarinsel Lombok herrschten.

Amlapura ist auch noch unter seinem alten Namen Karangasem bekannt. Nach dem katastrophalen Vulkanausbruch des Gunung Agung 1963 wurde die Stadt umgetauft, um die bösen Geister zu vertreiben, die sie und ihre Umgebung unter den Lavamassen hätten begraben können.

Gebug-Kampfspiele

Die im Bezirk Karangasem zu sehenden *Gebug*-Kampfspiele sind offensichtlich von den Sasak aus Lombok entlehnt, wo sie *Perisean* genannt werden. Zur Begleitung des kleinen *Gamelan Rereyongan* kämpfen jeweils zwei Männer aus zwei rivalisierenden, 40 Mann starken Teams nach strengen Regeln gegeneinander. Eine Jury wacht darüber, dass sie dabei fair bleiben, und verteilt Punkte entsprechend den erzielten Treffern. Gekämpft wird mit 1,15 m langen Rotanstöcken *(Gebug)*, die schon fast als Peitschen bezeichnet werden können, da sie sehr elastisch sind. Um die gegnerischen Schläge abwehren zu können, tragen die Kämpfer kurze Lederschilde.

Das Königreich von Karangasem

Karangasem wurde erst im 17. Jh. ein Teil der balinesischen Geschichte, nachdem der Dewa Agung von Klungkung seinen politischen Einfluss verloren hatte. Karangasem entwickelte sich zum machtvollsten Reich der Insel und dehnte seine Herrschaft sogar über Lombok aus. Durch sofortige Kooperation mit den Holländern rettete der *Raja* Thron und Titel und behielt einen Teil seiner Rechte und seines Landbesitzes.

Von den drei Palästen im Ort ist der **Puri Agung Kanginan**, Jl. Teuku Umar, am besten erhalten. Die hinteren Gebäude werden sogar noch bewohnt und ein Teil der Anlage kann besichtigt werden. Der Puri Agung wurde Ende des 19. Jhs. von den Holländern gebaut, die damit ein Zeichen für die Zusammenarbeit mit den balinesischen Herrschern setzen wollten. Bewohnt wurde er von Anak Agung Gede Jelantik, den die Holländer als ersten Statthalter einsetzten. In der Architektur und den Verzierungen des Palastes sind neben balinesischen auch europäische und chinesische Einflüsse deutlich sichtbar.

Auf der Insel in der Mitte des künstlichen Lotusteiches steht der **Bale Kambang**, wo die königliche Familie bei festlichen Anlässen zu speisen pflegte. Erwähnenswert sind außerdem das **Pemandesan**, das Gebäude für die Zahnfeilungszeremonie, und der **Bale London**, benannt nach seinen englischen Möbeln, wo die große Familie des *Rajas* wohnte. So soll der letzte *Raja*, Anak Agung Anglurah Ketut, allein 35 Frauen gehabt haben. Mit der Dienerschaft lebten damals rund 150 Personen im Puri Agung. Auf der Veranda des Bale London hängen Fotos des letzten *Raja* und einiger seiner Frauen. ⏲ Mo–Sa 8–18 Uhr, Eintritt 5000 Rp.

In der direkten Umgebung der Stadt liegen die beiden Wasserpaläste von Karangasem. Einer der Adligen, Anglurah Ketut, war von Wasserschlössern so begeistert, dass er nach seinen Entwürfen 1921 die Anlage bei **Ujung** an der Küste (s. S. 332) und 1947 den Wasserpalast von **Tirtagangga** (s. S. 333) errichten ließ.

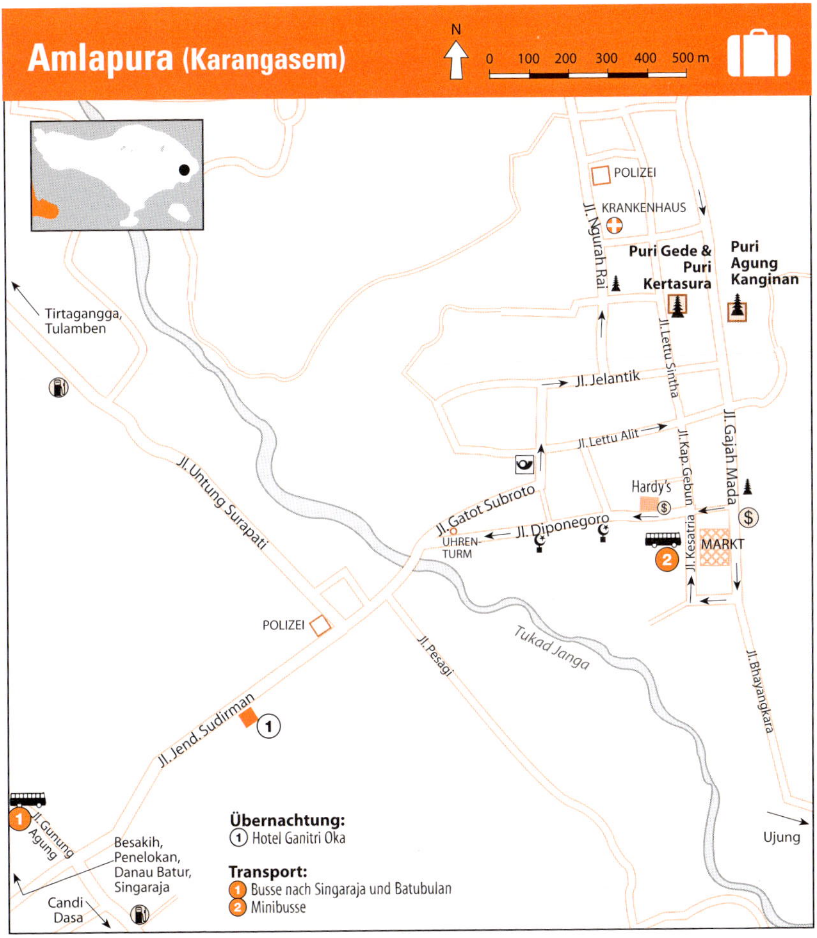

Übernachtung und Essen

Hotel Ganitri Oka, Jl. Jendral Sudirman 30X, ✆ 0363-22354. In dem großen, älteren Hotel sind Touristen rar. Die einfachen Zimmer sind aber sauber und mit Du/WC, TV und teilweise auch AC zufriedenstellend ausgestattet. ❶–❷

An den Hauptstraßen Jl. Jendral Sudirman und Jl. Diponegoro gibt es zahlreiche Garküchen, die gute und günstige indonesische Kost anbieten.

Einkaufen

Hardy's, Jl. Diponegoro. In dem Einkaufszentrum mit einem großem Supermarkt gibt es von Schreibwaren und Kleidung bis zu Lebensmitteln und Hygieneartikeln alles was das Herz begehrt. ⏲ 6–22.30 Uhr.

Sonstiges

Geld

Geldautomaten aller großen Banken finden sich vor Hardy's.

Medizinische Hilfe

An der Jl. Ngurah Rai liegt das einzige öffentliche Krankenhaus des Distrikts Karangasem, ✆ 0363-21470.

Post

Eine Post befindet sich in der Jl. Teuku Umar. ⌚ Mo–Do 8–14, Fr 8–11, Sa 8–12.30 Uhr.

Transport

Busse

Busse fahren hauptsächlich vormittags vom **Busbahnhof** im Westen der Stadt nach SINGARAJA und BATUBULAN bei Denpasar jeweils in 4 Std. für 20 000 Rp.

Ost-Bali

Minibusse

Innerhalb der Stadt kosten **Angkot** 3000 Rp pro Strecke.

Von der Station hinter dem Markt fahren sie in die nähere Umgebung. Morgens sind die Busse schneller voll und die Wartezeiten kürzer als später am Tag. Dann kann manchmal nur mit einem teuer gecharterten Minibus das Ziel erreicht werden.

CANDI DASA für 5000 Rp (orangefarbene Angkot);

CULIK (bei AMED) für 10 000 Rp (rote Angkot);

PADANG BAI für 8000 Rp (orangefarbene Angkot);

SELAT und RENDANG für 10 000 Rp (grüne Angkot);

SIDEMEN für 15 000 Rp (grüne Angkot);

TIRTAGANGGA für 5000 Rp (rote Angkot);

UJUNG für 5000 Rp (blaue oder weiße Angkot).

Umgebung von Amlapura

Ujung

2 km südlich von Amlapura liegt der ältere der beiden Wasserpaläste von Karangasem. Der **Wasserpalast von Ujung** wurde 1919 zur Krönung des letztes Königs von Karangasem erbaut, 1921 eröffnet und 1963 bei der Eruption des Gunung Agung sowie dem großen Erdbeben von 1976 größtenteils zerstört. Seit 2001 wird der Palast mit Geldern der Weltbank wieder aufgebaut und ist seit 2005 für Touristen zugänglich. Die weitläufige Anlage ist durchaus sehenswert, auch weil sie bisher vom Touristenrummel verschont geblieben ist. Der **Pura Manikan** ist der Tempel, in dem die Mitglieder der königlichen Familie beteten, während in der Mitte des

Der romantische Wasserpalast von Ujung ist ein beliebtes Fotomotiv bei balinesischen Hochzeitspaaren.

Eine Schokoladenfabrik am Strand

Der US-amerikanische Aussteiger Charlie (wie sollte es auch anders sein), bereits Gründer der erfolgreichen Bali Soaps, baute hier 2009 zwischen Kokospalmen seine kleine, aber feine Schokoladenfabrik **The Chocolate Factory**, ✆ 0813-3701 2121, 💻 www.balichocolate.com, auf, die zwölf Frauen aus der Umgebung einen Arbeitsplatz bietet. Direkt am Ozean stehen vier außergewöhnlich gestaltete Bungalows, in denen neben verschiedenen leckeren Schokoladenprodukten auch Seifen (diesmal unter dem Namen „Island Mystik") und andere Kosmetikprodukte aus natürlichen Inhaltsstoffen hergestellt werden. Auf Nachfrage zeigen die freundlichen Angestellten Besuchern in dem wie eine Hütte aus Schlumpfhausen aussehenden Bungalow gerne die verschiedenen natürlichen Zutaten der Schokoladen, wie etwa echte Vanille, Palmzucker und aus Singaraja im Norden der Insel stammende Kakaobohnen, und lassen sie kleine Stückchen der Köstlichkeit probieren. Die dunkle Schokolade weist einen Kakaogehalt von bis zu 85 % auf, eine ganze Menge für verweichlichte Milka-Esser, aber genau richtig für echte Schokoladenconnaisseure, die hier ihre Freude haben werden. Für die kleinen Besucher und alle Junggebliebenen gibt es eine riesige Schaukel, die mit Meerblick und ordentlich Tempo richtig Spaß macht. Die leckeren Schokoladenkreationen sowie die Seifen werden vor Ort verkauft.

Hauptteiches der **Balai Gili**, der Rückzugsort der königlichen Familie, liegt. Hier gibt es eine kleine, interessante Fotoausstellung über die letzten Könige von Karangasem sowie einige alte Möbelstücke zu bewundern. Unweit des Palastes befindet sich **Kolam Air Mancur**, ein kleiner mit Moos bewachsener Brunnen, der mit sechs Engelstatuen und Blumenvasen verziert ist. In der Mitte steht eine Statue, die einen Krug mit sprudelndem Wasser hält, ein Symbol für Reichtum. Eintritt 20 000 Rp, Parken 2000 Rp.

Jasi

Folgt man vom Wasserpalast in Ujung kommend einer kleinen Straße ca. 1,5 km nach Westen, gelangt man in Jasi wieder auf die große Hauptstraße. Nimmt man diese Richtung Meer und weiter entlang der Küste, wird nach einem weiteren Kilometer kurz vor der Pertamina Tankstelle eine Abzweigung erreicht, wo ein großes Schild auf die kalten und günstigen Biere der Villa Matanai hinweist. Ein weiteres, leicht zu übersehendes Schild kündet von der eigentlichen Attraktion: The **Chocolate Factory** (s. Kasten).

Tirtagangga

Der **Wasserpalast Taman Tirtagangga** des letzten *Raja* von Karangasem wurde erst 1948 erbaut und hat glücklicherweise nicht so stark unter den Erdbeben gelitten wie die Anlage in Ujung. Mehrere Wasserbecken, teils zum Schwimmen, teils als Lotusteiche angelegt, werden von heiligen Quellen gespeist, die sich am Fuße des Gunung Agung oberhalb des ehemaligen Palastes befinden. *Tirta Gangga* bedeutet daher auch „heiliges Wasser vom Ganges". Im Zentrum der Anlage steht ein hoher, pagodenartiger Brunnen. Seltsame Fabelwesen säumen als Steinstatuen die Becken, die mit dem heiligen Quellwasser gefüllt sind. Es heißt, wer darin badet, bleibt ewig jung – also Schwimmsachen nicht vergessen. 🕒 7–18 Uhr, Eintritt 10 000 Rp, Parken 1000 Rp.

Direkt am Eingang zum Wasserpalast gibt es einige Warung und Souvenirgeschäfte. Wer seinen Hunger nach dem Baden stillen will, kann auch auf dem Gelände beim **Tirta Gangga Bar & Restaurant**, ✆ 0813-381 0668, frische Meeresfrüchte, Pizza und Pasta bestellen. Hauptgerichte um 45 000 Rp. 🕒 8–21 Uhr.

Tirtagangga liegt herrlich in den Hügeln am Fuße des Gunung Agung. Die Hauptstraße schlängelt sich durch grüne, schön angelegte Reisterrassen und Palmen säumen den Straßenrand. Der Ort ist mit seinem relativ angenehmen Klima ein idealer Ausgangsort für Wanderungen und Ausflüge in den äußersten Osten von Bali. Einige Restaurants und Unterkünfte haben sich um Tirtagangga herum angesiedelt. Gemeinsam ist ihnen eine wunderschöne Aussicht auf den höchsten Berg der Insel und die umliegenden Reisterrassen bis hin zur Küste von Candi Dasa.

Budakeling

Von Ababi oder Bebandem aus gelangt man über eine schmale, asphaltierte Seitenstraße zu der westlich von Tirtagangga gelegenen buddhistischen Gemeinde. Äußerlich unterscheidet sich der Ort kaum von anderen balinesischen Dörfern, auch die Tempelzeremonien laufen hier nach bekanntem Muster ab. Die buddhistischen Priester von Budakeling entstammen alle der Brahmanen-Kaste. Nach eigener Aussage besteht für sie kein großer Unterschied zwischen Buddhismus und Hindu Dharma.

Auffallend ist, dass in dieser Gegend viele **Eisenschmiede** ihr Handwerk betreiben. Sie genießen in Bali ein hohes Ansehen, denn der Volksglaube sieht etwas Magisches in den Metallen und in denen, die sie bearbeiten und damit beherrschen. Die Kaste der Schmiede *(Pande)* genießt daher auch eine höhere gesellschaftliche Stellung als die *Sudra*, die Kaste mit dem größten Bevölkerungsanteil.

Übernachtung

Ujung

Nicht weit von Ujung liegen 3 empfehlenswerte Unterkünfte.

Homestay Irene, Jl. Pantai Jasri, ✆ 0813-3800 6901, 💻 www.homestayirene.com. Versteckt in einem tropischen Garten liegen 2 Bungalows, 2 geräumige Villen, ein gemütliches Café und ein kleiner Pool sowie die einfachen Zimmer mit Moskitonetz und Du/WC, teils auch mit Open-Air-Du/WC, Warmwasser, AC und einem tollen Meerblick. Abendessen auf Vorbestellung, Frühstück inkl. Reservierung empfehlenswert. ❹–❺

Kangkung Cottages, ✆ 0819-3647 3219. Auf Stelzen über einem Fischteich steht diese kleine, ältere Anlage mit Bambusbungalows, die 7 einfache, geräumige Zimmer mit Open-Air-Du/WC, aber ohne Warmwasser beherbergen. Sind die Wellen am Strand von Jasri zu hoch, kann man im Pool planschen. ❸

Seraya Shores, Seraya Barat, ✆ 0813-3874 9108, 💻 www.serayashores.com. Kurz vor dem Dorf Seraya stehen in einem grünen Garten traditionelle und liebevoll eingerichtete Bungalows und 2-stöckige Villen direkt an der Küste. Zudem ein Pool. Frühstück inkl. ❻–❼

Tirtagangga und Abadi

Cabé Bali Bungalows, Desa Temega, 2 km südlich von Tirtagangga abseits der Hauptstraße, ✆ 0363-22045, 💻 www.cabebali.com. Eingerahmt von Reisterrassen liegt diese Oase. Die freundliche deutsche Gastgeberin bietet 5 geräumige und saubere Bungalows mit Du/WC mit Warmwasser aus Solarenergie. Im tropischen Garten liegt ein Pool. Frühstück, Tee, Kaffee und Kuchen am Nachmittag, geführte Spaziergänge durch die Reisfelder und wenn nötig auch die Abholung aus Tirtagangga sind inkl. Abends lockt das eigene Restaurant mit fantastischen 4-Gänge-Menüs. ❺

Geria Semalung Bungalow, an der Hauptstraße von Ababi, ✆ 0363-22116, 💻 www.geriasemalung.com. Die schlicht und edel mit balinesischer Weberei dekorierten und mit Warmwasser-Du/WC aus Stein ausgestatteten Bungalows bieten eine unbezahlbare Aussicht auf den Wasserpalast. Frühstück inkl. ❹

Homestay Rijasa, am südlichen Ortseingang von Tirtagangga, ✆ 0363-21873. Die Unterkunft mit nicht besonders gepflegten, aber sauberen Zimmern mit weichen Schaumstoffmatratzen und Bad/WC, teils mit Warmwasser, liegt in einem schönen Garten. Frühstück inkl. ❷–❸

Königliche Aussichten über den Palast

Pondok Lembah Dukuh Bungalow, in Abadi, ✆ 0813-3829 5142. In einem liebevoll gestalteten Garten mit Bananenstauden und viel Grün liegen die hübschen, schlichten Zimmer, die teils mit Warmwasser, großem Open-Air-Bad/WC und eigener Küche ausgestattet sind. Die sehr freundlichen und hilfsbereiten Gastgeber geben gerne wertvolle Tipps weiter und zaubern abends für wenig Geld einfache, aber leckere indonesische Gerichte. Ein steiler, steiniger Trampelpfad führt in ca. 300 m direkt zum Wasserpalast. Frühstück inkl. ❷–❹

Padoba Mimpi, in Abadi, ✆ 0813-3873 9950, ✉ madesudira@hotmail.com. Saubere und helle Bungalows mit einladender Terrasse, vielen Fenstern und großem Warmwasser-Du/WC. Frühstück inkl. ❸

Puri Sawah Bungalows, kurz hinter der Kurve nördlich des Wasserpalastes, ✆ 0363-21847. Die teils mit Warmwasser-Bad/WC eingerichteten Bungalows haben eine wunderbare Aussicht über die Reisterrassen. Zudem ein 2-stöckiger Bungalow mit Mandi und Hocktoilette, der 4 Pers. Platz bietet. Frühstück inkl. ❸–❹

Tirta Ayu Hotel, in Tirtagangga, ✆ 0363-22503, 💻 www.hoteltirtagangga.com. Direkt auf dem Palastgelände hinter einen Lotusteich wird dieses Hotel mit Pool und Spa vom Sohn des letzten *Raja* geführt. Die Villen bieten AC, TV, Warmwasser und ein königliches Bad/WC mit Steinbadewanne. Sehr freundliches und hilfsbereites Personal. WLAN und Frühstück inkl. ❻–❼

Aktivitäten

Fahrradtouren

Bungbung Adventure Biking, Ababi, ✆ 0812-3765 3467, 💻 sites.google.com/site/bungbung bikeadventure. Hier können 2 verschiedene halbtägige Fahrradtouren gebucht werden. Die 1. Tour kostet 250 000 Rp und geht über die Dörfer der Umgebung. Bei einem Besuch einer Grundschule bietet sich die Gelegenheit, mit Schülern und Lehrern zu sprechen. Die 2. Tour kostet 300 000 Rp und startet am Hang des Gunung Agung. Sie führt über Waldwege an Tempeln vorbei und durch Dörfer hinab ins grüne Tal und dort durch das ausgetrocknete Flussbett zurück nach Tirtagangga.

Wellness

Der recht betagte Pak Made Putu Tungtang, ein **traditioneller balinesischer Masseur**, weiß zwar nicht genau, wie alt er ist, hat sein Handwerk aber gelernt und sich in Jahrzehnten einen Namen gemacht, der weit über die Grenzen seines Dorfes hinaus bekannt ist. Er bietet empfehlenswerte, traditionelle Massagen an und schafft Abhilfe bei Muskelkater, Magenbeschwerden oder anderen Problemen. 30 Min. kosten 50 000 Rp. Ein Besuch sollte auf Anfrage von den Unterkünften arrangiert werden können.

Gunung Seraya

Die breite, flache Vulkanruine des **Gunung Seraya** (1175 m) nimmt den gesamten Ostzipfel von Bali ein. Sein stark zerschnittener Mantel zeigt, dass er schon lange nicht mehr aktiv war. Die Kraterränder sind eingebrochen; nur hier und da ragen einzelne Bergkuppen auf, deren fast kreisförmige Anordnung die Ausdehnung des alten Kraters erkennen lässt. Die Bergbesteigung lässt sich in einem guten Halbtagesausflug bewältigen. Bereits während des Aufstiegs eröffnen sich umwerfende Rundsichten auf Ost-Bali.

Wie alle Berge der Insel ist auch der Gunung Seraya mit einem bedeutenden Heiligtum bestückt. 8 km von Tista entfernt, auf seiner nordwestlichen Seite, befindet sich der **Pura Luhur Lempuyang**, einer der sechs heiligsten Tempel der Insel *(Sad Kahyangan)*, mit wunderschöner Aussicht. Der javanische Hindu-Priester Empu Kuturan soll den Tempel im 11. Jh. als einen der vier Richtungstempel (für Osten) erbaut haben. Die anderen drei Richtungstempel sind Pura Luhur Batukaru (Westen), Pura Puncak Mangu oberhalb des Bratan-Sees (Norden) und Pura Andakasa westlich von Padang Bai (Süden).

Der Komplex besteht aus insgesamt sieben Tempeln, die in einem Umkreis von ca. 4 km auf dem Berg verteilt liegen und teils schwer zu erreichen sind. Um zur Anlage zu gelangen, fährt man über Abang ins Dorf **Ngis**. Der Beschilderung folgend geht es links auf eine steile, kurvige Straße, die zum Parkplatz führt. Direkt hier ist der beeindruckende, blütenweiße Tempel **Pura Penataran Agung** zu bewundern, dessen Eingang auf den Gunung Agung ausgerichtet ist. Zum Tempel **Telaga Sawang** führt ein Weg mit vielen Treppen durch den Wald. Um den Tempel auf dem Gipfel, den Lempuyang Luhur, zu besichtigen bedarf es guter Kondition, denn vom Parkplatz sind es noch einmal ca. 5 km. 🕒 8–19 Uhr, Eintritt 10 000 Rp, Tempelschal und Sarong können geliehen werden.

Abang und Culik

Nördlich von Tirtagangga windet sich die Straße Richtung Singaraja über eine kleine Passhöhe. Die Ausbrüche des Gunung Agung haben die Umgebung von **Abang** mit überreicher Fruchtbarkeit gesegnet. Die saftigen Reisterrassen, die sich beiderseits des Passes die Hänge hinaufziehen, gehören zu den schönsten Landschaften der Insel.

Im krassen Gegensatz dazu steht die Gegend nördlich von **Culik**. Abgesehen von *Lontar*-Palmen gedeiht wenig in diesem halbwüstenartigen Landstrich. Gewaltige, erstarrte Lavaströme ziehen sich von der kahlen Ostflanke des Gunung Agung bis zur steinigen Küste.

Die Fahrt entlang der Küste nach Amed

Eine sehr interessante Tour führt an der Ostküste entlang um den Gunung Seraya herum. Vom Wasserpalast in Ujung geht es über die Orte Seraya, Selang, Lipah, Bunutan und Jemeluk bis nach Amed. Die Strecke ist nicht immer befahrbar: Die Straßen können in der Regenzeit, wenn sich die Wassermassen einen Weg aus dem Gebirge Richtung Meer bahnen, überflutet sein. In der Zeit von November bis April sollte sie daher nur nach vorheriger Rücksprache mit Einheimischen gefahren werden.

Die steile und schmale Küstenstraße windet sich durch die trockenste und ärmste Region Balis. Hier liegen Dörfer, deren Bewohner hauptsächlich vom Fischfang und der Viehzucht leben, teilweise wird aber auch Wein angebaut. Die Straße ist an vielen Stellen sehr unübersichtlich, steil und kurvig und sollte daher mit äußerster Vorsicht befahren werden.

Die Landschaft ist sehr abwechslungsreich: Während sie zu Beginn rund um Seraya noch fruchtbar ist und grüne Bambuswälder hervorbringt, wird sie Richtung Norden zusehends trockener. Hier gedeihen kaum noch Bäume, sondern nur Sträucher. Die Aussichten, die sich entlang der Küstenstraße bieten, sind atemberaubend: Auf der einen Seite liegen die steil abfallenden Felswände und darunter das tiefblaue Meer, das besonders morgens von einer Armada kleiner, bunter Fischerboote *(Jukung)* bevölkert wird, die ihren Fang ans Ufer bringen. Auf der anderen Seite erhebt sich steil der zerklüftete Gunung Seraya. Hier weiden Kühe und Ziegen, die die wenigen grünen Stängel abknabbern. In den Tälern tauchen immer wieder kleine Dörfer auf.

Einige Kilometer östlich von Seraya ist es möglich, bei der Frauenkooperative **Natural Dyers' & Weavers' Cooperative of Seraya Traditional Textile Artisan** *(Kelompok Karya Sari Warna Alam)*, ✆ 0828-368 8122, großes Hinweisschild an der Straße, eine Pause einzulegen. Hier kann man den Frauen beim Weben von Schals aus Baumwolle und Seide zuschauen und den Färbeprozess mit Naturfarben verfolgen. Im Verkaufsraum werden die Stücke für Preise ab 250 000 Rp verkauft.

Auf halber Strecke nach Amed, etwa 5 km weiter nach Nordosten, ragt unübersehbar die weiße Metallkonstruktion eines 45 m hohen **Leuchtturms** auf. Nach Absprache mit den Anwohnern können Interessierte gegen eine kleine Spende (Anhaltspunkt 15 000 Rp) hinaufklettern und die imposante Aussicht genießen, aber Vorsicht: Er ist wirklich hoch!

Nach 1 1/2 Stunden Fahrt erreicht man die ersten Hotels der Region um Amed, die sich seit Mitte der 1990er-Jahre zu einer gut erschlossenen Touristenregion und einem beliebten Reiseziel für Taucher und Schnorchler entwickelt hat.

Amed und Umgebung

Die kargen Fischerdörfer **Amed**, **Jemeluk**, **Lipah** und **Selang** an der fernen Nordostküste von Bali haben in den letzten Jahren einen beachtlichen Zuwachs an Touristen erlebt. Besucher kommen größtenteils wegen der Ruhe und Abgeschiedenheit oder zum Tauchen und Schnorcheln hierher. Die Erforschung des Meeres ist an vielen Stellen möglich. Besonders attraktiv sind die Reviere um das Korallenriff bei Jemeluk, 2 km östlich von Amed, und das japanische Schiffswrack bei Selang.

Immer mehr Unterkünfte sind in den letzten Jahren auf dem 9 km langen Küstenabschnitt entstanden. Im Osten liegen die luxuriösesten Hotels, die mit ihren blühenden grünen Gärten einen absurden Kontrast zu der spärlichen

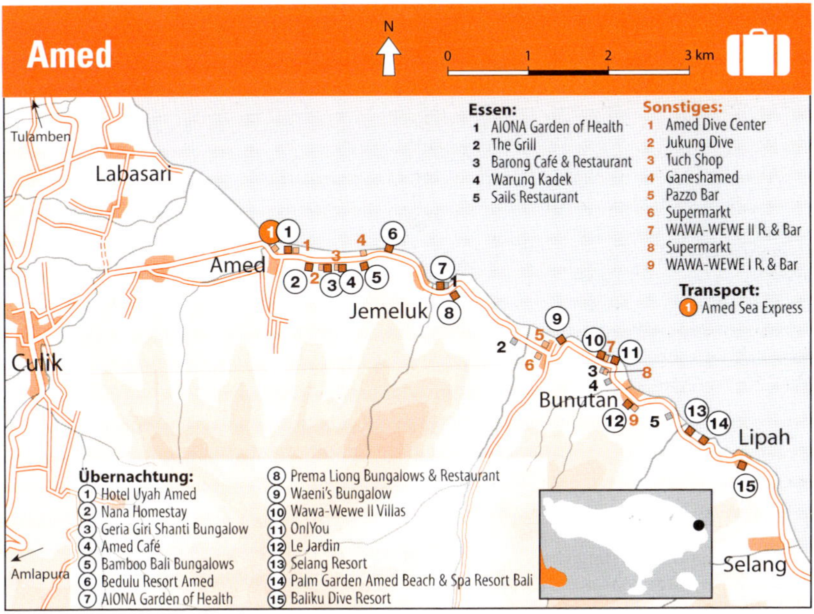

Vegetation der Umgebung bilden. Entlang der Küste wechseln sich, nur von Felsklippen unterbrochen, schwarze und weiße Sandstrände mit Steinstränden ab. An einigen liegen die bunten Boote der Fischer, die *Jukung*. Zwischen den Hotels wird am Strand noch immer auf traditionelle Weise Meersalz gewonnen (s. Kasten S. 315).

In Amed geht es in der Nebensaison relativ ruhig und entspannt zu. Hier gibt es keine Post und nur limitierte Einkaufsmöglichkeiten. Waren des täglichen Bedarfs sind oft teurer als in anderen Inselteilen, da alles auf langen Wegen in die Region transportiert werden muss. Auch öffentliche Verkehrsmittel sind äußerst selten. Auch gibt es keine Straßenbeleuchtung.

Übernachtung

Praktisch alle Unterkünfte liegen an der schmalen Küstenstraße und betreiben ein eigenes Tauchzentrum oder können problemlos Tauchtrips organisieren. Während die billigen Unterkünfte sich auf den Abschnitt um Jemeluk konzentrieren, steigt das Preisniveau Richtung Osten.

Weitere Übernachtungsmöglichkeiten s. **eXTra [4254]**.

Untere Preisklasse

Bamboo Bali Bungalows, Jemeluk, ✆ 0363-23478, 💻 www.bamboobali.nl. Egal wie voll es in Amed auch sein mag, hier gibt es immer einen Schlafplatz – und wenn es nur eine Möglichkeit zum Ausrollen des Schlafsacks ist. Die Bungalows haben schön verzierte Holztüren, sind mit Open-Air-Du/WC, teils auch Warmwasser und AC, ausgestattet und liegen sowohl am Hang als auch am Strand. ❷–❹

Geria Giri Shanti Bungalow, Jemeluk, ✆ 0819-1665 4874, 💻 www.geriagirishanti.com. Diese 5 in einem kleinen grünen Garten am Hang gelegenen, einfachen und gemütlichen Bungalows haben Open-Air-Bad/WC mit Warmwasser und sind eine der besten Budget-Optionen in Amed. Die niederländischen Eigentümer stehen gerne mit Rat und Tat zur Seite. Frühstück inkl. ❷

Nana Homestay, Jemeluk, ✆ 0878-612 5968, 💻 www.balinanahomestay.com. In der kleinen

Anlage mit Pool liegen die sauberen, hellen Zimmer mit kleinem Warmwasser-Du/WC. Die teureren haben auch AC und Balkon. Sehr freundliches Personal. Frühstück inkl. ❸

Mittlere Preisklasse

AIONA Garden of Health, Bunutan, ✆ 0813-3816 1730, 💻 www.aionabali.com. Hübsches Gästehaus unter freundlicher schweizerisch-deutscher Leitung mit natürlich und liebevoll eingerichteten Räumen, in denen sich auch Familien sehr wohlfühlen. Durch ein spezielles Filtersystem wird das Grundwasser gereinigt und zu Trinkwasser verarbeitet. Der Garten besticht nicht durch künstlich bewässerten Rasen, sondern durch die karge Schönheit der Landschaft. Die beiden Besitzer haben ein kleines Muschelmuseum und bieten Ayurveda, Meditation und Yoga an. Die eigenen Produkte werden in einem kleinen Shop angeboten. Sehr gutes Frühstück inkl. Reservierung empfehlenswert. ❹

Amed Café, Jemeluk, ✆ 0363-23473, 💻 www.amedcafe.com. Für nahezu jeden Geldbeutel findet sich in dem tropischen Garten mit Pool ein Bungalow oder *Lumbung* mit Du/WC, teils auch Warmwasser, AC, Minibar, Moskitonetz und Terrasse. Kleiner Supermarkt, in dem man alles Nötige bekommt. Frühstück inkl. ❸–❻

Bedulu Resort Amed, Bunutan, ✆ 0813-3866 1258, 💻 www.beduluresort.blogspot.com. Die neue Anlage bietet schöne Bungalows im balinesischen Stil sowie moderne Zimmer am Hang mit Warmwasser-Du/WC, teils auch mit Badewanne, AC, Terrasse und privatem Garten. Vom Überlaufpool genießt man die atemberaubende Aussicht auf das weite Meer. ❸–❺

Le Jardin, Bunutan, ✆ 0363-23507, ✉ limamarie@yahoo.fr. In einem kleinen Garten mit vielen Blumen liegen 4 hübsche 2-stöckige Bungalows mit schöner Open-Air-Du/WC, teils auch mit AC. Hier lässt es sich exzellent entspannen. Außerdem bietet die französische Besitzerin Marie Yoga, Meditation und Massagen an. Reservierung empfehlenswert. ❹

OnlYou, Bunutan, ✆ 0363-23569, 💻 www.onlyou-bali.com. Die 2-stöckigen Villen im traditionellen und doch außergewöhnlichen Design sind luxuriös mit kompletter Küche, Entertainmentsystem und großer Badewanne unter freiem Himmel ausgestattet, teils auch mit Privatpool. Aus den Panoramafenstern blickt man weit auf das blaue Meer hinaus. WLAN und Frühstück inkl. ❺–❼

Prema Liong Bungalows & Restaurant, Bunutan, ✆ 0363-23486, 💻 www.bali-amed.com. In einem wilden Garten in wunderschöner Lage stehen 4 Bungalows im balinesischen Stil mit Open-Air-Du/WC und Himmelbetten auf jedem der 2 Stockwerke. Die meisten Besucher schlafen aber auf der Terrasse mit Liege und Moskitonetz. Im Restaurant gibt es eine große Auswahl an Pizzen. Zur Anlage gehören auch die Hühner und Hähne. Frühstück inkl. ❹

Selang Resort, Selang, ✆ 0852-3750 6739, 💻 www.selangresort.com. Der Ableger der tschechischen Tauchanlage in Tulamben hat nicht nur ein kleines Restaurant über den Klippen mit internationalen Speisen, sondern auch komplett ausgestatte Zimmer mit Warmwasser-Du/WC mit Meerblick und 2 Pools zu bieten. Glasklares Wasser direkt vor der Tür, in dem geschnorchelt werden kann. ❸–❹

Waeni's Bungalow, Bunutan, ✆ 0363-23515, 💻 www.baliwaenis.com. Kreativ gestaltete Zimmer mit großen Open-Air-Du/WC aus Naturstein, teils mit Warmwasser, TV mit DVD-Player und AC. Die günstigeren Zimmer sind etwas überteuert. Zum Strand führt ein Trampelpfad.

Tauchen mit gutem Gewissen

Hotel Uyah Amed, Jemeluk, ✆ 0363-23462, 💻 www.hoteluyah.com. Die ökologische Anlage am Meer befindet sich unter deutscher Leitung und bietet gemütliche Bungalows mit Bad oder Du/WC und teils auch AC. Das Hotel bezieht Strom aus Sonnenenergie, und das angeschlossene Tauchcenter, 💻 www.ameddivecenter.com, forstet gemeinsam mit den Gästen Korallenriffe auf. Im Garten findet man neben einem Pool eine traditionelle Salzgewinnungsanlage. Es werden auch Touren ins Umland organisiert. Frühstück inkl. ❹

Gemütliches Restaurant mit großer Auswahl an Seafood und atemberaubender Sicht auf die Bucht und die Berge. ❹

Wawa-Wewe II Villas, Lipah, ✆ 0363-23506, 💻 www.bali-wawawewe.com. Entspannte Gartenanlage mit zehn 2-stöckigen, edel eingerichteten Bungalows mit AC, Moskitonetz und Open-Air-Du/WC mit Warmwasser. Der Überlaufpool am Klippenrand ist atemberaubend. Reservierung empfehlenswert. ❺

Obere Preisklasse

Baliku Dive Resort, Selang, ✆ 0828-372 2601, 💻 www.balikudiveresort.com. Die exklusiven Villen gegenüber dem japanischen Schiffwrack mit Blick auf die Bucht und den Gunung Seraya sind stilvoll eingerichtet und mit Himmelbetten, AC, Minibar, TV mit DVD-Player, kleiner Küche und edlem Bad/WC mit Eckbadewanne ausgestattet. Der marineblaue Pool lädt zum Entspannen ein. Frühstück inkl. ❼

Palm Garden Amed Beach & Spa Resort Bali, Lehan, ✆ 0828-9769 1850, 💻 www.palmgardenamed.com. Das 4-Sterne-Resort unter Schweizer Leitung liegt in einem grünen Palmengarten direkt am Strand und bietet neben schönen Bungalows mit AC, Minibar, Open-Air-Bad/WC mit Mosaikverzierungen, Warmwasser und Terrasse auch geräumige Villen mit Privatpool. Frühstück inkl. Mindestaufenthalt von 2 Nächten, bei einer Übernachtung muss ein Aufpreis von 10 % bezahlt werden. ❻–❼

Essen

AIONA Garden of Health, Bunutan, ✆ 0813-3816 1730, 💻 www.aionabali.com. Natürliche vegetarische Kost aus aller Welt wird in dem kleinen, gemütlichen, rauch- und alkoholfreien Restaurant zubereitet, außerdem leckeres Frühstück. Abendessen nur nach Voranmeldung. 🕒 8.30–10, 12–15, 17–19 Uhr.

Barong Café & Restaurant, Lipah, ✆ 0363-22053, ✉ sawyerkomang@gmail.com. Populäres Restaurant, das Suppen, Pasta-Gerichte und Gegrilltes in belebter Atmosphäre serviert. Zudem gibt es hier das billigste Bier der Stadt. 🕒 10–22 Uhr.

Sails Restaurant, Lehan, ✆ 0363-22006, 💻 www.sailsrestaurantbali.com. Hoch über der Bucht von Lean zu essen, ist ein außergewöhnliches Erlebnis. Die Besitzer haben bewusst auf balinesische Architektur verzichtet und eine mediterrane Oase geschaffen. Bei zauberhafter Aussicht können das exzellente Seafood und der Sonnenuntergang genossen werden. Ab 30 000 Rp pro Hauptgericht. Shuttleservice. 🕒 10–22 Uhr.

The Grill, Bunutan, ✆ 0363-23530. Die Speisekarte des Restaurants unter australischer Leitung bietet Gerichte aus der ganzen Welt. Empfehlenswert sind die zarten Barbecue-Spare Ribs. Wunderschöner Ausblick auf das Meer. Hauptgerichte ab 75 000 Rp. 🕒 9–22 Uhr.

Warung Kadek, Lipah, ✆ 0852-3799 7885. Eines der beliebten Billigrestaurants der Stadt. Hier gibt es gute indonesische Speisen zu günstigen Preisen. 🕒 9–22 Uhr.

Unterhaltung

Pazzo Bar, Bubutan, zwischen Bunutan und Lipah hinter Waeni's Bungalows, ✆ 0363-23476, 💻 www.pazzobali.com. Das Restaurant bietet eine Auswahl an indonesischem und europäischem Essen ab 35 000 Rp. Hier kann selbst in der Nebensaison freitagabends bei Livemusik etwas los sein. Balinesische Tänze werden Mi und Sa von 20–21 Uhr aufgeführt. 🕒 7–22 Uhr.

WAWA-WEWE I, II Restaurant & Bar, Lipah, ✆ 0363-23522, 💻 www.bali-wawawewe.com. In den beiden Hotels wird gute Livemusik gespielt. Im WAWA WEWE I Mo und Di Reggae, im WAWA WEWE II Mi und Sa Reggae und Pop. Dazu internationale und indonesische Speisen ab 33 000 Rp sowie kühle Drinks. 🕒 7–23 Uhr.

Aktivitäten

Tauchen und Schnorcheln

Schnorchelausrüstung ist überall für 20 000 Rp zu mieten.

Nahezu jedes Hotel unterhält enge Verbindungen zu einer der vielen Tauchschulen. Die Angebote unterscheiden sich kaum und umfassen neben Kursen vor allem Ausflüge zu den Schiffswracks und Korallengärten. Folgende Tauchschulen bieten nicht nur neues Equipment und fachkundige Betreuung, sondern gestalten ihre Tauchgänge auch so ökologisch verträglich wie möglich und vermitteln viele Informationen über das hiesige Ökosystem und die massiven Umweltprobleme:

Amed Dive Center, Jemeluk, ☏ 0363-23462, 💻 www.ameddivecenter.com. Die an das Hotel Uyah Amed angeschlossene Tauchschule bietet neben Strandreinigungen und dem Wiederaufbau von Riffen professionelle Tauchkurse und Lernmaterialen auf Deutsch.

Jukung Dive, Jemeluk, ☏ 0363-23469, 💻 www.jukungdivebali.com. Als Teilnehmer des von PADI initiierten Go ECO werden hier bei Tauchgängen die Riffe vor Amed von Müll gesäubert und Tauchsafaris organisiert. Die ersten Tauchversuche können im eigenen Pool absolviert werden. Je nach Tauchgebiet kosten 2 Tauchgänge 40–50 €.

Touren

Amed eignet sich ideal für **geführte Wanderungen** in die Umgebung, die gute Gelegenheiten bieten, die Lebensweise der Menschen in dieser kargen Landschaft kennenzulernen. So kann man z. B. den Einheimischen bei der Palmweinproduktion oder der Meersalzgewinnung über die Schulter schauen oder den Pura Lempuyang auf dem Gunung Seraya besichtigen (s. S. 335). Guides können von den meisten Unterkünften organisiert werden.

Lohnenswert ist auch eine **Fahrt mit einem Jukung**, einem traditionellen Fischerboot, das mit gespannten Segeln eine erstaunliche Geschwindigkeit erreichen kann. Die Fischer in Amed und der Umgebung sind in Kooperativen organisiert und fahren zu Festpreisen. Die spannende Fahrt dauert ca. 2 Std., kostet 200 000 Rp und kann problemlos mit einem Schnorchelausflug in die Korallenriffe oder zum Wrack kombiniert werden. Ein Boot bietet Platz für 2 Pers.

Sonstiges

Einkaufen

Vor dem Amed Café, in dem Tuch Shop, etwas weiter östlich gegenüber dem OnlYou und gegenüber vom Pazzo Bali gibt es kleine **Supermärkte**, in denen von Chips bis Zahnbürsten alles angeboten wird.

Im Ganeshamed Hotel in Jemeluk kann man im kleinen **Buchladen** nach interessanten Büchern stöbern und kleine, teils handgefertigte Schmuckstücke kaufen.

Fahrrad- und Motorradverleih

Fast alle Gästehäuser und Hotels vermieten Fahrräder für 25 000 Rp und Mopeds für 60 000 Rp pro Tag.

Geld

Ein paar Geldwechsler tauschen Bargeld zu miserablen Kursen.

Transport

Nach Amed kommt man am besten **mit dem eigenen Fahrzeug**. Wer öffentliche Verkehrsmittel nutzen will, sollte früh aufstehen.

Viele Unterkünfte organisieren allerdings auch Transporte zu den gängigen Touristenorten auf Bali.

Aus Amlapura oder Singaraja kommende **Busse** halten in CULIK. Von dort erwischt man mit Glück ein Angkot (hier ein Kleinlaster mit offener Ladefläche oder ein blau-weiß-gestreifter Minibus), das entlang der Küstenstraße bis AMLAPURA (25 000 Rp) fährt. Alternativ geht es mit Ojek bzw. Taxi.

Nach TULAMBEN gelangt man für 5000 Rp mit dem Bus in Richtung Singaraja. Bis SINGARAJA 50 000 Rp.

Nach PADANG BAI oder CANDI DASA fährt um 7 und 11 Uhr bei mind. 2 Pers. ein Perama-Bus für 125 000 Rp.

Nach GILI TRAWANGAN geht es direkt mit den Schnellbooten von **Amed Sea Express**, Jl. Raya Amed, ☏ 0853-3925 3944, 💻 www.amedseaexpress.com. Um 9 Uhr für 600 000 Rp p. P. in ca. 75 Min., zurück um 12 Uhr. In der Hauptsaison auch um 13.15 Uhr, zurück um 15 Uhr.

Tulamben

Auch die Riffe etwa 10 km nördlich von Culik bei Tulamben bieten bei 10 bis 15 m Sichtweite außerhalb der Monsunzeit (Februar bis Juni und September und Oktober) sehr gute Möglichkeiten zum Tauchen oder Schnorcheln. Hier liegen vier spannende Tauchreviere: Das bekannteste ist das *USS Liberty Wreck*, ein 1942 vor Lombok torpediertes und 50 m vor der Küste Balis gesunkenes US-Frachtschiff. Ein Tauchgang zum von Korallen überwachsenen und von Fischen umgebenen Wrack gilt als der leichteste Wracktauchgang der Welt. Zudem gibt es noch zwei bei Unterwasserfotografen beliebte Hausriffe sowie den *Drop-Off* mit großen Meeresfischen. Die Tauchgründe mit schwarzem Sand sind besonders bei Freunden des Makro-Tauchens beliebt, finden sich hier doch farbenfrohe Nacktschnecken und anderes seltenes und ausgefallenes Meeresgetier in den wohltemperierten Tiefen.

Das Hinterland mit Blick auf den Gunung Agung ist von Kakteen übersät und in der langen Trockenzeit wirklich knochentrocken. Die Strände sind schmal und steinig, deshalb ist die Gegend für einen Badeurlaub weniger geeignet. Für Taucher ist das Schiffswrack aber eine große Attraktion, und so haben sich Unterkünfte und Tauchschulen auf den Besucherstrom eingerichtet.

Das verschlafene Örtchen Tulamben hat sich in den letzten Jahren kaum verändert, erfreut sich aber bei deutschen Reisenden steigender Beliebtheit. In vielen Hotels und Tauchschulen gibt es entsprechend oft deutschsprachiges Personal. Wer in den hoteleigenen Tauchschulen taucht, kann mit Rabatten auf die Zimmerpreise rechnen oder umgekehrt als Hotelgast günstiger tauchen. Sonst bietet der Ort wenig: Es gibt weder Bars noch eine Post oder Geldwechsler. Der nächste Geldautomat befindet sich in Amlapura.

Übernachtung

Untere Preisklasse

Hotel Toraja, ✆ 0819-9945 5830, ✉ rantepao.dal@seznam.cz. Neue Anlage mit sauberen Zimmern mit guten Matratzen, Warmwasser-Du/WC und teils auch AC. Im kleinen Restaurant gibt es indonesische und internationale Speisen. WLAN und Frühstück inkl. ❸

Ocean Sun, ✆ 0363-22912, ✉ info@ocean-sun.com. Von einer deutsch-indonesischen Familie geführte Anlage mit Restaurant, Tauchschule und einfachen Zimmern mit Du/WC. Dieter hat viele Tipps parat und bietet individuelle Touren nach Komodo, Flores und Ost-Java an. Hier gibt es einen, wenn auch langsamen, Internetzugang. Frühstück inkl. ❷

Puri Madha Beach Bungalows, ✆ 0363-22921. Die netten und sauberen Zimmer der weitläufigen Bungalowanlage sind mit Schreibtisch, TV, Du/WC und teils AC und Warmwasser ausgestattet. Das tiefblaue Meer und das Wrack der *Liberty* liegen direkt vor der Haustür. Frühstück inkl. ❷–❹

Resort Mimpi Bali, ✆ 0819-9978 4099, 💻 www.pondok-mimpibali.com. Unter Schweizer und balinesischer Leitung befindet sich dieses Mini-Resort mit 7 Bungalows rund um einen kleinen geschwungenen Pool. Die Zimmer haben Himmelbetten aus dunklem Massivholz, Warmwasser-Du/WC, AC und teils auch Terrasse mit Ausblick auf den Gunung Agung. Frühstück inkl. ❷–❹

Mittlere Preisklasse

Bali-Spark Dive & Resort, Kubu, ✆ 0821-3362 7799, 💻 balisparkresort.com. Inmitten der neuen Anlage befindet sich ein großer Pool mit einer kleinen Bambusbrücke. Die etwas kahlen, aber sauberen Zimmer sind alle mit AC, Kühlschrank, TV und Warmwasser-Du/WC, teils auch mit Badewanne, ausgestattet. Angeschlossenes Tauchzentrum. Sehr freundliches und hilfsbereites Personal. Internet über UMTS-Stick und Frühstück inkl. ❸–❺

Ein Traum von Ruhe und Entspannung

Alam Batu Beach Resort & Bungalows, Batu Ringgit, 5 km nördlich von Tulamben, ✆ 0812-385 9966, 💻 www.alam-batu.com. Versteckt am Ende eines kleinen Pfades befindet sich dieses 1,6 ha große Resort unter deutscher Leitung. Die geräumigen, im balinesischen Stil eingerichteten und mit *Alang-Alang*-Gras gedeckten Bungalows liegen in einem liebevoll gestalteten, grünen Garten mit Pool und sind mit Open-Air-Du/WC, teils auch AC, ausgestattet. Im Spa können sich Gäste von traditionellen indonesischen Massagen verwöhnen lassen. Sehr freundlicher Service. Frühstück inkl. ❹–❼

Ausspannen und abtauchen

Tauch Terminal Resort & Spa, ✆ 0361-774504, 💻 www.tauch-terminal.com. Mitte 2008 ist hier eine Oase entstanden. Die geräumigen Zimmer sind edel eingerichtet sowie mit Du/WC, Liegen auf dem Balkon, Minibar und AC ausgestattet. Hier kann man sich im gepflegten Garten, in den vielen gemütlichen Sitzecken, den zwei Pools direkt am Meer oder dem angeschlossenen Spa nach dem Tauchen gründlich entspannen. Die Tauchschule mit deutscher Leitung bietet auch mehrtägige Pakete mit No-Limit-Tauchen und Transfer aus Süd-Bali an. Frühstück inkl. ❺

Joe's Diving Bali, 💻 www.joesdivingbali.com. Unter deutscher Leitung befindet sich diese ruhige, in einem Blumengarten samt Brücke und schönem Pool gelegene Anlage, die einen Blick auf die Berge bietet. Die Zimmer sind sauber und mit Open-Air-Du/WC und teils AC ausgestattet. Frühstück inkl. ❺

Liberty Dive Resort, am Gang zum Wrack der *Liberty*, ✆ 0363-23347, 💻 www.libertydiveresort.com. Kleines Hotel mit Pool und ansprechenden Zimmern mit Du/WC, teils auch AC und Warmwasser. Die neueren, teureren Zimmer sind sehr geräumig und bieten eine wunderschöne Aussicht. WLAN und Frühstück inkl. ❹–❻

Tulamben Wreck Divers Resort, ✆ 0363-23400, 💻 www.tulambenwreckdivers.com. Gutes, von einem Australier geführtes Hotel mit Pool und 6 komfortablen Zimmern mit AC, TV mit DVD-Player, Minibar, Safe und Warmwasser-Du/WC. Frühstück inklusive. Reservierung empfehlenswert. ❹

Mehr Übernachtungsmöglichkeiten s. eXTra [4248].

Essen

Safety Stop, ✆ 0363-23593, 💻 www.safety-stop.com. Hier hat der Deutsche Frank ein Restaurant aufgebaut, das neben der üblichen indonesischen und westlichen Küche auch gute Schnitzel serviert und einen Billardtisch hat. Zudem 4 Bungalows für 350 000 Rp. 🕒 10–22 Uhr.

Wayan Restaurant & Bar, gegenüber dem Wreck Divers Resort. Offener Pavillon mit Blick auf die Straße, in dem indonesische Küche, westliche Gerichte und auch Seafood zubereitet werden. Hauptgerichte ab 20 000 Rp. 🕒 8–21 Uhr.

Warung Makan Rusty, gleich gegenüber, ✆ 0852-3734 4718. Preisgünstige indonesische Gerichte ab 10 000 Rp. 🕒 8–21 Uhr.

Transport

Minibusse fahren für 20 000 Rp nach SINGARAJA. Nach AMLAPURA kosten sie 15 000 Rp. Dort kann man in Busse umsteigen, die weiter nach Westen oder in die Berge fahren. Früh am Tag verkehren viele Busse. Ab mittags kann das Fortkommen schwierig werden.

Perama fährt bei mind. 2 Pers. nach PADANG BAI oder CANDI DASA um 7 und 11 Uhr für 125 000 Rp.

Lombok

Stefan Loose Traveltipps

Batugendeng-Halbinsel Die Strände und Korallenriffe des Südwestens sind noch relativ unberührt. S. 350

Kuta Lombok Die Buchten rund um die kleinen Fischerdörfer eignen sich ideal zum Surfen. S. 352

Senggigi Im ältesten Urlaubsresort der Insel kann man prima entspannen und Kunsthandwerk aus Lombok und den östlichen Nachbarinseln erstehen. S. 371

15 Tauchen vor den Gili-Inseln Beim Tauch- und Schnorchelurlaub vor der Küste von Lombok gibt es faszinierende Unterwasserwelten zu entdecken. S. 388

16 Aufstieg zum Gunung Rinjani Der zweithöchste Vulkan Indonesiens bietet einen wunderbaren Panoramablick auf den Kratersee. S. 400

Am Fuße des Gunung Rinjani Wer nicht so hoch hinaus will, kann zu den Reisfeldern und Wasserfällen der Umgebung wandern. S. 400

LOMBOK

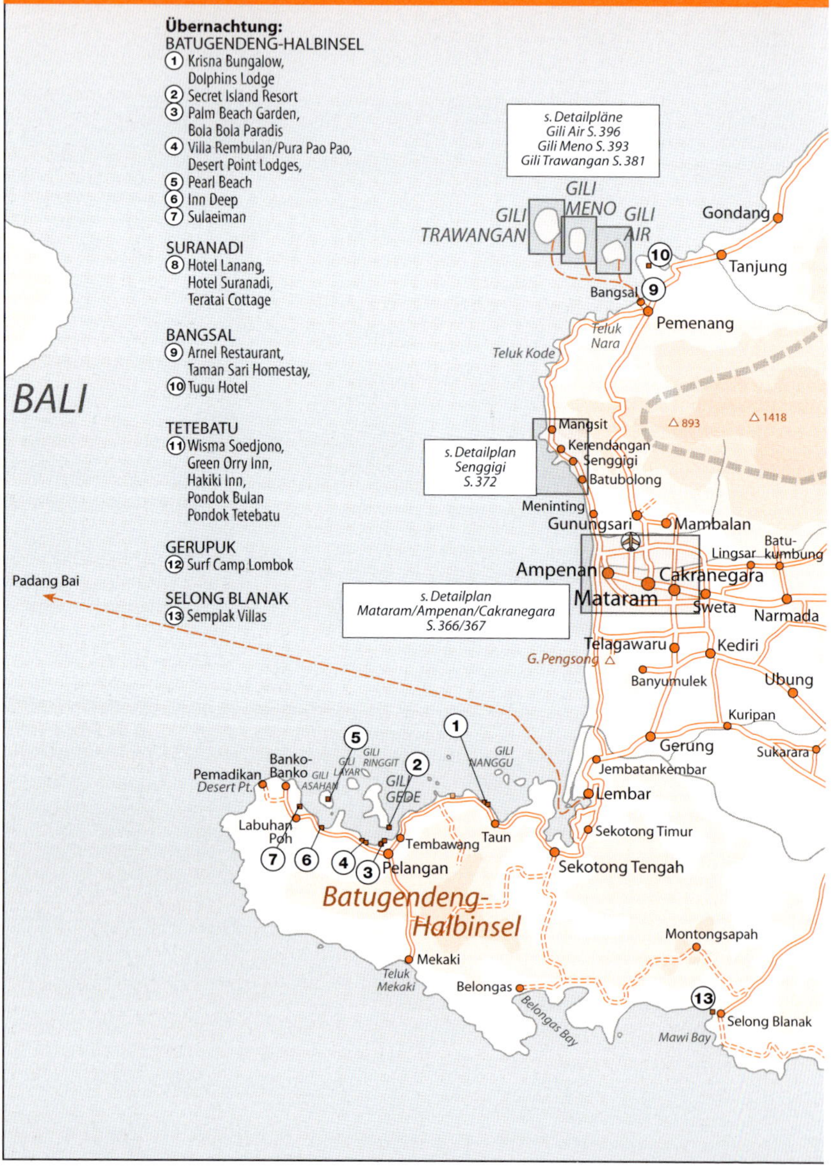

Lombok

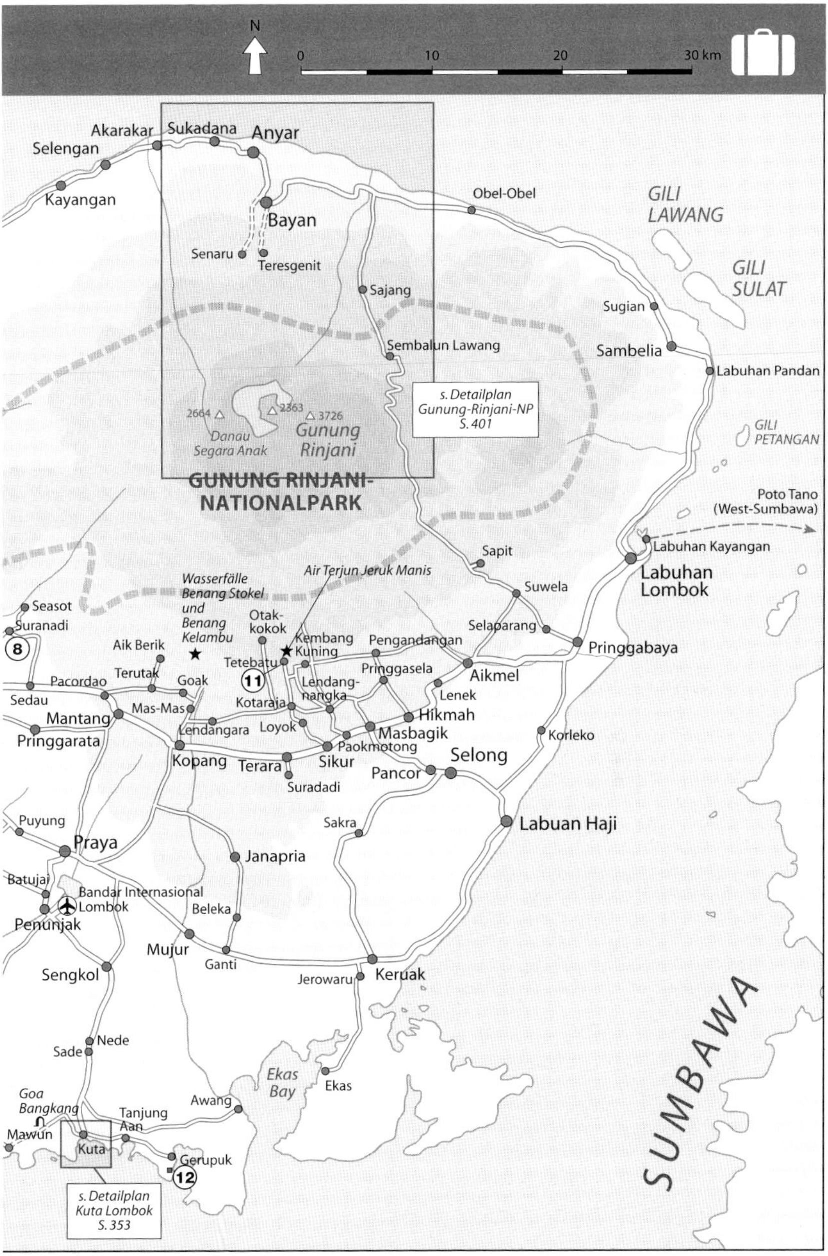
N
0
10
20
30 km
Akarakar
Sukadana
Anyar
Selengan
Kayangan
Bayan
Senaru
Teresgenit
Obel-Obel
GILI LAWANG
GILI SULAT
Sajang
Sugian
Sembalun Lawang
Sambelia
Labuhan Pandan
s. Detailplan Gunung-Rinjani-NP S. 401
2664
2363
3726
Danau Segara Anak
Gunung Rinjani
GILI PETANGAN
GUNUNG RINJANI-NATIONALPARK
Poto Tano (West-Sumbawa)
Labuhan Kayangan
Labuhan Lombok
Sapit
Air Terjun Jeruk Manis
Wasserfälle Benang Stokel und Benang Kelambu
Suwela
Seasot
Suranadi
Otak-kokok
Selaparang
Kembang Kuning
Pengandangan
Pringgabaya
8
Aik Berik
Tetebatu
11
Pringgasela
Aikmel
Terutak
Goak
Lendang-nangka
Lenek
Pacordao
Sedau
Mas-Mas
Kotaraja
Hikmah
Mantang
Lendangara
Loyok
Masbagik
Korleko
Pringgarata
Paokmotong
Selong
Kopang
Terara
Sikur
Pancor
Suradadi
Puyung
Sakra
Labuan Haji
Praya
Janapria
Batujai
Bandar Internasional Lombok
Penunjak
Beleka
Mujur
Ganti
Sengkol
Keruak
Jerowaru
Nede
Sade
Ekas Bay
Ekas
SUMBAWA
Goa Bangkang
Awang
Tanjung Aan
Mawun
Kuta
Gerupuk
12
s. Detailplan Kuta Lombok S. 353

Nicht nur auf Bali gibt es gut entwickelte Touristenzentren, traumhafte Strände, spektakuläre Naturschauspiele, bunte Fischschwärme und eine große kulturelle Vielfalt auf engstem Raum, auch die östliche Nachbarinsel Lombok bietet all dies. Zudem erinnert auf Lombok vieles an Balis ursprüngliche Schönheit, an Zeiten, als Besucher noch selten und das Reisen noch abenteuerlich war. Auch wenn die Sehenswürdigkeiten der beiden Inseln sich ähneln – Vulkane, Unterwasserwelten, Strände und die indigene Kultur –, so fasziniert Lombok doch mit ganz eigenen Facetten und eigenem Charakter.

Die touristische Hauptroute führt durch West-Lombok, dem am besten entwickelten Inselteil, bis in den Norden. Die meisten Besucher kommen mit der Fähre aus Bali in Lembar an und fahren direkt weiter nach **Senggigi** (s. S. 371) und zu den vielbesuchten **Gili-Inseln** (s. S. 380), um anschließend den mächtigen **Gunung Rinjani** (s. S. 400) zu erklimmen.

Wer mehr Zeit hat, kann auf der **Batugendeng-Halbinsel** (s. S. 350) im Südwesten, wo Besucher auf der Durchreise durch die Dörfer noch neugierig bestaunt werden, ruhige und ländliche Landstriche entdecken. Als „robinsoneske" Alternativen zu den großen Gilis liegen hier auch die weitaus weniger bekannten kleinen Gilis Asahan, Layar, Gede und Nanggu sowie weitere, unbewohnte Eilande, die von den verstreuten Unterkünften an der Nordseite der Halbinsel aus schnell zu erreichen sind. Schon etwas betriebsamer geht es in **Kuta** (s. S. 358) und an den Stränden Zentral-Lomboks zu. Hier finden Surfer ganzjährig traumhafte Wellen und Taucher faszinierende Unterwasserwelten vor. Die kunstvoll angelegten Reisterrassen, ein Überbleibsel aus der Zeit, als Lombok Teil des balinesischen Königreichs Karangasem war, sowie Kaffeeplantagen und traditionelle Dörfer in der Gegend von **Tetebatu** (s. S. 362), am Fuße des Rinjani, sind derweil die stillen Highlights. Traveller, die nach Sumbawa weiterreisen wollen, müssen **Labuhan Lombok** ansteuern, den Fährhafen von Ost-Lombok. Diese Region ist außer dem von den spektakulären Bergkämmen einer Caldera umgebenen **Sembalun** (s. S. 403) touristisch kaum erschlossen und bietet viel Raum für Entdecker.

Geografie, Flora und Fauna

Die 4700 km² große Insel gehört zur Provinz Nusa Tenggara Barat (West-Nusa Tenggara). Sie ist von 26 kleinen, zumeist unbewohnten Inseln (Gilis) umgeben und hat eine Maximalausdehnung von etwa 160 km. Im Norden ist das Landschaftsbild von Indonesiens zweithöchstem Vulkan, dem Gunung Rinjani, geprägt, der der dritthöchste Berg des Landes ist. Bis auf beachtliche 3726 m erhebt sich das Massiv, das für die Einwohner der Insel den Sitz der Götter symbolisiert.

Zwischen Bali und Lombok verläuft die **Wallace-Linie** (s. S. 81). Jenseits dieser Grenze treten verschiedene Arten asiatischer Flora und Fauna nur noch sporadisch auf. Gänzlich fehlen die großen Säugetiere wie Elefant, Tiger, Leopard, Tapir usw. Dafür findet man typische Arten der australisch-melanesischen Fauna und Flora. Besonders die Südhälfte der Insel unterscheidet sich sehr von den grünen Landschaften auf Bali. Auf diesem Inselteil erstrecken sich trockene Savannen, die nur in Küstennähe mit ausgedehnten Tabakfeldern bewirtschaftet werden. Hier befinden sich aber auch einige der schönsten unberührten Strände der gesamten Insel.

Bevölkerung

Doch nicht nur Flora und Fauna auf Lombok sind auffallend anders als auf Bali, auch die Einwohner, ihre Kultur und Sprache sind etwas Besonderes. Etwa 85 % der 3,2 Mio. Einwohner Lomboks zählen zum Volk der **Sasak**, das wahrscheinlich im 1. Jt. v. Chr. aus Java hier eingewandert ist und sich trotz vieler Einflüsse aus Bali sprachlich wie kulturell von den anderen Volksgruppen deutlich unterscheidet. Die restliche Bevölkerung besteht hauptsächlich aus **Balinesen**, aber auch aus kleinen Minderheiten von **Chinesen**, **Javanern**, **Sumbawanesen** und arabischstämmigen Indonesiern. Chinesen und **Araber** waren traditionell als Händler im Archipel tätig, und so findet man ihre Nachfahren auch heute noch vorwiegend in den kommerziellen Zentren von Mataram und Ampenan.

Religion

Heute sind offiziell über 90 % der Inselbewohner orthodoxe Moslems und somit Anhänger des *Waktu-Lima*-Glaubens. *Waktu Lima* („5 Mal") bezieht sich auf die fünf „Säulen des Islam", die von den Moslems auf Lombok befolgt werden: der Glaube an Allah und seinen Propheten Mohammed, die fünf täglichen Pflichtgebete, das Fasten während des Ramadans, die Pilgerfahrt nach Mekka und die Pflichtalmosen, die nach dem Fastenmonat entrichtet werden müssen.

Allerdings kam der Islam erst vergleichsweise spät nach Lombok. Wahrscheinlich brachten moslemische Gelehrte aus Sumbawa im 17. Jh. ihren Glauben auf die bis dahin hindu-buddhistische Insel. Als Folge der Bekehrung durch diese Missionare entstand eine selektive und anpassungsfähige Mischreligion: *Wetu Telu*. Diese war lange Zeit das originäre Glaubenssystem der Sasak. In der Sprache der Sasak bedeuten diese Wörter „Ergebnis" und „drei". Gemeint sind damit nicht nur die drei Wurzeln dieser Religion – Ahnenkult, Hinduismus und Islam –, sondern auch die magische Trinität allen Seins.

Doch die *Wetu-Telu*-Anhängerschaft ist im letzten Jahrhundert stark geschrumpft. Besonders seit der antikommunistischen Hatz 1965/66, als *Wetu-Telu*-Anhänger als Heiden, die nur drei Mal am Tag beten, verfolgt wurden, wird dieser ursprüngliche Glaube mitsamt seinen eigenständigen Zeremonien und Ritualen größtenteils hinter verschlossenen Türen oder in abgeschiedenen Bergdörfern praktiziert. Auch wenn der in den 1980er-Jahren einsetzende Tourismus dafür sorgte, dass das Interesse an den traditionellen Zeremonien, Tänzen und dem Kunsthandwerk der Sasak wieder zunahm, wird die Bedeutung der synkretistischen *Wetu-Telu*-Religion weiterhin öffentlich nicht anerkannt.

Geschichte

Den ältesten Aufzeichnungen zufolge existierte vor der Ankunft von Invasoren aus Bali und Makassar ein Königreich der Sasak namens Selaparang. Das Nagarakertagama, eine uralte javanische Palmblatt-Inschrift, berichtet von Lombok als Vasall des mächtigen Majapahit-Reichs unter König Hayam Wuruk im 14. Jh. Zu Beginn des 18. Jhs. wurde es von Bewohnern der Nachbarinsel erobert, die hier vier balinesische Fürstentümer gründeten.

Die ersten **Holländer** landeten 1674 auf der Insel, siedelten aber erst viel später an der Ostküste. Zusammen mit den Sasak revoltierten sie 1891 gegen die im Westen regierende Hindu-Dynastie aus Bali. Anfang 1894 mussten sie noch herbe Verluste bei der Schlacht auf dem Gelände des heutigen Taman Mayura (s. S. 364) hinnehmen. Doch einige Monate später nahmen die Kolonialisten die Insel mit vollständig ein und integrierten sie in den holländischen Kolonialbesitz. Den *Raja* (balinesischen König) schickte man ins Exil und der Kronprinz wurde ermordet.

Selbst mit der Unabhängigkeitserklärung Indonesiens am 17. August 1945 wurde Lombok von den Holländern noch nicht für die Eingliederung in die junge Republik freigegeben. Erst 1949 erkannten die Niederlande Indonesiens Eigenständigkeit an, sodass Lombok in die indonesische Provinz Nusa Tenggara integriert werden konnte.

Leider waren während der nationalen **Gewaltwellen**, die in den 1960er-Jahren gegen Kommunisten und in den späten 1990er-Jahren gegen die chinesischen und christlichen Minderheiten gerichtet waren, die Unruhen auf Lombok besonders schwer. Das außergewöhnlich gewaltsame Vorgehen der moslemischen Randalierer im Jahre 2000 forderte mehrere Tote und zahlreiche Verletzte und hatte die Evakuierung aller ausländischen Feriengäste zur Folge – ein schwerer Schlag für die Tourismusbranche in ganz Indonesien, die seit den 1980er-Jahren zu florieren begonnen hatte. Die Besucherzahlen von zuvor boomenden Strandorten wie Senggigi und Kuta Lombok brachen ein und haben sich erst in den letzten Jahren wieder auf ein ähnlich hohes Niveau wie zuvor eingependelt. Besonders die beliebten Gili-Inseln können sich seit einigen Jahren kaum noch vor dem Andrang der Touristen retten. Im Interesse der vielen Familien, die auf den Tourismus angewiesen sind, und der gesamten Wirtschaft von Lombok ist zu hoffen, dass der Besucherandrang auch in den nächsten Jahren anhalten wird.

Ein relativ neues Problem stellt die **Wasserknappheit** dar, die durch schlechtes Bewässerungsmanagement sowie fortschreitende Entwaldung zunimmt und Ernte und Ernährung der Bevölkerung besonders im Süden und Osten der Insel ernsthaft bedroht. 2011 meldeten rund 30 Subdistrikte auf insgesamt 50 000 ha Ackerland alarmierende Wasserknappheit. Selbst

Aktuelle Informationen zu Lombok

Eine gute Quelle für die neuesten Entwicklungen und Informationen zu den touristischen Destinationen auf Lombok ist die kostenlose Zeitschrift *The Lombok Guide*, die in vielen Hotels und Restaurants in den touristischen Zentren auf den Gili-Inseln, in Senggigi und Mataram ausliegt, sowie die dazugehörige Homepage 💻 www.thelombokguide.com.

die staatlich organisierten Hilfslieferungen von Tausenden Litern pro Tag sind da oftmals nur ein Tropfen auf den buchstäblich heißen Stein. Schätzungen zufolge benötigt die gesamte Provinz West-Nusa Tenggara jährlich 4,8 Mrd. m^3 Wasser, von denen bisher nur 2,8 Mrd. m^3 gedeckt sind. Ein Problem ist der Mangel an Staudämmen, die Regenwasser sammeln und für gezielte Bewässerung verfügbar machen würden. Erste Dammbauarbeiten sind bereits im Gange, etwa die Dämme Batujai und Vengga in Zentral- oder der Papanduri-Damm in Ost-Lombok.

Verhaltensregeln

Besucher außerhalb der Touristenzentren Senggigi und den Gili-Inseln sollten auf Lombok einige Verhaltensregeln beachten, um Konflikte zu vermeiden. So ist Nacktbaden nicht nur überall auf der Insel verboten, sondern verletzt sämtliche Wertvorstellungen der Einwohner. Auch weite Ausschnitte, kurze Röcke und nackte Oberkörper sowie das Trinken von Alkohol und die Zurschaustellung von Zuneigung in der Öffentlichkeit sind verpönt. In der Fastenzeit ist es absolut unangebracht, tagsüber außerhalb der Gili-Inseln, Senggigi und Kuta Lombok auf der Straße zu essen. Meist ist es schon schwierig, überhaupt eine Mahlzeit zu bekommen. Während dieser Zeit finden auch keine der bekannten Strandpartys auf den Gili-Inseln statt.

Zeigt man aber Respekt vor den Sitten der Einwohner, hat man abseits der Touristenenklaven die Möglichkeit, das ursprüngliche Indonesien kennenzulernen. Man kann die unverstellte Freundlichkeit der Menschen erleben: jubelnde Kinderscharen, die Besucher verfolgen, stolze Sasak, die durch ihre traditionellen Dörfer leiten und zeigen, wie die *Ikat*-Weberei funktioniert, oder Hochlandbauern, die eine Einführung in die Kunst der Reisernte und des Trocknens der Tabakblätter geben.

Lembar

In einer malerischen Bucht an der Westküste von Lombok, 31 km südlich der Hauptstadt, liegt der wichtigste Hafen der Insel. Hier legen regelmäßig die großen PELNI-Passagierschiffe und die Fähren von und nach Bali an. Lembar ist nur ein kleines Dorf und als Basis für Ausflüge in Lombok eher ungeeignet.

Achtung: Wegen der kleinkriminellen Banden, die auf dem Hafengelände ihr Unwesen treiben, sollten abends eintreffende Besucher ihre Weiterreise bereits gebucht haben. Auf wartende Taxis ist zu später Stunde jedenfalls kein Verlass und das Chartern von Fahrzeugen ist absolut überteuert.

Transport

Busse

In Padang Bai kann man Busse von verschiedenen Touranbietern nach SENGGIGI buchen (70 000 Rp, inkl. Fährticket) oder bei mind. 2 Pers. auch zu anderen Zielen in Lombok.
In Lembar selbst kann es problematisch sein, noch einen freien Platz im Bus zu ergattern.

Minibusse

Zur MANDALIKA BUSSTATION in Bertais östlich von Cakranegara geht es für 20 000 Rp oder in südwestliche Richtung bis nach PELANGAN für 30 000 Rp.
Meist wird von Touristen ein deutlich höherer Charterpreis verlangt. Tipp: immer vorher den Preis aushandeln und erst am Ziel zahlen.
Außerdem sollte man die Minibusse besser an der Kreuzung außerhalb des Hafengeländes anhalten und nicht direkt im Hafengelände zusteigen.

Taxis

Am Hafen von Lembar stehen Taxis, sogar mit Taxameter, die für ca. 60 000 Rp nach Mataram fahren. Motorradtaxis kosten ab 30 000 Rp.

Eldorado im Wilden Westen von Lombok

Fast könnte man meinen, die Halbinsel sei ein unberührtes tropisches Paradies. Die knapp 1400 t Gold, die in einem Gebiet von nur 20 ha in den Hügeln von West-Sekotong vermutet werden, springen dem Reisenden nicht direkt ins Auge. Mancher mag sich fragen, warum die in Lombok sonst so verbreiteten *Cidomo* hier gänzlich fehlen. Vielleicht fragt man sich auch, was die seltsamen Waschtrommeln am Straßenrand, aus denen unentwegt Schlamm tropft, zu bedeuten haben. Besonders aufmerksame Beobachter werden in den sanften Hügeln unzählige bunte Punkte erspähen, die aussehen, als hätte jemand ein paar Plastiktüten vergessen.

Sekotong befindet sich in einem Goldrausch, der der Region einen beachtlichen Reichtum beschert hat und sich meist in der Anschaffung von Motorrädern und Fernsehern äußert. Feldarbeiter, Handwerker, Bauern, Angestellte – sie alle machen sich auf den Weg in die Plastikzeltstädte in den Hügeln, um ihr Glück zu suchen. Die meisten bleiben allerdings nur für ein paar Tage am Stück. Selbst aus den Goldgräberstädten in Papua und Kalimantan, aber auch aus Java und Sulawesi kommen Männer. Es sind wohl weit über 6000 Menschen, die die grünen Hügel aushöhlen wie Schweizer Käse. Sie graben winzige Gänge, durch die man nur mit Mühe auf allen Vieren krabbeln kann und in denen Sauerstoff knapp ist. Unfälle sind an der Tagesordnung. Seit Beginn des Goldrauschs Mitte 2008 sind bei Einstürzen bereits zahlreiche Goldgräber ums Leben gekommen. Steht ein Motorrad wochenlang ungenutzt in der Gegend, liegt man mit der Vermutung meist richtig, dass sein Besitzer in den Hügeln ums Leben gekommen ist.

In den Waschtrommeln, die sich bei näherer Betrachtung als Goldmühlen entpuppen, werden die Steine zu Schlamm gemahlen und das Gold mit Hilfe von Quecksilber herausgefiltert. Das Gold-Quecksilbergemisch wird über kleinen Kesseln abgekocht, um das reine Gold vom Quecksilber zu trennen. Das alles passiert ohne jegliche Sicherheitsvorkehrungen, weniger aus Ignoranz als vielmehr aus Unwissenheit. Die fatalen Auswirkungen auf Gesundheit, Grundwasser und Natur sind bereits zu spüren: Vergiftete Abwässer landen in Ackerböden und Nutzvieh stirbt. Auch sieht man immer wieder Kinder, die im schmutzigen Schlamm, der bei der Ausfilterung des Golds zurückbleibt, spielen.

Die Verlockung des schnellen Reichtums ist viel zu groß, als dass man der illegalen Goldgräberei mit rationalen Argumenten Einhalt gebieten könnte. Wie die Regierung es schaffen will, mit den Gefahren für Mensch und Umwelt umzugehen und den Menschen Alternativen zu bieten, steht wie so oft in der indonesischen Politik in den Sternen.

2009 erlangte der Konzern Southern Arc Minerals die Rechte an den Minenverträgen der staatlichen Bergbaugesellschaft PT Indotan. Es dauerte nicht lange, bis über ein neues Tochterunternehmen, Indotan Lombok Barat Bangkit (PT ILBB), an dem die Regierung mit 10 % beteiligt ist, auch eine Bergbaugenehmigung über 10 000 ha und fünf Jahre an das Unternehmen erteilt wurde, das auch in Kuta Lombok und Awang Mineralien extrahiert.

Seither werden in Pelangan, Menccangah und Selodong Gold und Kupfer abgebaut, was die Bevölkerung gegen den vermeintlichen Landraub der Regierung und des Unternehmens radikalisiert. 2011 gab es zahlreiche Sabotageakte und Demonstrationen wütender Mobs, die den Minenbetrieb zum Erliegen brachten und sogar das Eingreifen der Armee erforderten.

Boote

Fähren nach PADANG BAI, Bali, fahren alle 1 1/2 Std., Fahrzeit 4–6 Std., Preise: Erwachsene 36 000 Rp, Kinder 23 000 Rp, Pkw 659 000 Rp (inkl. 4 Pers.), Motorrad 101 000 Rp (inkl. 2 Pers.).

Die Fahrkarten sollten nur an offiziellen Ticketschaltern gekauft werden. Außerhalb des Verkaufsschalters wird mit allerlei Tricks versucht, für die gleichen Fahrkarten mehr Geld einzustreichen. Büro der Hafenleitung ✆ 0370-681209.

Batugendeng-Halbinsel

Nur 600 000 Einwohner zählt der Distrikt *(Kabupaten)* West-Lombok zwischen Pemenang, West-Praya und der Batugendeng-Halbinsel auf seiner Fläche von gut 862 km^2. Hier machen die über weite Strecken sehr kargen Böden und die langanhaltende Trockenheit eine extensive Landwirtschaft schwierig, sodass sich die Bevölkerung in den kommerziellen Zentren ballt. Nur etwa 20 % der Landfläche werden landwirtschaftlich genutzt, ein Großteil des restlichen Landes steht entweder als Wald unter Naturschutz oder wird mangels Bodenqualität und Niederschlag nicht als Anbaufläche genutzt.

Rund um die Batugendeng-Halbinsel und auf zahlreichen küstennahen, kleinen Inseln südwestlich von Lembar wie z. B. Gili Gede, Gili Nanggu, Gili Tangkong oder Gili Layar warten noch viele unberührte weiße Sandstrände auf Besucher. Farbenprächtige Korallengärten laden zum Tauchen und Schnorcheln ein, Naturfreunde können Brutkolonien von Seevögeln auf steilen Felsklippen entdecken und sowohl Surfer als auch Sonnenanbeter kommen gleichermaßen auf ihre Kosten.

Wem Gili Air, Gili Meno und Gili Trawangan zu überlaufen sind, wird auf Gili Nanggu und Gili Gede fündig werden. Die winzige Insel **Gili Nanggu** befindet sich in Privatbesitz und bietet absolute Ruhe, aber nicht die unbedingt besten Schnorchelmöglichkeiten. **Gili Gede**, die größte der Inseln, beherbergt drei Unterkünfte sowie einzelne Fischerdörfchen. Nordwestlich liegen die fantastischen Korallenriffe der kleinen Inseln Gili Ringgit, Gili Asahan mit dem Pearl Beach Resort sowie Gili Layar. Hier sind neben zahlreichen Fischen auch seltsam geformte Tintenfische und Scharen von Schildkröten zu sichten.

Am Südstrand der Halbinsel befindet sich die malerische, von grünen Hügeln umsäumte Bucht **Mekaki**. Die reißende Brandung ist zum Schwimmen viel zu gefährlich, aber alleine vom Panorama her eine willkommene Abwechslung zu der seichten Badewanne der Nordküste.

In diesen kargen Landschaften im Südwesten wurden seit Langem bedeutende Rohstoffvorkommen vermutet. Seit einigen Jahren herrscht nun Gewissheit und es werden im großen Stil Gold und Kupfer extrahiert.

In den frühen 1990er-Jahren stand hier noch einer der letzten Tieflandregenwälder Nusa Tenggaras, bis die Bucht an einen einflussreichen indonesischen Familienclan verkauft wurde. Ein Resort mit Privatstrand wurde geplant, doch die Baumaschinen lassen nun schon 15 Jahre auf sich warten. So blieb Mekaki ein wundervolles Fleckchen, an dem man sich bei einem Picknick die steife Brise des Ozeans um die Ohren wehen lassen kann. Der Weg von Pelangan nach Mekaki führt außerdem durch ein balinesisches Dorf, dessen Bewohner ganz einträchtig zusammen mit ihren moslemischen Nachbarn wohnen.

An der Nordküste rund um die kleinen Gilis befinden sich herrliche Reviere zum **Tauchen und Schnorcheln**. Die Riffe sind noch fast vollständig intakt und es gibt eine Vielzahl von riesigen Korallen, bunten Rifffischen und Makrotierchen zu bestaunen. Die beiden Tauchreviere Magnet und Cathedral in der Bucht von **Belongas** ziehen erfahrene Strömungstaucher an, die die gerne Gesellschaft großer Fische genießen. Selbst Hammerhaie kann man hier zu Gesicht bekommen!

Der äußerste Westen der Insel wartet mit einem **Weltklasse-Surfspot** für Freunde halsbrecherischer Left-Hand-Waves auf. Hier am Desert Point in der Nähe des charmanten Fischerdörfchens **Bangko-Bangko** entstehen über einem scharfen Korallenriff Tubes, die die Surfer länger als zehn Sekunden verschlingen können. An der Gabelung nach Labuhan Poh führt links eine ziemlich schlechte Schotterstraße zum Surfspot, der in der Saison von Mitte Mai bis September sowie im Dezember betriebsam wird.

Übernachtung und Essen

Sekotong bietet mittlerweile eine ordentliche Auswahl an Unterkünften in unterschiedlichen Preisklassen. Es empfiehlt sich jedoch, immer vorher anzurufen, da besonders in der Hochsaison und bei guten Wellen die Kapazitäten schnell erschöpft sind. In Unterkünften der unteren Preisklasse duscht man mit Salzwasser, doch zumindest auf dem Festland haben mittlerweile fast alle Unterkünfte Frischwasser-Reservoirs.

Gili Asahan

Pearl Beach, ☏ 0819-0724 7696, 💻 www.pearlbeach-resort.com. Ruhige Anlage mit hübschen, strohgedeckten Bungalows, ca. 40 m vom Strand entfernt, unter deutscher Leitung. Alle hell und mit Meerblick, bequemen Betten, Open-Air-Du/WC und Veranda. Kleines Tauchresort und schöne Schnorchelgründe direkt nebenan. Frühstück inkl. ❺

Taun

Dolphins Lodge, Jl. Raya Sekotong, ☏ 0819-1607 6770. In den riesigen Bambusapartments könnte man Fußball spielen, wäre da nicht die komfortable Ausstattung und schöne Holzeinrichtung mit tollem Open-Air-Du/WC und TV. Außerdem gibt es noch ein einfaches Zimmer direkt am Strand. Leider hört man ab und an Mopeds vorbeiknattern. ❸–❻

Krisna Bungalow, Jl. Raya Sekotong, ☏ 0818-0369 4450, ✉ krisnabungalow@yahoo.com. 3 saubere, komfortable Zimmer mit Veranda am Wasser mit Du/WC, Frühstück und etwas Geräuschkulisse von der Straße. Die freundlichen Betreiber organisieren Motorräder und Bootstouren. ❸

Gili Gede

Secret Island Resort, ☏ 0818-0376 2001, 💻 www.secretislandresort.com. An der Südspitze der Insel findet man einfache Bungalows am Hügel mit Kaltwasser-Du/WC, ein traditionell javanisches Teakholzhäuschen mitten im Wasser, das bis zu 3 Pers. Platz bietet, und ein kleines Spa mit Whirlpool. Das Restaurant ist mangels Alternativen etwas überteuert, Frühstück inkl. Schnorchel- und Tauchtrips. ❹

Pelangan bis Batu Putih

Alle Unterkünfte liegen an der Hauptstraße. Warung servieren hier am Strand einfache indonesische Küche und Bier.

Bola Bola Paradis, ☏ 0817-578 7355, 💻 www.bolabolaparadis.com. Wunderschönes Bungalow-Hotel mit extravaganter, luftiger Innenarchitektur aus natürlichen Materialien. Die Zimmer sind alle individuell, farbig und fantasievoll eingerichtet und mit bequemen Betten, Moskitonetz, Du/WC, je nach Kategorie auch mit AC und Warmwasser ausgestattet. Frühstück inkl. ❹–❺

Desert Point Lodges, ☏ 0818-0526 9667, 💻 www.desertpointlodges.com. Ca. 8 km vom Desert Point entfernt, ist dies die beste Unterkunft für Surfer. Die hohen Bambusbungalows mit gemütlichem Privatgarten haben saubere Open-Air-Du/WC mit vielen Blumen. Frühstück inkl. Wawan, der freundliche Besitzer, gibt gern hilfreiche Surftipps. ❸

Inn Deep, ☏ 0878-8249 9666. Mit AC und TV ausgestattete, aber ansonsten wenig spektakuläre Steinbungalows am Strand. Im nicht ganz sauberen Open-Air-Du/WC fließt Warmwasser. ❸

Sulaeiman, ☏ 0817-578 7539. Ein klitzekleines Bambushüttchen auf Stelzen mit Gemeinschaftsmandi im Garten. Pak Sulaeiman hat außerdem einen kleinen Gemischtwarenladen und bietet auch Essen an. Bezahlt wird nach eigenem Ermessen. ❶

Villa Rembulan/Pura Pao Pao, ☏ 0828-364 1146, 0818-362788. Große 3-Zimmer-Villen aus Holz mit unspektakulärem, sauberem Bad/WC, aber umso schöneren Wohnküchen mit Mikrowelle und Kühlschrank sowie großem DZ mit einladender Terrasse. Günstigere Zimmer mit AC, Moskitonetz und Du/WC im hinteren Teil der

Rundum versorgt

Palm Beach Garden, ☏ 0818-0374 7553, ✉ aniehof@web.de. Geräumige und saubere Bungalows mit Du/WC hat der Ex-Wahlberliner Andreas vor einigen Jahren in seinen beneidenswert großen, palmenbestandenen Garten gestellt. Auf der Veranda kann man gut und günstig essen – nach Vorbestellung auch fantastischen gegrillten Fisch – oder sich bis spät in die Nacht bei einem kühlen Bier mit Gästen und Einheimischen unterhalten. Neben dem Steg am Strand lässt sich mangels Korallen sogar baden. Andreas ist nicht nur eine scheinbar unerschöpfliche Quelle für Informationen, er kümmert sich auch um den Transport von und nach Lembar, vermietet Mopeds, organisiert Schnorcheltrips und hat auch Internet. Reservierung empfehlenswert. ❷–❸

großen Anlage. Das Ganze in wohnlicher und freundlicher Atmosphäre. Pool und weitere Sportangebote. Rabatte möglich. ❹–❼

Aktivitäten

Tauchen und Schnorcheln

Die Abgeschiedenheit der Region sowie ein vergleichsweise sanfter Tourismus haben die Unterwasserwelt bisher verschont, sodass die marine Flora und Fauna zu den schönsten der Insel zählt.

Dive Zone, etwas westlich von Taun, ✆ 0370-660 3205, 0813-3954 4998, 🖳 www.divezone-lombok.com. Die deutsche Tauchschule organisiert Tauchgänge vor Sekotong und gibt Tauchkurse für 3,5 Mio. Rp. 2 Tauchgänge inkl. Equipment 750 000 Rp.

Schnorchelausflüge lassen sich über die meisten Unterkünfte organisieren und kosten ca. 350 000 Rp pro Boot und Fahrer.

Transport

Die meisten Unterkünfte organisieren Transporte nach Sekotong. Besonders wenn man von Lembar kommt, empfiehlt es sich, diesen Service in Anspruch zu nehmen.

Tauchgebiete im Süden Lomboks

Von Juli bis November herrschen in den Gewässern anspruchsvolle Tauchbedingungen, während von Dezember bis Mai auch Anfänger vor Kuta tauchen können. Es gibt zwei Tauchspots, die besonders frequentiert werden: In **Boro Bagik** finden sich große, von Weichkorallen bedeckte Felsen und im Plateau auf 18 m Tiefe tummeln sich Barrakudas, Thun- und Kaiserfische. In **JJR** sind farbenfrohe Weichkorallen, Weichtiere und Fische wie der Napoleonfisch oder Barrakudas anzutreffen.

In der weiter westlich bei Sekotong gelegenen **Belongas Bay** sollten nur erfahrene Taucher ins Wasser gehen. Hier sind besonders viele Rochen und von Ende Juni bis November Schwärme von Hammerhaien zu sehen. Am als **Cathedral** bekannten Tauchspot liegt der Eingang zu einer Höhle, Seeschlangen sind hier keine Seltenheit.

Selbstfahrer

Von Sekotong aus führen zwei sehr gute Straßen nach Pelangan: Die nördliche verläuft am Strand entlang und bietet Aussichten auf traumhafte Buchten und die vielen kleinen, oft unbewohnten Gilis. Erst ab Labuhan Poh wird die Straße schlechter. Der südliche Weg windet sich über einen Berg und ist teilweise mit starken Steigungen versehen. Ab Lembar braucht man mit Auto oder Motorrad eine gute Stunde für die rund 45 km nach Pelangan bzw. 50 km bis zum Desert Point, ab Mataram sind 45 Min. mehr einzurechnen.

Minibusse

Von Lembar gibt es Minibusse nach SEKOTONG TENGAH (20 000 Rp) und PELANGAN (30 000 Rp). Von dort fahren Angkot weiter die Küstenstraße entlang. Sie kosten je nach Strecke um 5000 Rp. Das Chartern eines Angkot von Lembar nach SEKOTONG TENGAH kostet ca. 50 000 Rp p. P. Kräftig draufzahlen muss man dann für die Weiterreise zu den Unterkünften weiter westlich.

Taxis

Ein Taxi mit Taxameter sollte vom Flughafen in Zentral-Lombok ca. 250 000 Rp kosten.

Boote

Ab Taun lassen sich Boote für 200 000 Rp (250 000 Rp für Hin- und Rückfahrt) nach GILI NANGGU chartern. Außerdem bieten viele Anbieter in Senggigi Touren nach Gili Nanggu für 400 000 Rp an.

Nach GILI GEDE kommt man mit den lokalen Booten in knapp 5 Min. vom Hafen in Tembawang für 10 000 Rp.

Kuta Lombok

Der Ort hat mit dem berühmt-berüchtigten Namensvetter auf Bali nichts außer einem Strand gemein. Abgesehen von der Hochsaison, wenn Surfer aus aller Welt hierher pilgern, geht es in dem kleinen Fischerdorf an der Südküste sehr ruhig und beschaulich zu. Die Bungalowanlagen der Bucht sind nur durch eine kleine Küstenstra-

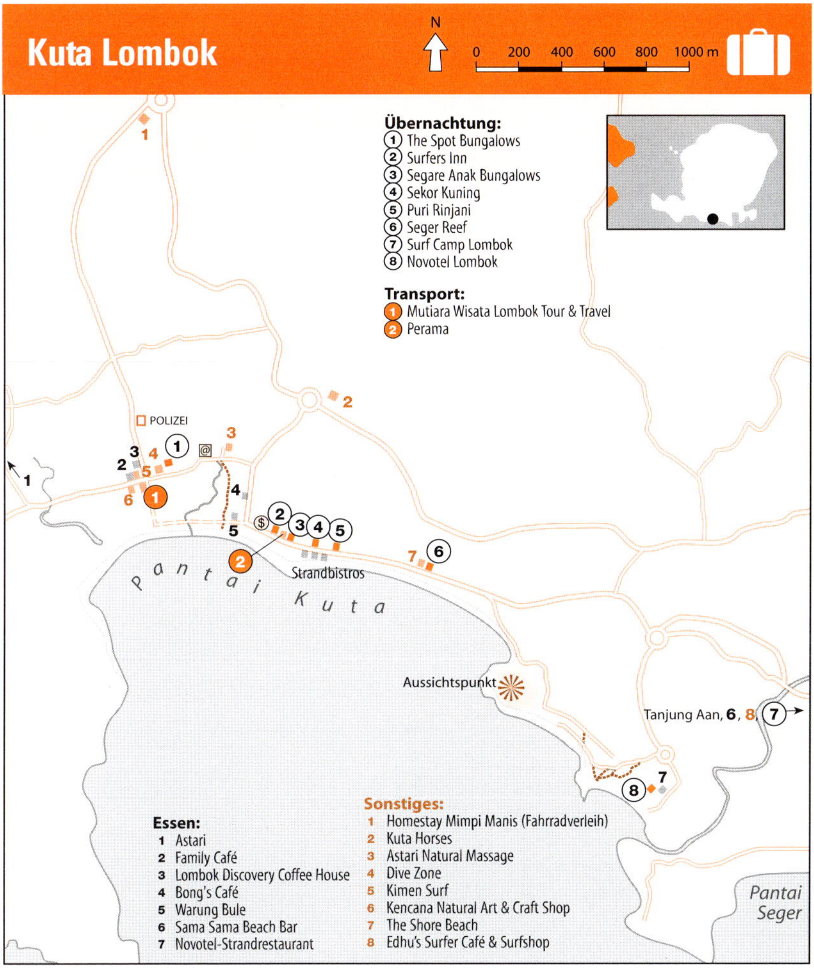

ße und eine Reihe von kleinen Warung vom breiten weißen Sandstrand getrennt.

Es existieren Pläne, den gesamten östlich gelegenen Küstenabschnitt vom **Pantai Seger** bis **Tanjung Aan** in ein Mega-Resort mit Luxusanlagen zu verwandeln. Bislang gibt es aber auf dem 1200 ha großen Landstrich, der bereits den Namen Mandalika Resort trägt, nur eine voll ausgebaute zweispurige Schnellstraße und die sehenswerte 4-Sterne-Anlage des Novotels. Noch lassen sich also die beeindruckenden Buchten und Klippen an der Südküste von Lombok ungestört bewundern. Parken an den Stränden ist sicher und kostet je nach Ort für Autos 2000–5000 Rp, für Motorräder 2000 Rp. Wertsachen sollten aber immer beaufsichtigt werden.

Am **Pantai Kuta** kann man aufgrund der Gezeiten oft nur bis mittags schwimmen. Den ganzen Tag über trifft man Strandverkäuferinnen, die billige Sarongs anbieten, oder Kinder, die, anstatt in die Schule zu gehen, Armbänder an die Besucher verkaufen wollen. Etwas östlich vom Strand liegt ein kleiner Hügel, der erklommen werden kann und von dem aus sich eine gute Aussicht bietet, die veranschaulicht, warum der Strand manchmal auch E-Beach genannt wird. Einfach dem Pfad folgen, der hinter dem Homestay Lombok Baru Richtung Meer führt.

Pantai Seger

In der nächsten Bucht liegt der sagenumwobene Pantai Seger. Bei guten Verhältnissen ist das vorgelagerte Riff ein beliebtes Surfrevier für erfahrene Wellenreiter. Bekannter jedoch ist die Bucht für das jedes Jahr im Februar stattfindende **Bau Nyale Ritual**, ein großes Fest zu Ehren der Prinzessin Mandalika (s. S. 357). Der Sage nach soll der König von Seg eine wunderschöne Tochter namens Sarah Wulan gehabt haben. Prinzen aus den unterschiedlichsten Fürstentümern hielten um ihre Hand an. Um es nicht zu Eifersüchteleien oder gar zu einem Krieg zwischen den Bewerbern kommen zu lassen, stürzte sich die Prinzessin ins Meer. Sie wollte ihre Liebe nicht einem einzigen Mann schenken und damit Zwietracht zwischen den Prinzen säen. Mit ihren letzten Worten kündigte sie an, sie würde jedes Jahr am 20. des 10. Monats aus dem Meer steigen, sodass alle Menschen etwas von ihr und ihrer Liebe und Schönheit haben können. Das tut sie heutzutage immer noch in Form der Würmer, die tatsächlich jedes Jahr an besagtem Datum in Scharen am Strand von Seger erscheinen. Nach ihrem Tod wurde ihr Name in Mandalika umgewandelt. Der Felsen, von dem aus sie sich opferte, liegt rechter Hand in der Bucht von Seger.

Buchten westlich von Kuta Lombok

Fährt man von Kuta Lombok nach Westen, windet sich die mit Schlaglöchern übersäte Straße die Hügel an der Küste auf und ab. Von einigen Stellen bietet sich eine gute Aussicht über die Kokosplantagen und die gesamte Küste. Auf halber Strecke zwischen Kuta und Mawun, ca. 2 km westlich des Restaurants Astari, befindet sich linker Hand eine Höhle namens **Goa Bangkang**, in die Mutige auch hineinklettern können. Jeden Abend gegen 18 Uhr verlassen Tausende Fledermäuse die Höhle zur Jagd. Es gibt kein Schild, aber auf einem Hügel stehen ein paar einfache Hütten. Von hier führt ein kleiner Pfad zur Höhle.

Nach 7 km auf sehr schlechten Straßen erreicht man die atemberaubende **Mawun-Bucht**. Sie ist mit ihrem schneeweißen Sand und glas-

Nicht nur Touristen, sondern auch Einheimische zieht es an die weißen Sandstrände von Kuta und Umgebung.

Lombok

Emaar – (k)ein Traum aus Tausendundeiner Nacht?

Im Mai 2007 verkündete der damalige indonesische Vizepräsident Jusuf Kalla stolz ein Joint Venture zwischen dem Bali Tourism Development Board und dem Großinvestor Emaar aus Dubai. Der Plan sieht vor, die Südküste der Insel touristisch „auf Vordermann" zu bringen und dafür die Strände von Kuta Lombok bis Tanjung Aan in eine riesige Resortanlage zu verwandeln. Neben Luxushotels sollen hier Villen, Apartments, Einkaufszentren und natürlich ein Golfplatz entstehen – eine Ferienwelt für reiche arabische Touristen. Um das 600 Mio. US-Dollar teure Projekt zu initiieren, forderte Emaar eine Infrastruktur, die dem Standard der Luxusunterkünfte entspricht. Der neue Flughafen (s. S. 360), ausgebaute Straßen und eine stabile Stromversorgung bilden die Grundvoraussetzungen. Doch die Zusammenarbeit zwischen dem arabischen Geldgeber und dem indonesischen Partner verläuft alles andere als reibungslos. Bis zum November 2009 war das Projekt noch immer nicht in trockenen Tüchern: Unklarheiten über Landbesitz in Lombok und die Solvenz von Emaar, Unmut über Korruption, Intransparenz und gebrochene Versprechen seitens der Regierung ließen das Projekt immer wieder auf Messers Schneide stehen. Nachdem sich dann auch die finanzstarke, arabische Bin Laden Group im Zuge der Wirtschaftskrise bereits aus Großprojekten in Papua zurückgezogen hatte, erklärte 2010 auch Emaar, sich nach Debakeln in Pakistan nun auch von der Verwirklichung der Pläne in Lombok zu verabschieden. Die indonesische Regierung hatte zuletzt noch vier weitere interessierte Investoren aus dem arabischen Raum akquiriert und Präsident Susilo Bambang Yudoyono trat sogar schon zur symbolischen Einweihung des neuen Mandalika Resorts an. Ob das Vorhaben jemals Realität wird, steht aber weiterhin in den Sternen.

klaren Wasser ideal zum Schwimmen. Ihre halbmondartige Form sorgt dafür, dass man auch bei Ebbe in den leichten Wellen planschen kann. Schnorchler kommen bis mittags auf ihre Kosten. Zu erreichen ist der Strand am besten per Motorrad oder Ojek (20 000 Rp).

Die zweite bekannte Bucht, die **Mawi-Bucht**, ist etwas umständlicher zu erreichen. Man folgt der Straße für weitere 10 km vorbei an Tabakfeldern und nimmt die zweite asphaltierte Abzweigung nach links. Von hier sind es noch ca. 3 km bis zum Strand, die Straße wird schnell zu einem schwer befahrbaren sandigen Weg. Mawi bietet ideale Surfbedingungen. Man findet hier abwechslungsreiche Wellen, die Anfänger und Profis gleichermaßen begeistern. Surfbrettverleihe gibt es hier keine, und auch sonst sind die Buchten weitgehend leer. Einfacher ist der ebenfalls schöne Strand von **Selong Blanak** weiter nordwestlich zu erreichen.

Buchten östlich von Kuta Lombok

Idyllisch ist auch der lange, weiße Sandstrand von **Tanjung Aan**, 6 km östlich von Kuta. Weil sein Sand aus großen, weißen Kügelchen besteht, die aussehen wie weißer Pfeffer, wird er von den Einheimischen auch Pantai Merica genannt. Surfanfänger können hier ihre ersten Versuche wagen. Wenn die Sonne scheint, erstrahlt das Wasser in verschiedenen Blautönen und Kleinbusse voller Kinder befördern die badelustigen Knirpse aus den umliegenden Dörfern hierher. In der **Sama Sama Beach Bar** lässt sich der Blick über den Strand zu einfachen Gerichten, Drinks und Reggae genießen.

7 km östlich von Kuta Lombok erreicht man das kleine Fischerdorf **Gerupuk**, das mit seinen fünf Breaks viele Surfer anlockt. In der geschützten Bucht gibt es zu jeder Jahreszeit und nahezu unabhängig von den Windverhältnissen gute Wellen, die sowohl für Anfänger als auch für Fortgeschrittene geeignet sind. Hier hat sich eine eigene Infrastruktur entwickelt: Einfache Restaurants und ein Surfshop bieten alles, was man für einen Tag in den Wellen benötigt.

Einige Kilometer weiter Richtung Osten sind zwischen felsigen Hügeln weitere Buchten erreichbar. Die Strände sind blendend weiß und menschenleer, das Wasser ist kristallklar. Allerdings gibt es an einigen Stellen viel Seegras und nur wenige Schatten spendende Bäume. Vom größeren Fischerdorf **Awang** setzen Fischerboote nach **Ekas** über.

Übernachtung

Frühstück ist bei allen Unterkünften inkl. Viele haben ein eigenes Restaurant.

Novotel Lombok, Mandalika Resort, Pantai Putri Nyale, ✆ 0370-653333, 💻 www.novotel lombok. Ein attraktiver Ferienclub der Luxusklasse am 3 km östlich gelegenen Seger-Strand. Die gesamte Anlage mit 77 Zimmern und 23 stilvollen privaten Villen, teils mit Privatpool, ist eine elegante Mischung aus traditioneller Sasak-Architektur und westlichem Komfort. Mit Internet, großen Pools, Spa, Tauchcenter und Strandrestaurant am privaten Strandabschnitt. Zahlreiche Angebote wie Livemusik, Kochkurse, Sport und Filmvorführungen. ❻–❽

Puri Rinjani, ✆ 0370-654 849, 653 749. Mitten in einem großen, schönen Garten wohnt man ruhig in einfachen, gemütlichen Bambushütten mit Du/WC oder in den stilvoll eingerichteten, geräumigeren Bungalows mit AC, TV und Warmwasser-Du/WC. Hier können Surfkurse der Schweizer Surfschule Symbiosis, 💻 www.symbiosis-surf.com, gebucht werden. ❷–❸

Segare Anak Bungalows, Jl. Raya Pantai Kuta, ✆ 0370-654 846, 💻 www.kutalombok.com/segara-anak-bungalow-and-conttage.html. Empfehlenswerte Zimmer im Reihenbungalow mit riesigen Räumen und schönem Bad/WC. Außerdem sehr günstige, einfache Bambus- und neuere Massivbungalows mit Moskitonetz. Kleiner Pool, Wechselstube, Flugticketservice, Postservice sowie Surfbrett-, Motorrad- und Fahrradverleih. Auch Perama-Transporte werden hier organisiert. WLAN gegen Bezahlung. ❷–❸

Seger Reef, ✆ 0370-655 528, ✉ akhmedkuta@hotmail.com. Kleiner Homestay bei einer sehr netten Familie. 7 teils etwas dunkle Zimmer, darunter 3 recht neue, mit Fliesen, bequemen Betten und Du/WC, Frühstück inkl. An der Straße gibt es ein nettes Café. WLAN gegen Bezahlung. Reservierung empfehlenswert. ❷–❸

Sekor Kuning, Jl. Raya Pantai Kuta, ✆ 0370-654 856. Saubere, einfache Bungalows mit Moskitonetz und Du/WC. Freundliches Personal serviert das übliche Pancake-Frühstück und bietet Nutzung des Internet-PCs für 350 Rp pro Min. an. ❷

Sempiak Villas, Selong Belanak, ✆ 0817-470 4161, 💻 www.sempiakvillas.com. Auf dem Bukit Sempiak, mit schöner Aussicht auf die Bucht und den einsamen, weißen Sandstrand zur einen, auf die Reisfelder und Vegetation im Inland auf der anderen Seite, liegen 3 schicke, individuell gestaltete Villen mit AC, Küche, Wohnbereich, TV, DVD, iPod-Station und Spielesammlung. Es gibt eine kleine Bücherei, Internetzugang und einen einladenden Pool. Gäste schwärmen vom Essen im kleinen Restaurant. Das Personal kümmert sich gern um kleine Details und organisiert Schnorcheltouren sowie Ausflüge zu Fuß und verwendet nur umweltverträgliche Naturseifen und Reinigungsmittel. ❻–❼

The Spot Bungalows, ✆ 0819-3316 4580, 💻 www.thespotbungalows.com. Unter der Leitung der freundlichen Schweizerin Eva werden im Zentrum von Kuta 11 günstige und einfache, mit *Alang-Alang*-Gras gedeckte Bambusbungalows mit Matratzen auf dem Boden, Moskitonetzen und Frischwasser-Du/WC vermietet. Frühstück und WLAN inkl. ❷

Weitere Übernachtungsmöglichkeiten s. eXTra [4311].

Treffpunkt der Wellenreiter

Surfers Inn, ✆ 0370-655 582, 💻 www.lombok-surfersinn.com. Die hübsche, gut besuchte Anlage mit Pool, Restaurant und Bar ist das absolute Lieblingshotel der Surfer und oft ausgebucht. Die modernen und sauberen Zimmer gibt es in 4 Kategorien. Je nach Anspruch können sich die Gäste aussuchen, ob ein sparsam eingerichtetes Zimmer mit unspektakulärer Du/WC ausreicht oder auch AC, Warmwasser, Minibar, TV und DVD-Player benötigt werden. Alle Betten haben gute Matratzen. In der gemütlichen Bar kann man sich Surffilme ansehen und Tipps und Informationen über die besten Surfreviere austauschen. An der Rezeption gibt es einen Surfbrettverleih, Surftrips und Massagen. WLAN inkl. ❸–❺

Essen und Unterhaltung

Bong's Café, ✆ 0819-1611 5552. Hier ist es manchmal bis spät in die Nacht voll. Bei entspannter Reggae-Musik werden frischer, gegrillter Fisch, mexikanische Spezialitäten und die üblichen europäischen und indonesischen Gerichte ab 25 000 Rp serviert. Viele Stammgäste bestätigen den guten Service und das leckere Essen.

Family Café, westlich der Hauptkreuzung. Der Fisch wird sehr frisch und lecker zubereitet. Auch das übrige Essen ist preiswert und gut. Leider wird am späten Abend die Techno-Musik etwas zu laut aufgedreht. Hauptgerichte ab 25 000 Rp.

Lombok Discovery Coffee House, ✆ 0370-653797. Lässige Lounge-Atmosphäre mit Sitzkissen, Fotografien und Möbeln im Antik-Look herrscht in diesem Café-Restaurant, das griechische und italienische Standardgerichte, z. B. Salate, Pizza und Pasta, zu leicht gehobenen Preisen serviert. ⌚ 8–22 Uhr.

Novotel-Strandrestaurant, am umwerfend schönen Seger Beach gelegen. Der richtige Ort für ein romantisches Abendessen bei Kerzenlicht. Die Gerichte sind nicht ganz ihren üppigen Preis wert, aber die Aussicht lässt über einiges hinwegsehen. Für den Sonnenuntergang ist die Strandbar des Resorts mit Happy-Hour-Preisen von 18–22 Uhr perfekt geeignet.

Vegetarisch schlemmen in luftiger Höhe

Astari, ✆ 0819-1599 4812. Wunderschön auf einem Hügel 2 km westlich von Kuta gelegenes vegetarisches Restaurant. Tagsüber bietet sich eine atemberaubende Aussicht über die Buchten von Kuta und Seger bis nach Gerupuk. Eine Vielzahl bunter Vögel schwirrt um die großzügige Terrasse. Im mediterran eingerichteten Restaurant wird morgens fantastisches Frühstück mit frischem Brot serviert. Ansonsten gibt es frische Salate, Sandwiches und ein vorzügliches indonesisches Tagesgericht. Zum Nachtisch wird zum Kuchen ein Vanille- oder Kardamomkaffee gereicht. Alle Gerichte für unter 40 000 Rp. ⌚ Di–So 8.30–18 Uhr.

The Shore Beach, ✆ 0370-653 144. Die gut besuchte Bar ist bei Surfern und lokalen Beachboys gleichermaßen beliebt. Neben einer ziemlich ausschweifenden Spirituosen- und Cocktailkarte gibt es Gerichte ab 45 000 Rp. Die Musik ist reggaelastig, es werden Filme gezeigt, Mi und Sa spielt von 20.30–24 Uhr eine Liveband.

Warung Bule, ✆ 0819-1799 6256, ✉ hamiri.miri@yahoo.co.id. Sehr gute Gerichte in einem Mix aus asiatischen Zutaten und westlicher Zubereitung werden hier in entspannter Atmosphäre zu fairen Preisen aufgetischt. Neben thai-orientiertem und Sasak-Essen ist vor allem das Seafood ein Renner, etwa Barrakuda oder Thunfisch. Wer sich mit den Chilis übernommen hat, sollte mit leckerem Bananen-Tamarinden-Shake löschen. Freundliches und zuvorkommendes Personal ist immer für einen Schwatz zu haben und das Restaurant wird von vielen Besuchern weiterempfohlen. ⌚ 13–22 Uhr.

Feste

Das **Putri Nyale Festival** wird jedes Jahr am 20. Tag des 10. Monats im Kalender der Sasak am Strand von Seger gefeiert. Es fällt meist in den Februar und zählt zu den wichtigsten Sasak-Ritualen in Lombok. Drei Tage dauern die Feierlichkeiten mit dem traditionellen Stockkampf *Peresean*, Tänzen, einer obligatorischen *Dangdut*-Bühne, einer großen Prozession und schließlich mit der Aufführung des Dramas, das die tragische Geschichte von Prinzessin Mandalika nacherzählt. Die Aufführung beginnt um 22 Uhr und endet um ca. 4 Uhr mit der Schussszene, in der sich die Prinzessin ins Meer stürzt. Just in diesem Moment erscheinen die Meerwürmer *(Eunice viridis)*, die Nyale, und die Menschenmenge stürmt zum Strand, um die Würmer zu fangen und später zu Medikamenten zu verarbeiten oder als Gemüse zubereitet zu essen. Ein guter Fang signalisiert eine gute Ernte für das angebrochene Jahr.

Das Fest ist einerseits ein Fruchtbarkeitsritual, andererseits hat es aber auch eine große Bedeutung für unverheiratete Sasak. Es beginnt mit *Pantun*, einer traditionellen Art, Gedichte in Dialogform darzubringen, die oftmals zu sehr eindeutigen Flirts zwischen den jungen Leuten führt. Für sie ist es aufgrund der sonst geltenden konservativen Verhaltensregeln die einzige gesellschaftlich akzeptierte Möglichkeit, dem anderen Geschlecht näherzukommen, ohne gegen die Sitten zu verstoßen.

Einkaufen

Jeden Mi und So ist der Marktplatz am Strand vom frühen Morgen bis zum Mittag mit vielen Gemüse-, Obst- und Fleischständen gefüllt.
Kencana Natural Art & Craft Shop, gegenüber dem Matahari Inn. Hier bekommt man günstige Sasak-Schnitzereien und Schmuck.

Aktivitäten

Reiten

Kuta Horses, Jl. Raya Bypass, Rankap Satu, ✆ 0819-159 99436, ✉ kutahorses@hotmail.com. Verschiedene geführte Ausritte für Anfänger und Fortgeschrittene, die am Strand entlang oder durch entlegene Dörfer führen, auch Sonnenaufgangsritte. Die Pferde sind gesund, gepflegt und ausgeglichen und stehen den ganzen Tag auf der Weide. 1 Std. Ausritt 400 000 Rp, 2 Std. 630 000 Rp.

Surfen

Edhu's Surfer Café & Surfshop, Gerupuk. Hier kann man Touren in die Bucht von Gerupuk organisieren. Ein 2- bis 3-stündiger Trip inkl. Brett und Guide kostet ca. 350 000 Rp p. P.
Für ein Boot ohne Guide und Ausrüstung zahlt man etwa 100 000 Rp für max. 2 Pers. Allerdings warten die Fischer nur 2 Std. Wer länger bleiben will, sollte das vorher aushandeln.
Kimen Surf, ✆ 0370-655064, 💻 www.kuta-lombok.net. Die wichtigste Adresse für Surfer in Kuta. Der Laden bietet Surfbrett- und Ausrüstungsverleih, Reparatur, An- und Verkauf von Brettern, Surftrips, Surfkurse und Auto- sowie Motorradvermietung. Preisbeispiele: Surfbrett 50 000 Rp pro Tag, Surftrip 320 000 Rp p. P. Hier gibt es auch nützliche Informationen zu den besten Breaks der Umgebung, zudem liegt eine Gezeitentabelle aus.

Tauchen und Schnorcheln

Dive Zone, ✆ 0370-660 3205, 💻 www.divezone-lombok.com. Die einzige Tauchschule in Süd-Lombok mit einer weiteren Filiale westlich von Taun auf der Batugendeng-Halbinsel bietet nicht nur Tauchgänge in den Korallengärten von Sekotong, in Belongas Bay und Kuta Lombok an, sondern auch Kurse in deutscher Sprache. Open-Water-Kurse für 3,5 Mio. Rp, 2 Tauchgänge ab 950 000 Rp inkl. Equipment.

> **Surfen, skaten, Kindern helfen**
>
> Das **Surf Camp Lombok**, ✆ 0370-6824 4007, 0813-3828 6649, 💻 www.surfcampindonesia.com, in Gerupuk bietet Surf-Kurse für Anfänger und Fortgeschrittene. Trockenübungen können in der Skate-Bowl der Anlage auf 4 Rädern unternommen werden und Yoga sowie eine Kletterwand helfen bei der allgemeinen Fitness. Direkt an der Bucht gelegen, leistet das von 2 Norwegern geleitete Camp am Südende des von Seegrasgeruch schwangeren Dorfs aber noch mehr: Englischunterricht für Kinder, Kurse zum Umwelt- und Müllbewusstsein, Brunnenbau oder Spenden für die Beschaffung von Brillen sind Beispiele für das Engagement der Betreiber. Auch Gäste, die sich für einen guten Zweck nützlich machen wollen, können helfen. 2 Wochen in dem Camp inkl. Mahlzeiten, Unterkunft und Training für 750 €.

Wellness

Astari Natural Massage, ✆ 0817-518 7502. In natürlichem Ambiente liegt versteckt und ruhig der kleine Salon, in dem Gäste nach Voranmeldung professionell für 80 000 Rp pro Std. massiert werden.

Sonstiges

Auto-, Fahrrad- und Motorradvermietung

Autos, meist sind nur die großen Toyota Kijang verfügbar, kosten um 350 000 Rp pro Tag und gibt es u. a. bei **Kimen Surf**, ✆ 0370-655064, 💻 www.kuta-lombok.net.
Motorräder werden überall für 50 000 Rp pro Tag angeboten.
Die einzige Möglichkeit, ein Fahrrad zu leihen, ist beim Homestay **Mimpi Manis** an der großen Hauptkreuzung nördlich von Kuta.

Geld

Einige Hotels bieten Geldwechsel zu schlechten Kursen an, z. B. Segare Anak Bungalows.
Ein Geldautomat befindet sich an der Jl. Raya Pantai Kuta neben dem Surfers Inn.

Internet

Ab 350 Rp pro Min. kann in einigen Unterkünften im Schneckentempo gesurft werden. Eine schnelle Verbindung gibt es im Internetcafé in der Parallelstraße zum Strand.
Mutiara Wisata Lombok Tour & Travel, Jl. Pariwisata Kuta Mawun, ✆ 0370-664 2445. Hier kann man für 400 Rp pro Min. ins Internet.

Sicherheit

Es ist schon länger nicht mehr vorgekommen, dass Urlauber an den einsamen Stränden ausgeraubt wurden. Auch die Zahl der **Einbrüche** und Motorraddiebstähle ist, seitdem nahezu jede Unterkunft einen Wachmann engagiert hat, zurückgegangen. An vielen Buchten gibt es zudem bewachte Parkplätze, auf denen Motorräder für 2000 Rp und Autos für 5000 Rp abgestellt werden können.
Allerdings sollten keine Wertsachen mit zum Strand genommen und die entlegenen Strände, besonders von allein reisenden Frauen, nicht ohne Begleitung besucht werden. In der Vergangenheit gab es wiederholt Fälle von **Vergewaltigungen** am helllichten Tag an einsamen Strandabschnitten. Zudem haben **marodierende Jugendgangs** nicht nur durch Vandalismus in Strandbars Aufsehen erregt, sondern auch durch explizite Feindseligkeit gegenüber ausländischen Touristen.

Transport

Perama-Busse fahren vor den Segare Anak Bungalows ab. Mind. 2 Pers. sind erforderlich, damit ein Bus um 6.30 Uhr für 125 000 Rp p. P. nach MATARAM, SENGGIGI oder LEMBAR fährt. Die anderen Transportanbieter sind wenig seriös und nutzen anstelle von eigenen Fahrzeugen die öffentlichen Transportmittel, die auch auf eigene Faust für einen Bruchteil des Preises genutzt werden können:
Zuerst einen Minibus bis SENGKOL für max. 10 000 Rp nehmen, dann nach PRAYA für 8000 Rp und nach BERTAIS oder CAKRANEGARA für max. 10 000 Rp. Von dort gibt es weiteren Transport nach SENGIGGI oder PEMENANG.
Von AWANG kommt man nur mit einem gecharterten Boot zu den beloiebten Surfplätzen in der EKAS-BUCHT. Ein Boot kostet ca. 300 000 Rp. Über Land fährt man 2 Std. auf einer ziemlich schlechten Straße bis Ekas.
Mutiara Wisata Lombok Tour & Travel, Jl. Pariwisata Kuta Mawun, ✆ 0370-664 2445. Hier können Bus-, Fähr- und Flugtickets gebucht werden. 🕒 9–21 Uhr.

Praya und Umgebung

30 km südöstlich von Mataram liegt die unspektakuläre Distrikthauptstadt **Praya**, deren 860 000 Seelen starker Verwaltungsbereich von der Südseite des Rinjani wie ein Stück Pizza bis an die Südküste reicht. Etwa 75 % der Bewohner des Distrikts Zentral-Lombok sind Bauern.
Besonders südlich der Stadt trifft man auf viele imposante Wasserbüffel und es kommt oft vor, dass man hinter einer Herde dieser gutmütigen Tiere im Stau steht. Fast überall wird Reis angebaut, auf den steilen Klippen an der Küste sogar der seltene und schwer zu bestellende Bergreis.

Webarbeiten – fair gehandelt

Ein Besuch bei **Pak Rudi**, ✆ 0819-1702 7015, von der örtlichen Kooperative Abadi ist lohnenswert. Er führt auf Deutsch durch sein traditionelles Anwesen. Dabei haben Interessierte die Möglichkeit, verschiedene Stufen des Webprozesses kennenzulernen und sich in aller Ruhe die Motive erklären zu lassen. Je komplizierter ein Motiv ist, desto länger wird daran gewebt. 26 Weberinnen haben hier eine Kooperative gegründet, um nicht von den Großhändlern abhängig zu sein und ihre Webstoffe zu fairen Preisen verkaufen zu können. Der Preis für ein einfaches Muster liegt bei 250 000 Rp. Da die Frauen je nach Muster drei bis acht Wochen daran arbeiten, ist das durchaus angemessen. Im Ort nach Pak Rudi fragen, die Bewohner rufen ihn dann an oder führen Besucher zu ihm.

Dorfalltag in schönster Natur erleben

Etwas Besonderes lässt sich im Dorf **Mas-Mas** an den Ausläufern des Rinjani erleben. Die KEMUS-Initiative bestand ursprünglich aus Lehrern, die in ihrer Freizeit Unterricht für Kinder aus armen Verhältnissen gaben. Mit Beginn des touristischen Programms und einsetzender Unterstützung der deutschen GIZ konnten Computer angeschafft, die örtlichen Bauern unterstützt und das Unterrichtsangebot erweitert werden. Heutzutage werden Besucher in einer

Der nördliche Teil des Distrikts ist mit fruchtbaren Feldern gesegnet. Auch Kopra und Kassava werden hier in bedeutenden Mengen produziert.

Neben unzähligen Verwaltungsgebäuden und einer riesigen Moschee gibt es in Praya Geldautomaten und einen großen Supermarkt. Wer mit öffentlichen Bussen von Mataram nach Kuta Lombok fahren möchte, kommt um den Umstieg in Praya nicht herum.

Seit Oktober 2011 kommt der Stadt größere Aufmerksamkeit zuteil, weil einige Kilometer südlich von hier der neue internationale Flughafen von Lombok, **Bandara Internasional Lombok** (BIL), nach jahrelangen Bauverzögerungen endlich in Betrieb genommen wurde. Das über 111 Mio US-Dollar schwere und rund 600 ha große Areal wird als der essentielle Sprung zum Ausbau des Tourismus auf der Insel gelobt.

Die vielen kleinen Dörfer in der Umgebung von Praya sind sehenswert, allein der fotogenen Landschaft wegen, die zwischen ihnen liegt. Wer sich Zeit nimmt und mit den Leuten ins Gespräch kommt, stellt fest, dass fast jedes Dorf durch traditionelle Handwerke oder Bräuche seine kulturelle Eigenständigkeit behauptet.

Sukarara

Ein interessantes Ausflugsziel in der Umgebung von Praya ist das Weberdorf Sukarara. Da die Qualität der hier hergestellten *Songket*-Stoffe (Webstoffe, in die Goldfäden eingearbeitet sind) ihresgleichen sucht, steht der Ort auf dem Programm vieler Touristen. Unzählige Geschäfte bieten die oft schon zu Sarongs, Kissenbezügen oder Hemden weiterverarbeiteten Stoffe an. Die großen Souvenirgeschäfte am Dorfeingang verlangen sehr hohe Preise. Doch von den riesigen Profiten bekommen die Weberinnen nichts ab, denn sie müssen ihre mühevoll gewebten Stoffe den Großhändlern zu Dumpingpreisen überlas-

abwechslungsreichen, halbtägigen Tour durch den Ort geführt und bekommen Einblicke in das tägliche Leben. Dabei bietet sich die Gelegenheit, die Schule zu besuchen, ausgezeichnete Korbflechterinnen zu treffen und Ibu Erna bei der Herstellung von *Krupuk* aus Bananenstauden zuzuschauen oder selbst dabei mitzuhelfen. Kompetent erklärt Pak Habib den landwirtschaftlichen Zyklus im Dorf, der stark von dem angrenzenden Stausee abhängig ist, und zeigt zahlreiche Obstsorten, Blumen und Heilpflanzen, die einem auf dem Spaziergang durch die Umgebung von Mas-Mas begegnen. Den krönenden Abschluss bietet ein reichhaltiges, traditionelles Sasak-Essen, das natürlich gemeinsam auf einer *Beruga* eingenommen wird. 3- bis 4-stündige Touren nach Voranmeldung Di und Sa um 9 Uhr oder nach Vereinbarung, ab mind. 2 Pers. für 150 000 Rp p. P., Kinder 75 000 Rp, Kinder unter sechs Jahren nur 40 000 Rp, Essen und Getränke inkl. Der Transport muss selbst organisiert werden. Besucher werden gebeten, aus Respekt vor der Kultur ihre Schultern zu bedecken. Einen Sarong bekommt man vor Ort. Übernachtungen im Dorf 50 000 Rp inkl. Frühstück im einfachen Homestay oder 30 000 Rp im Zelt.

Kontakt

Pak Habib, ✆ 0817-575 8182, Ibu Ayu, ✆ 0878-6467 8295, Pak Ulil 0819-0749 0434, 🖳 www.vbtmasmas.wordpress.com.

Anfahrt

Von Praya aus geht es an der Kreuzung hinter der Pertamina-Tankstelle rechts nach Kopang (13 km). Dort an der Kreuzung geradeaus auf eine schlechtere Straße. Nach 1 km steht links eine Moschee, dahinter bei der nächsten Gelegenheit rechts abbiegen. Bis hierhin ist Mas-Mas auch gelegentlich ausgeschildert. Nach ca. 4 km geht es wieder an einer Moschee vorbei – 100 m dahinter links abbiegen und rechter Hand nach dem Büro von Kemus Ausschau halten. Von Tetebatu aus fährt man nach Kotaraja und weiter Richtung Westen. Hinter Lendangara nicht der Straße folgen, sondern an der Kreuzung rechts abbiegen und nach Norden fahren. An der nächsten scharfen Rechtskurve dem Schotterweg geradeaus folgen und sich durchfragen.

sen. Daher ist es besser, in kleineren Läden, die gute Waren in sehr netter Atmosphäre anbieten, oder direkt bei den Produzentinnen einzukaufen.

Penunjak

Zwischen Praya und Kuta Lombok liegt das Töpferdorf Penunjak. Hier werden erstklassige, berühmte Töpferwaren hergestellt, die weit über die Grenzen der Insel hinaus verkauft werden. Seit einigen Jahren geht die Nachfrage jedoch stark zurück und das Dorf ist in eine tiefe Krise gerutscht.

Sade und Nede

Kurz vor Kuta Lombok, an der Hauptstraße nach Sengkol, befinden sich zwei traditionelle Sasak-Dörfer. Es ist dem Besucher selbst überlassen, ob er sich für das für Touristen verschönerte **Sade** mit Café und unzähligen Verkaufsständen entscheidet oder die noch etwas unberührtere Variante im Dorf **Nede**, wenige hundert Meter weiter nördlich, vorzieht.

In beiden Dörfern kann man gut erhaltene traditionelle Häuser und Reisspeicher bewundern und viel über die Kultur und das Zusammenleben der Sasak erfahren. Wer weiß schon, dass die Männer hier nachts vor der Tür schlafen, während das Haus der Frau und den Kindern vorbehalten ist?

Sade rühmt sich zudem als Grabstätte der Könige Pejanggik und Nyatok sowie einflussreicher Religionsgelehrter, die einst den Islam in Lombok verbreiteten.

Transport

Selbstfahrer

Eine neue Schnellstraße verbindet den Stadtrand von Gerung mit dem Flughafen und Praya, sodass man in einer guten Stunde von Mataram aus dort ist. Zum Zeitpunkt der letzten

Recherche im Herbst 2011 wurde die zweite Spur noch gebaut, während die erste bereits befahrbar war.

Busse

Vom neuen Flughafen fahren alle 30–60 Min. Damri-Busse in 1- bis 1 1/2 Std. nach MATARAM und SENGGIGI, 25 000 Rp, der letzte Bus fährt gegen 23 Uhr.

Minibusse

Eine Minibusfahrt vom Terminal in Praya nach MATARAM dauert ca. 1 Std. und sollte max. 15 000 Rp kosten.
Vom Terminal nach SENGKOL und von dort nach KUTA sind es jeweils 10 000 Rp und 1 Std.

Taxis

Ein Taxi vom Flughafen nach MATARAM kostet etwa 120 000 Rp.

Flüge

Von 6–23 Uhr starten und landen am neuen Flughafen von Lombok die Maschinen von:
Batavia Air, Jl. Sriwijaya 3, ✆ 0370-648998, 💻 www.batavia-air.co.id. Tgl. Flüge nach SURABAYA und JAKARTA.
Garuda, im Flughafengebäude, ✆ 0370-637950, 💻 www.garuda-indonesia.com. Tgl. nach JAKARTA und DENPASAR.
Lion Air, im alten Flughafengebäude Selaparang in Ampenan, ✆ 0370-662 7444, 💻 www.lionair.co.id. Tgl. nach DENPASAR, JAKARTA und SURABAYA.
Merpati, im Flughafengebäude sowie Jl. Pejanggik 69 in Mataram, ✆ 0370-621111, 💻 www.merpati.co.id. Tgl. 3x tgl. nach DENPASAR, 2x tgl. von dort nach SURABAYA sowie 1x tgl. nach JAKARTA.
Silk Air, im Flughafengebäude, ✆ 0813-3990 3128 (nur an Flugtagen aktiv), 💻 www.silkair.com. Fliegt 3x wöchentl. direkt nach SINGAPUR.
Trans Nusa, Jl. Panca Usaha 28, ✆ 0370-624555, 💻 www.transnusa.co.id. 2x tgl. nach DENPASAR sowie 1x tgl. nach SUMBAWA BESAR, BIMA (direkt) und LABUAN BAJO (via Denpasar), außerdem 3x wöchentl. nach ENDE.

Tetebatu und Umgebung

Tetebatu, am Südhang des Gunung Rinjani, gehört zur Provinz Ost-Lombok und liegt mit 650 m auf einer ähnlichen Höhe wie das Bergsteigerdorf Senaru, ist aber weitaus charmanter. Bei angenehmen Temperaturen lassen sich hier oben viele schöne Wanderungen durch die Reis- und Tabakfelder, Gewürznelken-Gärten und Kaffeeplantagen unternehmen.

Erkundet man das Umland im Süden und Osten Tetebatus mit einem *Cidomo* oder dem eigenen Fahrzeug, sollten der tägliche Markt in **Kotaraja**, die Bambuskunstläden in **Loyok**, die Töpfereien in **Masbagik Penakak** und die Webereien in **Pringgasela** nicht übergangen werden. Der Kunstladen Young in Pringgasela verkauft neben farbenfrohen Sarongs auch ungefärbte, naturbelassene Stoffe. Eine hilfreiche Karte der Gegend mitsamt Entfernungsangaben ist an der Wand vom Salabuse Café angebracht.

Übernachtung

Abgesehen vom Wisma Soedjono liegen alle Unterkünfte direkt an der Dorfstraße, die Tetebatu mit Kembang Kuning verbindet. Alle Unterkünfte organisieren Trekkingtouren durch das Umland. Frühstück ist immer inkl.
Green Orry Inn, ✆ 0376-632233, ✉ greenorry inn@yahoo.com. Saubere, mit hübscher Sasak-Dekoration eingerichtete Zimmer mit Du/WC sowie 4 zweistöckige Holzhäuschen mit

Spektakuläre Sicht über Reisterrassen

Wisma Soedjono, ✆ 0818-544265. Etwa 1 km außerhalb des Dorfes liegt die weitläufige Anlage mitten in den Feldern. Die ältere Villa im Kolonialstil wurde 1920 von dem javanischen Arzt Soedjono erbaut. Man wohnt in den umliegenden Bungalows mit Du/WC bzw. Bad/WC und Warmwasser. Günstig sind die kleinen 2-stöckigen *Lumbung* mit Balkon. Auf dem Gelände kann je nach Saison bei der Ernte von Reis, Tabak oder Kaffee zugeschaut werden und der unten vorbeiplätschernde Bach säuselt sein Lied immerfort. Mit Restaurant. ❷–❸

Steinboden, Balkon und Rinjani-Panorama. Freundliche Betreiber, Motorräder werden für 75 000 Rp pro Tag vermietet. ❸–❹

Hakiki Inn, Jl. Raya Tetebatu, ✆ 0818-0373 7407, ✉ gungun_7777@yahoo.co.id. 5 Bambusbungalows und *Lumbung* sowie ein größeres Zimmer liegen abgeschieden mitten in den Reisfeldern. Alle bieten Mandi/WC, teils recht durchgelegene Matratzen und eine Veranda, von der man eine tolle Aussicht über Reisterrassen und auf den Rinjani hat. Die nette Besitzerin Rusmiati betreibt außerdem ein gemütliches Restaurant. ❷–❸

Pondok Bulan, ✆ 0878-6592 3240. 3 hübsche, saubere Zimmer mit Du/WC in teils 2-stöckigen Häuschen mit traditionellen Holzarbeiten und Blick auf die Reisfelder und von Affen frequentierte Bäume. Sehr freundliche Besitzer, die gutes Englisch und etwas Holländisch sprechen. ❷–❸

Pondok Tetebatu, ✆ 0818-0576 7153. Preisgünstige, einfache und saubere Zimmer mit Mandi/Hocktoilette, inkl. Frühstück im Restaurant, das auch Sasak-Spezialitäten serviert. Hier können auch Touren in die Umgebung organisiert werden. ❷

Touren

Von den Unterkünften bereitgestellte, englischsprachige Guides führen Besucher in Tagestouren für ca. 125 000 Rp für 2 Pers. inkl. Nationalparkeintritt durch die Felder in den Dschungel, wenige Kilometer oberhalb des Dorfes; per Motorrad kosten Touren 150 000 Rp, per Auto 500 000 Rp. Ab dem Informationshäuschen des Nationalparks, wo ohne Guide 20 000 Rp Eintritt gezahlt werden müssen, führt ein schmaler Pfad 1,5 km über Stock und Stein durch den tropischen Wald zum **Jukut-Wasserfall** (auch Air Terjun Manis). Ein zweiter Wasserfall, der **Joben-Wasserfall**, liegt nordwestlich von Tetebatu und ist zum Schwimmen besser geeignet (Eintritt 5000 Rp).

Achtung: Auf den Wegen zu den Wasserfällen ist es in der Vergangenheit zu Überfällen auf Touristen gekommen. Deshalb ist die Inanspruchnahme eines einheimischen Guides unbedingt ratsam, wenn man nicht in einer größeren Gruppe unterwegs ist.

Transport

Perama-Busse holen einen auf Anfrage und bei ausreichend Passagieren vor dem Green Orry Inn ab – vorher anrufen! Bei mind. 2 Pers. fährt ein Bus nach MATARAM oder LEMBAR um 6.30 Uhr (jeweils 125 000 Rp p. P.). Außerdem organisieren die meisten Unterkünfte auch Charterfahrten.

Richtwerte:
BANGSAL für 400 000 Rp;
KUTA LOMBOK und SENGGIGI für 350 000 Rp;
LEMBAR für 400 000 Rp;
MATARAM für 300 000 Rp.

Hat man es nicht eilig, bietet sich die Fahrt mit öffentlichen **Minibussen** an. Der Weg von Mataram: Ab Mandalika Station mit dem Minibus oder Bus bis PAOKMOTONG für 15 000 Rp, dann per Ojek nach KOTARAJA für 5000 Rp, von dort ein *Cidomo* nach TETEBATU für 10 000 Rp oder Motorradtaxi für 15 000 Rp.

Wasserfälle

Etwas außerhalb des Dorfes **Aik Berik**, am Fuß des Rinjani, liegen zwei schöne Wasserfälle, die selten von ausländischen Touristen besucht werden. Unter der Woche ist man hier fast alleine, aber an Sonntagen sind sie ein beliebtes Ziel für einheimische Ausflügler, was unschöne Müllberge zur Folge hat. Den ersten Wasserfall, **Benang Stokel**, erreicht man vom Parkplatz in ca. 15 Min. über einen gut befestigten Weg, der am Wochenende mit Essenständen gesäumt ist. Der 20 m hohe Wasserfall eignet sich gut für eine kalte Dusche. Die sanitären Anlagen sind allerdings in einem desolaten Zustand.

Von dort kann man in einer guten halben Stunde weiter zum **Benang Kelambu** laufen. Der Weg ist manchmal ziemlich steil und rutschig. Belohnt wird man mit einem dichten Vorhang aus Wasser, der über eine mit frischem Grün bewachsene Steinwand 35 m in die Tiefe fällt. Der Legende nach soll das der Waschplatz der Prinzessin Rinjani gewesen sein, die hierher kam, um ungestört hinter dem Duschvorhang aus Wasser ein Bad nehmen zu können. Eintritt 10 000 Rp, Parkgebühr 5000 Rp für Autos, 2000 Rp für Motorräder.

Nordwestlich und näher an Tetebatu liegt der **Air Terjun Jeruk Manis** (auch: Aik Temer), ein weiterer Wasserfall, der Badende dem Volksglauben nach von Krankheiten und sogar Haarausfall kuriert.

Mataram

Mataram, die Verwaltungshauptstadt West-Nusa Tenggaras, ist mit den beiden Nachbarorten, der alten Hafenstadt **Ampenan** und dem chinesisch und balinesisch geprägten **Cakranegara**, zusammengewachsen. Während sich in Mataram die für indonesische Provinzhauptstädte typischen Verwaltungsgebäude, Banken und Büros entlang der großen zentralen West-Ost-Allee Jl. Pejanggik konzentrieren, kann man in Ampenan Hafenluft schnuppern und in Cakra, wo noch heute etwa die Hälfte der Einwohner balinesischer Abstammung ist, auf den Spuren der ehemaligen balinesischen Herrscher wandeln. Vor allem eignet sich Mataram jedoch, um sich vor der Weiterreise mit Notwendigkeiten einzudecken, die man auf Lombok sonst nicht finden kann.

In Cakranegara östlich der Jl. Sultan Hasanuddin steht der größte Tempel von Lombok, **Pura Meru**. Er wurde 1720 auf Anordnung des balinesischen Prinzen Anak Agung Made Karang erbaut. Im Vergleich zu den Anlagen auf Bali ist er allerdings etwas enttäuschend und vernachlässigt. Im äußeren Hof sind die großen hölzernen Trommeln untergebracht, mit denen die Gläubigen zum Tempel gerufen werden. Der mittlere Hof besitzt zwei erhöhte Plattformen, die für die Opfergaben vorgesehen sind. Im inneren Hof stehen ein großer sowie 33 kleinere Schreine. Die drei *Meru* (pagodenähnliche Bauwerke) mit ihren neun- oder elfstufigen Dächern sind den drei obersten Hindugottheiten Brahma, Vishnu und Shiva geweiht. Zu Vollmond im September oder Oktober findet hier und im Pura Lingsar (s. S. 370) fünf Tage lang **Pujawali**, das größte Hindu-Fest von Lombok, statt, zu dem neben Tanz und Musik auch der Perang Topat gehört. Bei dieser Schlacht bewerfen sich Sasak und Balinesen in wilder, aber spaßiger Manier mit Klebreis *(Ketupat)*. ⏲ 8–17 Uhr, Eintritt gegen Spende.

Schräg gegenüber dem Pura Meru findet man den **Taman Mayura**, der früher ein Teil des balinesischen Königshofes war. Das Parkgelände wird hauptsächlich von einem großen See eingenommen, in dessen Mitte ein *Bale Kambang* (Schwimmender Pavillon) steht. Die Untergrundquellen, die das Gewässer einst auf unerklärliche Weise speisten, sind mittlerweile versiegt, und so spült jetzt ein Fluss über unterirdische Kanäle allerhand Müll in das Becken. Wo heute Angler ihre Ruten auswerfen und Familien picknicken, fand 1894 eine entscheidende militärische Auseinandersetzung mit den holländischen Kolonialtruppen statt. Damals gelang es den Einheimischen, alle holländischen Soldaten von der Insel zu vertreiben – wenn auch nur für ein paar Monate. ⏲ 7–19.30 Uhr, Eintritt frei.

Vor dem Pura Meru händigt ein freundlicher Bediensteter gegen eine Spende den Tempelschal aus, der zum Betreten der heiligen Stätte getragen werden muss. Der Mann bietet nicht nur an, Besucher durch den Tempel zu führen, sondern steht auch gerne als Guide für den Taman Mayura und die nahe gelegene *Ikat*-Weberei **Slamet Riady Weaving Factory** zur Verfügung. Man sollte sich vorher auf einen Preis einigen: ca.15 000 Rp p. P. und Sehenswürdigkeit.

Eine umfangreiche Sammlung zur Kultur, Geschichte und Geologie von Lombok und Sumbawa findet sich im **West Nusa Tenggara Museum**, Museum NTB, Jl. Panji Tilar Negara 6, ✆ 0370-632159, ⏲ Di–Do 8–15, Fr 8–12, Sa 8–12 und So 8–13 Uhr, Eintritt 2000 Rp. Kulturinteressierte können außerdem regelmäßige Musik- und Tanzvorführungen im **Taman Budaya**, Jl. Majapahit, erleben. Um das aktuelle Programm zu erfragen, ✆ 0370-622428.

Am nördlichen Stadtrand von Ampenan, am Strand **Pura Segara**, steht ein Hindutempel, der meist verschlossen ist. Sehenswert sind etwas weiter südlich im alten arabischen Viertel **Kampung Arab** die vielen bunt bemalten Fischerboote und früh morgens der Fischmarkt. Spaziert man noch etwas weiter nach Süden, gelangt man zum **Hafen**, von dessen kolonialer Vergangenheit nach einem verheerenden Brand nicht mehr viel zu sehen ist. Zu später Stunde findet hier ein **Nachtmarkt** statt, der bekannt ist für seine leckeren, frischen Fischgerichte. Wer die geschäftige

Atmosphäre eines typischen Obst-, Gemüse- und Fleischmarktes liebt, sollte durch die neue Markthalle des **Pasar Kebon Roek** schlendern.

Übernachtung

Lombok Raya Hotel, Jl. Panca Usaha 11, ✆ 0370-632305, 💻 www.lombokrayahotel.com. 3-Sterne-Hotel mit geräumigen, komfortablen Zimmern mit guten Matratzen, AC, TV, Safe, Minibar und Warmwasser-Du/WC oder Bad. Während im kleinen Fitnesscenter geschwitzt wird, ist im Spa Entspannung angesagt. Frühstück inkl., Lounge mit WLAN und Pool. ❹

Maktal Hotel, Jl. Maktal 3, ✆ 0370-630624. Neues, sehr sauberes Hotel mit 27 komfortablen, modernen Zimmern. AC, TV, Matratzen und Du/WC sind auf dem neusten Stand, das junge Personal ist sehr freundlich. WLAN im Lobbybereich und im Restaurant. ❸–❹

Melati „Viktor" 1,2 & 3, Jl. Abimanyu, ✆ 0370-633830. Empfehlenswertes Hotel mit 12 sauberen, einfachen Zimmern mit Du/WC und TV, teils auch AC und Warmwasser. Im Hotel 1 sind die Zimmer etwas dunkel, das Hotel 3 hat die bequemsten Matratzen. Nettes, hilfsbereites Personal. Gutes Frühstück inkl. ❷–❸

Oka & Son Gh., Jl. Repatmaja, neben Oka Homestay, ✆ 0819-1600 3637. Saubere, neuere, Zimmer mit TV, guten Matratzen, einer kleinen Veranda und moderner Du/WC, teils auch mit AC. Kleines Frühstück inkl. Die bessere Alternative zum Oka Homestay nebenan. ❷

Weitere Übernachtungsmöglichkeiten s. eXTra [4292].

Eine grüne Oase in der Hauptstadt

Lombok Garden Hotel, Jl. Bung Karno 7, ✆ 0370-636015, ✉ lombokgarden_htl@telkom.net. Sehr schöne und gepflegte Anlage mit 103 Zimmern, darunter 5 Doppelbungalows, um einen großen, grünen Garten mit zwei Pools. Die ruhigen Zimmer haben einen Balkon oder eine Veranda zum Garten und sind komplett mit AC, Minibar und LCD-TV sowie großem Du/WC oder Bad/WC mit Warmwasser ausgestattet. Frühstück im Restaurant und WLAN inkl. ❺–❻

Essen

Gegessen wird hier vor allem in **Warung** am Straßenrand, die sich um die Mall und in den Seitenstraßen konzentrieren und Klassiker wie Nasi Goreng, *Ayam Goreng* und Padang-Küche anbieten. Das Ganze kostet 5000–15 000 Rp, wird immer frisch zubereitet und ist daher fast immer unbedenklich zu genießen. Der bekannteste Seafood-Warung der Stadt ist **Seafood 88** an der Jl. Pejanggik, gegenüber dem Nordende der Jl. Repatmaja. Wem das zu abenteuerlich ist, findet in der **Mataram Mall** KFC, McDonald's und Pizza Hut.

Weitere Restauranttipps s. eXTra [4294].

Delicio, Mataram Mall, Jl. Pejanggik, ✆ 0370-629915. Neben europäischen und chinesischen Gerichten gibt es in diesem rustikalen Restaurant eine umfangreiche Auswahl an Kaffeespezialitäten und eine ganze Reihe von Backwaren. 3x wöchentl. Livemusik. ⏲ 9–23 Uhr.

Denny Bersaudara, Jl. Pelikan 6, ✆ 0370-633619. Bekannt für seine authentischen und günstigen Sasak-Gerichte in einem einladenden Umfeld.

Omah Cobék, Jl. Maktal 6, ✆ 0370-658 0568. In entspannter Atmosphäre werden hier authentische lokale Speisen wie *Iga Bakar*, *Gurameh* oder *Karedok* (kleingehackter Kohl in süß-scharfer Soße und Chilis) zu günstigen Preisen aufgetischt. Die Ente *Bebek Rica Rica* ist die Spezialität des Hauses, die Portionen und Reisbeilagen sind ordentlich, sodass schon wenige Teller eine Kleingruppe satt machen. ⏲ 10–22 Uhr.

Red Duck, Jl. Catur Warga 9, ✆ 0370-679 8333. Der Name sagt alles: Hier kehrt man vor allem der Enten-Gerichte wegen ein. Wer nach einem Bali-Aufenthalt von Ente bereits die Nase voll hat, findet in dem etwas steril eingerichteten Restaurant auch leckere indonesische Gerichte zu fairen Preisen sowie sehr freundlichen Service. ⏲ 11–22 Uhr.

Einkaufen

Outdoor-Ausrüstung

Petualang, Jl.Panca Usaha 24 B. Rucksäcke, Seile, Taschenlampen, wetterfeste Kleidung, Taschenmesser usw. ⏲ 9–21 Uhr.

Mataram, Ampenan und Cakranegara

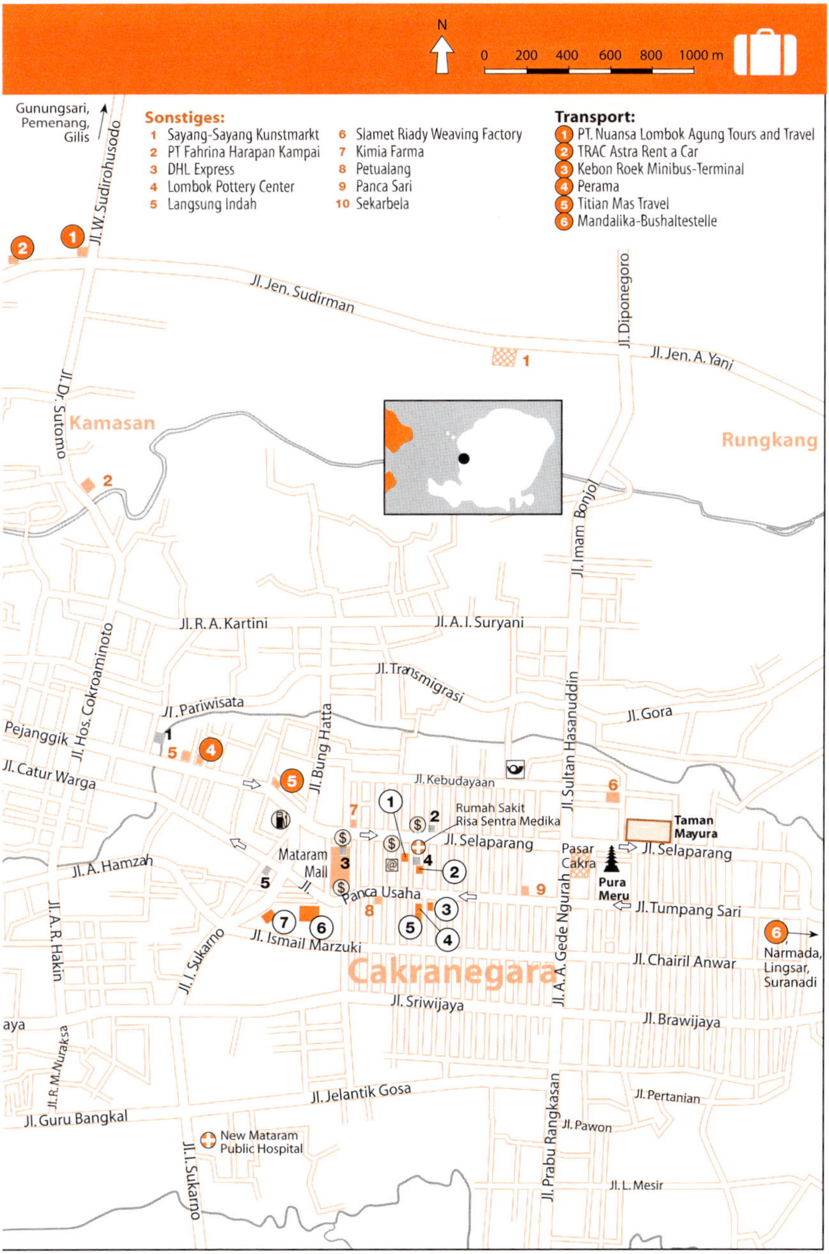
N
0 200 400 600 800 1000 m
Gunungsari, Pemenang, Gilis
Sonstiges:
1 Sayang-Sayang Kunstmarkt
2 PT Fahrina Harapan Kampai
3 DHL Express
4 Lombok Pottery Center
5 Langsung Indah
6 Slamet Riady Weaving Factory
7 Kimia Farma
8 Petualang
9 Panca Sari
10 Sekarbela
Transport:
1 PT. Nuansa Lombok Agung Tours and Travel
2 TRAC Astra Rent a Car
3 Kebon Roek Minibus-Terminal
4 Perama
5 Titian Mas Travel
6 Mandalika-Bushaltestelle
Jl. W. Sudirohusodo
Jl. Jen. Sudirman
Jl. Diponegoro
Jl. Jen. A. Yani
Jl. Dr. Sutomo
Kamasan
Rungkang
Jl. Imam Bonjol
Jl. R. A. Kartini
Jl. A. I. Suryani
Jl. Hos. Cokroaminoto
Jl. Transmigrasi
Jl. Pariwisata
Jl. Gora
Pejanggik
Jl. Catur Warga
Jl. Bung Hatta
Jl. Sultan Hasanuddin
Jl. Kebudayaan
Rumah Sakit Risa Sentra Medika
Taman Mayura
Jl. Selaparang
Pasar Cakra
Pura Meru
Jl. A. Hamzah
Mataram Mall
Jl. Panca Usaha
Jl. Tumpang Sari
Narmada, Lingsar, Suranadi
Jl. Ismail Marzuki
Jl. I. Sukarno
Jl. A. R. Hakin
Cakranegara
Jl. Chairil Anwar
Jl. A. A. Gede Ngurah
Jl. Sriwijaya
Jl. Brawijaya
aya
Jl. R. M. Nuraksa
Jl. Jelantik Gosa
Jl. Pertanian
Jl. Guru Bangkal
Jl. Pawon
New Mataram Public Hospital
Jl. Prabu Rangkasan
Jl. L. Mesir

Souvenirs und Möbel

Zum Feilschen um traditionell gewebte *Ikat*-Stoffe und alle Arten von Goldschmuck ist der **Pasar Cakra** die richtige Adresse. Ansonsten kann man Kunsthandwerk direkt in den einzelnen Stadtvierteln kaufen und manchmal sogar bei der Herstellung zusehen. Gold und Perlen gibt es in **Sekarbela** in Ampenan (15 000 Rp mit *Cidomo* von der Mall). Südlich vom Flughafen in **Kamasan** befindet sich das Viertel der Gold- und Silberschmiede und im Osten von Cakranegara, in **Rungkang**, werden kunstvoll geschnitzte Holzmöbel verkauft.

Lombok Pottery Center, Jl. Majapahit 7, ✆ 0817-973 1022, 💻 www.lombokpotterycentre.com. Hier werden Sasak-Töpfereien aus den Dörfern Banyumulek, wenige Kilometer südlich von Mataram, Penujak, südwestlich von Praya, und Masbagik in Ost-Lombok verkauft.

Sayang-Sayang Kunstmarkt, Jl. Jendral Sudirman. Hier findet man alle erdenklichen Mitbringsel, Kunst und sonstigen Kleinkram aus Lombok und ganz Indonesien an einem Ort.

Slamet Riady Weaving Factory, Jl. Tanun 10, ✆ 0370-631196. Hier kann man beim Weben zusehen und danach um die Stoffe feilschen.

Supermarkt

Mataram Mall, Jl. Pejanggik. In dem mehrstöckigen Einkaufszentrum gibt es neben dem großen Hero-Supermarkt auch Elektronik-, Bekleidungs- und Haushaltswarengeschäfte sowie einen Buchladen ohne große Auswahl an englischsprachiger Literatur. 🕓 9–22 Uhr.

Touren

Perama Tours & Travel, Jl. Pejanggik 66, Mataram, ✆ 0370-635928, 💻 www.peramatour.com. Außer Touren zu den Sehenswürdigkeiten und Schnorchelausflügen werden auch mehrtägige Trekking-Touren auf den Rinjani angeboten.

P.T. Nuansa Lombok Agung Tours and Travel, Jl. Adi Sucipto 3A, ✆ 0370-658 9092, ✉ nuansa.lombok@yahoo.co.id. Der Anbieter hat auch eine Filiale in Senggigi und bietet neben Transporten und Tagestouren in Mataram und Lombok auch mehrtägige Ausflüge bis nach Flores an.

Sonstiges

Apotheke

Kimia Farma, gegenüber der Mataram Mall in der Jl. Pejanggik. 🕓 24 Std.

Auto- und Motorradvermietungen

In Senggigi können Autos und Motorräder i. d. R. zu günstigeren Tarifen gemietet werden.

TRAC Astra Rent a Car, Jl. Laksada Adi Sucipto 5, ✆ 0370-626363, 💻 www.trac.astra.co.id. Alle Fahrzeuge sind in sehr gutem Zustand und inkl. Versicherung, AC, Ersatzwagen und unbegrenzter Kilometerleistung ab 360 000 Rp pro Tag zu haben. Hier werden auch Chauffeur- und Transferdienste angeboten.

Jedes größere Hotel arbeitet mit Autovermietungen zusammen und ist bei der Reservierung behilflich.

Dort sowie bei **P.T. Nuansa Lombok Agung** gibt es Motorräder für ca. 60 000 Rp pro Tag, in einigen Unterkünften bereits ab 50 000 Rp.

Geld

Die meisten **Banken**, **Geldautomaten** und **Wechselstuben** befinden sich in Cakranegara auf der Jl. Pejanggik zwischen der Mataram Mall und der Jl. Hasanudin. Auch im Flughafengebäude sowie in der Mataram Mall sind einige Geldautomaten zu finden.

Immigration

Kantor Imigrasi, Jl. Udayana 2, ✆ 0370-632520. 🕓 Mo–Do 7–14, Fr 7–11 und Sa 7–12.30 Uhr.

Informationen

Department of Tourism, Jl. Singosari 2, ✆ 0370-634800. Freundliche Leute, die aber nur wenige brauchbare Infos haben, zuständig für Lombok und Sumbawa. 🕓 Mo–Do 7–14, Fr 7–11, Sa 7–13 Uhr.

Cultural Centre, Jl. Majapahit, ✆ 0370-622428. Hier gibt es Infos über Veranstaltungen.

Internet

Viele **Internetcafés** befinden sich im Umkreis der Mataram Mall, Jl. Penjanggik, und in der Jl. Airlangga in Universitätsnähe. Sie verlangen 3000–5000 Rp pro Std. In der Jl. Airlangga gibt es auch viele Cafés mit kostenlosem WLAN.

Medizinische Hilfe

Ambulanz, ✆ 0370-623498.
New Mataram Public Hospital (RSU Mataram), Jl. Bung Karno 1, ✆ 0370-645045.
Prodia Laboratori, Jl. Pejanggik 107, ✆ 0370-635010, 💻 www.prodia.co.id. Bei Verdacht auf Malaria oder Denguefieber werden in der Filiale der größten privaten Forschungsklinik Indonesiens schnelle und zuverlässige Bluttests durchgeführt.
Rumah Sakit Katolik Santa Antonius, Jl. Koperasi 61, ✆ 0370-636767.
Rumah Sakit Risa Sentra Medika, Jl. Pejanggik 115, ✆ 0370-625560, ✉ rsrisasentramedika@yahoo.com. Das beste Krankenhaus der Insel mit Zahnklinik und Hals-Nasen-Ohrenarzt.

Polizei

Lombok Regional Police, Jl. Gajah Mada 7, Ampenan, Notruf ✆ 110.

Post

Das große Hauptpostamt liegt in Mataram an der Jl. Sriwijaya 37, ✆ 0370-632645. ⏲ Mo–Do und Sa 8–14, Fr 8–11 Uhr.
Weitere Postämter sind in Ampenan an der Jl. Langko und in Cakra in der Jl. Kebudayaan.

Speditionen

DHL Express, Jl Pendidikan 28, Mataram, ✆ 0370-627370. Hier kann der Großeinkauf zuverlässig per See- oder Luftfracht verschickt werden. Ein Service Point befindet sich auch im Office von **PT Fahrina Harapan Kampai**, Jl. Hos Cokroaminoto 53G, ✆ 0370-639400.

Nahverkehr

Cidomo

Besonders auf dem Lande, aber auch in den Vororten und der Stadt sind viele *Cidomos*, kleine zweirädrige Pferdekutschen, im Einsatz. Hier muss der Preis ausgehandelt werden, ca. 3000 Rp pro km.

Minibusse

Minibusse sind das gängige Nahverkehrsmittel. Von der **Mandalika-Busstation**, 2 km östlich von Cakranegara, fahren die gelben Fahrzeuge auf verschiedenen Rundkursen durch die Stadt zum Minibus-Terminal **Kebon Roek** in Ampenan, Jl. Laksada Adi Sucipto. Der Fahrpreis beträgt immer 3000 Rp, egal wie lang die Strecke ist. Von Kebon Roek fahren auch Minibusse nach Senggigi für 6000 Rp.

Taxis

Bester Taxianbieter mit Fahrzeugen mit AC und Taxameter ist **Blue Bird**. In Mataram und Senggigi gibt es genügend dieser blauen Taxis. Bestellung unter ✆ 0370-627000.

Transport

Busse

Mandalika Busstation, 2 km östlich von Cakranegara in Bertais. Dies ist die sehr hektische zentrale Bus- und Minibus-Station. Man sollte sich aber nicht aus der Ruhe bringen lassen und gleich am Eingang nach einem Bus in die gewünschte Richtung fragen.
BAYAN in 2 Std. für 30 000 Rp;
LABUHAN LOMBOK in 2 1/2 Std. für 20 000 Rp;
LEMBAR für 15 000 Rp;
PEMENANG für 15 000 Rp;
PRAYA für 7500 Rp.

Fernziele außerhalb von Lombok erreicht man in AC-Expressbussen. Sie legen auf Langstrecken regelmäßig Pausen in Restaurants ein.
BIMA (Sumbawa) in 14 Std. für 150 000 Rp;
CIREBON in 38 Std. für 450 000 Rp;
DENPASAR in 10 Std. für 150 000 Rp;
JAKARTA in 36 Std. für 450 000 Rp;
LABUHAN BAJO (Flores) in 28 Std. für 275 000 Rp;
SEMARANG in 29 Std. für 350 000 Rp;
SUMBAWA BESAR (Sumbawa) in 6 Std. für 90 000 Rp;
SURABAYA und MALANG in 15 Std. für 230 000 Rp;
YOGYAKARTA UND SOLO in 25–26 Std. für 350 000 Rp.

Minibusse

Teurer und schneller sind Minibusse, die zu festen Zeiten abfahren und einen gegen Aufpreis auch vom Hotel abholen.

Preisbeispiele (Ziele in Lombok):
BANGSAL in 1 Std. für 60 000 Rp;
KUTA LOMBOK via PRAYA in 2 Std. für 125 000 Rp;
SENGGIGI in 30 Min. für 25 000 Rp;
TETEBATU in 1 Std. für 125 000 Rp.

Minibusunternehmen für Fernziele:
ABADI, Jl. K. H. Ahmad Dahlan 32, ✆ 0370-623185. Eine der günstigsten Möglichkeiten, den Transport über Lombok zu organisieren.
Langsung Indah, Jl. Pejanggik, 56B, ✆ 0370-634669. Tgl. gegen 11 Uhr Busse nach Denpasar, Surabaya, Semarang und Jakarta im Westen sowie Sumbawa Besar, Bima und Sape im Osten.
Panca Sari, Jl. Panca Usaha Blok A Nr. 8, ✆ 0370-665 0555, fahren um 8.30, 10, 14, 18 und 20 Uhr für 100 000 Rp nach Sumbawa Besar.
Perama Tours & Travel, Jl. Pejanggik 66, Mataram, ✆ 0370-635928, 🖳 www.peramatour.com, 🕒 7–22 Uhr.
Titian Mas Travel, Jl. Pejanggik, ✆ 0370-629303. Fahren mit max. 11 Pers. in Kleinbussen um 8, 10, 14 und 18 Uhr nach Sumbawa Besar für 100 000 Rp inkl. Wasser und Snack.

Flüge

Von Matarams Flughafen **Selaparang**, der im Stadtteil Ampenan liegt, starten nur noch Privatflüge, seit Lomboks neuer internationaler Flughafen Bandara Internasional Lombok, in der Nähe von Praya (s. S. 360), im Herbst 2011 eröffnet wurde.

Umgebung von Mataram

Narmada

Vom Mandalika-Busterminal fahren zahlreiche Minibusse für 5000 Rp über die Hauptstraße in östliche Richtung bis zum 6 km entfernten Ort Narmada. Gegenüber dem Markt, südlich der Straße, befindet sich die Palastanlage **Taman Narmada**, 🕒 7–18 Uhr, Eintritt 10 000 Rp, Schwimmen 10 000 Rp. Der dem Vulkan Gunung Rinjani nachempfundene Komplex wurde 1805 vom balinesischen *Raja* errichtet und ist mit seinen terrassenförmigen Gärten, Pools und einem See heute noch ein beliebtes Ausflugsziel. Neben Imbissständen und Schwimmbecken (Frauen tragen besser zusätzlich ein T-Shirt) steht am obersten Gewässer ein kleines Häuschen, in dem das sogenannte *Air Awet Muda* („Wasser, das jung hält") verkauft wird. Viele Indonesier sind fest davon überzeugt, dass dieses heilige Rinjani-Quellwasser eine verjüngende und reinigende Wirkung hat. Im angeschlossenen **Kalasa-Tempel** finden Zeremonien und andere kulturelle Feierlichkeiten statt, die auch für Touristen offen und höchst eindrucksvoll sind.

Lingsar

Ein weiterer interessanter Tempelkomplex, der zur Hälfte den hinduistischen Gläubigen (nördlicher Teil) und zur anderen Hälfte den Angehörigen der indigenen *Wetu-Telu*-Religion dient, liegt 7 km nordwestlich von Narmada. Der **Pura Lingsar** wurde 1714 vom König von Mataram, AA Ngurah Karang Asem, für die balinesische Bevölkerung errichtet und 1878 vollständig restauriert.

Die Legende berichtet, dass bei der Ankunft der ersten balinesischen Hindus an einer Quelle, Aik Mual genannt, etwa 200 m östlich des jetzigen Pura Lingsar, eine neue Quelle zu fließen begann. Die Balinesen nannten sie Aik Engsar, woraus sich der Name Lingsar ableitete.

Der höher gelegene Hindutempel besitzt vier Schreine, wobei der linke, Hyang Tunggal genannt, auf den Gunung Agung in Bali ausgerichtet ist. Der Schrein auf der rechten Seite ist auf den Gunung Rinjani ausgerichtet, den heiligen Berg von Lombok.

Im *Wetu-Telu*-Teil der Tempelanlage werden in weiße Tücher verpackte Steine vulkanischen Ursprungs verehrt. Hier gibt es auch ein Becken mit heiligen Aalen, das dem Gott Vishnu gewidmet ist. 🕒 7–18 Uhr, Spende für den obligatorischen Tempelschal. Per Ojek ab Narmada 20 000 Rp.

Suranadi

Der älteste Hindutempel Lomboks ist der **Pura Suranadi**. Er befindet sich an einer Quelle mit heiligen Aalen am Fuße des Rinjani in herrlicher Berglandschaft. Der sehr freundliche Priester des Tempels lockt gegen eine Spende gerne die heiligen Fische mit hart gekochten Eiern und beharrlichem Klopfen hervor. 🕒 7.30–18 Uhr, Spende. Auf dem Gelände des gegenüberliegenden Hotels Suranadi kann man sich in einem großen Quellwasserpool abkühlen (Eintritt 10 000 Rp).

Der Natur auf der Spur ist man im **Hutan Pariwisata Suranadi**, ✆ 0370-627851, ✉ bksdantb@dephut.go.id, einem Naturpark, in dem man eine zweistündige, geführte Tour durch den Wald unternehmen kann. Für Abenteuerlustigere gibt es Dschungeltrekking und Zeltmöglichkeiten (mit eigener Ausrüstung). Eintritt 15 000 Rp (ohne Tour), Camping 20 000 Rp, Gebühr für Autos 2500 Rp.

Suranadi bietet einige Übernachtungsmöglichkeiten und ist ein guter Ausgangspunkt für Wanderungen durch die Natur. Minibusse fahren für 5000 Rp vom Markt in Narmada hierher, allerdings nur wenige Male am Tag, vor allem morgens. Am einfachsten ist es, einen Minibus für 50 000 Rp zu chartern.

Übernachtung

Hotel Lanang, Jl. Golf 5, ✆ 0818-0379 2515, an der Jl. Suranadi, die hinter dem Tempel etwas ansteigt. Das netteste der billigen Gästehäuser mit sauberen, gefliesten Zimmern und Schaumstoffmatratzen sowie Du/WC. Am geräumigsten ist das saubere Zimmer mit Mandi/Du ganz hinten im Hof. Das überaus freundliche Personal bereitet gegen einen geringen Aufpreis ein indonesisches Frühstück zu. ❷

Hotel Suranadi, ✆ 0370-657 8410, 0819-1734 1115. Die alte Kolonialvilla hat ihre besten Zeiten hinter sich. Sie diente schon in den 1930er-Jahren holländischen Kolonialbeamten als Erholungsort. Alle Zimmer mit Warmwasser-Bad/WC, teils auch mit AC und ziemlich viel Schimmel. Die Quellwasserpools können auch Besucher gegen Entgelt nutzen. Mit Restaurant. Frühstück inkl. ❷–❸

Teratai Cottage, ✆ 0878-6355 2229. Letzte Übernachtungsmöglichkeit an der Jl. Suranadi mit großen Bungalows in einer älteren, aber unspektakulären Anlage. Den Pool, von dem man eine tolle Aussicht über die Reisterrassen und bei klarem Wetter auf den Rinjani hat, können auch Nicht-Gäste für 5000 Rp nutzen. Die Häuschen sind teils mit AC und Warmwasser-Bad/WC ausgestattet. Die Schimmelflecken an den Decken einiger Bungalows wirken etwas abschreckend. Indonesisches Frühstück auf Anfrage. ❷–❸

Gunung Pengsong

9 km südlich von Mataram hat man vom Hügel Gunung Pengsong eine sehr schöne Aussicht über einen Großteil der Insel. Am Eingang steht ein beeindruckend großer *Banyan*-Baum und oben auf dem Hügel ein schöner Tempel, von dem aus man den Sonnenaufgang über dem Rinjani oder den Sonnenuntergang über dem Agung auf Bali bestaunen kann. Da es sich um einen balinesischen Tempelkomplex handelt, sollte der Sarong nicht vergessen werden.

Senggigi

Früher war Senggigi ein Fischerdorf an einem strahlend weißen Sandstrand, doch Mitte der 1990er-Jahre hatte sich der Ort zur größten und beliebtesten Touristenenklave von Lombok entwickelt. Mittlerweile wird mit dem Ortsnamen ein 13 km langer Küstenabschnitt assoziiert, der wenige Kilometer nördlich von Ampenan beginnt. Die Besucherzahlen sind nach der Asienkrise 1997 und den Bombenanschlägen auf Bali 2002 eingebrochen, konnten sich seitdem aber wieder erholen. Einige Hotels stehen aber immer noch leer oder sind höchst renovierungsbedürftig.

Nichtsdestotrotz verfügt Senggigi über eine gute touristische Infrastruktur mit Geldautomaten, Wechselstuben, Internetcafés, hervorragenden Restaurants und einem sehenswerten Kunstmarkt. Außerdem bietet der Ort einige Nachtclubs und Bars mit guter Livemusik – die einzigen ernstzunehmenden Ausgehmöglichkeiten auf Lombok. Man muss sich aber auch auf Straßenhändler gefasst machen, die mit ihren Bauchläden voller Schmuck und gefälschter Uhren den Strand und die Hauptstraße auf- und abstreifen, um sich an die Touristen zu hängen.

Besonders an den nördlich gelegenen Buchten mit zum Teil herrlichen Stränden haben sich weiträumig angelegte Luxusanlagen und exquisite Boutiquehotels angesiedelt. Dazwischen lassen sich aber noch frei zugängliche, schöne und zudem menschenleere Strände entdecken.

Senggigi Beach

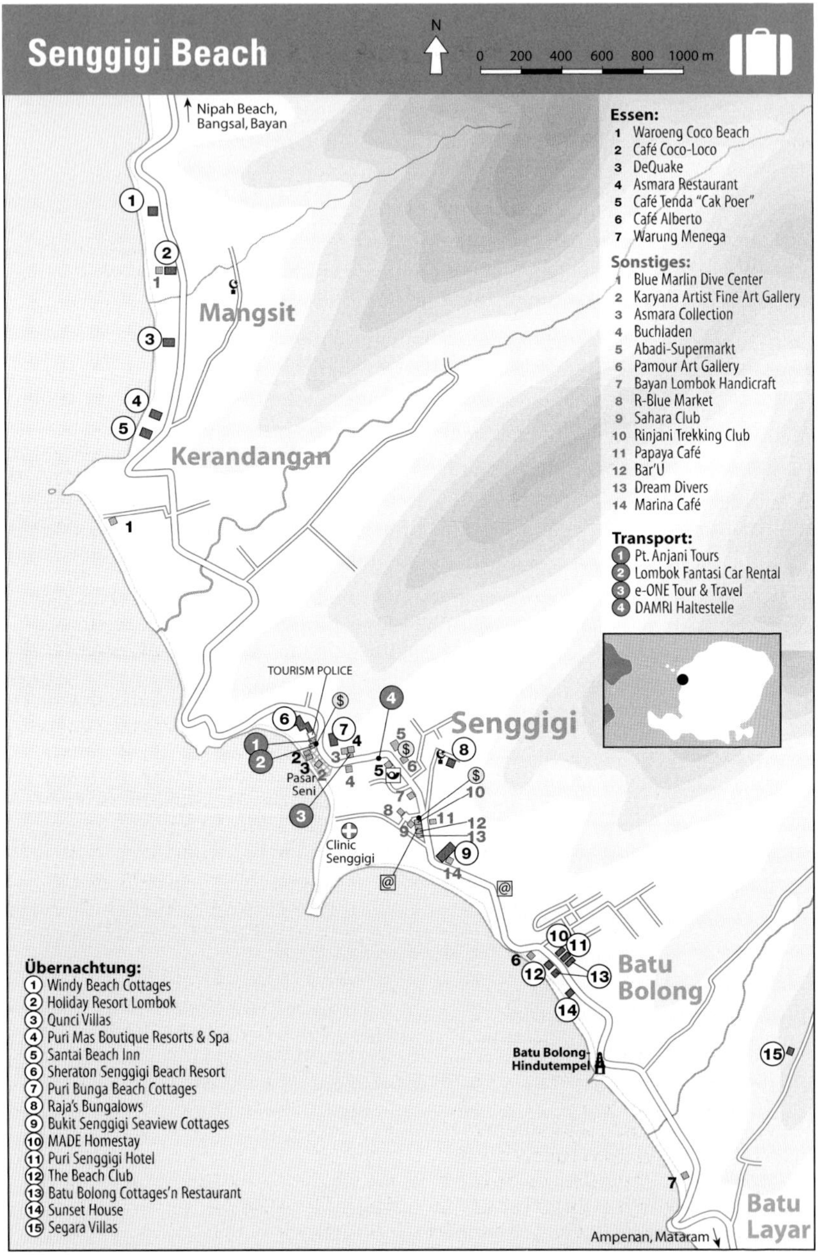

Sehenswert ist der **Batu-Bolong-Tempel**, etwa 2 km südlich vom Ortszentrum. Der bei Balinesen sehr beliebte und gut besuchte Hindutempel thront auf einem Felsvorsprung am Meer. An der gesamten Küste können allabendlich die fantastischen Sonnenuntergänge über Bali und dem Gunung Agung beobachtet werden, aber dieser Tempel ist einer der besten Plätze, um das Schauspiel zu erleben. 🕓 7–19 Uhr, Eintritt 5000 Rp.

Nördlich von Senggigi, am Strand von **Mangsit**, kann man nicht nur gut schwimmen, sondern auch surfen. Die Wellen sind auch für Anfänger geeignet, sodass hier getrost erste Stehversuche auf dem Brett unternommen werden können. Wer über ein eigenes Fahrzeug verfügt, kann von Mangsit aus noch weiter nach Norden fahren. Sobald man die letzte Hotelanlage hinter sich gelassen hat, führt die asphaltierte Straße hinauf in die Hügel, entlang einer Steilküste mit fantastischer Aussicht und wieder hinab an den kleinen **Nipah Beach**, an dem man schwimmen und schnorcheln kann.

Südlich von Senggigi liegt **Batu Layar**, ein bedeutendes Islam-*Wetu-Telu*-Heiligtum. Es besteht aus einem kleinen Haus in der Nähe des Strandes, in dem sich das Grab jenes Mannes befindet, der den Islam nach Lombok brachte. Dahinter liegt ein moslemischer Friedhof.

Übernachtung

Fast alle Unterkünfte von Senggigi liegen an der Küstenstraße Jl. Raya Senggigi. Viele der Hotels befinden sich nicht in unmittelbarer Nähe von Senggigis Ortszentrum mit dem Gros an Restaurants, Bars und Clubs. Deshalb wird i. d. R. in den besseren Hotels ein kostenloser Shuttleservice zum Zentrum angeboten. In den teuersten Unterkünften ist es außerdem üblich, dass der Transport vom und zum Flughafen im Preis inbegriffen ist.

In der touristischen Hochsaison von August bis Mitte September kann es sehr schwer werden ein freies Zimmer zu finden. Vorzeitige Reservierungen sind dann absolut empfehlenswert. Reservierungen können zuverlässig über Sakinah, ✉ sakinah@asmara-group.com, getätigt, müssen jedoch im Voraus gezahlt werden. Eine gute Homepage für größere Villen und ausgefallene Übernachtungsmöglichkeiten ist 💻 www.lombokhomes.com. Weitere Übernachtungsmöglichkeiten s. eXTra [4298].

Mangsit

Holiday Resort Lombok, ☎ 0370-693444, 💻 www.holidayresort-lombok.com. In einer 15 ha großen Gartenanlage am Strand mit großer Poollandschaft liegen die 188 Zimmer, Bungalows und Suiten. Der sehr gute Service, die frischen, top eingerichteten Zimmer und die allgegenwärtige Sasak-Kunst schaffen ein luxuriöses Ambiente. Mit Restaurant, Tauchcenter und Internetcafé. Neuer Apartmentkomplex auf der anderen Straßenseite. WLAN und Frühstück inkl. ❻

Puri Mas Boutique Resorts & Spa, ☎ 0370-693831, 💻 www.purimas-lombok.com. Zwischen den Sasak-Statuen findet man komfortabel eingerichtete, aber etwas dunkle Bungalows, Suiten und Luxusvillen, teils mit Open-Air-Bad/WC. Restaurant und Überlaufpool am Meer. Vom Pool aus bietet sich ein Ausblick bis zum Gunung Agung auf Bali. Sehr professioneller und freundlicher Service. WLAN und Frühstück inkl. ❻–❽

Qunci Villas, ☎ 0370-693800, 💻 www.quncivillas.com. Das Boutiquehotel der Insel bietet modern und luxuriös eingerichtete Zimmer mit Open-Air-Bädern und Poolvillen in tropischen Gärten, die mit großen Gemälden eines balinesischen Künstlers dekoriert sind. Ein lang gezogener Überlaufpool, ein Spa und das Restaurant, das köstliche Gerichte serviert, bieten direkt an der Steilküste einen perfekten Ort zum Entspannen. Sehr professioneller Service. ❼–❽

Santai Beach Inn, ☎ 0370-693038, 💻 www.santaibeachinn.com. In einer kleinen, ruhigen, dschungelartigen Anlage stehen traditionelle *Lumbung*, in denen man Wohnen überraschend anders erlebt. Die billigen mit Mandi/Du und die teureren, größeren mit Warmwasser-Du/WC. Hängematten auf der eigenen Veranda laden zum Entspannen oder zum Lesen eines Buches aus der Bibliothek ein. Herzensgute englische Besitzerin und Restaurant mit vegetarischer und veganer Kost. Frühstück inkl. ❷–❹

Windy Beach Cottages, 0370-693191, www.windybeach.com. 14 rustikale, saubere Holzbungalows mit Bambuseinrichtung in romantischer und ruhiger Lage. Alle bieten Warmwasser-Du/WC und eine nette Veranda mit Strandsicht, teils auch mit AC. Der kleine Pool liegt direkt am ruhigen Strand. Das freundliche Personal leiht auch Schnorchelausrüstung aus. WLAN inkl. Mit indonesischem Restaurant. ❺

Senggigi

Bukit Senggigi Seaview Cottages, 0370-693173. In den steilen Hang gebaute Mittelklasseanlage im äußersten Süden von Senggigi, mit großem Pool und 27 geräumigen Zimmern mit Veranda, Verbindungstüren, neuer AC, TV mit internationalen Kanälen und Warmwasser-Bad/WC. Von den oberen Zimmern bietet sich ein toller Blick auf das Meer. WLAN im Restaurant und Lobbybereich inkl. ❸–❹

Puri Bunga Beach Cottages, 0370-693013, www.puribungalombok.com. Das älteste Hotel des Ortes ist schön weitläufig in den steilen Hang gebaut und punktet mit einer tollen Aussicht von den oberen Zimmern sowie schön geschnitzten Betten und Türen und einem großen Pool. Die Zimmer mit AC, harten Matratzen, Marmorboden, TV, Kühlschrank und Bad/WC sind zwar schon älter, aber gut instand gehalten. WLAN im Lobby- und Poolbereich inkl. ❹–❺

Raja's Bungalows, Gang Arjuna, 0812-377 0138, rajas22@yahoo.com. Im Dorf kurz nach der Moschee rechts ab liegen die 4 einfachen Zimmer in einem schönen kleinen Garten. Alle sind sauber, mit sehr harten Matratzen, Bambusmöbeln, Moskitonetz, hellen Open-Air-Du/WC mit kleinem Garten und hübschen kleinen Details, wie etwa Vasen und *Ikat*-Stoffen, eingerichtet, aber ohne Warmwasser, WLAN und Frühstück. Eine kleine Bar mit gemütlichen Sitzecken und die familiäre Atmosphäre laden zum Entspannen ein. ❷

Sheraton Senggigi Beach Resort, 0370-693333, www.sheraton.com/senggigi. Das älteste 5-Sterne-Hotel auf Lombok bietet 154 komfortable Zimmer. Wenn über kleine Schönheitsfehler hinweggesehen wird, schaffen viel Holz und warme Töne ein angenehmes Ambiente. Die traumhafte Poolanlage lädt zum Ausspannen ein. Mit 2 Restaurants, Fitnessmöglichkeit und Spa. Frühstücksbuffet inkl., WLAN kostet US$10 pro Tag. ❼–❽

Batu Bolong

Batu Bolong Cottages'n Restaurant, 0370-693198. Auf beiden Seiten der Straße wohnt man in dieser Anlage mit kleinem Pool direkt am Strand in sauberen, gepflegten Bungalows mit Warmwasser-Du/WC, AC, TV mit DVD-Player, Minibar, teils auch mit Bambusmöbeln und Meerblick. Großes Restaurant und schöner eigener Strandabschnitt. Frühstück inkl. ❸–❺

MADE Homestay, 0878-6561 8936, ane_made@yahoo.com. Die einfache Unterkunft direkt an der Hauptstraße bietet 6 etwas dunkle Zimmer mit guten Matratzen, kleiner Veranda und Du/WC. WLAN und Frühstück inkl. ❷

Puri Senggigi Hotel, 0370-692192. Hier wohnt man ruhiger als direkt in Senggigi, aber nur einen Katzensprung entfernt. Die geräumigen Zimmer bieten alle Veranda oder Balkon, TV und Bad/WC. Für einen Aufpreis auch AC und Warmwasser. Einfaches Frühstück inkl. Sehr gutes Preis-Leistungs-Verhältnis. ❷–❸

Sunset House, 0370-692020, www.sunsethouse-lombok.com. Kleine, freundliche Anlage mit 6 sehr schönen Zimmern am Meer. Direkt von der Terrasse oder dem Balkon kann allabendlich der Sonnenuntergang

Bequem und freundlich

The Beach Club, 0370-693637, www.thebeachclublombok.com. Von einem liebenswerten australischen Aussteigerpärchen geführte, sehr beliebte Bungalowanlage an einem hübschen Strandabschnitt gelegen. Die 4 teureren, großen und sauberen Bungalows mit Veranda bieten gute Betten, TV mit DVD-Player und einer Auswahl an aktuellen Filmen für Regentage, Kühlschrank und schön gestaltete Warmwasser-Du/WC. Am Hotelpool sowie am Strand gibt's gemütliche Sitzgelegenheiten, Hängematten, Restaurant und Bar. WLAN inkl. Reservierung empfehlenswert. ❷–❺

genossen werden. Die edle Einrichtung in den hellen, großen Zimmern mit guten Matratzen, TV, AC, Minibar, Kühlschrank und Warmwasser-Bad/WC vervollständigt das Ambiente. Mit schön gelegenem Restaurant direkt am Meer, kleinem Spielplatz für den Nachwuchs sowie neuem Pool. WLAN und Frühstück inkl. ❺

Batu Layar

Segara Villas, Gang Duduk Atas, ✆ 0370-661 3455, 💻 www.segaravillas.com. An einem Hang hoch über der Küstenstraße gelegen, werden hier 2 Villen mit 5 geräumigen, elegant und gemütlich gestalteten Wohnbereichen mit Du/WC und teils auch AC angeboten. Die sehr freundlichen französischen Inhaber servieren morgens selbst gebackenes Brot und selbst gemachten Joghurt. Vom Pool hat man einen traumhaften Blick über die Küste. ❹–❻

Essen

Asmara Restaurant, ✆ 0370-693619, 💻 www.asmara-group.com. Die deutsche Chefin Sakinah bietet ihren Gästen ein angenehmes Ambiente, professionellen Service und leckere europäische und asiatische Küche sowie ausgezeichneten Kaffee. Mit einem Kunstladen (s. u.), Leihbibliothek, Billardtisch, Spielbereichen für die Kleinen und WLAN für die Großen. Im oberen Stockwerk findet jeden Sa 20–24 Uhr ein großer Biergarten statt. Dann kann man zu Evergreens der Liveband die Hüften schwingen. Hauptgerichte ab 45 000 Rp. Abholung innerhalb Senggigis inkl.

Café Alberto, ✆ 0370-693039, 💻 www.cafealberto.com. In dem eleganten, ansprechend gestalteten Restaurant mit einem schönen Pool, der entgegen aller Vermutung auch zum Schwimmen genutzt werden kann, gibt es die leckersten Pizzen von ganz Senggigi. Zum Sonnenuntergang sitzt man wundervoll bei Kerzenschein am Strand. Größere Auswahl an Cocktails. Pizzen kosten 65 000 Rp. WLAN und Shuttleservice zwischen 18 und 24 Uhr inkl. 🕒 8–24 Uhr.

Café Coco-Loco, ✆ 0370-693396. In dem Restaurant werden neben Seafood auch indonesische und italienische Gerichte angeboten. Hauptgerichte ab 40 000 Rp. 🕒 9–23 Uhr.

Gesund essen am Coco Beach

Waroeng Coco Beach, ✆ 0817-578 0055. Im Palmenwald vom Kerandangan-Strand und eingerahmt von jungen Bambusstauden, sind rund um die Bar des Restaurants luftige Gazebos angeordnet. Neben traditionellen Heilgetränken werden frisches Gemüse und Salat aus dem eigenen Garten zubereitet, der direkt neben dem Restaurant liegt. Auch der gegrillte Fisch und der Gemüsekuchen sind zu empfehlen. Shuttleservice inkl. Heilgetränke um 18 000 Rp, Hauptgerichte um 45 000 Rp. 🕒 12–22 Uhr.

Café Tenda „Cak Poer". Spätabends steht ein kleines, unscheinbares, blaues Zelt neben der Poststelle, in dem fantastische indonesische Küche und Seafood serviert werden. Bei Ausländern und Einheimischen gleichermaßen beliebt und sehr günstig. 🕒 ab 22 Uhr, So ist Ruhetag.

DeQuake, ✆ 0370-693694. Etwas eleganter geht es in diesem Restaurant direkt neben dem Café Coco-Loco zu. An der großen rechteckigen Bar oder den luftig gelegenen Tischen können bei Meeresrauschen mitunter ausgefallene Gerichte probiert werden. Der Snapper in Karamel-Ingwer-Soße für 50 000 Rp ist zu empfehlen. 🕒 11–23 Uhr.

Warung Menega, Batu Layar, ✆ 0370-663 4422. Etwas weiter im Süden bietet dieses Fischrestaurant fangfrischen Fisch direkt vom Grill zu unschlagbaren Preisen. Zum Sonnenuntergang werden die Tische direkt auf dem Sand am Meer aufgebaut. Ganze Fische ab 40 000 Rp inkl. Beilagen.

Weitere Restauranttipps s. eXTra [4300].

Unterhaltung

Neben vielen zwielichtigen, auf einheimisches Klientel ausgerichteten Karaokebars bietet Senggigi auch ein paar Kneipen mit guter Livemusik.

Bar'U. Hier mischen sich einheimische Jugendliche aus Mataram und Touristen zur Musik von erstaunlich guten Livebands. Der Kaffee ist lecker und das Bier vom Fass ebenso. 🕒 9–24 Uhr.

Marina Café, ✆ 0370-693136. Abends eine Pizzeria, wird das 2-stöckige Café nachts zum angesagtesten Club des Ortes. Von 22–2 Uhr gibt eine gute Liveband indonesische und westliche Songs aus den Charts zum Besten, um Mitternacht betreten zudem spärlich bekleidete Tänzerinnen die Bühne und heizen der Menge ein. Danach wird House und Elektro gespielt. Große Auswahl an teuren Longdrinks und Cocktails, auch Verkauf von Flaschen internationaler Spirituosen. WLAN inkl. Direkt nebenan liegt eine Sportsbar. ⌚ Restaurant 18–24, Club 22–2.30, am Wochenende bis 3 Uhr.

Papaya Café, ✆ 0370-693616. Auf gemütlichen Baststühlen sitzend, lauscht man der allabendlichen Livemusik bis Mitternacht. Cocktail-Happy Hour von 21.30–22 Uhr. Mittlere Preisklasse.

Sahara Club, ✆ 0370-692233. Die teuerste Discothek des Ortes im Stile der Nachtclubs von Kuta zieht vor allem einheimische Gäste an. Hohe Getränkepreise und Livemusik von 22–2 Uhr. Der Club bleibt während des Fastenmonats Ramadan geschlossen. ⌚ 22–4 Uhr.

Feste

Das **Senggigi Festival** findet jedes Jahr im Juli statt. Die Festlichkeiten umfassen traditionelle Tanz- und Theateraufführungen sowie Ausstellungen von Sasak-Kunsthandwerk. Besonders für Kinder werden viele Aktivitäten organisiert, die ihnen die Kultur von Lombok näherbringen.

Einkaufen

Es lohnt sich über den **Pasar Seni (Kunstmarkt)** zu schlendern, um die kunstvoll bemalten Sasak-Masken und Schnitzereien zu begutachten. Allerdings sollte man Verhandlungsgeschick mitbringen, wenn man ein wirkliches Schnäppchen machen will, oder sich den Stress ersparen und im Bayan Lombok Handicraft einkaufen.

Asmara Collection, vor dem Asmara Restaurant, ✆ 0370-693109. Schöne Boutique mit Kunsthandwerk und Souvenirs aus Lombok und dem restlichen Indonesien.

Karyana Artist Fine Art Gallery, ✆ 0818-540569. Der freundliche, balinesischstämmige Karyana betreibt die kleine, 2-stöckige Galerie am südlichen Ende des Pasar Seni. Der 1969 geborene Künstler verfolgt verschiedene Stile, von fotorealistisch bis sehr abstrakt ist alles dabei, der moderne Stil ist jedoch seine Spezialität. Gemälde ab 1 Mio. Rp. ⌚ 9–21 Uhr.

Pamour Art Gallery, ✆ 0370-693104. Hier findet man teurere Antiquitäten, die größtenteils aus Lombok und den östlichen Nachbarinseln, aber auch aus Java und Bali stammen, sowie Möbel aus dem recycelten Holz alter Fischerboote. ⌚ 9–20 Uhr.

Abadi-Supermarkt. Hier bekommt man Snacks, Souvenirs sowie nützliche Schreibwaren und Kosmetikartikel, außerdem gibt es einen Kopierservice. ⌚ 9–21 Uhr.

R-Blue Market, im Senggigi Plaza. Der Laden hat ein überschaubares Sortiment, ist aber rund

Vorsicht beim Genuss von Arak!

Nachdem es in der jüngsten Vergangenheit unter Touristen zahlreiche Krankheits- und sogar Todesfälle im Zusammenhang mit dem Konsum methanolhaltigen Araks gegeben hat, ist strikt von seinem Konsum in billigen Cocktails abzuraten. Eine von der Polizei kaum gehinderte Alkoholmafia panscht die beliebte Schnapssorte mit gesundheits- und lebensgefährlichen Konsequenzen, um sie in den Touristenzentren von Bali, Lombok und Java fässerweise und oft unter falschen Labels in den Umlauf zu bringen. In Cocktails gemixt, fällt das Gift zunächst nicht auf. Je nach Mischung drohen jedoch nach wenigen Gläsern **Erblindung**, **Kreislaufkollaps** oder sogar der **Tod**. Im Supermarkt gekaufte Flaschen mit Siegel sowie garantiert ‚reiner' Arak aus vertrauenswürdiger Quelle (z. B. teuren Hotelbars) sind zwar unbedenklich, doch im Zweifelsfalls sollte schlichtweg immer verzichtet werden!

2011 starb eine deutsche Touristin, die im **Happy Café** in Senggigi Cocktails getrunken hatte, an den Folgen des vergifteten Alkohols. Auch weitere Fälle in Senggigi und auf den Gili-Inseln sind uns bekannt.

Große Auswahl und super Preise

Bayan Lombok Handicraft, ✆ 0370-693784, 💻 www.bayanlombok.com. Wer traditionelle Kunstgegenstände ohne Verhandlungsstress erwerben möchte, sollte sich in aller Ruhe in diesem Laden umschauen. Hier gibt es eine breite Auswahl an Schnitzereien, Gemälden, *Ikat*-Stoffen und anderen Souvenirs aus Lombok und den östlichen Nachbarinseln zu sehr vernünftigen Festpreisen. 🕓 11–22 Uhr.

um die Uhr geöffnet. Direkt nebenan liegt ein Salon, der neben Haarschnitten und Massagen auch sehr guten Kaffee im Angebot hat.

Aktivitäten

Surfen

Im Zentrum von Senggigi gibt es 2 Surfshops, die Bretter vermieten sowie Informationen für Wellenreiter auf Lager haben.

Tauchen und Schnorcheln

Blue Marlin Dive Center, Holiday Resort Lombok, ✆ 0370-693719, 💻 www.bluemarlin dive.com. Renommierte Tauchschule mit gut ausgebildeten Tauchlehrern aus aller Welt. Der Open-Water-Kurs kostet 3,4 Mio. Rp, ein Tauchgang 370 000 Rp.

Dream Divers, ✆ 0370-693738, 💻 www.dream divers.com. Die erste deutsche Tauchschule auf Lombok bietet seit 1996 PADI-Tauchkurse auf Deutsch und tgl. Tauch- und Schnorchelausflüge in die Tauchgründe nahe den Gili-Inseln an. Der Open-Water-Tauchkurs kostet 3,4 Mio. Rp, ein Tauchgang 370 000 Rp plus einmalig 45 000 Rp für den Transport. Wer einfach nur zügig auf die Gilis kommen möchte, kann nach Absprache morgens mit dem Schnellboot für ebendiesen Preis in kürzester Zeit zu den kleinen Inseln brausen. Zudem wird auch der Transport nach Padang Bai auf Bali in 1 1/2 Std. für 350 000 Rp angeboten.

Touren

e-ONE Tour & Travel, vor dem Asmara Restaurant, ✆ 0819-0722 9053, 💻 www.lomboktour sandtravel.com. Hier kann man sich ein Ticket für den Shuttlebus zum neuen internationalen Flughafen von Lombok kaufen und verschiedene Touren sowie Mietwagen bekommen. So bietet Ivan eine 10-stündige Piratenschiffstour ab Mentigi Bay südlich von Bangsal zu den Gili-Inseln für US$70 p. P. an. Auch luxuriöse Komodo-Touren mit den Segelschiffen der Blue Water Cruises, 💻 www.bluewatercruises.com, werden vermittelt.

Pt. Anjani Tours, ✆ 0370-693456, 0852-3952 8734. Der etwas schlecht organisierte Touranbieter hat eine Vielzahl verschiedener Tagestouren und auch die obligatorische Rinjani-Besteigung im Programm. Leider ist die US$80–110 teure 2-Tages-Tour bis zum Kraterrand so geplant, dass dieser durch die 3-stündige morgendliche Fahrt nach Senaru erst am 2. Tag morgens erreicht wird und man so die schönere Zeit spätnachmittags und zum Sonnenuntergang verpasst. Eine Besteigung des Gipfels in 3 Tagen kostet ab US$120. Die meisten der angebotenen Tagestouren gibt es für 350 000–500 000 Rp für 2 Pers. exkl. Eintrittspreise und lokale Guides. 🕓 8–19 Uhr.

Rinjani Trekking Club, ✆ 0370-693202, 💻 www.info2lombok.com. Die professionell organisierten, etwas teureren Touren zum Rinjani werden in verschiedenen Ausführungen angeboten, so kann auch ein Deluxe-Paket mit extragroßem Zelt und üppiger Essensauswahl gebucht werden. Es gibt auch mehrtägige Alternativtouren, falls der Vulkan aktiv ist. 2-Tages-Tour ab 1,2 Mio. Rp, die Luxusvariante für 1,85 Mio. Rp, 3-Tages-Tour ab 1,5 Mio. Rp. Der Aufstieg ab Sembalun Lawang kostet 100 000 Rp Aufpreis.

Touren nach Komodo, Rinca und Labuan Bajo auf Flores werden von verschiedenen Anbietern, wie z. B. **Kencana Tour**, ✆ 0370-642 493, 0812-3728 2171, ✉ gita.adventure@yahoo.com, veranstaltet. Eine 4-tägige Bootstour mit Übernachtung und Verpflegung an Bord inkl. allen Eintrittsgeldern gibt's für 1,55 Mio. Rp p. P. Sie beginnt ab Labuhan Lombok und führt am 1. und 2. Tag an der Nordküste Sumbawas entlang auf die kleinen Inseln Gili Bola, Pulau Moyo und Satonda, wo neben Schwimmen und Schnorcheln die Besichtigung eines Wasserfalls auf dem Programm steht. Am 3. Tag wird der

Komodo-Nationalpark erkundet und am 4. Tag der Rinca-Nationalpark weiter östlich, bevor es nach Labuan Bajo geht.

Sonstiges

Auto- und Motorradvermietungen

Fast alle Hotels und Reisebüros arbeiten mit Fahrzeugvermietungen zusammen und helfen gerne weiter. Ein Moped gibt es für ca. 50 000 Rp pro Tag, bei längerer Mietdauer kann man meist einen Rabatt aushandeln. Autos sind ab 150 000 Rp pro Tag zu bekommen.

e-ONE Tour & Travel, vor dem Asmara Restaurant, ✆ 0819-0722 9053, 💻 www.lomboktoursandtravel.com. Ein Toyota Avenza kostet 275 000 Rp, ein Kijang oder Innova 375 000 Rp.

Lombok Fantasi Car Rental, ✆ 0370-693657, 0817-571 6005. Hier gibt es eine recht große Auswahl an Mietwagen. Toyota Kijang, Avenza, Daihatsu Xenia oder Taruna kosten 250 000 Rp pro Tag, und der kleine Suzuki Katana (Jimny) schlägt mit 150 000 Rp zu Buche. Alle Preise inkl. Teilkasko mit US$500 Selbstbeteiligung. Motorroller kosten 40 000 Rp. Zudem auch Flugbuchungen und Visaverlängerung.

Pt. Anjani Tours, ✆ 0370-693456, 0852-3952 8734. Der Touranbieter vermietet auch einen Toyota Avenza für 200 000 Rp, Kijang für 225 000 Rp und Suzuki Katana für 150 000 Rp pro Tag, bei einer Mietdauer von mind. einer Woche gibt es 20 000 Rp Rabatt. Teilkasko inkl.

Geld

Geldautomaten aller gängigen Banken sind reichlich im Umkreis des Senggigi Square vorhanden. Die beste **Wechselstube** liegt hinter dem Café Berri am südlichen Ende von Senggigi.

Internet

Einige **Internetcafés** finden sich im Ortszentrum. Sie bieten relativ schnelle Verbindungen ab 18 000 Rp pro Std. und einen Brenn-Service für Foto-CDs für 20 000 Rp oder DVDs für 30 000 Rp. Außerdem haben einige Cafés und Restaurants kostenfreies WLAN.

Medizinische Hilfe

Die private Arztpraxis und Krankenstation, ✆ 0370-693210, auf dem Gelände des Senggigi Beach Hotels ist rund um die Uhr besetzt. Der Arzt ist jedoch telefonisch oft schwer zu erreichen. Alle Touristen werden hier behandelt.

Polizei

Senggigi Tourism Police, ✆ 0370-632733.

Post

Die kleine, freundliche Postfiliale befindet sich gegenüber der Parmour Art Gallery. ⌚ Mo–Do 7.30–15, Fr und Sa 7.30–13 Uhr, So geschlossen.

Transport

Zahlreiche Firmen bieten Transporte innerhalb von Lombok und nach Bali an. Es lohnt sich, nach den jeweils günstigsten Angeboten Ausschau zu halten.

Preisbeispiele p. P.:
BANGSAL um 8.30 Uhr für 50 000 Rp;
GILI-INSELN um 8.30 Uhr für 60 000–75 000 Rp;
KUTA, SANUR, UBUD und CANDI DASA um 10.30 Uhr für 150 000–175 000 Rp;
KUTA LOMBOK um 10.30 Uhr für 150 000–175 000 Rp;
LEMBAR um 10.30 Uhr für 105 000 Rp;
PADANG BAI um 10.30 Uhr für 120 000–135 000 Rp;
SENARU für 200 000 Rp;
TETEBATU um 10.30 Uhr für 175 000–200 000 Rp (mind. 2 Pers.);
BIMA (Sumbawa) um 10.30 Uhr für 275 000 Rp;
LABUAN BAJO (Flores) um 10.30 Uhr für 375 000 Rp;
SUMBAWA BESAR (Sumbawa) um 10.30 Uhr für 200 000 Rp.

Die Firma DAMRI betreibt **Zubringerbusse zum neuen internationalen Flughafen**, die von 4–22 Uhr stdl. ab Senggigi mit Halt in Mataram verkehren. Sie fahren ca. 150 m südlich vom Asmara Restaurant auf der anderen Straßenseite ab, brauchen ca. 1 Std. bis zum 40 km entfernten Airport in Praya und kosten 25 000 Rp p. P.

Minibusse verkehren in südlicher Richtung (bis zum KEBON ROEK Terminal in Ampenan, 6000 Rp). Nach Norden zum Hafen in Bangsal fahren keine Angkots. Man muss in KEBON

ROEK nach REMBIGA (in der Nähe des Flughafens) umsteigen und von dort nach PEMENANG fahren, was sich in die Länge ziehen kann. Einfacher ist es, für 60 000 Rp ein Angkot zu chartern oder ein **Blue Bird Taxi** (65 000–70 000 Rp), ✆ 0370-627000, zu nehmen.

Bangsal und Umgebung

Der Ausgangspunkt für die Überfahrt zu den drei Gili-Inseln ist der Strand von **Bangsal**. Wer vor 14 Uhr hier ankommt, wird auf dem Parkplatz etwa 500 m vom Strand entfernt abgesetzt. Von dort muss man zum Strand laufen oder sich mit einem *Cidomo* fahren lassen. Zur geschäftigsten Zeit am Morgen und Vormittag ist der Weg gesäumt von lästigen Straßenverkäufern, die zum Teil völlig überteuerte Anti-Mücken-Räucherstäbe mit dem Vorwand verkaufen, dass es eine Mückenplage auf den Gili-Inseln gäbe. Man sollte sich von solchen Irreführungen und auch von dunklen Gestalten nicht aus der Ruhe bringen lassen und zielsicher das **Loket-Gebäude** direkt am Strand ansteuern, ✆ 0370-649028, ⏲ 7.30–16.30 Uhr. Dort gibt es die Tickets für die öffentlichen Auslegerboote zu den Inseln. Da die Besitzer der Boote alle in einer Kooperative organisiert sind, liegt eine Liste mit festen Tarifen für die öffentlichen Boote, die Touristenboote sowie für gecharterte Boote aus.

Zu den Booten, die vor dem Strand verankert sind, muss man ein paar Meter durchs Wasser waten. Es bieten sich junge Männer an, das Gepäck zu tragen, wobei es mitunter ziemlich hektisch zugeht; sie erwarten dafür eine Bezahlung von 4000 Rp pro Gepäckstück. Wer diesen Service nicht wünscht, sollte dies klar und deutlich sagen, ansonsten reagieren einige Träger gereizt auf das in ihren Augen zu geringe Trinkgeld.

Für **Selbstfahrer** gibt es im Ort auch bewachte Parkplätze für 10 000 Rp pro Tag.

Den nächsten größeren Ort **Pemenang** erreicht man von Senggigi, indem man der schmalen Küstenstraße weiter Richtung Norden folgt. Von Mataram aus geht es in einer knapp einstündigen, landschaftlich schönen Fahrt in nördlicher Richtung über den **Pusuk-Pass** durch Bambuswälder, in denen viele Affen zu Hause sind.

Übernachtung

Arnel Restaurant, Jl. Bangsal Baru, Pemenang Timur, ca. 1 km vor der Anlegestelle, ✆ 0370-630486, 💻 www.arnel-restaurant.com. Wer vor Sonnenuntergang kein Boot mehr zu den Gili-Inseln bekommt, kann sich bei dem freundlichen holländisch-indonesischen Besitzerpaar einquartieren. Die Zimmer und Bungalows sind sauber und mit guten Betten, Moskitonetz und Du/WC ausgestattet. Frühstück inkl. ❷

Hotel Tugu, Jl. Pantai Sire, ca. 2 km von Bangsal entfernt in der Gegend von Tanjung, ✆ 0370-612 0111, 💻 www.tuguhotels.com/lombok. An einem weißen Sandstrand liegen die luxuriösen und höchst komfortablen Villen und Suiten, die alle mit Antiquitäten oder alten Drucken aus Bali, Java, Lombok und Madura wundervoll dekoriert sind. Pool und Spa. Yoga- und Kochkurse werden an der Rezeption vermittelt, die in einem schönen restaurierten Kolonialbau aus Sumatra untergebracht ist. ❽

Rinjani Beach Eco Resort, in Sokong in der Gegend von Tanjung, ✆ 0813-3993 0773, 💻 www.lombok-adventures.com. In ruhiger Strandlage befinden sich die hübschen, ganz aus Bambus und umweltfreundlichen Materialien konstruierten Hütten mit Federkern- oder Schaumstoffmatratzen und Du/WC, die mit Vollpension für mind. 2 Nächte vermietet werden. Die günstigeren Zimmer sind für das Gebotene zu teuer. Kanuverleih und WLAN gegen Aufpreis. ❸–❺

Taman Sari Homestay, ✆ 0812-3727 8077. Notfalls kann man auch hier nahe der Anlegestelle unterkommen. Die sauberen Zimmer bieten gute Matratzen, TV und Du/WC, teils mit Warmwasser und AC. Im Hof treiben sich jede Menge aufdringliche „Guides“ herum, die Transporte anbieten. ❷–❸

Transport

Busse

Busstopp für die Busse von Perama ist der 500 m vom Strand entfernte Parkplatz. Es gibt allerdings kein Perama-Büro, da man nur in ein Boot umsteigt oder von den Gili-Inseln kommend mit dem Bus weiterfährt.

Minibusse

Minibusse fahren ab der MANDALIKA-BUSSTATION in Bertais für 15 000 Rp in das 33 km entfernte PEMENANG. Von hier aus läuft man entweder 500 m oder fährt mit einem *Cidomo* weiter zur Bootsanlegestelle für 5000 Rp p. P. plus Gepäck.
In Bangsal nicht weit vom Strand können auch Minibusse gechartert werden. Dabei bewegen sich die Festpreise in angemessenem Rahmen, so kostet die Fahrt nach SENGGIGI 60 000 Rp.

Taxis

Einige Taxis warten auf dem Parkplatz von Bangsal. Schon ab 2 Pers. sind Blue Bird Taxis mit Taxameter eine günstigere und definitiv angenehmere Variante als die meisten Busse. Eine Fahrt nach SENGGIGI kostet zwischen 60 000 und 70 000 Rp.

Boote

Der Preis für die Überfahrt in einem der **öffentlichen Boote** beträgt p. P. nach GILI AIR 8000 Rp, GILI MENO 9000 Rp und GILI TRAWANGAN 10 000 Rp. Die Boote fahren erst ab, wenn sie voll sind, d. h., wenn mind. 20 Leute darin Platz gefunden haben. Die beste Chance, ein öffentliches Boot ohne lange Wartezeiten zu erwischen, hat man zwischen 9 und 11 Uhr morgens, wenn die Inselbewohner vom Markt in Pemenang zurückkommen.
Während nach GILI TRAWANGAN regelmäßig öffentliche Boote fahren, ist die Wahrscheinlichkeit, nach 10 Uhr nach GILI MENO zu gelangen, gering. Um 14 Uhr setzt noch ein Boot für 20 000 Rp zur Insel über.
Ein Boot, das für die Fahrt nach GILI AIR 26 000 Rp, GILI MENO 27 000 Rp und GILI TRAWANGAN 28 000 Rp verlangt, fährt außerdem um 17 Uhr ab und ist am Nachmittag die letzte günstige Möglichkeit die Inseln zu erreichen.
Natürlich kann man jederzeit ein Boot chartern. Dabei ist es wichtig, zuerst abzuklären, wie viele Personen im **Charterboot** mitfahren, sonst müssen die neuen Passagiere noch einmal extra zahlen. Einfache Strecke nach GILI AIR 155 000 Rp, GILI MENO 170 000 Rp und GILI TRAWANGAN 185 000 Rp, hin und zurück 20 000 Rp weniger als das Doppelte.
An Feiertagen sind die Transportmöglichkeiten sehr eingeschränkt, teilweise fährt nur ein Boot nach Lombok – besser ist es, sich ein oder zwei Tage vorher an der Anlegestelle zu erkundigen.
Ein paar Kilometer südlich fahren die meisten Schnellboote, die zwischen den Gilis und Bali verkehren, auch **Teluk Kode** an, so z. B. die Boote von Dream Divers, die um 10.30 Uhr für 350 000 Rp in 1 1/2 Std. nach Padang Bai übersetzen, zur Hochsaison auch 2x tgl.
Einige Schnellboote, etwa die von Gili Gili oder Eka Jaya, fahren stattdessen das nahe gelegene **Teluk Nara** an. Gili Gili etwa fährt von Gili Trawangan und Gili Air via Teluk Nara um 11.30 Uhr für 690 000 Rp in 75 Min. nach Padang Bai.

Gili Trawangan

Die größte und meistbesuchte der drei Inseln lässt sich in einer zwei- bis dreistündigen Strandwanderung umrunden. Während sich fast alle Unterkünfte und der extreme Trubel im südlichen Abschnitt der Ostküste konzentrieren, ist die Westküste weniger überfüllt und auch der Rest der Insel relativ ruhig. So kann es vorkommen, dass man am unberührten Weststrand entlangwandern und den Sonnenuntergang über dem Gunung Agung auf Bali in Ruhe genießen kann, während auf der anderen Seite der Insel die Restaurants bis auf den letzten Platz gefüllt sind und schon die ersten Elektro-Beats einer Strandparty ertönen. Das Abendrot lässt sich aber auch ausgezeichnet vom 72 m hohen Hügel im Süden der Insel genießen.

Noch vor zehn Jahren wurden die Gili-Inseln als absoluter Geheimtipp gehandelt. Traveller auf Bali erzählten von drei kleinen flachen Inseln (*Gili* = Insel) vor der Küste von Lombok mit blendend weißen Stränden und kristallklarem Wasser. Sie berichteten vor allem von einer entspannten Abgeschiedenheit weitab touristischer Routen. Heute trifft man an den Stränden der Inseln nicht mehr nur auf Traveller, die in ihrer Hängematte auf der Veranda einer einfachen Holzhütte entspannen, sondern auch auf Partytouristen, Familien und Rentner, die gerne ihren

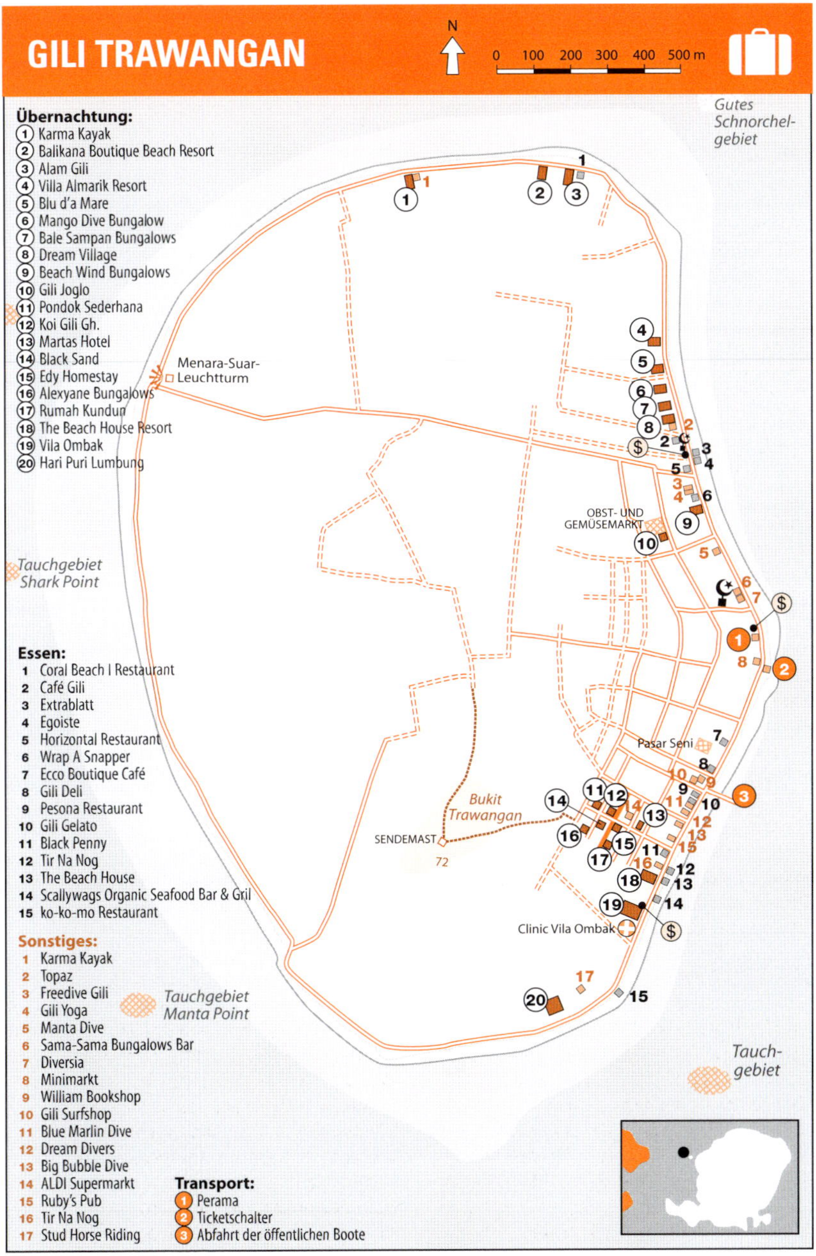
GILI TRAWANGAN
N
0 100 200 300 400 500 m
Übernachtung:
1 Karma Kayak
2 Balikana Boutique Beach Resort
3 Alam Gili
4 Villa Almarik Resort
5 Blu d'a Mare
6 Mango Dive Bungalow
7 Bale Sampan Bungalows
8 Dream Village
9 Beach Wind Bungalows
10 Gili Joglo
11 Pondok Sederhana
12 Koi Gili Gh.
13 Martas Hotel
14 Black Sand
15 Edy Homestay
16 Alexyane Bungalows
17 Rumah Kundun
18 The Beach House Resort
19 Vila Ombak
20 Hari Puri Lumbung
Essen:
1 Coral Beach I Restaurant
2 Café Gili
3 Extrablatt
4 Egoiste
5 Horizontal Restaurant
6 Wrap A Snapper
7 Ecco Boutique Café
8 Gili Deli
9 Pesona Restaurant
10 Gili Gelato
11 Black Penny
12 Tir Na Nog
13 The Beach House
14 Scallywags Organic Seafood Bar & Gril
15 ko-ko-mo Restaurant
Sonstiges:
1 Karma Kayak
2 Topaz
3 Freedive Gili
4 Gili Yoga
5 Manta Dive
6 Sama-Sama Bungalows Bar
7 Diversia
8 Minimarkt
9 William Bookshop
10 Gili Surfshop
11 Blue Marlin Dive
12 Dream Divers
13 Big Bubble Dive
14 ALDI Supermarkt
15 Ruby's Pub
16 Tir Na Nog
17 Stud Horse Riding
Transport:
1 Perama
2 Ticketschalter
3 Abfahrt der öffentlichen Boote
Gutes Schnorchelgebiet
Menara-Suar-Leuchtturm
Tauchgebiet Shark Point
OBST- UND GEMÜSEMARKT
Pasar Seni
Bukit Trawangan
SENDEMAST
72
Clinic Vila Ombak
Tauchgebiet Manta Point
Tauchgebiet

Preispolitik auf den Gili-Inseln

Besonders in den letzten Jahren sind Reisende und Bewohner regelmäßig wegen unterschiedlicher Preisvorstellungen aneinandergeraten. Oft wurden viel höhere **Zimmerpreise** verlangt, als in der Reiseliteratur angegeben.

In der Hauptsaison von Juni bis September sind die Gili-Inseln ein ungemein beliebtes Reiseziel. Dann stehen Touristen teilweise wortwörtlich vor den Hotels Schlange oder übernachten am Strand. In dieser Zeit sollte eine Unterkunft unbedingt im Voraus gebucht werden, sonst kann es passieren, dass man gar nicht erst auf die Insel gelassen wird und wieder umkehren muss. Ein Aufschlag von 100–300 % im Vergleich zu den hier angegebenen Nebensaisonpreisen ist durchaus üblich. 400 000 Rp für eine einfache Bambushütte sind dann keine Seltenheit. Das kann man gerechtfertigt finden oder nicht, die Fassung sollte man dennoch nicht verlieren. Es lässt sich ohnehin nicht ändern.

Völlig normal hingegen ist, dass sämtliche **Waren** hier um einiges mehr kosten als auf Lombok oder Bali. Schließlich muss buchstäblich alles mit den kleinen Booten hierher gebracht werden. Man bezahlt am besten mit kleinen Scheinen, denn auch Wechselgeld scheint, vor allem auf Gili Meno, Mangelware zu sein. Am besten deckt man sich vor der Anreise mit ausreichend 50 000-Rp-Scheinen ein.

Urlaub in einer der vielen Mittelklassebungalowanlagen verbringen.

Während es auf den anderen beiden Inseln Gili Air und Gili Meno noch etwas beschaulicher zugeht, ist Gili Trawangan mittlerweile als Partyinsel „Gili T" bekannt. Allen gemeinsam ist jedoch, dass sich trotz der ganzjährig hohen Touristenzahlen noch viel von der entspannten Atmosphäre aus den touristischen Kindertagen gehalten hat. Wie auf den anderen Gilis gibt es auch auf Gili Trawangan keine motorisierten Fahrzeuge, sondern nur *Cidomo* (Pferdekutschen).

Insgesamt wird Gili Trawangan außerhalb der moslemischen Fastenzeit mit lauter Strandmusik und viel Trubel seinem Ruf als Partyinsel mehr als gerecht. Neben einer großen Auswahl an Hotel- und Bungalowanlagen jeder Preisklasse gibt es zahlreiche Cafés, Pubs und Restaurants. So kann man am Abend zwischen frischem Fisch-Barbecue und allerlei anderen Köstlichkeiten wählen und später bei einer Wasserpfeife am Strand entspannen oder bei einer Beachparty bis in die frühen Morgenstunden tanzen. Dazu kommen T-Shirt-Verkäufer, Schnorchelverleihe, Souvenir- und Buchläden.

Im Nordosten und Osten der Insel liegt nicht weit vom Strand ein Korallenriff. Es ist möglich, ein Stück am Strand entlang Richtung Norden zu laufen, sich dort ins Wasser zu begeben und von der Strömung über die herrliche Unterwasserwelt treiben zu lassen, bis man wieder vor der Unterkunft weiter südlich an den Strand gehen kann.

Die ursprünglichen **Bewohner** der Gili-Inseln sind Bugis, eine Volksgruppe aus Süd-Sulawesi, die anfänglich vom Fischfang und der Kopra-Produktion lebte. Inzwischen besteht ein Großteil der Einheimischen aus zugewanderten Sasak und der Tourismus ist ihre Haupteinnahmequelle. Im Laufe der Zeit haben sie sich auch immer mehr mit den Bugis vermischt, sodass man heute kaum noch „echte" Bugis findet. Auch wenn sie sehr offen und entspannt mit den Touristen umgehen, sollte ein Besucher aus Europa den islamischen Glauben der Einheimischen respektieren. So ist Nacktbaden offiziell verboten und man sollte abseits der Strände und vor allem in der Nähe einer Moschee nicht in spärlicher Strandbekleidung herumlaufen. Besonders im Monat Ramadan, in dem viele der Inselbewohner den ganzen Tag fasten, sollte man sich rücksichtsvoll verhalten. Während des Ramadans finden auch auf keiner der Inseln Partys statt.

Der rasante Wandel der Insel bringt nicht nur positive Resultate: So muss aufgrund des hohen Wasserverbrauchs der Touristen reichlich Frischwasser vom Festland eingeführt werden. Zudem sinkt der Grundwasserspiegel immer mehr ab, sodass das aus immer tieferen Erdschichten hervorgeholte Brackwasser einen zunehmenden **Salzgehalt** aufweist. Auch der steigende Energiehunger der Unterkünfte wird von den Generatoren kaum noch gedeckt; als Folge mehren sich die Stromausfälle. Die Situation wird durch zahllose Klimaanlagen, die auch in unbesetzten Zimmern laufen, nicht besser. Schließlich wird das in Indonesien allgegenwärtige **Müllproblem** auf den kleinen Inseln besonders sichtbar: Ein Spaziergang über die Insel geht nicht ohne den Anblick der vielen Plastikmüllhaufen vonstatten.

Übernachtung

Alle drei Inseln verfügen nur über einen sehr begrenzten, vom Festland importierten Frischwasservorrat, daher sind Frischwasserduschen nur in den teureren Anlagen zu finden. Viele Mittelklassehotels stellen ihren Gästen kleine Frischwasserbassins zur Verfügung, die nach der Dusche mit dem salzigen Brackwasser zum Abspülen genutzt werden können.
Weitere Übernachtungsmöglichkeiten s. eXTra [4260].

Untere Preisklasse

Alexyane Bungalows, ✆ 0812-3779 3533. Etwas dunkle, aber sehr saubere Holzbungalows mit guten Betten, Open-Air-Du/WC, Warmwasser und Veranda mit Sitzgelegenheiten, teils mit AC. Freundliches Personal und Frühstück inkl. ❸

Beach Wind Bungalows, ✆ 0812-376 4347, ✉ benbeachwind@gmail.com. Die Bungalows im vorderen Teil der schmalen Anlage bieten ein gutes Preis-Leistungs-Verhältnis, die Zimmer weiter hinten sind relativ sauber und mit älteren Bambusmöbeln, TV mit DVD-Player und Warmwasser-Du/WC ausgestattet. Zur Zeit der Recherche 2011 wurden viele neue Zimmer gebaut. ❷–❸

Black Sand, ✆ 0812-372 0353. In einem schön mit schwarzem Sand angelegten Garten stehen neben einfachen Bambusbungalows auch 2-stöckige geflieste Häuschen mit TV, Du/WC und großzügigen Terrassen. ❷–❸

Edy Homestay, ✆ 0812-373 4469. Von amüsanten Beachboys betreut, wohnt man hier in massiven Holzbungalows und wird jeden Morgen mit einem Lächeln begrüßt. Die Zimmer sind sehr gemütlich und teils mit AC und Open-Air-Du/WC ausgestattet. Auf der Veranda kann man in der Hängematte entspannen. Frühstück inkl. ❷–❹

Koi Gili Gh., ✆ 0819-1599 5760. Abseits des Strands stehen 4 sehr saubere, helle Zimmer mit guten Matratzen, etwas verkalkter Du/WC und Veranda mit Bambusmöbeln in einer kleinen Gartenanlage. Einfaches Frühstück inkl. ❸

So nah und doch so fern: Zwischen der Gelassenheit Lomboks und dem touristischen Treiben auf den Gilis liegen zur Hochsaison Welten.

Pondok Sederhana, ✆ 0813-3953 6047, 💻 www.rumahpurnama.com/pondoksederhana.html. Die hübschen und einladenden Zimmer mit Du/WC und großen, guten Betten sind renoviert, sauber und schön eingerichtet. Man wohnt in einem gepflegten kleinen Garten nur 5 Min. vom geschäftigen Strand entfernt. Frühstück inkl. ❸

Rumah Kundun, ✆ 0813-3863 1414, 💻 www.rumahkundun.hotnoodle.net. Die sauberen und individuell gestalteten Bungalows mit Du/WC und teils AC stehen in einem schönen Garten mit Orangenbäumen und einem Sandkasten, in dem sowohl kleine als auch große Gäste buddeln können und damit für die 300 m bis zum Strand entschädigt werden. Familienanschluss und für Musikfreunde eine Gitarre. ❷–❸

Mittlere Preisklasse

Alam Gili, ✆ 0370-613 0466, 💻 www.alamgili.com. Sehr ruhig im Norden der Insel in karger Umgebung gelegene, luftige und gepflegte Anlage mit schönem Garten. Bambusmatten-Bungalows mit traditionell gedeckten Dächern, schön verzierten Türen, Open-Air-Du/WC mit Warm- und Frischwasser und einer netten Terrasse mit vielen Kissen, teils auch mit AC. Im schattigen Salzwasserpool unter hohen Bäumen kann man dem Vogelgezwitscher lauschen. Am Strand laden Hängematten und Liegen zum Verweilen ein. Aufmerksamer und persönlicher Service. Frühstück inkl. ❺–❻

Bale Sampan Bungalows, ✆ 0812-3702 4048, 💻 www.balesampanbungalows.com. Besucher werden zunächst vom einladenden Pool mit Meerblick begrüßt. Der Weg vorbei an lila blühenden Bougainvilleen führt zu den 6 modern gestalteten, etwas dunklen, aber komfortablen Bungalows mit AC, breiten, zentral positionierten und bequemen Betten, Safe und halb offenem Frischwasser-Du/WC. ❺

Balikana Boutique Beach Resort, ✆ 0370-622386, 💻 www.balikana.com. Anlage mit Pool am Nordstrand weitab vom Trubel im Süden, die von einer Kanadierin geleitet wird. Die 9 etwas unaufgeräumten, aber komfortablen Zimmer mit AC sind mit Bambusmöbeln eingerichtet. In der Open-Air-Du/WC genießt man frisches und warmes Wasser. Bei Flut beste Schnorchelmöglichkeiten vor der Haustür. Ein Ausbau mit 30 neuen Zimmern und einer Anlage mit „Kino", Fitnesscenter und Familienzimmern ist geplant. ❺–❻

Blu d'a Mare, ✆ 0858-5735 17890. Die italienische Besitzerin hat 4 traditionelle, javanische Holzhäuser auf die Insel gebracht, die im Inneren zwar dunkel, aber gepflegt und komfortabel mit wunderschönen schweren, antiken Möbeln, AC und Open-Air-Du/WC mit Frischwasser eingerichtet sind. Kostenlose Einweisungen in die Geheimnisse der italienischen Küche. ❸–❹

Dream Village, ✆ 0370-664 4373. Von einem Italiener geleitete, gepflegte Mittelklasseanlage mit 11 Zimmern und 5 *Lumbung*, die mit viel dunklem Holz, Marmorbädern mit ausgefallenen Steinwaschbecken und tropischem Duschkopf ansprechend und modern eingerichtet sind. Trotz der leicht schimmligen Decken in den Bädern bietet die Anlage einen guten Standard. WLAN inkl. ❺

Hari Puri Lumbung, ✆ 0370-643666, 💻 www.haripuri.net. In einem großen, abgeschiedenen Garten, hinter einer luxuriösen Villa, die auch vermietet wird, stehen 3 rustikale 2-stöckige, mit traditionellen Masken und Steinstatuen dekorierte *Lumbung* mit AC, die Schlafplätze für 3 Pers. bieten. Ein großes Open-Air-Du/WC mit Frischwasser zum Abduschen im Erdgeschoss, die Betten liegen im 1. Stock.

Kreativ gestaltete Zimmer

Karma Kayak, ✆ 0818-0559 3710, 💻 www.karmakayak.com. Kleine Anlage mit Pool und 6 stilvollen und sehr sauberen Bungalows, die mit viel Liebe zum Detail im orientalischen, afrikanischen, karibischen oder Lombok-Stil eingerichtet wurden. Dazu werden noch 2 zweistöckige Häuser mit AC, toller Aussicht, Warm- und Frischwasser vermietet, die im Erdgeschoss chinesisch/griechisch und im 2. Stock indisch/balinesisch gestaltet sind. Die holländische Chefin Grace betreibt die erste Tapas-Bar der Insel. Ihre Kollegin Astrid bietet professionelle Hochsee-Kajaktouren an (s. S. 387). Frühstück und Schnorchelausrüstung inkl. Reservierung sehr empfehlenswert. ❺

In der Sitzecke kann man sehr gut entspannen. Frühstück inkl. ❹

Mango Dive & Bungalow, ✆ 0813-5359 9558, 🖥 www.mango-trawangan.com. Unter der Leitung des Wiener Tauchlehrers Georg kann man hier in neuen, komfortablen Bungalows oder großen Zimmern mit AC, harten Matratzen, Frischwasser-Du/WC und Hängematte auf der Veranda übernachten. Frühstück und WLAN inkl. ❺

Martas Hotel, ✆ 0812-372 2777, 🖥 www.martasgili.com. Vermietet werden 9 empfehlenswerte und sehr saubere 2-stöckige Bungalows mit schöner Terrasse mit Liege, neuer AC, guten und sehr großen Matratzen, Kühlschrank und schönen Bädern. Die Zimmer wirken durch viel dunkles Holz wohnlich und komfortabel, die ganze Anlage mit Pool einladend. Auch Familienzimmer. Generator für zuverlässige Stromversorgung. Geleitet wird die Anlage von einer netten Australierin, sehr freundliches Personal. WLAN und Frühstück inkl. ❹–❺

The Beach House Resort, ✆ 0370-614 2352, 🖥 www.beachhousegilit.com. Ein innovatives Resort mit Pool und unschlagbaren Angeboten in der Nebensaison. Breite Auswahl von günstigeren, traditionellen Stelzenbungalows bis hin zur Luxusvilla mit Privatpool. Die Mittelklassebungalows sind klein, aber kunstvoll mit Liebe zum Detail eingerichtet und mit AC, Safe und Warmwasser-Open-Air-Du/WC ausgestattet, teils auch mit TV mit DVD-Player sowie Frischwasser. Frühstück inkl. Reservierung empfehlenswert. ❺–❼

Obere Preisklasse

Gili Joglo, ✆ 0813-5678 4741, 🖥 www.gilijoglo.com. Abseits des Strandtrubels hat Martinique-Franzose Didier 2 stilvolle Villen für bis zu 4 Pers. mit konsequentem Sinn für die Umwelt und viel Gespür für das Auge errichtet: Alte, traditionelle Holzhäuser aus Java sind mit viel Liebe für das betagte Holz restauriert und den Ansprüchen an eine Luxusunterkunft angepasst worden. Beide Häuser haben zwei Schlafzimmer, Wohnbereich, Bar und Küche sowie Open-Air-Du/WC. Der gelernte Koch und Tauchlehrer führte als einer der Ersten bioseptische Wassertanks und Solarwärmegewinnung auf der Insel ein, zur Plastikmüllbekämpfung gibt es Trinkwasser zum Nachfüllen. Reichhaltiges Frühstück und WLAN inkl. ❼

Villa Almarik Resort, ✆ 0370-638520, 🖥 www.almarik-lombok.com. Edle Anlage mit eleganten, geräumigen, aber etwas dunklen Doppelbungalows mit Terrasse in einer blühenden Gartenanlage mit Pool. 27 großzügig bemessene Zimmer mit AC, TV, Kühlschrank, Wasserkocher und Du/WC, die Deluxe-Zimmer auch mit schöner Sitzecke und DVD-Player. Hochwertige *Ikat*-Stoffe sowie geschmackvolle Sasak-Schnitzereien schmücken die hohen Wände der teureren Bungalows. Allerdings hat keines der Zimmer Meerblick. WLAN und Frischwasserversorgung inkl. ❼

Vila Ombak, ✆ 0370-642336, 🖥 www.hotelombak.com. Das erste internationale und sicherlich bekannteste Hotel der Insel. Top ausgestattete *Lumbung* und Deluxe-Bungalows. Das Resort-Erlebnis wird durch ein vielfältiges Freizeitangebot, die große Poollandschaft, ein gutes Restaurant und das Spa sowie eine Tauchschule abgerundet. Hier ist auch die einzige private Arztpraxis der Gili-Inseln zu finden. In der Lobby zudem ein Flugticketoffice, das Flugtickets gegen eine Gebühr von 50 000 Rp pro Flug bucht. WLAN und Frühstück inkl. Neuerdings gibt es auch das **Ombak Sunset**, ein sehr hochpreisiges Luxusresort auf der Ostseite der Insel, siehe eXTra [6967]. ❼–❽

Essen

Viele Bungalowanlagen haben ihr eigenes Restaurant. Es werden teils sehr leckere Gerichte und frisch zubereiteter Fisch serviert. Die beste Auswahl ist in den Restaurants direkt am Strand im belebten südöstlichen Teil der Insel zu finden.

Mehr Restauranttipps s. eXTra [4274].

Black Penny, ✆ 0828-9703 0034, ✉ black_penny@hotmail.com. Zu entspannter Musik kann man in diesem modern eingerichteten Restaurant mit komfortablen Sitzmöglichkeiten gemütlich ein paar Drinks genießen und die Schweinerippchen mit Barbecuesoße oder das Entenconfit probieren. Hauptgerichte ab 37 000 Rp. ⌚ 10–24 Uhr.

Café Gili, 💻 www.villa-bali-gili.com. Hübsch gestaltetes, kleines Café mit weißen Tischen in einem luftigen weißen Pavillon auf der dem Inland zugewandten Seite sowie gemütlichen Sitzkissen am Strand. Die Speisekarte umfasst leckere Crêpes, Müsli, Salate sowie indonesische Gerichte ab 25 000 Rp. WLAN inkl. 🕒 7–23 Uhr.

Coral Beach I Restaurant, 📞 0370-639890. Hier gibt es frische Pizza aus dem Steinofen, die unter den *Pondok* am Meer genossen werden können. In der Ferne brummt der Generator des Elektrizitätswerks, sonst hört man nur Meeresrauschen und Vogelgezwitscher. Pizzen kosten je nach Belag 45 000–60 000 Rp. 🕒 7–22 Uhr.

Ecco Boutique Café, 💻 www.eccoboutiquecafe.com. Möbel und Accessoires aus recyceltem Material zieren dieses kleine Café, das neben Frühstück, Kaffee, ein paar Gerichten und Desserts ab 25 000 Rp auch die Klamotten eines Modelabels aus Bali verkauft. Freundliches Personal.

Egoiste. Mit vielen Sonnenliegen schön direkt am Strand positioniert, bietet dieses Lounge-Restaurant unter französischer Leitung dieselbe Speisekarte wie das Gili Deli mit Baguettes, Salaten und Smoothies, die man sich nach eigenen Wünschen zusammenstellen kann. Zudem Shishas in 11 Geschmacksrichtungen für 100 000 Rp, Nachfüllen 10 000 Rp. WLAN inkl. Dahinter werden auch 2 geräumige Doppelstockbungalows für jeweils 4 Pers. vermietet. 🕒 7.30–22.30 Uhr.

Extrablatt. Im Anfang 2011 eröffneten Ableger des beliebten Restaurants in Seminyak werden in einfachem Ambiente direkt am Strand leckere deutsche Gerichte serviert. Die große Auswahl an Würsten für unter 50 000 Rp ist einer der Hauptgründe für den Erfolg. Auch Pizzen und Cocktails, zudem Happy Hour 16–20 Uhr. 🕒 8–22 Uhr.

Für einen guten Start in den Tag

Gili Deli, 📞 0819-0732 0172. Zum Frühstück oder Mittagessen ist eines der Sandwiches mit selbst gebackenem Brot, ein reich belegter Bagel oder ein Panini mit viel frischem, biologisch-angebautem Salat genau das Richtige. Außerdem eine Auswahl von über 10 aromatischen Kaffeesorten aus ganz Indonesien. Sandwiches ab 30 000 Rp. 🕒 7–19 Uhr.

Ein Fest für Fischfreunde

The Beach House und **Scallywags Organic Seafood Bar & Grill**. Die beiden benachbarten Restaurants bieten die besten Seafood-Barbecues der Insel mit im Preis inbegriffenen Salatbuffets. Die Qualität der Fische, Hummer und Meerestiere ist hervorragend. Zur Abendstunde werden die frischen Fische und Meeresfrüchte auf einer Theke für die Gäste zum Aussuchen ausgebreitet und frisch zubereitet. Zwar nicht ganz billig, aber dafür umso leckerer. Frischer Fisch kostet ab 20 000 Rp pro 100 Gramm. Ein Fischbarbecue gibt es ab 60 000 Rp inkl. Beilagen. 🕒 19–23 Uhr.

Gili Gelato. 2 Verkaufsstände auf dem östlichen Teil der Insel. Für 15 000 Rp pro Kugel bekommt man eine von 12 sehr leckeren Geschmacksrichtungen. Das Eis wird direkt auf der Insel von einem Deutschen hergestellt, der auch das Brot des sehr empfehlenswerten The Gili Deli backt. 🕒 9–23 Uhr.

Horizontal Restaurant. In edel anmutendem Lounge-Stil kann hier auf roten Sesseln oder schwarzen Baststühlen und weiß gedeckten Tischen ein Cocktail oder ein Gericht von der international geprägten Speisekarte genossen werden. Auch schöne Sitzgelegenheiten am Strand. Happy Hour 16–19 Uhr. 🕒 7–23 Uhr.

ko-ko-mo Restaurant, 📞 0370-613 4920, 💻 www.kokomogilit.com. Das sehr schön gelegene, edle und hochpreisige Restaurant serviert bei Kerzenschein und weiß gedeckten Tischen verschiedene spannende Kreationen des australischen Küchenchefs, wie z. B. gefüllte Regenbogenforelle.

Pesona Restaurant, 📞 0370-623521, 💻 www.pesonaresort.com. Am Strand steigen hier süßliche Apfeltabak-Rauchwolken auf. Doch das Angebot des Restaurants mit indischem Flair ist nicht nur auf Shishas begrenzt. Man bekommt auch authentische indische Currys, Tandoori-Kebabs und kühle Fruchtlassies.

Hauptgerichte ab 50 000 Rp, 1 Shisha 115 000 Rp. ⌚ 7–1 Uhr.
Tir Na Nog, ✆ 0370-639463 💻 www.tirnanogbar.com. Wer Appetit auf eine gute Pizza oder auf englische Hausmannskost hat, ist in dem irischen Restaurant bestens aufgehoben. Dort kann man in einem gemütlichen *Beruga* mit großer Leinwand für Sportübertragungen essen. Pizzen und Hauptgerichte ab 52 000 Rp. ⌚ 18–22.30 Uhr.
Wrap A Snapper, ✆ 0370-624217, 💻 www.beachhousegilit.com. Für den schnellen Hunger (auch mittags zu empfehlen) wirbt das Restaurant mit den „besten Fish'n'Chips auf Gili Trawangan". Die Salatbar bietet mit leckeren Antipasti und frischen Salaten eine gesündere und günstigere Alternative. Der kleine Salatteller kostet 20 000 Rp, frischer Fisch ab 50 000 Rp, andere Gerichte ab 30 000 Rp, auch Burger. ⌚ 7–23 Uhr.

Unterhaltung

Die Insel ist für ihr Nachtleben bekannt. Außerhalb der moslemischen Fastenzeit Ramadan steigt fast jeden Abend eine Party. Livebands spielen abends in vielen Bars und Restaurants und manchmal reisen sogar bekannte DJs aus Bali oder Australien an, um hier mit House, Techno und psychedelischen Klängen die Besucher zum Schwitzen zu bringen. Montags findet die große Party im Blue Merlin, mittwochs im Tir Na Nog und freitags im Ruby's statt.
Ruby's Pub. Jeden Fr versammelt sich das Partyvolk hier, um zu abwechslungsreicher Musik zu feiern. Immer geöffnet.
Sama-Sama Bungalows Bar. Hier kann man den Tag etwas ruhiger ausklingen lassen. Jeden Abend tritt eine Liveband auf.
Tir Na Nog, 💻 www.tirnanogbar.com. Die irische Kneipe und Strandbar ist vor allem bei Sportfans beliebt. Die meiste Zeit wird internationaler Fußball oder Motorsport übertragen, jeden Mi legt ein DJ auf. Donnerstags ist Ladies' Night.

Einkaufen

In der Nähe der Bootsanlegestelle ist der **Pasar Seni**, ein Souvenirmarkt, zu finden. Dort befindet sich auch **William Bookshop**, wo gebrauchte Bücher in vielen Sprachen an- und verkauft

> **Vorsicht beim Feiern!**
>
> Wie überall sonst sollte man auch auf Gili Trawangan beim Feiern ein gesundes Maß an Vorsicht walten lassen. **Getränke nie aus den Augen lassen**, damit keine Substanzen zugemischt werden können. Es ist wiederholt vorgekommen, dass junge Frauen nach einer ausgelassenen Nacht auf diese Weise gefügig gemacht und vergewaltigt wurden! Zudem sollte man beim **Genuss von Arak**, s. Kasten S. 376, sehr vorsichtig sein.

werden und auch Briefmarken zu haben sind. ⌚ 8–21.30 Uhr.
In dem im Dorf gelegenen **Aldi-Supermarkt** (!) bekommt man alles Nötige von Snacks und Kosmetikartikeln bis hin zu Spirituosen und Bier zu vertretbaren Preisen. ⌚ 7–22 Uhr.
Ein Minimarkt befindet sich außerdem direkt gegenüber dem Ticketschalter an der Anlegestelle.
In der kleinen Boutique **Topaz** am nördlichen Oststrand gibt es recht geschmackvolle Frauenmode sowie Schmuck zu gehobenen Preisen. ⌚ 9–21 Uhr.

Aktivitäten

Kajakfahren

Karma Kayak, ✆ 0818-0559 3710, 💻 www.karmakayak.com. Die Holländerin Astrid bietet professionelle Hochsee-Kajaktouren an. Halbtagstouren (4–5 Std.) mit Einerkajaks für bis zu 5 Pers. nach Gili Meno kosten 250 000 Rp. Zu Beginn einer jeden Tour werden verschiedene Paddeltechniken sowie das Verhalten in Notfällen geübt. Manchmal sind aufgrund der starken Strömung keine Touren möglich.

Reiten

Stud Horse Riding, ✆ 0878-6179 1565. Ausritte um die Insel auf gut gepflegten Australier-Pferden für 400 000 Rp pro Std., 650 000 Rp für 2 Pers.

Schnorcheln

Gute Schnorchelgebiete befinden sich vor der Nordküste und der nördlichen Hälfte

15 HIGHLIGHT

Tauchen vor den Gili-Inseln

Die tropische **Unterwasserwelt** ist die Hauptattraktion der Gili-Inseln, die von ausgezeichneten Tauchrevieren umgeben sind, in denen eine einmalige Artenvielfalt von Meerestieren beobachtet werden kann. Auch wenn viele Korallengärten vor den Küsten durch Dynamitfischerei stark beschädigt worden sind, lohnt ein Schnorchelausflug oder Tauchgang, um im kristallklaren Wasser die bunten Fischschwärme und zahlreichen Schildkröten zu bestaunen. Aufgrund der vielen Korallen eignen sich allerdings nur wenige Stellen zum unbeschwerten Schwimmen. Beim Strandspaziergang sollte man sich auch vor Korallensplittern im Sand, die teilweise sehr scharf sein können, in Acht nehmen.

Der **Shark Point** ist ein beliebtes Tauchrevier mit Tiefen von 10 bis 40 m östlich von Gili Trawangan. Hier kann man im flacheren Teil Weichkorallen und Schildkröten beobachten und in den tieferen Gefilden Bekanntschaft mit Riffhaien, Barrakudas und Rochen machen. Etwas weiter nördlich im **Coral Fan Garden** ist der Name Programm. Man taucht in einen bunten Korallengarten mit unzähligen Kleinfischen. Am **Manta Point** tummeln sich vor allem in der Regenzeit viele dieser faszinierenden Tiere, um sich am Plankton satt zu fressen. Der Tauchspot **Halik**, ein Steilabfall, der in einer Reihe von Schluchten mit Tiefen bis zu 35 m endet, bietet neben sehr schönen Hartkorallen, Papageienfischen, Schildkröten und Moränen im flacheren Teil erfahrenen Tauchern im **Deep Halik** die Möglichkeit, auf die Suche nach Mantas, Oktopussen und Haien zu gehen.

An der **Meno Wall** östlich der Insel geht es bis zu 25 m in die Tiefe. An der für Nachttauchgänge beliebten Stelle tummeln sich vor allem Schildkröten, eine Vielzahl kleiner Korallenbewohner und manchmal sogar Ammenhaie. In den außergewöhnlichen Bogen und Überhängen der mit Weichkorallen bewachsenen und bis in 30 m Tiefe reichenden **Air Wall** kann man quirligen Korallenbewohnern, Oktopussen und Skorpionsfischen begegnen. Taucht man etwas tiefer ab, trifft man Haie und Anglerfische. Am **Hans Reef** vor Gili Air können auch Anfänger zwischen Seepferdchen und Mantis Shrimps sicher ihre ersten Tauchgänge absolvieren. Auch Muränen und Geisterfische werden hier bisweilen gesichtet. Ein gutes Stück nördlich zwischen Gili Meno und Gili Air liegt das **Simon Reef** in 14 bis 35 m Tiefe, das sich vor allem für erfahrene Taucher anbietet. Hier finden sich sehr schöne, intakte Korallen sowie verschiedene Großfische und sogar Leopardenhaie.

der Ostküste. **Achtung**: Die Strömung kann teilweise sehr heftig sein. Daher sollte man niemals zu weit ins offene Meer schwimmen! Schnorchelausrüstung kann an vielen Ständen entlang des Strands für 30 000 Rp pro Tag gemietet werden.

Es werden auch Schnorcheltouren mit einem Glasbodenboot zu verschiedenen Gebieten rund um alle drei Inseln für 75 000 Rp (ohne Flossen und Verpflegung) angeboten. Von den Touren, die direkt am östlichen Hauptweg beworben werden, ist abzuraten, weil die Boote oft völlig überladen werden. Im Endeffekt jagt man dann in einer Gruppe von 40 Pers. hinter der armen Meeresschildkröte her. Besser ist es, wenn man mit einigen Leuten ein Boot und einen Guide mietet oder den gleichen Trip von einer der beiden ruhigeren Inseln aus startet.

Surfen

Südlich der Vila Ombak kann man bei Flut gut surfen. Mehr Informationen und einen Surfbrett-Verleih gibt es im **Gili Surfshop**, ✆ 0812-372 7615, ✉ ketutsurferx@hotmail.com, hinter dem Pasar Seni. Hier kostet ein Surfbrett 20 000 Rp pro Std. oder 100 000 Rp pro Tag.

Tauchen

Die 7 Tauchanbieter haben sich mit den Bewohnern der Inseln zum Gili Eco Trust zusammengeschlossen, um die umliegenden Korallenriffe zu schützen und das Müllproblem an den Stränden in den Griff zu bekommen. Jeder Taucher beteiligt sich an diesem Programm, indem er eine einmalige **Gebühr** (Riffsteuer) von 50 000 Rp bezahlt. Die gesammelten Gelder werden für Strandsäuberungen, Recycling und den Schutz der Riffe verwendet. Die Tauchschulen haben sich innerhalb dieses Programms auch auf **feste Preise** geeinigt: Schnupperkurs 590 000 Rp, Open-Water-Diver-Kurs 3,4 Mio. Rp, 1 normaler Tauchgang 370 000 Rp, Nachttauchgang 470 000 Rp.

Big Bubble Dive, ✆ 0370-625020, 💻 www.bigbubblediving.com. Professionell geführte Tauchschule mit freundlichem Personal. In der Tauchausbildung wird sehr viel Wert auf ökologisch verträgliches Verhalten gelegt. Auf dem Gelände befindet sich ein Beachvolleyballfeld. Die Schule vermietet auch komfortable Zimmer.

Blue Marlin Dive, ✆ 0370-632424, 💻 www.bluemarlindive.com. Das große, alteingesessene Zentrum mit weiteren Filialen auf den anderen Gili-Inseln und in Senggigi war die erste 5-Sterne-Tauchschule auf Trawangan. Hier lehren kompetente Divemaster. Jeden Mo findet eine große Party statt. Die Schule bietet zudem etwas überteuerte Zimmer an.

Diversia, ✆ 0370-629733, 0821-4535 5007, 💻 www.diversiadiving.com. Neue, 2011 eröffnete Tauchschule unter italienischer Leitung mit modernem Equipment und einem großem Pool.

Dream Divers, ✆ 0370-6134496, 💻 www.dreamdivers.com. Die professionelle Tauchschule, die erste, die auf Lombok von einer Deutschen geführt wird, bietet freundlich geleitete Tauchkurse auf Deutsch an. Zudem Schnorchelausflüge für US$20. Es werden Zimmer mit AC und Warmwasser-Du/WC vermietet.

Freedive Gili, ✆ 0370-614 0503, 0871-5718 7170. Der auf den Gili-Inseln erste Anbieter dieser zunehmend beliebten Art des Tauchens ohne Ausrüstung hat verschiedene 2- bis 4-tägige Kurse im Programm, die Neulinge in die Welt des Freedivings einführen. Mit ein wenig Übung und der richtigen Technik kann man seinen Atem doppelt so lange anhalten wie normal und auf Tiefen von über 20 m hinabsteigen.

Manta Dive, ✆ 0370-614 3649, 💻 www.manta-dive.com. Alteingesessene Schule mit deutschsprachigen Tauchlehrern, die auch eine empfehlenswerte Anlage betreibt.

Yoga

Gili Yoga, ✆ 0370-614 0503, 💻 www.giliyoga.com. Neuerdings gibt es auch auf Gili Trawangan die Möglichkeit, den Tag mit Hatha- oder Vinyasa-Yoga zu begrüßen und zu verabschieden. Die freundlich geleiteten Kurse finden tgl. um 6.30 und 17.30 Uhr statt, teils auch nur 1x tgl. und dauern 90 Min. Eine Stunde kostet 90 000 Rp, ab 3 besuchten Kursen gibt es Rabatte.

Touren

Viele Bungalowanlagen und Hotels bieten neben Schnorchelausflügen auch Bergtouren auf den Rinjani oder Exkursionen zu traditionellen Sasak-Dörfern an. Größter, aber auch teuerster Anbieter solcher Touren ist **Perama**, 💻 www.peramatour.com. Das Büro liegt direkt bei den Bootsanlegestellen. Ein außergewöhnlicher und empfehlenswerter Segeltörn von Lombok über Sumbawa und Komodo nach West-Flores (Labuan Bajo) mit Stopps zum Schnorcheln, zur Waranfütterung usw. kann ebenfalls in dem Büro gebucht werden. Die Fahrt dauert bis zu 5 Tage und kostet alles inkl. 3–4 Mio. Rp p. P.

Sonstiges

Fahrräder

Überall am Oststrand werden Fahrräder für 10 000–15 000 Rp pro Std. bzw. 40 000–50 000 Rp pro Tag vermietet. Man sollte sich bei der Auswahl der oft stark abgenutzten Räder besonders die Bremsen genau anschauen.

Geld

2 **Geldautomaten**, die alle gängigen Karten akzeptieren, gibt es an der Ostküste direkt gegenüber der Anlegestelle sowie ca. 500 m

weiter nördlich beim Blue Beach Hotel. Ein weiterer befindet sich im Süden an der Strandpromenade vor der Vila Ombak. Die großen Hotels und mehrere **Wechselstuben** in der Nähe des Pasar Seni wechseln Bargeld zu relativ schlechten Kursen.

Internet

Internetcafés finden sich nahe der Anlegestelle der Boote, sie verlangen 400 Rp pro Min.

Medizinische Hilfe

Clinic Vila Ombak, ✆ 0370-642336. Die private Klinik steht rund um die Uhr für Notfallbehandlungen von Touristen bereit.

Sicherheit

Die praktische Absenz einer Polizei sowie die inselübliche Selbstverwaltung in für Besucher undurchschaubaren Verhältnissen machten es in der Vergangenheit so gut wie unmöglich, **Diebstahl** oder die immer häufiger werdenden **Vergewaltigungen** unter Anwendung von K.O.-Tropfen zu ahnden! Vor allem allein reisende Frauen sollten besonders aufpassen, mit wem sie abends einen Drink nehmen und in bedrohlichen Situationen immer den Schutz anderer Traveller(-Gruppen) suchen!

Nahverkehr

Man ist am schnellsten mit einem **Cidomo** unterwegs. Allerdings ist dieses Fortbewegungsmittel nicht billig, da sämtliches Futter für die Tiere von Lombok auf die Inseln gebracht werden muss. Von der Bootsanlegestelle sollte eine Fahrt zum Hotel 20 000–50 000 Rp kosten, eine Inselrundfahrt etwa 100 000 Rp. Es ist ratsam, vor der Fahrt darauf zu achten, dass die Tiere gesund sind und keine Verletzungen haben. Viele Cidomo-Fahrer laden selbst schwachen und verletzten Pferden zentnerweise Gepäck und Passagiere auf, und einige der Tiere haben vor allem an den Zugpunkten des Geschirrs offene Wunden. Fußgänger sollten auf die schnell die schmalen Wege entlangpreschenden Kutschen Acht geben. Zwar werden auch Fahrräder vermietet, aber auf den oft sandigen Wegen ist man am besten zu Fuß oder per Pferdekutsche unterwegs.

Transport

Dank Perama und den zahlreichen Schnellbootanbietern ist Gili Trawangan mittlerweile auf allen Touristenkarten verzeichnet. Mit dem nötigen Kleingeld kann man die Insel von Bali aus in weniger als 2 Std. erreichen.

Preisbeispiele für den Transport ab Trawangan:
CANDI DASA, UBUD, KUTA, SANUR, DENPASAR für 225 000 Rp;
KUTA LOMBOK, TETEBATU oder SENARU für 225 000 Rp;
LEMBAR für 125 000 Rp;
MATARAM, SENGGIGI oder FLUGHAFEN für 100 000 Rp;
PADANG BAI für 185 000 Rp;
BIMA (Sumbawa) für 375 000 Rp;
DOMPU / PANTAI LAKEY (Sumbawa) für 475 000 Rp;
LABUHAN BAJO (Flores) für 400 000 Rp;
SAPE (Sumbawa) für 400 000 Rp;
SUMBAWA BESAR für 325 000 Rp.

Öffentliche Boote: Abfahrt ist nördlich des Piers. Ein Bootsticket für 10 000 Rp bekommt man im *Loket*, einem unscheinbaren Häuschen am Strand. Das **Island-Hopping-Boot** transportiert Passagiere 2x tgl. um 9.30 und 16 Uhr für 20 000 Rp nach GILI MENO und für 23 000 Rp nach GILI AIR. Ein Boot fährt zusätzlich um 8.15 Uhr für 28 000 Rp nach BANGSAL.
Charterboote: Nach GILI MENO kosten sie 190 000 Rp, nach GILI AIR 195 000 Rp und nach BANGSAL 185 000 Rp.
Perama-Boot: Das Boot legt um 7 Uhr zu verschiedenen Zielen in Lombok und Bali ab.
Schnellboote: Zahlreiche Anbieter verbinden Gili Trawangan und Bali. Da die Überfahrt bei starkem Seegang eine ziemlich schauklige und anstrengende Angelegenheit werden kann, ist sie für Kleinkinder ungeeignet. Je nach Wetterlage ist die Fahrt von Dezember bis Februar auch für Erwachsene aufgrund des unberechenbaren, riskanten Wellengangs nicht zu empfehlen. Ein Transfer von Padang Bai zu den Touristenorten Süd-Balis ist zumeist im Preis inbegriffen. Zur Hochsaison kosten die Schnellboote die auf den Webseiten ausge-

schriebenen 1,2 Mio. Rp für Hin- und Rückfahrt oder 690 000 Rp für die einfache Strecke. Die folgenden Preisbeispiele gelten für die Nebensaison, manchmal kann man sie noch weiter runterhandeln.

Blue Beach Express, ✆ 0363-41187, 0878-6431 1133, 💻 www.bluebeachexpress.com. Das Schnellboot fährt von Gili Air um 8.40 Uhr, von Gili Meno um 8.50 Uhr, von Gili Trawangan um 9 Uhr und ab Teluk Nara um 9.15 Uhr in 75 Min. nach PADANG BAI und von dort um 12 Uhr zurück. Einfache Fahrt für 300 000 Rp.
Blue Water Express, Jl. Tukad Punggawa (Serangan), ✆ 0361-895 1082, 💻 www.bwsbali.com. Ab Gili Trawangan um 11 und 15 Uhr nach PADANG BAI und SERANGAN für 590 000 bzw. 690 000 Rp einfache Fahrt und 1,1 Mio. bzw. 1,3 Mio. Rp hin und zurück. Ab Padang Bai um 11.15 Uhr. Ab Serangan um 8 Uhr und 10 Uhr mit Transit in Padang Bai in 2–2 1/2 Std. Günstigere Preise und Familienpakete bei Buchung im Internet!
Dream Divers, Jl. Raya Senggigi, ✆ 0370-693738, 💻 www.dreamdivers.com. Tauchschule, die mit einem Schnellboot um 11 Uhr für 350 000 Rp in 75 Min. nach PADANG BAI übersetzt, zur Hochsaison auch 2x tgl.
Eka Jaya, Jl. Setia Budi 11, Kuta, ✆ 0361-752277, 💻 www.baliekajaya.com. Ab Gili Trawangan via Teluk Nara um 10.30 und 15.30 Uhr für 300 000 Rp in 1 Std. nach PADANG BAI. Ab Padang Bai um 8.30 und 13 Uhr.
Gili Cat, Jl. Danau Tamblingan 51B, Sanur, ✆ 0361-271680, 💻 www.gilicat.com. Um 11 Uhr von Gili Trawangan via Teluk Kode in 1 Std. nach PADANG BAI, sowie zurück um 9 Uhr für 660 000 Rp, 1,2 Mio. Rp hin und zurück.
Gili Gili, Jl. By Pass Ngurah Rai 1C, Nusa Dua, ✆ 0361-773770, 0818-0858 8777, 💻 www.giligili fastboat.com. Von Gili Trawangan und Gili Air via Teluk Nara um 11.30 Uhr für 690 000 Rp pro einfache Strecke bzw. 1,2 Mio. Rp hin und zurück in 75 Min. nach PADANG BAI. Von dort um 9.30 Uhr zurück.
Marina Srikandi, Jl. Suwung Batan Kendal 8C, Denpasar, ✆ 0361-212799, 0821-4417 7340. Ab Gili Trawangan um 11 und 15 Uhr nach PADANG BAI in 1 Std., sowie um 15 Uhr nach BENOA in 2 1/2 Std. Einfache Fahrt für 300 000 Rp. Um 8 Uhr ab Benoa, um 9 und 13 Uhr ab Padang Bai.
Ocean Star Express, Jl. Tukad Penggawa, Serangan, ✆ 0361-927 1019, 0811-385 6038, 💻 www.oceanstarexpress.com. Ab Gili Trawangan via Teluk Kode um 12 und 16 Uhr nach PADANG BAI in 1 1/2 Std. für 300 000 Rp pro einfache Strecke. Ab Padang Bai um 9.30 und 14 Uhr. Abholung und Hoteltransfer in Süd-Bali bzw. West-Lombok inkl.

Gili Meno

Gili Meno ist die kleinste und ruhigste der drei Inseln. Sie kann in einer gemütlichen Wanderung in ein bis zwei Stunden umrundet werden und hat deutlich weniger Bungalowanlagen, dafür aber die schönsten Strände zu bieten. Mittlerweile hat Meno auch einen eigenen Generator, der alle Unterkünfte den ganzen Tag mit Strom versorgt – theoretisch jedenfalls. Rund um die Insel liegen einige schöne **Tauch- und Schnorchelgebiete** und es gibt gut ausgestattete Tauchschulen. Alle Schnorcheltrips, die von den anderen Inseln kommen, machen vor der Nordostküste von Gili Meno Halt, wo große Meeresschildkröten, blaue Korallen und sogar ein Weihnachtsbaum unter Wasser bestaunt werden können. Bei entsprechenden Strömungsverhältnissen kann man an der Südküste **surfen**. Allerdings ist mit den Korallen nicht zu spaßen. Bretter können am Oststrand auf Anfrage geliehen werden.

Für Vogelfreunde lohnt ein Besuch des **Gili Meno Bird Park**, ✆ 0370-642321, wenige hundert Meter landeinwärts von der Bootsanlegestelle. Unter einem großen Netzdach kann man auf dem 2500 m^2 großen Gelände auch an einer Fütterung der rund 300 Vogelarten teilnehmen. ⏲ 9–17 Uhr, Eintritt 50 000 Rp.

In der Trockenzeit lassen sich bei einem Spaziergang zum flachen See im Norden der Insel Salzhäufchen entdecken. Der Boden des ausgetrockneten Sees ist dann mit Salzkristallen überzogen und glänzt in der Mittagssonne.

Es gibt zwei Aufzuchtstationen für Babyschildkröten, das **Gazebo Turtle Sanctuary** am

Oststrand und die **Balenta-Aufzuchtstation** am Nordstrand. An beiden Orten kann man gegen eine Spende an der Aussetzungszeremonie kräftiger junger Schildkröten teilnehmen.

Nach Einbruch der Dunkelheit sollte man immer eine Taschenlampe dabeihaben, denn die Wege sind nicht beleuchtet. Auch lässt sich die Insel nur zu Fuß erkunden, Fahrradfahren ist wegen des feinen Sands nicht möglich. Man kann nur die relativ teuren *Cidomo* (Pferdekutschen) mieten.

Übernachtung

Untere Preisklasse

Amber House, ✉ amber_house02@hotmail.com. In einem gepflegten Garten stehen 5 einfache, aber nette Holzbungalows mit Du/WC und Blick aufs Meer. Die Einrichtung ist recht spartanisch, dafür wird aber auf Sauberkeit geachtet. Zum Duschen gibt es sowohl Brack- als auch Frischwasser. Frühstück inkl. ❷–❸

Diana Cottages & Café, ✆ 0813-5355 6612, ✉ dj.hixs@yahoo.com. Die 3 liebevoll eingerichteten Bungalows liegen neben dem Salzsee und bieten Abgeschiedenheit, Ruhe und Frischwasser-Du/WC. Das dazugehörige Café direkt am Strand bietet leckeres Barbecue und frische Drinks. ❸

Gili Garden Bungalows, ✆ 0878-6401 6130. Etwas versteckt, 100 m vom Strand entfernt, stehen 2 traditionelle und spartanisch eingerichtete *Lumbung* mit guten Matratzen und Salzwasser-Du/WC zu günstigen Preisen. Viele frei umherlaufende Hühner. ❷

Rawa Indah, ✆ 0817-578 6820, ✉ wandi.sultan@gmail.com. Bescheidene, etwas dunkle Bambusbungalows mit Moskitonetz und sauberem, gefliestem Frischwasser-Du/WC. Für Abwechslung sorgen Ziegen, Hühner und Kühe, die zwischen den Hütten ihre Runden drehen. Trinkwasser und Frühstück inkl. ❷

Tunai Cottages, ✆ 0878-6410 7342, 💻 www.tunaicottages.com. Die einfachen Bungalows haben gute Matratzen und dunkel geflieste Frisch- und Warmwasser-Du/WC. Trinkwasser und Frühstück inkl. ❸

Der Traveller-Treffpunkt

Tao' Kombo', ✆ 0812-372 2174, 💻 www.tao-kombo.com. 200 m vom Oststrand entfernt stehen diese 8 gemütlichen Bungalows in einem liebevoll angelegten tropischen Garten. Die strohgedeckten Bambushütten mit Frischwasser-Du/WC unter freiem Himmel in einem kleinen Steingarten bieten erstaunlich viel Komfort. Im Garten lädt die ausgefallene Bar mit Lounge zum Entspannen und zum Kennenlernen anderer Traveller ein. Xavier, der französische Besitzer, unterstützt soziale Programme auf der Insel und freut sich über jede Art von Hilfe. Frühstück inkl. ❸–❹

Mittlere Preisklasse

Biru Meno Bungalows, ✆ 0813-3975 8968, 💻 www.birumeno.com. Die schönste Bungalowanlage des ruhigen Südteils wird von einer netten Österreicherin und ihrem indonesischen Mann geführt. Die gepflegten, mit Naturmaterialien gestalteten, geräumigen, aber etwas dunklen Bungalows haben Du/WC. Für 50 000 Rp p. P. kann mit Frischwasser geduscht werden. Das Restaurant bietet eine große Auswahl an indonesischen und italienischen Speisen zu guten Preisen. ❹

Gazebo Meno, ✆ 0370-635795, 💻 www.balibudgetinnandresidences.com. Geschmackvoll eingerichtete und komfortable Holzbungalows mit guten Betten und AC in einem weitläufig angelegten Garten. Die kleineren und billigeren Zimmer mit Du/WC und hohen Decken sind in einem großen Bungalow mit Meerblick untergebracht. Mit kleinem Pool. ❹–❺

Gili Meno Bird Park Resort, ✆ 0361-287727, 💻 www.balipvbgroup.com. Das an den Vogelpark angeschlossene Hotel ist den Beatles gewidmet. Jedes der komfortablen Zimmer mit TV, Minibar und Du/WC, teils auch mit AC, ist nach einem der Pilzköpfe benannt. Zudem neue günstige Traveller-Zimmer. Ein 6-Bett-Schlafsaal für 30 000 Rp p. P. ist ebenfalls vorhanden. ❷–❺

Good Heart, ✆ 0813-3955 6976. Hier wohnt man in älteren, 2-stöckigen, traditionellen *Lumbung* mit einfacher Einrichtung. Geschlafen wird oben, im Erdgeschoss liegt das spartanische

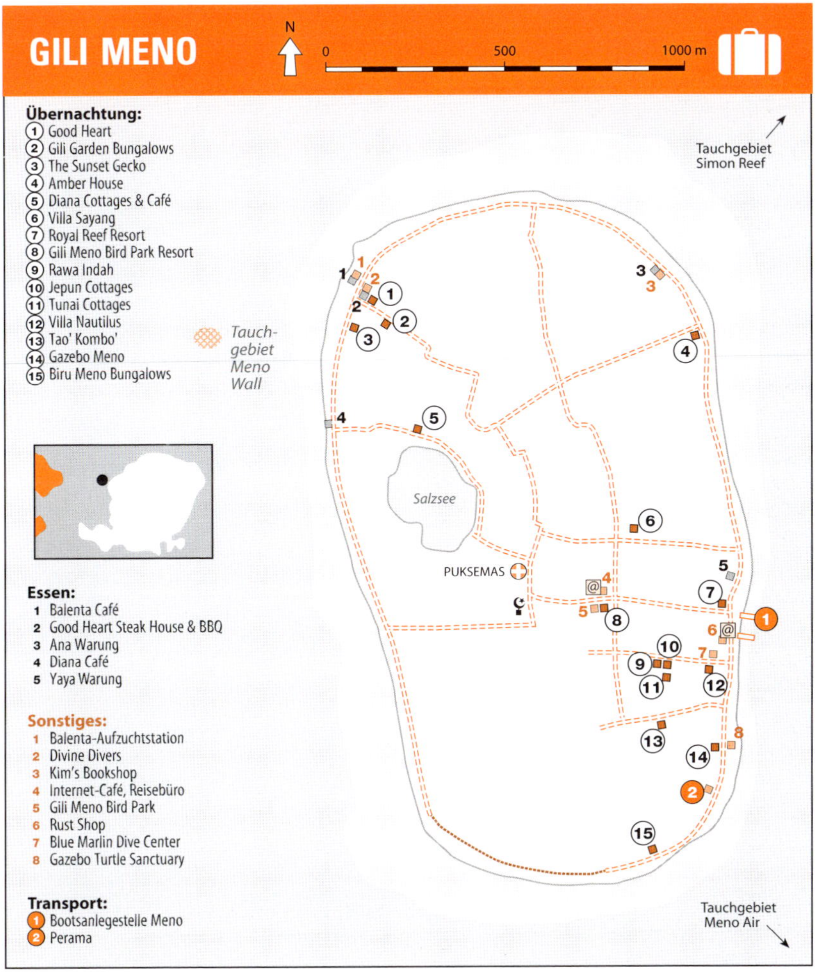

Open-Air-Du/WC mit Salz- und Frischwasser. Auch 10 neue Bungalows mit ähnlicher Ausstattung. Das Restaurant am schönen Strand bietet frischen Fisch und Happy Hour zum Sonnenuntergang. ❷–❻

Jepun Cottages, ✆ 0819-1739 4736, 💻 www.jepunbungalows.com. Anlage mit sauberen, liebevoll eingerichteten Zimmern mit Frischwasser-Du/WC, das hübsch mit Korallen dekoriert ist, oder teureren, aber sehr hübschen *Lumbung* mit Open-Air-Du/WC und AC. Sehr freundliches Personal. Frühstück inkl. ❸–❹

Royal Reef Resort, ✆ 0856-4691 7343, ✉ rusligilli@yahoo.co.id. Nette Anlage mit 6 Bambusbungalows in einem großen Garten direkt am Strand. Mit sauberen Frischwasser-Du/WC und Blick auf den Rinjani. Frühstück inkl. ❸–❹

The Sunset Gecko, ✆ 0813-5356 6774, 💻 www.thesunsetgecko.com. Direkt am Strand wohnt

Umweltfreundliches Rundumpaket

Villa Sayang, ✆ 0818-361052, 💻 www.villasayanggilimeno.com. Etwas abseits vom Strand liegt die mit kunstvollen Schnitzereien verzierte Holzvilla in einem großen Garten. Die Liebe zum Detail sieht man den Schlafzimmern im 2. Stock, dem großen Balkon, dem Open-Air-Du/WC und auch den Bungalows mit Du/WC an. Die sehr freundliche Rundumbetreuung von Silvia und Saleh, die Transporte organisieren, ihre Gäste mit Spezialitäten aus Deutschland verwöhnen und gemütliche Abende am Lagerfeuer veranstalten, ist dabei immer inkl. Hier gibt es selbst gebackenes Brot, Marmelade sowie geräuchertes Fleisch. Der produzierte Müll wird zurück auf das Festland gebracht, und auch die Wäsche wird dort gewaschen, um eine zusätzliche Belastung der Insel zu vermeiden. Familien mit Kindern sind sehr willkommen. Kaffee, Tee sowie Wasser inkl. Voranmeldung erforderlich. ❹–❺

man entweder in einem komfortablen 2-stöckigen Familienbungalow mit 2 Zimmern und Open-Air-Du/WC oder in einem *Lumbung*. Die sauberen, gemeinschaftlich genutzten Frischwasserduschen sind in einer außergewöhnlichen, spiralförmigen Bambuskonstruktion untergebracht, Frischwasser kostet 20 000 Rp p. P. Mit gutem Restaurant. Reservierung empfehlenswert. ❸–❺

Obere Preisklasse

Villa Nautilus, ✆ 0370-642143, 💻 www.villanautilus.com. Kleine Luxusvillen mit riesigen privaten Terrassen zum Sonnen. Die modern und gemütlich eingerichteten Steinbungalows mit AC, Minibar und Du/WC mit Frisch- und Warmwasser bieten mit ihren Marmorböden und der modernen Naturholzeinrichtung den höchsten Komfort auf Meno. ❻

Weitere Übernachtungsmöglichkeiten s. eXTra [4286].

Essen

Fast jede größere Bungalowanlage hat ihr eigenes Restaurant.

Sehr angenehm und günstig speist man in den *Berugas* der Strandrestaurants südlich der Bootsanlegestelle.

Ana Warung, ✆ 0819-1726 5166. Kleiner Warung mit überschaubarer Auswahl an einfachen Gerichten für wenig Geld. Gemütliche Sitze direkt am Strand mit Muschelkettendekorationen. ◷ 8–21 Uhr.

Balenta Café, ✆ 0819-3312 2903. Hier gibt es sehr gute Seafood- und Sasak-Gerichte ab 30 000 Rp. Bei Gitarrenklängen kann man bis in die frühen Morgenstunden Cocktails oder Bier trinken. ◷ 8–15 und 18–22 Uhr.

Diana Cottages & Café. Schönes Café direkt am Strand mit frischem Barbecue, indonesischen und internationalen Gerichten sowie frischen Drinks zu verträglichen Preisen. Pünktlich zum Sonnenuntergang erklingt Reggaemusik. ◷ ab 8 Uhr.

Good Heart Steak House & BBQ, ✆ 0813-3955 6976. An der Nordküste der Insel gelegenes Restaurant, von dem aus der Sonnenuntergang über Gili Trawangan zu beobachten ist. Hier bekommt man das beste Fisch-Barbecue der Insel. Hauptgerichte ab 22 000 Rp, gegrillter Fisch ab 55 000 Rp. ◷ 6–22 Uhr.

Yaya Warung. Dieses kleine Strandrestaurant macht einen etwas verlotterten Eindruck, das Essen jedoch ist frisch und sehr lecker. Die einfachen Gerichte gibt es zu relativ niedrigen Preisen. Ab und zu gibt's eine Gitarren-Kostprobe der einheimischen Beach Boys.

Einkaufen

Am Oststrand gibt es einige Warung und den **Rust Shop** mit einer ausreichenden Auswahl an Gebrauchsgütern wie billigen Sonnenbrillen und -cremes, Snacks, Toilettenpapier und anderen Drogerieartikeln.

Direkt gegenüber vom Ana Warung liegt der einfache **Kim's Bookshop**. Hier findet man unter anderem eine kleine Auswahl an gebrauchten deutschen und englischen Büchern.

Aktivitäten

Tauchen und Schnorcheln

Der nordwestliche Küstenabschnitt eignet sich gut zum Schnorcheln. Die Strömung kann jedoch ziemlich stark werden, sodass man

darauf achten sollte, sich nicht allzu weit vom Strand zu entfernen. Die nötige Ausrüstung gibt es überall am Strand für 30 000 Rp pro Tag. Lohnenswert ist das Mieten eines Fischerbootes für ca. 300 000 Rp für 3 Std., mit dem man zu verschiedenen Schnorchelplätzen gelangen kann.
Blue Marlin Dive Center, südlich der Rust Bar, ✆ 0370-639980, 💻 www.bluemarlindive.com. Die große Tauchschule unterhält auch auf Gili Meno eine gut ausgestattete Niederlassung. Die Preise sind mit denen auf den anderen Inseln identisch. Hier wird man auch von deutschsprachigen Tauchlehrern unterrichtet.
Divine Divers, ✆ 0852-4057 0777, 💻 www.divinedivers.com. Die kleine Tauchschule bietet Tauchausflüge ab 370 000 Rp. Auch hier kann man die üblichen Tauchkurse belegen.

Sonstiges

Internet

Internetcafés findet man gegenüber dem Bird Park im Zentrum der Insel und neben dem Rust Shop, schräg gegenüber der Bootsanlegestelle. 500 Rp pro Min.

Medizinische Hilfe

Eine kommunale Poliklinik befindet sich im Dorf nahe dem Bird Park. Hier sind zumindest theoretisch rund um die Uhr Krankenschwestern im Dienst. Den nächsten englischsprachigen Arzt gibt es auf Gili Trawangan in der **Clinic Vila Ombak**, ✆ 0370-642336, oder in Bangsal, **Dr. Bahar**, ✆ 0812-382 1967.

Transport

Boote ankern am Oststrand gegenüber von Rosi's Hut. Direkt am Strand werden auch die Fahrkarten für das **Island-Hopping-Boot** verkauft, das Passagiere für 23 000 Rp um 8.50 und 15.20 Uhr nach GILI TRAWANGAN und für 20 000 Rp um 9.50 und 16.20 Uhr nach GILI AIR bringt. Das öffentliche Boot nach BANGSAL um 8 Uhr kostet 10 000 Rp.
Außerdem verkehren **Charterboote** nach GILI TRAWANGAN für 250 000 Rp und nach GILI AIR für 300 000 Rp.
Das **Perama-Büro** ist an der Rezeption der Kontiki Meno Cottages zu finden. Auch andere Touranbieter am Strand bieten Transporte zu verschiedenen Zielen auf Bali und Lombok an. Man sollte einen Tag im Voraus buchen.
Für weitere Details zum Transport s. S. 390, Gili Trawangan, „Transport".

Gili Air

Die der Küste von Lombok am nächsten liegende Insel ist mit knapp 1000 Einwohnern im Vergleich zu den anderen Gili-Inseln am dichtesten besiedelt, doch davon merkt der aus Süd-Bali, Senggigi oder von Gili Trawangan kommende Besucher wenig. Auf die Urlauber warten einfache Bungalows, aber auch einige schöne Mittelklasseanlagen.

Auch wenn es in der Hauptsaison in den vielen Strandbars recht lebhaft zugeht, ist Gili Air noch immer bedeutend ruhiger und übersichtlicher als die populäre Gili Trawangan. Die Unterkünfte liegen zudem nicht so dicht beieinander und besonders abends ist bis auf wenige Bars und sporadische Partys am Nordstrand nicht viel los. Der schmale Oststrand eignet sich aufgrund der vielen Korallenbänke nur bedingt zum Schwimmen, dafür umso besser zum Schnorcheln. Schildkröten und Fischschwärme sind bei einem Blick unter die Wasseroberfläche keine Seltenheit.

Auf Gili Air gibt es noch einen ansehnlichen, von Palmenplantagen durchsetzten Baumbestand, sodass man auf schattigen Wegen spazieren gehen kann. Die gesamte Insel lässt sich bequem auf einem schönen, knapp zweistündigen Strandspaziergang umrunden. Dagegen ist es nicht immer einfach, den Pfaden quer über die Insel zu folgen. Wer nach Einbruch der Dunkelheit unterwegs ist, tut gut daran, eine Taschenlampe mitzunehmen, denn die Wege sind allesamt nur spärlich bis gar nicht beleuchtet.

Übernachtung

Bis auf wenige Ausnahmen zählen die meisten Bungalowanlagen auf Gili Air zur unteren und mittleren Preisklasse, d. h. der Preis für eine Hütte liegt bei 150 000–400 000 Rp. In der Hochsaison von Juli bis September wird aber deutlich mehr verlangt und Bungalows werden

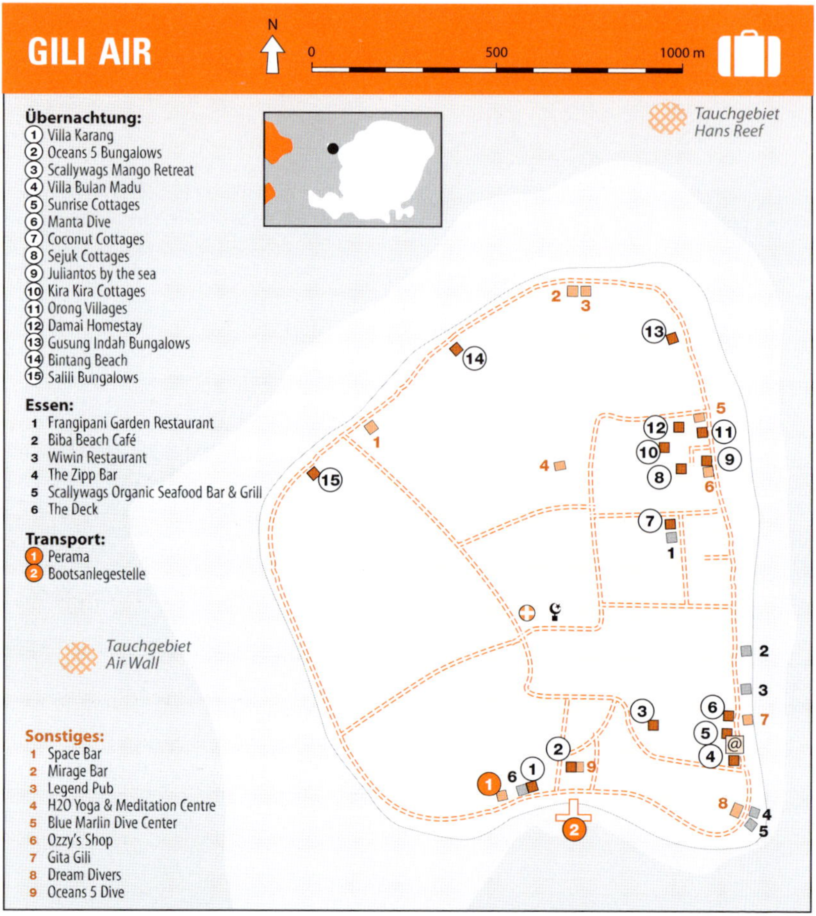

manchmal erst für einen Aufenthalt von mind. 2 Tagen vermietet, s. auch Kasten zur Preispolitik S. 382. Während am belebten Oststrand während dieser Zeit oft sämtliche Unterkünfte ausgebucht sind, lassen sich westlich der Bootsanlegestelle häufig noch Zimmer ergattern. In der Ausstattung unterscheiden sich die Hütten kaum voneinander, wohl aber in puncto Sauberkeit und Qualität der Betten und Bäder.

Weitere Übernachtungsmöglichkeiten s. eXTra [4278].

Untere Preisklasse

Bintang Beach Bungalows, ✆ 0878-6434 8227. Ganz in Weiß erstrahlt das Innere der günstigen Bungalows mit guten Matratzen, Moskitonetzen und teils schönen Open-Air-Du/WC. Auch AC-Bungalows mit Kühlschrank und TV. ❷–❸

Damai Homestay, ✆ 0819-3301 6135. Gemütliche Anlage mit 5 hellen, nett eingerichteten Zimmern mit Bambusmöbeln, teils auch mit AC und Open-Air-Du/WC. Rote Hängematten zieren die Terrassen. Frühstück inkl. ❷–❸

Gusung Indah Bungalows, ✆ 0812-378 9054. An einem schönen Strandabschnitt gelegene hübsche, helle, geflieste Bungalows mit großem Bett, teils auch mit AC, Open-Air-Du/WC und Hängematte auf der Veranda. Die vorderste Reihe der Bungalows bietet einen sehr schönen Blick auf das Meer. Abends sitzt man beim Essen gemütlich am Strand. Freundliches Personal. Nach Rabatten fragen. ❸

Kira Kira Cottages, ✆ 0370-641021, 💻 www.kirakiracottage.com. Ruhig und etwas im Inselinneren stehen die 5 einfachen Holzbungalows. Jedes Häuschen ist geschmackvoll eingerichtet und mit sauberer Open-Air-Du/WC und großem Bett ausgestattet, teils mit Warmwasser. Kleine Buchtauschbörse und sehr freundliches Personal. ❷

Salili Bungalows, ✆ 0819-3673 7901. Nah am Strand der ruhigen Westküste liegen moderne, geflieste Bungalows mit Veranda, teils AC und Open-Air-Du/WC mit großem Duschkopf. Gutes Preis-Leistungs-Verhältnis. Nette Betreiberin. ❷–❸

Mittlere Preisklasse

Coconut Cottages, ✆ 0817-472 1177, 💻 www.coconuts-giliair.com. Die älteren, aber gepflegten und liebevoll dekorierten Bungalows stehen inmitten eines schönen Gartens und sind mit großen Betten, Warmwasser-Du/WC und teils AC und Bad ausgestattet. Eigenes Reisebüro und empfehlenswertes Restaurant. ❸–❹

Juliantos by the sea, ✆ 0370-622179, 💻 www.juliantosbythesea.wordpress.com. Das 2010 eröffnete Hotel liegt auf einem kargen, von Kokospalmen gesäumten Gelände und bietet 17 etwas kleine, aber empfehlenswerte Zimmer mit guten harten Matratzen, teils in hellen, beigen Reihenbungalows mit gepflegtem Open-Air-Du/WC mit Frischwasser im Bottich und Steinwaschbecken. Die teureren AC-Zimmer zudem mit Kühlschrank. Ein Pool ist im Bau. Frühstück und WLAN inkl., für Nichtgäste ab einem Verzehr von 50 000 Rp im Restaurant ebenfalls. ❹

Manta Dive, ✆ 0813-5305 0462, 💻 www.manta-dive-giliair.com. Empfehlenswerte und gepflegte Holzbungalows im *Lumbung*-Stil mit AC, guten Matratzen, TV mit DVD-Player, Kühlschrank und Warmwasser-Du/WC sowie moderne Zimmer in Flachbauten. Frühstück inkl. ❺

Oceans 5 Bungalows, ✆ 0813-3877 7144, 💻 www.oceans5dive.com. Rund um den großen Pool liegen die ansprechend gestalteten und mit Massivholzmöbeln eingerichteten Bungalows mit LCD-TV, AC und Warmwasser-Du/WC mit tropischem Duschkopf. Der holländische Besitzer betreibt zudem eine Tauchschule und eine kleine Schildkrötenaufzuchtstation. WLAN inkl. ❺

Orong Villages, ✆ 0818-0500 6492, 💻 www.orongvillages.wordpress.com. Gute Anlage mit 5 sauberen, weiß gefliesten Zimmern. Die günstigeren in Doppelbungalows mit Bambusbetten und Schaumstoffmatratzen, die teureren schön dekoriert mit AC, TV mit DVD-Player, Federkernmatratze und sehr schönem, mit

Die Seele baumeln lassen

Sejuk Cottages, ✆ 0370-636461, 💻 www.sejukcottages.com. Etwas abseits vom Strand hinter einem Palmenwald versteckt sich diese entspannte Oase der Ruhe unter französischer Leitung. In einem gepflegten tropischen Garten mit einem schönen Pool und zahlreichen Fischteichen stehen einladende, ältere Holzbungalows mit teils etwas durchgelegenen Matratzen, großer Veranda und gemütlicher Hängematte sowie neuere Häuser, die teils AC, Safe, Warmwasser-Du/WC, Kühlschrank und eine luftige Sitzgelegenheit im oberen Stock bieten. ❹

Im Osten geht die Sonne auf

Sunrise Cottages, ✆ 0370-642370, 💻 www.sunrisegiliair.com. Freundliche, gepflegte, grüne Anlage mit großen, sauberen, 2-stöckigen Bungalows im Stil traditioneller *Lumbung* mit javanischen Schnitzereien. Je nach Preisklasse mit Mandi, Du oder Bad/WC, AC und Kühlschrank. Im Erdgeschoss ein gemütlicher Wohnraum. *Bales* mit Sitzkissen am Strand. ❸–❺

Pflanzen, Korallen und Steinen dekoriertem Open-Air-Du/WC. WLAN und Frühstück inkl. ❸–❹

Villa Karang, ✆ 0370-637328, 💻 www.villakarang.com. Nur wenige Schritte von der Bootsanlegestelle entfernt liegen die 28 Zimmer und geräumigen Bungalows rund um den schönen Pool. Die günstigeren riechen leider recht streng nach Mottenbällchen, die teureren sind mit AC, kleinem TV, Kühlschrank und teils minimalistisch gestalteten, beigefarbenen Open-Air-Du/WC mit tropischem Duschkopf modern eingerichtet, aber nicht besonders spektakulär. Tauchschule und Restaurant nebenan. ❸–❻

Obere Preisklasse

Scallywags Mango Retreat, ✆ 0370-639434, 💻 www.scallywagsresort.com. In der von einer hohen Mauer umzäunten und von einem Mangobaum überschatteten, seit Mai 2011 geöffneten kleinen Anlage wohnt man sehr abgeschottet im Landesinneren. Die 6 kleinen, aber hell und modern eingerichteten Zimmer liegen direkt am feinen Pool und bieten den üblichen Komfort. WLAN inkl. ❻

Villa Bulan Madu, ✆ 0819-0733 0444, 💻 www.bulan-madu.de. Die großzügigen, mit allem Komfort ausgestatteten Villen des deutschen Besitzers machen mit ihrem in natürlichen Farben gehaltenen Design und edlen *Ikat*-Webstoffen an den Wänden ihrem Namen, auf Deutsch „Flitterwochen", alle Ehre. Im riesigen, privaten Vorgarten lässt es sich auf Liegen entspannen. Ein Pool am Strand. ❻–❼

Essen

Praktisch jede Bungalowanlage führt ihr eigenes Restaurant. Empfehlenswert sind:

Biba Beach Café, am Oststrand, ✆ 0819-1727 4648. Das von einem italienischen Ehepaar geführte Restaurant am Strand bietet leckere selbst gemachte Pasta. Die mit Spinat und Käse gefüllten Ravioli sind eher eine Vorspeise, aber durchaus empfehlenswert. Andere, sättigendere Nudelgerichte gibt es ab 30 000 Rp. Zwischen 7.30 und 10 Uhr Frühstücksbuffet für 45 000 Rp. Hinter dem Restaurant werden auch Bungalows vermietet.

Frisch aus dem Meer auf den Grill

Zipp Bar, am Oststrand nahe dem Scallywags. Freundliches Personal serviert hier frisches Seafood in großen Portionen zu gemäßigten Preisen sowie einige westliche und indonesische Gerichte. Die Auswahl an frischem Fisch reicht von Barrakuda über Thunfisch bis Red Snapper. Gesessen wird am Tisch oder auf Sitzkissen direkt am Strand.

Frangipani Garden Restaurant, den Coconut Cottages angeschlossen. Hier speist man in einem tropischen Garten. Es gibt schmackhafte Gerichte ab 30 000 Rp und ein großes Sasak-Menü für 130 000 Rp für 2 Pers., das einen Tag vorher bestellt werden muss.

Scallywags Organic Seafood Bar & Grill, ✆ 0370-639434. Schickes Strandrestaurant mit stilvollem Interieur und Sitzecken, das mit schöner Atmosphäre, Liegen am Strand und WLAN punktet. Gute Auswahl an gemischten Säften, leckeren Sandwiches, Burgern und Desserts sowie einige indonesische Gerichte, vieles davon aus Bio-Zutaten. Hauptgerichte ab 50 000 Rp. Abends auch reichhaltiges Barbecue zu gehobenen Preisen. 🕒 ab 7 Uhr.

Wiwin Restaurant, am Oststrand. Einen Tick teurer als die meisten Strandrestaurants. Dafür sitzt man hier entweder auf *Berugas* am Strand oder auf interessanten Bambuskonstruktionen. Der Service ist vergleichsweise schnell und freundlich. Indonesische und westliche Gerichte ab 25 000 Rp.

Unterhaltung

Auch auf Gili Air steigen in der Hochsaison ab und zu Partys. Besonders im Norden findet sich immer ein gemütliches Tischchen am Meer und eine große Auswahl an Spirituosen.

Legend Pub. Die Bar hat bis in die späte Nacht geöffnet. Mittwochs steigt die größte Party der Insel, wenn zur ausgefallenen Beleuchtung Reggae und psychedelische Beats aufgelegt werden. Im Ramadan keine Partys.

Mirage Bar. Zum Sonnenuntergang am Nordstrand bietet sich die kleine lauschige Bar mit tollem Blick auf das Abendrot an. Hier gibt

es zur Happy Hour von 17–19 Uhr preiswerte Cocktails.
Space Bar, ein Ableger des Legend weiter im Westen. Hier finden in unregelmäßigen Abständen Goa-Partys vom frühen Abend bis in die Morgenstunden statt. Auch werden ab und zu Kinofilme am Strand gezeigt
The Deck, am Südstrand vor der Villa Karang, ✆ 0370-631687. Zu Cocktails, Nachos und entspannter Musik kann man hier in stilvoller Atmosphäre den Tag ausklingen lassen. WLAN und schöner Meerblick inkl.

Aktivitäten

Tauchen und Schnorcheln

Lomboks größte Tauchschulen sind schon seit mehreren Jahren auf der Insel vertreten und haben gutes Equipment sowie viel Erfahrung mit den umliegenden Tauchplätzen. Für mehr Informationen s. Kasten „Tauchen vor den Gili-Inseln", S. 388.
Blue Marlin Dive Center, ✆ 0812-377 0288, 💻 www.bluemarlindive.com. Auf allen 3 Gili-Inseln betreibt das renommierte Tauchzentrum Niederlassungen und hat gut ausgebildete, teils deutschsprachige Tauchlehrer.
Dream Divers, ✆ 0370-634547, 💻 www.dreamdivers.com. Exzellente Tauchschule unter deutscher Leitung. Der Open-Water-Kurs kostet 3,4 Mio. Rp, ein Tauchgang 370 000 Rp. Zudem für US$20 Schnorchelausflüge.
Manta Dive, ✆ 0813-5305 0462, 💻 www.manta-dive-giliair.com. Professionelle Tauchschule mit eigener Unterkunft direkt hinter dem Tauchzentrum.
Oceans 5 Dive, ✆ 0813-3877 7144, 💻 www.oceans5dive.com. Neben den üblichen Kursen beteiligt sich die Schule auch am globalen Reef-Check-Programm zur Überwachung der Korallenbänke.
Schnorchelausrüstung bekommt man ab 25 000 Rp bei Ozzy's Shop oder in den Unterkünften. Es können auch Schnorchelausflüge mit einem Glasbodenboot für 100 000 Rp p. P. organisiert werden.

Yoga

H2O Yoga & Meditation Centre, im landeinwärts gelegenen Dorf, ✆ 0878-6026 2541. 90-minütige Yogakurse für Einsteiger und Fortgeschrittene um 10 und 17.30 Uhr für 100 000 Rp. Nach 3 besuchten Kursen ist der nächste kostenlos.

Sonstiges

Fahrräder

Bei **Ozzy's Shop** und **Gita Gili** können Fahrräder für 25 000 Rp pro Tag geliehen werden.

Geld

Einige wenige **Wechselstuben** befinden sich an der Ostküste der Insel. Die Wechselkurse sind schlecht und oft werden 10 % Kommission gefordert.

Information und Internet

Ozzy's Shop bietet eine Fülle von Informationen und Touren. Hier kann man Flugtickets kaufen und mit Master- oder Visacard zahlen.
Auch gibt es Internet und WLAN für 600 Rp pro Min. mit recht schneller Verbindung.
Ein weiteres Internetcafé liegt am östlichen Strand und verlangt 400 Rp pro Min.

Medizinische Hilfe

Eine kommunale Poliklinik liegt im südlichen Teil des Dorfes. Den nächsten englischsprachigen Arzt gibt es auf Gili Trawangan in der **Clinic Vila Ombak**, ✆ 0370-642336, oder in Bangsal, **Dr. Bahar**, ✆ 0812-382 1967.

Touren

Perama Tours, ✆ 0818-0527 2735, 💻 www.peramatour.com, hat ein winziges Büro in einer kleinen Hütte direkt am Strand, das leider sehr selten besetzt ist.

Nahverkehr

Mit einem **Cidomo** kommt man für ca. 30 000 Rp von der Bootsanlegestelle zu jedem Hotel auf der Insel. Eine Inselrundfahrt kostet ab 80 000 Rp.

Transport

Abfahrt und Ankunft der öffentlichen Boote ist neben dem Pier im Süden der Insel. In dem weißen Gebäude auf dem Pier kauft man die Fahrkarten zu festen Preisen.

Empfehlenswert ist ein Tagesausflug zu einer der anderen beiden Inseln. Dazu eignet sich das **Island-Hopping-Boot**, das um 8.30 und 15 Uhr Fahrgäste nach GILI MENO für 20 000 Rp und GILI TRAWANGAN für 23 000 Rp transportiert.

Charterboote nach GILI TRAWANGAN für 195 000 Rp, nach GILI MENO für 170 000 Rp und nach BANGSAL für 155 000 Rp. Alternativ fahren öffentliche Boote mit mind. 20 Pers. für 8000 Rp p. P. und ein verlässliches **Boot** um 8.15 Uhr für 26 000 Rp nach Bangsal.

Das **Perama-Boot** legt um 7 Uhr zu verschiedenen Zielen in Lombok und Bali ab. Man sollte 24 Std. im Voraus buchen.

Schnellboot: **Gili Gili**, Jl. By Pass Ngurah Rai 1C, Nusa Dua, ✆ 0361-773770, 0818-0858 8777, 💻 www.giligilifastboat.com. Das Boot verkehrt auch von Gili Air via Teluk Nara um 11.30 Uhr für 690 000 Rp oder 1,25 Mio. Rp in 75 Min. nach PADANG BAI. Von dort um 9.30 Uhr zurück.

Für weitere Details zum Transport s. S. 390, Gili Trawangan, „Transport".

16 HIGHLIGHT

Gunung Rinjani

Schon unter den Holländern wurde ein 40 000 ha großes Gebiet rund um den 3726 m hohen Vulkan unter Naturschutz gestellt. Inzwischen ist das Reservat sogar um mehr als die Hälfte erweitert und zu einem Nationalpark erklärt worden. Priorität genießen dabei die ausgedehnten Bergwälder, die praktisch den einzigen Wasserspeicher der Insel darstellen. Lombok ist wie ganz Nusa Tenggara mit keiner allzu großen Vielfalt an Säugetierarten gesegnet, umso interessanter ist die Vogelwelt, die schon einen australischen Einschlag verrät. So kommen hier z. B. der Honigesser und der Kakadu vor.

Anders als auf der fruchtbaren Südseite des Berges sind seine nördlichen Ausläufer in Küstennähe durch trockene, versteppte Vegetation gezeichnet. Im niederschlagsreichen Gebiet rund um den Rinjani wird es mit zunehmender Höhe jedoch immer grüner: Kakao, Kaffee, Vanille und Nelken gedeihen hier auf den fruchtbaren Vulkanböden.

Der Rinjani ist für die Sasak und Balinesen auf Lombok der heiligste Ort der Insel und Wohnsitz der Götter. Ziel ihrer jährlichen Pilgerreise ist der ausgedehnte blaue Kratersee **Danau Segara Anak** („Kind des Ozeans") auf knapp über 2000 m Höhe. Dort werfen die Gläubigen während der *Pekelan*-Zeremonie Opfergaben ins Wasser und baden in den nahe gelegenen **heißen Quellen**. Das *Aik Kalak* (heiße Wasser) der Quellen soll eine heilende, lebensverlängernde Wirkung haben. Aus der Ostseite des Sees erhebt sich der **Gunung Baru**, ein kleinerer aktiver Vulkan, der beim Ausbruch des Rinjani 1994 entstanden ist. Erst 2010 war der zweithöchste Vulkan des Landes zuletzt aktiv. Im Februar und Mai trat Lava in die Caldera aus und Aschewolken stiegen kilometerhoch in die Umgebung. Auch der kleine **Gunung Barujari** regte sich im April merklich.

Die indonesische Regierung beantragte 2008 bei der Unesco den Status eines international anerkannten Geoparks für die Region. Er wäre der erste seiner Art in Indonesien.

Das Gebiet des Gunung Rinjani gehört zur nur 200 000 Einwohner zählenden, relativ jungen Verwaltungseinheit Nord-Lombok, die den Rinjani sogar im Wappen trägt. Da das Verwaltungszentrum West-Lomboks im Jahre 2000 nach Gerung, südöstlich von Mataram, umzog, formten die nördlichen Bezirke 2008 ihr eigenes in Tanjung. Erst seitdem existiert Nord-Lombok als eigenständige Verwaltungseinheit.

Batu Kok und Senaru

Von vielen Dörfern, die den Rinjani umgeben, führen Wanderwege zum Kratersee, doch die meisten Besucher kommen nach **Batu Kok** und **Senaru**, wo sich die Mehrzahl der Unterkünfte befindet. Das Rinjani Trekking Center in Senaru am Eingang zum Naturschutzgebiet bietet die meisten Informationen und Serviceleistungen.

Doch auch wer nicht vorhat, den Gipfel des gigantischen Gunung Rinjani zu erklimmen, kann hier durchaus auf seine Kosten kommen. Die angebotenen Soft-Trekking-Touren führen durch tropischen Dschungel zu den beeindruckenden **Wasserfällen** Tiu Kelep, Sindang Gila oder Betara Lenjang.

GUNUNG-RINJANI-NATIONALPARK

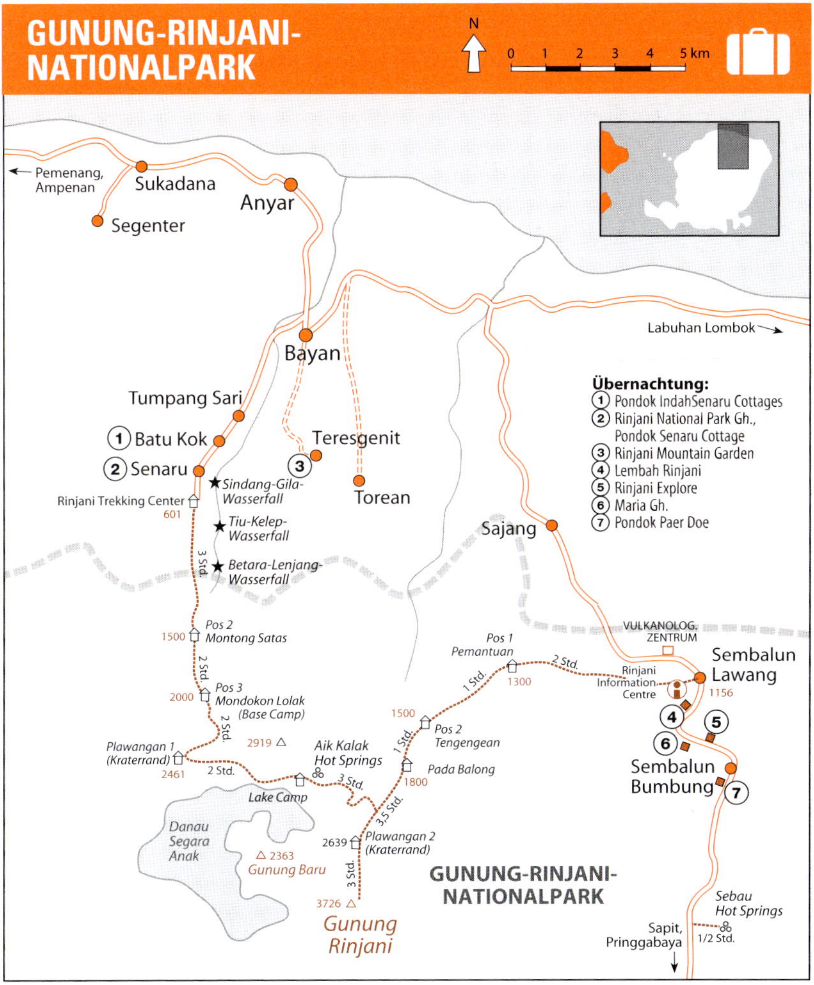

Die Gipfelbesteigung ab Senaru

Die Besteigung des 3726 m hohen Gunung Rinjani ist ein berauschendes, aber auch außerordentlich anstrengendes Abenteuer. Man darf den Vulkan nur mit (mindestens) einem lizenzierten Träger besteigen. Größere Gruppen engagieren meist gleich mehrere Träger, einen (oft auch deutschsprachigen) Guide und ab zehn Personen noch einen Trekking Leader, der die Gruppe der Träger und Guides koordiniert und Erfahrung im Umgang mit großen Gruppen hat. Obwohl man unnötiges Gepäck für ca. 5000 Rp pro Tag bei den Losmen in Senaru lassen kann und ein Träger die nötige Verpflegung und Campingausrüstung schleppt, muss man in guter körperlicher Verfassung sein, um die Besteigung genießen zu können. Außerdem sind festes Schuhwerk mit Profil, ein guter Wanderrucksack sowie warme und windabweisende Kleidung, die nötige Campingausrüstung und ausreichend Trinkwasser unbedingt erforderlich. Spätestens am **Rinjani Trekking Center**, am Parkeingang in Senaru, kann man über die Preise einer Bergtour verhandeln und alle wichtigen Utensilien leihen oder käuflich erwerben. Dort werden Trekking-Pakete angeboten, die normalerweise zwei bis vier Tage umfassen und je nach Zeit und Wunsch zum Kraterrand, Kratersee, zu den heißen Quellen und/oder bis zum Gipfel führen. Generell ist zu beachten, dass Preise für Gruppen von unter drei Personen viel zu hoch veranschlagt sind. Deshalb empfiehlt es sich, die Besteigung in einer möglichst großen Gruppe zu unternehmen oder sehr viel Zeit zum Verhandeln mitzubringen.

Eine Tour zum Gipfel, die drei Tage und zwei Nächte dauert, startet früh morgens in Senaru. Am Rinjani Trekking Center (600 m) beginnt der Aufstieg. Es geht in fünf bis sechs Stunden auf einer 7,4 km langen Wanderung durch dichten Wald und schließlich über die kaum bewachsenen Berghügel bis zum **Base Camp** (Pos 3) auf 2000 m. Viele Gruppen übernachten hier, doch die beeindruckende Nachmittagssonne und den herrlichen Sonnenuntergang am Kratersee bekommt man nur zu sehen, wenn auch noch der nächste sehr steile Abschnitt mit viel Schutt, Geröll und Steinen zum **Kraterrand 1** (2461 m) zurückgelegt wird.

Die meisten Gruppen schlagen hier nach 9,2 km Strecke ihr Nachtlager auf, um den spektakulären Sonnenuntergang genießen zu können und noch genügend Kraft für den nächsten Tag in den Beinen zu haben. Hier verbringen sie eine sehr windige und kalte Nacht, bevor es kurz nach dem schönen Sonnenaufgang weitergeht.

Achtung: Besonders der erste Tag der Besteigung kann auch für den Kopf sehr anstrengend sein, da fast 2000 m Höhenunterschied überwunden werden müssen. Es empfiehlt sich daher, viel Wasser zu trinken und regelmäßige Pausen einzulegen, um die Höhenkrankheit und die damit verbundenen starken Kopfschmerzen in den Griff zu bekommen.

Ist man sehr gut in Form und schnell unterwegs, kann am ersten Tag noch vor Sonnenuntergang der Abstieg in den Krater bis zum **Lake Camp** in Angriff genommen werden (insgesamt etwa neun Stunden und 12 km ohne längere Pausen). Bei Regen ist dieser Pfad allerdings äußerst rutschig und gefährlich.

In Bergcamps übernachten Besucher, die Indonesiens zweithöchsten Vulkan besteigen wollen.

Am Kratersee bietet das Lake Camp einen Zeltplatz mit einer Trinkwasserquelle und auch die heißen Quellen sind nicht allzu weit entfernt. Der sechs bis acht Stunden dauernde Aufstieg vom See zum **Rinjani-Gipfel** ist wesentlich schwieriger als der bereits zurückgelegte Weg. Die Belohnung ist aber ein unvergesslicher Sonnenaufgang, der vom höchsten Punkt auf Lombok genossen werden kann. Bei wolkenfreiem Himmel hat man eine tolle Sicht bis nach Sumbawa Richtung Osten und Bali im Westen.

In der Regenzeit, besonders von Dezember bis Februar, sind die Pfade in solch schlechtem Zustand, dass der gesamte Nationalpark geschlossen wird. Im November werden meist nur Touren bis zum Kraterrand zugelassen. Mit der Schließung des Gipfels, von Lake Camp oder des ganzen Parks muss auch gerechnet werden, wenn der aktive kleinere Vulkan Gunung Baru wieder gefährlich viel Lava speit.

Für weitere Infos, Bilder, Trekking-Routen und den Wetterdienst ist die Webseite 💻 www.rinjaninationalpark.com zu empfehlen.

Sembalun

Auf der Ostseite des Rinjani bietet sich **Sembalun** als alternativer Ausgangspunkt für eine Besteigung an. Auf 1100 m Höhe liegt ein beeindruckendes Tal mit einer völlig anderen Landschaft. Statt auf saftige Regenwälder stößt man hier auf karge Savanne. Nur wenige Bäume und Sträucher trotzen dem trockenen Boden. Dafür wird auf dem überaus fruchtbaren Lavauntergrund jede Menge Obst und Gemüse angebaut, das auf den Märkten in Mataram und sogar bis nach Java verkauft wird. Süße Erdbeeren können direkt vom Strauch genascht werden und eine der besten Kaffeesorten von Lombok wächst hier oben.

Die meisten Gäste fahren von Senaru aus nach Sembalun. Dabei kann man reißende Flüsse überqueren und eine wunderschöne Aussicht auf das tiefblaue Meer an der Nordküste genießen. Beeindruckender ist jedoch die Fahrt von Süden über **Suwela** und **Sapit**. In steilen Serpentinen wird das Gebirge erklommen. Nach 45-minütiger Fahrt durch den Nationalpark lichtet sich der Wald, die Vegetation nimmt ab und man gelangt an einen Aussichtspunkt, der die Sicht auf das Tal von Sembalun freigibt.

Neben der Bergbesteigung bieten sich auch hier zahlreiche Alternativen. So können Vögel beobachtet werden, Touren zu den umliegenden Wasserfällen und traditionellen Dörfern oder auch Wanderungen durch die Gemüsebeete unternommen werden. Mit etwas Glück kann einem **Pangilan Sapi** beigewohnt werden, ein Ritual, bei dem die Besitzer ihre Kühe, die ansonsten völlig wild in der Umgebung leben, zurück ins Dorf rufen.

Außerdem kann man sich im **Community Development Center** nützlich machen und Englisch unterrichten oder andere wertvolle Fähigkeiten teilen und austauschen. Längerfristige Freiwilligenaufenthalte werden über **4th World Love**, 💻 www.fourthworldlove.org, organisiert. Wer spontan vor Ort aushelfen möchte, meldet sich bei Ibu Nelly, ✆ 0819-1707 8771, neben dem Rinjani Explore Center.

Die Gipfelbesteigung ab Sembalun

Eine zweite Aufstiegsmöglichkeit bietet sich von **Sembalun Lawang** auf der Ostseite des Gunung Rinjani. Von hier aus ist der Aufstieg zum Gipfel oft auch möglich, wenn der Weg über Senaru wegen vulkanischer Aktivitäten geschlossen ist, da man von hier nicht erst hinunter zum Lake Camp wandern muss. Die Besteigung startet auf 1100 m Höhe. Es geht durch die trockene Savannenlandschaft von Ost-Lombok, in der man die ganze Zeit über der brennenden Sonne ausgesetzt ist. Als Belohnung für die Strapazen bietet sich bereits während des Aufstiegs eine wunderbare Aussicht.

Im Gegensatz zu den Touren von Senaru aus kann der Berg hier in einer höchst anstrengenden Zweitagestour bezwungen werden. Am ersten Tag geht es in siebeneinhalb Stunden zum **Kraterrand 2** (2639 m) hinauf, wo der Sonnenuntergang über dem **Kratersee** zu bewundern ist. Nach einer kurzen Nacht folgt der drei- bis vierstündige Aufstieg zum Gipfel, den man kurz vor Sonnenaufgang erreicht. Die mehrtägigen Trekkingtouren unterscheiden sich nur unwesentlich von denen ab Senaru – nach dem Aufstieg über die Steppe in Sembalun verläuft der Abstieg auf der Nordseite durch den Regenwald und endet in Senaru.

Übernachtung

Senaru und Batu Kok

Inzwischen gibt es 12 Unterkünfte. Viele bieten ihren Gästen einen Abholservice von Mataram, Lembar oder Senggigi an. Der Preis sollte telefonisch vereinbart werden.
Weitere Übernachtungsmöglichkeiten s. eXTra [4304].

Den besten Eindruck machten folgende Unterkünfte:
Pondok Indah Senaru Cottages, ✆ 0878-6543 3344. Die sehr einfachen türkisfarben gestrichenen Zimmer mit Du/WC haben spärliche Einrichtung, aber die Matratzen sind in Ordnung. ❷
Pondok Senaru Cottage, ✆ 0818-0362 4129. Die beste Unterkunft von Senaru bietet große Zimmer und Bungalows mit Veranda und Aussicht auf das Tal mit Wasserfall in einer recht kargen Anlage. Die günstigeren haben harte Federkernmatratzen und Du/WC, die teureren TV, Warmwasser-Bad/WC und Minibar. Das Essen im Restaurant ist preiswert und gut. ❸–❺
Rinjani National Park Gh., ✆ 0817-575 0889. In der Anlage mit Blick auf Maisfelder stehen die dunklen, aber sauberen Bungalows mit 2 Eingangstüren, eine hinten und eine vorne, guten Matratzen, TV und einfachen indonesischen Bädern mit Hocktoilette, Mandi und Dusche. ❷

Sembalun

Sehr einfache Unterkünfte, oft nur mit Mandi und indonesischer Hocktoilette ausgestattet.
Weitere Übernachtungsmöglichkeiten s. eXTra [4308].
Lembah Rinjani, Sembalun Lawang, ✆ 0818-036 2511, 💻 sites.google.com/site/lembahrinjani. Die luxuriöseste Unterkunft des Ortes mit Bungalows mit ordentlichen Betten und Warmwasser-Du/WC. Angeschlossen ist eines der wenigen Restaurants. ❸
Pondok Paer Doe, Sembalung Bumbung, ✆ 0819-1771 4514. Einfache rosafarbene Bungalows, die recht kitschig, aber immerhin dekoriert und mit indonesischem Mandi ausgestattet sind. Die sehr nette Besitzerin betreibt außerdem ein Warung. ❷
Rinjani Explore, Sembalun Lawang, ✆ 0812-371 6617, 💻 www.rinjaniexplore.com. Pak Ulan und seine nette Familie vermieten 2 saubere Zimmer in ihrem Haus, das gleichzeitig das Büro des gleichnamigen Trekkingcenters beherbergt. Auf Anfrage Mittag- und Abendessen sowie geführte Spaziergänge durch die Umgebung. Frühstück inkl. ❷

Einmalige Anlage in den Reisterrassen

Rinjani Mountain Garden, beim Dorf Teresgenit (Abzweigung in Richtung Süden direkt in Bayan), ✆ 0818-569 730, ✉ rinjanigarden@hotmail.com. Dieses ca. 2 ha große Grundstück bietet dank der gastfreundlichen Besitzer nicht nur einen von Quellwasser gespeisten Pool, sondern auch ein nahezu einmaliges Erlebnis. Hier übernachtet man inmitten der Natur und mit toller Aussicht in komfortablen Wigwams mit Matratze und warmen Decken, kleinen Holzhütten oder in einem der traditionellen *Lumbung*-Bungalows. Die Anlage teilt man sich mit zahlreichen Tieren, die überwiegend frei herumlaufen. Zutrauliche Hunde und Katzen, aber auch Truthähne, Hühner, ein Pony, ein Pferd und ein Äffchen leben hier und werden von der fürsorglichen Gastgeberin Toni genauso gut gepflegt wie ihre Gäste. Das Essen ist gut: Auf der Speisekarte stehen sowohl Sasak-Gerichte als auch traditionelle deutsche Küche, bei der sich die Frage stellt, wie es Toni an diesem abgelegenen Ort hinkriegt, solch wohlschmeckende Kreationen zu zaubern. Das Frühstück mit frisch gebackenem Brot, Marmelade und Schinken ist ebenso herzhaft. Das Gemeinschaftshaus und die sehr sauberen Sanitäranlagen sind harmonisch in die Reisterrassen eingepasst. Bei Bedarf organisiert der Gastgeber Roland, der ein Arsenal an spannenden Geschichten parat hält, auch die Abholung aus Bangsal oder Senggigi und viele Touren in die Umgebung sowie auf den Rinjani. Voranmeldung erforderlich. ❷–❹

Aktivitäten

Ausrüstung

Eine komplette Ausrüstung (Schlafsack, Zelt, Isomatte und Kocher) kann in den meisten Unterkünften für 50 000 Rp pro Tag geliehen werden. Bucht man kein Trekking-Paket, ist es ratsam, die Verpflegung in Mataram einzukaufen, da sie in Senaru und Sembalun recht teuer ist. Die geliehene Ausrüstung unbedingt direkt auf Qualität und Funktionalität überprüfen!

Rinjani Trekking Center, ✆ 0818-0362 8893 (Senaru), 💻 www.lombokrinjanitrek.org. Kurz vor dem Eingang in den Nationalpark am Beginn des Wanderweges versorgt das offizielle Parkzentrum Interessenten mit Kartenmaterial, Informationen zum Berg und Trekking-Angeboten. Hier können bei Selbstbesteigung auch Schlafsäcke (20 000 Rp pro Tag), Zelte (50 000 Rp), Luftmatratzen (25 000 Rp) und Kochutensilien (25 000 Rp) geliehen werden. ⌚ 6–18 Uhr.

Rinjani Information Center, 💻 www.lombokrinjanitrek.org. In Sembalun Lawang erhält man hier wertvolle Informationen zum Aufstieg, den Soft-Trekking-Touren und dem Nationalpark.

Rinjani Explore, ✆ 0812-371 6617, 💻 www.rinjaniexplore.com. Etwas weiter südlich in Sembalun Lawang liegt dieses empfehlenswerte Trekking-Zentrum.

Eintritt

Wer die Besteigung selbst organisiert, muss 150 000 Rp Eintritt für den Nationalpark zahlen. Im Preis eingeschlossen sind Gebühren für Müllentsorgung, Schulungen für die lokale Bevölkerung sowie Entwicklungsprogramme in den Dörfern der Umgebung.

Guides

Der Weg ist kaum zu verfehlen, trotzdem sollte man zur Sicherheit einen Führer nehmen, wenn man kein Indonesisch spricht. Immer muss mind. ein erfahrener Träger engagiert werden, der die Wege des Nationalparks kennt und beim Tragen der Ausrüstung und des Essens behilflich ist. Auf Anfrage sind mit etwas Glück neben englischsprachigen auch deutschsprachige Guides zu bekommen.

Vorsicht bei Buchungen in Bali!

In der Vergangenheit gab es Betrugsfälle, bei denen Touristen von Anbietern in Padang Bai vorgegaukelt wurde, Touren über das offizielle Rinjani Trek Management Board zu buchen. Dieses hat jedoch nur ein Büro im Lombok Raya Hotel in Mataram, ✆ 0370-641124, sowie 2 Niederlassungen: das Rinjani Trekking Center in Senaru und das Rinjani Information Center in Sembalun. Verlässliche Informationen, Preise und Guides erhält man hier, auf Angebote angeblicher Vertreter des Nationalpark-Managements in Bali sollte nicht eingegangen werden!

Touren

Besteigung des Rinjani

Das **Rinjani Trekking Center** hat sich schon seit 1999 dem Ökotourismus verschrieben. Seitdem arbeiten Vertreter des Nationalparks,der Tourismusindustrie und der Dörfer zusammen, um den Naturpark zu schützen und Erwerbsmöglichkeiten für die lokale Bevölkerung zu schaffen.

Hier liegt auch eine Liste mit „festen" Preisen für Tourpakete aus. In allen Angeboten sind ein lokaler Guide, lokale Träger, der Parkeintritt, Zelt, Schlafsack, Kochutensilien, Wasser und 3 Mahlzeiten pro Tag inbegriffen.

Auch wenn man nur alleine oder zu zweit im Zentrum ankommt, wird der Berg meist in Gruppen von ca. 6 Pers. mit 3 Trägern und einem Guide bestiegen. Das sollte man bei den Preisverhandlungen auch unbedingt zur Sprache bringen, da die Preise bei steigender Gruppengröße niedriger werden.

Bucht man von Senggigi oder anderen Orten in Lombok, sollte man darauf achten, dass der Transport im Preis inbegriffen ist.

Preisbeispiele aus dem Trekking Center für Senaru und Sembalun:

2 Tage: 3 Mio. Rp (1 Pers.), 1,8 Mio. Rp p. P. (2 Pers.), 1,5 Mio. Rp p. P. (3–5 Pers.)

3 Tage inkl. Gipfel: 3,7 Mio. Rp (1 Pers.), 2,2 Mio. Rp p. P. (2 Pers.), 1,7 Mio. Rp p. P. (3–5 Pers.).

Günstigere Angebote gibt es in Senggigi und den Unterkünften in Senaru und Sembalun.

Touren in die Umgebung von Sembalun

Das **Community Development Center** in Sembalun, 0818-0579 1762, www.cdc-sembalun.org, organisiert mit jungen Guides auch Touren durch das Dorf, auf die spektakulären umliegenden Bergkämme, zu den Wasserfällen oder zu den traditionellen Ritualen, in denen die wilden Kühe zurück ins Dorf gerufen werden.

Transport

In Senaru, Batu Kok oder Teresgenit bieten sich **Motorradfahrer** an, Besucher für 20 000 Rp nach BAYAN zu bringen. Von dort verkehren regelmäßig **Minibusse** nach MATARAM für 40 000 Rp.

Praktisch jede Unterkunft bietet gegen einen verhandelbaren Preis einen **Transportservice** zur An- und Abreise an.

Ein **Taxi** von SENGGIGI nach Bayan kostet 300 000 Rp.

Von MATARAM nach Sembalun muss man mit 400 000 Rp rechnen.

Das **Chartern** eines Fahrzeugs von SENGGIGI oder MATARAM nach Sembalun kostet ca. 500 000 Rp.

Minibusse fahren vom MANDALIKA Busbahnhof nach AIK MEL (15 000 Rp) und von dort unregelmäßig nach SEMBALUN (40 000 Rp).

Für das Chartern eines Minibusses von SENARU nach SEMBALUN oder anders herum sind 200 000 Rp zu veranschlagen.

Eine Fahrt mit dem **Ojek** auf der Strecke sollte ca. 80 000 Rp kosten.

Labuhan Lombok

Labuhan Lombok ist ein wenig interessantes Dorf in der Provinz Ost-Lombok. Gut 1 Mio. Menschen leben im östlichen Distrikt auf den rund 670 000 km^2, die von Selong aus verwaltet werden. Fischerei und Landwirtschaft sind wichtige Wirtschaftszweige. Reis, Kopra, aber auch Tabak werden hier angebaut und Firmen wie Philipp Morris oder British American Tobacco haben viel Geld in den Anbau des qualitativ hochwertigen Virginia-Tabaks investiert, der hier produziert wird. Dennoch lebt rund ein Viertel der Bevölkerung unter der offiziellen Armutsgrenze, was auch an der Wasserknappheit liegt. Klimatisch weitaus trockener als der Westen, ist Ost-Lombok in den letzten Jahren stark von Dürre und Lebensmittelknappheit bedroht gewesen.

Seit Generationen überlieferte Handwerke sind in Ost-Lombok noch sehr lebendig, etwa Flechtarbeiten aus Palm- und Lontarblättern in Suradadi, Holzschnitzereien in Senanti oder die Bambuskunst von Loyok. In der Gegend von Labuhan Lombok stehen außerdem noch einige der höchsten Mahagoni-Bäume der Insel.

Von Labuhan Lombok aus legen regelmäßig Fähren nach Poto Tano, dem Hafen von West-Sumbawa, ab. Der Fährhafen des Ortes, als **Labuhan Kayangan** ausgeschildert, liegt etwa 3,5 km außerhalb. Man erreicht ihn, wenn man beim Markt an der Hauptkreuzung des Ortes rechts abbiegt und dann der Straße folgt.

Labuhan Lombok eignet sich nicht für Übernachtungen. Wer doch hier stecken bleibt, muss sich mit einfachen Unterkünften an der Straße zum Fährhafen zufriedengeben, in denen vorwiegend indonesische Fernfahrer absteigen.

Transport

Busse vom Markt in Labuhan Lombok in Richtung MATARAM zum Mandalika Busbahnhof in Bertais fahren häufig und kosten etwa 20 000 Rp.

Nach POTO TANO, dem Fährhafen von West-Sumbawa, verkehrt die **Fähre** rund um die Uhr alle 45 Min. Die Überfahrt dauert etwa 2 Std. und kostet 18 000 Rp p. P., 10 500 pro Kind, 50 000 Rp pro Motorrad und 378 000 Rp pro Auto.

Ein Ojek vom Markt zum Hafen kostet 5000 Rp.

Ticketverkauf für Einzelpersonen am ersten Eingang zum Hafen, für Fahrzeuge am zweiten Schalter.

Anhang

Sprachführer

Eine Nation – ein Land – eine Sprache: Der Slogan der indonesischen Nationalisten in den 1920er-Jahren verdeutlicht den politischen Stellenwert einer einigenden Sprache. Seit 1945 ist das aus dem klassischen Malaiisch entwickelte Indonesisch Staatssprache. Viele Wörter wurden aus Fremdsprachen übernommen – aus indonesischen Regionalsprachen ebenso wie aus dem Arabischen, dem Sanskrit, dem Chinesischen, dem Holländischen und – vor allem in jüngerer Zeit – dem Englischen.

Relativ neue Wortschöpfungen, die einem auch ohne Übersetzungshilfen verständlich sein dürften, sind zum Beispiel: Wenn ein *jerman intelektual* mit viel *emosi* im *Restoran* am *telepon* hängt, um vom *imagrasi (birokrasi)* endlich den *pas* und die *permisi* für den *impor* von einem *mobil* zu kriegen. Doch der *agen polisi* hat eine *infeksi* und ist mit dem *taksi* zum *dokter* und zur *apotik*. Leider ist nicht alles so einfach zu verstehen, deshalb hier einige Hilfestellungen:

Aussprache

Generell werden die Wörter so ausgesprochen, wie sie geschrieben werden – mit wenigen Ausnahmen:

(e)	selten wie in „Meer", häufig verschluckt oder wie „gekommen"
(c)	*candi* (Tempel): ein tsch wie in „rutschen"
(j)	*jalan* (Straße): ein weiches dsch wie z. B. in „Gin"
(kh)	*akhirnya* (endlich): wie in „Loch"
(ng)	*bunga* (Blume): wie in „singen"
(ny)	*nyanyi* (singen): ähnlich wie das gn in „Champagner"
(r)	*roti* (Brot): gerolltes r wie im bayerischen Dialekt
(y)	*wayang* (Theater): wie in „ja"

Wörterbücher und Sprachführer

Wer sich intensiver mit der indonesischen Sprache befassen will, kann sich in jeder deutschen Buchhandlung einen praktischen Sprachführer für unterwegs kaufen.

Indonesisch Wort für Wort von Gunda Urban, Bielefeld 2007. In der Kauderwelsch-Reihe sind zudem ein Sprachführer Balinesisch sowie indonesischer Slang- und Jugendsprache erschienen.

Alternativ bieten vor Ort einige Buchhandlungen Wörterbücher an, die deutlich billiger als in Deutschland, aber oft zu unhandlich für die Reise sind.

Kamus Jerman – Indonesia von Adolf Heuken, Jakarta 2003. Das empfehlenswerteste Wörterbuch ist in jeder Gramedia-Buchhandlung zu bekommen.

Kamus Jerman – Indonesia von R. Yunia und T. Kühne, Jakarta 2010. Kleiner, handlicher und als Taschenbuchausgabe auch billiger ist dieses relativ neue und gut sortierte Wörterbuch.

Schließlich ist auch das kostenlose Online-Wörterbuch 💻 **www.jot.de** zu empfehlen, das über 15 500 Übersetzungen von Wörtern und Wortgruppen umfasst und automatisch in beide Richtungen funktioniert (Deutsch-Indonesisch, Indonesisch-Deutsch).

Smalltalk

Wie geht's?	*apa kabar?*
Mir geht's gut.	*kabar baik*
Wie heißt du?	*siapa namamu?*
Ich heiße …	*nama saya …*
Woher kommst du?	*dari mana?*
Aus Deutschland, der Schweiz, Österreich	*dari Jerman, dari Swiss, dari Austria*
Wohin gehst du?	*(pergi/mau) ke mana?*
Zum Strand.	*ke pantai*
Spazierengehen.	*jalan-jalan*
Wo wohnst du?	*tinggal di mana?*
Im Hotel.	*di hotel*
Wie lange bist du schon auf Bali?	*sudah berapa lama di Bali?*
Schon lange.	*sudah lama*
Einen Tag.	*satu hari*
Eine Woche.	*satu minggu*
Sprichst du Indonesisch?	*bisa bicara bahasa indonesia?*
Nur ein wenig.	*sedikit saja*

Ich verstehe kein Indonesisch.	*saya tidak mengerti bahasa indonesia.*
Wie alt bist du?	*umur berapa?*
20 Jahre.	*dua puluh tahun*
Alleine? (Sofern man alleine unterwegs ist)	*sendiri?*
Schon verheiratet?	*sudah kawin?*
Falls „Ja", folgt:	
Wie viele Kinder?	*berapa anak-anak?*
3, 10 (niemals keine)	*tiga, sepuluh*

Grußformeln

Guten Morgen.	*selamat pagi*
Guten Mittag.	*selamat siang*
Guten Nachmittag. (von ca. 14 Uhr bis Sonnenuntergang)	*selamat sore*
Guten Abend.	*selamat malam*
Schlafe gut.	*selamat tidur*
Herzlich willkommen.	*selamat datang*

Fragen

Was?	*apa?*
Was ist das?	*apa ini?*
Wer?	*siapa?*
Wie heißt du?	*siapa namamu?*
Wie viel?	*berapa?*
Wie lange?	*berapa lama?*
Wie weit?	*berapa jauh?*
Wann?	*kapan?*
Wann kommt der Bus an?	*kapan bis datang?*
Warum?	*mengapa?*
Warum (ist das) so?	*mengapa begitu?*
Wie?	*bagaimana?*
Wie geht/funktioniert das?	*bagaimana caranya?*
Wo?	*dimana?*

Personen

ich	*saya (förmlich)/aku (umgangssprachlich)*
du/Sie	*kamu/Anda*
er/sie	*dia*
wir	*kita/kami* (*ohne die angesprochene Person)*
ihr	*kalian*
sie (Plural)	*mereka*

Anrede

Vater	*bapak (pak)*
Mutter	*ibu (bu)*
älterer Bruder, ältere Person (freundschaftlich)	*kakak (kak)*
jüngerer Bruder, Kind	*adik (dik)*
Großmutter	*nenek*
Großvater	*kakek (kek)*
Bruder/Schwester (förmlich)	*saudara*
Freund	*kawan/teman*
Kind	*anak*
Frau	*perempuan/wanita*
Mann	*laki-laki*

Zeit

Morgen (bis 11 Uhr)	*pagi*
Mittag	*siang*
Nachmittag	*sore*
Abend	*malam*
heute, dieser Tag	*hari ini*
morgen (auch irgendwann in der Zukunft)	*besok*
gestern (auch irgendwann in den letzten Jahren)	*kemarin*
Zeit	*waktu*
Wie spät ist es?	*jam berapa?*
„Gummizeit" (die typische indonesische Unpünktlichkeit)	*jam karet*
jetzt	*sekarang*
bald (bis 12 Stunden)	*sebentar lagi*
später	*nanti*
noch nicht	*belum*
schon/fertig	*sudah*
vor …	*yang lalu …*

lange andauernd	*lama*
vorher, früher	*dulu*
gerade, vorhin	*tadi*
vor, bevor	*sebelum*

Minute	*menit*
Stunde	*jam*
Tag	*hari*
Woche	*minggu*
Monat	*bulan*
Jahr	*tahun*
Jahrhundert	*abad*
jeden Tag	*setiap hari*

Montag	*hari senin*
Dienstag	*hari selasa*
Mittwoch	*hari rabu*
Donnerstag	*hari kamis*
Freitag	*hari jumat*
Samstag	*hari sabtu*
Sonntag	*hari minggu*

Zahlen

0	*nol/kosong*
1	*satu*
2	*dua*
3	*tiga*
4	*empat*
5	*lima*
6	*enam*
7	*tujuh*
8	*delapan*
9	*sembilan*
10	*sepuluh*
11	*sebelas*
12	*dua belas*
13	*tiga belas*
14	*empat belas*
15	*lima belas*
20	*dua puluh*
30	*tiga puluh*
50	*lima puluh*
100	*seratus*
200	*dua ratus*
1000	*seribu*
2000	*dua ribu*
10 000	*sepuluh ribu*
100 000	*seratus ribu*
1 000 000	*sejuta*

1/2	*setengah*
1/4	*seperempat*
viel	*banyak*
wenig	*sedikit*
weniger (–)	*kurang*
mehr (+)	*tambah/lagi/lebih*

Essen und Trinken

essen	*makan*
trinken	*minum*
Frühstück	*sarapan*
Mittagessen	*makan siang*
Teller	*piring*
Glas	*gelas*
Portion/zum Mitnehmen	*porsi/bungkus*
lecker	*enak*
Essen	*makanan*
Das Essen ist gut.	*makanan enak!*
Ich habe Hunger/Durst.	*saya lapar/haus*
Ich hätte gern …	*saya minta …*
Ich will essen.	*saya mau makan*
mögen	*suka*
Ich mag kein Fleisch.	*saya tidak suka daging*

Wasser	*air*
kalt	*dingin*
warm	*hangat*
gebraten, frittiert	*goreng*
gekocht (in Wasser)	*rebus*
Brot	*roti*
Fleisch	*daging*

Rind	*sapi*
Büffel	*kerbau*
Schwein	*babi*
Huhn	*ayam*
Ziege	*kambing*
Ente	*bebek*
Leber	*hati*
Hirsch	*rusa*
Maus	*tikus*
Hund	*anjing*
Fisch	*ikan*
Krabben	*udang*
Tintenfisch	*cumi-cumi*
Gemüse	*sayur*
Kartoffel	*kentang*
Zwiebel	*bawang merah*
Knoblauch	*bawang putih*
Frucht	*buah*

Weiteres im Kapitel Essen und Trinken, s. S. 40.

Einkaufen

kaufen	*(mem)beli*
verkaufen	*(men)jual*
bezahlen	*(mem)bayar*
Geld	*uang/duit*
teuer	*mahal*
billig	*murah*
zu (teuer)	*terlalu (mahal)*
Wie viel kostet es? (wörtl.: Wie viel der Preis?)	*berapa harganya?*
Kann man handeln/feilschen?	*boleh menawar?*
Geht es billiger?	*bisa turun?*
normaler (richtiger) Preis	*harga biasa*
Festpreis	*harga pas*
ohne/mit (Un)kosten	*tanpa/dengan ongkos*
Lohn, Verdienst/Ernte, Einkommen	*gaji/hasil*
Einkaufsladen	*toko*
Supermarkt	*pasar swalayan*
Buchhandlung	*toko buku*
öffentlicher Fernsprecher	*wartel*
Internetcafé	*warnet*
Postamt	*kantor pos*
Kleidung	*pakaian*
Hose	*celana*
T-Shirt	*kaos*
Hemd	*kemeja*
(gewebter) Stoff	*kain*
Baumwolle	*kapas*
Seide	*sutra*
Moskitocoils, Mückenschutz	*obat nyamuk*
Brille	*kaca mata*
Shampoo	*obat langir*
Schreibpapier	*kertas tulis*
Toilettenpapier	*kertas wc*
Brief/Briefmarke	*surat/pranko*
Briefumschlag	*amplop*
Tageszeitung	*koran*
unten/oben	*di bawah/di atas*
vor/hinter	*di depan/di belakang*

Übernachten

Wo gibt es ein Hotel?	*dimana ada hotel?*
Haben Sie ein freies Zimmer?	*ada kamar kosong?*
für 2 Personen (Nächte)	*untuk dua orang (malam)*
Zimmer	*kamar*
leer	*kosong*
voll	*penuh*
Bad	*kamar mandi*
Bett	*tempat tidur*
Warmwasser	*air panas*
Klimaanlage	*AC*
Kühlschrank	*kulkas*
Decke	*selimut*

Handtuch	*handuk*
Schlüssel	*kunci*
Moskito	*nyamuk*
Moskitonetz	*kelambu*
Tür	*pintu*
Fenster	*jendela*
Tisch	*meja*
Stuhl	*kursi*

eintreten	*masuk*
hinausgehen	*keluar*
sitzen	*duduk*
Kleidung waschen	*cuci pakaian*
baden, duschen	*mandi*
schlafen	*tidur*
aufstehen	*bangun*

Reisen und Transport

Wo ist/gibt es …?	*dimana ada …?*
nach/in/von	*ke/di/dari*
Ich gehe nach …	*saya pergi ke …*
Ich komme aus …	*saya datang dari …*
Ich wohne (übernachte)	*tinggal (menginap)*
in … Richtung	*di … arah*
Welche Richtung?	*arah mana?*
geradeaus	*terus*
links/rechts abbiegen	*belok kiri/kanan*
Norden/Süden	*utara/selatan*
Osten/Westen	*timur/barat*
weit/nah	*jauh/dekat*

Flugzeug	*pesawat*
Flughafen	*bandara*
Busbahnhof	*terminal bis*
Bus	*bis*
Schiff/Fähre	*kapal laut/feri*
Hafen	*pelabuhan*
Eisenbahn	*kereta api*
Bahnhof	*stasiun*
Taxi	*taksi*
Pferdekutsche	*cidomo*
Motorrad-„Taxi"	*ojek*
Tankstelle	*pompa bensin*
mieten	*menyewa*
Auto, Wagen	*mobil*
Motorrad	*sepeda motor*
Pferd	*kuda*

laufen; zu Fuß	*jalan kaki*
Autofahren; mit dem Auto	*naik mobil*
Flugzeug fliegen; mit dem Flugzeug	*naik pesawat*
Fahrkarte (Zug, Bus)	*karcis*
Ticket (Flugzeug)	*tiket*
(Fahrkarten-) Schalter	*loket*
günstigste Klasse	*ekonomi*
Businessklasse	*bisnis*
Sitzplatz	*tempat duduk*
Gepäck/Koffer	*barang/koper*
schnell	*cepat*
langsam	*pelan*
verschwinden	*hilang*
Vorsicht!	*hati-hati*
Achtung!	*awas*
umherreisen	*keliling*
Straße	*jalan*
Brücke	*jembatan*
Kreuzung	*perempatan*
gefährlich	*berbahaya*
sicher, bestimmt	*tentu/pasti*
aufbrechen, abfahren	*berangkat*
gehen nach	*pergi ke*
zurückkehren	*pulang*
hin und zurück	*pergi pulang (pp)*
fallen	*jatuh*
fliegen	*terbang*
Auf Wiedersehen! (zu dem, der bleibt)	*selamat tinggal!*
Auf Wiedersehen! (zu dem, der geht)	*selamat jalan!*

Umwelt

Dorf	*kampung/desa*
Stadt	*kota*
Insel	*pulau*
Land	*negeri*
Berg	*gunung*
Vulkan	*gunung berapi*
Gipfel	*puncak*
Hügel	*bukit*
Höhle	*goa*
Wald	*hutan, rimba*
Baum	*pohon*
Tier	*binatang*
Vogel	*burung*
Blume	*bunga*
Blatt	*daun*
Holz	*kayu*
Silber	*perak*
Eisen	*besi*
Gold	*(e-)mas*
See	*danau*
Quelle	*mata air*
Wasserfall	*air terjun*
Frischwasser	*air tawar*
Flut	*air pasang*
Ebbe	*air surut*
Fluss	*sungai*
Meer	*laut*
Strand	*pantai*
Stein	*batu*
Koralle	*karang*
Sand	*pasir*
Bucht	*teluk*
Landzunge	*tanjung*
Welle	*ombak*
Inselgruppe	*kepulauan*
Welt	*dunia*
Nassreisfeld	*sawah*
Riedgras	*alang-alang*
Feld	*lapangan*
Luft	*udara*
Stern	*bintang*
Mond	*bulan*
Sonne	*matahari*

Wetter

Wolken	*awan*
Blitz	*kilat*
Regen	*hujan*
Schnee	*salju*
Wind	*angin*
nass	*basah*
trocken	*kering*

Freizeit

spielen	*(ber)main*
Fußball	*sepak bola*
tauchen	*menyelam*
entspannen, relaxen	*bersantai*
schwimmen	*berenang*
ein Buch lesen	*membaca buku*
Party, Feier	*pesta*

Farben

schwarz	*hitam*
weiß	*putih*
gelb	*kuning*
rot	*merah*
(hell-) blau	*biru (muda)*
grün	*hijau*
braun	*coklat*

Krankheit

Ich bin krank.	*saya sakit*
gesund	*sehat*
Mein Kopf/Bauch/ Zahn schmerzt.	*kepala/perut/gigi saya sakit*
Kopfschmerzen	*sakit kepala*
Bauchschmerzen	*sakit perut*
Husten	*batuk*
Schnupfen	*pilek*
Fieber	*demam*

Durchfall haben	*berak air*
sich übergeben	*muntah*
Erkältung	*flu*
Blut	*dara*
sterben	*meninggal*
Krankenhaus	*rumah sakit*
kommunale Poliklinik (meist nur mit Krankenschwestern)	*Puskesmas*
Medizin	*obat*
Arzt/Apotheke	*dokter/apotik*

Körperteile

Kopf	*kepala*
Auge	*mata*
Zahn	*gigi*
Nase	*hidung*
Bauch	*perut*
Arm	*lengan*
Finger	*jari*
Bein, Fuß	*kaki*
Haar	*rambut*
Brust	*dada*
Ohr	*telinga*
Hand	*tangan*
Mund	*mulut*
Rücken	*punggung*

Gefühle / Gemütszustände

glücklich/fröhlich	*bahagia/gembira*
froh, glücklich, sich wohlfühlen	*senang*
lieben/vermissen	*cinta/rindu*
müde	*lelah, cape*
wütend, zornig	*marah*
enttäuscht	*kecewa*

Wichtige Adjektive

alt/jung/neu	*tua/muda/baru*
gut aussehend (für Frauen/für Männer)	*cantik/ganteng*
schön (Dinge)	*indah*
freundlich	*ramah*
schmutzig/hässlich	*kotor/jelek*
leise, still	*sepi*
friedlich/sicher	*damai/aman*
laut, betriebsam, voller Leute	*ramai*
kaputt	*rusak*
lang/kurz	*panjang/pendek*
hoch/niedrig	*tinggi/rendah*
groß/klein	*besar/kecil*

Gespräch

Ich mag/will/ kann/muss	*saya suka/mau/ bisa/harus*
Vielen Dank.	*terima kasih.*
Antwort: desgl.	*sama-sama!*
Bitte! (fordernd/ anbietend)	*tolonglah!/silakan!*
Entschuldigung!	*permisi! (vorher)* *maaf! (nachher)*
Ja/Nein (bei Substantiven)	*ya/tidak (bukan)*
tu (das) nicht! (verneinter Imperativ)	*jangan*
Bsp.: Renn nicht (so rum)!	*jangan lari*
Fass das/mich/etc. nicht an!	*jangan memegang*
Ich lerne Indonesisch.	*saya belajar bahasa indonesia.*
gut/okay	*bagus/baik-baik*
Sprechen Sie Englisch?	*apakah Anda bisa bicara bahasa inggris?*
Bitte sprich langsam!	*tolonglah bicara pelan-pelan!*
Ich verstehe nicht.	*saya tidak mengerti.*
Was ist das?	*apa ini?/apa itu?*
Wie heißt das auf Indonesisch?	*bagaimana dalam bahasa Indonesia?*
Was ist die Bedeutung von …?	*apa artinya…*
Darf ich fotografieren?	*boleh memotret foto?*
Religion/Glaube	*agama/kepercayaan*
kennen	*tahu (Dinge)* *kenal (Personen)*

Glossar

A

Adat traditionelles Gewohnheitsrecht

Angkot öffentlicher Minibus, der auf einer festgelegten Strecke verkehrt und entlang dieser überall angehalten werden kann

Animismus Schriftlose Religion, die von der Beseeltheit aller Dinge und einem Regelwerk der Naturelemente ausgeht

B

Bale Versammlungshalle der Dorfgemeinschaft

Banjar Dorfrat, Dorfversammlung

Barong magiegeladene, menschenähnliche riesige Figur

Bemo s. Angkot

Beruga traditionelle, hölzerne Pavillons, manchmal mit einem Strohdach

C

Candi Tempel

Cidomo Pferdekutsche

D

Dangdut indonesische Popmusik mit Elementen der traditionellen arabischen, indischen und malaiischen Musik

E

Endek Handgewebter Stoff, bei dem die einzelnen Kettfäden schon vor dem Weben im sehr arbeitsintensiven Ikat-Verfahren im gewünschten Muster eingefärbt werden.

G

Galungan erster Tag einer zehntägigen Feier zu Ehren der Schöpfer der Welt

Gamelan typisch balinesisches Orchester, das von einem Gong angeführt wird, um den herum sich die anderen Instrumente formieren. Klingt für europäische Ohren unrhythmisch.

Goa Höhle

K

Kopi Luwak Katzenkaffee, dessen Bohnen durch den Verdauungsprozess des Fleckmusangs ihr berühmtes Aroma erhalten. Die ausgeschiedenen, aber nicht verdauten Bohnen werden zu Kaffee gemahlen. Der Kaffee ist eine begehrte und seltene Spezialität, die sich in Europa kaum jemand leisten kann.

Kraton Palastanlage eines Sultans oder Rajas

Kris asymmetrischer, traditioneller Dolch, dem eine spirituelle Bedeutung beigemessen wird. Er gilt als Symbol für die Würde des Mannes.

Kulkul Glockenturm mit Schlitztrommel, die den Tod eines Dorfbewohners verkündet oder zum Banjar zusammenruft.

Kuningan letzter Tag einer zehntägigen Feier zu Ehren der Schöpfer der Welt

L

Lamak Opfergabe aus kunstvoll geflochtenen Palmblättern

Lontar altjavanisches Wort, das ein Blatt *(ron)* vom Rontal-Baum *(tal)* bezeichnet

Lontar-Schriften in die Blätter der Lontar-Palme geritzte Schriften, die einen bibelgleichen Stellenwert haben

Lumbung traditionelle Reisspeicher auf Pfählen

M

Mandi indonesische Art zu duschen. Besteht aus einem großen Wasserbehälter und einer kleinen Schüssel, mit der man den Körper mit Wasser übergießt.

Melasti aufwendige Prozessionen, die zu einer Wasserquelle, zumeist zum Strand, führen und die rituelle Reinigung von Figuren, Masken oder anderen Heiligtümern beinhalten.

Meru balinesische Pagode, ein turmartiges Bauwerk, v. a. bei Tempeln zu finden

Moksa Vorgang der Nirwana-Erlangung

N

Ngaben rituelle Verbrennung, durch die ein Verstorbener seine nächste Wiedergeburt erreicht. Die Asche wird anschließend im Meer oder in Flüssen verstreut.

Nyepi großes Neujahrsfest

O

Odalan Jahresfeier eines Tempels; wichtigstes Tempelfest
Ojek Motorradtaxi

P

Pande balinesische Schmiede
Pantun indonesische Gedichtform, oft im Duett vorgetragen
Pemangku Laienpriester
Penjor mit Opfergaben behängter Bambusstab
Peresean traditioneller Stockkampf der Sasak
Prahu malaiische Segelboote
Pratima kleine steinerne Figuren, die die Gottheiten darstellen. Sie dienen als Behälter für die göttlichen Ahnen oder verschiedene Götter bei ihren Besuchen auf die Erde.
Puputan der in ausweglos erscheinenden Situationen von den Könighäusern durchgeführte rituelle Massenselbstmord
Purnama Vollmond

R

Raja Indonesisch: König

S

Sad Kahyangan Bezeichnung für die sechs heiligsten Tempel auf Bali
Sasak die ursprünglichen Einwohner Lomboks und deren Sprache
Sawah Reisfeld im Nassreisanbau
Slendang Tempelschal
Songket Stoff mit Gold-/Silberstickerei; Brokat
Subak Gemeinschaft von Reisbauern
Sudra die niedrigste Kaste des hinduistischen Kastensystems

T

Trimurti Dreiheit von Shiva, Vishnu und Brahma (Hinduismus)

W

Wantilan Hahnenkampfarena, oft im Inneren eines Tempels
Warung Essenstand
Wayang Kulit Schattenspiel, bei dem die flachen Spielpuppen aus Tierhaut *(kulit)* bestehen
Wetu Telu die ursprüngliche Religion der Sasak

Reisemedizin zum Nachschlagen

Hier eine alphabetische Aufstellung der wichtigsten Gesundheitsrisiken. Aber bitte keine Panik – die meisten Risiken sind durch normales, umsichtiges Verhalten minimierbar.

Aids

HIV/Aids ist auch in Indonesien zu einem großen Problem geworden. Schätzungen der Unaids zufolge lebten im Jahr 2011 300 000 Menschen in Indonesien, die Aids haben oder mit dem HIV-Virus infiziert sind. Obwohl die indonesische Regierung häufig die *Waria*, Transvestiten, für die Verbreitung der Krankheit verantwortlich macht, sind über 80 % der Infizierten männlich. Trotz diverser Aufklärungskampagnen steigt die Zahl der Infizierten jährlich.

Auf das schützende Kondom sollte auf keinen Fall verzichtet werden. Kondome sind in Süd-Bali überall zu bekommen. Asiatische Kondome stehen allerdings in dem Ruf, für europäische Proportionen zu klein und von schlechter Qualität zu sein. Wer in abgelegenere Orte reisen möchte, sollte sich ohnehin einen Vorrat zulegen, denn in den Dörfern sind Kondome oft weder bekannt noch erhältlich.

Cholera

Die Cholera tritt vor allem in übervölkerten Gebieten unter unhygienischen Bedingungen auf. Der Impfschutz durch handelsüblichen Impfstoff ist umstritten, Nebenwirkungen sind häufig. Geimpft wird deshalb nur dann, wenn eine entsprechende Einreisebestimmung besteht, was für Indonesien nicht zutrifft.

Dengue-Fieber

Diese Viruskrankheit tritt zunehmend in ganz Indonesien auf und wird von manchen Leuten auch die „moderne Pest" genannt, da die Zahl der weltweiten Neuerkrankungen – zurzeit über 50 Mio. pro Jahr – in ganz Südostasien rasant steigt. Sie wird durch die *Aedes-aegypti*-Mücke übertragen, die etwas größer wird als die europäischen Mücken und an ihren schwarz-weiß gestreiften Beinen zu erkennen ist. Sie sticht während des ganzen Tages, verstärkt jedoch in den Morgenstunden zwischen 9 und 11 Uhr und nachmittags zwischen 15 und 18 Uhr (Hinweise zum Mückenschutz s. Insektenstiche und -bisse). Der Krankheitsverlauf kann einer schweren Grippe gleichen oder sich über zwei verschiedene Stadien erstrecken.

Im ersten Stadium kommt es nach einer Inkubationszeit von zwei bis zehn Tagen zu Fieber und Grippesymptomen. Hinzu können ein Hautausschlag und ein metallisch bitterer Geschmack im Mund kommen. Nach Abklingen der Symptome folgen nach vier bis fünf Tagen ein erneuter Fieberschub und evtl. ein maserähnlicher Hautausschlag. Tritt dieses zweite Stadium auf, kann es zu inneren und äußeren lebensgefährlichen Blutungen kommen. In diesem Fall ist unverzüglich ein Krankenhaus aufzusuchen.

Keinesfalls sollten ASS, Aspirin oder ein anderes acetylsalicylsäurehaltiges Medikament genommen werden, da diese einen lebensgefährlichen Verlauf herausfordern.

Durchfall und Verstopfung

Asien-Reisende plagt manchmal Durchfall (Diarrhö), der durch Infektionen hervorgerufen wird. Verdorbene Lebensmittel, ungeschältes Obst oder Eiscreme sind häufig die Verursacher. Da auch Mikroorganismen im Wasser durchschlagende Wirkung zeigen können, sollte nur abgefülltes Wasser getrunken werden (auf den versiegelten Verschluss achten).

Eine Elektrolyt-Lösung (*Elotrans* bzw. für Kinder *Oralpädon*), die verlorene Flüssigkeit und Salze ergänzt, reicht bei den meist harmlosen Durchfällen völlig aus. Alternativ kann auch auf die etwas süßen Getränke und Pulver von Pocari Sweat zurückgegriffen werden, die überall erhältlich sind.

Zur Not, z. B. vor langen Fahrten, kann *Imodium*, das die Darmtätigkeit ruhiglegt, eingenommen werden (aber nur in geringen Dosen, da die Ausscheidung von Krankheitserregern verzögert wird).

Wer Durchfall mit Fenchel, Kamille und anderen uns bekannten Kräutertees lindern möchte, sollte sich einen Vorrat mitnehmen. Zudem hilft eine Bananen- oder Reis-und-Tee-Diät sowie Cola in Maßen, denn sie enthält Zucker, Spuren-

Hausrezept bei Durchfall

Bei leichten Durchfallerkrankungen kann man auf Medikamente verzichten. Stattdessen stellt man eine Lösung aus 4 gehäuften Teelöffeln Zucker oder Honig, 1/2 Teelöffel Salz und 1 l Orangensaft oder abgekochtem Wasser her.

elemente, Elektrolyte und ersetzt das verloren gegangene Wasser. Generell sollte man viel trinken und die Zufuhr von Salz nicht vergessen. Bei länger anhaltenden Erkrankungen empfiehlt es sich, einen Arzt aufzusuchen, denn es könnte auch eine bakterielle oder eine Amöben-**Ruhr** (Dysenterie) sein.

Verstopfung kann durch eine große Portion geschälter Früchte, z. B. Ananas oder eine halbe Papaya (mit Kernen essen), verhindert werden.

Erkältungen

Erkältungen kommen in den Tropen häufiger vor, als man denkt. Schuld sind vor allem Ventilatoren und Klimaanlagen. In den örtlichen Apotheken sind hilfreiche Medikamente vorhanden. Empfehlenswert ist Tigerbalm. Verschnupfte können die Salbe in heißem Wasser auflösen und inhalieren. Bei Husten und Halsschmerzen kann sie auf den Brustkorb aufgetragen werden. Zusätzlich sind auch Strepsils gegen Husten empfehlenswert, die in vielen Apotheken, Supermärkten und Geschäften angeboten werden.

Geschlechtskrankheiten (Veneral Diseases)

Gonorrhöe und die gefährlichere **Syphilis** sind in Asien weit verbreitete Infektionskrankheiten, vor allem bei Prostituierten. Bei den ersten Anzeichen einer Erkrankung (Ausfluss/Geschwüre) unbedingt ein Krankenhaus zum Anlegen einer Kultur und zur Blutentnahme aufsuchen.

Giardiasis / Lambliasis

Giardiasis ist eine Infektion des Verdauungstraktes, ausgelöst von dem Parasiten *Giardia lamblia,* der über fäkal verunreinigtes Wasser oder Lebensmittel aufgenommen wird. Die Symptome treten ein bis zwei Wochen nach der Infektion auf: Durchfälle, Bauchkrämpfe, Blähungen, Müdigkeit, Gewichtsverlust und Erbrechen. Bei ausbleibender Behandlung mit Antibiotika verschlimmert sich das Krankheitsbild, daher sollte unverzüglich ein Arzt aufgesucht werden.

Hauterkrankungen

Bereits vom Schwitzen können unangenehm juckende Hautpilze entstehen. Gegen zu starkes Schwitzen hilft Körperpuder, das angenehm kühlt und in Apotheken oder Supermärkten erhältlich ist. Für andere Erkrankungen sind häufig Kopf-, Kleider- und Filzläuse, Flöhe, Milben oder Wanzen verantwortlich. Die beste Vorbeugung ist eine ausreichende Hygiene. Nicht selten treten an Stellen, an denen die Kleidung eng aufliegt, Hitzepickel auf, die man mit *Prickly Heat Powder*, Zinkoxyd oder Titanoxyd behandeln kann. Gegen Kopfläuse hilft *Organoderm* oder, falls man wieder in Deutschland ist, *Goldgeist forte*.

Hepatitis

Hepatitis ist in Indonesien sehr weit verbreitet. Nach Schätzungen des Gesundheitsministeriums leiden bis zu 30 Mio. Indonesier an der Krankheit.

Die schwere Lebererkrankung **Hepatitis B** ist die gefährlichste Ausprägung und wird vor allem durch sexuellen Körperkontakt und durch Blut (ungenügend sterilisierte Injektionsnadeln, Bluttransfusionen, Tätowierung, Piercen, Akupunktur) übertragen. Eine rechtzeitige vorbeugende Impfung, z. B. mit *Gen H-B-Vax,* ist sehr zu empfehlen.

Die **Hepatitis A** wird durch infiziertes Wasser und Lebensmittel oral übertragen. Vor einer Ansteckung schützt der Impfstoff *Havrix* (auch als Kombi-Impfung *Twinrix* für Hepatitis A und B erhältlich). Während in Indonesien die meisten Menschen nach einer harmlosen Hepatitis-A-Infektion im Kindesalter gegen diese Krankheit immun sind, trifft dies nur auf ein Drittel aller Europäer zu. Ob die Impfung notwendig ist, zeigt ein Antikörpertest.

Insektenstiche und -bisse

Insekten sind allgegenwärtig und zu Beginn der Trockenzeit eine echte Plage. Auch in der heißen Jahreszeit lassen sie sich in Scharen von

Lichtquellen anlocken. Vorsicht ist vor allem vor den schwarz-weiß gestreiften **Moskitos** geboten, da sie Dengue-Fieber übertragen können. Es ist in jedem Fall ratsam, sich schon morgens mit einem Mückenmittel gegen Stiche zu schützen, da diese Mücke ganztägig sticht.

Weitere unangenehme Insekten sind **Sandfliegen**, deren gemeine Bisse sich erst einige Stunden nach dem Strandbesuch durch juckende, extreme Hautrötungen bemerkbar machen. Kratzen erhöht die Gefahr einer Entzündung, die mitunter erst nach einem Monat abklingt und hässliche Narben hinterlässt. Da sich die kleinen Plagegeister nur in begrenzten Bereichen aufhalten, sollte man sich von diesen Stränden fernhalten, zudem hilft *Skin-So-Soft* von Avon oder einfaches Baby-Öl.

Flöhe und **Wanzen**, deren Bisse fürchterlich jucken können, verstecken sich bevorzugt in alten Matratzen und in den Ritzen und Spalten alter Sessel und hölzerner Bettgestelle. Bisse von Wanzen hinterlassen meist unregelmäßig geformte Quaddeln, die deutlich größer als Moskitostiche sind, aber wie diese auch schnell wieder abklingen. Flohbisse dagegen sind normalerweise kleiner als Moskitostiche, treten oft gleich reihenweise auf und können sich bis zu zwei Wochen halten.

Vorsicht ist auch vor den honiggelben und roten **Ameisen** geboten, die von den Indonesiern als *Semut Merah* (rote Ameisen) bezeichnet werden. Die Ameisen leben auf Büschen, Palmen und Bäumen und sind in vielen Gärten zu finden. Sie sind angriffslustig und ihr Biss ist äußerst schmerzhaft, klingt aber schnell wieder ab.

Auf dem Land sind viele Tiere mit **Zecken** infiziert, die sich in gesättigtem Zustand von ihrem Wirt fallen lassen und auf das nächste Opfer warten, dem sie ihre mit Haken besetzten Köpfe ins Fleisch bohren können, um Blut zu saugen. Es ist wichtig, sie vorsichtig zu entfernen, damit keine Haken stecken bleiben.

Blutegel sind vor allem zur Regenzeit im Dschungel eine Plage, besonders beim Durchqueren feuchter Stellen. Sobald sie sich mit Blut vollgesogen haben, fallen sie ab, doch schon vorher kann man sie mit brennenden Zigaretten, Salz oder *Cap-Kapak* (einem ätherischen Öl, das vielerorts erhältlich ist) vertreiben. Langärmelige Hemden und in die Socken gesteckte lange Hosen können vor den kleinen Blutsaugern schützen

Schutz vor Mücken

Am Abend schützt helle **Kleidung** (einige Reisende schwören auch auf dunkle Kleidung); wichtig sind lange Hosen, langärmlige Hemden, engmaschige lange Socken und ein **Mücken abweisendes Mittel** auf der Basis von DEET, das auf die Haut aufgetragen wird und die Geschmacksnerven stechender Insekten lähmt. Einige Apotheken bieten sanftere Mittel an, die auf Zitronella- und Nelkenöl basieren. Als eines der besten Mückenmittel auf dem deutschen Markt gilt Autan Family, das sowohl hautverträglich als auch wirksam gegen Tropenmücken ist. Einige Reiseerfahrene schwören auch auf die Einnahme von Vitamin B in hohen Dosen, bei anderen scheint dies jedoch vollkommen wirkungslos zu bleiben.

In den USA hat sich der Wirkstoff **Permethrin** bewährt, mit dem die Kleidung und das Moskitonetz eingesprüht werden. Er geht eine Verbindung mit dem Gewebe ein und bleibt wochenlang wirksam. Ähnliche Produkte sind auch in deutschen Apotheken erhältlich.

Wer ganz sichergehen will, sollte ein eigenes **Moskitonetz** mitbringen. Löcher werden am besten mit Klebeband verschlossen. Bei niedrigen Temperaturen in klimatisierten Räumen sind Mücken zwar weniger aktiv, aber keineswegs ungefährlich.

Notfalls verringern auch **Moskito-Coils**, grüne Räucherspiralen, die wie Räucherstäbchen abbrennen und für ca. acht Stunden die Luft verpesten, das Risiko. Oft werden sie abends in Restaurants unter die Tische gestellt, um die herumschwirrenden Moskitos zu vertreiben. Der Einsatz in geschlossenen Räumen endet jedoch in üblen Kopfschmerzen.

Japanische Enzephalitis (Hirnentzündung)

Die Krankheit wird durch Moskitos in Agrarregionen übertragen. Zu den Symptomen zählen Fieber, Kopfschmerzen, Nackenschmerzen und Erbrechen. In Deutschland gibt es einen zugelassenen Impfstoff gegen die Japanische Enzephalitis. *Ixiaro* ist ab einem Lebensalter von 16 Jahren zugelassen und wird zweimal im Abstand von vier Wochen gespritzt. Eine Impfung ist für Reisende zu erwägen, die einen langen Aufenthalt in gefährdeten Regionen oder Endemiegebieten planen.

Malaria

Bali gilt als malariafrei. Hingegen besteht auf Lombok ein geringes Risiko, an Malaria zu erkranken.

Die weibliche Anopheles-Mücke, die den Erreger *Plasmodium falciparum* überträgt, sticht während der Nacht, also zwischen Beginn der Dämmerung und Sonnenaufgang. Die meisten Tropeninstitute (s. S. 51) empfehlen eine medikamentöse Malaria-Prophylaxe. Die Frage, ob und wenn ja, welches Mittel das richtige ist, sollte mithilfe eines Tropenarztes individuell auf Reiseart, -dauer und gesundheitliche Verfassung abgestimmt werden. Einige Touristen wollen nicht auf die Prophylaxe verzichten, andere lassen sich von den negativen Berichten über die Nebenwirkungen abschrecken. Das Tauchen könnte zu einem Problem werden, wenn man die Malaria-Prophylaxe eingenommen hat. Weitere Infos hierzu unter 💻 www.deinklick.de/Malaria prophylaxe_und_Tauchen.html. Die immer noch beste Vorbeugung gegen Malaria besteht natürlich darin, möglichst nicht gestochen zu werden.

In Deutschland gibt es den Malaria-Schnelltest *MalaQuick*, mit dem Reisende im Notfall anhand eines Blutstropfens in acht Minuten selbst feststellen können, ob sie an Malaria erkrankt sind. Wer sich in einem Gebiet ohne ärztliche Versorgung infiziert hat, kann zur Überbrückung mit einer **Standby-Therapie** mit Mefloquin *(Lariam)*, Atovaquon/Proguanil *(Malarone)* oder Artmether/Lamefantrin *(Riamet)* beginnen. Die Dosierung ist dem Beipackzettel zu entnehmen.

Wer aus Indonesien zurückkehrt und an einer nicht geklärten fieberhaften Erkrankung leidet, auch wenn es sich nur um leichtes Fieber und Kopfschmerzen handelt und erst Monate nach der Rückkehr auftritt, sollte dem Arzt unbedingt über den Tropenaufenthalt berichten.

Pilzinfektionen

Frauen leiden im tropischen Klima häufiger unter vaginalen Pilzinfektionen. Vor der Reise sollten sie sich entsprechende Medikamente verschreiben lassen. Eine Creme oder Kapseln sind besser als Zäpfchen, die bei der Hitze schmelzen. Ungepflegte Swimmingpools in den Tropen sind Brutstätten für Pilze aller Art.

Schlangen- und Skorpionbisse, giftige Meerestiere

Die weit verbreitete Angst vor Schlangenbissen steht in keinem Verhältnis zur realen Gefahr, denn **Giftschlangen** greifen nur an, wenn sie attackiert werden. Das Risiko, gebissen zu werden, kann minimiert werden, indem bei Waldspaziergängen mit einem Stock, ähnlich einem Blindenstock, vor den Füßen herumgestochert wird. Gefährlich ist die Zeit nach Sonnenuntergang zwischen 18 und 20 Uhr, vor allem bei Regen.

Einige Schlangen töten durch ein Blutgift, in diesem Fall benötigt man sofort ein Serum, andere töten durch ein Nervengift, dann ist außerdem eine künstliche Beatmung wichtig. Das Krankenhaus, in das der Betroffene schnellstens gelangen sollte, muss zudem sofort informiert werden, damit ein Arzt und das Serum beim Eintreffen bereitstehen.

Skorpionstiche sind in dieser Region generell nicht tödlich. Kräutertabletten und Ruhigstellen des Körperteils lindern den Schmerz. Zudem sollte der Kontakt mit Wasser gemieden werden. Normalerweise lassen die anfangs starken Schmerzen nach ein bis zwei Tagen nach.

Durchaus real ist in den Tropen die Gefahr, mit nesselnden und giftigen Meerestieren in Kontakt zu kommen. Nur zwei Arten von Fischen können gefährlich werden, die man allerdings nur schwer vom Meeresboden unterscheiden kann: Zum einen **Stachelrochen**, deren Gift fürchterliche Schmerzen verursacht, zum anderen **Steinfische**, die sehr giftige Rückenstacheln besitzen. Beim Schnorcheln führt die Berührung von **Feuerkorallen** zu stark brennenden Hautreizungen, während giftige Muränen, Rotfeuerfische und Seeschlangen nur ganz selten gefährlich werden. **Seeigel** sind zwar nicht giftig, ein eingetretener Stachel verursacht aber lang eiternde Wunden.

Wie überall auf der Welt breiten sich auch vor Balis Meeren vermehrt **Quallen** aus, sodass Badende immer häufiger ihre giftigen Tentakel streifen. Um dem vorzubeugen, lohnt es sich in Quallengebieten mit Neoprenanzug zu tauchen oder zu schnorcheln. Gehen die schmerzhaften Bläschen nach der Behandlung mit hochprozentigem Essig, Cortisonspray oder säurehaltigem Pflanzenbrei nicht innerhalb einer Stunde zurück, muss ein Arzt aufgesucht werden. Menschen, die unter einer Allergie leiden, sind besonders gefährdet.

Sonnenbrand, Sonnenstich und Hitzschlag

Selbst bei bedecktem Himmel ist die Sonneneinstrahlung in den Tropen sehr intensiv. Viele Reisende treffen nur am Strand Vorkehrungen gegen Sonnenbrand und Hitzschlag, doch auch bei Touren durch das Hinterland ist Vorsicht geboten. Am wichtigsten ist es, regelmäßig Mittel mit hohem Sonnenschutzfaktor auf die Haut aufzutragen und Hut und Sonnenbrille zu tragen. Auch sollte beachtet werden, dass man in tropischen Gebieten mehr schwitzt und deshalb wesentlich mehr Flüssigkeit zu sich nehmen sollte.

Erschöpfungszustände bei Hitze äußern sich durch Kopfschmerzen, Übelkeit, Benommenheit und erhöhte Temperatur. Um die Symptome zu lindern, sollte man unbedingt schattige Bereiche aufsuchen. Erbrechen und Orientierungslosigkeit können auf einen Hitzschlag hinweisen, der potenziell lebensbedrohlich ist. Bei diesen Symptomen sollte man sich sofort in medizinische Behandlung begeben.

Thrombose

Bei längeren Flugreisen verringert sich durch den Bewegungsmangel der Blutfluss vor allem in den Beinen, wodurch es zur Bildung von Blutgerinnseln kommen kann, die, wenn sie sich von der Gefäßwand lösen und durch den Körper wandern, eine akute Gefahr darstellen (z. B. Lungenembolie). Gefährdet sind vor allem Personen mit Venenerkrankungen oder Übergewicht, aber auch Schwangere, Raucher oder Frauen, die die Pille nehmen. Das Risiko verhindern Bewegung (auch während des Fluges), viel trinken (aber keinen Alkohol) und notfalls Kompressionsstrümpfe der Klasse 1–2.

Tollwut

Wo streunende oder auch verendete Hunde zu sehen sind, ist Vorsicht geboten. Wer von einem Hund, einer Katze oder einem Affen gekratzt oder gebissen wird, muss sich sofort impfen lassen, da eine eventuelle Infektion mit Tollwut sonst tödlich endet. Die vorbeugende Impfung ist teuer und nur bei längerem Aufenthalt sinnvoll.

Typhus / Paratyphus

Die typischen Symptome des Typhus sind über sieben Tage hohes Fieber und Erbrechen, einhergehend mit einem eher langsamen Puls und Benommenheit. Empfehlenswert ist die gut verträgliche Schluckimpfung mit *Typhoral L* für alle Reisenden. Drei Jahre lang schützt eine Injektion des neuen Typhus-Impfstoffs *Typhim Vi* oder *Typherix*.

Vogelgrippe

Die Vogelgrippe ist eine Viruserkrankung der Vögel und kann unter Umständen auch auf Menschen übertragen werden, die mit infizierten Vögeln in Berührung kommen. Das Risiko ist jedoch für Menschen, die keinen sehr engen Kontakt mit erkrankten Tieren haben, äußerst gering. Sind in Indonesien zeitnah Fälle von Vogelgrippe aufgetreten, empfiehlt das Auswärtige Amt, Geflügelmärkte und Vogelparks zu meiden sowie Geflügel und Eier nur gekocht zu essen (Eier müssen mind. zehn Minuten kochen). Wird ein toter Vogel gesichtet, sollte man schnell das Weite suchen. Die prophylaktische Einnahme von *Tamiflu* wird nicht empfohlen.

Wundinfektionen

Unter unhygienischen Bedingungen können sich schon aufgekratzte Moskitostiche zu beträchtlichen Infektionen entwickeln, wenn sie unbehandelt bleiben. Wichtig ist, dass jede noch so kleine Wunde sauber gehalten, desinfiziert und eventuell mit Pflaster geschützt wird. In jeder Apotheke gibt es Antibiotika-Salben, die den Heilungsprozess unterstützen.

Wundstarrkrampf / Tetanus

Wundstarrkrampf-Erreger findet man überall auf der Erde. Wer eventuell noch keine Tetanusimpfung hatte, sollte sich unbedingt zwei Impfungen im Vier-Wochen-Abstand geben lassen, die nach einem Jahr aufgefrischt werden müssen. Danach genügt eine Impfung alle zehn Jahre. Am besten ist die Impfung mit dem Tetanus-Diphterie-Impfstoff für Personen über fünf Jahre, um gleichzeitig einen Schutz vor Diphterie und Polio zu erhalten.

Wurmerkrankungen

Winzige oder größere Exemplare, die überall lauern können, setzen sich an verschiedenen Körperstellen bzw. -organen fest und sind oft erst Wochen nach der Rückkehr festzustellen. Die meisten sind harmlos und durch eine einmalige Wurmkur zu vernichten, andere sind gefährlich, z. B. Hakenwürmer. Sie bahnen sich den Weg durch die Fußsohlen, deshalb sollte man auf feuchten Böden unbedingt Sandalen tragen. Nach einer Reise in abgelegene Gebiete ist es empfehlenswert, den Stuhl auf Würmer untersuchen zu lassen. Notwendig ist das, wenn man über längere Zeiträume auch nur leichte Durchfälle hat.

Bücher

Allgemeine Einführungen

Bali – Sekala & Niskala (Eiseman, Fred B. Jr.; Tuttle Publications 2009). Eine aufschlussreiche Sammlung von mit wissenschaftlicher Akribie verfassten Kapiteln über die unterschiedlichsten Aspekte Balis. Natur, Religion, Alltagskultur, Feste und Rituale werden detailliert beleuchtet.

Island of Bali (Covarrubias, Miguel; Periplus 2009). Das Standardwerk über Bali. In weiten Teilen immer noch faszinierend aktuell, auch wenn es erstmals 1937 aufgelegt wurde.

Ratu Pedanda. Reise ins Licht – bei einem Hohepriester auf Bali (Drüke, Milda; National Geographic Taschenbuch 2006). Eine europäische Frau lebt mit einem Hohepriester auf Bali und beobachtet, dokumentiert und beschreibt das Leben, die Religion und die Gesellschaft auf Bali. Ein wunderbar authentischer Einblick.

The Secrets of Bali (Copeland, Jonathan; Orchid 2010). Umfassende, klar verständliche Erläuterungen des balinesischen Alltags, der Religion, Feste, Architektur, Tänze und Künste.

Kinderbücher

A Club of Small Men – A Children's Tale from Bali (McPhee, Colin; Periplus 1993). Die wahre Geschichte einer Gruppe von jungen Männern zwischen sechs und 60 Jahren, die in den 1930er-Jahren eine *Gamelan*-Gruppe gründen.

A Journey to Bali Coloring Book (Grant, Gaia; Periplus Editions 2005). Ein Malbuch für Kinder zwischen vier und zehn Jahren, das hilft, die Insel und ihre Sitten und Gebräuche zu verstehen.

Gecko's Complaint – Balinese Folktale (Bowler, Ann M., I Gusti Made Sukanada.; Periplus 2002). Eine Geschichte über Libellen für Kinder bis zehn Jahre, mit schönen gezeichneten Illustrationen.

Geschichte

A Magic Gecko (Geerken, Horst H.; Kompas 2011). Der deutsche Elektriker Geerken war für Telefunken am Aufbau des balinesischen Radiorundfunks beteiligt und berichtet von Sukarnos Sturz und den Zuständen zwischen 1963 und 1981, einer für das ganze Land an Umbrüchen nicht gerade armen Zeit. Gleichzeitig unternimmt er Ausflüge in die weitere (deutsch-indonesische) Vergangenheit, z. B. zu den Malern Raden Saleh und Walter Spies sowie zur deutschen Marine vor Java im Ersten Weltkrieg.

Bali Chronicles (Hanna, Willard A.; Periplus Editions 2004). Eine ausführliche Abhandlung der balinesischen Geschichte bis in die 1970er-Jahre. Besonders beleuchtet werden die einmalige Kultur und Religion der Insel und die Gründe für ihr Überleben mitten im islamischen Indonesien.

Bali. Insel der Götter (Steinicke, Esther; Belser Verlag 1996). Die kurze Einführung in die Geschichte ergibt zusammen mit den Beschreibungen der Sehenswürdigkeiten ein rundes Porträt des Urlaubsparadieses.

Island of Demons (Barley, Nigel; Monsoon Books 2009). Dieser unterhaltsam geschriebene Roman nimmt den Leser mit auf eine spannende Reise ins Bali der 1930er-Jahre. Der ausländische Künstler Walter Spies lebte damals in der Nähe von Ubud und begrüßte zahlreiche Berühmtheiten seiner Zeit auf seinem Anwesen.

Liebe und Tod auf Bali (Baum, Vicki; Kiepenheuer & Witsch 2002). Dieser Roman (Erstveröffentlichung 1937) erzählt die tragischen Ereignisse der Jahre 1904–1906, in Bali als *Puputan* – das Ende – bekannt. Die Holländer nehmen die angebliche Plünderung eines chinesischen Schiffes zum Vorwand, um mit Truppen auf der Insel zu erscheinen; die Invasion gipfelt in der Schlacht von Badung, wo Hunderte von Balinesen ihrem Fürsten freiwillig in den Tod folgen.

Kunst und Kultur

A House in Bali (McPhee, Colin; Periplus Editions 2000). Der in den 1930er-Jahren verfasste Roman ist das einzige Buch über Bali, das von einem professionell ausgebildeten Musiker geschrieben wurde. Es widmet sich besonders dem *Gamelan* und der Musik allgemein, aber auch anderen Aspekten der Kultur.

Dichte Beschreibung (Geertz, Clifford; Suhrkamp 2007). Aufsatzsammlung, die in jeder guten Bibliothek zu finden ist, mit vielen Essays, z. B. zum Hahnenkampf oder zu der Bedeutung der Namensgebung auf Bali. Auf Deutsch übersetzt und auch für Nicht-Anthropologen spannend.

DuMont Kunstreiseführer Bali (Spitzing, Günter; DuMont 1991). Gut und sehr engagiert geschrieben und mit zahlreichen Fotos.

Eat, Pray, Love (Gilbert, Elizabeth; Viking Adult 2006). Kaum ein Buch (und die dazugehörige Verfilmung) löste einen derartigen Bali-Hype aus wie die Schilderung der Autorin auf Selbstfindungsreise, welche schließlich auf Bali ihr krönendes Ende findet. Der Tourismus in Ubud profitiert noch heute von Besuchern, die auf den Spuren der Autorin wandeln.

Introduction to Balinese Architecture (Davison, Julian und Granquist, Bruce; Periplus 2003). Einführung in profane und sakrale Architektur samt ihrer rituellen und religiösen Bedeutung. Baustile und -techniken, Materialien, Ornamentik, Raumkonzepte – was will man als Architekturfan mehr?

Kulturschock Indonesien (David, Bettina; Reise Know-How 2010). Die Indonesien-Expertin vermittelt grundlegende Charakteristika sowohl gesamtindonesischer als auch teilkultureller Sitten, Glaubenssysteme und Verhaltensregeln. Dabei werden nicht nur die traditionell typischen Denksysteme, Tabus und Gepflogenheiten, sondern auch Jugendkultur, Slang und moderne Lebensweisen erläutert.

Kunst und Kultur in Bali (Ramseyer, Urs; Schwabe Verlag 2002). Standardwerk zur balinesischen Kunst, ihrer Geschichte und zur Bedeutung der Religion für das künstlerische Schaffen.

Mudras or the Ritual Hand Poses of the Buddha Priests and the Shiva Priest of Bali (Kleen, Tyra de; Kessinger Publishing Co. 2003). Über balinesische Priester, ihre Aufgaben, ihren Alltag, ihr Zeremoniell und besonders ihre Mudras, die rituellen Handhaltungen.

Negara – The Theatre State in Nineteenth-Century Bali (Geertz, Clifford; Princeton University Press 1981). Ein anthropologischer Blick auf die balinesische Gesellschaft und Kultur. Hier werden ihr Aufbau und ihre Funktionsweise detailliert dargestellt. Ideal für alle, die die genaue Abfolge und Bedeutung von Ritualen interessiert.

Treasures of Bali – A Guide to the Museums of Bali (Mann, Richard; Gateway 2006). Ein bebilderter Museumsführer zu allen öffentlichen und privaten Museen der Insel bis 2006, inkl. praktischer Informationen wie Anfahrtsbeschreibungen.

Tanz und Theater

Balinese Dance, Drama and Music – A Guide to the Performing Arts of Bali (I Wayan Dibia, Ballinger, Rucina und Anello, Barbara; Periplus 2010). Illustrierte Einführung zu den typischen Formen der darstellenden Kunst und Musik Balis.

Das Indonesische Schattenspiel – Bali, Java, Lombok (Spitzing, G.; Köln 1981). Ausführliche Beschreibung von Ursprung, Entwicklung und Bedeutung des *Wayang Kulit*, viele Abbildungen.

Ramayana (Schmöldees, Claudia; Diedrichs 2004). Das ursprünglich aus Indien stammende hinduistische Epos ist eine literarische Grundlage des *Wayang* auf Java und Bali wie auch zahlreicher balinesischer Tänze.

Küche

Essen wie im Paradies. Die Küche auf Bali und Java (Noni Siauw und Britta Rath; Köln 2000). Schön gestaltetes Kochbuch mit kreativen Rezepten einer hervorragenden indonesischen Köchin, die in Köln das beliebte Bali-Restaurant betreibt.

Fragrant Rice: My Continuing Love Affair with Bali (De Neefe, Janet; Periplus Editions 2006). Die spannend geschriebene Lebensgeschichte der Protagonistin, die mittlerweile zwei erfolgreiche Restaurants führt, ist mit lustigen Anekdoten, tiefen Einblicken in die Bedeutung verschiedener Rituale und leckeren balinesischen Rezepten gespickt.

So kocht Bali. Esskultur und Originalrezepte der Götterinseln (Heinz von Holzen und Lothar Arsana, München 2000). Die deutsche Übersetzung des englischen Kochbuchs des berühmten Besitzers des Bumbu Bali in Tanjung Benoa mit manchmal etwas kompliziert nachzukochenden Rezepten.

The Food of Bali – Authentic Recipes from the Island of Gods (Periplus 1993). Mehrere führende Chefköche aus Bali haben ihren Senf zu dieser Sammlung dazugegeben, ohne den Geschmack zu verderben. Inkl. einer Einführung zur Rolle von Essen in der balinesischen Kultur.

Bildbände

Bali (fotografiert von Michael Friedel, Edition MM, 1995). Hervorragende Druckqualität, tolle Fotos.

Bali 1912 (Krause, Gregor; Pepper Publications 2002). Die erste Fotodokumentation Balis, in den 1920er-Jahren veröffentlicht. Die Bilder des als Arzt auf Bali stationierten Krause prägten die Vorstellung der Europäer von der Insel nachhaltig.

Index

Anhang

Anhang

Notizen

Notizen

Anhang

Danksagung

Wir danken allen Menschen, die uns unterwegs mit Tipps und Informationen versorgt haben sowie unseren Familien und Freunden in Berlin, Hanoi und Brandenburg.
Unserer ganz besonderer Dank gilt Christian Wachsmuth für seine exzellente Arbeit an den beiden vorangegangen Auflagen dieses Buches sowie Eva Eichenauer, Christiane Hauk und David Huthmann für ihren Einsatz bei vergangenen Aktualisierungen. Auch bei Werner Mlyneck, der dieses Buch ins Leben rief, möchten wir uns in aller Förmlichkeit bedanken.
Für das Vertrauen in unser junges Team und die Unterstützung möchten wir uns bei Stefan und Renate Loose, dem gesamten Bintang-Team und Maria Anna Hälker und dem DuMont Reiseverlag bedanken.
Für ihre Hilfe während unserer Recherche auf Bali und Lombok danken wir Jon Zürcher und seiner Frau Suci, Andreas „Andre" Reich, Agung Budi Darma vom Yayasan Bina Wisata in Ubud, Steven „Tizza" Taylor für seine Informationen zum Dorf Trunyan, Eli Michiel für ihre tollen Bilder, Andrew Taylor, dem Denpasar Tourism Department, Ayu Ari Novi, Sakinah und Roland und Toni.
Für hilfreiche Leserbriefe und Internetupdates möchten wir uns bei unseren Lesern Anna R., Annette F., Annette Richert, Anika Ö., Anja Schnabel, Birgit Pfister, Christina Lechner, Christoph Ruhland, C. und W. Fuchs, Cornelia und Jens Weber, Dagmar Kaube, Daniel Tögl und Eva Korber, Dieter Zulage, Dita und Micky, Eva und Sabine R., Hanna St., Heinz W., J. Kehr, Jenny B., K. Boehm, Klaus Pleyer, Kristin und Karlheinz, Lena R., Ludwig, Manni B., Marina, Marion und Claus, Nicole Stratmann, Patrick Glogner-Pilz und Natalie Pilz, Familie Prüfer, Rahel Staeheli und Ekkard Franke, Reiner Jensen, Roswitha Pöchhacker, Ruth Maria Wissmann, Sabine F., Sibylle Klinger, Stefan, Steffen S., Sven V., Torsten Schulz und Vanessa und Roger bedanken.

So funktioniert der Loose Travel Club

Bildnachweis

Umschlag

mauritius images/ib/ROM: Titelfoto; Legong-Tänzer, Ubud
laif/Andreas Hub: Umschlagklappe vorn; Badende in Pura Tirta Empul
getty images/Denis Waugh: Umschlagklappe hinten; Reisterrassen

Farbteil

picture-alliance/dpa/epa Nic Bothma: S. 2
mauritius images / imagebroker / STELLA: S. 3 (oben)
Eva Haeberle/laif: S. 3 unten (beide)
Mischa Loose: S. 4
Josie Grabarevic: S. 5 (oben)
Mischa Loose: S. 5 (unten)
Mischa Loose: S. 6
Eli Michiel: S. 7
LOOK-foto/Frank Waldecker: S. 8/9
Mischa Loose: S. 10 (oben)
picture-alliance/dpa/epa Made Nagi: S. 10 (unten)
Mischa Loose: S. 11
Renate Loose: S. 12/13
Mischa Loose: S. 14
LOOK-foto/age fotostock: S. 15 (oben)
Christian Wachsmuth: S. 15 (unten)
laif/Hemispheres: S. 16

Schwarz-Weiß

Eva Eichenauer: S. 26, 192, 205, 295, 360
Christiane Hauk: S. 267
David Huthmann: S. 197
Moritz Jacobi: S. 30, 237, 354
Mischa Loose: S. 125, 141, 150, 188, 226, 241, 261, 279, 288, 332, 402
Renate Loose: S. 21 (unten), 22, 29 (oben), 79, 144, 383
Eli Michiel: S. 343
Tizza Taylor: S. 21 (oben), 25, 33, 85, 407
Christian Wachsmuth: S. 24, 29 (unten), 31, 39, 62, 68, 108, 113, 126, 135, 250, 301, 314, 320
Philipp Wachsmuth: S. 311

Impressum

Bali
Stefan Loose Travel Handbücher
6., vollständig überarbeitete Auflage **2013**

Die in diesem Buch enthaltenen Angaben wurden von den Autoren nach bestem Wissen erstellt und vom Lektorat im Verlag mit großer Sorgfalt auf ihre Richtigkeit überprüft. Trotzdem sind, wie der Verlag nach dem Produkthaftungsrecht betonen muss, inhaltliche und sachliche Fehler nicht vollständig auszuschließen.
Deshalb erfolgen alle Angaben ohne Garantie des Verlags oder der Autoren. Der Verlag und die Autoren übernehmen keinerlei Verantwortung und Haftung für inhaltliche und sachliche Fehler.
Alle Landkarten und Stadtpläne in diesem Buch sind von den Autoren erstellt worden und werden ständig überarbeitet.

Gesamtredaktion und -herstellung
Bintang Buchservice GmbH
Zossener Str. 55/2, 10961Berlin
www.bintang-berlin.de
Redaktion: Gudrun Raether-Klünker
Karten: Klaus Schindler
Grafisches Konzept: Groschwitz, Hamburg
Layout und Herstellung: Gritta Deutschmann, Anja Linda Dicke
Farbseitengestaltung: Anja Linda Dicke
Umschlaggestaltung: Anja Linda Dicke

Printed in China

Kartenverzeichnis

	Schnellstraße		Hafen
	Fernstraße		Sehenswürdigkeit; Moschee
	Hauptstraße		Balinesischer Tempel; Buddha-Tempel
	Nebenstraße		Chinesischer Tempel; Wetu-Telu-Heiligtum
	Straße, nicht asphaltiert		Badestrand; Windsurfen
	Fahrweg		Tauchen; Gute Schnorchelmöglichkeit
	Fußweg		Busstation; Schutzhütte
	Straße in Bau; Straße in Planung		Leuchtturm; Mangrovenwald
	Straße für Kfz gesperrt		Wasserfall; Höhle
	Tunnel		Berggipfel; Pass, Joch
	Fähre, Schiffsverbindung		Naturpark; Aussichtspunkt
	Riff		Information; Krankenhaus
	Provinzgrenze		Museum; Theater
	Distriktgrenze		Polizei; Post
	Nationalpark; Naturpark		Busbahnhof
	Internationaler Flughafen		Denkmal, Monument

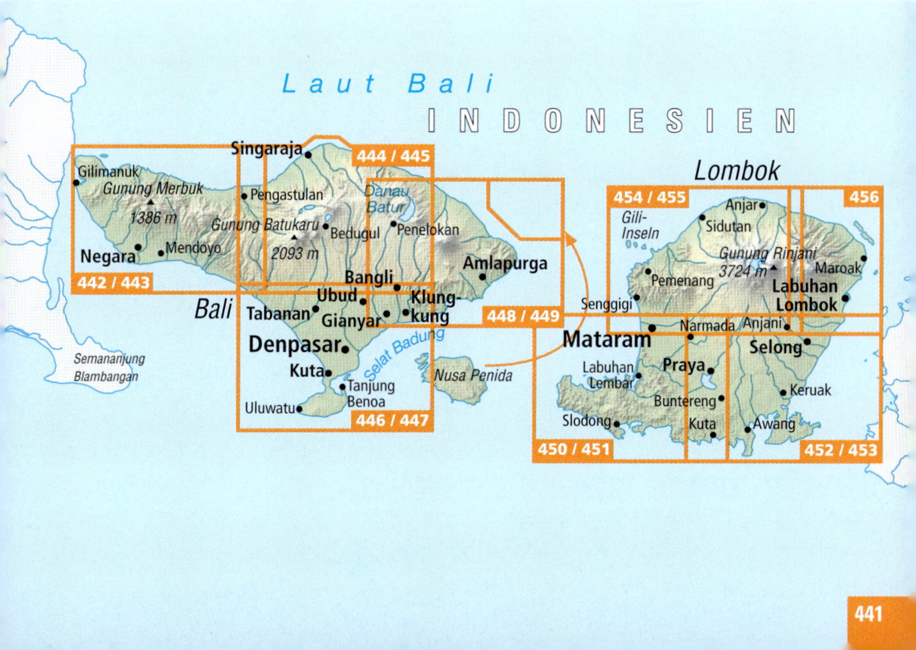

Bali-Straße
Tanjung Pasirputih
Teluk Kelor
Tanjung Bedak
Pulau Menjangan
Tanjung Pulaki
Teluk Pegametan
Tanjung Sendang
Tanjung Batulicin
Gunung Prapat Agung
375 m
Teluk Gilimanuk
Teluk Terima
Gawana
Sumberkerta
Banyuwedang
Pemuteran
Pura Pulaki
Labuhan Lalang
Makam Jayaprana
Sumberklampek
Gilimanuk
Pura Bakungar
Cekik
Kantor Informasi Taman Nasional Bali Barat
(Nationalparkverwaltung)
B U L E L
1178 m
Gunung Kelatakan
698 m
Penginuman
Gunung Sangiang
1004 m
Gunung Merbuk
1386 m
1305 m
S. Melaya
S. Sangiang
Gereja Santo Fransiskus
Belimbingsari
Klatakan
Pelasari Reservoir
Taman Nasional
Sumber Sari
Pelasari
Melaya
Nusasari
Ekasari
Warnasari
Cangkupkemuning
S. Daya
JEM
Pangkunglaten
Sarikuning
Aya Barat
Manis Tutu
Berawan Tangi
Candi Kesumah
Tuwed
Banyubiru
Tukaddaya
Tanjung Pasir
Berangbang
Banyubiru
Kaliakah
Banjabater
baleagung
Rening
Yembrana
Sebual
Baluk
Negara
Loloan
Pesantren
Cupel
Mertasari
Pangkung gondang
Tegalbanteng
Sangkaragung
Mendoyo-dangintukad
Budeng
Tegacantel
Pengambengan
Yehkuning
Dlodbrawah
Fischereihafen
Taman Rekreasi
Perancak
Munduk
Tanjung Pengambengan
Pura Ancak
Lemondang
Tanjung Perancak
Samudera Hindia
(Indischer Ozean)
100 m
200 m

Laut Bali
(Bali-See)
Tanjung Gondol
100 m
200 m
Musi
Kayuputih
Grokgak
Tinga Tinga
Celukan-bawang
Brombong
Teluk Bawang
Kalisada
Yehanakan
Umaanyar
Pengastulan
Seririt
Genit
Pengayaman
Dencarik
Bubunan
Tangguwesia
Banjar Tegede
Johanyar
Paternon
Kalaraksa
Banjar-asem
Air Panas Komala Tirta
Brahma V
Tukadsumaga
Pangkung Paruk
Ringdikit
Rangdu
Ularan
Saba
Mayong
Bestala
Gunung Musi
1224 m
Bali Barat
Unggahan
Busungbiyu
Gunung Patas
1580 m
Telaga
Bilukpoh
Embang
1080 m
Subuk
Sumbul
Kutul
800 m
Sepang
Pucaksari
798 m
Sekarkejula
Medewi
Tista
Pasut
Munduk Mengenu
Pangkung Belangsah
Nusamara
Satang
Manggis Sari
Kebonpadan
Yeh Embang Kauh
Sambul
Lebih
Yeh Embang
Yeh Embang Kangin
Medewi
Pulukan
Pulukan
Asahduren
Mengenu Anyar
Yuwuk Manis
Pura Rambut Siwi
Airsumbul
Lebah
Pangiyangan
Yeh Leh
Airsatang
Pekutatan
Tinggi
Badingkayu
Medewi Beach
Slabih
Pangyangan
Mundeh
Gumbrih
Penggragoan
Lumbung K

S. 444
S. 446

Sangsit-Babakansangsit
Pura Beji
Bungkulan
Kubutam
Pura Karan
Sangsit
Singaraja-Pabeanbuleleng
Krabokan
Kloncing
Penarukan
Sangsit
Pura Dalem Jagaraga
Pura Dalem
Banyuning
Sinabun
Singaraja-Pegulangan
Penglatan
Sinengdalem
Menyah
Galiran
Tegal
Gedung Kirtya
Singaraja
(Historische Bücherei)
Bakti Sebaga
Suwug
Sawan
Lovina Beach
Pemaron
Petandakan
Alasangkin
Tukad
Panci
Anturan
Sambangan
Buleleng
Tenaon
Sudaji
Kalibukbuk
Padangbulia
Bebe
Wanupanggang
Kaliasem
Temukus
Silangayang
Sek
Labuhan Aji
Selat
Ambengan
Pegayaman
gastulan
Genit
Pengayaman
Air Terjun Sing-Sing
Seririt
Dencarik
Air Terjun Gitgit
Gitgit
1219 m
Bubunan
Tangguwesia
Banjar Tegede
Tigawasa
Johanyar
Air Panas Komala Tirta
Brahma Vihara-Arama
Sidetapa
1087 m
Ringdikit
Cempaga
922 m
1232 m
623 m
Rangdu
Wanagiri
Ularan
Saba
Pedawa
Amerta Sari
Mayong
Danau Buyan
Gobeg
1341 m
Bestala
Asah Munduk
Danau Tamblingan
Handara Golfplatz
Unggahan
Busungbiyu
Tirta Sari
Kayuputih
Tunjuk (Munduk Bestala)
Banyuatis
Desa Pancasari
Keberan
Munduk
Air Terjun Munduk
Tamblingan
Pura Gubug Tamblingan
Candi Kuning Satu
Danau Bratan
1903 m
Pelapuan
Bengkel
Telaga
Pura Ulun Danu Bratan
Kedis
Gunung Lesong
Bukit Mungsu
Gesing
Kebun Raya (Botanischer Garten)
Tiinga
Candi Kuning Dua
Tinggar Sari
1860 m
Bedugul
Subuk
Umajera
Temantanda
Kutul
Gunung Sangiyang 2093 m
Gunung Pohen 2069 m
800 m
Bantran
Batuny
Pucaksari
Pupuan
Baturiti
798 m
Air Terjun Blahmantung
Pujungan
Gunung Batukaru 2276 m
Sandan
Tista
Batungsel
Batukaru Reserve
Bangah
Pasut
Padangan
Angari
Tegeh
Munduk Mengenu
Pempatan
Senganan-kanginan
Gunungsari
Kebonpadangan
Sanda
Pura Luhur Batukau
Batukau
Jatiluih
Senganan-kawan
Galiukir
Bolangan
Pinga
Mengenu Anyar
Yeh Leh
Belimbingtegal
Kebonjajung
Wongayagede
Babahan
Yehempas
Baru
Penganggaan
Pemanis
Balian
Belimbing
Sandan
Tengkudak
Penebel
Sangketan
Slabih
Sura Dadi
TABANAN
Cacan
Petiga
Otan
Pagending
Penatahan
Mundeh
Dalang
Tegallinggah
Yeh Panas
Ampadan
Njelati
Buruan
Cepik
Angkah
Lumbung Kauh
Tinggading
Tunjuk
Marga

S. 443

S. 446

Air Sanih
Bukti
Tanjung Sanih
Pura Ponjok Batu
Bangkan
Pacung
Tanjung Batu
Julah
Tanjung Gulah
Bondalem
Tejakula
Depaa
Sembiran
Tangkid
Tetajun
Pakisan
Madenau
Penuktukan
Les
Sambirenteng
Tembok
Tanjung Ngis
Lupak
Klandis
Satra
Penginyahan
Subaya
Siakin
Kembangsari
1140 m
Gunung Penulisan
1745 m
Dausa
Bantang
Pura Tegeh Koripan
Penulisan
1399 m
Blandingan
Pinggan
Muntigunung
Mabi
1308 m
Tambakan
Lampu
Belantih
1255 m
Catur
BANGLI
Kolombo
Songan
1325 m
Gunung Batur
1717 m
Ayung
Mungsengan
Kintamani
Pura Ulun Danu Batur
Toya Bungkah
Trunyan
Bali-Aga-Dorf
Uliangunungban
Batur
Kalanganyar
Pura Jati
Danau Batur
Banjarlawak
1073 m
Kedisan
Abang
Gunung Abang
2153 m
Belok
Manikliya
Blancang
Penelokan
Buahan
Tijingan
Mengani
Peludu
1388 m
Pelaga
Bayunggede
Pakrisan
Daya
Kiadan
Sidan
Bunutin
Suter
Katung
Sekardadi
Sunting
Tohjiwa
Sekahan
Banua
Pengotan
Puasan
Kuda
944
Uos
Prean
Palaktiding
Gate
Sandakan
Penyabangan
Puakan
Pisang
Bilukang
Kayuambua
Tegal Suci
Pakuseba
Pupuan
Seribatu
848
Bangklet
Belong
Petanu
Besakih
Pura Besakih
Taro
Timbul
Pempatan
Punggang
Semadi
Buahan
Temen
Petang
Payangan
Pura Gunung Kawi
Boyan
Pontang
Pujung
Pangi-yangan-kawan
Kayubihi
Metrakaja
Jinah
Yeh Unda
Ayung
487
Metraklod
Lebah
Sebatu
Manukaya
Kayang
Manikaji
Pujungklod
Pangsan
Pura Tirta Empul
Menanga
Kedisan
Bayad
Tanggahan
Keduwi
Getasan
Tegalasah
Basangambu
Rendang
Muncan
Gadungen
Penglipuran
Pura Desa
Melinggih
Tangkup
Tampaksiring
Sangsang
Kubu
BANGLI
Bangbang
Lebe
Susut
Kelusa
Pura Kehen
Bujaga
Basangba
Yehtengah
Gunung Kawi
Manuk
Tingkatbatu
Bukit
Segah
Celuk
Tegalalang
Penatahan
Cempaga
Bang
Keliki
Manuaba
Demulih
Tembuku
Ipah
Sangakan Gunung
Samuan
Bangli
Nyangglan
Sekai
Pakerisan
Budaya
Pura Asmara
Sidemen
Grane
Jempeng
Sanding
Tambahan
Nyalian

S. 448
S. 447

S. 444
S. 443
Lumbung Kauh
Angkah
Tinggading
Lembung
Antegana
Manseke
Selamadeg
Singing
Jelijih
Gadungan
Pegubugan
Ngis
Tunjuk
Marga
Sandan
Sembung
Wanasari
Taman Kupu Kupu
Beng
Kesiyut
Timpak
Sarosi
Blubuk
Bluahan
Panti
Surabratan
Lalang Linggah
Antosari
Megali
Batuaji
Rianggede
Balian Beach
Bajera
Srampingan
Bantas-baleagung
Pukuk
Sembunggede
Subamia-baleagung
Calagi
Lod-dalang
Batannyuh
Blayu (Belayu)
Ambengan
Jadi
Pura Alas Kedaton
Meliling
Antap
Soka
Cekik
Mambang-kadia
Mandung
Tawakilang
Tanjung Bulungdaya
Dukuhkanginan
Lumajang
Samsam
Kamasan
Soka Beach
Santanbua
Mambanggede
Tabanan
Tenebang
Pura Taman Ayun
Bebali
Bongan
Puri Agung
Tista
Kukuh
Museum Subak
Mengwi
Klecung
Tanguntit
Krambitan
Sanggulan
Pang-kungperabu
Jaketebe
Pangkung-karung
Beraban
Blum-bang
Papuan
Tibubiyu
Penarukan
Bonganpuseh
Kediri
Pasekan
Pasut Beach
Kelating
Pandak-meranggi
Jempayah
Kapal
Kalanganyar
Pejaten
Pura Desa/Puseh
Kelatingdukuh
Sudimara
Pamesan
Nyitdah
Kelating Beach
Tangeb
Yeh Gangga
Bengkel
Abianbase
Yeh Gangga Beach
Belalang
Dauhjero
Buduk
Kedungu
Beraban
Tumbak-bayuh
Dalung
Tanah Lot
Cemagi
Krobokan
Munggu
BADUNG
Gaji
Pura Tanah Lot
Danginsema
Babakan
Sangiangan
Kangkang
Canggu
Mengening
Pipitan
Kalibul
Kutulang
Jambe
Seseh
Anyarbaleran
Pengem-bungan
Kero-bokan
Seseh Beach
Banjar-tengah
Tibu-beneng
Canggu Beach
Berawa
Malas
Batubelig
Pura Petitenget
Pengipian
Kerobokan
Seminyak Beach
Seminyak
Samudera Hindia
(Indischer Ozean)
Legian Kaja
Teluk Kuta
Legian
Legian Beach
Pelasa
Kuta
Kuta Beach
Waterbom
Abian Kuta
Tuban
Ngurah Rai Airport
Teluk Jimbaran
Jimbaran Beach
Pura Ulun Siwi
Tanjung Tegalwangi
Tanjung Balangan
Tanjung Batupanggal
Teluk Sait
Cengiling
Tegalsari
Dreamland Beach
Pura Balangan
Gua Peteng
Padang Padang Beach
Bangket
Simpangan
Pura Kayu
Suluban Beach
Labuan Sait
Tanjung Tanguma
Suluban
Bukit Bad
Umpeng
Gunung Diana 182 m
Pura Pererepan
Bakung
Kutuh
Pura Luhur Uluwatu
Uluwatu
Ungasan
Pecatu
125 m
Nyang Nyang Beach
Pura Masuka

Grane
Jempeng
Pura Bukit Sari
Selat
Sebali
Sapat
Sanding
Wisata Budaya (Kunstzentrum)
Tambahan
S. 445
Pura Asmara
Sidemen
Semseman
826 m
Sumita
Madangan
Apuan
Petak
Tanggahan
Panti
Timuhun
Bukit Jambul
Pesaban
Undisan
Kedewatan
Petulu
Suwat
Panarukan
Gembalan
Payungan
Klungan
Telaga
Museum Neka
GIANYAR
Kabetan
Sidawa
Tulang-niuh
Tangkup-anyar
Telunwajah
Lodpasar
Sayan
Tarukan
Sianggu
Talangjiwa
Ngalian
Silebeng
Gegelang
Pura Gunung Lebah
Museum Puri Lukisan
Pura Penataran Sasi
Bakbakan
Angkling
Bunutin
Palak
Aan
Yeh Unda
Sukanaji
Abeansemal
Ubud
Pejeng
Getakan
Akah
Lebu
Besar
Pakel
Pande
Peliatan
Museum Purbakala Gedung Arca (Archaol. Museum)
Guliang-kawan
Cegeng
KLUNGKUNG
Affenwald
Teges
Goa Gajah
Pura Dalem
Besang
Paksabali
Glogor
Pengosekan
Bedulu
Yeh Pulu
Pacung
Tihingan
Kerta Gosa
Klungkung (Semarapura)
Dawan-klod
Pikat
Lod Tunduh
Pura Durga Kutri
Gianyar
Sidan
Penasan
Sampalan
Pesing-gahan
Latu
Mas
Buruan
Gunarsa Museum
Takmung
Kamasan
Pundukdawa
Sigaran
Kengetan
Pura Taman Pule
Pura Gianyar
Tulikup
Kuripan
Gelgel
Tingas
Bona
Losan
Jroagung
Tangkas
Kusamba
Pura Puseh
Pura Puseh Blahbatuh
Bekul
Kesihan
Negari
Sakah
Sidayun-yuhaya
Salzgewinnung
Sedang
Mawang
Kemenuh
Belega
Jumpai
Medahan
Tegalbesar
Sidayu
Tanjung Setra
Tegal
Air Terjun Tenggunungga
Tojan
Keramas
Lebih
Pura Batu Klotok
S. 448
Kebun Binatang Bali (Bali Zoo)
Batuan
Pering
Bali Safari & Marine Park
Pura Segara
Peninjoan
Sukawati
Pasar Seni
Bangsal Beach
Bali Reptile Park
Kebon
Pura Masceti
Jagapati
Pinda
Saba
Celuk
Taman Burung (Bali Bird Park)
Cemenggaon
Batu-bulan
Batu-yang
Tanjung Petanu
Peninjoan
Semaga
Central Bus Station
Selat Badung (Badung-Straße)
Tohpati
Pande
Pabean
Pura Petilan
Puri Kesiman
Gumicik
Pagan
Werdhi Budaya Art Centre
Kedaton
Tanjung-bungkak
Padang Galak
Gelogor
Museum Le Mayeur
Nusa Lembongan
Panjer
Sanur
Jungutbatu
Renon
Intaran
Sanur Beach
Tegalwangi
Sindhu
Bebet
Lembongan
Sidakaria
Batujimbar
Nusa Ceningan
Pegok
Blanjong
Semawang
Suwung
Pura Merlasari
Tanjung Serangan
Pantus
Pesanggaran
Pojok
S. 425
Pura Sakenan
Dukuh
Pulau Serangan (Turtle Island)
Penang-kidan
Benoa Port
Tanjung Sari
Tanjung Benoa
Tanjung Benoa
Nusa Penida
100 m
200 m
Pura Desa
Tenora
Trora
Nusa Dua Beach
Bualu
Nusa Dua
Nusa Dua
Samudera Hindia (Indischer Ozean)
Pura Geger
Tanjung Lebang
Tanjung Geger
200 m
Surfing Area

S. 445
Gunung Penulisan
1745 m
Bantang
Pura Tegeh Koripan
Penulisan
BANGLI
Pinggan
Blandingan
Muntigunung
Tianyar
100 m
Kolombo
Gunung Batur
1717 m
Songan
1325 m
Panek
Kintamani
Pura Ulun Danu Batur
Toya Bungkah
Trunyan
Danau Batur
Bali-Aga-Dorf
Batur
Kalanganyar
Pura Jati
Baturinggil
Kalang-anyar
1073 m
Temakung
Kedisan
Abang
Gunung Abang
2153 m
S. 445
Penelokan
Buahan
1388 m
Daya
Bayunggede
Pekrisan
Maong
Suter
KARANGASEM
Katung
Sekardadi
Sunting
Sekahan
Pengotan
Linggah
Kuda
Uos
Gunung Agung
Prean
3142 m
Bekul
Palaktihing
Pisang
Bilukang
Kayuambua
Kedampal
Tegal Suci
Pupuan
Seribatu
Bangklet
848
Petanu
Besakih
Pura Pasar Agung
Klongto
Pura Besakih
Pempatan
Temen
Boyan
Pura Gunung Kawi
Pangi-yangan-kawan
Kayubihi
Metrakaja
Metraklod
Jinah
Yeh Unda
Sebudi
Butus
Manukaya
Pura Tirta Empul
Kayang
Manikaji
Menanga
Wasserpalast
Tirtagan
Keduwi
Basang-ambu
Tanggehan
Sukaluwih
Tegalasah
Rendang
Muncan
Budakling
Pura Desa
Penglipuran
Tihingan
Saren
Tampaksiring
Sangsang
Bangbang
Kubu
BANGLI
Pegu-bugan
Gerianakangin
Kayuputih
Susut
Gunung Kawi
Manuk
Pura Kehen
Bujaga
Selat
Duda
Sibetan
Bebandem
Penatahan
Tingkatbatu
Cempaga
Segah
Ipah
Macang
Papur
Demulih
Tembuku
Padangtunggal
Putung
Bangli
Sangkan Gunung
Iseh
Keci
Wisata Budaya (Kunstzentrum)
Nyangglan
Sekai
Pura Asmara
Bung
Sidemen
Tambahan
Nyalian
Semseman
826 m
Ngis
Bali-Aga-Dorf
Pesaban
Teng
Petak
Bukit Jambul
Slumbung
Yehpoh
S. 447
Apuan
Tanggahan
Timuhun
Undisan
Dauhtukad
Pased
Panti
Telagan
Manggis
Gembalan
Payungan
Klungan
Apiceh
Kabetan
Sidawa
Panarukan
Nyuhte
Tangkup-anyar
Telunwajah
Buitan
Tulang-niuh
Ulakan
Siangan
Talangjiwa
Ngalian
Silebeng
Gegelang
Tanahampo
Sengkidu
Cand
Jinah
Yeh Unda
Bunutin
Palak
Aan
Sukanaji
Angantelu
Angkling
Balina Beach
Sengkidu Beach
Mendira Beach
Guliang-kawan
Getakan
Lebu
Besar
Pakel
Pura Silayukti
Akah
Cegeng
KLUNGKUNG
Babakan
Can
Pura Dalem
Besang
Paksabali
Glogor
Padang Bai
Teluk Amuk
Pacung
Tihingan
Tanjung Sari
Gili Tepekong
Kerta Gosa
Klungkung (Semarapura)
Dawan-klod
Pikat
Pura Goa Lawah
Gianyar
Sidan
Penasan
Padang Bai Beach
Gunarsa Museum
Sampalan
Pesing-gahan
Goa Lawah (Fledermaushöhle)
Pura Gianyar
Tulikup
Takmung
Kamasan
Pundukdawa
Bona
Kuripan
Gelgel
Blahbatuh
Bekul
Losan
Jroagung
Tangkas
Kusamba
Kesihan
Negari
Sidayu-yuhaya
Salzgewinnung
Medahan
Tegalbesar
Sidayu
Jumpai
Tanjung Setra
S. 447
Keramas
Lebih
Pura Batu Klotok

Bali
S. 447
Nusa Lembongan
Jungutbatu
Lembongan
Nusa Ceningan
Tanjung Biasmentik
Toyapakeh
Prapat
Ped
Pura Dalem Penataran Ped
Sentalkawan
Sentalkangin
Kutampi
Telaga
Mentigi
Sampalan
Batumalapan
Biyaung
Sebunibus
Sakti
139 m
Jurangpait
Goa Karangsari
Karangsari
Glagah
Klumpu
Celagilandan
Pulagan
Suana
Pura Batu Medau
Gunung Mundi
529 m
Semaya
Pundukakaja
Penang-kidan
Karangjawa
Batumadeg
Batukandik
Pejukutan
Tanjung Sari
Sebuluh
Nusa Penida
228 m
Karang
Tanjung Abah
Dungkap
Antapan
Tanglad
Debuloh
422 m
Pamuhan
Sekartaji
Tanjung Moling
Tanjung Atuhlili
Tanjung Bakung
Tulamben Beach
Tanjung Muntik
Tanjung Batunidi
Jemeluk Sea Garden
Paselatan
Amed Beach
Merita
Amed
Tanjung Jambela
Jemeluk
Culik
Biaslantang
Bunutan
Kebon
Lipah
Selang
Tanjung Ibus
Linggawana
Bangle
Tista
Margatelu
Ngis
Gunung Seraya
Pura Luhur Lempuyang
1175 m
Selang Island
Tanah Barak
Bias
Sadimara
Penahan
Bangas
Kebon
Susu-ang
Tegaling-gah
Selalang
Seraya
Puri Agung Kanginan
Amlapura (Karangasem)
Biyol
Ujung
Wasserpalast
Jasi
Timbrah
Prasi
Tanjung Biasputih
Nusa Biaha

Tanjung Bangko Bangko
Muara Besar
Tanjung Bebra (Desert Point)
Bangko Bangko
47 m
Selegong
Tanjung Pemalikan Alit
Labuhan Poh
Gunung Gua 149 m
Ketapang
Batubangkal
Teluk Labuankuwe
Tanjung Belongpaku
Teluk Peretan
Tanjung Batubuton
Teluk Peretan
Tanjung Batubukun
Solet Is.
Tanjung Purakaliman
Bukit Batugendeng
Gili Asahan
Asahan
Gili Layar
Gili Rengit
Gili Anyaran
Gili Gede
Orongbukal
Pegamatan
Batumacan
Labuan-cenik
Gedangsiang
Aiktawah
Pelangan Beach
Siung
Berambang
Temba-wang
Kayuputih
Permula
Pelangan Barat
Jati
Gunung Marmadi 492 m
Rambutpetung
Gebangtebal
Gunungembit
Pengendaan
Mecanggah
Gunung Emit 418 m
Tanjung Marmadi
Teluk Mekaki
Tanjung Salat
100 m
200 m
Teluk Batujonggat
Tanjung Batujonggat
Gili Lontar
Gili Genting
Gili Amben
Pengawisan
Teluk Pandan
Gili Poh
Tanjung Empet
Gili Tangkon
Tanjungempet
Medan
Gili Nangg
Pandanan
Labu
Giligenting
Labuanpetung
Pura Sekotong
Temeran
Gawahpadak
Ketapang
Selindungan
Sekotong Barat
Taun
Ledangguar Barat
Lekongsamah
Gunung K
379 m
Gunung
Belong
Slodong
Gunung Pangga 329 m
Tanjung Uah
Gili Sarangburung
Tanjung Belenanggu
Sa
(In

Pura Segara
Dayen
Rembiga
Sigerongan
Pura Lingsar
Pura Suranadi
Suranadi
Cererong
Sintung
S. 454
Sesela
Ampenan
Dasan Agung
Mambi
Cakranegara (Wasserpalast) (Cakra)
Pura Mayura
Bugbug
Onor
Lingsar
Batukumbung
Sedaugontang
Rinjani Golfplatz
Tanak
Tanakbeak
Karangseraya
Provinzmuseum
MATARAM
Sweta
Nyurlembang
Tatar
Pura Kalasa
Selat
Narmada
Pemepek
Pancordao
Chinesischer Friedhof
Karangbedil
Pura Meru
Bertais
(Wasserpalast)
Taman Narmada
Sedau
Kembangkarang
Selubung
Tojongj
Bangsal
Pagesangan
Karangkecicang
Mandalika Bus Station
Lengkong
Batukuta
Tanabeak
Sintung
Dasan-suman
Kekalik
Mertakpaok
Pagutan
Karangparwa
Sembung
Medas
Jabon
Salamsukur
Geguntur
Bengkel
Bilabente
Bagu
Pringgarata
Mantang
Kebonbelik
Mapakbelatung
Dasan cermen
Bajur
Bagikpolak
Montongoak
Beber
Telagawaru
Montongara
Pengenjok
Genteng
Pagutan
Kuranji
Gunung Pengsong
Nyamarai
Paokkambut
Kediri
Nyiurgading
Bunpedek
Bonjeruk
Beber
Tunjang
Numpeng
Nyurende
Banyumulek
Babak
Batutumpeng
Kumbung
Telagawaru
Rumak
Ubung
Perina
Barejulat
Jeranjang
Bongor
Egok
Ketejer
Belek
Carikkauh
Lamper
Karanganjar
Dasanlekong
Tegal
Montonte
Pelepok
Jagaraga
Pemangket
Bungate
Aikmual
Taman
Peseng
Gapuk
Dasantapen
Dasanvata
Bilekere
Jelantik
Jago
Mong
Endok
Gunungmalang
Tongkek
Dasanbaru
Bundue
Tenganan
Mesanggok
Kuripan
Labulia
Batunyala
Nyerot
Kuangrundung
Bakongdasan
Kebonayu
Dasangeres
Puyung
Lendang
Gerung
Prajurit
Gerunung
Dunutbaok
Dodokan
Luwuk
Gunung Sasak
370 m
Tandek
Batutulis
Sukarara
Buse
Bunsit
Rean
Alasmalang
Bunmundrak
Leneng
Praya
Nyiurlembang
Arepah
Jontlak
Lendangjahe
Jembatankembar
Lilin
Rincung
Batubolong
Keloka
Markt
Pesanggaran
Sepolong
Probot
Semarang
Bumi Gora Golfplatz
Semayan
Eyatsurah
Wage
Labuhan Lembar
Ranggagata
Ungga
Kenyeling
Embung Aian
Waduk Batujai
Cemara
Labuantereng
Montongleiok
Gaok
Pemegatan
Tubakrejang
Tuduh
Darek
101 m
Batujai
Tempas
Teluk Lembar
Batukumbu
Tubakpancor
Plambik
Gabunggebang
Penunjak
Layut
Tanjungbelik
Sekotong Timur
Montongurako
Setanggor
Dasanbaru
Telukbuwur
Batubuwin
Gunung Mereje
715 m
Merhot
Tenandoo
Bagiktelu
Gilik
S. 452
Eatmayang
Gunung Telukmanuk
Barebalek
Bandara Int'l. Airport
Tanglok
355 m
Ngabok
Montong-waru
Tenaru
Lendangangaruda
Kemuru
Tanakawu
Embungrungkas
Jelateng
Empol
Tendaun
290 m
Kabol
Bonder
Bandeng
Bunterang
Sayong
Nyompal
Perempung
Ularnage
Panca
Ketap
Dasanbaru
Batubangke
Gunung Raruna
Pelangsang
Gunung Kosong
Kelep
244 m
357 m
Mangkung
Pelah
Kateng
Sengkol
Kale
Tonjer
Timbal
Jago
Batusamban
Sengkuyit
Pengembur
Kenauh
124 m
Montongsapah
Batubokah
Emboan
Bombas
Masjid Kuno
Mesembur
148 m
Batik
Gunung Manjangan
Gunung Kisair
248 m
Tojang
Rambitan
Lemer
276 m
272 m
Suare
Jabon
Jangkihjawe
Montongbone
Nede
Sade
Goanggue
Kesambi
Sepi
Numpang
Gunung Suara
Keling
Tantih
Sepi
Jerengkang
363 m
Lendanglantang
Teluk Sepi
Selong Blanak Beach
Bangkatmolon
Pangsing
Sengketan
Teluk
Jelateng
Lenser
Gunung Pangsing
197 m
Pura Rujaan
Pengantap
Selong Blanak
Selong Blanak
Gunung Barbojot
238 m
Mong
Bangkang
Gunung Telaga
142 m
Teluk Pengantap
Gili Anakewok
Mawi
Tumpak
Kuta
Kubu
124 m
Gili Kawu
Mawi Beach
Gunung Pandaleman
244 m
Kapak
Tebuak
Sambakdui
Dongah
Tanjung Trawas
Gunung Trawas
Lancing
Mawun
Kuta Beach
Gili Sarang
Tanjung Ujunglangit
Teluk Trawas
166 m
Are Goling
Ujung
Nyale-Fest
Tanjung Sameti
Tampa
Mawun Beach
Gunung Pengulu
215 m
T. Kuta
Seger Beach
Tanjung Aan
Teluk Sameti
Teluk Tampa
Tanjung Dundang
Aan Beach
Tanjung Glopoh
Teluk Mumbuk
Teluk Mawun
Tanjung Pengulu
Teluk Tebuwak
Teluk Serenting
100 m
dera Hindia
scher Ozean)

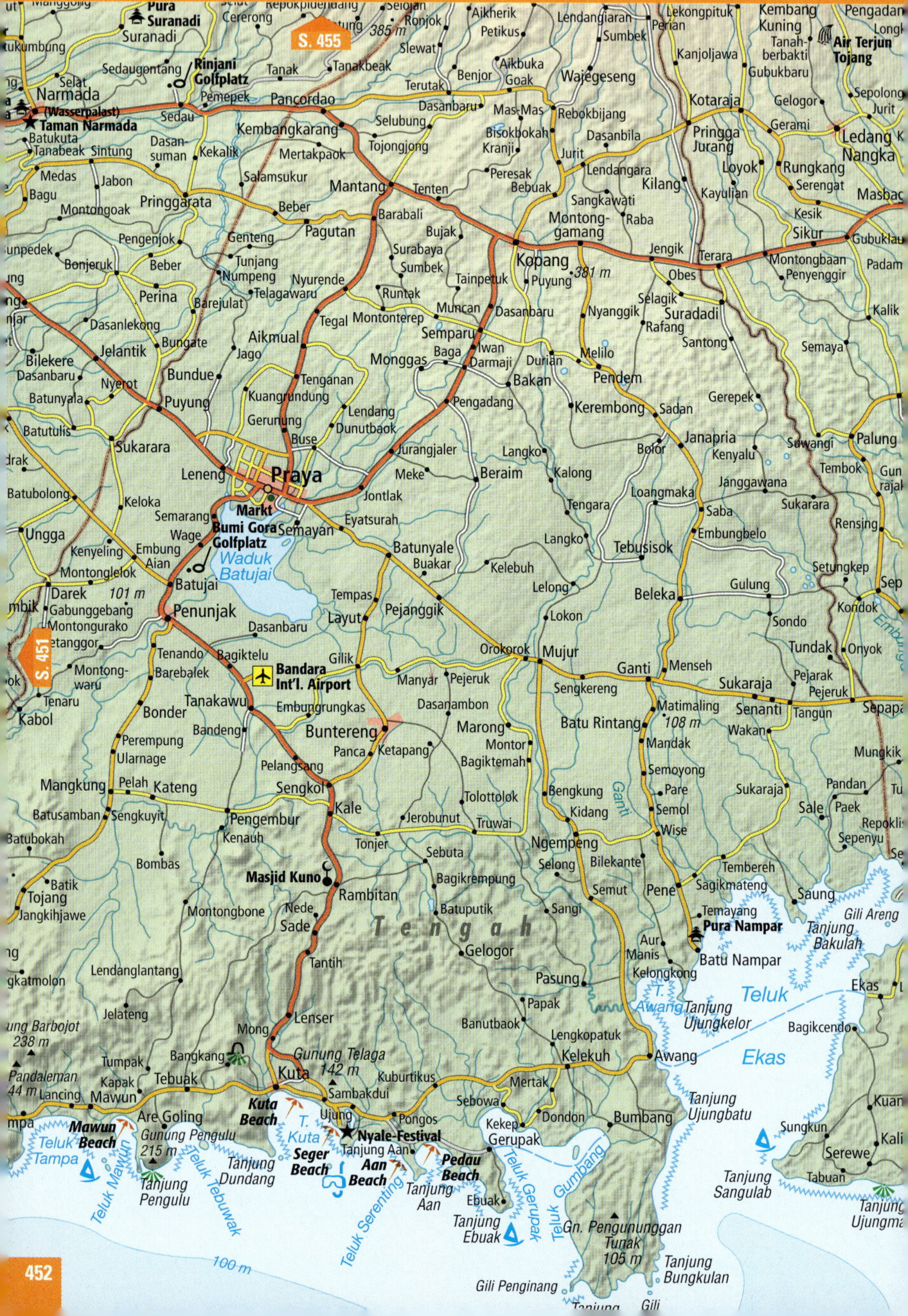

Pura Suranadi
Suranadi
Cerorong
Sedaugontang
Rinjani Golfplatz
Pemepek
Tanak
Tanakbeak
S. 455
385 m
Ronjok
Selojan
Slewat
Aikherik
Petikus
Lendangiaran
Sumbek
Lekongpituk
Perian
Kembang Kuning
Tanah-berbakti
Gubukbaru
Air Terjun Tojang
Pengadang
Longl
Selat
Narmada
(Wasserpalast)
Taman Narmada
Batukuta
Tanabeak
Sintung
Sedau
Dasan-suman
Kekalik
Pancordao
Kembangkarang
Mertakpaok
Selubung
Tojongjong
Terutak
Benjor
Aikbuka
Goak
Wajegeseng
Dasanbaru
Mas-Mas
Bisokbokah
Kranji
Rebokbijang
Dasanbila
Kanjoljawa
Kotaraja
Gelogor
Sepolong
Jurit
Gerami
Pringga Jurang
Ledang Nangka
Medas
Bagu
Jabon
Salamsukur
Mantang
Tenten
Peresak
Bebuak
Jurit
Lendangara
Kilang
Loyok
Rungkang
Serengat
Kayulian
Masbag
Montongoak
Pringgarata
Beber
Barabali
Bujak
Sangkawati
Montong-gamang
Raba
Kesik
Sikur
Gubuklau
Pengenjok
Genteng
Pagutan
Surabaya
Sumbek
Kopang
381 m
Puyung
Jengik
Terara
Montongbaan
Penyenggir
Padam
Bonjeruk
Beber
Tunjang
Numpeng
Telagawaru
Nyurende
Runtak
Tainpetuk
Obes
Perina
Barejulat
Muncan
Dasanbaru
Nyanggik
Selagik
Rafang
Suradadi
Kalik
Dasanlekong
Tegal
Montonterep
Semparu
Santong
Semaya
Bilekere
Dasanbaru
Jelantik
Bungate
Aikmual
Jago
Iwan
Darmaji
Baga
Monggas
Durian
Melilo
Pendem
Batunyala
Nyerot
Bundue
Tenganan
Kuangrundung
Bakan
Gerepek
Batutulis
Puyung
Gerunung
Lendang
Dunutbaok
Pengadang
Kerembong
Sadan
Sukarara
Buse
Jurangjaler
Langko
Janapria
Kenyalu
Bolor
Suwangi
Palung
Tembok
Gunung rajak
Lenene
Praya
Meke
Beraim
Kalong
Janggawana
Batubolong
Keloka
Semarang
Markt
Jontlak
Tengara
Loangmaka
Saba
Sukarara
Ungga
Wage
Bumi Gora Golfplatz
Semayan
Eyatsurah
Embungbelo
Rensing
Kenyeling
Embung Aian
Waduk Batujai
Batunyale
Buakar
Langko
Tebusisok
Montonglelok
Batujai
Kelebuh
Setungkep
Darek
101 m
Lelong
Gulung
Sep
Gabunggebang
Penunjak
Tempas
Pejanggik
Beleka
Kondok
Montongurako
Layut
Lokon
Sondo
Embung
Setanggor
Dasanbaru
S. 451
Tenando
Bagiktelu
Orokorok
Mujur
Tundak
Onyok
Montong-waru
Barebalek
Bandara Int'l. Airport
Gilik
Manyar
Pejeruk
Ganti
Menseh
Pejarak
Pejeruk
Tenaru
Tanakawu
Embungrungkas
Sengkereng
Sukaraja
Kabol
Bonder
Dasanambon
Matimaling
108 m
Senanti
Tangun
Sepapa
Bandeng
Bunterong
Marong
Batu Rintang
Wakan
Perempung
Montor
Mandak
Ulamage
Panca
Ketapang
Bagiktemah
Mungkik
Pelangsang
Semoyong
Mangkung
Pelah
Kateng
Sengkol
Bengkung
Pare
Sukaraja
Pandan
Kale
Tolottolok
Ganti
Semol
Sale
Paek
Batusamban
Sengkuyit
Pengembur
Jerobunut
Kidang
Wise
Repokli
Batubokah
Kenauh
Tonjer
Truwai
Ngempeng
Sepenyu
Bombas
Sebuta
Selong
Bilekante
Tembereh
Batik
Masjid Kuno
Bagikrempung
Semut
Pene
Sagikmateng
Saung
Tojang
Rambitan
Jangkihjawe
Montongbone
Nede
Batuputik
Sangi
Temayang
Pura Nampar
Gili Areng
Tanjung Bakulah
Sade
Tengah
Gelogor
Aur Manis
Batu Nampar
Tantih
Kelongkong
Ekas
Lendanglantang
Pasung
Teluk
Papak
T. Awang
Tanjung Ujungkelor
Jelateng
Banutbaok
Bagikcendo
Lenser
Mong
Lengkopatuk
Gunung Barbojot
238 m
Bangkang
Gunung Telaga
142 m
Kelekuh
Awang
Ekas
Tumpak
Pandaleman
44 m
Lancing
Kapak
Tebuak
Kuta
Kuburtikus
Mertak
Mawun
Sambakdui
Sebowa
Tanjung Ujungbatu
Kuan
Are Goling
Kuta Beach
Ujung
Pongos
Dondon
Bumbang
Sungkun
Kali
Mawun Beach
T. Kuta
Nyale-Festival
Kekep
Gerupak
Serewe
Teluk Tampa
Gunung Pengulu
215 m
Seger Beach
Tanjung Aan
Pedau Beach
Tabuan
Tanjung Pengulu
Tanjung Dundang
Aan Beach
Tanjung Aan
Tanjung Sangulab
Tanjung Ujungm
Teluk Mawun
Teluk Tebuwak
Teluk Serenting
Ebuak
Teluk Gerupak
Teluk Gumbang
Tanjung Ebuak
Gn. Pengunungan Tunak
105 m
Tanjung Bungkulan
100 m
Gili Penginang
Gili

S. 456
WEST
NUSA TENGGARA
Selat Alas
Sumbawa
Wanasaba
Lauk
Aik Mel
Mambendaya
Mambenlauk
Apitaik
Poh Gading
Dedalpak
Sukamulia
Kalijaga
Tembengbutik
Bandok
Teko
Kerumut
Lenek
Praubanyar
Leneklauk
Orong
Dasansukun
Suralaga
Tabin
Penangak
Aikdalem
Tirpas
233 m
Lendang
Anjani
Sukamandi
Erot
Dasankubur
Reban
Dasanbaru
Korleko
Lembak
Dames
Cengok
Kerongkong
Seakrteja
Lendangbeduri
Ijobalit
Selong
Pancor
Geres
Kelayu
Batubelek
Bermis
Denggen
Tanjung
Lengkok
Ketangga
Jorong
Loangsawak
Erot
Lenting
Keren
Sisik
Gereneng
Peneda-
gandor
Labuhan Haji
Mertak
Labuhan Haji Beach
Lepak
156 m
Gegarem
Gubukbaru
Padak
Surabaya
Menceh
Pengkelekmas
Seliat
Kuwangwae
Selakampan
Mertak
Pijot
Selayar
Tanjung Luar
Kedome
Telongelong
Gili Kere
Gili Belek
Gili Merengke
Teluk Kecebing
Tolone
Tanjung Galuh
Tanjung Gembar
Teluk
Sunut
Tanjung Sabui
Temeak
Tanjung Ringgit
Sunut
Tanjung Ringgit
Pengorosdalam
Teluk Aikundur
Tanjung Paki
Teluk
Lendanglombok
Tanjung Jembatan
Mangkurun
Putit
Serewe
Tanjung Cina
Ujungketangga
Teluk Serewe
Sekaroh
Teluk Penontongset
Tanjung
Nunuk
100 m
200 m
100 m
Cape Belusun
Gili Savong
Gili
Sesasait
Cape Jelenganya
Benete
Cape Malok
Malok
Malok Beach
Cape Labulawah

Laut Bali
(Bali-See)
Lombok
Gili-Inseln
Gili Trawangan
Gili Meno
Vogelpark
Gili Air
Medana Beach
Pura Medana
Lombok Golfplatz
Sira Beach
Gondang Beach
Tanjung Papak
Tanjung
Pemenang
Bangsal
Teluk Nara
Tanjung Serunggal
Teluk Pandanan
Tanjung Blambanan
Teluk Nipah
Nipah Beach
Teluk Malimbu
Malimbu Beach
Tanjung Rumbeh
Mangsit Beach
Tanjung Mangsit
Tanjung Karandangan
Senggigi Beach
Senggigi
Teluk Senggigi
Pura Batu Bolong
Batu Bolong
Batu Layar
Affenwald
Pusuk-Pass 295 m
Air Terjun Tiu Pupas
Air Terjun Gangga
Gunung Bangketaji 693 m
Gunung Jangkar 605 m
Gunung Pandan 726 m
Gunung Muteran 1083 m
Gunung Masjidborok 1272 m
Gunung Menginting 1418 m
Gunung Punikan 1490 m
Gunung Sebiris 893 m
Gunung Pusuk 853 m
Gunung Duduk 665 m
Gunung Kedongdong 586 m
Chinesischer Friedhof
Pura Segara
Ampenan
Provinzmuseum
MATARAM
S. 451
Cakranegara (Cakra)
Pura Mayura
Sweta
Bertais
Mandalika Bus Station
Pura Meru
Pura Lingsar
Pura Kalasa
Narmada
Taman Narmada
Pura Sesaot
Pura Suranadi
Gunung Sari
Rembiga
Kebonbaru
Sekotong
200 m
100 m

1 cm = 2,5 km 1 : 250.000 0 5 10 km

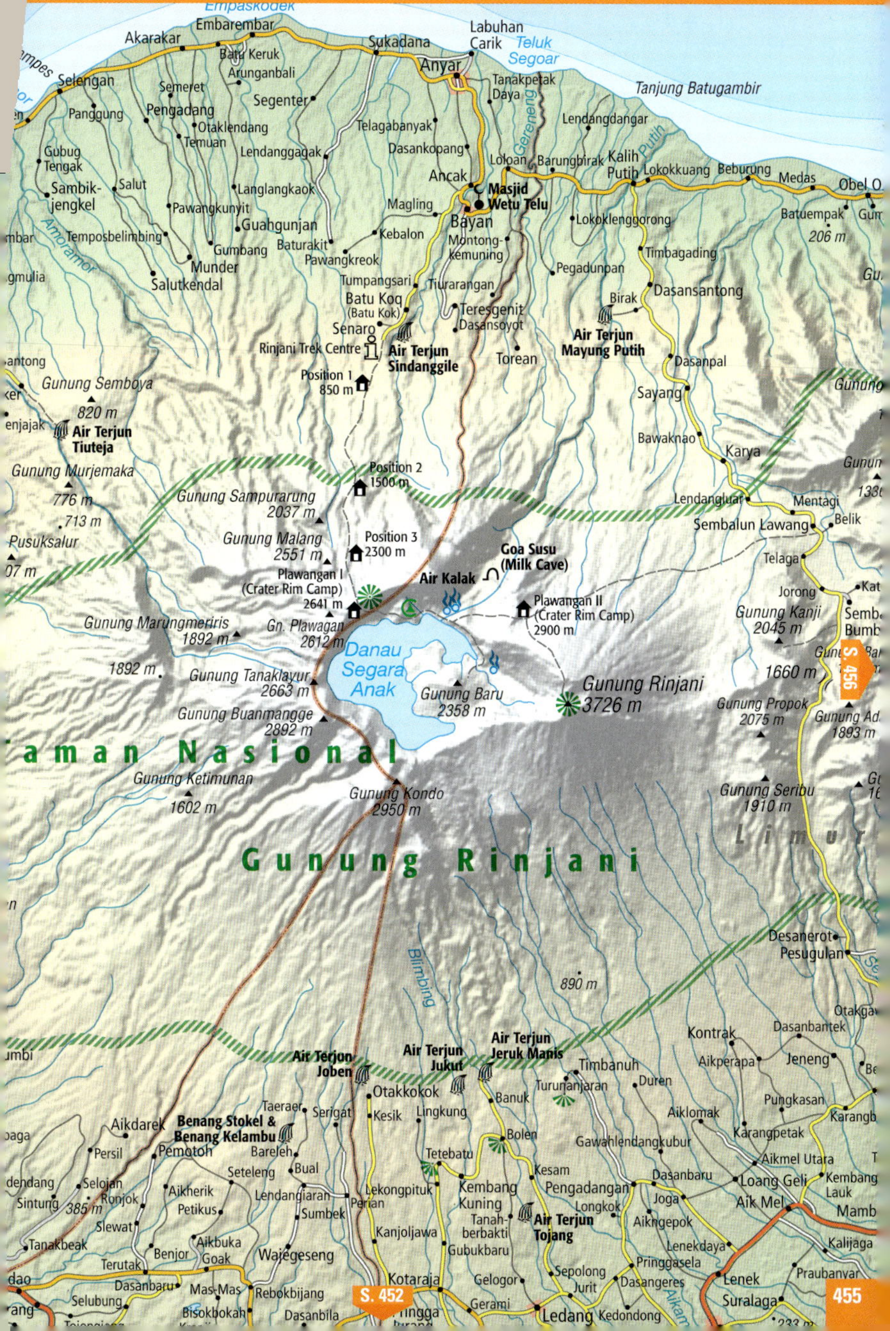

Batugambir
Beburung
Medas
Obel Obel
Metareng
Batuempak
Gumbang
206 m
Tanjung Batu
Pedamekan
Lepekloang
Batusela
Gunung Uratkembenggapi
543 m
Otorita
Gunung Kubu
552 m
Belangting
Menangareak
Kolohsepang
Gunung Rangge
353 m
213 m
Sandongan
Dasanpal
Gunung Turunanjalan
1626 m
Gunung Kelian
798 m
876 m
Gunung Terangbukit
428 m
Lendangbatu
Tekalok
Ujung
Kokokrajak
Sugian
Karya
Gunung Bau
1336 m
Tibulete
Rajak
537 m
Dadap
Suradadi
Lendangluar
Mentagi
Belik
Sembalun Lawang
Gunung Sengkor
1490 m
Gunung Mundung
1440 m
Gunung Petapan
737 m
Dasanbagik
Telaga
Sambelia
Gubuk
Jorong
Katri
Gunung Iyasa
2029 m
Senanggalih
Affenwald
Maroak
Gunung Kanji
2045 m
Sembalun Bumbung
Gunung Atas Timur
2239 m
Gunung Anjeman
467 m
Labuhan Pandan
Pandan Beach
Gunung Baliyuk
1732 m
1660 m
Tibuborok
103 m
Gili Pentangan
Sengkurik
Tiransad
Pulu Lampur
Gunung Propok
2075 m
Gunung Adas
1893 m
Gunung Nangi
2330 m
Kampungbaru
Gubuktambak
Gili Bidara
Tanjung Prepe
Gili Kondo
Gunung Seribu
1910 m
Gunung Bukitbau
1668 m
Leper
Limur
Sengalangalang
Aikmanis
Bunutunjang
Permatan
Limbungan
Menangabaris
Rarem
Tanjung Kayangan
Gili Lebur
Gunung Mengkode
245 m
Seruni
Labuhan Kayangan
Desanerot
Pesugulan
Sapit (1400)
Segare
Lombok Bay
Kuangreban
Bebatean
Labuhan Lombok
Otakgawar
Aikembuk
Modol
Jati
Kontrak
Dasanbantek
Kuangreban
65 m
Dasanduduk
Dasambaru
Bagikponggek
Cemporonan
Aikperapa
Jeneng
Swela
Suntalangu
Bedidas
Brengbantu
Dasanbaru
Punik
Pungkasan
Tampatan
Batman
Beluntas
Aiklomak
Karangbaru
Ketangga
Makam Selaparang (Königsgrab)
Karangpetak
Tejong
Rundun
Ampanbelak
Dasansegara
Selaparang
Segare
Aikmel Utara
Tanakmira
Dasanimba
Pringgabaya
Ketapang
Loang Geli
Kembangkerang Lauk
Aik Mel
Wanasaba
Mambendaya
Dedalpak
Mambenlauk
Apitaik
Poh Gading
Sukamulia
Kalijaga
Tembengbutik
Bandok
Teko
Kerumut
Lenek
Praubanyar
Orong
Dasansukun
Suralaga
Leneklauk
Tabin
Penangak
Aikdalem
Lendang
Tirpas
200 m
100 m
Gili Lawang
Selat Sungian (Sangian-Straße)
Gili Sulat

S. 455
S. 453